本书获教育部人文社会科学研究规划基金项目（项目批准号:14YJA740025）资助

牛太清◇著

《洛阳伽蓝记》词汇历时层次研究

广东高等教育出版社
Guangdong Higher Education Press
·广州·

图书在版编目（CIP）数据

《洛阳伽蓝记》词汇历时层次研究/牛太清著. —广州：广东高等教育出版社，2018.10

ISBN 978 - 7 - 5361 - 6249 - 5

Ⅰ. ①洛…　Ⅱ. ①牛…　Ⅲ. ①寺院－史料－洛阳－北魏 ②洛阳－地方史－史料－北魏 ③《洛阳伽蓝记》－研究　Ⅳ. ①K928.75 ②K296.13

中国版本图书馆 CIP 数据核字（2018）第 190885 号

《洛阳伽蓝记》词汇历时层次研究
《LUOYANG GALANJI》CIHUI LISHI CENGCI YANJIU

出版发行	广东高等教育出版社
	地址：广州市天河区林和西横路
	邮编：510500　营销电话：（020）87553335
	http://www.gdgjs.com.cn
印　　刷	广东海洋印刷有限公司
开　　本	787 毫米 ×1 092 毫米　1/16
印　　张	25.75
字　　数	580 千
版　　次	2018 年 10 月第 1 版
印　　次	2018 年 10 月第 1 次印刷
定　　价	79.00 元

目　录

绪　　论

　　专书研究是建立科学汉语史的基石，专书词汇研究是汉语词汇史研究的一项基础工作。一个时代的词汇面貌，或者一个时代和另一个时代的词汇差异，都可通过专书词汇的研究得到比较清晰的了解（蒋绍愚，2005：300）。目前大多数专书词汇研究对其中的疑难词语进行考释，对某一部（或几部）著作中某类词语，如单音节词语和复音节词语的研究，或者只对其中的新词新义进行研究。固然，这些是专书词汇研究的基本内容，也为断代词汇史提供了较为扎实的基础资料。但实践证明，语言研究中过分强调共时与断代，会大大限制人们对语言的认知与阐释，而且语言的特点与规律总是在历史的纵向考察中才会更清楚地凸显出来，因此，专书词汇研究很有必要寻求一种新的研究方向和研究思路，即在专书词汇研究中引入历时的分析。

　　杨衒之的《洛阳伽蓝记》（以下简称《伽蓝记》）是北魏时期的一部杰出著作。"20世纪以来的《伽蓝记》研究，在其作者身世、文本笺注、文体特征、史学价值、人文地理及文学成就等方面均获得了较为丰富的成果。但与南北朝其他专书研究相比，其研究状况相对滞后，它在北朝史学、中古佛学、中古文学、语言学、中外文化交流史以及宗教建筑等课题上的研究价值和研究空间仍需大力开拓和进一步深化。"（王建国，2008：716）21世纪以来，随着语言学者对中古汉语研究的提倡，已有学者对《伽蓝记》的语言进行研究，并取得一定的成果，例如，有的对《伽蓝记》的双音词、新词新义进行分析描写，有的将该书词汇与其他专书词汇进行比较研究，而将《伽蓝记》放在汉语史的层面上，对其词汇进行全面、系统的历时层次分析，目前尚无人涉及。

　　鉴于此，笔者选择《伽蓝记》词汇作为研究对象，在前人研究的基础上，借助历史性的工具书、庞大的电子语料库，以及已出版的各种索引等，对书中的词汇做进一步的历时层次分析：分析书中词汇哪些是先秦出现的？哪些是两汉出现的？哪些是魏晋时期新产生的？哪些词汇流传到现代汉语？此外，笔者在统计各个时代出现的数量及使用频次基础上，理清该书词汇的历时层次；对该书词汇"溯源析流"，分析该书词汇继承和创新的大致比率情况，以期为汉语断代词汇史的研究提供翔实、可信的资料，进而为汉语词汇史研究打下坚实的基础。

一、本书选题和目前国内外研究的现状及趋势

　　在国外，主要是日本学者对中古汉语词汇进行了研究。有的是通论性研究，如志村

良治的《中国中世语法史研究》涉及词汇问题；有的是考释词语，如森野繁夫的《六朝语辞杂记》等；有的研究新词新义，如水谷真成的《关于汉译佛典中特殊待遇表现》；有的编制词语索引，如森野繁夫的《六朝古小说语汇集》和《高僧传语汇索引》、藤井守的《三国志语汇集》和《三国志裴氏注语汇集》等。这些研究无论是词语的考释，还是新词新义、著作索引，大都以静态描写为主，较少涉及考察词汇的发展演变，更没有对专书词汇做系统的历时层次研究。

在国内，中古汉语词汇的研究成果主要出现于 20 世纪 80 年代以后，随着近代汉语研究的深入，以郭在贻先生为首的学者们把研究目光由近代扩展到中古；专书词汇研究作为中古汉语词汇研究的一个重要内容，取得了丰硕成果，如殷正林的《〈世说新语〉中所反映的魏晋时期的新词和新义》、程湘清的《〈世说新语〉复音词研究》、张振德等的《〈世说新语〉语言研究》、张永言的《〈世说新语〉辞典》、张万起的《〈世说新语〉词典》、周日健和王小莘的《〈颜氏家训〉词汇语法研究》等。这些成果为断代词汇史的构建奠定了基础，其研究的内容却依然集中在复音词、构词法、新词新义等方面，这些固然都是专书词汇研究的基本内容，但从构建科学的汉语词汇史来看，专书词汇研究到一定阶段，需要突破静态描写的方法，将其置于历史的层面上，对其进行历时层次的分析研究，则显得更为急迫，也更有价值。

《伽蓝记》作为中古时期的一部重要著作，除对其史学、佛学、文学研究外，其语言学价值也引起了学者重视，取得了一定的成果。专著有化振红的《〈洛阳伽蓝记〉词汇研究》，该书采用穷尽性考察、定量分析的方法，对书中词汇系统进行静态描写和动态分析，分析了书中出现的雅言词语、史书词语、文学词语，佛教词语新词新义、典故词语等；另外，单篇论文 20 余篇：1998 年，董志翘的《试论〈洛阳伽蓝记〉在中古汉语词汇史研究上的语料价值》；1999 年，萧红的《〈洛阳伽蓝记〉的五种判断句式》；2003 年，化振红的《〈洛阳伽蓝记〉札记三则》和翟燕的《〈洛阳伽蓝记〉中新词新义的语义及结构分析》；2004 年，化振红的《从〈洛阳伽蓝记〉看中古书面语中的口语词》；2005 年出现 9 篇，分别对《伽蓝记》的单纯词、合成词、名量词、双音词、虚词等进行静态描写与分析，还有硕士论文 7 篇，包括王萍的《〈洛阳伽蓝记〉复音词研究》、张丹凤的《〈洛阳伽蓝记〉述补结构研究》、鲁小娟的《〈世说新语〉、〈洛阳伽蓝记〉比较句研究》、童健的《〈洛阳伽蓝记〉副词研究》、佟艳洁的《〈洛阳伽蓝记〉介词研究》、田甜的《〈洛阳伽蓝记〉方位词研究》、熊园静的《〈洛阳伽蓝记〉同义词研究》。这些研究说明《伽蓝记》的语言学价值已引起学者们足够的重视，但综观这些研究成果，依然集中于研究新词新义，或就复音词的构词方式进行探讨等，而对《伽蓝记》的历时层次进行系统的分析与研究的，却无人涉及。不过，这些研究成果为本书的成稿，即对《伽蓝记》词汇进行历时层次的分析打下了基础。

可喜的是，国内已有学者将历时研究的视角引入到对汉语专书词汇研究中，如张能甫的《郑玄注释语言词汇研究》，就是对其中的 7 000 多个单音词和复音词从历史层次的角度做了系统的断代研究，开了专书词汇历时层次研究的先河，但这一研究方法并没有引起足够的重视。直到现在，专书词汇历时层次研究还基本处于起步阶段，提倡并尝试这方面研究的依然屈指可数：谭代龙（2002）的硕士论文《〈根本说一切有部毗奈耶破僧事〉词汇研究》，调查了《根本说一切有部毗奈耶破僧事》中土词语出现的时代，将它们分为先秦、两汉、六朝、隋唐四段进行统计分析，力求显现共时平面中的历时层面以及有关词汇现象；之后，俞理明、谭代龙（2004）的《共时材料中的历时分析：从〈根本说一切有部毗奈耶破僧事〉看汉语词汇的发展》一文，重申专书研究中引入历时分析对建立科学汉语词汇史的重要性。笔者（2001）也曾在硕士毕业论文中试图用这个方法展开对《伽蓝记》的研究，但由于缺乏理论的支撑，加之研究条件的限制，只对该书双音词的历时层次进行粗略分析，之后将研究重点放在新词新义的描写分析方面，完成了毕业论文，但十几年来我一直没有放弃对《伽蓝记》词汇历时层次的思考。

2012 年，张能甫先生的国家社科基金项目"现代汉语词汇历史层次研究"成果之一《关于现代汉语词汇历史层次研究的一些思考：以现代汉语词语中的 W 字头的词或词组为例》一文谈到，汉语进行历时层次分析不仅适用于现代汉语词汇，更适用于对历代典籍进行专书词汇研究，这一见解十分可贵，为本书对《伽蓝记》的词汇展开历时层次的研究提供了明确的方法和一定的理论支撑。

综上所述，《伽蓝记》一书的词汇做"溯源析流"研究有其必要性，即分析书中词汇哪些是先秦出现的，哪些是两汉出现的，哪些是魏晋南北朝时期新产生的，哪些词汇流传到现代汉语等，这为汉语词汇史及历时词汇学理论的构建提供扎实、可靠的材料和思考。

二、本书选题研究目标、内容

（一）研究目标

本书选题的研究目标是通过对《伽蓝记》的词汇进行历时调查统计，分析产生于不同时代的词汇在一个共时平面的系统差异，并根据这些差异，探寻词汇系统本身的变化。本书选题研究从以下四个方面展开：一是《伽蓝记》的词汇都来自哪个时代，各时代所产生的新词新义在现代汉语中保留使用的情况是怎样的；二是分析《伽蓝记》词汇系统内部新陈代谢与时代关系及社会影响；三是在《伽蓝记》这个共时的专书词汇系统中，通过这些来自于不同时代的词语的数量和使用频次，观察词语所处社会地位对词汇系统发展的影响；四是以《伽蓝记》这一共时平面为基础，探讨汉语词汇复音化的历时表现，并从语用的层面观察汉语复音化的程度。这些问题的思考与解决既为汉语词汇史尤其是中古词汇史的研究提供具体而翔实的资料，也为专书词汇研究提供一种新的方向和思路。

（二）研究内容

魏晋南北朝是汉语发展史上的一个重要时期，它上承上古汉语，下启近现代汉语，是汉语史特别是词汇史的一个重要环节。杨衒之所撰的《伽蓝记》是北魏三部杰出的著作之一，全书近三万六千字，该著作有史有文，不仅谈神说怪，猎奇拾遗，而且叙述婉转有致，文辞浓丽秀逸，富于小说趣味，特别是在记言和叙事部分更加口语化，运用了不少具有那个时代特色的口语。鉴于此，在现有的研究基础上，我们将《伽蓝记》作为一个独立的共时的词汇系统，将之置于历史的层面，对书中的词汇历时层次做全面分析，具体包括以下内容。

第一章"来源于先秦的《伽蓝记》词汇"：具体分为见于甲骨卜辞的《伽蓝记》词汇、西周春秋传世典籍的《伽蓝记》词汇和战国秦语料中的《伽蓝记》词汇，分别对见于甲骨卜辞、春秋和战国时期语料中的《伽蓝记》词汇的构词特点及在汉语词汇史上的地位和价值进行研究分析。

第二章"来源于两汉的《伽蓝记》词汇"：具体分为西汉时期语料中的《伽蓝记》词汇和东汉时期语料中的《伽蓝记》词汇，分别对见于西汉和东汉语料中的《伽蓝记》词汇的构词特点及在汉语词汇史上的地位和价值进行研究分析。

第三章"来源于三国两晋南北朝语料中的《伽蓝记》词汇"：具体分为三国语料中的《伽蓝记》词汇、两晋语料中的《伽蓝记》词汇和南北朝语料中的《伽蓝记》词汇，分别对见于三国、两晋和南北朝时期语料中的《伽蓝记》词汇的构词特点及各自在汉语词汇史上的地位和价值进行分析。

第四章"流传到现代汉语的《伽蓝记》词汇"：具体分为现代汉语方言中的《伽蓝记》词汇和现代汉语普通话中的《伽蓝记》词汇，分别对保留于方言和普通话中的《伽蓝记》词汇的构词特点及各自在汉语词汇史上的地位和价值进行分析。

三、本书选题研究思路和研究方法

（一）研究思路

本书是专书词汇研究，更是汉语词汇历史层次研究的一个部分。本书研究者将《伽蓝记》除专有名词外的所有词汇置于历史发展中去，调查清楚在这个共时的词汇系统里所沉淀的历史词汇的情况，以下是本书的具体研究思路。

第一，笔者按照一定标准对《伽蓝记》一书的词汇进行切分，接着对切分出来的词语进行分类统计，考虑到该书词语的特殊性，先初步按专有名词、佛教词语、一般词语划分，再对其中的一般词语从词语结构和词性两个方面进行分析统计。

第二，笔者对以上切分统计的词语，对照大型历史性的语文辞书，包括《汉语大字典》《汉语大词典》《辞源》《现代汉语词典》《汉语方言大词典》等，查出词语每个义项的始见例，按时间的先后顺序归类整理；现代汉语又分为方言和普通话，对于每个时代内部再按词性分类；对《伽蓝记》除专有名词外的所有词汇进行初步的分析、统计归类。

第三，笔者对归类整理出的《伽蓝记》所沉淀的来源于不同时代的词汇，做进一步的甄别、确认。具体操作是，先利用大型语料库，包括北京大学语料库和国学宝典数据库等，对这些词汇进行检索，再结合各个时期断代语言词典和专书词汇的研究成果，进行甄别、确认，使调查结果基本准确。

第四，笔者对以上调查统计出的数字，包括单音节词语和复音节词语以及不同词性的词在各个时期出现的个数及使用频次，进行分析归纳，总结《伽蓝记》词汇的历时层次概貌，分析、归纳词语的历时发展和共时平面的关系，并讨论了专书词汇的历时层次研究对建立科学词汇史的重要性。

（二）研究方法

本书选题综合运用了多种研究方法，具体包括以下四种。

一是穷尽调查法和抽样调查法相结合。对《伽蓝记》词汇的切分统计，笔者采用穷尽调查法，对书中所有词汇包括专有名词、佛教用语和一般词语等进行穷尽式的没有遗漏的调查；对该书词汇的历时层次分析梳理，笔者采用抽样调查法，即选取各个时代有代表性的文献，进行词语检索调查，以证明该时期"有"的现象。

二是比类归纳法。蔡镜浩先生在《魏晋南北朝词语考释方法论：〈魏晋南北朝词语汇释〉编撰琐议》一文中提出了9种词语考释方法，其中之一就是比类归纳法，即把同一类型的语言材料排比在一起，然后根据上下语境归纳出词义来。笔者对《伽蓝记》词汇进行切分统计，分词立义就是采用这种方法。

三是比较研究法。一方面将《伽蓝记》词汇共时系统和历时情况相比较，另一方面对《伽蓝记》来源于不同时期词语的不同构词方式之间、不同词性之间进行比较等。笔者将该书出现的南北朝时期的词语和同时代的其他典籍词汇，如《水经注》《齐民要术》《颜氏家训》等典籍词汇进行比较。

四是数量统计法。关于数量统计法在语言学研究中的作用，何乐士先生在《专书语法研究的几点体会》一文中说："我们不是为统计而统计，而是把数量统计视为活的、有生命力的论证工具。我们认为数量统计是区别统一与个别、质变与量变、主流与支流的重要依据之一。只有把定性分析和定量分析结合起来，才能使语言研究建立在科学的基础之上。"该文还提到："语言现象浩如烟海，如果采用随意取例论证的方法，几乎是需要什么就有什么。可以说从随意取例到定量分析是古汉语研究走向科学化的重要标志。"何先生虽然谈的是专书语法的研究方法，但它同样适用于专书词语的研究。在本书选题中，笔者对来源于不同历史时期的《伽蓝记》词汇的数量和使用频次进行数量统计与分析，通过数字和比率呈现该书词汇历时"新陈代谢"的情况，以期为汉语词汇史的构建提供科学翔实的资料。

第一章 来源于先秦的《伽蓝记》词汇

先秦即秦朝以前，理论上是从传说中的三皇五帝到战国时期这个阶段。但就汉语史的研究而言，指的是有文献记载的殷商时代到秦王朝建立这段时间，即从公元前 1600 年到公元前 206 年秦二世皇帝胡亥[1]执政，总共经历了 1 395 年。《伽蓝记》中共有 3 007个词语来源于该时期，其中单音节词语有 2 234 个，约占该时期总词汇的 74.3%；双音节词语有 759 个，约占 25.2%；三音节以上的词语有 14 个，约占 0.5%。以下笔者分别从见于甲骨卜辞、西周春秋时期语料以及战国时期语料等几个方面来论述。

第一节 见于甲骨卜辞的《伽蓝记》词汇

"殷商时代的甲骨卜辞是到目前为止能看到的最早记录汉语词汇的文字资料。"（徐朝华，2003：15）《伽蓝记》词汇最早可追溯到甲骨文时期。笔者借助《甲骨文简明词典》等工具书，检索出《伽蓝记》共有 223 个词语或义项见于甲骨卜辞[2]，其中单音节词语 206 个，双音节词语 17 个。分述如下。

一、单音节词语

（一）名词

《伽蓝记》词语中共有 79 个单音节名词可以追溯到甲骨卜辞，均属于基本词汇。

1. 有关天象、地理名称的基本词

《伽蓝记》中有关天象、地理的基本词汇有 17 个甲骨卜辞中已见，其中关于天象的有 8 个，关于地理的有 9 个。

第一，有关天象的基本词，8 个。

---

〔1〕 由于秦王朝历经 15 年，时间较为短暂，遗留的典籍语料也不多，本研究"先秦"包括秦王朝。

〔2〕 该统计只包括《伽蓝记》的词语或义项在《甲骨文简明词典》中出现且未变化的。若词义变化或在甲骨卜辞中已出现，但不见用于该字的该义项或仅用于专有名词的，即使从偏旁类推等知道商代已有该词义，也不在我们的统计范围内。

风：①空气流动的现象〈16〉。[1] 如《永宁寺》："宝铎含风，响出天外。"

按：甲骨文写作"鳳"，像凤凰形，即凤凰之凤的早期写法，为象形字。卜辞借用来指称风雨之风，则为借音字。在商代，凤是风的泛称，具体而言有大风、小风之分。商人认为风听从上帝的指挥。如"帝其令风"（合一九五）。[2]

雪：①空中降落的白色晶体，多为六角形，是气温降到 0 ℃ 以下时，天空中的水蒸气凝结而成的〈6〉。如《闻义里》："是时八月，天气已冷，北风驱雁，飞雪千里。"

按：甲骨文写作"霝"，像雨雪之形。从文字构形可知商代人已经把雨和雪看成是同类现象。如"甲辰卜，雪"（京三一一五）。

雾：①气温下降时，空气中的水蒸气凝结成的悬浮的微小的水滴〈4〉。如《永宁寺》："俄然雾起，浮图遂隐。"

按："雾"甲骨文写作"霚"从隹冂声。卜辞常常以雾和启（晴朗）对举而言。如"甲午启，甲霚"（戬三六·四）。

另外，以下词语义项也见于甲骨卜辞。

火：①物体燃烧时所发的光和焰〈15〉。如《平等寺》："庙成，为火所灾。"

日：①太阳〈12〉。如《闻义里》："我国东界有大海水，日出其中，实如来旨。"

雨：①从云层中降向地面的水〈4〉。如《闻义里》："雨止，佛在石下东面而坐，晒袈裟。"

月：①月亮〈4〉。如《正始寺》："高林巨树，足使日月蔽亏；悬葛垂萝，能令风烟出入。"

云：①由水滴、冰晶聚集形成的在空中悬浮的物体〈5〉。如《瑶光寺》："风生户牖，云起梁栋，丹楹刻桷，图写列仙。"

第二，有关地理的基本词，9 个。

山：①地面上由土石构成的隆起部分〈36〉。如《平等寺》："乐水爱山，好游林泽。"

按：甲骨文写作"⛰"，像山有峰形，构形之意未变。如"王陟山"（遗九二二）。

田：①耕种用的土地〈1〉。见《闻义里》："人民决水以种，闻中国田待雨而种。"

按：甲骨文写作"田"，像田地有田埂之形。甲骨文用作名词，其中一个意义是田地之田。如"大令众人曰：劦田，其受年"（合集一）。[3]

土：①土壤；泥土〈3〉。如《法云寺》："即《汉书》所谓'采土筑山，十里九坂，

---

〔1〕　本研究的词语统计数据，是按照《汉语大词典》等工具书中的义项进行统计的，而不是按照书写形式进行的统计；每个词后的带圆圈的数字，表示的是某词在《汉语大词典》的第几个义项，如"风①"表示的是"风"在《汉语大词典》中的第 1 个义项。释义后的带尖括号的数字，表示的是该义项在《伽蓝记》中的使用次数，如"风①……〈16〉"表示的是"风"的第 1 个义项在《伽蓝记》中共使用 16 次。全书所列词语均同此体例。

〔2〕　文中所举甲骨文的例子，在不做说明的前提下，均引自赵诚编著的《甲骨文简明词典：卜辞分类读本》（由中华书局出版）。

〔3〕　该例证引自徐朝华的《上古汉语词汇史》第 19 页。

以象二崤'者。"

按：甲骨文写作"⌂"，像土堆之形。如"丘土"（乙二○三九）。

另外，以下词语义项也见于甲骨卜辞。

川：①河流〈2〉。如卷三《龙华寺》："浩浩大川，泱泱清洛，导源熊耳，控流巨壑。"

河：①古代对黄河的专称〈3〉。如《宣忠寺》："大兵阻河，雄雌未决，徽愿入洛阳，舍宅为寺。"

丘：①自然形成的小土山〈1〉。见《正始寺》："庭起半丘半壑，听以目达心想。"

泉：①泉水〈1〉。见《正始寺》："尔乃决石通泉，拔岭岩前……"

石：①岩石，石头〈31〉。如《景兴尼寺》："崇义里东有七里桥，以石为之。"

水：③泛指一切水域，对陆地而言〈22〉。如《宝光寺》："葭菼被岸，菱荷覆水。"

2. 有关时间、方位的基本词

《伽蓝记》中有关时间、方位的基本词汇有 21 个甲骨卜辞已见，其中关于时间的有 11 个，关于方位的有 10 个。

第一，有关时间的基本词，11 个。

秋：⑤秋季〈6〉。如《景林寺》："春鸟秋蝉，鸣声相续。"

按：甲骨文写作"𤕩"，像蟋蟀形。卜辞用来指称春秋之秋则为借音字。如"今秋多雨"（人一九八八）。

明：④黎明〈1〉。见《永宁寺》："于是至明尽力攻之，如其言。"

按：甲骨文写作"𣅟"，从日从月，指天大亮之时。与旦相当，或比旦稍后。如"明雨"（合四八一）。

朝：①早晨〈1〉。见《闻义里》："国之南界有大雪山，朝融夕结，望若玉峰。"

按：甲骨文写作"𦩻"，像日月在草木之中，当指天明之后的一段时间。近似于现在所说的早上。如"朝又雨"（佚二九二）。

另外，以下词语义项也见于甲骨卜辞。

春：①春天〈5〉。如《正始寺》："不忆春于沙漠，遂忘秋于高阳。"

今：①现在〈38〉。如《宝光寺》："晋朝石塔寺，今为宝光寺也！"

年：②时间单位。地球绕太阳一周的时间〈83〉。如《永宁寺》："是年入洛，庄帝北巡。"

日：③地球自转一周的时间，一昼夜〈29〉。如《永宁寺》："三日频战，而游魂不息。"

岁：②年，时间单位〈7〉。如《永明寺》："拔陁至扬州岁余，随扬州比丘法融来至京师。"

昔：①过去。与"今"相对〈11〉。如《永明寺》："昔都水使者陈勰所造，令备夫一千，岁恒修之。"

旬：①十天〈1〉。见《法云寺》："季夏六月，时暑赫晞，以罂贮酒，暴于日中，经一旬，其酒味不动。"

月：⑥记时单位。一年分十二月〈53〉。如《瑶光寺》："三伏之月，皇帝在灵芝台以避暑。"

第二，有关方位的基本词，10个。

北：①方位名。与"南"相对〈70〉。如《法云寺》："寺北有侍中尚书令临淮王或宅。"

按：甲骨文写作"ᛦ"，像二人相背之形，本为背字。甲骨文用为表示方位的北，则为借音字。如"北土"（乙三九二五）。

东：①方位词。日出的方向。与"西"相对〈66〉。如《永宁寺》："闾阖门前御道东有左卫府。"

按：甲骨文写作"ᚷ"，像无底之囊中盛以实物而囊之两端紧束之形，当为古橐字，卜辞用为方位词，则为借音字。如"东方"（粹一二五二）。

南：①方位名。和"北"相对〈74〉。如《建中寺》："西阳门内御道南，有永康里。"

按：甲骨文写作"ᚬ"，象形字，唯不知像何物之形。卜辞用为表方位之南，则为借音字，如"南室"（甲二一二三）。

另外，以下词语义项也见于甲骨卜辞。

方：⑨方向〈2〉。如《永明寺》："诸方伎术之士，莫不归赴。"

上：①位置在高处，亦指物体的上部〈3〉。如《秦太上公寺》："至我正光中造明堂于辟雍之西南，上圆下方，八窗四闼。"

西：②方位词。日落的方向，西方〈63〉。如《瑶光寺》："钓台南有宣光殿，北有嘉福殿，西有九龙殿。"

下：①位置在低处，也指物体的下部〈5〉。如《永宁寺》："宝瓶下有承露金盘一十一重，周匝皆垂金铎。"

右：⑤右手一边的方位，与"左"相对〈1〉。见《大觉寺》："是以温子升碑云：'面水背山，左朝右市'是也。"

中：⑦当中〈11〉。如《崇真寺》："讲经者心怀彼我，以骄凌物，比丘中第一粗行。"

左：②方位名。与"右"相对〈1〉。见《大觉寺》："是以温子升碑云：'面水背山，左朝右市'是也。"

3. 有关人和人体的基本词，14个

舌：①舌头〈1〉。见《平等寺》："庄帝疑恭奸诈，夜遣人盗掠衣物，复拔刀剑欲杀之，恭张口以手指舌，竟乃不言。"

按：甲骨文写作"ᚸ"，像舌出于口之形，以表示舌头。其从数点者乃像其口液。如

"疾舌"（续五·十七·三）。

首：①头〈5〉。如《宣忠寺》："兆得徽首，亦不勋赏祖仁。"

按：甲骨文写作"⟨图⟩"，像头之侧面形，本义为头。卜辞即用其本义。如"疾首"（前六·一七·七）。

心：①心脏〈2〉。如《景宁寺》："于后数日，庆之遇病，心上急痛，访人解治。"

按：甲骨文写作"⟨图⟩"，像人心脏的轮廓形，即心之本字。引申之表示人的心情。如"王心若"（拾九·一〇）。

另外，以下词语义项亦见于甲骨文。

齿：①门牙〈1〉。见《平等寺》："遂虐甚剖心，痛齐钳齿。"

腹：②肚子〈1〉。见《永宁寺》："是日水浅，不没马腹，故及此难。"

骨：①骨头〈4〉。如《闻义里》："死者以火焚烧，收骨葬之，上起浮图。"

疾[1]：①病痛〈3〉。如《景宁寺》："或有人慕其高义，投刺在门，元慎称疾高卧。"

口：①人类用来发声和进食的器官〈8〉。如《永宁寺》："口唱南无，合掌连日。"

目：①眼睛〈10〉。如《闻义里》："雪有白光，照耀人眼，令人闭目，茫然无见。"

人：①能造造和使用工具进行劳动，并能用语言进行思维的高等动物〈140〉。如《景明寺》："子才，河间人也。"

心：④思想、意念、感情的通称。又引申指人的心情〈8〉。如《开善寺》："马氏悟觉，心不遑安。"

言[2]：①话〈14〉。如《秦太上公寺》："元宝如其言，至灵台南，了无人家可问。"

子[3]：②专指儿子〈13〉。如《建中寺》："乂是江阳王继之子，太后妹婿。"

足：①脚〈1〉。见《宣忠寺》："兆乃发怒捉祖仁，悬首高树，大石坠足，鞭捶之以及于死。"

4．有关物质文化生活的基本词

《伽蓝记》中有关物质文化生活的词语，有13个甲骨卜辞已见，其中关于宫室城邑的有8个，关于食品器用的有5个。

第一，有关宫室城邑的，8个。

门：②房屋、围墙、车船等出入口〈53〉。如《宝光寺》："寺门无何都崩，天光见而恶之。"

按：甲骨文写作"⟨图⟩"，像两扉关闭之形。卜辞用其本义。如"南门"（甲八四〇）。

邑：④人民聚居之处。后泛指村落、城镇〈1〉。见《永明寺》："百姓野居，邑屋

---

〔1〕甲骨文像人睡在床上出汗之形，以表示有病。即疾病之疾的早期形态。甲骨文作为动词，有生病之义。即用其本义。如"王疾齿"（前四·四·二）。

〔2〕甲骨文写作"⟨图⟩"，既为名词"话语"，又为动词"说话"义。

〔3〕甲骨文像孺子之形，后来引申为专指儿子。

相望。"

按：甲骨文写作"🖼"，都邑之邑，为人所居住之聚落。卜辞无"都"字，凡都城皆称邑。如"乍邑"（丙八六）。

宅： ⑥住宅；住所〈65〉。如《景乐寺》："寺西有司徒府，东有大将军高肇宅。"

按：甲骨文写作"🖼"，从宀乇声。卜辞用为住宅之宅。如"乎帝奏于洮宅"（合二九五）。

另外，以下词语义也见于甲骨卜辞。

馆： ①客舍；招待宾客居住的房屋〈2〉。如《法云寺》："至于春风扇扬，花树如锦，晨食南馆，夜游后园。"

郭： ②外城，古代在城的外围加筑的一道城墙〈5〉。如《永宁寺》："一日即得万人，与归等战于郭外，凶势不摧。"

户： ①单扇门，亦泛指门户〈6〉。如《永宁寺》："浮图有四面，面有三户六窗，户皆朱漆。"

家： ①人所居；住房〈10〉。如《修梵寺》："时邢峦家常掘得丹砂及钱数十万。"

室： ②房屋；宅舍〈8〉。如《法云寺》："是以入或室者，谓登仙也。"

第二，有关食品器用的名称，5个。

车： ①车子，陆地上有轮子的交通运输工具〈3〉。如《永宁寺》："唯有经史，盈车满架。"

按：甲骨文写作"🖼"，像车有两轮之形，卜辞中其中义之一用其本义。如"王车"（菁一）。

醴： ①甜酒〈1〉。见《冲觉寺》："珍羞具设，琴笙并奏，芳醴盈罍，嘉宾满席。"

按：甲骨文写作"🖼"，即"醴"，甜酒。如"叀新豊用"（粹二三二）[1]。

舟： ①船〈1〉。见《法云寺》："舟车所通，足迹所履，莫不商贩焉。"

按：甲骨文写作"🖼"，像舟船之形。卜辞用其本义。如"王其帅舟于滴，亡灾"（后上一五·八）。

另外，以下词语义项也见于甲骨卜辞。

鼓： ①打击乐器。多为圆桶形或扁圆形，中间空，一面或两面蒙着皮革〈3〉。如《王典御寺》："至于六斋，常击鼓歌舞也。"

酒： ①饮料名。用粮食、水果等含淀粉或糖的物质发酵制成的含乙醇的饮料〈19〉。如《景兴尼寺》："苻生虽好勇嗜酒，亦仁而不杀。"

5. 有关动植物名称的基本词

《伽蓝记》中有关动植物名称的词语有 12 个在甲骨卜辞中已见，其中关于动物名称的有 10 个，关于植物名称的有 2 个。

---

〔1〕 该例证引自徐朝华的《上古汉语词汇史》第 28 页。

第一，有关动物的名称，10 个。

虎：①兽名，通称老虎〈6〉。如《建中寺》："养虎自啮，长虺成蛇。"

按：甲骨文写作"𧆞"，像侧面看虎之形，夸大其嘴以别于其他动物。商代为畋猎之对象。如"隻虎"（存一·二三七四）。

鸟[1]：①古指尾羽长的飞禽，今为脊椎动物的一纲。体温恒定，卵生，嘴内无齿，全身有羽毛〈8〉。如《法云寺》："异林花共色，别树鸟同声。"

按：甲骨文写作"𠃉"，像鸟突出其嘴之形。卜辞的鸟或作人名或作地名或作星名，真正用其本义者不多见。如"鸣鸟"（合三六）。

鱼：①水生脊椎动物。体温随外界温度而变化。一般身体侧扁，有鳞和鳍。用鳃呼吸〈7〉。如《正始寺》："子英游鱼于玉质，王乔系鹄于松枝。"

按：甲骨文写作"𩵋"，像鱼侧面之形，当为鱼字之早期形态。卜辞或用其本义，如"王兽亳鱼，禽"（前一·二九·四）。

另外，以下词语义项也见于甲骨卜辞。

狐：①兽名，通称狐狸〈1〉。见《法云寺》："邻人逐之，变成一狐，追之不得。"

马：①哺乳动物。头小面长，耳壳直立，颈上有鬣，尾有长毛，四肢强健，有蹄〈19〉。如《永宁寺》："部落八千余，家有马数万匹，富等天府。"

牛：①反刍偶蹄类哺乳动物，头部有角一对，体大力强，善于负重〈7〉。如《白马寺》："白马甜榴，一实直牛。"

犬：①家畜名，俗称狗〈1〉。见《寿丘里》："鳏寡不闻犬豕之食，茕独不见牛马之衣。"

豕：猪〈1〉。见《寿丘里》："鳏寡不闻犬豕之食，茕独不见牛马之衣。"

象：①兽名。耳朵大，鼻子长圆筒形，能蜷曲，多有一对长大的门牙伸出口外，全身的毛很稀疏，皮很厚〈5〉。如卷三《龙华寺》："常养象于乘黄曹，象常坏屋毁墙，走出于外。"

羊：①哺乳动物。反刍类。有绵羊、山羊、羚羊、黄羊等种〈7〉。如《景宁寺》："京兆许超梦盗羊入狱，问于元慎。"

第二，有关植物的名称，2 个。

麦：①一年生或二年生草本植物。子实用来磨成面粉，也可以用来制糖或酿酒，是我国北方重要的粮食作物〈2〉。如《闻义里》："城中居民可有百家，土地无雨，决水种麦。"

按：甲骨文写作"来"，像小麦之形，与来往之来作麦者有别。甲骨文用作名词即指小麦，为商代谷类作物之一。如"翌乙未亡其告麦"（前四·四〇·六）。

黍：①植物名。古代专指一种子实称黍子的一年生草本作物〈1〉。见《序》："农夫

---

[1] 该义项《汉语大词典》首引例证为唐代韩愈《郓州溪堂诗》，过迟。

耕老，艺黍于双阕。”

按：甲骨文写作“”，像黍子之形。甲骨文用作名词即指黍子（今去皮称大黄米），为商代的主要谷类作物。如“贞，我受黍年？不其受黍年？”（乙一二七七）。

6. 有关武器、军队的名称

《伽蓝记》中见于甲骨卜辞的有关武器、军队等名称的有2个。

斧：①斧子。砍物的工具，有柄。古代专指銎为椭圆形者〈1〉。见《昭仪尼寺》：“其日云雾晦冥，下斧之处，血流至地，见者莫不悲泣。”

按：甲骨文写作“”，像斧形。卜辞用其本义，如“叀斧爯”（乙五二九六）。

师：④军旅，军队〈4〉。如《法云寺》：“于是五万之师，一时溃散。”

按：甲骨文写作“”，构形之意不明，卜辞均借用为师，大多数作为师旅之师，乃指军队而言。从卜辞看，这种意义的师有两种用法：一泛指军队，如“今夕师亡畎宁”（粹一二〇六）；二指军队的一种建制。此处是第一种用法。

（二）动词

《伽蓝记》词语中共有74个单音节动词可以追溯到甲骨卜辞，这些词语均是基本词汇。

1. 有关人的行走活动的动词

《伽蓝记》中有关人的行走活动的动词有19个在甲骨卜辞中已见。

来：②由彼及此，与“去”“往”相对〈43〉。如《昭仪尼寺》：“众僧闻像叫声，遂来捉得贼。”

按：甲骨文写作“”，像小麦之形。甲骨文用作来往之来，则为借音字。如“戊午卜，贞，王其田，往来亡灾”（甲三九一八）。

行：④行走〈32〉。如《永明寺》：“从扶南国北行一月，至林邑国。”

按：甲骨文写作“”，像四面通行的大街，本义当指道路。甲骨文用作动词，表示行走。如“己丑，王不行自雀”（乙九四七）。

逐：①追赶；追逐〈3〉。如《法云寺》：“邻人逐之，变成一狐，追之不得。”

按：甲骨文写作“”，从止在豕后，表示人后追赶之意，即逐之本字。或从犬从兔，构形之意同，通用无别。由此可见甲骨文时代的逐字还没有统一到从豕，即还没有完全抽象化而最后定型。卜辞逐字只用于追兽，这是和后代很不相同的地方。如“贞，王其逐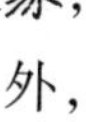，隻辛未卜，亘贞”（合二〇五）。

另外，以下词语义项亦见于甲骨卜辞。

步：①步行，用脚走〈1〉。见《序》：“阮籍诗曰‘步出上东门’是也。”

出：①自内而外，与“入”“进”相对〈15〉。如《永宁寺》：“怀恨出国门，含悲入鬼乡。”

从：①跟从，跟随〈8〉。如《永宁寺》：“臣从太原王来朝陛下，何忽今日枉致无理?"

达：②达到〈3〉。如《正始寺》："庭起半丘半壑，听以目达心想。"

归：②返回〈7〉。如《追先寺》："孝昌元年，明帝宥吴人江革，请略归国。"

即：②接近〈2〉。如《永宁寺》："弃亲即仇，义将焉据也?"

及：②至〈8〉。如《平等寺》："兆遂乘胜逐北，直入京师，兵及阙下，矢流王室。"

立：①站立〈2〉。如《闻义里》："有金像一躯，举高丈六，仪容超绝，相好炳然，面恒东立，不肯西顾。"

去：①离开〈21〉。如《景宁寺》："急手速去，还尔扬州。"

入：①进入〈68〉。如《永宁寺》："是年入洛，庄帝北巡。"

涉：①徒步渡水〈2〉。如《景宁寺》："如登泰山者卑培塿，涉江海者小湘沅，北人安可不重?"

往：①去〈9〉。如《平等寺》："京师士女空市里往而观之。"

至：①到〈87〉。如《崇真寺》："出建春门外一里余，至东石桥。"

至：②来〈10〉。如《法云寺》："以其远至，号曰'鹤觞'。"

追：①追逐，追赶〈2〉。如《法云寺》："邻人逐之，变成一狐，追之不得。"

走：①疾趋，奔跑〈7〉。如《菩提寺》："涵性畏日，……常走于逵路，遇疲则止，不徐行也。"

2. 有关视听语言方面的动词

《伽蓝记》中有关视听语言方面的动词有 11 个在甲骨卜辞中已见。

告：③告知，告诉〈3〉。如卷二《龙华寺》："综形貌举止其似昏主，其母告之，令自方便。"

按：甲骨文写作"𡔲"，有人以为告是在舌上加一画以表示用口舌告诉他人之意。甲骨文用作动词，有报告、告诉之义。如"己酉卜，召方来，告于父丁"（甲八一〇）。

见：①看见；看到〈56〉。如《昭仪尼寺》："时见五色光明，照于堂宇。"

按：甲骨文写作"𦣻"，像人睁大眼睛，表示看见。此为本义。甲骨文用作动词，有献的意义，为借音字。如"卓见百牛"（前七·三二·四）。

听：①以耳受声〈4〉。如《正觉寺》："卑身素服，不听音乐，时人以此称之。"

按：甲骨文写作"𦕇"，从口有所言，从耳有所闻，表示听闻之义。即听字之古文。甲骨文作为一般动词，从后代的词义观念来看，其中之一表示听闻之义，近似于现代所说的听见了什么。如"方亡听"（后下三〇·一六）。

另外，以下词语义项均见于甲骨卜辞。

呼：③呼唤〈2〉。如《白马寺》："把粟与鸡呼朱朱。"

见：②谒见；拜见〈5〉。如《永宁寺》："谓卿明眸击节，躬来见我。"

令：①谓发出命令让人执行〈1〉。见《明悬尼寺》："寺东有中朝时常满仓，高祖令为租场，天下贡赋所聚蓄也。"

鸣：①鸟兽昆虫叫〈2〉。如《闻义里》："鸟鸣春树，蝶舞花丛。"

望：①远视，遥望〈8〉。如《闻义里》："国之南界有大雪山，朝融夕结，望若玉峰。"

闻：①听见〈50〉。如《正始寺》："嗣宗闻之动魄，叔夜听此惊魂。"

言：⑤说；说话〈21〉。如《景宁寺》："读《老庄》，善言玄理。"

曰：①说道〈122〉。如《白马寺》："宝公曰：'大竹箭，不须羽。东厢屋，急手作。'"

3．有关日常生活的动词

《伽蓝记》中有关日常生活的动词有 4 个甲骨卜辞已见。

梦：②做梦〈6〉。如《景宁寺》："京兆许超梦盗羊入狱，问于元慎。"

按：甲骨文写作"𣶒"，像人睡床上夜里做梦双手舞动之形，表示做梦之义，当为梦字的早期形态。甲骨文作为动词，即用其本义"做梦"。如"丙申卜，争贞，王梦隹𡆥"（丙八一）。

孕：①怀胎〈1〉。见卷二《龙华寺》："宝卷有美人吴景晖，时孕综经月，衍因幸景晖，及综生，认为己子。"

按：甲骨文写作"𡥏"，从女腹中有子，或从人腹中有子。均表示怀孕之义。卜辞作为动词，用其本义。如"帚好孕"（京二〇三五）。

宅：①居住〈1〉。见卷三《龙华寺》："乐中国土风因而宅者，不可胜数。"

按：甲骨文写作"𠂤"，用为动词，为建筑住宅之义，如"贞，今二月宅东寝"（卜五九五）。

饮：①喝〈11〉。如《景宁寺》："性嗜酒，饮至一石，神不乱常。"

4．有关存在或变化的动词

《伽蓝记》中有关存在或变化的动词有 6 个在甲骨卜辞中已见。

生：⑥生存；活（与"死"相对）〈6〉。如《永宁寺》："权去生道促，忧来死路长。"

按：甲骨文写作"𡳽"，像草从地生长出来之形。甲骨文用作动词，有"活的"意义，应是引申义。如"生鹿"（粹九五一）。

无[1]：①没有〈54〉。如《景明寺》："虽外有四时，而内无寒暑。"

按：甲骨文的有无之无，写作"亾"，构形不明。甲骨文作为动词，用作有无之无。如"今日壬，亡大雨"（粹七〇五）。

有：①拥有；保有。与"无"相对〈129〉。如《景林寺》："寺西有园，多饶奇果。"

按：甲骨文写作"𡚒"，构形不明。甲骨文作为动词，用作有无之有。如"乙酉卜，

---

[1] 卜辞中"無"不用作有无之"无"。

大贞，及兹二月㞢大雨”（前三・一九・二）。

另外，以下词语义项均见于甲骨卜辞。

改：①更改〈19〉。如《永宁寺》：“颢登皇帝位，改年曰建武元年。”

生：⑤生长〈5〉。如《闻义里》：“赤岭者，不生草木，因以为名。”

死：①死亡，生命终止〈30〉。如《永宁寺》：“时有三比丘，赴火而死。”

5. 有关战争方面的动词

《伽蓝记》中有关战争方面的动词有6个甲骨卜辞已见。

伐：④征伐〈2〉。如《闻义里》：“访古老，云是吕光伐胡时所作。”

按：甲骨文写作“”，用作征伐之伐，当为引申义。如“乎多臣伐𢀛方”（前四・三一・三）。

克：⑤战胜；攻取〈3〉。如《永宁寺》：“假获民地，本是荣物，若克城邑，绝非卿有，徒危宗国，以广寇仇。”

按：甲骨文写作“”，像人微曲身体以手拊膝有所承负之形，本义当为“肩任”“担负”“承受”之类的意义。甲骨文用作动词，有克敌制胜之义，则又是引申义之引申。如“甲戌卜，㱿贞，雀壬子正箕方克”（乙五五八二）。

戍：①守边，防守〈2〉。如《秦太上公寺》：“元宝与子渊同戍三年，不知是洛水之神也。”

按：甲骨文写作“”，用为动词均用其本义指戍守。如“王其乎众戍”（邺三・四六・七）。

另外，以下词语义项均见于甲骨卜辞。

俘：①用战争手段掳获对方人员〈1〉。见《平等寺》：“下官既为议臣，依礼而言，不合圣心，俘剪惟命。”

御：⑰抵御；抵抗〈1〉。见《闻义里》：“今城是土谷浑第二息宁西将军，总部落三千，以御西胡。”

执：①拘捕〈1〉。见《平等寺》：“永安中遁于上洛山中，州刺史泉企执而送之。”

6. 有关人的作为的动词

《伽蓝记》中有关人的作为的动词有28个甲骨卜辞已见。

第一，表示单纯的动作行为，即一般不带宾语，8个。

焚：①烧，焚烧〈2〉。如《永宁寺》：“世隆见桥被焚，遂大剽生民，北上太行。”

按：甲骨文写作“”，从林从火，像以火焚烧林木之形。甲骨文作为动词，为狩猎时焚烧山林，迫使野兽外出以便擒获之义。如“癸卯允焚，隻”（合一九四）。

舞：②跳舞，表演舞蹈〈4〉。如《闻义里》：“当时太簇御辰，温炽已扇，鸟鸣春树，蝶舞花丛。”

按：甲骨文写作“”，像人舞蹈之形。即舞之本字。卜辞从不用作有无之无。甲骨文作为动词，即用其本义。如“王無”，即王跳舞（乙二五九二）。

休：①休息〈2〉。如《平等寺》："王其寅践成业，允执其中，虽休勿休，日慎一日，敬之哉！"

按：甲骨文写作"𣝔"，从人依木，会人息止之意。甲骨文用作动词，很可能即用其本义。如"壬寅卜，古贞，王休"（林一·廿三·一五）。

另外，见于甲骨卜辞的词语义项还有以下几个。

卜：①古人用火灼龟甲，根据裂纹来预测吉凶，叫卜。后泛称预测吉凶〈1〉。见《闻义里》："宋云……说管辂善卜，华陀治病，左慈方术。"

宠：①宠爱〈3〉。如《高阳王寺》："修容亦能为《绿水歌》，艳姿善为《火凤舞》，并爱倾后室，宠冠诸姬。"

田：③耕种〈1〉。见《闻义里》："城中居民可有百家，土地无雨，决水种麦，不知用牛，耒耜而田。"

退：②离去；引退〈1〉。见《正始寺》："进不入声荣，退不为隐放。"

奏：⑤演奏，吹奏〈2〉。如《冲觉寺》："珍羞具设，琴笙并奏。"

第二，表示及物的动作行为，20个。即一般带宾语的，可分为以下两类。

第一类，宾语是物或与物有关的事情，14个。

获：④得到；取得〈3〉。如《寿丘里》："对曰：'臣有两手，唯堪两匹，所获多矣。'"

按：甲骨文写作"𩏩"，为"获"的初文，写作"隻"，像以手（又）抓住一羽禽（佳）之形。甲骨文作为动词，即用其本义。如"贞，乎逐豕，隻"（粹九四七）。

取：⑩得到〈2〉。如《菩提寺》："沙门达多发冢取砖，得一人以进。"

按：甲骨文写作"𠂇"，像以手拿着耳朵之形。本义当为获取（取得战俘的耳朵）。甲骨文用作动词，其中意义之一用作一般的取得之义，则为本义之引申，如"取牛"（南明五）。

网：③用网捕捉〈1〉。见《景宁寺》："□〔1〕头犹脩，网鱼漉鳖。"

按：甲骨文写作"𦉶"，像网张开之形，即网之本字。甲骨文用作动词，为以网捕捉禽兽之义。如"网鹿"（人二一一六）。

另外，以下词语义项均见于甲骨卜辞。

避：①躲开；回避〈1〉。见卷三《龙华寺》："北夷酋长遣子入侍者，常秋来春去，避中国之热，时人谓之雁臣。"

并：①平列〈2〉。如《景宁寺》："移风易俗之典，与五帝而并迹。"

鼓：⑦敲击或弹奏乐器〈2〉。如《高阳王寺》："徐鼓箜篌而歌，哀声入云。"

列：④陈列；排列〈3〉。如《永明寺》："庭列修竹，檐拂高松。"

---

〔1〕 范祥雍本、周祖谟本并缺该字。范祥雍本指范祥雍的《洛阳伽蓝记校注》，周祖谟本指周祖谟的《洛阳伽蓝记校释》。

乞：①求讨〈4〉。如《永宁寺》："时十二月，帝患寒，随兆乞头巾，兆不与。"

启：①开〈1〉。见《法云寺》："千金比屋，层楼对出，重门启扇。"

设：③陈列，摆设〈7〉。如《秦太上公寺》："兼设珍羞，海陆备具。"

系：①拴缚〈2〉。如《正始寺》："子英游鱼于玉质，王乔系鹄于松枝。"

向：②面对〈4〉。如《秦太上君寺》："中有五层浮图一所，修刹入云，高门向街。"

用：①使用〈12〉。如《景兴尼寺》："本有三层浮图，用砖为之。"

作：⑥建造〈18〉。如《景林寺》："高祖于碑北作甬茨堂。"

第二类，宾语主要是人或与人有关的事情，有时也跟物，6个。

鞭：②鞭打；敲打〈1〉。见《闻义里》："去塔一里，东北下山五十步，有太子男女绕树不去，婆罗门以杖鞭之流血洒地处，其树犹存。"

按：甲骨文写作"🔲"，从攴丙声。后代写作更。即古文鞭字。甲骨文用作动词，为鞭驱之意。如"戊午卜，🔲🔲，弗其🔲"（乙七六八〇）。

刺：②刺杀；杀死〈1〉。见《宣忠寺》："使祖仁备经楚挞，穷其涂炭，虽魏其侯之笞田蚡，秦王之刺姚苌，以此论之，不能加也！"

按：甲骨文写作"🔲"，"刺"之古字，像一种用来刺杀的器具，本应是名词。由此发展而用来指称表示刺杀，则为动词。如"束羊豕"（乙八八九七）。

射：①射箭〈4〉。如，《开善寺》："子集惊怖，张弓射之，应箭而倒，即变为桃人。"

按：甲骨文写作"🔲"，卜辞用作动词就是用箭射的意思。从卜辞来看，动词射多用来射击野兽。如"贞，其射鹿，隻"（前三·三二·四）。

另外，以下词语义项均见于甲骨卜辞。

得：①获得，得到〈46〉。如《建中寺》："掘故井得《石铭》云是汉太尉荀彧宅。"

擒：①捕捉，捉拿〈3〉。如《平等寺》："尔朱兆入洛阳，擒庄帝，帝崩于晋阳。"

疑：④疑忌；猜忌〈4〉。如《宣忠寺》："兆疑其藏隐，依梦征之。"

（三）形容词

《伽蓝记》中见于甲骨卜辞的形容词较少，有11个。

白：①像雪一般的颜色〈2〉。如《闻义里》："雪有白光，照耀人眼。"

按：甲骨文写作"🔲"，构形不明。甲骨文用来表示颜色，为形容词，则是借音字。如"白牛"（京四一八六）。

黄：①五色之一。即像金子或成熟的杏子的颜色〈1〉。见《正始寺》："羽徒纷泊，色杂苍黄。"

按：甲骨文写作"🔲"，黄字的构形不明，卜辞以之表示颜色，常常用来形容牛的毛色，则为借音字。如"黄牛"（粹五四五）。

新：②初次出现的。与"旧"相对〈6〉。如《序》："高祖数诣寺与沙门论义，故通此门，而未有名，世人谓之'新门'。"

按：甲骨文写作"⚡️"，从斤从亲，表示砍取薪木之意，当为薪之本字，应为会意字。甲骨文用作新旧之新，则为借音字。如"新邕"（续一·四四·六）。

另外，见于甲骨卜辞的还有以下几个。

赤：①浅朱色，亦泛指红色〈3〉。如《景林寺》："又有仙人桃，其色赤，表里照彻，得霜即熟。"

大：①与"小"相对〈21〉。如《闻义里》："太子室前十步，有大方石。"

多：①数量大。与少、寡相对〈49〉。如《正始寺》："或就饶风之地，或入多云之处。"

高：①从下向上距离大，离地面远〈31〉。如《闻义里》："阿育王起塔笼之，举高十丈。"

黑：②晦暗；黑暗〈1〉。见《崇真寺》："阎罗王敕付司，即有青衣十人送昙谟最向西北门，屋舍皆黑，似非好处。"

吉：②吉利；吉祥〈3〉。如《闻义里》："以指触之，若吉者，金铃鸣应；若凶者，假令人摇撼，亦不肯鸣。"

小：①与"大"相对〈10〉。如《景林寺》："中有禅房一所，内置祇洹精舍，形制虽小，巧构难比。"

骤：③疾速；急促〈1〉。见《闻义里》："大王亲总三军，远临边境，寒暑骤移，不无顿弊？"

（四）数词

卜辞已有从"一"到"万"一整套数词（徐朝华，2003：36）。《伽蓝记》中见于甲骨卜辞的单音节数词有 17 个，包括 13 个基数词和 4 个序数词。

1. 基数词，13 个

基数词是表示数目多少的词，包括系数和位数。

（1）表系数的数词。

一：①数词。大写作"壹"。最小的正整数。常用以表示人或事、物的最少数量〈127〉。如《瑶光寺》："有五层浮图一所，去地五十丈。"

按：甲骨文的一字，写作"一"，为指事字，是最普遍的记数方法。有人解释一字像人伸出一个指头之形，可备一说。甲骨文时代的记数词和序数词在形态上没有区别。

二：①数词。一加一所得〈43〉。如《永宁寺》："玉像二躯。"

按：甲骨文就是划两道横画，即"二"为指事字。甲骨文时代，"二"是记数词，也是序数词，形态上没有区别。

三：①数词。二加一所得〈78〉。如《长秋寺》："中有三层浮图一所"。

按：甲骨文写作"三"为指事字。甲骨文时代，"三"是记数词，也是序数词，形态上没有区别。

另外，见于甲骨卜辞的数词还有以下几个。

四：①数词。三加一所得〈56〉。如《瑶光寺》："凡四殿，皆有飞阁向灵芝往来。"

五：②数词。四加一所得。（1）表示计数〈26〉。如《胡统寺》："宝塔五重，金刹高耸。"

六：①数词。五加一所得〈13〉。如《报德寺》："魏文帝作《典论》六碑。"

七：①数词。六加一所得之和〈21〉。如《永明寺》："出闾阖门城外七里，有长分桥。"

八：①数词。七加一所得〈17〉。如《平等寺》："广陵杜口八载，至是始言"。

九：①数词。八加一所得〈10〉。如《永宁寺》："中有九层浮图一所。"

（2）表位数的数词。

十：①数词。（1）九加一所得〈26〉。如《法云寺》："凡此十里，多诸工商货殖之民。"

百：①数词。十的十倍〈9〉。如《闻义里》："窟西南百步，有佛浣衣处"。

千：①数词。十个百。大写作"仟"〈3〉。如《追先寺》："又除宣城太守，给鼓吹一部，剑卒千人。"

万：①数词。千的十倍〈3〉。如《永宁寺》："部落八千余，家有马数万匹，富等天府。"

2. 序数词，4 个

甲骨文时代的基数词和序数词在形态上没有区别（赵诚，2016：254），《伽蓝记》中有 4 个序数词可以追溯到甲骨卜辞中，它们都是单音节词语，不带词头，和基数词共用一个词形。

一：②序数的第一位〈2〉。如《永宁寺》："至十月一日，隆与荣妻北乡郡长公主至芒山冯王寺为荣追福荐斋。"

二：②序数，第二〈22〉。如《永宁寺》："至孝昌二年中，大风发屋拔树。"

五：②数词。四加一所得。（2）表示序数〈6〉。如《平等寺》："五月，北海王入洛。"

十：②序数的第十位〈4〉。如《平等寺》："至十月终，而京师迁邺焉。"

（五）代词

《伽蓝记》的代词中，见于甲骨卜辞的有 4 个，其中第一人称 2 个，第二人称 1 个，指示代词 1 个，未见第三人称代词。

余：①我〈2〉。如《序》："至武定五年，岁在丁卯，余因行役，重览洛阳。"

按：甲骨文写作"个"，构形不明。甲骨文用作代词则为借音字。如"丙辰卜，王贞，余出梦"（戬三九·六）。

我：①代词。（2）我们；我们的〈3〉。如《景宁寺》："岂卿鱼鳖之徒，慕义来朝，饮我池水，啄我稻粱，何为不逊，以至于此？"

按：甲骨文写作"𠦍"，像一种武器的形状，本来是象形字。甲骨文用作代词则为借音字。甲骨文中的"我"未见指代个人者。如"甲辰卜，争贞，我伐马方，帝受我又”（丙一一四）。

汝：③你。多用于称同辈或后辈〈3〉。如《菩提寺》：“汝不须来！”

按：甲骨文写作“”，本为象形字，甲骨文用作人称代词，即后代之汝，则为借音字，甲骨文“女”有“你”和“你的”两种意义。如“女一人”（京二〇〇八）。

兹：⑥代词。此，这〈8〉。如《景明寺》：“时佛法经像盛于洛阳，异国沙门，咸来辐辏，负锡持经，适兹乐土。”

按：甲骨文写作“”，像两束并列的丝，当为丝之本字。甲骨文用作兹，为指示代词或指示词，则为借音字。如“贞，帝弗冬兹邑”（丙六六）。

（六）介词

《伽蓝记》的介词中，见于甲骨卜辞的有6个。

从：⑲介词。（1）由。介绍动作行为发生的处所〈22〉。如《永明寺》：“从扶南国北行一月，至林邑国。”

按：甲骨文写作“”，像跟从，相随之形，本为表意字。甲骨文用作介词，似为本义之引申。如“之日王往于田从东，允隻豕三”（林二·二二·十一）。

以：⑧介词。（1）拿；用〈74〉。如《景兴尼寺》：“崇义里东有七里桥，以石为之。”

按：甲骨文“”，后代写作“以”。构形不明。不知其本义为何。甲骨文作为动词，有一种用法近似于后代的“用”。如“甲辰贞，以众伐召方，受又”（粹一一二四）。

自：⑦介词（1）由；从〈26〉。如《瑶光寺》：“自此后颇获讥讪。”

按：甲骨文“”。本为表意字。甲骨文用作介词，则为借音字。卜辞的用法大体可分为三类。一如“自武丁至于武乙”（粹一一九），二如“自今至于戊寅”（前三·二〇·一），三如“王其步自臭于亡災”（佚二七一）。

另外，见于甲骨卜辞的介词义项还有以下几个。

于：⑧介词。（2）在〈106〉。如《永宁寺》：“作功奇巧，冠于当世。”

于：⑧介词。（4）向〈9〉。如《永宁寺》：“刑法疑狱，多访于景。”

于：⑧介词。（3）至，到〈16〉。如《报德寺》：“武定四年，大将军迁石经于邺。”

（七）副词

《伽蓝记》的副词中，见于甲骨卜辞的有12个。

1. 表示范围的

咸：①皆；都〈13〉。如《昭仪尼寺》：“时人咸云：‘此是荀勖故宅。’”

按：甲骨文写作“”，构形不明。甲骨文作为副词，表示完成，有“尽”“皆”“已经”之义。如“咸伐亦雨”（丙二〇九）。

2. 表示时间的

既：⑥副词。（2）已经〈5〉。如《闻义里》：“施功既讫，粪塔如初，在大塔南三百步。"

按：甲骨文写作"𝌀"，像人食毕要离去之形。本义当是"吃饭完毕"。引申为"结束""完毕""尽"。甲骨文用作副词，表示完成，有"已经"的意思或有"全""尽"的意思，具体意义已虚化。如"既卯"（宁一·七三）。

3. 表示否定的

不： ④副词。表否定〈165〉。如《永宁寺》："祸福不追，与能义绝。"

按：甲骨文写作"𝌀"，像草根之形。甲骨文用作副词，表示否定，则为借音字。如"王不冓雨"（京三八五三）。

4. 表示方式的

自： ①亲自〈28〉。如《平等寺》："谓左右'将笔来，朕自作之'"。

按：甲骨文写作"𝌀"，像鼻子的形状。本义为鼻子，引申为自己。甲骨文用作副词，有"亲自"之义，则又为进一步引申。如"王自往从兽"（佚一一五）。

另外，见于甲骨文的副词还有以下几个。

大： ⑮表示程度深〈13〉。如《高阳王寺》："闻者大笑。"

非： ⑥不〈25〉。如《闻义里》："若其不尔，实非人力所能举。"

弗： ③不〈4〉。如《景宁寺》："贵为交友，故时人弗识也。"

复： ⑦又；更；再〈45〉。如《景乐寺》："后汝南王悦复修之。"

果： ⑦副词。（2）果真；当真〈6〉。如《宝光寺》："众僧掘之，果得屋及井焉"。

勿： ⑥副词。（2）毋，不要。表禁止〈3〉。如《菩提寺》："作柏木棺，勿以桑木为欀。"

亦： ②副词。（2）又〈6〉。如《法云寺》："以其远至，号曰'鹤觞'，亦名'骑驴酒'。"

亦： ②副词。（1）也；也是〈60〉。如《永宁寺》："极佛境界，亦未有此！"

（八） 连词

《伽蓝记》的连词中，见于甲骨卜辞的有1个。

若： ⑯连词。（1）如果〈16〉。如《高阳王寺》："若论人物，有我无卿！"

按：甲骨文写作"𝌀"，构形不明。甲骨文用作连词，表示假设，则为借音字。如"壬寅卜，宁贞，若兹不雨，帝佳兹邑𝌀，不若"（遗六二○）。

（九） 助词

《伽蓝记》的助词中，见于甲骨卜辞的有以下2个。

见： ⑪用在动词前面表示被动。相当于被，受到〈2〉。如《景宁寺》："杨君见辱深矣。"

按：甲骨文写作"𝌀"，从人突出的眼睛，表示看见，乃其本义。甲骨文用作助词，表示被动，则为借音字。如"余见𝌀"（前七·三三·一）。见字表示被动的用法，后代一直沿用。

乎：①语气助词。（3）表反问。相当于"吗""呢"〈2〉。如《永宁寺》："况今奉未言之儿，以临天下，而望升平，其可得乎？"

按：甲骨文写作"𠀎"，构形不明。用作表疑问的语气词，近似于现在的"吗"，则为借音字。如"丁未卜，扶，𣥐咸戊、学戊乎？"（京二九三八）。

二、双音节词语

《伽蓝记》的双音节词语可以追溯到甲骨卜辞的有 17 个，全部为由系数和位数构成复合数词。

八十：八个十〈3〉。如《闻义里》："僧徒八十人。"

按：甲骨文写作"𠂆"，下部是一个八字。中间的那一竖画表示的是十。

二十：〈13〉。如《闻义里》："塔南二十步，有泉石。"

按：甲骨文写作"𠙶"，画两条竖道并连接下端，以区别于两个横道的二，当是指事字。

六十：〈1〉。见《闻义里》："复西南行六十里，至乾陀罗城。"

按：甲骨文写作"𠆢"，上面的那一竖画表示的是十，所以比单数的六明显地要长。

三十：〈4〉。如《永宁寺》："初掘基至黄泉下，得金像三十躯。"

四十：〈4〉。如《崇真寺》："有一比丘是般若寺道品，以诵四十卷《涅槃》，亦升天堂。"

五十：〈9〉。如《开善寺》："庆年五十，唯有一子，悲哀之声，感于行路。"

七十：〈1〉。见《闻义里》："今立寺，可七十余僧。"

九十：〈1〉。见《永宁寺》："中有九层浮图一所，架木为之，举高九十丈。"

二百：〈6〉。如《闻义里》："有大寺，僧徒二百人。"

三百：〈9〉。如《闻义里》："王更广塔基三百余步。"

四百：〈2〉。如《闻义里》："王即起塔，封四百户以供洒扫。"

七百：〈3〉。如《闻义里》："王有斗象七百头。"

二千：〈3〉。如《闻义里》："王即徙之葱岭山，去此池二千余里。"

三千：〈6〉。如《永宁寺》："王公卿士及诸朝臣死者三千余人。"

六千：〈2〉。如《高阳王寺》："童仆六千，妓女五百。"

八千：〈1〉。见《永宁寺》："部落八千余，家有马数万匹，富等天府。"

三万：〈1〉。见《永宁寺》："帝遣侍中源子恭、黄门郎杨宽，领步骑三万，镇河内。"

表 1 - 1　见于甲骨卜辞的《伽蓝记》词汇个数和使用频次情况

结构	词性	词量/个	词量百分比/%	词次/次	词次百分比/%	频次
单音节	名词	79	35.4	1 155	33.1	14.62
	动词	74	33.2	1 013	29.0	13.69
	形容词	11	4.9	128	3.7	11.63
	数词	17	7.6	466	13.3	27.41
	代词	4	1.8	16	0.5	4.00
	介词	6	2.7	253	7.2	42.16
	副词	12	5.4	373	10.7	31.08
	连词	1	0.4	16	0.5	16.00
	助词	2	0.9	4	0.1	2.00
	总计	206	92.4	3 424	98.0	16.62
双音节	数词	17	7.6	69	2.0	4.05
	总计	17	7.6	69	2.0	4.05
合计		223	100	3 493	100	15.66

　　由表 1 - 1 可知，甲骨文已见的《伽蓝记》词语或义项共有 223 个，约占《伽蓝记》词语总数[1]的 4%。从词语结构上看，包括单音节词语和双音节词语，其中单音节词语 206 个，占该期词语总数 92.4%；双音节词语有 17 个，占 7.6%。但从使用次数即词次看，单音节词语使用 3 424 次，占 98%，双音节词语使用 69 次，仅占 2.0%。从使用频次上看，见于甲骨文的《伽蓝记》词语或义项，有较高的使用频次，单音节词语平均为 16.62。高于平均数的有：介词使用频次最高，为 42.16；其次为副词，为 31.08；第三为单音节数词，为 27.41。低于平均数的有：连词为 16.00，名词为 14.62，动词为 13.69，形容词为 11.63，代词为 4.00，助词为 2.00。双音节词语仅限于复合数词，使用频次较低，为 4.05。从词性上看，有 9 种词类，其中单音节词包括名词、动词、形容词、数词、代词、介词、副词、连词、助词 9 种；双音节词语词性比较单一，只有系位组合的复合数词。见于甲骨文的《伽蓝记》词语以名词、动词为主，二者约占该时期词语总数的 70%，其余的约占 30%。

[1]　本书中的《伽蓝记》词语总数是指一般词语，有 5 307 个。

第二节　见于西周春秋传世典籍的《伽蓝记》词汇

　　西周春秋时期的传世语料主要有《诗经》、《今文尚书》[1]、《周易》[2]"六十四卦"等三种。经调查，《伽蓝记》中见于以上三部典籍的词语或义项共有 1 040 个，其中单音节词语 886 个，双音节词语 152 个，多音节词语 2 个。下面分别论述。

一、单音节词语

（一）名词

　　《伽蓝记》中的单音节名词共有 278 个可以追溯到《诗经》、《今文尚书》和《周易》"六十四卦"中，这些词语也主要是人们常说的基本词汇。

　　1. 有关天象、地理名称等自然物的基本词

　　《伽蓝记》中有关天象地理等自然物的单音节词语有 31 个在西周春秋中已见，其中关于天象的有 6 个，关于地理、地形的有 25 个。

　　（1）有关天象的基本词，6 个，均见于《诗经》。

　　毕：⑦星名。二十八宿之一〈1〉。见《景林寺》："离毕滂润，阳谷泄之不盈。"

　　冰：①水在摄氏零度以下凝结成的固体〈3〉。如《景林寺》："海西有藏冰室，六月出冰，以给百官。"

　　电：①闪电〈1〉。见《永宁寺》："风行建业，电赴三川。"

　　光：①光线〈3〉。如《闻义里》："雪有白光，照耀人眼。"

　　露：①夜晚或清晨近地面的水汽遇冷凝结于物体上的水珠，通称露水〈2〉。如《景明寺》："松竹兰芷，垂列阶墀，含风团露，流香吐馥。"

　　霜：①在气温降到摄氏零度以下时，靠近地面空气中所含的水汽凝结成的白色冰晶〈1〉。见《正始寺》："其中烟花露草，或倾或倒，霜干风枝，半耸半垂。"

　　（2）有关地理、地形的基本词，25 个。

　　见于《诗经》的有以下 17 个。

　　岸：①水边高起之地〈3〉。如卷三《龙华寺》："南北两岸有华表，举高二十丈。"

　　波：③波浪，起伏波动的水面〈3〉。如《景林寺》："至于鳞甲异品，羽毛殊类，濯波浮浪，如似自然也。"

　　地：①大地。与"天"相对〈2〉。如《瑶光寺》："又作重楼飞阁，遍城上下，从地望之，有如云也。"

---

　　〔1〕《今文尚书》28 篇，包括虞书（《尧典》《皋陶谟》）、夏书（《禹贡》《甘誓》）、商书（《汤誓》《盘庚》《高宗肜日》《西伯戡黎》《微子》）、周书（《牧誓》《洪范》《金縢》《大诰》《康诰》《酒诰》《梓材》《召诰》《洛诰》《多士》《无逸》《君奭》《多方》《立政》《顾命》《吕刑》《文侯之命》《费誓》《秦誓》）。

　　〔2〕《周易》"十翼"所包括的《彖》《象》《文言》《系辞》《说卦》《序卦》《杂卦》等归入战国时期。

地：②地面〈20〉。如《永宁寺》："有火入地寻柱，周年犹有烟气。"

皋：②岸；水边地〈1〉。见《大觉寺》："北瞻芒岭，南眺洛汭，东望宫阙，西顾旗亭，禅皋显敞，实为胜地。"

谷：④山间深凹的低地，多有出口与山外相通〈1〉。见《景林寺》："山西有妲娥峰，峰上有露寒馆，并飞阁相通，凌山跨谷。"

海：①百川会聚之处。后指大洋靠近陆地的部分〈3〉。如《永宁寺》："见浮图于海中，光明照耀，俨然如新。"

河：②河流的通称〈6〉。如《闻义里》："河西岸上，有如来作摩竭大鱼，从河而出。"

涧：①两山间的水沟〈2〉。如《高阳王寺》："若言川涧，伊、洛峥嵘。"

江：①专指长江〈3〉。如《景宁寺》："时朝廷方欲招怀荒服，待吴儿甚厚，褰裳渡于江者，皆居不次之位。"

界：①地界；边界〈3〉。如《闻义里》："八月初入汉盘陀国界。"

曲：⑨弯曲的地方〈1〉。见《正始寺》："逢岑爱曲，值石陵敧。"

原：⑧宽广平坦之地〈2〉。如《闻义里》："川原沃壤，城郭端直。"

园：①四周圈围，种植蔬果花木的地方〈6〉。如《景林寺》："寺西有园，多饶奇果。"

泽：①水聚汇处〈1〉。见《景宁寺》："乐水爱山，好游林泽。"

沼：①水池〈1〉。见《冲觉寺》："斜峰入牖，曲沼环堂。"

洲：①水中的陆地〈1〉。见《景宁寺》："在河之洲，咀嚼菱藕。"

见于《周易》"六十四卦"的有以下 2 个。

泥：①和着水的土〈1〉。见《闻义里》："履石之处，若践水泥，量之不定，或长或短。"

土：②田地；土地〈6〉。如《闻义里》："土饶珍宝，风俗淳善。"

见于《今文尚书》的有以下 6 个。

金：①通称金子或黄金〈12〉。如《闻义里》："国王与湿婆仙立庙，图其形象，以金傅之。"

壤：①泥土〈1〉。见《闻义里》："川原沃壤，城郭端直。"

水：②特指河流〈3〉。如《景宁寺》："近伊洛二水，任其习御。"

铁：①金属的一种，符号 Fe〈3〉。如《景乐寺》："下有甘井一所，石槽铁罐，供给行人。"

银：①金属的一种，符号 Ag。通称银子或白银〈2〉。如《寿丘里》："以银为槽，金为环锁，诸王服其豪富。"

珠：①珍珠〈5〉。如《闻义里》："刻石为铭，嘱语将来，若此塔坏，劳烦后贤出珠修治。"

2. 有关时间、空间等的基本词

《伽蓝记》中有关时间、空间的基本词汇有 34 个在西周典籍中已见，其中关于时间的有 19 个，关于空间、方位的有 15 个。

（1）有关时间的基本词。

见于《诗经》的有以下 12 个。

晨：①天亮；日出时〈2〉。如《法云寺》："晨食南馆，夜游后园。"

冬：①一年四季的最后一季，农历十月至十二月〈11〉。如《修梵寺》："今犹有水，冬夏不竭。"

古：①古代。与"今"相对〈7〉。如《闻义里》："其城内外，凡有古寺。"

日：⑩日子；时候〈13〉。如《正觉寺》："肃在江南之日，聘谢氏女为妻。"

世：②父子相承为世，因以指一代〈1〉。见《闻义里》："治国以来，已经二世。"

夙：①早；早年〈1〉。见《追先寺》："侍中义阳王略，体自藩华，门勋夙著，内润外朗，兄弟伟如。"

夕：①傍晚，日暮〈1〉。见《闻义里》："国之南界有大雪山，朝融夕结，望若玉峰。"

下：⑧次序或时间在后〈1〉。见《正始寺》："自余百官各有差，少者不减五千已下，后人刊之。"

夏：夏季。四季的第二季。农历四月至六月〈9〉。如《寿丘里》："莫不桃李夏绿，竹柏冬青。"

宵：①夜〈1〉。见《高阳王寺》："入则歌姬舞女，击筑吹笙，丝管迭奏，连宵尽日。"

夜：①从天黑到天亮的一段时间，与"昼""日"相对〈9〉。如《法云寺》："每于夜见赤光行于堂前，如此者非一。"

终：①事物的结局。与"始"相对〈7〉。如《平等寺》："世隆既有忿言，季明终得无患。"

见于《周易》"六十四卦"的有以下 3 个。

后：①时间较迟或较晚，与"先"相对〈30〉。如《平等寺》："为西兖州刺史，先用后表。"

始：①开始，开端。与"终"相对〈11〉。如《白马寺》："白马寺，汉明帝所立也，佛入中国之始。"

先：①谓时间或次序在前。与"后"相对〈6〉。如《平等寺》："国之吉凶，先炳祥异"。

见于《今文尚书》的有以下 4 个。

末：⑧终，最后〈7〉。如《法云寺》："正光末，高平失据，虎吏充斥。"

日：⑦记历的单位。特指一个月内的某一天〈19〉。如《永宁寺》："四月十一日，荣过河内，至高头驿。"

闰：①历法术语。指历法纪年和地球围绕太阳一周运行时间的差数，多余的叫闰，如"闰月"〈1〉。见《闻义里》："年无盈闰，月无大小，周十二月为一岁。"

载：①年〈1〉。见《平等寺》："广陵杜口八载，至是始言。"

（2）有关空间、方位的基本词。

见于《诗经》的有以下 12 个。

背：④物的上面〈1〉。见《正始寺》："有石碑一枚，背上有侍中崔光施钱四十万。"

侧：①旁边〈5〉。如《永宁寺》："颜渊问仁、子路问政在侧。"

处：①处所，地方〈42〉。如《永明寺》："朝士送迎，多在此处。"

极：④中，中正的准则〈1〉。见卷三《龙华寺》："皇建有极，神功无竞。"

间：②一定的空间或时间里〈7〉。如《建中寺》："屋宇奢侈，梁栋逾制，一里之间，廊庑充溢。"

间：①中间；内。亦指事物两者的关系〈3〉。如《正始寺》："既不专流宕，又不偏华尚，卜居动静之间，不以山水为忘。"

南：②南方；南国〈1〉。见《景宁寺》："景仁在南之日与庆之有旧，遂设酒引邀庆之过宅。"

所：①处所；地方〈11〉。如《闻义里》："佛坐处及晒衣所，并有塔记。"

天：③天空〈3〉。如《闻义里》："在塔西北一百步掘地埋之，上种树，树名菩提，枝条四布，密叶蔽天。"

外：①外面。与"内"或"里"相对〈43〉。如《景明寺》："在宣阳门外一里御道东。"

外：⑯以外〈1〉。见《景明寺》："房檐之外，皆是山池。"

阳：①山的南面或水的北面〈1〉。见《高阳王寺》："国阳胜地，卿何怪也？"

见于《周易》"六十四卦"的有以下 2 个。

上：⑩用在名词后。（1）表示在物体的表面〈19〉。如《闻义里》："嘉木灵芝，丛生其上。"

中：①内，里面。与"外"相对〈33〉。如《景兴尼寺》："指子休园中曰：'此是故处。'"

见于《今文尚书》的有以下 1 个。

前：①与"后"相对〈36〉。如《菩提寺》："畅闻涵至，门前起火。"

3. 有关人体的基本词

《伽蓝记》中有关人体的基本词汇，有 13 个在西周典籍中已见。

见于《诗经》的有以下 8 个。

发：①头发〈6〉。如《闻义里》："居丧者，剪发劈面，以为哀戚。"

怀：⑤胸怀〈1〉。见《永宁寺》："或贰生素怀，弃剑猜我。"

眉：①眉毛〈1〉。见《景宁寺》："此寺金像生毛，眉发悉皆具足。"

皮：①人的皮肤〈3〉。如《闻义里》："王城南一百余里，有如来昔作摩休国剥皮为纸，折骨为笔处。"

容：⑦仪容；相貌〈1〉。见《昭仪尼寺》："于是学徒始窃，经过者，想见绿珠之容也。"

色：④脸色；表情〈3〉。如《宣忠寺》："徽素大度量，喜怒不形于色。"

手：①人体上肢腕以下持物的部分〈7〉。如《寿丘里》："臣有两手，唯堪两匹。"

泗：①鼻涕〈1〉。见《秦太上君寺》："威势所在，侧肩竞入，求其荣利，甜然浓泗。"

见于《周易》"六十四卦"的有以下 5 个。

鼻：①呼吸兼嗅觉的器官〈3〉。如《秦太上公寺》："唯见一童子可年十五，新溺死，鼻中出血。"

汗：①人和高等动物汗腺排出的液体〈1〉。见《景宁寺》："庆之等见元慎清词雅句，纵横奔发，杜口流汗，含声不言。"

尸：⑨尸体〈2〉。如《建中寺》；"元义诛日，腾已物故，太后追思腾罪，发墓残尸，使其神灵无所归趣。"

涕：①眼泪〈2〉。如《寿丘里》："诸羌闻之，悉皆流涕。"

血：①泛指血液〈5〉。如《闻义里》："洒血之处，今为泉水。"

4. 有关物质文化生活的基本词

《伽蓝记》中有关物质文化生活的词语，有 43 个在西周典籍中已见，其中有关物质生活的词语有 34 个，有关文化艺术生活的 9 个。

（1）有关物质生活的词语。

《伽蓝记》中见于西周典籍的有关物质生活的词语包括衣物、饮食、宫室、器用等几个方面，共 34 个。

第一类是有关衣物的，10 个，均见于《诗经》。

带：①用以约束衣服的狭长而扁平形状的物品〈2〉。如《闻义里》："其俗妇人裤衫束带，乘马驰走，与丈夫无异。"

服：㉓衣服；服饰〈1〉。见《长秋寺》："奇伎异服，冠于都市。"

冠：①帽子的总称〈1〉。见《法云寺》："时公卿祖道，车骑成列，延伯危冠长剑耀武于前。"

甲：⑤用皮革、金属等制成的护身符〈1〉。见《永宁寺》："所将江淮子弟五千人，莫不解甲相泣，握手成别。"

锦：①有彩色花纹的丝织品〈3〉。如《法云寺》："或以蛟龙锦赐之。"

佩：①古代系于衣带的装饰品，此处指环形装饰〈1〉。见《寿丘里》："造迎风馆于后园，窗户之上，列钱青琐，玉凤衔铃，金龙吐佩。"

裳：①古代称下身穿的衣裙，男女皆服〈1〉。见《景宁寺》："时朝廷方欲招怀荒服，待吴儿甚厚，褰裳渡于江者，皆居不次之位。"

丝：①蚕丝〈2〉。如《正觉寺》："本为箔上蚕，今作机上丝。"

衣：①上衣。亦泛指衣服〈7〉。如《闻义里》："佛坐处及晒衣所，并有塔记。"

枕：①枕头〈1〉。见《景宁寺》："庆之伏枕曰：'杨君见辱深矣。'"

第二类是有关饮食的，4 个。

见于《诗经》的有以下 3 个。

羹：①用肉类或菜蔬等制成的带浓汁的食物〈2〉。如《景宁寺》："蛙羹蚌臛，以为膳羞。"

浆：①古代一种微酸的饮料〈1〉。见《景宁寺》："菰稗为饭，茗饮作浆。"

粮：①谷类食物的总称〈1〉。见《闻义里》："太子所食泉水北有寺，恒以驴数头运粮上山，无人驱逐，自然往还。"

见于《周易》"六十四卦"的有以下 1 个。

食：②饭菜〈3〉。如《正觉寺》："卿明日顾我，为卿设郏莒之食，亦有酪奴。"

第三类是有关宫室建筑的，16 个。

见于《诗经》的有以下 11 个。

仓：①贮藏粮食的场所〈1〉。见《昭仪尼寺》："东南治粟里，仓司官署住其内。"

城：①都邑四周的墙垣〈8〉。如《序》；"洛阳城门依魏晋旧名。"

道：①道路〈10〉。如卷三《龙华寺》："永桥南道东有白象狮子二坊。"

基：①建筑物的根脚〈4〉。如《永宁寺》："初掘基至黄泉下，得金像三十躯。"

桷：①方形的椽子〈1〉。见《景林寺》："讲殿叠起，房庑连属，丹楹炫日，绣桷迎风，实为胜地。"

路：①道路；路途〈10〉。如《正始寺》："崎岖石路，似瓮而通。"

墙：①房屋、院落、城邑等的四围。多为土筑或砖砌而成，垂直于地面〈4〉。如《法云寺》："在宝光寺西，隔墙并门。"

闼：①内门；小门。后泛指门〈1〉。见《秦太上公寺》："至我正光中造明堂于辟雍之西南，上圆下方，八窗四闼。"

台：①高而上平的方形建筑物。供观察眺望用〈14〉。如《景明寺》："复殿重房，交疏对溜，青台紫阁，浮道相通。"

堂：②建于高台基之上的厅房〈13〉。如《冲觉寺》："斜峰入牖，曲沼环堂。"

庭：②堂前地，院子〈10〉。如《法云寺》："芳草蔓合，嘉木被庭。"

见于《周易》"六十四卦"的有以下 3 个。

井：①水井〈5〉。如《宝光寺》："井虽填塞，砖口如初。"

屋：①房屋〈9〉。如卷三《龙华寺》："常养象于乘黄曹，象常坏屋毁墙，走出于外。"

巷：①里中的道路。后南方称里弄，北方称胡同〈1〉。见《序》："墙被蒿艾，巷罗荆棘。"

见于《今文尚书》的有以下 2 个。

房：①古代指正室两旁的房间。后泛指房屋，房间〈6〉。如《闻义里》："山顶东南，有太子石室，一口两房。"

牖：①窗户〈3〉。如《正始寺》："众僧房前，高林对牖，青松绿柽，连枝交映。"

第四类是有关器用的，4 个，均见于《诗经》。

罍：古代的一种容器〈1〉。见《冲觉寺》："珍羞具设，琴笙并奏，芳醴盈罍，嘉宾满席。"

轮：①车轮〈1〉。见《永明寺》："古有奴调国，乘四轮马为车。"

绳：①绳子〈1〉。见《寿丘里》："置玉井金罐，以五色缋为绳。"

市：①临时或定期集中一地进行的贸易活动〈14〉。如《景宁寺》："所卖口味，多是水族，时人谓为鱼鳖市也。"

（2）有关文化艺术生活的词语。

《伽蓝记》中见于商周典籍的有关文化艺术的词语共 9 个。

见于《诗经》的有以下 5 个。

篪：古代竹制的管乐器之一。像笛，有八孔，横吹〈3〉。如《寿丘里》："快马健儿，不如老妪吹篪。"

辞：③文词〈3〉。如，卷三《龙华寺》："其辞曰：'浩浩大川，泱泱清洛。'"

琴：①乐器名。指古琴〈1〉。见《冲觉寺》："珍羞具设，琴笙并奏。"

声：①声音〈16〉。如《永宁寺》："悲哀之声，振动京邑。"

笙：①管乐器名〈2〉。如《高阳王寺》："入则歌姬舞女，击筑吹笙。"

见于《周易》"六十四卦"有以下 2 个。

命：①教令，政令〈2〉。如《平等寺》："庶九鼎之命日隆，七百之祚惟永。"

乐：①音乐〈1〉。见《崇虚寺》："桓帝祠老子于濯龙园，设华盖之坐，用郊天之乐。"

见于《今文尚书》的有以下 2 个。

歌：④歌曲〈1〉。见《高阳王寺》："美人徐月华，善弹箜篌，能为《明妃出塞》之歌，闻者莫不动容。"

诗：①文学体裁的一种。通过有节奏、韵律的语言反映生活，抒发情感〈9〉。如《法云寺》："唯河东裴子明为诗不工，罚酒一石。"

5．有关动植物名称的基本词

《伽蓝记》中有关动植物名称的词语有 60 个西周典籍中已见，其中关于动物名称的有 26 个，关于植物名称的有 34 个。

（1）有关动物名称的，26 个。

见于《诗经》的有以下 19 个。

豹：①兽名。猫科动物，也叫豹子〈2〉。如卷三《龙华寺》："鞏县、山阳并送二虎一豹，帝在华林园观之。"

背：①脊背〈3〉。如卷三《龙华寺》："（白象）背设五彩屏风、七宝坐床，容数人，真是异物。"

鳖：①甲鱼，俗称团鱼。爬行纲动物〈2〉。如《景宁寺》："网鱼漉鳖，在河之洲。"

雌：①母的鸟兽，跟"雄"相对〈1〉。见《闻义里》："异种共类，鸟雄鼠雌，共为阴阳。"

鲂：①鱼名。鳊鱼的古称〈1〉。见卷三《龙华寺》："洛鲤伊鲂，贵于牛羊。"

羔：①小羊〈1〉。见《景宁寺》："卿执羔，大夫执雁。"

鸠：①鸟名。古为鸠鸽类，种类不一。如雎鸠、祝鸠、斑鸠等〈1〉。见《修梵寺》："修梵寺有金刚，鸠鸽不入，鸟雀不棲。"

鲤：①鲤鱼〈1〉。见卷三《龙华寺》："洛鲤伊鲂，贵于牛羊。"

毛：①人体和动植物表皮上所生的丝状物〈3〉。如《法云寺》："岩因怪之，伺其睡，阴解其衣，有毛长三尺，似野狐尾。"

雀：①麻雀的别称〈1〉。见《修梵寺》："鸠鸽不入，鸟雀不棲。"

兽：①一般指四足、全身生毛的哺乳动物〈1〉。见《景乐寺》："奇禽怪兽，舞抃殿庭。"

鼠：①哺乳动物的一科，通称老鼠，有的地区叫耗子〈1〉。见《闻义里》："异种共类，鸟雄鼠雌，共为阴阳。"

雄：①禽类中能产生精细胞的〈1〉。见《闻义里》："异种共类，鸟雄鼠雌，共为阴阳。"

熊：①兽名。头大，四肢短而粗，形似大猪〈2〉。如卷三《龙华寺》："园中素有一盲熊，性甚驯，帝令取试之。"

雁：①候鸟名。形状略似鹅，善于游泳和飞行〈2〉。如《闻义里》："是时八月，天气已冷，北风驱雁，飞雪千里。"

仪：①仪表，仪容〈1〉。见《闻义里》："时跋提国送狮子儿两头与乾陀罗王，云等见之，观其意气雄猛，中国所画，莫参其仪。"

嚶：①鸟鸣声〈1〉。见《冲觉寺》："树响飞嚶，阶丛花药。"

蝇：①昆虫名。种类很多，通称苍蝇〈1〉。见《建中寺》："有一凉风堂，本腾避暑之处，凄凉常冷，经夏无蝇。"

脂：①油脂〈1〉。见《闻义里》："折骨之处，髓流著石，观其脂色，肥腻若新。"

见于《周易》"六十四卦"的有以下6个。

颊：①脸的两侧从眼到下颌部分〈1〉。见《正始寺》："绿头紫颊，好翠连芳。"

龙：①传说中的一种神异动物。身长，形如蛇，有鳞爪，能兴云降雨，为水族之长〈5〉。如《闻义里》："昔有三百商人止宿池侧，值龙忿怒，泛杀商人。"

肉：②指供食用的动物肉〈8〉。如《正觉寺》："卿中国之味也，羊肉何如鱼羹？"

势：④姿态〈2〉。如卷三《龙华寺》："华表上作凤凰似欲冲天势。"

尾：①尾巴。动物躯干末端突出的部分〈2〉。如《法云寺》："有毛长三尺，似野狐尾。"

翼：①鸟类或昆虫的翅膀〈1〉。见《追先寺》："鸳鸯接翼，杞梓成阴。"

见于《今文尚书》的有以下1个。

鸡：①家禽之一种。嘴短，上喙稍弯曲，头部有鲜红色肉质的冠。翅膀短，不能高飞。也叫家鸡〈1〉。见《白马寺》："把粟与鸡呼朱朱。"

（2）有关植物名称的。

见于《诗经》的有以下 31 个。

柏：①柏科植物的通称〈7〉。如《永宁寺》："栝柏松椿，扶疏檐溜。"

草：①草本植物的总称〈2〉。如《瑶光寺》："牛筋狗骨之木，鸡头鸭脚之草。"

葛：①多年生草本植物，茎蔓生〈1〉。见《正始寺》："悬葛垂萝，能令风烟出入。"

瓜：①葫芦科植物。果实可作蔬菜或水果，有的还可作杂粮和饲料〈3〉。如《景乐寺》："剥驴投井，植枣种瓜，须臾之间，皆得食之。"

蒿：①蒿草〈1〉。见《景林寺》："以蒿覆之，故言苗茨，何误之有？"

荷：植物名，莲〈1〉。见《宝光寺》："葭菼被岸，菱荷覆水。"

核：①果实中心保护果仁的硬壳〈1〉。见《景林寺》："有仙人枣，长五寸，把之两头俱出，核细如针。"

萑：①芦类植物。初生名"葭"，幼小时叫"蒹"〈1〉。见《景明寺》："寺有三池，萑蒲菱藕，水物生焉。"

韭：韭菜〈1〉。见《高阳王寺》："元佑曰：'二韭一十八。'"

葭：①初生的芦苇〈1〉。见《宝光寺》："葭菼被岸，菱荷覆水。"

李：①果木名。蔷薇科，落叶小乔木〈1〉。见《寿丘里》："莫不桃李夏绿，竹柏冬青。"

林：①成片的竹、木〈8〉。如《景林寺》："景阳山南有百果园，果别作林，林各有堂。"

茅：①草名。禾本科〈1〉。见《开善寺》："子集惊怖，张弓射之，应箭而倒，即变为桃人，所骑之马亦变为茅马。"

梅：①果木名〈1〉。见《正始寺》："□〔1〕菊岭与梅岑，随春秋之所悟。"

木：①树，木本植物的统称〈4〉。如《瑶光寺》："牛筋狗骨之木，鸡头鸭脚之草。"

蒲：①植物名。（1）香蒲〈2〉。如《景明寺》："寺有三池，萑蒲菱藕，水物生焉。"

桑：①木名，落叶乔木〈4〉。如《菩提寺》："作柏木棺，勿以桑木为榐。"

椹：①桑树的果实〈1〉。见《昭仪尼寺》："凡为五重，每重叶椹各异，京师道俗谓之神桑。"

柽：①木名。即柽柳〈1〉。见《正始寺》："众僧房前，高林对牖，青松绿柽，连枝交映。"

实：⑭果实〈3〉。如《白马寺》："白马甜榴，一实直牛。"

松：①木名。松科植物的总称〈5〉。如《永宁寺》："栝栢松椿，扶疏檐溜。"

菼：初生的荻，似苇而小，茎秆可以编席箔等〈1〉。见《宝光寺》："葭菼被岸，菱

〔1〕　该字原文阙如。

荷覆水。"

桃：①果木名。落叶小乔木〈3〉。如《寿丘里》："莫不桃李夏绿，竹柏冬青。"

条：②细长的树枝〈1〉。见《景乐寺》："轻条拂户，花蕊被庭。"

桐：①木名。有梧桐、油桐、泡桐等种〈1〉。见《修梵寺》："楸槐荫途，桐杨夹植。"

薪：①柴火〈1〉。见《闻义里》："云罗汉夜叉常来供养，洒扫取薪。"

叶：①叶子，植物营养器官之一〈6〉。如《闻义里》："树名菩提，枝条四布，密叶蔽天。"

枣：②枣树的果实〈2〉。如《景林寺》："俗传云出昆仑山，一曰西王母枣。"

藻：①植物名。指藻类植物。含叶绿素和其他辅助色素的低等植物〈1〉。见《景明寺》："或黄甲紫鳞，出没于繁藻。"

枝：①植物主干旁生的茎条〈6〉。如《正始寺》："子英游鱼于玉质，王乔系鹄于松枝。"

竹：①一种多年生的禾本科木质常绿植物〈4〉。如《永宁寺》："蘡竹香草，布护阶墀。"

见于《周易》"六十四卦"的有以下 1 个。

杨：①杨柳科，杨属植物的泛称〈1〉。见《修梵寺》："楸槐荫途，桐杨夹植。"

见于《今文尚书》的有以下 2 个。

栝：①木名。即桧〈1〉。见《永宁寺》："栝柏松椿，扶疏檐溜。"

色：①颜色〈10〉。如《法云寺》："异林花共色，别树鸟同声。"

6. 有关战争、刑罚的词语

《伽蓝记》中见于西周典籍的有关战争刑罚的词语有 18 个，其中关于武器、军旅的有 8 个，关于刑政的有 10 个。

（1）有关武器、军旅的。

见于《诗经》的有以下 6 个。

弓：①射箭或打弹的器械〈2〉。如《法云寺》："不畏张弓拔刀，唯畏白堕春醪。"

戟：①古代兵器名。合戈、矛为一体〈2〉。如《禅虚寺》："有羽林马僧相善角觗戏，掷戟与百尺树齐等。"

军：①军队〈2〉。如《闻义里》："宋云诣军，通诏书。"

矢：①一种古兵器，即箭〈1〉。见《平等寺》："兵及阙下，矢流王室。"

士：⑤武士；兵士〈2〉。如《法云寺》："甲胄之士莫不踊跃。"

武：③兵威〈1〉。见《法云寺》："延伯危冠长剑耀武于前，僧超吹《壮士笛曲》于后。"

见于《今文尚书》的有以下 2 个。

刀：①兵器名〈7〉。如《禅虚寺》："虎贲张车渠，掷刀出楼一丈。"

刃：①刀锋〈2〉。如《永宁寺》："逆刃加于君亲，锋镝肆于卿宰，元氏少长，殆欲无遗。"

（2）有关刑政的。

见于《诗经》的有以下 5 个。

功：①功劳〈10〉。如《平等寺》："太原王贪天之功以为己力，罪亦合死。"

功：⑦指工程〈3〉。如《永宁寺》："装饰毕功，明帝与太后共登之。"

盟：①古代诸侯为释疑取信而对神立誓缔约的一种仪礼。多杀牲歃血〈1〉。见《景林寺》："太仓西南有翟泉，周回三里，即《春秋》所谓'王子虎晋狐偃盟于翟泉'也。"

阙：①缺误；疏失〈1〉。见《序》："余才非著述，多有遗漏，后之君子，详其阙焉。"

狱：④监狱〈1〉。见《秦太上君寺》："狱中无系囚，舍内无青州，假令家道恶，肠中不怀愁。"

见于《周易》"六十四卦"的有以下 5 个。

恶：①罪过；罪恶〈2〉。如《景兴尼寺》："观其治典，未为凶暴，及详其史，天下之恶皆归焉。"

法：①刑法，亦泛指法律〈1〉。见《景兴尼寺》："执法之吏，埋轮谢其梗直。"

律：④法纪；法令〈1〉。见《永宁寺》："讨正科条，商榷古今，甚有伦序，见行于世，今律二十篇是也。"

死：④死罪〈1〉。见《永宁寺》："遣侍中朱元龙赍铁券与世隆，待之不死，官位如故。"

罪：②罪愆；犯法的行为〈6〉。如《永宁寺》："罪止荣身，余皆不问。"

7. 有关阶级关系及统治区域的词语

《伽蓝记》中见于西周典籍的有关阶级关系及统治区域的词语有 19 个，其中关于阶级关系的有 8 个，关于制度、官职的有 11 个。

（1）有关阶级关系的。

见于《诗经》的有以下 4 个。

皇：④帝王〈1〉。见卷三《龙华寺》："皇建有极，神功无竞。"

民：②百姓。与君、官对称〈20〉。如《永宁寺》："部落之民，控弦一万。"

室：⑩王朝〈3〉。如《序》："至于晋室永嘉，唯有寺四十二所。"

夷：①我国古代中原地区华夏族对东部各族的总称。亦泛称中原以外的各族〈3〉。如《融觉寺》："流支解佛义，知名西土，诸夷号为罗汉。"

见于《周易》"六十四卦"的有以下 2 个。

下：⑤臣下〈1〉。见《平等寺》："（彭城王尔朱仲远）表用其下都督□[1]瑗为西兖州刺史，先用后表。"

众：④众人，群众〈3〉。如《景林寺》："众咸称善，以为得其旨归。"

---

〔1〕　该字原文阙如。

见于《今文尚书》的有以下 2 个。

君：④对对方的尊称，亦用在人姓名后表示尊敬〈4〉。如《景宁寺》："杨君见辱深矣。"

上：②上位；社会的最高层〈1〉。见《建中寺》："熙平初，明帝幼冲，诸王权上。"

（2）有关制度、官职的。

见于《诗经》的有以下 9 个。

朝：⑨古代君王及高级官吏处理政务的地方皆称朝〈6〉。如《平等寺》："自是已后，不敢复入朝。"

国：①国家〈34〉。如《景兴尼寺》："国灭之后，观其史书，皆非实录。"

国：②国都〈3〉。如《高阳王寺》："国阳胜地，卿何怪也？"

郊：①指城外；野外〈1〉。见《景明寺》："时戎马在郊，朝廷多事，国礼朝仪，咸自子才出。"

京：④国都〈4〉。如《平等寺》："在京宫殿空虚，百日无主。"

爵：④爵位；官位〈3〉。如《白马寺》："时亦有洛阳人赵法和请占早晚当有爵否。"

位：③特指天子或王侯之位〈4〉。如《永宁寺》："颢登皇帝位，改年曰建武元年。"

位：②职位；地位〈2〉。如《景宁寺》："时朝廷方欲招怀荒服，待吴儿甚厚，褰裳渡于江者，皆居不次之位。"

野：①郊外，离城市较远的地方〈4〉。如《永宁寺》："荣军于芒山之北，河阴之野。"

见于《周易》"六十四卦"的有以下 1 个。

户：③住户〈2〉。如《后记》："京师东西二十里，南北十五里，户十万九千余。"

见于《今文尚书》的有以下 1 个。

政：①政事〈1〉。见《平等寺》："世隆以长广本枝疏远，政行无闻，逼禅与广陵王恭。"

8．有关人伦的词语

《伽蓝记》中见于西周典籍的有关人伦的词语有 19 个。

见于《诗经》的有以下 12 个。

宾：①宾客〈1〉。见《景明寺》："是以衣冠之士，辐辏其门，怀道之宾，去来满室。"

父：①父亲〈9〉。如《菩提寺》："父名畅，母姓魏，家在城西阜财里。"

妇：①已婚女子〈1〉。见《正觉寺》："海上有逐臭之夫，里内有学颦之妇。"

家：⑤家庭〈10〉。如《永宁寺》："部落八千余，家有马数万匹，富等天府。"

舅：①舅父。即母之兄或弟〈2〉。如《秦太上君寺》："太傅李延寔者，庄帝舅也。"

老：④老年人〈1〉。见《序》："农夫耕老，艺黍于双阙。"

母：①母亲〈8〉。如《景明寺》："永熙年末，以母老辞，帝不许之。"

士：②成年男子的通称〈1〉。见《永宁寺》："帝即出库物置城西门外，募敢死之士，以讨世隆。"

姓：①标志家族系统的称号〈2〉。如《菩提寺》："臣姓崔，名涵，字子洪。"

友：①志趣相同，彼此交好的人〈2〉。如《宝光寺》："征友命朋，来游此寺。"

姊：①姐姐〈1〉。见卷二《龙华寺》："永安年中，尚庄帝姊寿阳公主字莒犁。"

祖：②自祖父以上各辈尊长〈1〉。见《景宁寺》："祖抚，明经，为中博士。"

见于《周易》"六十四卦"的有以下 4 个。

夫：④女子的配偶〈2〉。如《开善寺》："英早卒，其妻梁氏不治丧而嫁，更纳河内人向子集为夫。"

客：①宾客〈3〉。如《正觉寺》："元义与举坐之客皆笑焉。"

朋：①朋友；志同道合的人〈1〉。见《宝光寺》："征友命朋，来游此寺。"

妻：①旧指男子的嫡配〈9〉。如《正觉寺》："肃在江南之日，聘谢氏女为妻。"

见于《今文尚书》的有以下 3 个。

弟：②称同父母、同父或同母而后生的男子〈5〉。如《景乐寺》："悦是文献之弟。"

兄：①哥哥〈3〉。如《平等寺》："恭是庄帝从父兄也。"

族：①有一定血缘关系的亲属的统称〈1〉。见《寿丘里》："于是帝族王侯，外戚公主，擅山海之富，居山林之饶。"

9. 有关宗教、道德、哲学的词语

《伽蓝记》中见于西周典籍的有关宗教、道德、哲学的词语有 41 个，其中关于宗教的有 6 个，关于道德的有 14 个，关于哲学的有 21 个。

（1）有关宗教的。

见于《诗经》的有以下 3 个。

福：①幸福；福气〈3〉。如《永宁寺》："在荣为福，于卿为祸。"

鬼：①迷信者以为人死后魂灵不灭，称之为鬼〈6〉。如《菩提寺》："有一鬼诉称：'是柏棺，应免'。"

神：①神灵；神仙。宗教及神话中所指的超自然体〈3〉。如《闻义里》："此是护塔神湿婆仙使之然。"

见于《周易》"六十四卦"的有以下 2 个。

难：①危难；祸患〈3〉。如《永宁寺》："是日水浅，不没马腹，故及此难。"

殃：①祸患〈2〉。如《菩提寺》："吾非汝父，汝非吾子，急手速去，可得无殃。"

见于《今文尚书》的有以下 1 个。

食：⑯龟卜术语。食墨的省称〈1〉。见卷三《龙华寺》："兆唯洛食，实曰土中，上应张柳，下据河嵩。"

（2）有关道德的。

见于《诗经》的有以下 6 个。

才：①才能〈1〉。见《序》："余才非著述，多有遗漏，后之君子，详其阙焉。"

道：⑱道德〈6〉。如《平等寺》："故道溢百王，德渐无外。"

德：④恩德〈1〉。见《平等寺》："遂虐甚剖心，痛齐钳齿，岂直金版造怨，大鸟感德而已！"

声：④名声〈3〉。如《追先寺》："昔刘苍好善，利建东平，曹植能文，大启陈国，是用声彪磐石，义郁维城。"

闻：①声誉；名声〈1〉。见《平等寺》："世隆以长广本枝疏远，政行无闻，逼禅与广陵王恭。"

则：⑦楷模；准则〈1〉。见《景宁寺》："所谓帝京翼翼，四方之则。"

见于《周易》"六十四卦"的有以下 6 个。

德：①道德；品德〈11〉。如《平等寺》："天命至重，历数匪轻，自非德协三才，功济四海，无以入选帝图，允当师锡。"

理：⑦道理〈11〉。如《永宁寺》："臣从太原王来朝陛下，何忽今日枉致无理？"

庆：④福泽〈1〉。见《寿丘里》："当时四海晏清，八荒率职，缥囊纪庆，玉烛调辰。"

名：⑫名声〈2〉。如《追先寺》："萧衍素闻略名，见其器度宽雅，文学优赡，甚敬重之。"

内：⑧内心〈3〉。如《秦太上君寺》："齐人外矫仁义，内怀鄙吝，轻同羽毛，利等锥刀。"

善：②善行；善事〈3〉。如《景兴尼寺》："莫不推过于人，引善自向。"

见于《今文尚书》的有以下 2 个。

行：②德行〈1〉。见《平等寺》："世隆以长广本枝疏远，政行无闻，逼禅与广陵王恭。"

罪：③罪人〈1〉。见《景宁寺》："虽复秦余汉罪，杂以华音。"

（3）有关哲学的。

见于《诗经》的有以下 9 个。

故：①缘故；原因〈6〉。如《平等寺》："世隆问其故。"

角：④形状像兽角的东西〈2〉。如《闻义里》："伞头亦似有角，团圆下垂，状似宝盖。"

况：①情形〈1〉。见《闻义里》："其国有文字，况同魏。"

力：①力量〈1〉。见《平等寺》："太原王贪天之功以为己力，罪亦合死。"

任：①负载〈1〉。见《寿丘里》："唯融与陈留侯李崇负绢过任，蹶倒伤踝。"

徒：⑦同类的人〈2〉。如《永宁寺》："流迸之徒，惊骇未出。"

文：②纹理〈4〉。如《闻义里》："乍往观之，如似未彻，假令刮削，其文转明。"

忧：②忧患；祸患〈1〉。见《永宁寺》："权去生道促，忧来死路长。"

怨：①仇恨〈2〉。如《永宁寺》："恤深怨于骨肉，解苍生于倒悬。"

见于《周易》"六十四卦"的有以下 6 个。

类：①种类〈4〉。如《景兴尼寺》："苻坚自是贤主，贼君取位，妄书君恶，凡诸史官，皆是类也。"

命：⑤性命〈1〉。见《永宁寺》："卿乃明白疑于必然，托命豺狼，委身虎口。"

品：②事物的种类〈1〉。见《景林寺》："至于鳞甲异品，羽毛殊类，濯波浮浪，如似自然也。"

情：⑪情况〈1〉。见《景宁寺》："元慎解梦，义出万途，随意会情，皆有神验。"

实：⑧事实〈6〉。如《景兴尼寺》："所谓生为盗跖，死为夷齐，佞言伤正，华辞损实。"

长：⑥居先、居首位者〈1〉。见《正觉寺》："羊者是陆产之最，鱼者乃水族之长。"

见于《今文尚书》的有以下 6 个。

次：①叙事时后项对前项之称〈10〉。如《闻义里》："宋云具说周、孔、庄、老之德，次序蓬莱山上银阙金堂。"

利：③利益〈3〉。如《永宁寺》："快贼莽之心，假卞庄之利，有识之士咸为惭之。"

命：⑥生命〈2〉。如《闻义里》："我当命终，愿生彼国。"

事：③事情〈17〉。如《菩提寺》："上古以来，颇有此事否？"

物：④指具体的或个别的物品〈8〉。如《修梵寺》："掘此地者，辄得金玉宝玩之物。"

戏：③游戏〈1〉。见《宣忠寺》："值荣与上党王天穆博戏，徽脱荣帽，欢舞盘旋。"

（二）　**动词**

《伽蓝记》的单音节动词，共有 362 个可以追溯到《诗经》、《今文尚书》和《周易》"六十四卦"中，这些词语也主要是人们常说的基本词汇。

1．有关事物的存在和发展变化的动词，70 个

见于《诗经》的有以下 46 个。

崩：①倒塌〈1〉。见《宝光寺》："寺门无何都崩，天光见而恶之。"

比：⑤适合〈1〉。见《建中寺》："堂比宣光殿，门匹乾明门，博敞弘丽，诸王莫及也。"

成：①完成〈5〉。如《平等寺》："庙成，为火所灾。"

吹：③空气流动触拂物体〈1〉。见《永宁寺》："思鸟吟青松，哀风吹白杨。"

垂：①挂下；悬挂〈8〉。如《正始寺》："悬葛垂萝，能令风烟出入。"

代：①代替〈3〉。如《冲觉寺》："时帝始年六岁，太后代总万机。"

迭：①更迭；轮流〈1〉。见《高阳王寺》："入则歌姬舞女，击筑吹笙，丝管迭奏，连宵尽日。"

动：①振动〈2〉。如《景明寺》："梵乐法音，聒动天地。"

断：①截断；折断〈1〉。见《永宁寺》："帝更募人断河桥。"

飞：①本指（鸟、虫等）鼓动翅膀在空中活动。后泛指其他生物或物体在空中行动〈2〉。如《瑶光寺》："刻石为鲸鱼，背负钓台，既如从地踊出，又似空中飞下。"

飞：③物体在空中飘荡或飘扬〈2〉。如《序》："后琅琊郡开阳县上言南门一柱飞

去，使来视之，则是也。"

浮：①漂在液体表面或空中。与"沉"相对〈4〉。如《景宁寺》："浮于三江，棹于五湖，礼乐所不沾，宪章弗能革。"

覆：④覆盖；遮蔽〈4〉。如《闻义里》："此塔初成，用真珠为罗网覆于其上。"

广：④扩大〈2〉。如《序》："迩来奔竞，其风遂广。"

坏：②倒塌〈3〉。如《闻义里》："刻石为铭，嘱语将来，若此塔坏，劳烦后贤出珠修治。"

毁：①破坏〈1〉。见卷三《龙华寺》："常养象于乘黄曹，象常坏屋毁墙，走出于外。"

集：④聚集〈1〉。见《宣忠寺》："崇善之家，必有余庆，积祸之门，殃所毕集。"

竭：②干涸〈3〉。如《修梵寺》："今犹有水，冬夏不竭。"

就：⑭完成〈2〉。如《序》："迁京之始，宫阙未就，高祖住在金墉城。"

蘽：①丛生〈1〉。见《永宁寺》："蘽竹香草，布护阶墀。"

空：②罄尽〈2〉。如《平等寺》："京师士女空市里往而观之。"

落：①脱落〈1〉。见《永宁寺》："大风发屋拔树，刹上宝瓶，随风而落，入地丈余。"

美：⑥使事物变美〈1〉。见《秦太上君寺》："太守初欲入境，皆怀砖叩首，以美其意。"

鸣：②发出声响〈5〉。如《闻义里》："于是以指触之，铃即鸣应。"

缺：①残缺〈1〉。见《闻义里》："衒之按《惠生行纪》事多不尽录，今依《道荣传》《宋云家纪》，故并载之，以备缺文。"

如：②像〈30〉。如《永宁寺》："铎大小如一石瓮子。"

升：④上升〈2〉。如《崇真寺》："一比丘云是宝明寺智圣，以坐禅苦行得升天堂。"

盛：①以器装物〈3〉。如《闻义里》："即解珠网，以铜镬盛之。"

失：①失掉〈3〉。如《追先寺》："朕宁失江革，不得无王。"

属：①连接〈1〉。见《正始寺》："其中重岩复岭，钦崟相属；深溪洞壑，逦迤连接。"

数：①计算〈2〉。如《寿丘里》："绣缬、细绫、丝彩、越葛、钱绢等，不可数计。"

似：①象〈15〉。如《瑶光寺》："既如从地踊出，又似空中飞下。"

为：⑳成为〈26〉。如《胡统寺》："入道为尼，遂居此寺。"

为：㉓是〈21〉。如《闻义里》："风俗政治，多为夷法。"

栖：①禽鸟歇宿〈1〉。见《修梵寺》："修梵寺有金刚，鸠鸽不入，鸟雀不栖。"

晞：①干燥〈1〉。见《法云寺》："季夏六月，时暑赫晞。"

悬：①吊挂〈6〉。如《永宁寺》："浮图有九级，角角皆悬金铎，合上下有一百三十铎。"

盈：①满〈3〉。如《景林寺》："若旱魃为害，谷水注之不竭；离毕滂润，阳谷泄之不盈。"

　　有：④表示存在〈212〉。如《闻义里》："城东有孟津河，东北流向沙勒。"

　　有：⑮我国古代哲学用语。指最普遍的存在。与"无"相对〈3〉。如《正始寺》："心托空而栖有，情入古以如新。"

　　余：⑤遗留〈1〉。见《秦太上君寺》："营丘风俗，太公余化。"

　　雨：②像下雨一样降落〈1〉。见《永宁寺》："发言雨泪，哀不自胜。"

　　增：①添加〈1〉。见《宣忠寺》："祖仁负恩反噬，贪货杀徽，徽即托梦增金马，假手于兆，还以毙之。"

　　折：①摘取〈2〉。如《宝光寺》："或置酒林泉，题诗花囿，折藕浮瓜，以为兴适。"

　　终：④尽〈2〉。如《平等寺》："至十月终，而京师迁邺焉。"

　　啄：①鸟用嘴取食〈1〉。见《景宁寺》："岂卿鱼鳖之徒，慕义来朝，饮我池水，啄我稻粱。"

　　见于《周易》"六十四卦"的有以下 15 个。

　　重：①重复〈3〉。如《平等寺》："自我皇魏之有天下也，累圣开辅，重基衍业。"

　　摧：①退〈1〉。见《永宁寺》："一日即得万人，与归等战于郭外，凶势不摧。"

　　交：①会合〈1〉。见《龙华寺》："水陆兼会，周郑交衢。"

　　居：④处在〈3〉。如《闻义里》："居丧者，剪发劈面，以为哀戚。"

　　流：①水或其他液体移动〈10〉。如《闻义里》："自葱岭已西，水皆西流。"

　　流：⑦传布，扩散〈2〉。如《景明寺》："松竹兰芷，垂列阶墀，含风团露，流香吐馥。"

　　凝：②凝结〈1〉。见《永宁寺》："昔光武受命，冰桥凝于滹水。"

　　湿：①潮湿。与"干"相对〈4〉。如《闻义里》："龙王瞋怒，兴大风雨，佛僧迦梨表里通湿。"

　　顺：④顺应〈1〉。见《永宁寺》："直以尔朱荣往岁入洛，顺而勤王，终为魏贼。"

　　兴：⑥产生〈3〉。如《平等寺》："今六军南迈，已次河浦，瞻望帝京，赧然兴愧。"

　　兴：②兴起〈1〉。见《闻义里》；"龙王瞋怒，兴大风雨，佛僧迦梨表里通湿。"

　　行：⑨流动〈1〉。见《大统寺》："每于夜见赤光行于堂前，如此者非一。"

　　益：②增加〈1〉。见《永明寺》："长分桥西，有千金堰。计其水利，日益千金，因以为名。"

　　在：②居于〈36〉。如《永宁寺》："外国所献经像，皆在此寺。"

　　照：①光线照射，照耀〈2〉。如《昭仪尼寺》："时见五色光明，照于堂宇。"

　　见于《今文尚书》的有以下 9 个。

　　被：⑤及，延及〈3〉。如《闻义里》："受诸国贡献，南至牒罗，北尽敕勒，东被于阗，西及波斯，四十余国皆来朝贡。"

　　比：⑦按照〈1〉。见《追先寺》："然国既边地，寓食他邑，求之二三，未为尽善，宜比德均封，追芳曩烈，可改封东平王，户数如前。"

出：③发布〈1〉。见《永宁寺》："于是出诏，滥死者普加褒赠。"

革：⑦变革〈2〉。如《景宁寺》："礼乐所不沾，宪章弗能革。"

光：㉔通"广"，充满〈1〉。见《平等寺》："王既德应图箓，金属攸归，便可允执其中，入光大麓。"

起：⑪兴起〈1〉。见《寿丘里》："寿丘里间，列刹相望，祇洹郁起，宝塔高凌。"

讫：①完毕〈4〉。如《秦太上公寺》："饮讫，辞还。"

若：④像〈12〉。如《法云寺》："神光壮丽，若金刚之在双林。"

续：④继续〈1〉。见《平等寺》："故推立长乐王子攸以续绝业。"

2. 有关人的行走活动的动词，29 个

见于《诗经》的有以下 19 个。

屏：⑤摈弃〈1〉。见《瑶光寺》："亦有名族处女，性爱道场，落发辞亲，来仪此寺，屏珍丽之饰，服修道之衣，投心八正，归诚一乘。"

逮：②及至〈2〉。如《明悬尼寺》："逮我孝昌三年大雨颓桥，南柱始埋没。"

到：①到达〈1〉。见《闻义里》："王与夫人及诸王子悉在楼上烧香散花，至心请神，然后辘轳绞索，一举便到。"

发：②出发〈5〉。如《闻义里》："初发京师，西行四十日，至赤岭，即国之西疆也。"

归：④归附〈2〉。如，卷二《龙华寺》："综遂归我圣阙，更改名曰缵。"

过：⑧超过〈5〉。如《法云寺》："丑奴募善射者射僧超亡，延伯悲惜哀恸，左右谓伯牙之失钟子期不能过也。"

还：①返回〈15〉。如《闻义里》："至正光二年二月始还天阙。"

践：①踩踏〈1〉。见《永宁寺》："履石之处，若践水泥，量之不定，或长或短。"

就：②到〈3〉。如《闻义里》："以毡为屋，随逐水草，夏则迁凉，冬则就温。"

去：②离开〈20〉。如《法云寺》："妻临去，将刀截岩发而走。"

适：①往〈1〉。见《永明寺》："异国沙门，咸来辐辏，负锡持经，适兹乐土。"

溯：①逆水而上〈1〉。见《景宁寺》："沅湘江汉，鼓棹遨游，随波溯浪，噞喁沉浮。"

逃：①逃亡；逃跑〈1〉。见《永宁寺》："贵室豪家，弃宅竞窜，贫夫贱士，襁负争逃。"

舞：②跳舞〈4〉。如《宣忠寺》："值荣与上党王天穆博戏，徽脱荣帽，欢舞盘旋。"

已：①停止〈1〉。见《正始寺》："天水人姜质，志性疏诞，麻衣葛巾，有逸民之操，见伦山爱之，如不能已，遂造《庭山赋》，行传于世。"

踊：①跳跃〈2〉。如《永宁寺》："昭烈中起，的卢踊于泥沟。"

游：⑥游览〈5〉。如《永宁寺》："起自荒裔，来游中土。"

造：①去〈2〉。如《正始寺》："能造者其必诗，敢往者无不赋。"

臻：①到〈3〉。如《正始寺》："皆远来以臻此，藉水木以翱翔。"

见于《易经》的有以下 5 个。

窜：②奔逃〈1〉。见《永宁寺》："贵室豪家，弃宅竞窜，贫夫贱士，襁负争逃。"

登：②上〈8〉。如《永宁寺》："装饰毕功，明帝与太后共登之。"

履：③踩踏〈1〉。见《闻义里》："王城北八十里，有如来履石之迹，起塔笼之。"

升：⑤登上〈4〉。如《永宁寺》："帝升大夏门望之。"

止：⑤停止；终止〈5〉。如《闻义里》："雨止，佛在石下东面而坐，晒袈裟。"

见于《今文尚书》的有以下 5 个。

遁：②逃跑〈1〉。见《景兴尼寺》："三年以后遁去，莫知所在。"

怀：⑩归向〈1〉。见《景明寺》："子才罚惰赏勤，专心劝诱，青领之生，竞怀雅术。"

济：①渡河〈2〉。如《追先寺》："略始济淮，明帝拜略为侍中义阳王，食邑千户。"

据：⑧跨〈1〉。见卷三《龙华寺》："兆唯洛食，实曰土中，上应张柳，下据河嵩。"

迁：③迁居〈5〉。如《永宁寺》："十月而京师迁邺。"

3. 有关人的手部动作行为的动词，32 个

见于《诗经》的有以下 25 个。

抱：①用手臂围持〈1〉。见《秦太上公寺》："须臾见婢抱一死小儿而过，元宝初甚怪之。"

秉：④掌握〈1〉。见《永宁寺》："太后贪秉朝政，故以立之。"

剥：③去掉外皮〈1〉。见《闻义里》："王城南一百余里，有如来昔作摩休国剥皮为纸，折骨为笔处。"

簸：①扬米去糠〈1〉。见《景明寺》："碾硙春簸，皆用水功。"

采：①摘取〈1〉。见《闻义里》："土饶异花，冬夏相接，道俗采之，上佛供养。"

春：①用杵臼捣去谷物的皮壳〈1〉。见《景明寺》："碾硙春簸，皆用水功。"

崇：⑥聚积〈1〉。见《宣忠寺》："崇善之家，必有余庆，积祸之门，殃所毕集。"

吹：②吹奏管乐器〈7〉。如《寿丘里》："快马健儿，不如老妪吹篪。"

缝：①用针线连缀〈1〉。见《正觉寺》："得帛缝新去，何能纳故时。"

鼓：⑦敲击或弹奏（乐器）〈2〉。如《高阳王寺》："徐鼓箜篌而歌，哀声入云。"

浣：①洗涤〈1〉。见《闻义里》："窟西南百步，有佛浣衣处。"

击：①敲打〈6〉。如《王典御寺》："至于六斋，常击鼓歌舞也。"

举：①双手托物使之向上〈3〉。如《景兴尼寺》："像出之日，常诏羽林一百人举此像。"

开：①打开〈1〉。见《永宁寺》："长乐王从雷陂北渡，赴荣军所，神轨、季明等见长乐王往，遂开门降。"

启：③开拓〈1〉。见《追先寺》："昔刘苍好善，利建东平，曹植能文，大启陈国。"

弃：①抛弃〈8〉。如卷二《龙华寺》："及京师倾覆，综弃州北走。"

褰：②用手提起〈1〉。见《景宁寺》："时朝廷方欲招怀荒服，待吴儿甚厚，褰裳渡于江者，皆居不次之位。"

受：②接受〈12〉。如《闻义里》："见大魏使人，再拜跪受诏书。"

束：①捆缚〈1〉。见《闻义里》："其俗妇人裤衫束带，乘马驰走，与丈夫无异。"

投：①扔〈1〉。见《闻义里》："龙王每作神变，国王祈请，以金玉珍宝投之池中，在后涌出，令僧取之。"

执：②拿；持〈2〉。如《景宁寺》："卿执羔，大夫执雁。君当得大夫之职。"

指：③用手指指着〈5〉。如《景兴尼寺》："指子休园中曰：……"

制：①裁衣〈1〉。见《景宁寺》："吴人之鬼，住居建康，小作冠帽，短制衣裳。"

濯：①洗涤〈1〉。见《景林寺》："至于鳞甲异品，羽毛殊类，濯波浮浪，如似自然也。"

作：⑨撰写〈8〉。如《正觉寺》："谢作五言诗以赠之。"

见于《周易》"六十四卦"的有以下 3 个。

定：①平定〈1〉。见《平等寺》："丞相一麾，大定海内。"

舍：①舍弃〈3〉。如《序》："王侯贵臣，弃象马如脱屣，庶士豪家，舍资财若遗迹。"

曳：①拖〈1〉。见卷三《龙华寺》："虞人牵盲熊至，闻狮子气，惊怖跳踉，曳锁而走。"

见于《今文尚书》的有以下 4 个。

牵：①拉，挽〈1〉。见卷三《龙华寺》："虞人牵盲熊至，闻狮子气，惊怖跳踉，曳锁而走。"

取：②拿〈8〉。如《秦太上公寺》："既坐，命婢取酒。"

为：⑨撰写〈10〉。如卷三《龙华寺》："神龟中，常景为汭颂。"

载：②记录〈3〉。如《闻义里》："衒之按《惠生行纪》事多不尽录，今依《道荣传》《宋云家纪》，故并载之，以备缺文。"

4. 有关视听语言方面的动词，40 个

《伽蓝记》中有关视听语言的动词有 40 个见于商周典籍，其中关于眼部的动作行为的有 6 个，关于语言的动作行为的有 34 个。

第一，有关眼部的动作行为，6 个。

见于《诗经》的有以下 4 个。

顾：③视，看〈2〉。如《闻义里》："（金像）面恒东立，不肯西顾。"

观：①观看；观览〈11〉。如《平等寺》："京师士女空市里往而观之。"

临：①由上看下，居高面低〈5〉。如《凝玄寺》："地形高显，下临城阙，房庑精丽，竹柏成林。"

瞻：①望〈2〉。如《大觉寺》："北瞻芒岭，南眺洛汭，东望宫阙，西顾旗亭，禅皋显敞，实为胜地。"

见于《周易》"六十四卦"的有以下 2 个。

睹：①看见〈2〉。如《景乐寺》："奇禽怪兽，舞抃殿庭，飞空幻惑，世所未睹。"

视：①看〈3〉。如《序》："后琅琊郡开阳县上言南门一柱飞去，使来视之，则是也。"

第二，有关语言的动词，34 个。

见于《诗经》的有以下 20 个。

比：②比方，比拟〈5〉。如《永宁寺》："出除长安令，时人比之潘岳。"

道：㉗说，讲述〈3〉。如《正觉寺》："京师士子道肃一饮一斗，号为漏卮。"

对：①应答〈7〉。如《正觉寺》："肃对曰：'乡曲所美，不得不好'。"

发：㉟表达，说出〈6〉。如《永宁寺》："发言雨泪，哀不自胜。"

访：①咨询〈2〉。如《永宁寺》："刑法疑狱，多访于景。"

告：①上报，报告〈2〉。如《闻义里》："毗庐旃鸣钟告佛，即遣罗睺罗变形为佛，从空而现真容。"

叫：①喊叫〈1〉。见《昭仪尼寺》："众僧闻像叫声，遂来捉得贼。"

可：④可以〈19〉。如卷三《龙华寺》："朕闻虎见狮子必伏，可觅试之。"

肯：③表示乐意、愿意〈3〉。如《永宁寺》："时胡氏专宠，皇宗怨望，人议者莫肯致言。"

譬：①比方〈2〉。如《法云寺》："子明饮八斗而醉眠，时人譬之山涛。"

誓：②立誓，发誓〈2〉。如《永宁寺》："朕睹此心寒，远投江表，泣请梁朝，誓在复耻。"

讼：②诉讼，控告〈1〉。见《景明寺》："暨皇居徙邺，民讼殷繁，前革后沿，自相与夺，法吏疑狱，簿领成山。"

谈：①谈论〈2〉。如《胡统寺》："其寺诸尼，帝城名德，善于开导，工谈义理。"

慰：①抚慰〈1〉。见《闻义里》："得此验，用慰私心，后果得吉反。"

谓：④叫作〈4〉。如《昭仪尼寺》："昭仪寺有池，京师学徒谓之翟泉也。"

戏：②嘲弄〈1〉。见《正觉寺》："其彭城王家有吴奴，以此言戏之。"

以：③认为〈5〉。如《平等寺》："窃以宸极不可久旷，神器岂容无主?"

语：①谈话〈4〉。如卷二《龙华寺》："与公主语，常自称下官。"

致：④表达〈1〉。见《永宁寺》："时胡氏专宠，皇宗怨望，人议者莫肯致言。"

咨：①征询〈1〉。见《平等寺》："皇帝咨广陵王恭。"

见于《周易》"六十四卦"的有以下 7 个。

辨：①辨别〈1〉。见《景林寺》："水犹澄清，洞底明净，鳞甲潜藏，辨其鱼鳖。"

歌：①歌唱〈3〉。如《高阳王寺》："徐鼓箜篌而歌，哀声入云，行路听者，俄而成市。"

说：①讲述〈8〉。如《菩提寺》："昔魏时发冢，得霍光女婿范明友家奴，说汉朝废立，与史书相符，此不足为异也。"

决：⑧决断〈2〉。如《永宁寺》："未决，召刘助筮之，助曰：'必克。'"

问：②探讨〈2〉。如《永宁寺》："司徒府南有国子学，堂内有孔丘像，颜渊问仁、子路问政在侧。"

议：①商议〈8〉。如《平等寺》："复命百官议太原王配飨。"

应：④应和〈2〉。如《闻义里》："于是以指触之，铃即鸣应。"

见于《今文尚书》的有以下 7 个。

谓：②对……说，说〈27〉。如《高阳王寺》："陈留侯李崇谓人曰……"

问：①询问〈31〉。如《景兴尼寺》："时人未之信，遂问寺之由绪。"

许：①应允〈2〉。如《永宁寺》："长乐即许之，共剋期契。"

言：⑥表达〈2〉。如《永宁寺》："雕梁粉壁，青琐绮疏，难得而言。"

应：①受〈1〉。见《开善寺》："子集惊怖，张弓射之，应箭而倒，即变为桃人。"

曰：②叫作，称为〈74〉。如《序》："北头第一门，曰建春门，汉曰上东门。"

云：③说〈77〉。如《建中寺》："掘故井得《石铭》云是汉太尉荀彧宅。"

5. 有关心理活动的动词，38 个

见于《诗经》的有以下 29 个。

爱：③喜欢，爱好〈9〉。如《景宁寺》："乐水爱山，好游林泽。"

耻：②羞愧〈2〉。如卷三《龙华寺》："宝寅耻与夷人同列，令公主启世宗，求入城内，世宗从之，赐宅于永安里。"

惮：①畏惧〈1〉。见《追先寺》："江东朝贵，侈于矜尚，见略入朝，莫不惮其进止。"

怀：①思念〈2〉。如《平等寺》："今天眷明德，民怀奥主，历数允集，歌讼同臻。"

急：②着急〈1〉。见《瑶光寺》："洛阳男儿急作髻，瑶光寺尼夺作婿。"

惧：①害怕〈2〉。如《法云寺》："岩惧而出之。"

恪：①恭敬〈1〉。见《景明寺》："子才恪请，辞情恳至，涕泪俱下，帝乃许之。"

愧：①羞惭〈4〉。如《闻义里》："王答曰：'不能降服小国，愧卿此问。'"

乐：②喜爱〈4〉。如卷三《龙华寺》："乐中国土风因而宅者，不可胜数。"

梦：②做梦〈6〉。如《景宁寺》："京兆许超梦盗羊入狱，问于元慎。"

念：①思念〈2〉。如《正始寺》："别有王孙公子，逊遁容仪，思山念水，命驾相随。"

怒：①愤怒〈5〉。如《闻义里》："王闻忽怒，即往看毗庐旃。"

匹：①相当〈6〉。如《高阳王寺》："居止第宅，匹于帝宫。"

屈：①使屈服〈1〉。见《闻义里》："王答曰：'我见魏主则拜，得书坐读，有何可怪？世人得父母书，犹自坐读。大魏如我父母，我亦坐读书，于理无失'，云无以屈之。"

识：①知道〈4〉。如《景宁寺》："贵为交友，故时人弗识也。"

嗜：①喜爱〈3〉。如《景兴尼寺》："苟生虽好勇嗜酒，亦仁而不杀。"

思：③怀念；想望〈5〉。如《平等寺》："朕以寡德，运属乐推，思与亿兆同兹大庆。"

　　图：⑥谋划〈2〉。如《永宁寺》："太原王立功不终，阴图蚩逆，王法无亲，已依正刑。"

　　望：⑫希望〈2〉。如《永宁寺》："况今奉未言之儿，以临天下，而望升平，其可得乎？"

　　忘：①忘记〈7〉。如《开善寺》："阿梁！卿忘我耶？"

　　惟：①思考〈1〉。见《平等寺》："自惟薄寡，本枝疏远，岂宜仰异天情，俯乖民望？"

　　畏：①害怕〈4〉。如《法云寺》："不畏张弓拔刀，唯畏白堕春醪。"

　　为：㉒算作〈7〉。如《景兴尼寺》："观其治典，未为凶暴，及详其史，天下之恶皆归焉。"

　　闲：⑨通"娴"。(1)熟习〈1〉。见《景兴尼寺》："吾不闲养生，自然长寿。"

　　羡：①羡慕〈1〉。见《寿丘里》："卿之财产，应得抗衡，何为叹羡，以至于此？"

　　学：①学习〈2〉。如《闻义里》："盘陀王闻之，舍位与子，向乌场国学婆罗门咒，四年之中，尽得其术。"

　　宜：⑥应当〈7〉。如卷三《龙华寺》："禽兽囚之，则违其性，宜放还山林。"

　　应：①应该〈5〉。如《永宁寺》："于是密议长君诸王之中不知谁应当璧。"

　　欲：⑤想要〈17〉。如《永宁寺》："臣欲还晋阳，不忍空去，愿得太原王尸丧，生死无恨。"

　　见于《周易》"六十四卦"的有以下4个。

　　恶：①讨厌〈3〉。如《昭仪尼寺》："帝闻而恶之，以为惑众。"

　　好：①爱好〈16〉。如《秦太上君寺》："好驰虚誉，阿附成名。"

　　疑：①怀疑〈1〉。见《永宁寺》："卿乃明白疑于必然，托命豺狼，委身虎口。"

　　知：①晓得〈19〉。如《景兴尼寺》："三年以后遁去，莫知所在。"

　　见于《今文尚书》的有以下5个。

　　敢：①谓有勇气、有胆量做某事〈3〉。如《正始寺》："能造者其必诗，敢往者无不赋。"

　　恐：③担心〈4〉。如《宣忠寺》："庄帝谋杀尔朱荣，恐事不果，请计于徽。"

　　能：⑤能够〈34〉。如《正觉寺》："三三横，两两纵，谁能辨之，赐金钟。"

　　信：⑥相信〈10〉。如《平等寺》："庄帝信其真患，放令归第。"

　　作：⑯当作〈1〉。见《永宁寺》："正始初，诏刊律令，永作通式。"

　　6. 有关人的其他动作行为的动词，153 个

　　此处统计的是除上述人的行走、手部动作、视听语言动作及心理活动的动词之外的其他行为动词。大致分为带宾语和不带宾语两类。

　　（1）表示单纯的动作行为，即一般不带宾语的词语，36 个。

　　见于《诗经》的有以下 26 个。

次：⑯谓军队驻扎〈1〉。见《平等寺》："今六军南迈，已次河浦。"

倒：①把位置、方向、性质等颠倒过来〈1〉。见《景宁寺》："布袍芒履，倒骑水牛。"

奋：⑤振奋〈1〉。见《法云寺》："时公卿祖道，车骑成列，延伯危冠长剑耀武于前，僧超吹《壮士笛曲》于后，闻之者懦夫成勇，剑客思奋。"

伏：①面向下，背朝上俯卧着。亦泛指躺、卧〈1〉。见《景宁寺》："庆之伏枕曰：'杨君见辱深矣。'"

渴：①口干想喝水〈1〉。见《正觉寺》："常饭鲫鱼羹，渴饮茗汁。"

离：③分开〈1〉。见《闻义里》："维那挽之，不觉皮连骨离。"

迷：⑥不辨方向〈1〉。见《正始寺》："非斯人之感至，何候鸟之迷方？"

面：⑧对着〈2〉。如《闻义里》："闻太后崇奉佛法，即面东合掌，遥心顶礼。"

灭：①不存在〈3〉。如《景兴尼寺》："国灭之后，观其史书，皆非实录。"

起：①站起〈1〉。见《寿丘里》："融乃蹶起，置酒作乐。"

憩：①休息〈4〉。如《正觉寺》："肃甚有愧谢之色，遂造正觉寺以憩之。"

泣：①无声流泪或低声而哭〈2〉。如《永宁寺》："朕睹此心寒，远投江表，泣请梁朝，誓在复耻。"

让：②推辞〈2〉。如《平等寺》："恭凡让者三，于是即皇帝位，改号曰普泰。"

生：①生育〈2〉。如《宣忠寺》："以生太子为辞，荣必入朝，因以毙之。"

生：②滋生〈10〉。如《景明寺》："寺有三池，萑蒲菱藕，水物生焉。"

生：③出生〈4〉。如卷二《龙华寺》："宝卷有美人吴景晖，时孕综经月，衍因幸景晖，及综生，认为己子。"

生：⑨生活〈2〉。如《闻义里》："若如卿言，即是佛国。我当命终，愿生彼国。"

宿：①住宿；过夜〈2〉。如《菩提寺》："常宿寺门下……"

叹：①叹息〈1〉。见《景宁寺》："慷慨叹不得与阮籍同时生。"

寤：②醒悟〈1〉。见《昭仪尼寺》："于是学徒始寤，经过者，想见绿珠之容也。"

笑：①显露愉悦的表情，发出欣喜的声音〈8〉。如《正觉寺》："元乂与举坐之客皆笑焉。"

仰：①抬头〈4〉。如卷三《龙华寺》："于是虎豹见狮子，悉皆瞑目，不敢仰视。"

隐：①隐藏〈1〉。见《永宁寺》："大道既隐，天下匪公。"

游：⑥同"遊"。(3) 游憩，游玩〈7〉。如《菩提寺》："涵遂舍去，游于京师。"

醉：②饮酒过量，神志不清〈6〉。如《法云寺》："饮之香美，醉而经月不醒。"

坐：①古人铺席于地，两膝着席，臀部压在脚后跟上，谓之"坐"。后来把臀部平放在椅子、凳子或其他物体上以支持身体称为"坐"〈16〉。如《闻义里》："王著锦衣，坐金床。"

见于《周易》"六十四卦"的有以下 2 个。

出：㉒军队出动〈3〉。如《永宁寺》："荣三军皓素，扬旌南出。"

育：①生长〈1〉。见《景宁寺》："江左假息，僻居一隅，地多湿垫，攒育虫蚁。"

见于《今文尚书》的有以下8个。

服：⑭佩服〈5〉。如《凝玄寺》："元谦服婢之能，于是京邑翕然传之。"

会：②会合〈4〉。如《寿丘里》："琛常会宗室，陈诸宝器。"

灭：②熄灭〈1〉。见《永宁寺》："火经三月不灭。"

丧：②人死〈1〉。见《白马寺》："经十余日，法和父丧。"

亡：④死亡〈4〉。如《开善寺》："至晓，丑多得病而亡。"

悟：①觉悟〈1〉。见《正始寺》："濠上之客，柱下之史，悟无为以明心，托自然以图治。"

贼：④杀害〈1〉。见《景兴尼寺》："苻坚自是贤主，贼君取位，妄书君恶。"

战：①作战〈5〉。如《永宁寺》："三日频战，而游魂不息。"

（2）带宾语的动词，117个。根据所带宾语的情况又分为以下两类。

第一，宾语是物或与物有关的事情，66个。

见于《诗经》的有以下43个。

被：③覆盖〈3〉。如《法云寺》："芳草蔓合，嘉木被庭。"

陈：①陈列〈2〉。如《寿丘里》："琛常会宗室，陈诸宝器。"

乘：①驾御〈5〉。如《闻义里》："其俗妇人裤衫束带，乘马驰走，与丈夫无异。"

处：①居住〈8〉。如卷三《龙华寺》："吴人投国者，处金陵馆。"

钓：①以钓具获取水生动物〈1〉。见《冲觉寺》："楼下有儒林馆、延宾堂，形制并如清暑殿，土山钓池，冠于当世。"

夺：①强取〈1〉。见《瑶光寺》："洛阳男儿急作髻，瑶光寺尼夺作婿。"

奉：②进献〈2〉。如《闻义里》："惟留太后百尺幡一口，拟奉尸毗王塔。"

服：㉑穿着〈3〉。如《瑶光寺》："屏珍丽之饰，服修道之衣，投心八正，归诚一乘。"

负：①以背载物〈5〉。如《白马寺》："时以白马负经而来，因以为名。"

驾：①把车套在马等牲口身上〈1〉。见《正始寺》："别有王孙公子，逊遁容仪，思山念水，命驾相随。"

剪：②截断〈1〉。见《闻义里》："居丧者，剪发劈面，以为哀戚。"

翦：①除去〈2〉。如《平等寺》："下官既为议臣，依礼而言，不合圣心，俘翦惟命。"

建：③树立〈1〉。见《永宁寺》："时兆营军尚书省，建天子金鼓，庭设漏刻。"

荐：⑥进献〈1〉。见《永宁寺》："隆与荣妻北乡郡长公主至芒山冯王寺为荣追福荐斋。"

见：④遇到〈5〉。如《追先寺》："既见义忘家，捐生殉国，永言忠烈，何日忘之？"

居：②居住〈20〉。如《胡统寺》："入道为尼，遂居此寺。"

堪：④能承受〈1〉。见《寿丘里》："臣有两手，唯堪两匹，所获多矣。"

明：⑨通晓〈1〉。见《景宁寺》："祖抚，明经，为中博士。"

纳：③接受〈1〉。见《宣忠寺》："帝纳其谋，遂唱生太子……"

求：②寻找〈4〉。如《闻义里》："我皇帝深味大乘，远求经典，道路虽险，未敢言疲。"

绍：①承继〈1〉。见《永宁寺》："立临洮王世子钊以绍大业，年三岁。"

胜：①能够承受〈1〉。见《永宁寺》："发言雨泪，哀不自胜。"

伤：②伤害〈2〉。如《寿丘里》："唯融与陈留侯李崇负绢过任，蹶倒伤踝。"

受：⑤遭受〈1〉。见《正觉寺》："肃忆父非理受祸，常有子胥报楚之意。"

树：②栽种〈1〉。见《永宁寺》："其四门外，皆树以青槐，亘以绿水。"

调：①协调；使协调〈1〉。见《寿丘里》："当时四海晏清，八荒率职，缥囊纪庆，玉烛调辰，百姓殷阜，年登俗乐。"

同：⑤共〈2〉。如《秦太上公寺》："昔孝昌年戍在彭城，其同营人樊元宝得假还京师。"

吐：①使物从口中出来〈3〉。如《瑶光寺》："殿前九龙吐水成一海。"

为：①做〈4〉。如《闻义里》："异种共类，鸟雄鼠雌，共为阴阳，即所谓鸟鼠同穴。"

衔：③含在嘴里〈1〉。见《寿丘里》："窗户之上，列钱青琐，玉凤衔铃，金龙吐佩。"

衣：①穿（衣服）〈1〉。见《法云寺》："神龟年中，以工商上僣，议不听衣金银锦绣。"

艺：①种植〈1〉。见《序》："农夫耕老，艺黍于双阙。"

有：②取得〈4〉。如《平等寺》："自我皇魏之有天下也，累圣开辅，重基衍业。"

与：①给予〈10〉。如《永宁寺》："遣侍中朱元龙赍铁券与世隆，待之不死，官位如故。"

期：②约定。〈1〉。见《闻义里》："人民决水以种，闻中国田待雨而种，笑曰：'天何由可共期也？'"

遭：②遭受〈3〉。如《追先寺》："臣遭家祸难，白骨未收。乞还本朝，叙录存没。"

择：①挑选〈1〉。见《永宁寺》："善择元吉，勿贻后悔。"

张：①拉紧弓弦〈2〉。如《开善寺》："子集惊怖，张弓射之，应箭而倒，即变为桃人。"

制：②造作〈1〉。见《法云寺》："作祇洹寺一所，工制甚精。"

治：①治理，统治〈4〉。如《闻义里》："土田庶衍，山泽弥望，居无城郭，游军而治。"

种：①把植物或它的种子埋入土中使之生长〈7〉。如《景乐寺》："剥驴投井，植枣种瓜，须臾之间，皆得食之。"

注：①流入〈3〉。如《景林寺》："若旱魃为害，谷水注之不竭。"

筑：③建造〈7〉。如《寿丘里》："高台芳榭，家家而筑。"

见于《周易》"六十四卦"的有以下 8 个。

革：⑧排斥，革除〈1〉。见《景明寺》："暨皇居徙邺，民讼殷繁，前革后沿，自相与夺。"

积：③堆叠〈5〉。如《高阳王寺》："芳草如积，珍木连阴。"

筮：①占卦〈2〉。如《永宁寺》："未决，召刘助筮之，助曰：'必克。'"

试：④试探〈2〉。如卷三《龙华寺》："园中素有一盲熊，性甚驯，帝令取试之。"

守：①把守〈6〉。如《永宁寺》："今宿卫文武足得一战，但守河桥，观其意趣。"

受：⑪容纳〈1〉。见《闻义里》："至那迦罗阿国，有佛顶骨，方圆四寸，黄白色，下有孔，受人手指。"

载：③运载〈1〉。见《闻义里》："此像本从南方腾空而来，于阗国王亲见礼拜，载像归，中路夜宿，忽然不见，遣人寻之，还来本处。"

致：⑥施加〈1〉。见《永宁寺》："臣从太原王来朝陛下，何忽今日枉致无理？"

见于《今文尚书》的有以下 15 个。

乘：②乘坐〈1〉。见《闻义里》："复西行一日，乘船渡一深水。"

出：⑭拿出〈11〉。如《永宁寺》："帝即出库物置城西门外，募敢死之士，以讨世隆。"

构：①架木造屋〈3〉。如《闻义里》："其高三丈，悉用文石为阶砌栌栱，上构众木，凡十三级。"

纳：①入，使入〈1〉。见卷三《龙华寺》："浩浩大川，泱泱清洛，导源熊耳，控流巨壑，纳谷吐伊，贯周淹亳，近达河宗，远朝海若。"

纳：②藏入〈1〉。见《正始寺》："下天津之高雾，纳沧海之远烟，纤列之状一如古，崩剥之势似千年。"

善：⑪擅长〈9〉。如《景宁寺》："读《老庄》，善言玄理。"

食：①吃〈16〉。如《景林寺》："霜降乃熟，食之甚美。"

试：⑤检试〈1〉。见《崇真寺》："今唯试坐禅、诵经，不问讲经。"

设：①安排〈7〉。如《正觉寺》："后萧衍子西丰侯萧正德归降，时元义欲为之设茗，先问卿于水厄多少。"

收：③收回〈1〉。见《平等寺》："乞收成旨，以允愚衷。"

饲：②给动物吃东西〈1〉。见《闻义里》："山行八日，至如来苦行投身饲饿虎之处。"

同：④谓共同参与某事〈2〉。如《平等寺》："朕以寡德，运属乐推，思与亿兆同兹大庆。"

为：②造作〈17〉。如《景兴尼寺》："本有三层浮图，用砖为之。"

行：㉑做〈4〉。如《永宁寺》："若能行废立之事，伊霍复见今日。"

掩：①遮没〈1〉。见《永宁寺》："朝野闻之，莫不悲恸，百姓观者，悉皆掩涕而已。"

第二，宾语主要是人或与人有关的事情，51 个。

见于《诗经》的有以下 25 个。

保：④守，保卫〈1〉。见《永宁寺》："义利是图，富贵可保，狗人非虑。"

逢：①遇到〈4〉。如卷三《龙华寺》："逢树即拔，遇墙亦倒。"

过：⑪来访〈1〉。见《景宁寺》："景仁在南之日与庆之有旧，遂设酒引邀庆之过宅。"

嫁：①出嫁〈3〉。如《高阳王寺》："及雍薨后，诸妓悉令入道，或有嫁者。"

建：①建立〈1〉。见卷三《龙华寺》："皇建有极，神功无竞。"

近：③接近〈7〉。如《秦太上君寺》："臣年迫桑榆，气同朝露，人间稍远，日近松丘。"

敬：②尊敬，尊重〈3〉。如《平等寺》："王其寅践成业，允执其中，虽休勿休，日慎一日，敬之哉！"

临：②统治，治理〈1〉。见《永宁寺》："况今奉未言之儿，以临天下，而望升平，其可得乎？"

令：①使〈20〉。如《正始寺》："高林巨树，足使日月蔽亏；悬葛垂萝，能令风烟出入。"

逆：⑩背叛〈1〉。见《永宁寺》："逆刃加于君亲，锋镝肆于卿宰，元氏少长，殆欲无遗。"

遣：②发送，打发〈1〉。见《追先寺》："因即悲泣，衔哀而遣之。"

侵：①越境进犯〈1〉。见《秦太上公寺》："孝昌初，妖贼四侵，州郡失据。"

庆：①庆贺〈1〉。见《法云寺》："至三元肇庆，万国齐臻，金蝉曜首，宝玉鸣腰，负荷执笏，逶迤复道，观者忘疲，莫不叹服。"

求：⑥谋求；追求〈1〉。见《秦太上君寺》："威势所在，侧肩竞入，求其荣利，甜然浓泗。"

取：⑪采取；选拔〈1〉。见《序》："其中小者，取其祥异，世谛俗事，因而出之。"

取：⑤捉拿〈1〉。见卷二《龙华寺》："时尔朱世隆专权，遣取公主至洛阳，世隆逼之。"

胜：①胜利〈1〉。见《平等寺》："兆遂乘胜逐北，直入京师，兵及阙下，矢流王室。"

使：⑧让〈10〉。如《永宁寺》："太原王欲使帝幸晋阳，至秋更举大义。"

祀：①祭祀〈1〉。见《闻义里》："立性凶暴，多行杀戮，不信佛法，好祀鬼神。"

送：②送别〈6〉。如《景兴尼寺》："离别者多云：相送三门外。"

引：⑧带领〈2〉。如《秦太上公寺》："取书引元宝入，遂见馆阁崇宽，屋宇佳丽。"

迎：①迎接〈4〉。如《景兴尼寺》："京师士子，送去迎归，常在此处。"

赠：①送给〈1〉。见《正觉寺》："谢作五言诗以赠之。"

　　正：⑳纠正，修正〈1〉。见《永宁寺》："景讨正科条，商榷古今，甚有伦序，见行于世。"

　　助：①帮助〈3〉。如《闻义里》："故胡人皆云四天王助之。"

　　见于《周易》"六十四卦"的有以下 7 个。

　　宠：①宠爱〈3〉。如《秦太上君寺》："陛下渭阳兴念，宠及老臣，使夜行罪人，裁锦万里。"

　　从：⑨听从〈3〉。如卷三《龙华寺》："宝寅耻与夷人同列，令公主启世宗，求入城内，世宗从之，赐宅于永安里。"

　　配：⑥配享〈4〉。如《平等寺》："若配世宗，于宣武无功。"

　　求：④请求〈1〉。见卷三《龙华寺》："宝寅耻与夷人同列，令公主启世宗，求入城内，世宗从之，赐宅于永安里。"

　　事：⑪侍奉〈4〉。如《景宁寺》："父辞，自得丘壑，不事王侯。"

　　帅：①率领〈1〉。见《追先寺》："亲帅百官送于江上，作五言诗赠者百余人。"

　　征：③征讨〈1〉。见《永明寺》："晋河间王在长安遣张方征长沙王，营军于此，因名为张方桥也。"

　　见于《今文尚书》的有以下 19 个。

　　拜：①表示恭敬的一种礼节。行礼时下跪，低头与腰平，两手至地。后用为行礼的通称。〈3〉。如《闻义里》："我见魏主则拜，得书坐读，有何可怪？"

　　罚：③处罚〈2〉。如《法云寺》："唯河东裴子明为诗不工，罚酒一石。"

　　废：⑥黜免〈2〉。如《平等寺》："恭常住龙华寺，至是，世隆等废长广而立焉。"

　　付：①交给〈4〉。如《闻义里》："惠生初发京师之日，皇太后敕付五色百尺幡千口。"

　　麾：②指挥〈2〉。如《平等寺》："丞相一麾，大定海内。"

　　戮：①杀〈1〉。见《平等寺》："若配庄帝，为臣不终，为庄帝所戮。"

　　命：③差遣〈5〉。如《永宁寺》："太原王命车骑将军尔朱兆潜师渡河，破延明于硖石。"

　　叛：①背叛〈1〉。见《寿丘里》："琛为秦州刺史，诸羌外叛，屡讨之不降。"

　　娶：把女子接过来成亲〈1〉。见《法云寺》："有挽歌孙岩，娶妻三年，妻不脱衣而卧。"

　　率：④带领〈3〉。如《平等寺》："仵龙、文义等率众先降。"

　　司：②主管〈1〉。见《昭仪尼寺》："东南治粟里，仓司官署住其内。"

　　讨：①征讨〈5〉。如《永宁寺》："谓卿明眸击节，躬来见我，共叙哀辛，同讨凶羯。"

　　为：⑰担任〈40〉。如《长秋寺》："腾初为长秋令卿，因以为名。"

　　刑：①处罚〈3〉。如《崇真寺》："桥南有魏朝时马市，刑嵇康之所也。"

　　贻：②遗留〈1〉。见《永宁寺》："善择元吉，勿贻后悔。"

宥：②赦免〈1〉。见《追先寺》："明帝宥吴人江革，请略归国。"

阅：②检阅〈1〉。见《崇真寺》："惠凝具说过去之时，有五比丘同阅。"

纵：③放纵〈1〉。见《瑶光寺》："永安三年中尔朱兆入洛阳，纵兵大掠，时有秀容胡骑数十人，入寺淫秽。"

作：⑮当，担任某种职务〈11〉。如《崇真寺》："卿作太守之日，曲理枉法。"

（三）形容词

《伽蓝记》的单音节形容词中共有 92 个形容词可以追溯到《诗经》、《今文尚书》和《周易》"六十四卦"中。

见于《诗经》的有以下 58 个。

安：②安定；平静〈2〉。如《永宁寺》："白民赠郡镇，于是稍安。"

悲：①伤心〈2〉。如《序》："始知麦秀之感，非独殷墟，黍离之悲，信哉周室！"

备：①完备；齐备〈1〉。见《闻义里》："衒之按《惠生行纪》事多不尽录，今依《道荣传》《宋云家纪》，故并载之，以备缺文。"

遍：①普遍〈3〉。如《瑶光寺》："又作重楼飞阁，遍城上下，从地望之，有如云也。"

苍：①青色（包括蓝色和绿色）〈1〉。见《正始寺》："羽徒纷泊，色杂苍黄，绿头紫颊，好翠连芳。"

侧：②倾斜〈1〉。见《秦太上君寺》："威势所在，侧肩竞入。"

长：①指在空间的两端之间距离大。（1）同"短"相对〈11〉。如《景林寺》："有仙人枣，长五寸，把之两头俱出，核细如针。"

长：①指在空间的两端之间距离大。（2）高〈1〉。见《白马寺》："帝梦金神，长丈六，项背日月光明，胡神号曰佛。"

常：⑥普通〈1〉。见《景宁寺》："其庆之还奔萧衍，衍用其为司州刺史，钦重北人，特异于常。"

耻：①耻辱〈4〉。如《景宁寺》："景仁住此以为耻，遂徙居孝义里焉。"

侈：④放纵〈1〉。见《永宁寺》："时太原王位极心骄，功高意侈，与夺任情，臧否肆意。"

崇：①高〈1〉。见《寿丘里》："崇门丰室，洞户连房。"

丰：④丰盛〈1〉。见《闻义里》："人民山居，五谷甚丰，食则面麦，不立屠煞。"

富：①财物多（古跟"贫"，今跟"穷"相对）〈8〉。如《永宁寺》："部落八千余，家有马数万匹，富等天府。"

古：②久远；古老〈2〉。如《景兴尼寺》："太尉府前砖浮图，形制甚古，犹未崩毁，未知早晚造？"

寒：①冷〈4〉。如《永宁寺》："时十二月，帝患寒，随兆乞头巾，兆不与。"

罕：②少〈1〉。见《序》："京城表里，凡有一千余寺，今日寥廓，钟声罕闻。"

华：⑪光耀〈1〉。见《追先寺》："侍中义阳王略，体自藩华，门勋凤著，内润外朗，兄弟伟如。"

嘉：①美好〈1〉。见《景林寺》："加以禅阁虚静，隐室凝邃，嘉树夹牖，芳杜匝阶，虽云朝市，想同岩谷。"

骄：④骄纵〈2〉。如《永宁寺》："时太原王位极心骄，功高意侈，与夺任情，臧否肆意。"

金：⑯像金子的颜色〈5〉。如《开善寺》："丑多亡日，像自有金色，光照四邻。"

靖：①安定〈1〉。见《景明寺》："自王室不靖，虎门业废，后迁国子祭酒，谟训上庠。"

久：①时间长〈6〉。如《闻义里》："年岁虽久，彪炳若新。"

均：②公平〈1〉。见《追先寺》："然国既边地，寓食他邑，求之二三，未为尽善，宜比德均封，追芳曩烈。"

老：①年岁大，与"幼"或"少"相对〈1〉。见《景明寺》："永熙年末，以母老辞，帝不许之。"

乐：①欢乐〈1〉。见《寿丘里》："当时四海晏清，八荒率职，缥囊纪庆，玉烛调辰，百姓殷阜，年登俗乐。"

绿：①青黄色〈5〉。如卷三《龙华寺》："青槐阴陌，绿树垂庭。"

茂：①草木繁盛〈2〉。如《法云寺》："伽蓝之内，花果蔚茂，芳草蔓合，嘉木被庭。"

美：①美丽〈8〉。如《正始寺》："园林山池之美，诸王莫及。"

明：⑧明白，清楚〈2〉。如《秦太上君寺》："谨奉明敕，不敢失坠。"

贫：①缺少财物。与"富"相对〈1〉。见《寿丘里》："琛令朝云假为贫妪，吹箎而乞。"

浅：①水不深〈2〉。如《永宁寺》："是日水浅，不没马腹，故及此难。"

清：①水明澈。与"浊"相对〈1〉。见卷三《龙华寺》："浩浩大川，泱泱清洛，导源熊耳，控流巨壑。"

清：⑳寒凉〈1〉。见《正始寺》："然目之绮，烈鼻之馨，既共阳春等茂，复与白雪齐清。"

青：①颜色名。（1）绿色，似植物叶子的颜色〈5〉。如卷三《龙华寺》："青槐阴陌，绿树垂庭。"

善：①好〈2〉。如《景林寺》："众咸称善，以为得其旨归。"

少：①数量小〈4〉。如《景兴尼寺》："晋时民少于今日，王侯第宅与今日相似。"

深：①从水面到水底的距离大。跟"浅"相对〈1〉。见《闻义里》："复西行一日，乘船渡一深水，三百余步。"

是：②正确〈1〉。见《永明寺》："晋河间王在长安遣张方征长沙王，营军于此，因名为张方桥也。未知孰是。今民间语讹，号为张夫人桥。"

素：②白色〈4〉。如《秦太上公寺》："各有五层浮图一所，高五十丈，素彩画工，比于景明。"

爽：⑦差失〈1〉。见《平等寺》："不劳挥逊，致爽人神。"

喜：①快乐；高兴〈1〉。见《宣忠寺》："徽素大度量，喜怒不形于色。"

香：①芳香〈1〉。见《景明寺》："松竹兰芷，垂列阶墀，含风团露，流香吐馥。"

馨：②散播很远的香气〈1〉。见《正始寺》："然目之绮，烈鼻之馨，既共阳春等茂，复与白雪齐清。"

祥：②吉祥的预兆〈2〉。如《景宁寺》："元慎曰：'三公之祥。'"

新：③没有用过的，跟"旧"相对〈6〉。如《正觉寺》："得帛缝新去，何能纳故时。"

修：⑪长；高。（1）指空间距离大〈1〉。见《秦太上君寺》："中有五层浮图一所，修刹入云，高门向街。"

脩：㉑同"修"。长。指空间距离大〈1〉。见《景宁寺》："□[1]头犹脩，网鱼漉鳖，在河之洲，咀嚼菱藕，捃拾鸡头。"

夷：③平坦〈1〉。见《闻义里》："太行孟门，匹兹非险，崤关陇坂，方此则夷。"

异：②不相同〈13〉。如《昭仪尼寺》："凡为五重，每重叶椹各异，京师道俗谓之神桑。"

异：⑦奇特的〈1〉。见《长秋寺》："奇伎异服，冠于都市。"

殷：③众，多〈2〉。如《闻义里》："川原沃壤，城郭端直，民户殷多，林泉茂盛。"

永：⑤永远〈7〉。如《闻义里》："宋云以奴婢二人奉雀离浮图，永充洒扫。"

愚：①愚笨〈2〉。如《景兴尼寺》："当今之人，亦生愚死智，惑已甚矣。"

远：⑨指血统关系疏远〈1〉。见《永宁寺》："朕之于卿，兄弟非远，连枝分叶，兴灭相依。"

直：①不弯曲〈2〉。如《正始寺》："崎岖石路，似壅而通；峥嵘涧道，盘纡复直。"

质：⑩朴实〈2〉。如卷三《龙华寺》："详观古列，考见《丘》《坟》，乃禅乃革，或质或文。"

朱：①大红色〈2〉。如《胡统寺》："洞房周匝，对户交疏，朱柱素壁，甚为佳丽。"

见于《周易》"六十四卦"的有以下18个。

哀：①悲伤〈4〉。如《追先寺》："因即悲泣，衍哀而遣之。"

丰：②高大〈2〉。如《寿丘里》："崇门丰室，洞户连房。"

光：②明亮〈2〉。如《昭仪尼寺》："晖甚异之，遂掘光所，得金像一躯。"

合：②同〈1〉。见《昭仪尼寺》："其后盗者欲窃此像，像与菩萨合声喝贼，盗者惊怖，应即殒倒。"

近：①距离小〈3〉。如《正始寺》："远为神仙所赏，近为朝士所知。"

静：①静止〈1〉。见《正始寺》："卜居动静之间，不以山水为忘。"

---

〔1〕 该字原文阙如。

快：①高兴〈1〉。见《永宁寺》："快贼莽之心，假卞庄之利，有识之士咸为惭之。"

劳：②劳苦〈1〉。见《闻义里》："王常停境上，终日不归，师老民劳，百姓嗟怨。"

利：①锋利〈1〉。见《高阳王寺》："汝颍之士利如锥，燕赵之士钝如锤。"

美：③好〈5〉。如《闻义里》："王城西南五百里，有善持山，甘泉美果，见于经记。"

密：③秘密〈2〉。如《追先寺》："略密与其兄相州刺史中山王熙欲起义兵，问罪君侧。"

亲：①亲爱〈1〉。见《永宁寺》："太原王立功不终，阴图衅逆，王法无亲，已依正刑，罪止荣身，余皆不问。"

暑：①炎热〈2〉。如《永宁寺》："时暑炎赫，将士疲劳。"

同：①相同〈8〉。如《正觉寺》："沽酒老姬瓮注瓨，屠儿割肉与秤同。"

危：①危险〈1〉。见《正始寺》："若乃绝岭悬坡，蹭蹬蹉跎，泉水纡徐如浪峭，山石高下复危多。"

险：③高峻〈1〉。见《闻义里》："太行孟门，匹兹非险，崤关陇坂，方此则夷。"

远：①遥远〈21〉。如卷三《龙华寺》："送狮子者以波斯道远，不可送达，遂在路杀狮子而返。"

壮：①盛大〈1〉。见《序》："金刹与灵台比高，讲殿共阿房等壮。"

见于《今文尚书》的有以下 16 个。

昌：④昌盛〈1〉。见卷三《龙华寺》："玺运会昌，龙《图》受命。"

惰：①懈怠〈1〉。见《景明寺》："子才罚惰赏勤，专心劝诱，青领之生，竞怀雅术。"

洪：②大。与"小"相对〈1〉。见卷三《龙华寺》："敷兹景迹，流美洪模。"

宏：①宏大〈1〉。见《平等寺》："堂宇宏美，林木萧森，平台复道，独显当世。"

华：⑥彩色的〈1〉。见《修梵寺》："皆高门华屋，斋馆敞丽。"

欢：①喜悦〈1〉。见《宣忠寺》："值荣与上党王天穆博戏，徽脱荣帽，欢舞盘旋。"

苦：③痛苦〈2〉。如《永宁寺》："昔来闻死苦，何言身自当！"

名：⑭著名的〈1〉。见《修梵寺》："嵩明寺，复在修梵寺西，并雕墙峻宇，比屋连甍，亦是名寺也。"

睦：①和睦〈1〉。见《永宁寺》："假有内阋，外犹御侮，况我与卿，睦厚偏笃，其于急难，凡今莫如。"

偏：③偏袒〈1〉。见《宣忠寺》："荣穆既诛，拜徽太师司马，余官如故，典统禁兵，偏被委任。"

群：⑧众〈2〉。如《永宁寺》："群胡恸哭，声振京师。"

条：③长〈1〉。见《闻义里》："非值条缝明见，至于细缕亦彰。"

误：①错误〈3〉。如《景林寺》："庄帝马射于华林园，百官皆来读碑，疑'苗'字误。"

纤：①细密〈1〉。见《正始寺》："纤列之状一如古，崩剥之势似千年。"

协：⑤符合〈1〉。见《平等寺》："自非德协三才，功济四海，无以入选帝图，允当师锡。"

幼：①年纪小，未长成的〈3〉。如《追先寺》："略生而岐嶷，幼则老成。"

（四）数词

《伽蓝记》中见于周代的单音节数词有6个。

见于《诗经》的有以下5个。

九：②泛指多数〈1〉。见卷三《龙华寺》："周余九裂，汉季三分，魏风衰晚，晋景彫嚯。"

两：①数词，二，常用于成对的人或事物以及同时出现的双方〈15〉。如《永宁寺》："东西两门亦皆如之，所可异者，唯楼两重。"

千：③表示多〈8〉。如《高阳王寺》："高阳一食，敌我千日。"

三：多次；再三〈2〉。如《平等寺》："恭凡让者三，于是即皇帝位，改号曰普泰。"

万：②极言其多〈8〉。如《永宁寺》："一日即得万人，与归等战于郭外，凶势不摧。"

见于《今文尚书》的有以下1个。

百：②概数，言其多〈2〉。如《永明寺》："百国沙门，三千余人。"

（五）量词

《伽蓝记》中见于周代的单音节量词有6个。

见于《诗经》的有以下4个。

里：④长度单位。古以三百步为一里，后亦有以三百六十步为一里者，今以一百五十丈为一里〈62〉。如《崇真寺》："出建春门外一里余，至东石桥。"

乘：④量词。（1）用以计算车子〈1〉。见《景兴尼寺》："帝给步挽车一乘，游于市里。"

岁：⑤表示年龄的单位〈4〉。如《永宁寺》："立临洮王世子钊以绍大业，年三岁。"

寻：①古代长度单位。一般为八尺〈1〉。见《正始寺》："五寻百拔，十步千过，则知巫山弗及，未审蓬莱如何。"

见于《周易》"六十四卦"的有以下1个。

户：⑦量词。用以计户数〈4〉。如《璎珞寺》："里内士庶，二千余户，信崇三宝。"

见于《今文尚书》的有以下1个。

匹：⑥量词。（1）马驴骡及其他动物的计量单位〈7〉。如《法云寺》："州郡都会之处皆立一宅，各养马十匹。"

（六）代词

《伽蓝记》的单音节代词中共有27个可以追溯到《诗经》、《今文尚书》和《周易》"六十四卦"中。具体又可分为人称代词、指示代词和疑问代词三种。

1．人称代词，6个

第一，第一人称。

见于《诗经》的，1个。

我：①代词。（1）称自己〈24〉。如《高阳王寺》："高阳一食，敌我千日。"

见于《周易》"六十四卦"的，1个。

吾：①我，表示第一人称〈11〉。如《永宁寺》："吾为太原王报仇，终不归降!"

第二，第二人称，1个，见于《今文尚书》。

尔：①代词。（1）你〈3〉。如《景宁寺》："乍至中土，思忆本乡，急手速去，还尔丹阳。"

第三，人称代词，用以指代第三人称。

见于《诗经》的，2个。

彼：②人称代词，他〈1〉。见《崇真寺》："讲经者心怀彼我，以骄凌物，比丘中第一粗行。"

其：①代词，表第三人称领属关系，亦指代第三人称〈128〉。如《永宁寺》："元龙见世隆呼帝为长乐，知其不款，且以言帝。"

见于《今文尚书》的有以下1个。

之：⑤代词，指代人或事物〈237〉。见《法云寺》："妻临去，将刀截岩发而走。邻人逐之，变成一狐，追之不得。"

2．指示代词，18个

第一，近指代词，5个，均见于《诗经》。

此：①这；这个。与"彼"相对〈122〉。如《永宁寺》："外国所献经像，皆在此寺。"

其：①代词（2）表远指。犹那〈58〉。如《宝光寺》："其年天光战败，斩于东市也。"

是：⑪代词。此，这〈22〉。如《永宁寺》："是年入洛，庄帝北巡。"

斯：⑨指示代词，此〈4〉。如《序》："恐后世无传，故撰斯记。"

焉：④代词。相当于"之""此"〈8〉。如《景兴尼寺》："观其治典，未为凶暴，及详其史，天下之恶皆归焉。"

第二，远指代词，1个，见于《周易》"六十四卦"。

彼：①指示代词，指那里。"此"的对称〈5〉。如《秦太上君寺》："宅在灵台南，近洛河，卿但至彼，家人自出相看。"

第三，泛指代词，8个。

见于《诗经》的有以下4个。

或：②代词。（2）代事物。有的〈11〉。如《闻义里》："履石之处，若践水泥，量之不定，或长或短。"

然：⑥代词，这样〈4〉。如《序》："自魏及晋因而不改，高祖亦然。"

者：①代词。（1）用在形容词、动词、动词词组或主谓词组之后，组成"者"字结构，用以指代人、事、物〈80〉。如《永宁寺》："于是出诏，滥死者普加褒赠。"

诸：③众〈29〉。如《永宁寺》："年一百五十岁，历涉诸国，靡不周遍。"

见于《周易》"六十四卦"的有以下 1 个。

莫：①代词，没有谁〈14〉。如《永明寺》："永熙三年秋，忽然自去，莫知所之。"

见于《今文尚书》的有以下 3 个。

尔：①代词。（4）这样〈4〉。如《永宁寺》："不意驾人城皋，便尔北渡。"

或：②代词。（1）代人，有人〈6〉。如《永明寺》："或云：晋河间王在长安遣张方征长沙王，营军于此，因名为张方桥也。"

有：⑱用同"或"。（1）代词。有人〈6〉。如《宣忠寺》："妇人生产，有延月者，有少月者，不足为怪。"

第四，旁指代词，4 个。

见于《诗经》的有以下 3 个。

他：①另外〈2〉。如《开善寺》："庆有牛一头，拟货为金色，遇急事，遂以牛他用之。"

异：③其他〈1〉。见《正始寺》："羽徒纷泊，色杂苍黄，绿头紫颊，好翠连芳，白鹤[1]生于异县，丹足出自他乡。"

余：⑦其他的〈10〉。如《报德寺》："犹有十八碑，余皆残毁。"

见于《周易》"六十四卦"的有以下 1 个。

它：①别的，后多写作"他"〈1〉。见《平等寺》："有一比丘，以净绵拭其泪，须臾之间，绵湿都尽，更换以它绵，俄然复湿，如此三日乃止。"

3. 疑问代词，3 个

见于《诗经》的有以下 2 个。

何：①疑问代词。（1）什么〈8〉。如《景兴尼寺》："因而问何所服饵，以致长年。"

焉：②疑问代词。（1）相当于"怎么""哪里"〈1〉。见《正始寺》："或言神明之骨，阴阳之精，天地未觉生此，异人焉识其名？"

见于《周易》"六十四卦"的有以下 1 个。

谁：①疑问代词。（2）相当于"哪个""什么人"〈3〉。如《凝玄寺》："是谁第宅？过佳！"

（七）　副词

《伽蓝记》的单音节副词中有 60 个可追溯到《诗经》、《今文尚书》和《周易》"六十四卦"中，具体可分为表示范围的副词、否定副词、语气副词、方式副词、时间频率副词。

---

〔1〕"鹤"字从范祥雍本。

1．范围副词，15 个

见于《诗经》的有以下 4 个。

备：⑩尽〈3〉。如《闻义里》："国王精进，菜食长斋，晨夜礼佛，击鼓吹贝，琵琶箜篌，笙箫备有。"

具：⑥完全〈6〉。如《闻义里》："惠生在乌场国二年，西胡风俗，大同小异，不能具录。"

率：⑰一概〈1〉。见《永明寺》："率奉佛教，好生恶杀。"

惟：⑥副词。相当于"只有"〈5〉。如《正始寺》："彪、景出自儒生、居室俭素。惟伦最为豪侈。"

见于《周易》"六十四卦"的有以下 6 个。

并：⑨副词。（1）全都〈28〉。如《瑶光寺》："椒房嫔御，学道之所，掖庭美人，并在其中。"

独：①独自〈8〉。如《平等寺》："堂宇宏美，林木萧森，平台复道，独显当世。"

凡：①凡是〈4〉。如《永明寺》："凡南方诸国，皆因城郭而居，多饶珍丽。"

皆：①都，全〈72〉。如《永宁寺》："浮图有四面，面有三户六窗，户皆朱漆。"

普：②普遍〈1〉。见《永宁寺》："于是出诏，滥死者普加褒赠。"

唯：①只有〈33〉。如《永宁寺》："庄帝肇升太极，解网垂仁，唯散骑常侍山伟一人拜恩南阙。"

见于《今文尚书》的有以下 5 个。

毕：①全部〈2〉。如《法云寺》："金银锦绣，奴婢缇衣，五味八珍，仆隶毕口。"

凡：③都〈1〉。见《闻义里》："其城内外，凡有古寺。"

尽：⑦全部〈11〉。如《永宁寺》："十三日召百官赴驾，至者尽诛之。"

悉：①全〈8〉。如《高阳王寺》："及雍薨后，诸妓悉令入道，或有嫁者。"

一：⑱副词。（1）都，表示总括〈1〉。见《平等寺》："肆眚之科，一依恒式。"

2．否定副词，7 个

见于《诗经》的有以下 4 个。

靡：⑩副词，没。〈2〉。如《永宁寺》："年一百五十岁，历涉诸国，靡不周遍。"

莫：②副词。（1）表示否定。不，不能〈2〉。如《闻义里》："宋云见其远夷不可制，任其倨傲，莫能责之。"

未：⑧不〈34〉。如《永宁寺》："京师士众未习军旅，虽皆义勇，力不从心。"

无：⑦副词。（1）表示否定，相当于"不"〈2〉。如《闻义里》："雪有白光，照耀人眼，令人闭目，茫然无见。"

见于《今文尚书》的有以下 3 个。

匪：②同"非"。（1）不〈1〉。见《平等寺》："天命至重，历数匪轻。"

罔：⑪没有〈1〉。见《景明寺》："子才洽闻博见，无所不通，军国制度，罔不访及。"

未：⑦尚未〈4〉。如《宣忠寺》："后怀孕未十月，今始九月，可尔以不？"

3. 语气副词，14 个

见于《诗经》的有以下 9 个。

必：⑥副词。（1）一定〈6〉。如《正始寺》："能造者其必诗，敢往者无不赋。"

必：⑥副词。（2）必定要〈1〉。见《高阳王寺》："雍嗜口味，厚自奉养，一食必数万钱为限，海陆珍羞，方丈于前。"

反：⑯副词。反而〈2〉。如《建中寺》："熙平初，明帝幼冲，诸王权上，太后拜乂为侍中、领军左右，令总禁兵，委以腹心，反得幽隔永巷六年。"

盖：⑩副词。大概〈1〉。见《魏昌尼寺》："澄之等盖见此桥铭，因而以桥为太康初造也。"

竟：⑤最终〈4〉。如《法云寺》："虽立此制，竟不施行。"

宁：①宁愿〈2〉。如《永宁寺》："朕宁作高贵乡公死，不作汉献帝生！"

岂：①表示疑问或反诘。相当于难道〈9〉。如《永宁寺》："隧门一时闭，幽庭岂复光？"

实：⑪确实〈13〉。如《菩提寺》："畅闻惊怖曰：'实无此儿，向者谬言。'"

则：⑫副词。（1）犹就是。加强肯定语气〈2〉。如《序》："后琅琊郡开阳县上言南门一柱飞去，使来视之，则是也。"

见于《今文尚书》的有以下 5 个。

敢：⑤岂敢〈1〉。见卷二《龙华寺》："公主骂曰：'胡狗，敢辱天王女乎！'"

乃：②副词。（2）却。〈1〉。见《永宁寺》："卿乃明白疑于必然，托命豺狼，委身虎口。"

乃：②副词。（7）才〈9〉。如《景林寺》："霜降乃熟，食之甚美。"

其：②副词。（2）表诘问。犹岂，难道〈1〉。见《永宁寺》："况今奉未言之儿，以临天下，而望升平，其可得乎？"

信：③确实〈6〉。如《景兴尼寺》："人皆贵远贱近，以为信然。"

4. 方式副词，6 个

见于《诗经》的有以下 4 个。

并：⑨副词。（2）一同〈7〉。如《永宁寺》："桃汤珍孙并斩首，以殉三军。"

躬：③亲自〈2〉。如《平等寺》："帝躬来礼拜，怪其诡异。"

竞：⑤副词。争相〈6〉。如《永宁寺》："贵室豪家，弃宅竞窜，贫夫贱士，襁负争逃。"

亲：⑦亲自〈7〉。如《平等寺》："若配孝明，亲害其母。"

见于《周易》"六十四卦"的有以下 2 个。

同：⑬副词。一起〈6〉。如《秦太上公寺》："元宝与子渊同戍三年，不知是洛水之神也。"

相：①交互；互相；共同〈5〉。如《景宁寺》："邻人谓胡兄弟相殴斗而来观之，乃猪也。"

5. 时间频率副词，14 个

见于《诗经》的有以下 12 个。

方：㉜副词。（1）方才〈1〉。见《秦太上公寺》："唯见一童子可年十五，新溺死，鼻中出血。方知所饮酒是其血也。"

方：㉜副词。（2）将，将要〈1〉。见《追先寺》："往虽弛担为梁，今便言旋阙下，有志有节，能始能终。方传美丹青，悬诸日月。"

每：⑥副词。（1）每次、每逢。表示反复发生同样情况中的任何一次〈7〉。如《法云寺》："延伯每临阵，常令僧超为壮士声，甲胄之士莫不踊跃。"

每：⑥副词。（2）常常，屡次〈1〉。见《大统寺》："每于夜见赤光行于堂前，如此者非一。"

且：④副词。（1）将要〈1〉。见《平等寺》："然群飞未宁，横流且及，皆狼顾鸱张，岳立棋峙。"

遂：⑳副词。于是就〈62〉。如《序》："迩来奔竞，其风遂广。"

已：⑧已经〈14〉。如《秦太上公寺》："及还彭城，子渊已失矣。"

亦：②副词。（4）已经〈1〉。见《秦太上君寺》："常有大德名僧讲一切经，受业沙门，亦有千数。"

犹：⑩副词。仍〈20〉。如《修梵寺》："今犹有水，冬夏不竭。"

又：②副词。（1）表示重复或继续〈15〉。如《菩提寺》："涵性畏日，不敢仰视，又畏水火及兵刃之属。"

又：②副词。（2）表示几种情况或性质同时存在〈2〉。如《瑶光寺》："刻石为鲸鱼，背负钓台，既如从地踊出，又似空中飞下。"

则：⑫副词。（3）犹才〈2〉。如《闻义里》："我见魏主则拜，得书坐读，有何可怪？"

见于《今文尚书》的有以下 2 个。

屡：①多次，常常〈2〉。如《永宁寺》："归等屡涉戎场，便利击刺。"

肇：①开始〈2〉。如《永宁寺》："庄帝肇升太极，解网垂仁，唯散骑常侍山伟一人拜恩南阙。"

6. 程度副词，4 个，均见于《诗经》

甚：④很〈42〉。如《景林寺》："霜降乃熟，食之甚美。"

殊：⑦副词。（1）甚，极〈1〉。见《白马寺》："柰林[1]实重七斤，蒲萄实伟于枣，味并殊美，冠于中京。"

小：⑤稍，略〈1〉。见《景宁寺》："虽令与侯小乖，按令今百里，即是古诸侯，以

---

〔1〕　该词在周祖谟本第 150 页为"茶林"，在范祥雍本第 196 页为"柰林"，据考证，以后者为是。

此论之，亦为妙著。"

　　愈：③副词。相当于"越"〈1〉。见《序》："逮皇魏受图，光宅嵩洛，笃信弥繁，法教愈盛。"

（八）介词

　　《伽蓝记》的单音节介词中共有 10 个可追溯到《诗经》、《今文尚书》和《周易》"六十四卦"中。

　　见于《诗经》的有以下 8 个。

　　从：⑲介词。（2）自。介绍动作行为发生的时间〈1〉。见《景宁寺》："曾祖泰，从宋武入关，为上洛太守七年，背伪来朝。"

　　为：②为了。（5）表示目的〈3〉。如《正始寺》："进不入声荣，退不为隐放。"

　　由：⑱介词。（2）由于，因为〈3〉。如《闻义里》："寺前（有）[1] 系白象树，此寺之兴，实由兹焉。"

　　于：⑧介词。（1）从，自〈14〉。如《永宁寺》："昭烈中起，的卢踊于泥沟。"

　　于：⑧介词。（8）比〈14〉。如《景兴尼寺》："晋时民少于今日，王侯第宅与今日相似。"

　　于：⑧介词。（9）被。表示被动〈1〉。见《永宁寺》："虽迫于凶手，势不自由，或贰生素怀，弃剑猜我。"

　　与：㉒介词。（1）同〈55〉。如《永宁寺》："七月帝至河阳，与颢隔河相望。"

　　与：㉒介词。（3）替〈2〉。如《闻义里》："国王与湿婆仙立庙，图其形象，以金傅之。"

　　见于《今文尚书》的有以下 2 个。

　　为：②介词。（1）给；替〈16〉。如《永宁寺》："吾为太原王报仇，终不归降！"

　　在：⑭介词。表示动作、行为进行的处所、时间、范围或事物存在的位置，有时表示与事物的性质、状态有关的方面〈95〉。如《序》："迁京之始，宫阙未就，高祖住在金墉城。"

（九）连词

　　《伽蓝记》的单音节连词中共有 20 个可追溯到《诗经》、《今文尚书》和《周易》"六十四卦"中。

　　见于《诗经》的有以下 14 个。

　　而：④连词。（2）表示承接。犹就，然后〈22〉。如《永宁寺》："闻之永叹，抚衿而失。"

　　而：④连词。（4）表转折。犹然而，却〈14〉。如《正始寺》："崎岖石路，似瓮而通。"

---

　　〔1〕　见周祖谟本第 213 页，"有"是周祖谟所加。

及：⑫连词。（2）犹和〈21〉。如《平等寺》：“柱下石及庙瓦皆碎于山下。”

既：⑦连词。（2）与“又”“且”等呼应，组成并列关系，表示两种情况兼而有之〈7〉。如《瑶光寺》：“刻石为鲸鱼，背负钓台，既如从地踊出，又似空中飞下。”

将：㉕连词。（1）表示并列。又，且〈1〉。见《永宁寺》：“弃亲即仇，义将焉据也？”

乃：③连词。（3）表承接。于是〈10〉。如《寿丘里》：“融乃蹶起，置酒作乐。”

且：⑤连词。（3）并且。表递进〈1〉。见《永宁寺》：“且尔朱荣不臣之迹，暴于旁午，谋魏社稷，愚智同见。”

虽：②连词。（2）表示假设关系。相当于“即使”〈6〉。如《平等寺》：“王其寅践成业，允执其中，虽休勿休，日慎一日，敬之哉！”

无：⑥连词。（1）不论〈2〉。如《平等寺》：“坐持台省，家总万机，事无大小，先至隆第，然后施行。”

以：⑨连词。（5）因为〈24〉。如《永宁寺》：“直以尔朱荣往岁入洛，顺而勤王，终为魏贼。”

因：⑬连词。（1）因此〈18〉。如《长秋寺》：“腾初为长秋令卿，因以为名。”

有：①通“又”。（2）用于整数与零数之间〈3〉。如《景兴尼寺》：“建国称王者十有六君，吾皆游其都邑。”

与：㉓连词。和〈11〉。如《闻义里》：“城中图佛与菩萨，乃无胡貌。”

则：⑬连词。（1）表承接。用于顺承，犹就〈23〉。如《长秋寺》：“寺北有濛汜池，夏则有水，冬则竭矣。”

见于《今文尚书》的有以下 6 个。

而：④连词。（7）连接状语于动词〈31〉。如《平等寺》：“下官既为议臣，依礼而言，不合圣心，俘剪惟命。”

虽：②连词。（1）表示让步关系。犹虽然〈25〉。如《崇真寺》：“虽不禅诵，礼拜不阙。”

所：⑭连词。表示假设，相当于“如果”“假若”。古代常用于盟誓中〈1〉。见《永宁寺》：“东西两门亦皆如之，所可异者，唯楼两重。”

以：⑨连词。（2）表承接，相当于“而”〈35〉。如《瑶光寺》：“三伏之月，皇帝在灵芝台以避暑。”

用：㉒连词。因此〈1〉。见《闻义里》：“得此验，用慰私心，后果得吉反。”

爰：⑥连词。（1）于是〈1〉。见卷三《龙华寺》：“爰勒洛汭，敢告中区。”

（十）　助词

《伽蓝记》的单音节助词中共有 25 个可追溯到《诗经》、《今文尚书》和《周易》“六十四卦”中，又分为结构助词和语气助词。

1．结构助词，3 个，均见于《今文尚书》

是：⑭助词。用在宾语和它的动词之间，起着把宾语提前的作用，以达到强调的目的〈1〉。见《永宁寺》："义利是图，富贵可保，狥人非虑。"

之：⑥助词。（1）用在定语和中心词之间，相当于现代汉语的助词"的"〈273〉。如《永宁寺》："部落之民，控弦一万。"

之：⑥助词。（2）用在主语和谓语之间，取消句子的独立性〈20〉。如《平等寺》："自我皇魏之有天下也，累圣开辅，重基衍业。"

2. 语气助词，22 个

第一，用于句尾，12 个。

见于《诗经》的有以下 9 个。

然：⑩助词。（3）作形容词或副词的词尾。表状态〈2〉。如《秦太上君寺》："威势所在，侧肩竞入，求其荣利，甜然浓泗。"

兮：古代韵文中的助词。用于句中或句末，表示停顿或感叹。与现代的"啊"相似〈7〉。如《正始寺》："任性浮沉，若淡兮无味。"

焉：⑧语气词。表示停顿。（1）用于句尾〈20〉。如《序》："余才非著述，多有遗漏，后之君子，详其阙焉。"

也：①语气助词。（1）表判断语气〈98〉。如《永宁寺》："景字永昌，河内人也。"

也：①语气助词。（2）表解释语气〈59〉。如《永宁寺》："书契所记，未之有也。"

也：①语气助词。（3）与疑问、反诘、祈使等词连用，表相应语气〈9〉。如《永宁寺》："弃亲即仇，义将焉据也?"

矣：①语气助词。（1）表已然之事，与"了"相当〈2〉。如《秦太上公寺》："及还彭城，子渊已失矣。"

矣：①语气助词。（2）表将然之事，与"了"相当〈3〉。如《景宁寺》："元慎退还，告人曰：'广阳死矣。'"

矣：①语气助词。（7）表感叹，犹"啊"〈5〉。如《宣忠寺》："所谓'匹夫无罪，怀璧其罪，'信矣。"

见于《周易》"六十四卦"的有以下 2 个。

如：⑱形容词后缀。犹然〈1〉。见《追先寺》："侍中义阳王略，体自藩华，门勋凤著，内润外朗，兄弟伟如。"

哉：①语气助词。表示感叹〈4〉。如《序》："岂直木衣绨绣，土被朱紫而已哉!"

见于《今文尚书》的有以下 1 个。

已：⑯语气词。（1）表确定语气，相当于"了"〈1〉。见卷三《龙华寺》："所谓尽天地之区已。"

第二，用于句首或句中，10 个。

见于《诗经》的有以下 7 个。

所：⑮助词。（1）表示结构。与动词相结合组成名词性词组〈114〉。如《永宁寺》："庄严焕炳，世所未闻。"

言：㉑助词，无义〈1〉。见《追先寺》："往虽弛担为梁，今便言旋阙下，有志有节，能始能终。"

也：①语气助词。（5）用在句中，表停顿〈1〉。见《景兴尼寺》："及其死也，碑文墓志，莫不穷天地之大德，尽生民之能事。"

伊：③语助词。用于句中，无义〈1〉。见《永宁寺》："岂伊异人？尺书道意，卿宜三复。"

于：⑩助词（1）语助词，无实义〈7〉。如《追先寺》："江东朝贵，侈于矜尚，见略入朝，莫不惮其进止。"

载：㉔助词。用在句首或句中，起加强语气的作用〈1〉。见卷三《龙华寺》："寒暑攸叶，日月载融，帝世光宅，函夏同风。"

之：⑥助词。作为宾语前置的标志〈1〉。见《景林寺》："以蒿覆之，故言苗茨，何误之有？"

见于《今文尚书》的有以下 2 个。

攸：⑧助词。（2）无义〈1〉。见卷三《龙华寺》："寒暑攸叶，日月载融，帝世光宅，函夏同风。"

惟：⑨助词。（2）用于句中以调整音节〈2〉。如《平等寺》："庶九鼎之命日隆，七百之祚惟永。"

见于《周易》"六十四卦"的有以下 1 个。

攸：⑧助词。（1）所〈1〉。见《平等寺》："王既德应图箓，金属攸归，便可允执其中，入光大麓。"

二、双音节词语

《伽蓝记》中有 152 个双音节音节词语见于周代传世典籍中，包括名词、动词、形容词、数词、副词、代词、连词等。

（一）见于周代传世典籍的双音节名词

《伽蓝记》中见于《诗经》、《周易》"六十四卦"和《今文尚书》的双音节名词有 94 个，根据词语内部结构关系，又分为并列式双音节词语和偏正式双音节词语。

1. 并列式双音节词语，34 个

见于《诗经》的有以下 22 个。

宾客：②指别国派来的使者〈1〉。见《秦太上君寺》："问其宾客从至青州者云。"

车马：①车和马。古代陆上的主要交通工具〈4〉。如《正始寺》："斋宇光丽，服玩精奇，车马出入，逾于邦君。"

春秋：③泛指四时〈1〉。见《正始寺》："□[1]菊岭与梅岑，随春秋之所悟。"

稻粱：稻和粱，谷物的总称〈1〉。见《景宁寺》："岂卿鱼鳖之徒，慕义来朝，饮我池水，啄我稻粱。"

风雨：①风和雨〈1〉。见《闻义里》："初如来在乌场国行化，龙王瞋怒，兴大风

---

〔1〕　此字原文阙如。

雨，佛僧迦梨表里通湿。"

　　腹心：①肚腹与心脏，皆人体重要器官。亦比喻贤智策谋之臣〈1〉。见《建中寺》："太后拜乂为侍中、领军左右，令总禁兵，委以腹心，反得幽隔永巷六年。"

　　父母：①父亲和母亲〈4〉。如《闻义里》："阿周陀窟及闪子供养盲父母处，皆有塔记。"

　　鳏寡：老而无妻或无夫的人。引申指老弱孤苦者〈1〉。见《寿丘里》："鳏寡不闻犬豕之食，茕独不见牛马之衣。"

　　境界：①疆界〈1〉。见《永宁寺》："极佛境界，亦未有此！"

　　礼仪：礼节和仪式〈1〉。见《景宁寺》："昨至洛阳，始知衣冠士族并在中原，礼仪富盛，人物殷阜，目所不识，口不能传。"

　　礼义：①礼法道义〈1〉。见《秦太上君寺》："营丘风俗，太公余化；稷下儒林，礼义所出。"

　　人民：①百姓〈6〉。如《闻义里》："人民山居，五谷甚丰，食则面麦，不立屠煞。"

　　日月：③时光〈1〉。见《明悬尼寺》："至于旧事，多非亲览，闻诸道路，便为穿凿，误我后学，日月已甚！"

　　市井：②街市〈1〉。见《宗圣寺》："此像一出，市井皆空，炎光辉赫，独绝世表。"

　　童子：①未成年的男子〈4〉。如《秦太上君寺》："唯见一童子可年十五，新溺死，鼻中出血。"

　　屋舍：房屋〈1〉。见《崇真寺》："屋舍皆黑，似非好处。"

　　西南：①西和南之间的方向〈10〉。如《景林寺》："太仓西南有翟泉。"

　　兄弟：①哥哥和弟弟〈4〉。如《追先寺》："略兄弟四人并罹涂炭，唯略一身逃命江左。"

　　衣服：①衣裳，服饰〈2〉。如《法云寺》："初变为妇人，衣服靓妆，行于道路，人见而悦近之，皆被截发。"

　　衣裳：①古时衣指上衣，裳指下裙。后亦泛指衣服〈1〉。见《景宁寺》："吴人之鬼，住居建康，小作冠帽，短制衣裳，自呼阿侬，语则阿傍。"

　　枝叶：①枝条和树叶〈2〉。如《白马寺》："浮图前柰林蒲萄异于余处，枝叶繁衍，子实甚大。"

　　左右：⑥附近；两旁〈1〉。见《闻义里》："路中甚寒，多饶风雪，飞沙走砾，举目皆满，唯吐谷浑城左右暖于异处。"

　　见于《周易》"六十四卦"的有以下9个。

　　草木：①指草本植物和木本植物〈3〉。如《闻义里》："赤岭者，不生草木，因以为名。"

　　夫妻：丈夫和妻子〈1〉。见《闻义里》："寺内图太子夫妻以男女乞婆罗门像，胡人见之，莫不悲泣。"

　　鬼神：①鬼与神的合称〈2〉。如《永宁寺》："《易》称天道祸淫，鬼神福谦。"

吉凶：①犹祸福〈2〉。如《平等寺》："国之吉凶，先炳祥异。"

君子：②泛指才德出众的人〈1〉。见《序》："余才非著述，多有遗漏，后之君子，详其阙焉。"

雷雨：由积雨云形成的一种天气现象，降水伴随着闪电和雷声，往往发生在夏天的下午〈2〉。如《永宁寺》："火初从第八级中平旦大发，当时雷雨晦冥，杂下霰雪。"

商旅：流动的商人〈1〉。见《平等寺》："商旅四通，盗贼不作。"

童仆：指奴仆〈2〉。如《高阳王寺》："崇为尚书令，仪同三司，亦富倾天下，童仆千人。"

王侯：泛指显贵者〈7〉。如《景明寺》："王侯祖道，若汉朝之送二疏。"

见于《今文尚书》的有以下 3 个。

疆土：领土〈1〉。见《景宁寺》："江左假息，僻居一隅，地多湿垫，攒育虫蚁，疆土瘴疠，蛙龟共穴，人鸟同群。"

卿士：①泛指官吏〈4〉。如《序》："时王公卿士常迎驾于新门。"

茕独[1]：指孤独无依的人〈1〉。见《寿丘里》："鳏寡不闻犬豕之食，茕独不见牛马之衣。"

2. 偏正式双音节词语，60 个

见于《诗经》的有以下 30 个。

北风：①北方吹来的风。亦指寒冷的风〈1〉。见《闻义里》："是时八月，天气已冷，北风驱雁，飞雪千里。"

北门：①北向的门〈2〉。如《永宁寺》："北门一道，上不施屋，似乌头门。"

大王：①古代对君主或诸侯王的敬称〈2〉。如《闻义里》："大王亲总三军，远临边境，寒暑骤移，不无顿弊？"

东宫：①太子所居之宫〈1〉。见《景林寺》："御道北有空地，拟作东宫，晋中朝时太仓处也。"

蛾眉：①蚕蛾触须细长而弯曲，因以比喻女子美丽的眉毛〈1〉。见《高阳王寺》："王有二美姬，一名修容，一名艳姿，并蛾眉皓齿，洁貌倾城。"

凡今：犹如今，当今〈1〉。见《永宁寺》："假有内阅，外犹御侮，况我与卿，睦厚偏笃，其于急难，凡今莫如。"

高岸：①高崖〈1〉。见《秦太上公寺》："老翁还入，元宝不复见其门巷，但见高岸对水，渌波东倾。"

旱魃：传说中引起旱灾的怪物〈1〉。见《景林寺》："若旱魃为害，谷水注之不竭。"

嘉宾：①贵客〈1〉。见《冲觉寺》："芳醴盈罍，嘉宾满席。"

家人：①家中的人〈1〉。见《秦太上公寺》："宅在灵台南，近洛河，卿但至彼，家人自出相看。"

---

[1]《汉语大词典》无，当补。

锦衣：①精美华丽的衣服〈2〉。如《闻义里》："王著锦衣，坐金床，以四金凤凰为床脚。"

景命：大命。指授予帝王之位的天命〈1〉。见《平等寺》："臣既寡昧，识无先远，景命虽降，不敢仰承。"

乐土：安乐的地方〈1〉。见《永明寺》："异国沙门，咸来辐辏，负锡持经，适兹乐土。"

明德：②指才德兼备的人〈2〉。如《平等寺》："今天眷明德，民怀奥主。"

南方：①南边。表示方位〈1〉。见《闻义里》："此像本从南方腾空而来，于阗国王亲见礼拜。"

南夷：旧指南方的少数民族。又指南方边远地区〈1〉。见《永明寺》："方五千里，南夷之国，最为强大。"

内阋：指兄弟之间争闹不和〈1〉。见《永宁寺》："假有内阋，外犹御侮，况我与卿，睦厚偏笃，其于急难，凡今莫如。"

农夫：①指务农的人〈1〉。见《序》："农夫耕老，艺黍于双阙。"

强御：①豪强〈1〉。见《平等寺》："议者咸叹季明不畏强御，莫不叹伏焉。"

清风：①清凉的风〈1〉。见《永宁寺》："清风送凉，岂籍合欢之发?"

泉水：从地下流出来的水〈2〉。如《闻义里》："洒血之处，今为泉水。"

叔父：①通称父亲的弟弟〈1〉。见《景宁寺》："叔父许，河南令，蜀郡太守"

四方：③指四方诸侯之国〈2〉。如《景宁寺》："所谓帝京翼翼，四方之则。"

天子：称帝王为天子〈2〉。如《平等寺》："天子拱已南面，无所干预。"

土田：土地〈2〉。如《闻义里》："此国渐出葱岭，土田硗碕，民多贫困。"

先民：①古代贤人〈1〉。见《正始寺》："夫偏重者，爱昔先民之由朴由纯。"

信誓：表示诚信的誓言〈1〉。见《永宁寺》："长乐不顾信誓，枉害忠良。"

旭日：初升的太阳〈1〉。见《闻义里》："旭日始开，则金盘晃朗，微风渐发，则宝铎和鸣。"

异人：①别人〈2〉。如《永宁寺》："岂伊异人? 尺书道意，卿宜三复。"

莠言：丑恶之言〈1〉。见《秦太上君寺》："虽复莠言自口，未宜荣辱也。"

见于《周易》"六十四卦"的有以下 11 个。

百果：各种果实〈1〉。见《闻义里》："五谷尽登，百果繁熟。"

妇人：②成年女子的通称，多指已婚者〈4〉。如《宣忠寺》："妇人生产，有延月者，有少月者，不足为怪。"

宫人：①妃嫔、宫女的通称〈2〉。如《白马寺》："或复赐宫人，宫人得之，转饷亲戚。"

黄金：②金属名。赤黄色，质柔软，延展性大〈2〉。如《大统寺》："向光明所掘地丈余，得黄金百斤。"

四方：②天下；各处〈2〉。如《高阳王寺》："四方风俗，万国千城。"

四时：①四季〈1〉。见《景明寺》："虽外有四时，而内无寒暑。"

天道：①犹天理，天意〈2〉。如《永宁寺》："《易》称天道祸淫，鬼神福谦。"

天上：天空中〈1〉。见《序》："于是招提栉比，宝塔骈罗，争写天上之姿，竞摹山中之影。"

万国：各国〈1〉。见《法云寺》："至三元肇庆，万国齐臻。"

余庆：①指留给子孙后辈的德泽〈1〉。见《宣忠寺》："崇善之家，必有余庆。"

诸侯：①古代帝王所分封的各国君主〈1〉。见《景宁寺》："按令今百里，即是古诸侯，以此论之，亦为妙著。"

见于《今文尚书》的有以下 19 个。

百僚：百官〈2〉。如《平等寺》："至二年二月五日土木毕功，帝率百僚作万僧会。"

大麓：犹总领〈1〉。见《平等寺》："王既德应图箓，金属攸归，便可允执其中，入光大麓。"

大业：②谓帝业〈1〉。见《平等寺》："永熙元年平阳王入纂大业，始造五层塔一所。"

帝位：皇位〈1〉。《景宁寺》："永安二年萧衍遣主书陈庆之送北海入洛阳僭帝位。"

虎贲：①勇士之称〈4〉。如《秦太上公寺》："时有虎贲骆子渊者，自云洛阳人。"

荒服：古"五服"之一。称离京师二千到二千五百里的边远地方。亦泛指边远地区〈1〉。见《景宁寺》："时朝廷方欲招怀荒服，待吴儿甚厚。"

后人：②后世的人〈2〉。如《闻义里》："后人于此像边造丈六像及诸像塔。"

俊民：贤人，才智杰出的人〈1〉。见《法云寺》："僚寀成群，俊民满席。"

南门：①南面的正门〈2〉。如《永宁寺》："南门楼三重，通三阁道。"

七政：①古天文术语。说法不一：（1）指日、月和金、木、水、火、土五星〈1〉。见《序》："汉曰上西门，上有铜璇玑玉衡，以齐七政。"

土中：①四方的中心地区〈1〉。见卷三《龙华寺记》："兆唯洛食，实曰土中，上应张柳，下据河嵩。"

万邦：所有诸侯封国。后引申为天下，全国〈1〉。见《平等寺》："奄有万邦，光宅四海。"

王国：①谓天子之国〈1〉。见《冲觉寺》："徙王国三卿为执戟者，近代所无也。"

王室：①朝廷〈3〉。如《景明寺》："自王室不靖，虎门业废，后迁国子祭酒，谟训上庠。"

王子：①天子或王的儿子〈2〉。如《闻义里》："王与夫人及诸王子悉在楼上烧香散花。"

五色：①青、赤、白、黑、黄五种颜色。古代以此五者为正色〈4〉。如《昭仪尼寺》："时见五色光明，照于堂宇。"

小国：①地狭人少之国〈2〉。如《闻义里》："不能降服小国，愧卿此问。"

凶德：违背仁德的恶行〈1〉。见《永宁寺》："皇灵有知，鉴其凶德！"

兆民：泛指众民，百姓〈1〉。见《平等寺》："故权从众议，暂驭兆民。"

（二）见于周代传世典籍的双音节动词

见于《诗经》、《周易》"六十四卦"和《今文尚书》的双音节动词有31个，根据词语内部结构关系，又分为并列式、偏正式、述补式和支配式等。

1. 并列式双音节动词，17个

见于《诗经》的有以下9个。

出入：①进出〈5〉。如《正始寺》："悬葛垂萝，能令风烟出入。"

和鸣：①互相应和而鸣〈2〉。如《永宁寺》："至于高风永夜，宝铎和鸣，铿锵之声，闻及十余里。"

来归：①回来〈1〉。见《开善寺》："英闻梁氏嫁，白日来归，乘马将数十人至于庭前。"

有如：①好像〈1〉。见《瑶光寺》："又作重楼飞阁，遍城上下，从地望之，有如云也。"

行役：①旧指因服兵役、劳役或公务而出外跋涉〈1〉。见《序》："至武定五年，岁在丁卯，余因行役，重览洛阳。"

逊遁：退隐〈1〉。见《正始寺》："别有王孙公子，逊遁容仪，思山念水，命驾相随。"

咨询：征求意见〈1〉。见《冲觉寺》："时帝始年六岁，太后代总万机，以怿明德茂亲，体道居正，事无大小，多咨询之。"

瞻仰：①仰望〈1〉。见《宗圣寺》："宗圣寺，有像一躯，举高三丈八尺，端严殊特，相好毕备，士庶瞻仰，目不暂瞬。"

瞻望：①远望〈1〉。见《平等寺》："今六军南迈，已次河浦，瞻望帝京，赧然兴愧。"

见于《周易》"六十四卦"的有以下5个。

括囊：①比喻缄口不言〈1〉。见《平等寺》："惟王德表生民，声高万古，往以运属殷忧，时遭多难，卷怀积载，括囊有年。"

潜藏：①隐藏〈1〉。见《景林寺》："水犹澄清，洞底明净，鳞甲潜藏，辨其鱼鳖。"

往来：①往返〈1〉。见《瑶光寺》："凡四殿，皆有飞阁向灵芝往来。"

桎梏：③谓束缚，压制〈1〉。见《永宁寺》："正欲问罪于尔朱，出卿于桎梏，恤深怨于骨肉，解苍生于倒悬。"

左右：②袒护〈1〉。见《平等寺》："而子攸不顾宗社，仇忌勋德，招聚轻侠，左右壬人。"

见于《今文尚书》的有以下3个。

击刺：①用戈矛劈刺〈1〉。见《永宁寺》："归等屡涉戎场，便利击刺。"

杀戮：屠杀〈1〉。见《闻义里》："立性凶暴，多行杀戮，不信佛法，好祀鬼神。"

饮食：①吃喝〈1〉。见《菩提寺》："后令纥问其姓名，死来几年，何所饮食。"

2. 偏正式双音节动词，7个

见于《诗经》的有以下4个。

后悔：事后懊悔〈1〉。见《永宁寺》："善择元吉，勿贻后悔。"

上僭：谓越位踰制，冒用高于自己身份的名义、礼仪或器物等〈1〉。见《法云寺》："神龟年中，以工商上僭，议不听衣金银锦绣。"

奄有：全部占有。多用于疆土〈1〉。见《平等寺》："自我皇魏之有天下也，累圣开辅，重基衍业；奄有万邦，光宅四海。"

栉比：像梳篦齿那样密密地排列〈1〉。见《序》："于是招提栉比，宝塔骈罗。"

见于《今文尚书》的有以下1个。

朋淫：群聚淫乱。后多谓家门之内共为淫乱〈1〉。见《景宁寺》："加以山阴请婿卖夫，朋淫于家，不顾讥笑。"

见于《周易》"六十四卦"的有以下2个。

不如：①比不上〈2〉。如《开善寺》："快马健儿，不如老妪吹篪。"

同居：①同住一处或共同居住〈1〉。见《景宁寺》："四世同居，一门三从。"

3. 支配式双音节动词，4个

见于《诗经》的有以下2个。

急难：①解救危难〈2〉。如《永宁寺》："时帝在长子城，太原王上党王来赴急难。"

伤怀：伤心〈1〉。见《永宁寺》："帝闻之，亦为伤怀。"

见于《周易》"六十四卦"的有以下1个。

行事：①办事〈1〉。见《宣忠寺》："帝连索酒饮之，然后行事。"

见于《今文尚书》的有以下1个。

食言：言已出而又吞没之。谓言而无信〈1〉。见《永宁寺》："终不食言，自相鱼肉。"

4. 补充式双音节动词，2个

见于《诗经》的有以下1个。

出自：出于〈2〉。如《正始寺》："彪、景出自儒生、居室俭素。"

见于《今文尚书》的有以下1个。

至于：①到〈14〉。如《序》："自广莫门以西，至于大夏门，宫观相连，被诸城上也。"

5. 双音节联绵词，1个，见于《诗经》

彷徨：①徘徊〈1〉。见《秦太上公寺》："徙倚欲去，忽见一老翁来，问从何而来，彷徨于此。"

（三）见于周代传世典籍的双音节形容词

见于《诗经》、《周易》"六十四卦"和《今文尚书》的双音节形容词有12个，根据词语内部结构关系，又分为并列式、偏正式等。

1. 并列式双音节形容词，6个

见于《诗经》的有以下4个。

劳苦：辛苦〈1〉。见《闻义里》："卿涉诸国，经过险路，得无劳苦也？"

茂盛：茂密旺盛〈2〉。如《闻义里》："川原沃壤，城郭端直，民户殷多，林泉茂盛。"

殷富：富足〈1〉。见《寿丘里》："于时国家殷富，库藏盈溢，钱绢露积于廊者，不可校数。"

踊跃：③形容情绪高涨、热烈，争先恐后〈1〉。见《法云寺》："延伯每临阵，常令僧超为壮士声，甲胄之士莫不踊跃。"

见于《周易》"六十四卦"的有以下1个。

悉备：齐备〈1〉。见《瑶光寺》："牛筋狗骨之木，鸡头鸭脚之草，亦悉备焉。"

见于《今文尚书》的有以下1个。

幼冲：谓年龄幼小〈1〉。见《建中寺》："明帝幼冲，诸王权上。"

2. 偏正式双音节形容词，1个，见于《周易》"六十四卦"

元吉：大吉〈1〉。见《永宁寺》："善择元吉，勿贻后悔。"

3. 附加式双音节形容词，1个，见于《诗经》

所谓：①所说的，用于复说、引证等〈22〉。如《正觉寺》："商胡贩客，日奔塞下。所谓尽天地之区已。"

4. 叠音词，4个

见于《诗经》的有以下3个。

膴膴：肥沃〈1〉。见《闻义里》："民物殷阜，匹临淄之神州，原田膴膴，等咸阳之上土。"

泱泱：①水深广貌〈1〉。见卷三《龙华寺》："浩浩大川，泱泱清洛，导源熊耳，控流巨壑。"

翼翼：①恭敬谨慎貌〈1〉。见《景宁寺》："所谓帝京翼翼，四方之则。"

见于《今文尚书》的有以下1个。

浩浩：①水盛大貌〈1〉。见卷三《龙华寺》："浩浩大川，泱泱清洛，导源熊耳，控流巨壑。"

（四）见于周代传世典籍的双音节数词[1]，8个，见于《周易》"六十四卦"

十一：数词，十加一所得〈5〉。如《永明寺》："北行十一日，至典孙国。"

十二：数词，十加二所得〈9〉。如《闻义里》："河西岸上，有如来作摩竭大鱼，从河而出，十二年中以肉济人处。"

十三：数词，十加三所得〈6〉。如《高阳王寺》："里内颍川荀子文，年十三，幼而聪辨，神情卓异。"

---

〔1〕 这8个双音节复合数词《汉语大词典》均未收录，可看作偏正式。

十四：数词，十加四所得〈1〉。见《永宁寺》："十四日车驾入城，大赦天下。"

十五：数词，十加五所得〈10〉。如《秦太上公寺》："唯见一童子可年十五，新溺死，鼻中出血。"

十七：数词，十加七所得〈2〉。如《序》："太和十七年，高祖迁都洛阳。"

十八：数词，十加八所得〈4〉。如《报德寺》："犹有十八碑，余皆残毁。"

十九：数词，十加九所得〈3〉。如《永宁寺》："皇帝晏驾，春秋十九，海内士庶，犹曰幼君。"

（五）见于周代传世典籍的双音节副词

见于《诗经》、《周易》"六十四卦"和《今文尚书》的双音节副词有 4 个，根据词语内部结构关系，又分为并列式、偏正式等。

1. 并列式双音节副词，3 个，见于《诗经》

莫不：①没有一个不〈21〉。如《平等寺》："议者咸叹季明不畏强御，莫不叹伏焉。"

莫非：①没有一个不是〈1〉。见《昭仪尼寺》："胡马鸣珂者，莫非黄门之养息也。"

庶几：②希望〈1〉。见《永宁寺》："朕犹庶几五帝，无取六军。"

2. 偏正式双音节副词，1 个，见于《周易》"六十四卦"

终日：①整天〈1〉。见《闻义里》："王常停境上，终日不归，师老民劳，百姓嗟怨。"

（六）代词，2 个，见于《诗经》

他人：别人，偏正式〈1〉。见《崇真寺》："虽造作经像，正欲得他人财物。"

如何：①怎样，支配式〈2〉。如《正始寺》："五寻百拔，十步千过，则知巫山弗及，未审蓬莱如何。"

（七）连词，1 个，见于《诗经》

然则：连词，连接句子，表示连贯关系，犹言"如此，那么"或"那么"，是并列式〈1〉。见《正始寺》："夫偏重者，爱昔先民之由朴由纯，然则纯朴之体，与造化而梁津。"

三、多音节词语

《伽蓝记》中有 2 个多音节词语可以追溯到周代。

见于《周易》"六十四卦"的有以下 1 个。

上慢下暴：谓君上骄慢，下民强暴〈1〉。见《景宁寺》："虽立君臣，上慢下暴。"

见于《今文尚书》的有以下 1 个。

璇玑玉衡：古代玉饰的观测天象的仪器〈1〉。见《序》："汉曰上西门，上有铜璇玑玉衡，以齐七政。"

表 1 - 2　见于春秋语料的《伽蓝记》词汇个数和使用频次情况

结构	词性	词量/个	词量百分比/%	词次/次	词次百分比/%	频次
单音节	名词	278	26.7	1 149	19.27	4.13
	动词	362	34.8	1 751	29.36	4.84
	形容词	92	8.8	230	3.86	2.50
	数词	6	0.6	36	0.60	6.00
	量词	6	0.6	79	1.32	13.17
	代词	27	2.6	803	13.47	29.74
	副词	60	5.8	497	8.33	8.28
	介词	10	1.0	204	3.42	20.40
	连词	20	1.9	257	4.31	12.85
	助词	25	2.4	635	10.65	25.40
	总计	886	85.2	5 641	94.60	6.37
双音节	名词	94	9.0	166	2.78	1.77
	动词	31	3.0	52	0.87	1.68
	形容词	12	1.2	34	0.57	2.83
	数词	8	0.7	40	0.67	5.00
	副词	4	0.4	24	0.40	6.00
	代词	2	0.2	3	0.05	1.50
	连词	1	0.1	1	0.02	1.00
	总计	152	14.6	320	5.37	2.11
多音节[1]	四音节	2	0.2	2	0.03	1.00
合计		1 040	100	5 963	100	5.73

由表 1 - 2 可知，见于西周春秋语料的《伽蓝记》词语或义项有 1 040 个，占《伽蓝记》一般词语总数的 19.6%。从词语结构来看，包括单音节词语、双音节词语和多音节词语，其中单音节词语有 886 个，占该期词语总数的 85.2%；双音节词语 152 个，占该期词语总数的 14.6%；多音节词语 2 个，约占 0.2%。从使用次数即词次上看，单音节词语占 94.60%，双音节词语仅占 5.37%，多音节词语占 0.03%。从使用频次上看，单音节词语的使用频次平均为 6.37。高于平均数的有：代词为 29.74，助词为 25.40，介词为 20.40，量词为 13.17，连词为 12.85，副词为 8.28；低于平均数的有：数词为 6.00，动词为 4.84，名词为 4.13。双音节词语的使用频次较低，平均为 2.11，其中副词、数词和形容词高于平均数，分别为 6.00、5.00 和 2.83，名词、动词、代词、连词都低于平均数。多音节词语使用频次为 1.00。从词性上看，有 10 种词类，其中单音节词语包括名词、动词、形容词、数词、量词、代词、副词、介词、连词、助词 10 种；双音节词语词性包括名词、动词、形容词、数词、副词、代词、连词 7 种。该时期所见的《伽蓝记》

---

[1] 《现代汉语词典》（第 6 版）把多字条目中词组、成语或其他熟语等不划分词性，表格中"多音节"的词性按音节数量划分。全书其他类似表格亦作相同处理。

词语或义项仍是以名词、动词为主，约占该时期词语总数的 73.6%。

第三节　见于战国秦语料中的 《伽蓝记》 词汇

历史上的战国时期，从公元前 475 年周元王即位到公元前 207 年秦二世灭亡，历经 268 年[1]。该时期战乱频繁、社会动荡，产生了大量的经典著作，是汉语变化的一个重要时期。该时期涉及的代表性的专书语料约主要有《楚辞》《春秋》《尔雅》《公羊传》《谷梁传》《古文尚书》《关尹子》《管子》《鬼谷子》《国语》 等 44 种[2]，个人作品 7 篇[3]。

经调查见于该时期的《伽蓝记》词汇共有 1 744 个，其中单音节词语 1 142 个，双音节词语 590 个，三音节以上的有 12 个。下面分别论述。

一、单音节词语

（一）名词

《伽蓝记》的单音节词语中共有 344 个名词可以追溯到战国时期中，这些词语主要是基本词汇。

1. 有关天象、地理名称等自然物的基本词

《伽蓝记》中有关天象、地理等自然物的单音节词语，有 11 个战国语料已见。

第一，有关天象的，1 个，见于《孟子》。

辉：②光彩〈1〉。见《法云寺》："丹素炫彩，金玉垂辉。"

第二，有关地形、矿物等的词语，10 个。

见于《孟子》的有以下 2 个。

壑：②山谷〈2〉。如《正始寺》："庭起半丘半壑，听以目达心想。"

流：⑮江河的流水〈1〉。见《永宁寺》："帝初以黄河奔急，谓兆未得猝济，不意兆不由舟楫，凭流而渡。"

见于《尔雅》的有以下 2 个。

岑：①小而高的山〈2〉。如《正始寺》："逢岑爱曲，值石陵欹。"

岫：①有洞穴的山〈1〉。见《闻义里》："高山茏苁，危岫入云。"

见于《周礼》的有以下 3 个。

---

〔1〕 秦朝历经 15 年，较为短暂，遗留的典籍也不多，归入战国时期一并讨论。

〔2〕 除以上 10 种外，另外还有《韩非子》、《鹖冠子》、《孔丛子》、《老子》、《列子》、《六韬》、《论语》、《吕氏春秋》、《孟子》、《墨子》、《穆天子传》、《山海经》、《商君书》、《慎子》、《尸子》、《素问》、《孙膑兵法》、《孙子》、《孙子兵法》、《尉缭子》、《文子》、《吴子》、《相马经》、《孝经》、《荀子》、《晏子春秋》、《仪礼》、《逸周书》、《尹文子》、《战国策》、《周礼》、《周易》"十翼"、《庄子》、《左传》34 种。

〔3〕 作品分别是：《谏逐客书》（李斯），《神女赋》《高唐赋》《登徒子好色赋》《大言赋》《小言赋》（宋玉），《报燕惠王书》（乐毅）7 篇。

地：④土地〈7〉。如《大统寺》："向光明所掘地丈余，得黄金百斤。"

金：②金属总称〈8〉。如《永宁寺》："刹上有金宝瓶，容二十五斛。"

镇：⑪古代称一地区内最大最重要的名山，主山〈1〉。见《景宁寺》："我魏膺箓受图，定鼎嵩洛，五山为镇，四海为家。"

见于《古文尚书》的有以下2个。

池：③水停积处，池塘〈21〉。如《昭仪尼寺》："昭仪寺有池，京师学徒谓之翟泉也。"

薮：②人或物聚集之所〈1〉。见《景明寺》："信徒法侣，持花成薮。"

见于《墨子》的有以下1个。

铜：①金属的一种，符号Cu〈3〉。如《闻义里》："即解珠网，以铜镬盛之。"

2. 有关时间、空间等的基本词

《伽蓝记》中有关时间、空间的基本词汇，有31个在战国典籍中已见。

第一，有关时间的基本词，18个

见于《左传》的有以下4个。

早：②在一定时间以前〈2〉。如《法云寺》："延伯胆略不群，威名早著，为国展力，二十余年。"

季：③指一个时期的末了〈1〉。见卷三《龙华寺》："周余九裂，汉季三分，魏风衰晚，晋景彫曛。"

隙：②空暇〈1〉。见《禅虚寺》："寺前有阅武场，岁终农隙，甲士习战。"

年：⑫年纪〈9〉。如《永宁寺》："穆年大，荣兄事之。"

见于《古文尚书》的有以下3个。

旧：③从前〈3〉。如《平等寺》："上旧有周公庙，世隆欲以太原王功比周公，故立此庙。"

朔：①月相名。亦用以称旧历每月初一〈1〉。见《景兴尼寺》："晋太康六年岁次乙巳九月甲戌朔八日辛巳，仪同三司襄阳侯王濬敬造。"

初：①起始〈38〉。如《永宁寺》："火初从第八级中平旦大发。"

见于《论语》的有以下2个。

际：⑨指先后交接的时期〈1〉。见《冲觉寺》："是以熙平、神龟之际，势倾人主，第宅丰大。"

时：④时候〈33〉。如《景兴尼寺》："此宅中朝时太康寺也。"

见于《庄子》的有以下1个。

晓：①明亮。特指天亮〈2〉。如《开善寺》："至晓，丑多得病而亡。"

见于《周易》"十翼"的有以下1个。

往：②过去〈2〉。如《追先寺》："往虽弛担为梁，今便言旋阙下。"

见于《孟子》的有以下2个。

时：⑧当时〈44〉。如《序》："时王公卿士常迎驾于新门。"

世：④世代〈6〉。如《景宁寺》："世以学行著闻，名高州里。"

见于《尔雅》的有以下 1 个。

寅：①地支第三位，古代用以纪年、月、日、时〈1〉。见《闻义里》："寅发午至，每及中餐。"

见于《仪礼》的有以下 1 个。

辰：⑥季节〈2〉。如《寿丘里》："当时四海晏清，八荒率职，缥囊纪庆，玉烛调辰。"

见于《吕氏春秋》的有以下 2 个。

后：④后世〈1〉。见《序》："余才非著述，多有遗漏，后之君子，详其阙焉。"

始：③先，首先。与"后"相对〈1〉。见《序》："初，汉光武迁都洛阳，作此门始成，而未有名……后琅琊郡开阳县上言南门一柱飞去，使来视之，则是也。"

见于《荀子》的有以下 1 个。

中：③指一个时期内或其中间〈48〉。如《永宁寺》："至七月中，平阳王为侍中斛斯椿所挟，奔于长安。"

第二，有关空间、方位的基本词，13 个。

见于《左传》的有以下 3 个。

衅：②裂痕〈1〉。见《追先寺》："雄规不就，衅起同谋。"

内：①里头〈61〉。如《景乐寺》："召诸音乐，逞伎寺内。"

远：⑥偏僻之地〈1〉。见《闻义里》："宋云见其远夷不可制，任其倨傲，莫能责之。"

见于《管子》的有以下 2 个。

地：⑤地方〈8〉。如《景明寺》："形胜之地，爽垲独美。"

周：⑯周围〈1〉。见《高阳王寺》："白殿丹楹，窈窕连亘，飞檐反宇，缪辘周通。"

见于《古文尚书》的有以下 1 个。

后：⑤指与"前"或"上"相对的方位〈5〉。如《景宁寺》："是以刘劭杀父于前，休龙淫母于后，见逆人伦，禽兽不异。"

见于《韩非子》的有以下 1 个。

旁：③近侧；旁边〈5〉。如《景宁寺》："里西北角有苏秦冢，冢旁有宝明寺。"

见于《楚辞》的有以下 1 个。

纵：①直。与"横"相对〈1〉。见《正觉寺》："三三横，两两纵，谁能辨之，赐金钟。"

见于《孟子》的有以下 1 个。

上：⑩用在名词后。（3）表示一定的处所或范围〈44〉。如卷三《龙华寺》："华表上作凤凰似欲冲天势。"

见于《论语》的有以下 1 个。

方：⑬地方〈2〉。如《永明寺》："诸方伎术之士，莫不归赴。"

见于《墨子》的有以下 1 个。

面：⑩物体的表面〈3〉。如《永宁寺》："浮图有四面，面有三户六窗，户皆朱漆。"

见于《国语》的有以下 1 个。

境：①疆界〈4〉。如《闻义里》："于阗国境，东西不过三千余里。"

见于《列子》的有以下 1 个。

空：④天空〈2〉。如《闻义里》："毗庐旃鸣钟告佛，即遣罗睺罗变形为佛，从空而现真容。"

3. 有关人体的基本词

《伽蓝记》中有关人体的基本词汇，有 23 个战国典籍中已见。

见于《左传》的有以下 4 个。

头：①人体的最上部分或动物的最前部分。长着口、鼻、眼等器官〈7〉。如《闻义里》："王头著金冠，似鸡帻。"

项：①颈的后部，亦泛指颈〈1〉。见《白马寺》："帝梦金神，长丈六，项背日月光明。"

肩：①肩膀〈1〉。见《秦太上君寺》："威势所在，侧肩竞入。"

貌：①面容〈3〉。如《景宁寺》："短发之君，无杅首之貌。"

见于《墨子》的有以下 4 个。

面：①脸〈3〉。如《闻义里》："居丧者，剪发劈面，以为哀戚。"

貌：③姿态〈1〉。见《闻义里》："城中图佛与菩萨，乃无胡貌。"

气：⑮指人的元气，生命力〈1〉。见《秦太上君寺》："臣年迫桑榆，气同朝露，人间稍远，日近松丘。"

气：⑥气味〈1〉。见卷三《龙华寺》："虞人牵盲熊至，闻狮子气，惊怖跳踉，曳锁而走。"

见于《楚辞》的有以下 4 个。

态：①状态〈1〉。见《正始寺》："方丈不足以妙□[1]，咏歌此处态多奇。"

身：④自身〈3〉。如《永宁寺》："罪止荣身，余皆不问。"

泪：①眼泪〈2〉。如《永宁寺》："发言雨泪，哀不自胜。"

像：⑨肖像〈34〉。如《永宁寺》："堂内有孔丘像，颜渊问仁、子路问政在侧。"

见于《荀子》的有以下 2 个。

躯：①身体〈1〉。见《闻义里》："倏忽之间，投躯万仞。"

腰：①身体胯上胁下的部分〈2〉。如《法云寺》："金蝉曜首，宝玉鸣腰。"

见于《孟子》的有以下 2 个。

容：⑧脸上的神情和气色〈1〉。见《平等寺》："此像面有悲容，两目垂泪，遍体皆湿。"

---

〔1〕 该字原文阙如。

指：①手指〈2〉。如《闻义里》："于是以指触之，铃即鸣应。"

见于《论语》的有以下 2 个。

味：①物质使舌头得到某种味觉的特性〈7〉。如卷三《龙华寺》："鱼味甚美。"

掌：①手掌〈1〉。见《永宁寺》："视宫中如掌内，临京师若家庭。"

见于《古文尚书》的有以下 1 个。

形：①形像〈5〉。如《序》："阳门饰豪眉之像，夜台图绀发之形。"

见于《周易》"十翼"的有以下 1 个。

眼：①视觉器官，通称眼睛〈2〉。如《闻义里》："雪有白光，照耀人眼，令人闭目，茫然无见。"

见于《素问》的有以下 1 个。

踝：①小腿与脚之间，左右两侧突起部分〈1〉。见《寿丘里》："唯融与陈留侯李崇负绢过任，蹶倒伤踝。"

见于《神女赋》的有以下 1 个。

姿：①姿态〈1〉。见《序》："于是招提栉比，宝塔骈罗，争写天上之姿，竞摹山中之影。"

见于《吕氏春秋》的有以下 1 个。

髓：①骨中的凝脂〈1〉。见《闻义里》："折骨之处，髓流著石，观其脂色，肥腻若新。"

4. 有关物质文化生活的基本词

《伽蓝记》中有关物质文化生活的词语，有 81 个战国典籍已见。

第一，有关物质生活的词语。

《伽蓝记》中见于战国典籍的有关物质生活的词语包括衣物、饮食、宫室、器用、金钱等 58 个词语。

见于《左传》的有以下 10 个。

帛：①古代丝织物的通称〈1〉。见《正觉寺》："得帛缝新去，何能纳故时。"

财：①金钱、物资的总称〈2〉。如《崇真寺》："卿作太守之日，曲理枉法，劫夺民财。"

椽：①椽子〈1〉。见《永宁寺》："寺院墙皆施短椽，以瓦覆之，若今宫墙也。"

扉：①门扇〈1〉。见《永宁寺》："扉上各有五行金铃，合有五千四百枚。"

幕：⑤帐幕〈1〉。见《永宁寺》："时兆营军尚书省，建天子金鼓，庭设漏刻，嫔御妃主，皆拥之于幕。"

衢：①四通八达的道路〈1〉。见卷三《龙华寺》："水陆兼会，周郑交衢。"

饰：⑤服饰〈3〉。如《法云寺》："佛殿僧房，皆为胡饰。"

袖：①衣袖〈1〉。见《景乐寺》："歌声绕梁，舞袖徐转。"

针：①缝纫或缝合用的工具，细长而小，一头尖锐，另一头有眼用以引线〈2〉。如《正觉寺》："针是贯线物，目中恒任丝。"

庄：⑤四通八达的道路〈1〉。见卷三《龙华寺》："四险之地，六达之庄，恃德则固，失道则亡。"

见于《周礼》的有以下 7 个。

窗：①窗户〈2〉。如《永宁寺》："浮图有四面，面有三户六窗，户皆朱漆。"

镬：①无足鼎。古时煮肉及鱼、腊之器〈1〉。见《闻义里》："即解珠网，以铜镬盛之。"

盆：①一种较浅的口大低小的盛器，多为圆形〈2〉。如《闻义里》："如来遣我来，令王造覆盆浮图一所。"

舍：②旅馆〈1〉。见《秦太上君寺》："狱中无系囚，舍内无青州，假令家道恶，肠中不怀愁。"

线：①用棉、毛、丝、麻、金属等材料制成的细缕〈1〉。见《正觉寺》："针是贯线物，目中恒任丝。"

盐：①食盐的通称。有海盐、池盐、井盐、岩盐等〈1〉。见《法云寺》："至于盐粟贵贱，市价高下，所在一例。"

毡：羊毛或其他动物毛经湿、热、压力等作用，缩制而成的块片状材料。有良好的回弹、吸震、保温等性能。可用作铺垫及制作御寒物品、鞋帽料等〈2〉。如《闻义里》："人民服饰，惟有毡衣。"

见于《庄子》的有以下 7 个。

笔：①书写和绘画的工具〈2〉。如《平等寺》："将笔来，朕自作之。"

船：①水上主要运输工具的总称〈1〉。见《闻义里》："复西行一日，乘船渡一深水。"

殿：②指帝王宸居〈2〉。如《宣忠寺》："绕殿内外欢叫，荣遂信之，与穆并入朝。"

饭：①煮熟的谷类食品，多指大米干饭〈1〉。见《景宁寺》："菰稗为饭，茗饮作浆。"

衿：②衣的前幅，衣襟〈1〉。见《永宁寺》："闻之永叹，抚衿而失。"

瓦：④铺屋面的建筑材料。通常用泥土烧成，也有用其他材料制作的〈3〉。如《永宁寺》："寺院墙皆施短椽，以瓦覆之，若今宫墙也。"

柱：①支撑房屋的柱子〈3〉。如《明悬尼寺》："逮我孝昌三年大雨颓桥，南柱始埋没。"

见于《管子》的有以下 5 个。

街：①四通道，指城市的大道〈1〉。见《秦太上君寺》："中有五层浮图一所，修刹入云，高门向街。"

库：①储藏战车兵甲的屋舍〈1〉。见《永宁寺》："帝即出库物置城西门外，募敢死之士，以讨世隆。"

途：①道路〈1〉。见《修梵寺》："皆高门华屋，斋馆敞丽，楸槐荫途，桐杨夹植。"

棹：①船桨〈1〉。见《景宁寺》："沅湘江汉，鼓棹遨游，随波溯浪，噮喁沉浮。"

锥：①锥子〈1〉。见《高阳王寺》："汝颖之士利如锥，燕赵之士钝如锤。"

见于《墨子》的有以下 5 个。

绢：①平纹的生丝织物，似缣而疏，挺括滑爽〈4〉。如《寿丘里》："及太后赐百官负绢，任意自取，朝臣莫不称力而去。"

孔：①窟窿〈3〉。如《闻义里》："时有婆罗门不信是粪，以手探看，遂作一孔。"

桥：①桥梁，架在水上或空中以便通行的建筑物〈12〉。如《明悬尼寺》："逮我孝昌三年大雨颓桥，南柱始埋没。"

重：①重量〈1〉。见《白马寺》："奈林实重七斤，蒲萄实伟于枣。"

柱：②泛指柱状之物〈9〉。如《永宁寺》："绣柱金铺，骇人心目。"

见于《楚辞》的有以下 2 个。

臐：肉羹〈1〉。见《景宁寺》："蛙羹蚌臐，以为膳羞。"

酪：①用牛、羊、马等的乳汁炼制成的食品，有干湿二种，干者成块，湿者为浆〈1〉。见《正觉寺》："唯茗不中与酪作奴。"

见于《论语》的有以下 4 个。

脍：①细切的鱼肉〈1〉。见卷三《龙华寺》："伊洛之鱼，多于此卖，士庶须脍，皆诣取之。"

门：④门前，门口〈2〉。如《景宁寺》："或有人慕其高义，投刺在门，元慎称疾高卧。"

席：②坐位，席位〈1〉。见《冲觉寺》："芳醴盈罍，嘉宾满席。"

杖：①手杖；拐杖〈1〉。见《闻义里》："此杖轻重不定，值有重时，百人不举，值有轻时，一人胜之。"

见于《战国策》的有以下 2 个。

金：⑭钱财〈2〉。如《昭仪尼寺》："太后临朝，阉寺专宠，宦者之家，积金满堂。"

殿：③祀奉神佛之所〈2〉。如《瑶光寺》："凡四殿，皆有飞阁向灵芝往来。"

见于《古文尚书》的有以下 2 个。

阶：①台阶〈4〉。如《序》："野兽穴于荒阶，山鸟巢于庭树。"

榭：①建在高台上的木屋。多为游观之所〈1〉。见《寿丘里》："高台芳榭，家家而筑。"

见于《孟子》的有以下 3 个。

窟：①土室〈6〉。如《闻义里》："窟西南百步，有佛浣衣处。"

楼：①两层及两层以上的房屋〈13〉。如《永宁寺》："东西两门亦皆如之，所可异者，唯楼两重。"

宴：⑥筵席〈1〉。见《平等寺》："世隆侍宴。"

见于《韩非子》的有以下 1 个。

丝：④丝织品〈1〉。见《寿丘里》："绣缬、紬绫、丝彩、越葛、钱绢等，不可数计。"

见于《公羊传》的有以下 1 个。

葛：②指以葛为原料制成的布、衣、带等〈1〉。见《寿丘里》："绣缬、绅绫、丝彩、越葛、钱绢等，不可数计。"

见于《荀子》的有以下 1 个。

笏：①古代臣朝见君时所执狭长的板子，用玉、象牙、竹木制成，也叫手板〈1〉。见《法云寺》："至三元肇庆，万国齐臻，金蝉曜首，宝玉鸣腰，负荷执笏，逶迤复道。"

见于宋玉《神女赋》的有以下 1 个。

缋：①成匹布帛的头尾，可用以系物〈1〉。见《寿丘里》："置玉井金罐，以五色缋为绳。"

见于《吕氏春秋》的有以下 2 个。

宫：③秦汉以来，特指帝王之宫〈6〉。如《胡统寺》："常入宫与太后说法。"

墟：②废址〈1〉。见《序》："始知麦秀之感，非独殷墟，黍离之悲，信哉周室！"

见于《仪礼》的有以下 1 个。

壁：①墙壁〈3〉。如《闻义里》："王居大毡帐，方四十步，周回以氍毹为壁。"

见于《晏子春秋》的有以下 1 个。

陌：②道路〈1〉。见卷三《龙华寺》："青槐荫陌，绿树垂庭。"

见于《尉缭子》的有以下 1 个。

具：⑭器物〈1〉。见《菩提寺》："（奉终里）里内之人，多卖送死之具及诸棺椁。"

见于《周易》"十翼"的有以下 1 个。

货：②货物〈3〉。如卷三《龙华寺》："天下难得之货，咸悉在焉。"

见于《国语》的有以下 1 个。

钱：①钱币〈7〉。如《修梵寺》："时邢峦家常掘得丹砂，及钱数十万。"

第二，有关文化、艺术生活的词语。

《伽蓝记》中见于战国典籍的有关文化艺术的词语共 23 个。

见于《左传》的有以下 5 个。

文：③文字〈1〉。见《闻义里》："今依《道荣传》《宋云家纪》，故并载之，以备缺文。"

策：⑦古代君主对臣下封士、授爵、免官或发布其他教令的文件〈1〉。见《景明寺》："所制诗赋诏策章表碑颂赞记五百篇，皆传于世。"

书：⑪指书信〈6〉。如《秦太上公寺》："子渊附书一封，令达其家。"

铭：②刻写在器物上的文辞〈6〉。如《修梵寺》："时邢峦家常掘得丹砂，及钱数十万，铭云：'董太师之物。'"

语：②语言〈4〉。如《闻义里》："遣解魏语人问宋云曰：'卿是日出人也?'"

见于《古文尚书》的有以下 4 个。

篇：③成部著作中的一个组成部分〈5〉。如《永宁寺》："所著文集，数百余篇。"

典：①简册，指可以作为典范的重要书籍〈2〉。如《景宁寺》："移风易俗之典，与五帝而并迹。"

伎：②才能〈2〉。如《景乐寺》："召诸音乐，逞伎寺内。"

象：⑥状貌〈1〉。见《序》："自项日感梦，满月流光，阳门饰豪眉之象，夜台图绀发之形。"

见于《荀子》的有以下 2 个。

书：②文字〈1〉。见《融觉寺》："流支读昙谟最大乘义章，每弹指赞叹，唱言微妙，即为胡书写之。"

经：⑤对典范著作及宗教典籍的尊称〈9〉。如《白马寺》："寺上经函，至今犹存。"

见于《论语》的有以下 2 个。

声：②指音乐〈1〉。见《法云寺》："延伯每临阵，常令僧超为壮士声，甲胄之士莫不踊跃。"

书：⑥书籍〈1〉。见《追先寺》："博洽群书，好道不倦。"

见于《楚辞》的有以下 2 个。

节：⑯节拍〈1〉。见卷二《龙华寺》："置凝闲堂前，与内讲沙门打为时节。"

讴：④歌曲〈1〉。见《景宁寺》："白纻起舞，扬波发讴。"

见于《孟子》的有以下 1 个。

史：②历史〈3〉。如《崇真寺》："宣明少有名誉，精通经史，危行及于诛死也。"

见于《公羊传》的有以下 1 个。

词：①言辞〈2〉。如《永宁寺》："此黄门郎祖莹之词也。"

见于《韩非子》的有以下 1 个。

辞：④借口〈1〉。见《宣忠寺》："以生太子为辞，荣必入朝，因以毙之。"

见于《墨子》的有以下 1 个。

议：⑥意见〈1〉。见卷三《龙华寺》："朝廷从其议。"

见于《庄子》的有以下 1 个。

句：①句子〈2〉。如《景宁寺》："庆之等见元慎清词雅句，纵横奔发，杜口流汗，含声不言。"

见于《战国策》的有以下 1 个。

筑：①古弦乐器〈1〉。见《高阳王寺》："入则歌姬舞女，击筑吹笙，丝管迭奏，连宵尽日。"

见于《国语》的有以下 1 个。

曲：①乐曲〈1〉。见《高阳王寺》："士康闻此，遂常令徐鼓《绿水》《火凰》之曲焉。"

见于宋玉《神女赋》的有以下 1 个。

彩：①色彩〈6〉。如《闻义里》："林泉婉丽，花彩曜目。"

5. 有关动植物名称的基本词

《伽蓝记》中有关动植物名称的词语，有 33 个战国典籍已见。

第一，有关动物名称的，15 个。

见于《周礼》的有以下 2 个。

禽：③泛称鸟兽〈1〉。见《景乐寺》："奇禽怪兽，舞抃殿庭。"

爪：①鸟兽的趾端有尖甲的脚〈1〉。见《闻义里》："石上毛尾爪迹，今悉炳然。"

见于《楚辞》的有以下 2 个。

翠：①鸟名〈1〉。见《正始寺》："绿头紫颊，好翠连芳。"

鸽：鸽子〈1〉。见《修梵寺》："修梵寺有金刚，鸠鸽不入，鸟雀不棲。"

见于《庄子》的有以下 2 个。

鹄：①通称天鹅。似雁而大，颈长，飞翔甚高，羽毛洁白〈1〉。见《正始寺》："子英游鱼于玉质，王乔系鹄于松枝。"

蛙：①两栖动物。捕食昆虫，对农业有益〈1〉。见《景宁寺》："蛙羹蚌臛，以为膳羞。"

见于《荀子》的有以下 2 个。

蝉：①昆虫名。俗称蜘蟟、知了〈1〉。见《景林寺》："春鸟秋蝉，鸣声相续。"

穴：④动物的窝〈2〉。如《景宁寺》："蛙黾共穴，人鸟同群。"

见于《周易》"十翼"的有以下 1 个。

蚌：①软体动物。有两个可以开闭的多呈椭圆形介壳，壳内有珍珠层，或能产珠〈1〉。见《景宁寺》："蛙羹蚌臛，以为膳羞。"

见于《吕氏春秋》的有以下 1 个。

羽：⑤古代箭杆上的羽毛。亦指箭〈1〉。见《白马寺》："大竹箭，不须羽。"

见于《尔雅》的有以下 1 个。

猪[1]：①哺乳动物。头大，鼻和嘴长，眼小耳大，脚短，身体肥〈3〉。如《景宁寺》："永安年中，胡杀猪，猪忽唱乞命，声及四邻。"

见于《左传》的有以下 1 个。

迹：①脚印〈4〉。如《闻义里》："王城北八十里，有如来履石之迹，起塔笼之。"

见于《素问》的有以下 1 个。

飞：②指飞虫〈1〉。见《冲觉寺》："树响飞嚶，阶丛花药。"

见于《韩非子》的有以下 1 个。

蚕：①昆虫名。幼虫能吐丝、结茧〈1〉。见《正觉寺》："本为箔上蚕，今作机上丝。"

见于《孟子》的有以下 1 个。

畜：①人饲养的禽兽〈1〉。见《闻义里》："风雪劲切，人畜相依。"

第二，有关植物名称的，18 个。

见于《左传》的有以下 4 个。

---

[1] 《汉语大词典》无该义项的例证。

树：①木本植物的总称〈33〉。如《序》："野兽穴于荒阶，山鸟巢于庭树。"

干：②动植物躯体的主干〈1〉。见《正始寺》："其中烟花露草，或倾或倒，霜干风枝，半耸半垂。"

稗：①植物名，稗子〈1〉。见《景宁寺》："菰稗为饭，茗饮作浆。"

椿：①椿树。通称香椿〈1〉。见《永宁寺》："栝柏椿松，扶疏檐溜。"

见于《楚辞》的有以下 4 个。

菱：①一年生水生草本植物，俗称菱角〈3〉。如《景宁寺》："咀嚼菱藕，捃拾鸡头。"

芷：香草名。即白芷〈1〉。见《景明寺》："松竹兰芷，垂列阶墀。"

茎：①植物体的一部分，由胚芽发展而成，下部和根连接，上部一般都生有枝叶花果〈1〉。见《正始寺》："霜干风枝，半耸半垂，玉叶金茎，散满阶坪。"

菊：①菊花〈2〉。如《大觉寺》："至于春风动树，则兰开紫叶，秋霜降草，则菊吐黄花。"

见于《周易》"十翼"的有以下 2 个。

果：①树木或草本植物所结的果实〈9〉。如《法云寺》："伽蓝之内，花果蔚茂。"

兰：②兰草，多年生草本植物〈2〉。如《大觉寺》："至于春风动树，则兰开紫叶，秋霜降草，则菊吐黄花。"

见于《周礼》的有以下 2 个。

灰：①物质充分燃烧后残留的粉状物〈1〉。见《闻义里》："此寺昔日有沙弥，常除灰。"

枳：①木名。也称枸橘、臭橘〈1〉。见《正始寺》："多有枳树而不中食。"

见于《国语》的有以下 2 个。

菜：①蔬菜类植物的总称〈2〉。如《宝光寺》："当时园地平衍，果菜葱青，莫不叹息焉。"

槐：①槐树，落叶乔木〈5〉。如《永宁寺》："其四门外，皆树以青槐，亘以绿水。"

见于《庄子》的有以下 2 个。

梨：②梨树的果实〈1〉。见《报德寺》："周回有园，珍果出焉，有大谷梨承光之柰。"

楸：①楸树，落叶乔木〈1〉。见《修梵寺》："皆高门华屋，斋馆敞丽，楸槐荫途，桐杨夹植。"

见于《管子》的有以下 1 个。

粟：③粮食的通称〈2〉。如《法云寺》："至于盐粟贵贱，市价高下，所在一例。"

见于《尔雅》的有以下 1 个。

杜：②香草名。杜衡，又名杜若、土卤〈1〉。见《景林寺》："嘉树夹牖，芳杜匝阶。"

6. 有关战争、刑罚的基本词

《伽蓝记》中见于战国典籍的有关战争刑罚的词语，有 18 个。

第一，有关武器、军旅的，10 个。

见于《左传》的有以下 7 个。

兵：③战争〈3〉。如《永宁寺》："太后闻荣举兵，召王公议之。"

兵：②兵卒〈7〉。如《永宁寺》："荣悬军千里，兵老师弊，以逸待劳，破之必矣。"

城：②城市〈55〉。如《闻义里》："宋云于是与惠生出城外，寻如来教迹。"

捷：②战利品〈1〉。见《法云寺》："二年之间，献捷相继。"

军：③军营〈3〉。如《法云寺》："后延伯为流矢所中，卒于军中。"

役：④战役〈1〉。见《寿丘里》："经河阴之役，诸元歼尽。"

众：⑦军队〈3〉。如《永宁寺》："即遣都督李神轨、郑季明等，领众五千，镇河桥。"

见于《周礼》的有以下 1 个。

剑：①古兵器名。属短兵器。两面有刃，中间有脊，短柄〈2〉。如《永宁寺》："或贰生素怀，弃剑猜我。"

见于《孙子》的有以下 1 个。

将：①将领〈1〉。见《报德寺》："汉右中郎将蔡邕笔之遗迹也。"

见于《孙膑兵法》的有以下 1 个。

骑：③骑兵〈1〉。见《永宁寺》："颢与数十骑欲奔萧衍。"

第二，有关刑政的，8 个。

见于《古文尚书》的有以下 4 个。

禁：②含有禁戒性的规条及法令〈2〉。如《景乐寺》："及文献王薨，寺禁稍宽，百姓出入，无复限碍。"

勋：①功劳〈3〉。如《平等寺》："伜龙、文义于王有勋，于国无功。"

迹：④业绩〈1〉。见《景宁寺》："移风易俗之典，与五帝而并迹。"

过：⑮错误〈1〉。见《景兴尼寺》："莫不推过于人，引善自向。"

见于《周礼》的有以下 1 个。

力：④本谓制法成治之功，后泛指功劳〈1〉。见《崇真寺》："卿作太守之日，曲理枉法，劫夺民财，假作此寺，非卿之力，何劳说此。"

见于《商君书》的有以下 1 个。

失：⑦错误〈2〉。如《明悬尼寺》："衒之按刘澄之《山川古今记》、戴延之《西征记》并云晋太康元年造，此则失之远矣。"

见于《论语》的有以下 1 个。

政：②政权〈2〉。如《平等寺》："正光中为黄门侍郎，见元义秉权，政归近习，遂佯哑不语，不预世事。"

见于《谷梁传》的有以下 1 个。

权：⑤权力〈2〉。如《永宁寺》："权去生道促，忧来死路长。"

7. 有关阶级关系及统治区域的基本词

《伽蓝记》中见于战国典籍的有关阶级关系及统治区域的词语，有 44 个。

第一，有关阶级关系的，16 个。

见于《左传》的有以下 2 个。

后：②皇后〈5〉。如《白马寺》："建义元年，后为尔朱荣所害，始验其言。"

门：⑩家庭，家族〈4〉。如《宣忠寺》："祖仁一门刺史，皆是徽之将校。"

见于《周礼》的有以下 2 个。

奴：①丧失人身自由，为主人从事无偿劳动的人〈2〉。如《正觉寺》："其彭城王家有吴奴，以此言戏之。"

贼：⑥谓对国家、人民、社会道德风尚造成严重危害的人〈3〉。如《永宁寺》："直以尔朱荣往岁入洛，顺而勤王，终为魏贼。"

见于《国语》的有以下 2 个。

寇：⑤敌人〈2〉。如卷三《龙华寺》："狮子者，波斯国胡王所献也。为逆贼万俟丑奴所获，留于寇中。"

臣：⑤古人自称。（1）臣对君的自称〈13〉。如《菩提寺》："臣姓崔，名涵，字子洪。"

见于《古文尚书》的有以下 2 个。

君：①称帝王〈6〉。如《景兴尼寺》："为君共尧舜连横，为臣与伊皋等迹。"

主：①君主〈5〉。如《永宁寺》："世隆至高都，立太原太守长广王晔为主，改号曰建明元年。"

见于《逸周书》的有以下 1 个。

内：③皇宫〈1〉。见卷二《龙华寺》："置凝闲堂前，与内讲沙门打为时节。"

见于《吕氏春秋》的有以下 1 个。

龙：②喻指人君〈1〉。见卷三《龙华寺》："玺运会昌，龙《图》受命。"

见于《楚辞》的有以下 1 个。

群：②指人群或物群〈2〉。如《景明寺》："名僧德众，负锡为群。"

见于《荀子》的有以下 1 个。

贼：⑦抢劫或偷窃财物的人〈2〉。如，《昭仪尼寺》："众僧闻像叫声，遂来捉得贼。"

见于《仪礼》的有以下 1 个。

体：⑰血统〈1〉。见《追先寺》："侍中义阳王略，体自藩华，门勋夙著。"

见于《论语》的有以下 1 个。

人：⑮人人；每人〈3〉。如《永宁寺》："死生相怨，人怀异虑。"

见于《孟子》的有以下 1 个。

帝：⑤天子。古代国家的最高统治者〈49〉。如《永宁寺》："帝纳荣女为皇后。"

见于《战国策》的有以下 1 个。

种：②人或其他生物的族类〈1〉。见《闻义里》："国中人民，悉是婆罗门种，崇奉佛教，好读经典。"

第二，有关制度、职官的词语，28 个。

见于《左传》的有以下 7 个。

度：③法度〈1〉。见《闻义里》："乡土不识，文字礼教俱阙，阴阳运转，莫知其度。"

华：⑨我国古称华夏，今称中华省称"华"〈1〉。见《景宁寺》："虽复秦余汉罪，杂以华音，复闽楚难言，不可改变。"

郡：①古代地方行政区划名〈6〉。如《景宁寺》："阳城太守薛令伯闻太原王诛百官，立庄帝，弃郡东走。"

吏：①古代对官员的通称〈3〉。如《景兴尼寺》："执法之吏，埋轮谢其梗直。"

体：⑱体统〈1〉。见《崇真寺》："沙门之体，必须摄心守道，志在禅诵。"

业：⑤职业〈3〉。如《法云寺》："市西有延酤、治觞二里，里内之人多酝酒为业。"

余：⑩指后裔〈1〉。见《景宁寺》："虽复秦余汉罪，杂以华音，复闽楚难言，不可改变。"

见于《周礼》的有以下 5 个。

法：③制度〈1〉。见《闻义里》："风俗政治，多为夷法。"

府：⑥官署〈11〉。如《永宁寺》："阊阖门前御道东有左卫府。府前有司徒府。"

胡：⑯古代称北方和西方的民族如匈奴等为胡〈13〉。如《闻义里》："城中图佛与菩萨，乃无胡貌。"

邑：⑧封地〈2〉。如《追先寺》："然国既边地，寓食他邑，求之二三，未为尽善。"

制：⑩体制〈2〉。如《法云寺》："虽立此制，竟不施行。"

见于《孟子》的有以下 5 个。

地：⑥地位〈1〉。见《平等寺》："故柱国大将军大丞相太原王荣，地实封陕，任惟外相，乃心王室。"

乡：⑤家乡〈1〉。见《永宁寺》："怀恨出国门，含悲入鬼乡。"

业：②学业〈1〉。见《永明寺》："凤善玄言道家之业，遂舍半宅安置佛徒，演唱大乘数部。"

职：②职位。亦指任职的处所〈1〉。见《景宁寺》："卿执羔，大夫执雁。君当得大夫之职。"

制：⑨制度〈1〉。见《建中寺》："屋宇奢侈，梁栋逾制，一里之间，廊庑充溢。"

见于《周易》"十翼"的有以下 3 个。

法：④模式〈2〉。如《景宁寺》："庆之因此羽仪服式悉如魏法，江表士庶竞相模楷，褒衣博带，被及秣陵。"

业：③功业〈1〉。见《平等寺》："自我皇魏之有天下也，累圣开辅，重基衍业。"

治：⑭指政治清明，社会安定。与"乱"相对〈1〉。见《正始寺》："濠上之客，柱下之史，悟无为以明心，托自然以图治。"

见于《国语》的有以下 3 个。

里：①人所聚居的地方。（2）城邑的市廛、街坊。今称巷弄〈56〉。如《建中寺》："里内复有领军将军元乂宅。"

农：③农事〈1〉。见《禅虚寺》："寺前有阅武场，岁终农隙，甲士习战，千乘万骑，常在于此。"

署：①办理公务的机关〈5〉。如《昭仪尼寺》："东阳门内道北有太仓导官二署。"

见于《古文尚书》的有以下 2 个。

官：⑥官吏〈8〉。如《景宁寺》："景仁无汗马之劳，高官通显。"

势：①权势〈1〉。见《冲觉寺》："以熙平、神龟之际，势倾人主，第宅丰大，逾于高阳。"

见于《逸周书》的有以下 1 个。

土：④国土〈2〉。如《秦太上君寺》："齐土之民，风俗浅薄，虚论高谈，专在荣利。"

见于《墨子》的有以下 1 个。

曹：⑤古代分科办事的官署或部门〈1〉。见《永宁寺》："府南有将作曹，曹南有九级府。"

见于《庄子》的有以下 1 个。

事：②职业〈2〉。如《法云寺》："里内之人以卖棺椁为业，赁辇车为事。"

8．有关人伦、祸福死丧的基本词

《伽蓝记》中见于战国典籍的有关人伦祸福死丧的词语，有 28 个。

第一，有关人伦的，15 个。

见于《左传》的有以下 5 个。

妃：①妻〈1〉。见《永宁寺》："时兆营军尚书省，建天子金鼓，庭设漏刻，嫔御妃主，皆拥之于幕。"

女：③指女儿〈3〉。如《永宁寺》："帝纳荣女为皇后。"

子：②专指儿子〈13〉。如《建中寺》："乂是江阳王继之子，太后妹婿。"

夫：②旧指服劳役或从事某种体力劳动的人〈1〉。见《永明寺》："昔都水使者陈飔所造，令备夫一千，岁恒修之。"

长：①指相比之下年纪大的人〈2〉。如《开善寺》："僧俗长幼，皆来观睹。"

见于《周礼》的有以下 2 个。

亲：⑨亲人，亲戚〈3〉。如《永宁寺》："弃亲即仇，义将焉据也？"

谥：①古代帝王、贵族、大臣、士大夫或其他有地位的人死后，据其生前业迹评定的带有褒贬意义的称号〈3〉。如《追先寺》："薨于河阴，赠太保，谥曰文贞。"

见于《战国策》的有以下 1 个。

息：⑦儿子〈2〉。如《菩提寺》："有息子洪，年十五而死。"

见于《公羊传》的有以下 1 个。

姬：老年妇女〈1〉。见《寿丘里》："琛令朝云假为贫姬，吹篪而乞。"

见于《老子》的有以下 1 个。

儿：①婴孩〈1〉。见《永宁寺》："况今奉未言之儿，以临天下，而望升平，其可得乎？"

见于《周易》"十翼"的有以下 1 个。

性：①人的本性〈4〉。如《景宁寺》："性嗜酒，饮至一石，神不乱常。"

见于《国语》的有以下 1 个。

号：④名位〈5〉。如《平等寺》："恭凡让者三，于是即皇帝位，改号曰普泰。"

见于《管子》的有以下 1 个。

生：㉟"先生"的省称〈3〉。如《正觉寺》："高祖甚重之，常呼王生。"

见于《孟子》的有以下 1 个。

名：①名字〈7〉。如《闻义里》："我入涅槃后二百年，有国王名迦尼色迦在此处起浮图。"

见于《古文尚书》的有以下 1 个。

仇：⑧仇敌〈1〉。见《永宁寺》："弃亲即仇，义将焉据也？"

第二，有关疾病死丧的，13 个。

见于《周礼》的有以下 4 个。

药：①药物〈1〉。见《闻义里》："事涉疑似，以药服之，清浊则验。"

冢：①坟墓〈6〉。如《菩提寺》："沙门达多发冢取砖，得一人以进。"

隧：①墓道〈1〉。见《永宁寺》："隧门一时闭，幽庭岂复光？"

棺：棺材〈5〉。如《菩提寺》："作柏木棺，勿以桑木为椽。"

见于《左传》的有以下 2 个。

疟：①病名，疟疾〈1〉。见《闻义里》："昔尸毗王仓库为火所烧，其中粳米燋然，至今犹在，若服一粒，永无疟患。"

丧：①哀葬死者的礼仪〈2〉。如《开善寺》："英早卒，其妻梁氏不治丧而嫁。"

见于《国语》的有以下 2 个。

疢：①同"疢"。疾病〈1〉。见《闻义里》："宋云远在绝域，因瞩此芳景，归怀之思，独轸中肠，遂动旧疢，缠绵经月，得婆罗门咒，然后平善。"

陵：④坟墓〈1〉。见《白马寺》："明帝崩，起祇洹于陵上，自此以后，百姓冢上或作浮图焉。"

见于《论语》的有以下 1 个。

病：①重病〈1〉。见《闻义里》："说管辂善卜，华陀治病，左慈方术。"

见于《山海经》的有以下 1 个。

瘿：①囊状肿瘤。多生于颈部，包括甲状腺肿大等〈1〉。见《景宁寺》："卿沐其遗风，未沾礼化，所谓阳翟之民不知瘿之为丑。"

见于《庄子》的有以下 1 个。

盲：①目失明〈3〉。如《闻义里》："阿周陀窟及闪子供养盲父母处，皆有塔记。"

见于《古文尚书》的有以下 1 个。

墓：①坟墓〈1〉。见《建中寺》："元乂诛日，腾已物故，太后追思腾罪，发墓残尸，使其神灵无所归趣。"

见于《商君书》的有以下 1 个。

患：④疾病〈5〉。如《平等寺》："庄帝信其真患，放令归第。"

9. 有关宗教道德哲学的基本词

《伽蓝记》中见于战国典籍的有关宗教道德哲学的词语，有 75 个。

第一，有关宗教道德的，22 个。

见于《左传》的有以下 4 个。

风：③习俗，风气〈6〉。如《正觉寺》："时给事中刘缟慕肃之风，专习茗饮。"

社：②社坛〈3〉。如《永宁寺》："府南有太社，社南有凌阴里，即四朝时藏冰处也。"

征：①预兆〈2〉。如《永宁寺》："太后以为信法之征，是以营建过度也。"

祸：①指一切有害之事〈6〉。如《永宁寺》："傥天不厌乱，胡羯未殄，鸱鸣狼噬，荐食河北，在荣为福，于卿为祸。"

见于《论语》的有以下 4 个。

道：⑯政治主张或思想体系〈2〉。如《高阳王寺》："广宗潘崇和讲《服氏春秋》于城东昭义里，子文摄齐北面，就和受道。"

义：①谓符合正义或道德规范〈8〉。如《永宁寺》："弃亲即仇，义将焉据也？"

节：⑧节操〈1〉。见《永宁寺》："害卿兄弟，独夫介立，遵养待时，臣节讵久。"

仁：①仁爱〈2〉。如《景兴尼寺》："苟生虽好勇嗜酒，亦仁而不杀。"

见于《管子》的有以下 2 个。

精：⑭精气〈1〉。见《正始寺》："或言神明之骨，阴阳之精，天地未觉生此，异人焉识其名？"

仪：⑪标准〈2〉。如《闻义里》："惠生遂减割行资，妙简良匠，以铜摹写雀离浮图仪一躯，及释迦四塔变。"

见于《孟子》的有以下 2 个。

操：⑦志节〈1〉。见《正始寺》："天水人姜质，志性疏诞，麻衣葛巾，有逸民之操。"

恩：①恩惠〈1〉。见《永宁寺》："吾世荷国恩，不能坐看成败。"

见于《古文尚书》的有以下 3 个。

能：②才能〈2〉。如《融觉寺》："元谦服婢之能，于是京邑翕然传之。"

俗：①习俗〈3〉。如《闻义里》："其俗妇人裤衫束带，乘马驰走，与丈夫无异。"

天：④古人以天为万物主宰者〈7〉。如《平等寺》："今天眷明德，民怀奥主，历数允集，歌讼同臻。"

见于《吕氏春秋》的有以下 1 个。

罪：⑦祸殃〈1〉。见《崇真寺》："议曰人死有罪福。"

见于《荀子》的有以下 1 个。

兆：③征兆〈1〉。见卷三《龙华寺》："兆唯洛食，实曰土中，上应张柳，下据河嵩。"

见于《韩非子》的有以下 1 个。

表：⑱表率〈1〉。见《平等寺》："惟王德表生民，声高万古。"

见于《晏子春秋》的有以下 1 个。

礼：②社会生活中由于风俗习惯而形成的行为准则、道德规范和各种礼节〈3〉。如《平等寺》："下官既为议臣，依礼而言，不合圣心，俘剪惟命。"

见于《战国策》的有以下 1 个。

节：⑨志节〈1〉。见《追先寺》："往虽弛担为梁，今便言旋阙下，有志有节，能始能终。"

见于《周易》"十翼"的有以下 1 个。

贤：①指有德行或有才能的人〈1〉。见《闻义里》："刻石为铭，嘱语将来，若此塔坏，劳烦后贤出珠修治。"

见于《老子》的有以下 1 个。

智：①智慧〈3〉。如《正觉寺》："朝廷服彪聪明有智，甄琛和之亦速。"

第二，有关哲学的，53 个。

见于《左传》的有以下 8 个。

列：②行列〈1〉。见《法云寺》："时公卿祖道，车骑成列，延伯危冠长剑耀武于前，僧超吹《壮士笛曲》于后。"

旧：⑦旧交〈1〉。见《景宁寺》："景仁在南之日与庆之有旧，遂设酒引邀庆之过宅。"

物：⑪众人〈2〉。如《崇真寺》："讲经者心怀彼我，以骄凌物，比丘中第一粗行。"

使：②使者〈3〉。如《闻义里》："国王见宋云云大魏使来，膜拜受诏书。"

体：⑭指内容〈1〉。见《正始寺》："夫偏重者，爱昔先民之由朴由纯，然则纯朴之体，与造化而梁津。"

世：⑧天下〈11〉。如《秦太上君寺》："怀砖之俗，世号难治。"

数：①数量〈5〉。如《闻义里》："寺内佛事，皆是石像，庄严极丽，头数甚多。"

由：③原由〈1〉。见《永宁寺》："今欲以铁马五千，赴哀山陵，兼问侍臣帝崩之由，君竟谓何如？"

见于《孟子》的有以下 6 个。

势：③情势〈2〉。如《永宁寺》："虽迫于凶手，势不自由。"

虑：②思想〈2〉。如《永宁寺》："义利是图，富贵可保，徇人非虑。"

职：②职位〈1〉。见《景宁寺》：“卿执羔，大夫执雁。君当得大夫之职。”

地：⑥地位〈1〉。见《平等寺》：“故柱国大将军大丞相太原王荣，地实封陕，任惟外相。”

言：③学说〈1〉。见《序》：“《三坟》《五典》之说，九流百氏之言，并理在人区，而义兼天外。”

业：②学业〈1〉。见《永明寺》：“夙善玄言道家之业，遂舍半宅安置佛徒，演唱大乘数部。”

见于《论语》的有以下 5 个。

名：④事物的名称〈13〉。如《永宁寺》：“又共芳造洛阳宫殿门阁之名，经途里邑之号。”

志：②志向〈2〉。如《崇真寺》：“沙门之体，必须摄心守道，志在禅诵，不干世事，不作有为。”

紫：①蓝和红合成的颜色〈4〉。如《景明寺》：“黄甲紫鳞，出没于繁藻。”

学：⑧学问〈3〉。如《法云寺》：“摩罗聪慧利根，学穷释氏。”

坐：⑦座。（1）座席；座位〈3〉。如《景宁寺》：“司农卿萧彪、尚书右丞张嵩并在其坐。”

见于《墨子》的有以下 4 个。

神：④心神〈1〉。见《景宁寺》：“性嗜酒，饮至一石，神不乱常。”

敌：①敌人〈1〉。见《闻义里》：“王有斗象七百头，一负十人，手持刀楂，象鼻缚刀，与敌相击。”

面：⑩物体的表面〈3〉。如《永宁寺》：“浮图有四面，面有三户六窗，户皆朱漆。”

口：③物体内外相通的地方〈1〉。见《闻义里》：“山顶东南，有太子石室，一口两房。”

见于《庄子》的有以下 5 个。

识：④见解〈3〉。如《平等寺》：“臣既寡昧，识无先远，景命虽降，不敢仰承。”

生：⑧生命〈2〉。如《永明寺》：“率奉佛教，好生恶杀。”

北：③指败逃者〈1〉。见《平等寺》：“兆遂乘胜逐北，直入京师，兵及阙下，矢流王室。”

学：⑨学说〈1〉。见《景林寺》：“性爱恬静，丘园放敖，学极六经，说通百氏。”

影：①人或物体因遮住光线而投下的暗像或阴影〈3〉。如《景明寺》：“前望嵩山少室，却负帝城，青林垂影，绿水为文。”

见于《周易》“十翼”的有以下 4 个。

心：④思想、意念、感情的通称〈12〉。如《永宁寺》：“已有陈恒盗齐之心，非无六卿分晋之计。”

意：②意思〈4〉。如《白马寺》：“时人不晓其意。”

旨：③意义〈2〉。如《序》：“至于一乘二谛之原，三明六通之旨，西域备详，东土靡记。"

属：①种类〈1〉。见《菩提寺》："涵性畏日，不敢仰视，又畏水火及兵刃之属。"

见于《楚辞》的有以下2个。

迹：③形迹〈2〉。如《闻义里》："宋云于是与惠生出城外，寻如来教迹。"

路：③门路〈1〉。见《正觉寺》："本为箔上蚕，今作机上丝。得路逐胜去，颇忆缠绵时。"

见于《荀子》的有以下2个。

学：②学习的人〈1〉。见《高阳王寺》："举学皆笑焉。"

原：②根本〈1〉。见《序》："至于一乘二谛之原，三明六通之旨，西域备详，东土靡记。"

见于《吕氏春秋》的有以下2个。

行：②泛指人或物排成的行列〈1〉。见《高阳王寺》："出则鸣驺御道，文物成行。"

状：①形状〈2〉。如《闻义里》："伞头亦似有角，团圆下垂，状似宝盖。"

见于《古文尚书》的有以下2个。

谋：④计策〈1〉。见《宣忠寺》："帝纳其谋，遂唱生太子，遣徽特至太原王第，告云皇储诞育。"

顺：③指顺理者〈1〉。见《永宁寺》："今家国隆替，在卿与我，若天道助顺，誓兹义举，则皇魏宗社，与运无穷。"

见于《国语》的有以下1个。

性：④性情〈2〉。如卷三《龙华寺》："园中素有一盲熊，性甚驯，帝令取试之。"

见于《周礼》的有以下2个。

产：④物产〈1〉。见《法云寺》："是以海内之货，咸萃其庭，产匹铜山，家藏金穴。"

木：②木料，木材〈9〉。如《永宁寺》："中有九层浮图一所，架木为之，举高九十丈。"

见于《列子》的有以下1个。

趣：①旨趣〈1〉。见《正始寺》："岂下俗之所务，实神怪之异趣。"

见于《谷梁传》的有以下1个。

知：⑤知觉〈1〉。见《永宁寺》："皇灵有知，鉴其凶德！"

见于《鹖冠子》的有以下1个。

状：③情状〈1〉。见《平等寺》："黄门侍郎邢子才为赦文，叙述庄帝枉杀太原王之状。"

见于《孙子》的有以下1个。

计：⑩计策〈2〉。如《永宁寺》："已有陈恒盗齐之心，非无六卿分晋之计。"

见于《韩非子》的有以下1个。

种：③种类〈4〉。如《高阳王寺》："李令公一食十八种。"

见于《孙膑兵法》的有以下 1 个。

名：⑤名目〈1〉。见《序》："表列门名，以记远近。"

见于《尸子》的有以下 1 个。

目：⑧孔眼〈1〉。见《正觉寺》："针是贯线物，目中恒任丝。"

见于《管子》的有以下 1 个。

说：⑨学说、观点〈1〉。见《序》："《三坟》《五典》之说，九流百氏之言，并理在人区，而义兼天外。"

见于《仪礼》的有以下 1 个。

士：⑨泛指读书人，知识阶层〈8〉。如《景兴尼寺》："当时构文之士，惭逸此言。"

见于宋玉《高唐赋》的有以下 1 个。

底：③物体最下的部位〈2〉。如《景林寺》："水犹澄清，洞底明净，鳞甲潜藏，辨其鱼鳖。"

（二）动词

《伽蓝记》的单音节动词中共有 532 个可以追溯到战国时代的语料中，这些词语主要是基本词汇。

1. 有关事物的存在和发展变化的动词，109 个

见于《左传》的有以下 16 个。

庇：①遮蔽〈1〉。见《永宁寺》："其四门外，皆树以青槐，亘以绿水，京邑行人，多庇其下。"

布：⑨展开〈1〉。见《秦太上公寺》："并门临洛水，林木扶疏，布叶垂阴。"

彻：⑩显明〈1〉。见《闻义里》："乍往观之，如似未彻，假令刮削，其文转明。"

彫：③通"凋"。凋敝〈1〉。见卷三《龙华寺》："周余九裂，汉季三分，魏风衰晚，晋景彫曛。"

乏：②没有〈1〉。见《平等寺》："而孝明晏驾，人神乏主。"

覆：②翻转〈1〉。见《闻义里》："如来遣我来，令王造覆盆浮图一所，使王祚永隆。"

号：⑤指给以称号或取号〈23〉。如《宝光寺》："园中有一海，号咸池。"

连：③连接〈9〉。如《闻义里》："维那挽之，不觉皮连骨离。"

若：⑭好像〈2〉。如《景明寺》："升其堂者，若登孔氏之门，沾其赏者，犹听东吴之句。"

是：⑦表示肯定判断之词〈70〉。如《景乐寺》："悦是文献之弟。"

同：②与……相同〈1〉。见《闻义里》："其国有文字，况同魏。"

围：①包围〈1〉。见《永宁寺》："帝围河内，太守元桃汤车骑将军宗正珍孙等为颢守，攻之弗克。"

象：⑫好像〈2〉。如《法云寺》："即《汉书》所谓'采土筑山，十里九坂，以象二崤'者。"

耀：①照射〈1〉。见《白马寺》："常烧香供养之，经函时放光明，耀于堂宇。"

犹：②如同〈1〉。见《景明寺》："升其堂者，若登孔氏之门，沾其赏者，犹听东吴之句。"

中：①箭射着目标〈1〉。见《法云寺》："为流矢所中，卒于军中。"

见于《庄子》的有以下 15 个。

含：④隐藏在内〈1〉。见《景宁寺》："庆之等见元慎清词雅句，纵横奔发，杜口流汗，含声不言。"

尽：⑥达到极限〈1〉。见卷三《龙华寺》："所谓尽天地之区已。"

烂：⑨腐烂〈2〉。如《闻义里》："其中有辟支佛靴，于今不烂，非皮非彩，莫能审之。"

连：④连续〈2〉。如《宣忠寺》："帝连索酒饮之，然后行事。"

裂：③分裂〈1〉。见卷三《龙华寺》："周余九裂，汉季三分，魏风衰晚，晋景彤曛。"

满：①充满〈7〉。如《永宁寺》："唯有经史，盈车满架。"

没：④漫过〈1〉。见《永宁寺》："是日水浅，不没马腹，故及此难。"

灭：④消失〈6〉。如《闻义里》："王五体投地，即于杏树下置立寺舍，画作罗睺罗像。忽然自灭。"

侔：①齐等〈2〉。如《景明寺》："妆饰华丽，侔于永宁。"

起：⑭产生〈4〉。如《崇真寺》："虽造作经像，正欲得它人财物，既得财物，贪心即起。"

熟：②成熟〈5〉。如《景林寺》："霜降乃熟，食之甚美。"

应：⑥符合〈2〉。如卷三《龙华寺》："兆唯洛食，实曰土中，上应张柳，下据河嵩。"

运：②运转〈1〉。见《永宁寺》："则皇魏宗社，与运无穷。"

张：③张开〈1〉。见《平等寺》："恭张口以手指舌，竟乃不言。"

值：①遇到〈6〉。如《凝玄寺》："迁京之初，创居此里，值母亡，舍以为寺。"

见于《孟子》的有以下 12 个。

拔：③超出〈1〉。见《正始寺》："尔乃决石通泉，拔岭岩前，斜与危云等并，旁与曲栋相连。"

暴：②显露〈1〉。见《永宁寺》："且尔朱荣不臣之迹，暴于旁午，谋魏社稷，愚智同见。"

比：④类似〈2〉。如卷三《龙华寺》："法事僧房，比秦太上公。"

毕：③完成〈2〉。如《永宁寺》："装饰毕功，明帝与太后共登之。"

残：①毁坏〈1〉。见《建中寺》："元乂诛日，腾已物故，太后追思腾罪，发墓残尸，使其神灵无所归趣。"

存：⑧存在〈5〉。如《白马寺》："寺上经函，至今犹存。"

登：⑧丰收〈1〉。见《闻义里》："五谷尽登，百果繁熟。"

然：①"燃"的古字。燃烧〈2〉。如《正始寺》："然目之绮，烈鼻之馨，既共阳春等茂，复与白雪齐清。"

润：①滋润〈1〉。见《永宁寺》："路断飞尘，不由渰云之润。"

息：⑪消失〈1〉。见《永宁寺》："三日频战，而游魂不息。"

显：④显扬〈1〉。见《平等寺》："堂宇宏美，林木萧森，平台复道，独显当世。"

作：①发生〈2〉。如《闻义里》："龙王每作神变，国王祈请，以金玉珍宝投之池中，在后涌出，令僧取之。"

见于《论语》的有以下 8 个。

动：⑥变化〈1〉。见《法云寺》："季夏六月，时暑赫晞，以罂贮酒，暴于日中，经一旬，其酒味不动。"

怀：⑥怀藏〈6〉。如《崇真寺》："经者心怀彼我，以骄凌物，比丘中第一粗行。"

及：⑧涉及〈3〉。如《秦太上君寺》：陛下"渭阳兴念，宠及老臣，使夜行罪人，裁锦万里，谨奉明敕，不敢失坠。"

加：③把原来没有的添上去〈1〉。见《永宁寺》："饰以金银，加之珠玉，庄严焕炳，世所未闻。"

绝：②断绝〈1〉。见《永宁寺》："祸福不追，与能义绝。"

倾：①倾斜〈1〉。见《正始寺》："其中烟花露草，或倾或倒，霜干风枝，半耸半垂。"

下：①降落〈5〉。如《永宁寺》："火初从第八级中平旦大发，当时雷雨晦冥，杂下霰雪。"

依：③按照〈8〉。如《序》："洛阳城门依魏晋旧名。"

见于《荀子》的有以下 8 个。

比：⑩等同〈4〉。如《序》："金刹与灵台比高，讲殿共阿房等壮。"

差：①不同〈1〉。见《正始寺》："自余百官各有差，少者不减五千已下，后人刊之。"

成：③成为〈13〉。如《瑶光寺》："殿前九龙吐水成一海。"

泛：③漫溢〈1〉。见《闻义里》："昔有三百商人止宿池侧，值龙忿怒，泛杀商人。"

归：⑥归属〈3〉。如《景兴尼寺》："观其治典，未为凶暴，及详其史，天下之恶皆归焉。"

降：②降落〈1〉。见《大觉寺》："至于春风动树，则兰开紫叶，秋霜降草，则菊吐黄花，名僧大德，寂以遣烦。"

拟：②类似〈1〉。见《法云寺》："宅宇逾制，楼观出云，车马服饰拟于王者。"

有：⑦谓呈现、产生或发生某种情状〈63〉。如《瑶光寺》："凡四殿，皆有飞阁向灵芝往来。"

见于《楚辞》的有以下 7 个。

蔽：②遮挡〈1〉。见《闻义里》："枝条四布，密叶蔽天。"

萃：①汇集〈1〉。见《法云寺》："是以海内之货，咸萃其庭，产匹铜山，家藏金穴。"

贯：③串联〈1〉。见《正觉寺》："针是贯线物，目中恒任丝。"

历：①经过。（2）指空间上的〈1〉。见《白马寺》："得者不敢辄食，乃历数家。"

临：⑦面对〈6〉。如《魏昌尼寺》："东临石桥。此桥南北行。"

荫：②遮盖〈2〉。如卷三《龙华寺》："青槐荫陌，绿树垂庭。"

转：⑩飘荡〈2〉。如《景乐寺》："歌声绕梁，舞袖徐转。"

见于《国语》的有以下 5 个。

高：④升高〈2〉。如《闻义里》："自发葱岭，步步渐高。"

化：⑤变化〈2〉。如《开善寺》："所骑之马亦变为茅马，从者数人尽化为蒲人。"

环：⑤围绕〈1〉。见《冲觉寺》："斜峰入牖，曲沼环堂。"

跨：⑥据有〈1〉。见《永宁寺》："明公世跨并肆，雄才杰出。"

阙：⑤缺乏〈2〉。如《崇真寺》："虽不禅诵，礼拜不阙。"

见于《周易》"十翼"的有以下 6 个。

出：②产生〈11〉。如《报德寺》："周回有园，珍果出焉，有大谷梨承光之奈。"

出：⑤显露〈8〉。如，《景林寺》："有仙人枣，长五寸，把之两头俱出，核细如针。"

发：④产生〈5〉。如《永宁寺》："清风送凉，岂藉合欢之发？"

兼：①同时具有或涉及几种事物或若干方面〈4〉。如《永明寺》："晖志性聪明，学兼释氏，四谛之义，穷其旨归。"

尽：③终〈3〉。如《永明寺》："尽天地之西垂，耕耘绩纺，百姓野居。"

聚：④聚集〈1〉。见《永宁寺》："北海王元颢复入洛，在此寺聚兵。"

见于《古文尚书》的有以下 6 个。

变：①改变〈8〉。如《宣忠寺》："陛下色变！"

废：④旷废〈1〉。见《景明寺》："自王室不靖，虎门业废。"

穷：①完〈6〉。如《法云寺》："摩罗聪慧利根，学穷释氏。"

历：①经历。（1）指时间上的〈1〉。见《闻义里》："连兵战斗，已历三年。"

朽：①腐烂〈1〉。见《正始寺》："白骨兮徒自朽。"

在：⑧取决于〈1〉。见《永宁寺》："今家国隆替，在卿与我。"

见于《墨子》的有以下 4 个。

等：⑥等同〈7〉。如《永宁寺》："家有马数万匹，富等天府。"

渐：④润泽〈1〉。见《平等寺》："故道溢百王，德渐无外。"

融：④消溶〈1〉。见《闻义里》："国之南界有大雪山，朝融夕结，望若玉峰。"

为：⑱当作〈55〉。如《建中寺》："以前厅为佛殿，后堂为讲室。"

见于《战国策》的有以下 4 个。

隔：①阻隔；间隔〈3〉。如《永宁寺》："七月帝至河阳，与颢隔河相望。"

贯：⑥贯通〈1〉。见卷三《龙华寺》："纳谷吐伊，贯周淹亳，近达河宗，远朝海若。"

界：④接界〈1〉。见《永宁寺》："南界昭玄曹，北邻御史台。"

烧：①燃烧〈7〉。如《闻义里》："此浮图天火七烧，佛法当灭。"

见于《逸周书》的有以下 3 个。

通：⑧连接〈4〉。如《永宁寺》："南门楼三重，通三阁道。"

有：③怀有〈18〉。如《正觉寺》："肃忆父非理受祸，常有子胥报楚之意。"

杂：②混杂〈3〉。如《永宁寺》："时雷雨晦冥，杂下霰雪。"

见于《管子》的有以下 3 个。

藉：⑧同"借"。凭借〈2〉。如《永宁寺》："清风送凉，岂藉合欢之发？"

尽：②完〈6〉。如《闻义里》："惠生从于阗至乾陀罗，所有佛事处，悉皆流布，至此顿尽。"

直：⑱相当〈1〉。见《白马寺》："白马甜榴，一实直牛。"

见于《孙子》的有以下 2 个。

复：⑤重叠〈1〉。见《正始寺》："其中重岩复岭，嶔崟相属。"

通：②通行〈3〉。如《闻义里》："峻路危道，人马仅通。"

见于《公羊传》的有以下 2 个。

碎：①完整的东西破成零片、零块；碎裂〈1〉。见《平等寺》："柱下石及庙瓦皆碎于山下。"

形：⑨流露〈2〉。如《宣忠寺》："徽素大度量，喜怒不形于色。"

见于《韩非子》的有以下 2 个。

果：③实现〈1〉。见《宣忠寺》："庄帝谋杀尔朱荣，恐事不果，请计于徽。"

攒：①聚集〈1〉。见《景宁寺》："地多湿垫，攒育虫蚁，疆土瘴疠。"

见于《周礼》的有以下 1 个。

暴：①晒〈1〉。见《法云寺》："季夏六月，时暑赫晞，以罂贮酒，暴于日中，经一旬，其酒味不动。"

见于《晏子春秋》的有以下 1 个。

殚：①尽〈1〉。见《永宁寺》："殚土木之功，穷造形之巧。"

见于宋玉《高唐赋》的有以下 1 个。

延：⑪指时间往后推移〈1〉。见《宣忠寺》："妇人生产，有延月者，有少月者，不足为怪。"

见于《老子》的有以下 1 个。

累：①堆集〈2〉。如《瑶光寺》："观东有灵芝钓台，累木为之。"

见于《仪礼》的有以下 1 个。

接：④靠近〈2〉。如《闻义里》："北接葱岭，南连天竺。"

见于《鬼谷子》的有以下 1 个。

燃：①焚烧〈1〉。见《永明寺》："其树入火不燃。"

2. 有关人的行走活动的动词，30 个

见于《战国策》的有以下 5 个。

及：⑨比得上〈3〉。如《秦太上公寺》："僧舍衬施供具，诸寺莫及焉。"

凌：⑤逾越〈1〉。见《景林寺》："并飞阁相通，凌山跨谷。"

弃：⑤离开〈2〉。如《凝玄寺》："今日百姓造瓮子，人皆弃去住者耻。"

却：①退〈1〉。见《闻义里》："渐渐却行，始见其相。"

指：⑤向〈1〉。见《永宁寺》："尔朱荣……不度德量力，长戟指阙。"

见于《庄子》的有以下 4 个。

出：⑪到〈1〉。见卷三《龙华寺》："常养象于乘黄曹，象常坏屋毁墙，走出于外。"

返：①还〈1〉。见卷三《龙华寺》："送狮子者以波斯道远，不可送达，遂在路杀狮子而返。"

前：④向前行进〈2〉。如《宝光寺》："此是浴堂，前五步，应有一井。"

停：②停留〈2〉。如《长秋寺》："像停之处，观者如堵，迭相践跃，常有死人。"

见于《左传》的有以下 4 个。

陵：⑤登上〈1〉。见《正始寺》："逢岑爱曲，值石陵歌。"

起：⑮发动〈1〉。见《追先寺》："略密与其兄相州刺史中山王熙欲起义兵，问罪君侧。"

踵：④跟随〈1〉。见《正始寺》："今司农张氏，实踵其人。"

著：②接触〈1〉。见《闻义里》："折骨之处，髓流著石，观其脂色，肥腻若新。"

见于《国语》的有以下 3 个。

达：⑨送到〈3〉。如《秦太上公寺》："子渊附书一封，令达其家。"

暨：②到〈2〉。如《景明寺》："暨皇居徙邺，民讼殷繁。"

至：⑨达到极点〈2〉。如《正始寺》："非斯人之感至，何候鸟之迷方？"

见于《论语》的有以下 3 个。

罢：①停止〈1〉。见《闻义里》："至于设会，一人唱，则客前，后唱，则罢会。"

过：①经过〈4〉。如《闻义里》："境土甚狭，七日行过。"

由：⑬达到〈1〉。见《永宁寺》："反使孟津由膝，赞其逆心。"

见于《楚辞》的有以下 1 个。

赴：③跳进〈1〉。见《永宁寺》："时有三比丘，赴火而死。"

见于《古文尚书》的有以下 2 个。

巡：①巡行〈3〉。如《宣忠寺》："北海王入洛，庄帝北巡。"

移：②改变〈2〉。如《平等寺》："于是天下之望，俄然已移。"

见于《周易》"十翼"的有以下 1 个。

散：①分散，由聚集而分离〈3〉。如《宣忠寺》："及北海败散，国道重晖，遂舍宅焉。"

见于《孙子》的有以下 1 个。

由：⑫经过〈2〉。如《闻义里》："夏喜暴雨，冬则积雪，行人由之，多致难艰。"

见于《逸周书》的有以下 1 个。

蹻[1]：③跨越；超越〈1〉。见《景明寺》："文宗学府，蹻班马而孤上。"

见于《周礼》的有以下 1 个。

徙：①移居〈5〉。如《景明寺》："暨皇居徙邺，民讼殷繁。"

见于《荀子》的有以下 1 个。

赴：①前往〈7〉。如《平等寺》："风行建业，电赴三川。"

见于《管子》的有以下 1 个。

经：⑨经历〈16〉。如《建中寺》："于时新经大兵，人物歼尽。"

见于《老子》的有以下 1 个。

随：①跟从〈6〉。如《永明寺》："拔陁至扬州岁余，随扬州比丘法融来至京师。"

见于《孟子》的有以下 1 个。

就：③归〈1〉。见《闻义里》："发长四寸，即就平常。"

3. 有关人的手部的动作行为的动词，54 个

见于《左传》的有以下 9 个。

拔：①拽出〈5〉。如，卷三《龙华寺》："逢树即拔，遇墙亦倒。"

闭：①关闭门户等〈1〉。见《永宁寺》："隧门一时闭，幽庭岂复光？"

承：②接受〈2〉。如《永宁寺》："宝瓶下有承露金盘一十一重，周匝皆垂金铎。"

除：⑥打扫〈2〉。如《闻义里》："此寺昔日有沙弥，常除灰，因入神定。"

缚：①捆绑〈1〉。见《闻义里》："手持刀楯，象鼻缚刀，与敌相击。"

割：②切割〈1〉。见《正觉寺》："沽酒老妪瓮注瓨，屠儿割肉与秤同。"

纪：⑪通"记"。记载〈1〉。见《寿丘里》："当时四海晏清，八荒率职，缥囊纪庆，玉烛调辰。"

埋：①藏于土中或其他细碎物体之中〈1〉。见《闻义里》："在塔西北一百步掘地埋之，上种树，树名菩提。"

图：④描绘〈6〉。如《闻义里》："城中图佛与菩萨，乃无胡貌。"

见于《战国策》的有以下 6 个。

把：①拿〈4〉。如《白马寺》："把粟与鸡呼朱朱。"

持：①拿着〈5〉。如《景明寺》："信徒法侣，持花成薮。"

发：⑧挖掘〈4〉。如《菩提寺》："沙门达多发冢取砖，得一人以进。"

挟：②胁持〈1〉。见《永宁寺》："平阳王为侍中斛斯椿所挟，奔于长安。"

---

〔1〕《汉语大词典》无该字，该义项及《伽蓝记》该例证收入"蹻"条。

舆：⑦抬〈1〉。见《闻义里》："王妃出则舆之，入坐金床。"

振：⑭通"震"，震动〈1〉。见《永宁寺》："群胡恸哭，声振京师。"

见于《庄子》的有以下5个。

发：⑦掀开〈1〉。见《永宁寺》："至孝昌二年中，大风发屋拔树。"

擎：①向上托〈1〉。见《闻义里》："嚈哒国王妃亦著锦衣，长八尺奇，垂地三尺，使人擎之。"

绕：②环绕〈5〉。如《明悬尼寺》："谷水周围绕城，至建春门外。"

抚：①抚摸〈1〉。见《永宁寺》："闻之永叹，抚衿而失。"

置：⑧安置〈8〉。如《大觉寺》："怀所居之堂，上置七佛。"

见于《楚辞》的有以下4个。

拂：⑤轻轻擦过或飘动〈2〉。如《景乐寺》："轻条拂户，花蕊被庭。"

举：②拿起〈1〉。见《正觉寺》："高祖大笑，因举酒曰：……"

撰：⑤写作〈1〉。见《景明寺》："乃敕子才与散骑常侍温子升撰《麟趾新制》十五篇。"

扬：⑦掀播〈1〉。见《景宁寺》："白纻起舞，扬波发讴。"

见于《周易》"十翼"的有以下4个。

鼓：⑧摇动〈1〉。见《景宁寺》："沅湘江汉，鼓棹遨游。"

掘：①挖〈9〉。如《宝光寺》："众僧掘之，果得屋及井焉。"

摩：①摩擦〈1〉。见《闻义里》："以手摩之，唯有石壁。"

书：①书写〈1〉。见《景兴尼寺》："苻坚自是贤主，贼君取位，妄书君恶。"

见于《仪礼》的有以下3个。

画：④绘画〈3〉。如《闻义里》："中国所画，莫参其仪。"

夹：①从左右相持或相对〈3〉。如《修梵寺》："楸槐荫途，桐杨夹植。"

拭：擦〈1〉。见《平等寺》："有一比丘，以净绵拭其泪，须臾之间，绵湿都尽。"

见于《墨子》的有以下3个。

剥：①撕裂〈1〉。见《景乐寺》："剥驴投井，植枣种瓜。"

写：⑦摹画〈1〉。见《序》："于是招提栉比，宝塔骈罗，争写天上之姿，竞摹山中之影。"

撞：①敲击〈1〉。见卷二《龙华寺》："有钟一口，撞之，闻五十里。"

见于《韩非子》的有以下1个。

倾：⑦倾泻〈1〉。见《秦太上公寺》："但见高岸对水，渌波东倾。"

见于《孙子》的有以下2个。

发：㉖燃烧起来〈1〉。见《永宁寺》："火初从第八级中平旦大发。"

投：⑥弃置〈1〉。见《闻义里》："倏忽之间，投躯万仞。"

见于《周礼》的有以下2个。

刺：②刺杀〈1〉。见《宣忠寺》："虽魏其侯之笞田蚡，秦王之刺姚苌，以此论之，不能加也！"

执：④掌管〈3〉。如《平等寺》："王其寅践成业，允执其中，虽休勿休。"

见于《国语》的有以下 2 个。

记：②记录〈6〉。如《永宁寺》："书契所记，未之有也。"

铭：①记载〈1〉。见《闻义里》："刻石隶书，铭魏功德。"

见于《论语》的有以下 2 个。

为：⑩演奏〈6〉。如《法云寺》："有田僧超者，善吹箎，能为《壮士歌》《项羽吟》。"

修：②修理〈5〉。如《永明寺》："昔都水使者陈勰所造，令备夫一千，岁恒修之。"

见于《春秋》的有以下 1 个。

刻：①雕镂〈4〉。如《报德寺》："堂前有三种字石经二十五碑，表里刻之。"

见于《公羊传》的有以下 1 个。

录：①记载〈3〉。如《闻义里》："西胡风俗，大同小异，不能具录。"

见于李斯《谏逐客书》的有以下 1 个。

弹：⑤用手指拨弄琴弦〈1〉。见《高阳王寺》："美人徐月华，善弹箜篌。"

见于《荀子》的有以下 1 个。

开：⑯开掘〈3〉。如《永宁寺》："四面各开一门。"

见于《孟子》的有以下 1 个。

举：⑥抬起〈2〉。如《平等寺》："其日寺门外有石像，无故自动，低头复举。"

见于《吕氏春秋》的有以下 1 个。

引：⑤牵引〈1〉。见《永宁寺》："复有铁锁四道，引刹向浮图四角。"

见于宋玉《高唐赋》的有以下 1 个。

洒：②谓东西散落下来〈2〉。如《闻义里》："洒血之处，今为泉水。"

见于《逸周书》的有以下 1 个。

屠：①宰杀（牲畜）〈1〉。见《景宁寺》："里有太常民刘胡兄弟四人，以屠为业。"

见于《文子》的有以下 1 个。

持：②掌管〈1〉。见《平等寺》："坐持台省，家总万机。"

见于《六韬》的有以下 1 个。

绞：把绳子的一端系在轮上转动轮轴使系在另一端的物体移动〈1〉。见《闻义里》："然后辘轳绞索，一举便到。"

见于《古文尚书》的有以下 1 个。

剖：①破开〈1〉。见《平等寺》："遂虐甚剖心，痛齐钳齿。"

4. 有关人的视听语言方面的动词，40 个

第一，有关眼部动作行为的动词，4 个。

见于《荀子》的有以下 1 个。

观：②察看〈8〉。如《闻义里》："唯有一幡，观其年号是姚兴时幡。"

见于《楚辞》的有以下 1 个。

览：①考察〈2〉。如《序》："余因行役，重览洛阳。"

见于《左传》的有以下 1 个。

属：③注目〈1〉。见《景明寺》："俯闻激电，旁属奔星。"

见于《国语》的有以下 1 个。

眺：①远望〈1〉。见《大觉寺》："北瞻芒岭，南眺洛汭。"

第二，有关语言的动词，36 个。

见于《左传》的有以下 7 个。

赋：⑨吟诵或创作诗歌〈2〉。如《正始寺》："能造者其必诗，敢往者无不赋。"

歌：②歌颂〈1〉。见《平等寺》："今天眷明德，民怀奥主，历数允集，歌讼同臻。"

讥：①讥刺〈1〉。见《高阳王寺》："城南有四夷馆，才以此讥之。"

骂：①斥责〈1〉。见卷二《龙华寺》："公主骂曰：'胡狗，敢辱天王女乎！'"

释：①解释〈1〉。见《景林寺》："衒之时为奉朝请，因即释曰：……"

议：③评论〈2〉。如《崇真寺》："议曰人死有罪福。"

语：①告诉〈4〉。如《高阳王寺》："崇客李元佑语人云……"

见于《论语》的有以下 5 个。

称：③称作〈2〉。如《景兴尼寺》："自永嘉已来二百余年，建国称王者十有六君。"

称：⑤述说〈3〉。如《永宁寺》："《易》称天道祸淫，鬼神福谦。"

传：①传授〈1〉。见《融觉寺》："虽石室之写金言，草堂之传真教，不能过也。"

答：①回答〈8〉。如《平等寺》："广陵答曰……"

谏：①谏诤〈1〉。见《崇真寺》："神龟年中，以直谏忤旨，斩于都市。"

见于《庄子》的有以下 5 个。

逞：③夸耀〈1〉。见《景乐寺》："召诸音乐，逞伎寺内。"

呼：④称呼〈2〉。如《正觉寺》："高祖甚重之，常呼王生。"

讲：②讲说〈5〉。如《崇真寺》："有一比丘云是融觉寺昙谟最，讲《涅槃》《华严》。"

为：③通"谓"。　（3）叫作〈18〉。如《景兴尼寺》："郭门开三道，时人号为三门。"

应：②应声〈1〉。见《昭仪尼寺》："其后盗者欲窃此像，像与菩萨合声喝贼，盗者惊怖，应即殒倒。"

见于《管子》的有以下 4 个。

称：⑥称扬〈8〉。如《景林寺》："众咸称善，以为得其旨归。"

论：②评定〈5〉。如《平等寺》："以此论之，无所配也。"

论：⑧定罪〈1〉。见卷三《龙华寺》："有司纠劾，罪以违旨论。"

责：④谴责〈3〉。如《闻义里》："宋云见其远夷不可制，任其倨傲，莫能责之。"

见于《韩非子》的有以下 3 个。

唱：①领唱〈2〉。如《闻义里》："至于设会，一人唱，则客前，后唱，则罢会。"

题：⑦命名〈1〉。见《报德寺》："至太和十七年犹有四碑，高祖题为劝学里。"

讼：⑤颂扬。后作"颂"〈1〉。见《平等寺》："历数允集，歌讼同臻。"

见于《孟子》的有以下 3 个。

读：①诵读〈7〉。如《景宁寺》："读《老庄》，善言玄理。"

解：⑭讲解〈3〉。如《融觉寺》："流支解佛义，知名西土，诸夷号为罗汉。"

论：①分析和说明事例〈1〉。见《序》："高祖数诣寺与沙门论义。"

见于《国语》的有以下 2 个。

叙：⑥叙谈〈1〉。见《永宁寺》："谓卿明眸击节，躬来见我，共叙哀辛，同讨凶羯。"

耀：④显示〈1〉。见《法云寺》："延伯危冠长剑耀武于前，僧超吹《壮士笛曲》于后。"

见于《商君书》的有以下 2 个。

启：⑩禀告〈1〉。见卷三《龙华寺》："宝寅耻与夷人同列，令公主启世宗，求入城内。"

讨：⑤探讨〈1〉。见《永宁寺》："景讨正科条，商榷古今，甚有伦序。"

见于《墨子》的有以下 1 个。

传：⑥传播〈9〉。如《景明寺》："所制诗赋诏策章表碑颂赞记五百篇，皆传于世。"

见于《周礼》的有以下 1 个。

诵：①念诵〈2〉。如《崇真寺》："有一比丘是般若寺道品，以诵四十卷《涅槃》，亦升天堂。"

见于《谷梁传》的有以下 1 个。

通：⑪传达〈1〉。见《闻义里》："宋云诣军，通诏书。"

见于《列子》的有以下 1 个。

和：②依照别人诗词的题材和体裁作诗词〈1〉。见《正觉寺》："朝廷服彪聪明有智，甄琛和之亦速。"

见于《古文尚书》的有以下 1 个。

陈：⑦述说〈1〉。见《法云寺》："诗赋并陈，清言乍起。"

5. 有关人的心理活动的动词，45 个

见于《左传》的有以下 8 个。

辨：⑥辨认〈1〉。见《正觉寺》："三三横，两两纵，谁能辨之，赐金钟。"

猜：①猜疑〈1〉。见《永宁寺》："或贰生素怀，弃剑猜我。"

患：③厌恶〈1〉。见《永宁寺》："时十二月，帝患寒，随兆乞头巾。"

谋：②图谋〈1〉。见《永宁寺》："谋魏社稷，愚智同见。"

容：③允许〈1〉。见《平等寺》："窃以宸极不可久旷，神器岂容无主？"

贪：④贪图〈2〉。如《永宁寺》："太后贪秉朝政，故以立之。"

习：⑤熟悉〈1〉。见《永宁寺》："京师士众未习军旅，虽皆义勇，力不从心。"

恤：③怜悯〈1〉。见《永宁寺》："恤深怨于骨肉，解苍生于倒悬。"

见于《古文尚书》的有以下 7 个。

贰：⑨怀有二心〈1〉。见《永宁寺》："或贰生素怀，弃剑猜我。"

感：②感动〈3〉。如《开善寺》："悲哀之声，感于行路。"

格：②感动〈1〉。见《永宁寺》："太原王功格天地，道济生民。"

贵：③重视〈2〉。如《景宁寺》："并立性宽雅，贵义轻财。"

觉：③感知〈1〉。见《正始寺》："天地未觉生此，异人焉识其名？"

慕：①向往〈5〉。如《景兴尼寺》："牧民之官，浮虎慕其清尘。"

谓：⑥认为〈12〉。如《大统寺》："人谓此地是苏秦旧宅。"

见于《论语》的有以下 4 个。

卑：⑦使卑下〈1〉。见《正觉寺》："卑身素服，不听音乐，时人以此称之。"

得：⑳用在动词前表示能够〈14〉。见《永宁寺》："今宿卫文武足得一战。"

习：③练习〈3〉。如《正觉寺》："时给事中刘缟慕肃之风，专习茗饮。"

愿：②情愿〈1〉。见《景宁寺》："不愿仕宦，为中散，常辞疾退闲。"

见于《孟子》的有以下 4 个。

惑：②糊涂，令人不解〈2〉。如《景兴尼寺》："当今之人，亦生愚死智，惑已甚矣。"

识：②识别〈2〉。如《景宁寺》："目所不识，口不能传。"

仰：④敬慕〈3〉。如卷三《龙华寺》："魏箓仰天，玄符握镜。"

异：⑧惊异〈1〉。见《永明寺》："于是士庶异之，咸来观瞩。"

见于《荀子》的有以下 3 个。

怪：③惊异，觉得奇怪〈9〉。如《平等寺》："帝躬来礼拜，怪其诡异。"

期：④预知〈1〉。见《秦太上公寺》："后会难期，以为悽恨！"

佯：①假装〈1〉。见《平等寺》："遂佯哑不语，不预世事。"

见于《楚辞》的有以下 2 个。

想：①思索〈1〉。见《正始寺》："庭起半丘半壑，听以目达心想。"

愿：③希望〈2〉。如《永宁寺》："愿得太原王尸丧，生死无恨。"

见于《韩非子》的有以下 2 个。

会：⑫领悟〈1〉。见《景宁寺》："元慎解梦，义出万途，随意会情，皆有神验。"

迫：①接近〈1〉。见《秦太上君寺》："臣年迫桑榆，气同朝露。"

见于《庄子》的有以下 2 个。

解：⑬理解〈4〉。如《白马寺》："时人莫之能解。"

轻：⑪轻视〈1〉。见《景宁寺》："慎弟津，司空，并立性宽雅，贵义轻财。"

见于《周易》"十翼"的有以下 2 个。

惭：羞愧〈3〉。如《景兴尼寺》："当时构文之士，惭逸此言。"

通：⑭通晓〈2〉。如《景林寺》："学极六经，说通百氏。"

见于《吕氏春秋》的有以下 1 个。

习：②学习〈1〉。见《景宁寺》："近伊洛二水，任其习御。"

见于《谷梁传》的有以下 1 个。

见：⑥觉得〈4〉。如《闻义里》："宋云见其远夷不可制，任其倨傲，莫能责之。"

见于《列子》的有以下 1 个。

晓：②明白〈3〉。如《白马寺》："时人不晓其意。"

见于《孙子》的有以下 1 个。

悦：①喜悦〈2〉。如《景宁寺》："渊甚悦之。"

见于《老子》的有以下 1 个。

辱：⑥侮辱〈2〉。如卷二《龙华寺》："公主骂曰：'胡狗，敢辱天王女乎！'"

见于《关尹子》的有以下 1 个。

忆：①想念〈1〉。见《正始寺》："不忆春于沙漠，遂忘秋于高阳。"

见于《鹖冠子》的有以下 1 个。

爱：④仰慕〈2〉。如《正觉寺》："卿不重齐鲁大邦，而爱邾莒小国。"

见于《晏子春秋》的有以下 1 个。

当：⑪应当〈7〉。如《景宁寺》："正朔相承，当在江左。"

见于《国语》的有以下 1 个。

足：⑲足以〈4〉。如《秦太上君寺》："今虽凌迟，足为天下模楷。"

见于《孙膑兵法》的有以下 1 个。

虑：③担心〈1〉。见《闻义里》："复虑大塔破坏，无人修补。"

见于《墨子》的有以下 1 个。

重：⑦看重〈6〉。如《正觉寺》："高祖甚重之，常呼王生。"

6. 有关人的其他动作行为的动词，254 个

此处统计的是除上述有关人的行走、手部动作、视听语言动作及心理活动的动词之外的其他行为动词，大致分为带宾语和不带宾语两类。

第一，表示单纯的动作行为，即一般不带宾语的 35 个。

见于《左传》的有以下 7 个。

饿：①不饱〈1〉。见《闻义里》："如来苦行投身饲饿虎之处。"

福：②保佑〈2〉。如《永宁寺》："皆理合于天，神祇所福。"

赏：④赞赏〈2〉。如《正始寺》："远为神仙所赏，近为朝士所知。"

肆：②纵恣〈1〉。见《永宁寺》："逆刃加于君亲，锋镝肆于卿宰。"

亡：⑤灭亡〈1〉。见卷三《龙华寺》："恃德则固，失道则亡。"

醒：①酒醉消除〈1〉。见《法云寺》："饮之香美，醉而经月不醒。"

淫：⑮奸淫〈1〉。见《景宁寺》："是以刘劭杀父于前，休龙淫母于后，见逆人伦，

禽兽不异。"

见于《韩非子》的有以下 6 个。

出：⑫对外〈3〉。如《永宁寺》："景入参近侍，出为侯牧。"

出：⑲离开〈1〉。见《闻义里》："此国渐出葱岭，土田嶢嵂，民多贫困。"

冠：③居于首位〈6〉。如《永宁寺》："作工奇巧，冠于当世。"

会：⑤开会议论〈2〉。如《平等寺》："帝率百僚作万僧会。"

托：②凭借〈1〉。见《正始寺》："心托空而栖有，情入古以如新。"

闻：⑦嗅〈2〉。如《开善寺》："一里之内，咸闻香气。"

见于《孟子》的有以下 5 个。

班：③排列〈1〉。见卷三《龙华寺》："咸宁中单于来朝，晋世处之王公特进之下。可班郊肱蕃王仪同之间。"

称：①相当〈2〉。如《景宁寺》："造次应对，莫有称者。"

俯：低头，面向下，引申为对下〈3〉。如《平等寺》："岂宜仰异天情，俯乖民望？"

起：⑤起床〈1〉。见《开善寺》："不觉生疾，还家卧三日不起。"

卒：⑤死亡〈3〉。如《修梵寺》："经年峦遂卒矣。"

见于《庄子》的有以下 4 个。

栖：②停留〈1〉。见《正始寺》："心托空而栖有，情入古以如新。"

起：⑯出发〈1〉。见《永宁寺》："起自荒裔，来游中土。"

失：⑥找不着〈3〉。如《秦太上公寺》："及还彭城，子渊已失矣。"

睡：①睡觉〈1〉。见《法云寺》："岩因怪之，伺其睡，阴解其衣。"

见于《荀子》的有以下 2 个。

卧：②躺〈4〉。如《法云寺》："妻不脱衣而卧。"

御：⑥使用〈1〉。见《景宁寺》："近伊洛二水，任其习御。"

见于《商君书》的有以下 1 个。

殉：⑤通"徇"。(1) 示众〈1〉。见《永宁寺》："桃汤珍孙并斩首，以殉三军。"

见于《论语》的有以下 3 个。

斗：①争斗〈1〉。见《闻义里》："王有斗象七百头，一负十人，手持刀楂，象鼻缚刀，与敌相击。"

哭：①因悲伤痛苦或情绪激动而流泪、发声〈1〉。见《建中寺》："太后哭曰……"

薨：①死的别称。自周代始，人之死亡，有尊卑之分，"薨"以称诸侯之死〈4〉。如《景乐寺》："及文献王薨，寺禁稍宽。"

见于《楚辞》的有以下 1 个。

进：②进仕〈1〉。见《正始寺》："进不入声荣，退不为隐放。"

见于《列子》的有以下 1 个。

眠：①睡觉〈1〉。见《法云寺》："子明饮八斗而醉眠，时人譬之山涛。"

见于《战国策》的有以下 1 个。

哑：①由于生理缺陷或疾病而不能说话〈1〉。见《平等寺》："遂佯哑不语，不预世事。"

见于《春秋》的有以下 2 个。

崩：⑨古代称帝王、皇后之死〈7〉。如《永宁寺》："帝临崩礼佛，愿不为国王。"

降：①投降〈9〉。如《寿丘里》："琛为秦州刺史，诸羌外叛，屡讨之不降。"

见于《仪礼》的有以下 1 个。

对：⑥相对〈7〉。如《胡统寺》："洞房周匝，对户交疏，朱柱素壁，甚为佳丽。"

见于《古文尚书》的有以下 1 个。

殄：①绝尽〈1〉。见《永宁寺》："愍天不厌乱，胡羯未殄，鸱鸣狼噬，荐食河北。"

第二，带宾语，219 个，分为以下两类。

第一类，宾语主要是物或与物有关的事情，86 个。

见于《左传》的有以下 16 个。

乘：⑥凭借〈2〉。如《平等寺》："兆遂乘胜逐北，直入京师。"

驰：③追逐〈1〉。见《秦太上君寺》："好驰虚誉，阿附成名。"

荷：③承蒙〈1〉。见《永宁寺》："吾世荷国恩，不能坐看成败。"

及：④遭受〈2〉。如《永宁寺》："是日水浅，不没马腹，故及此难。"

计：①结算〈1〉。见《永明寺》："计其水利，日益千金。"

掠：①掳掠〈1〉。见《瑶光寺》："永安三年中尔朱兆入洛阳，纵兵大掠。"

卖：①以货物换钱。与"买"相对〈5〉。如卷三《龙华寺》："伊洛之鱼，多于此卖。"

驱：③驱逐〈1〉。见《闻义里》："天气已冷，北风驱雁，飞雪千里。"

视：⑤对待〈1〉。见《永宁寺》："视宫中如掌内，临京师若家庭。"

为：⑤举行〈1〉。见《禅虚寺》："帝亦观戏在楼，恒令二人对为角戏。"

营：⑨建造〈1〉。见《正觉寺》："时高祖新营洛邑，多所造制。"

壅：①堵塞〈1〉。见《正始寺》："崎岖石路，似壅而通。"

由：⑧使用〈1〉。见《永宁寺》："帝初以黄河奔急，谓兆未得猝济，不意兆不由舟楫，凭流而渡。"

遇：②遇到〈4〉。如卷三《龙华寺》："逢树即拔，遇墙亦倒。"

治：③整治〈1〉。见《秦太上君寺》："怀砖之俗，世号难治。"

作：⑦设立〈1〉。见卷三《龙华寺》："华表上作凤凰似欲冲天势。"

见于《论语》的有以下 9 个。

创：①始造〈2〉。如《凝玄寺》："迁京之初，创居此里。"

饭：①吃饭〈1〉。见《正觉寺》："肃初入国，不食羊肉及酪浆等物，常饭鲫鱼羹，渴饮茗汁。"

耕：②种田〈1〉。见《序》："农夫耕老，艺黍于双阙。"

沽：①卖〈1〉。见《正觉寺》："沽酒老妪瓮注瓨，屠儿割肉与秤同。"

怀：⑦隐藏〈1〉。见《永宁寺》：“死生相怨，人怀异虑。”

使：①出使〈3〉。如《闻义里》：“云与惠生俱使西域也。”

事：⑭从事〈1〉。见《崇真寺》：“京邑比丘皆事禅诵，不复以讲经为意。”

树：④建立〈1〉。见《永宁寺》：“但以四海横流，欲篡未可，暂树君臣，假相拜置。”

务：①从事〈1〉。见《正始寺》：“岂下俗之所务，实神怪之异趣。”

见于《古文尚书》的有以下 10 个。

备：③准备〈2〉。如《永明寺》：“昔都水使者陈勰所造，令备夫一千，岁恒修之。”

除：⑤去除〈1〉。见《崇真寺》：“既怀贪心，便是三毒不除，具足烦恼。”

定：⑤确定〈2〉。如《闻义里》：“履石之处，若践水泥，量之不定，或长或短。”

罹：①遭受〈1〉。见《追先寺》：“略兄弟四人并罹涂炭，唯略一身逃命江左。”

立：④建立〈58〉。如《长秋寺》：“长秋寺，刘腾所立也。”

容：①容纳〈2〉。如《永宁寺》：“刹上有金宝瓶，容二十五斛。”

祀：②祭祀〈1〉。见《闻义里》：“不信佛法，好祀鬼神。”

守：⑪遵守〈1〉。见《崇真寺》：“沙门之体，必须摄心守道，志在禅诵。”

献：③奉献。（1）进贡。指藩属奉献礼物〈4〉。如《永宁寺》：“外国所献经像，皆在此寺。”

详：②审察〈1〉。见《景兴尼寺》：“观其治典，未为凶暴，及详其史，天下之恶皆归焉。”

见于《庄子》的有以下 9 个。

解：⑨向鬼神祈祷消灾〈2〉。如《景宁寺》：“于后数日，庆之遇病，心上急痛，访人解治。”

控：⑤投，跌落〈1〉。见卷三《龙华寺》：“浩浩大川，泱泱清洛，导源熊耳，控流巨壑。”

量：①用特定的标准工具，测定事物的长短、轻重、多少或其他性质〈2〉。如《闻义里》：“履石之处，若践水泥，量之不定，或长或短。”

骑：②跨坐〈2〉。如《景宁寺》：“布袍芒履，倒骑水牛。”

损：③伤害〈1〉。见《景兴尼寺》：“佞言伤正，华辞损实。”

索：⑤讨取〈4〉。如《修梵寺》：“后卓夜中随峦索此物，峦不与之。”

体：㉞体察〈1〉。见《冲觉寺》：“以怿明德茂亲，体道居正，事无大小，多咨询之。”

脱：⑥脱掉（穿戴的衣、帽、鞋、袜等物），解下〈2〉。如《法云寺》：“妻不脱衣而卧。”

运：⑥运载〈1〉。见《闻义里》：“恒以驴数头运粮上山，无人驱逐，自然往还。”

见于《孟子》的有以下 6 个。

博：⑩指下棋〈1〉。见《宣忠寺》：“值荣与上党王天穆博戏，徽脱荣帽，欢舞盘旋。"

传：⑤传达〈1〉。见《景宁寺》："目所不识，口不能传。"

动：⑧触动〈1〉。见《闻义里》："宋云远在绝域，因瞩此芳景，归怀之思，独轸中肠，遂动旧疹，缠绵经月，得婆罗门咒，然后平善。"

加：⑥加以〈6〉。如《明悬尼寺》："有三层塔一所，未加庄严。"

解：⑩解开〈3〉。如《法云寺》："岩因怪之，伺其睡，阴解其衣。"

留：③保存〈1〉。见《闻义里》："惟留太后百尺幡一口，拟奉尸毗王塔。"

见于《韩非子》的有以下 5 个。

含：①置物于口中，既不咽下，也不吐出〈1〉。见《景宁寺》："元慎即口含水噀庆之曰……"

践：⑩实践，从事某种工作或活动〈1〉。见《平等寺》："王其寅践成业，允执其中。"

限：①阻隔〈1〉。见《永明寺》："中朝时以谷水浚急，注于城下，多坏民家，立石桥以限之。"

验：①验证〈6〉。如《景兴尼寺》："子休掘而验之，果得砖数万。"

追：⑧寻求〈1〉。见《永宁寺》："祸福不追，与能义绝。"

见于《周礼》的有以下 4 个。

背：⑦背部对着或后面靠着〈1〉。见《大觉寺》："面水背山，左朝右市。"

表：⑫标出〈1〉。见《序》："表列门名，以记远近。"

养：⑤饲养〈2〉。如《法云寺》："州郡都会之处皆立一宅，各养马十匹。"

作：⑧制造〈7〉。如《菩提寺》："作柏木棺，勿以桑木为榇。"

见于《荀子》的有以下 4 个。

参：⑤考索验证〈1〉。见《闻义里》："时跋提国送狮子儿两头与乾陀罗王，云等见之，观其意气雄猛，中国所画，莫参其仪。"

藏：②储藏〈2〉。如《法云寺》："产匹铜山，家藏金穴。"

尽：⑩努力完成〈1〉。见《景兴尼寺》："及其死也，碑文墓志，莫不穷天地之大德，尽生民之能事。"

选：③挑选〈1〉。见《冲觉寺》："府僚臣佐，并选隽民。"

见于《国语》的有以下 3 个。

获：⑦招致〈1〉。见《瑶光寺》："自此后颇获讥讪。"

饰：②装饰〈3〉。如《序》："阳门饰豪眉之像，夜台图绀发之形。"

填：①填塞〈1〉。见《闻义里》："以香泥填孔，不可充满。"

见于《战国策》的有以下 3 个。

入：⑥参与〈3〉。如《永宁寺》："时胡氏专宠，皇宗怨望，入议者莫肯致言。"

移：④转移〈2〉。如卷二《龙华寺》："太后以钟声远闻，遂移在宫内。"

植：⑨种植〈3〉。如《景乐寺》："剥驴投井，植枣种瓜，须臾之间，皆得食之。"

见于《周易》"十翼"的有以下 3 个。

当：⑫遇到〈1〉。见《闻义里》："我当命终，愿生彼国。"

解：⑧解除〈1〉。见《永宁寺》："恤深怨于骨肉，解苍生于倒悬。"

衣：②覆盖〈1〉。见《序》："岂直木衣绨绣，土被朱紫而已哉！"

见于《商君书》的有以下 2 个。

立：⑤制定，订立〈1〉。见《追先寺》："略前未至之日，即心立称，故封义阳。"

随：⑧按照〈2〉。如《闻义里》："随事轻重，当时即决。"

见于《公羊传》的有以下 2 个。

矫：⑦诈称〈1〉。见《秦太上君寺》："齐人外矫仁义，内怀鄙吝，轻同羽毛，利等锥刀。"

如：①依照〈3〉。如《秦太上君寺》："元宝如其言，至灵台南，了无人家可问。"

见于《墨子》的有以下 2 个。

留：③保存〈1〉。见《正始寺》："孤松既能却老，半石亦可留年。"

寻：⑦寻找〈2〉。如《闻义里》："宋云于是与惠生出城外，寻如来教迹。"

见于《楚辞》的有以下 2 个。

带：⑥佩戴〈2〉。如《闻义里》："左右带刀，不过百人。"

验：③检验〈1〉。见《闻义里》："事涉疑似，以药服之，清浊则验。"

见于《文子》的有以下 1 个。

穷：⑪查究〈1〉。见《永明寺》："晖志性聪明，学兼释氏，四谛之义，穷其旨归。"

见于《逸周书》的有以下 2 个。

建：⑤建造〈2〉。如《秦太上公寺》："东寺，皇姨所建。"

舍：⑤施舍〈4〉。如《闻义里》："于是西行五日，至如来舍头施人处。"

见于银雀山汉墓竹简《孙膑兵法》的有以下 1 个。

施：④设置〈3〉。如《永宁寺》："寺院墙皆施短椽，以瓦覆之，若今宫墙也。"

见于《吕氏春秋》的有以下 1 个。

贮：①储存〈1〉。见《法云寺》："季夏六月，时暑赫晞，以罂贮酒，暴于日中。"

见于《管子》的有以下 1 个。

铸：①熔炼金属或以液态非金属材料浇制成器的统称〈2〉。如《永宁寺》："复命工匠更铸新瓶。"

第二类，宾语主要是人或与人有关的事情，133 个。

见于《左传》的有以下 35 个。

捕：①捉拿〈1〉。见卷三《龙华寺》："于是诏近山郡县捕虎以送。"

偿：①偿还〈2〉。如《开善寺》："卿夫妇负我金色久而不偿，今取卿儿丑多以偿金色焉。"

朝：①臣下朝见君王〈3〉。如《永宁寺》："臣从太原王来朝陛下，何忽今日枉致无理？"

触：②碰〈2〉。如《闻义里》："于是以指触之，铃即鸣应。"

辞：⑨辞退〈1〉。见《景明寺》："永熙年末，以母老辞，帝不许之。"

盗：①偷窃〈1〉。见《景宁寺》："京兆许超梦盗羊入狱，问于元慎。"

待：①等待〈1〉。见《闻义里》："人民决水以种，闻中国田待雨而种。"

封：③帝王以爵位、土地、名号等赐人〈13〉。如《永宁寺》："尔朱氏自封王者八人。"

害：②杀害〈5〉。如《平等寺》："若配孝明，亲害其母。"

会：⑥会面〈1〉。见《秦太上公寺》："后会难期，以为悽恨！"

货：④买通〈1〉。见《菩提寺》："人疑卖棺者货涵发此言也。"

将：⑨带领〈2〉。如《闻义里》："有商胡将一比丘名毗庐旃在城南杏树下……"

将：②统率〈4〉。如《平等寺》："北海王大败，所将江淮子弟五千，尽被俘虏，无一得还。"

结：④联结〈1〉。见《永宁寺》："荣即共穆结异姓兄弟。"

军：④驻屯〈1〉。见《永宁寺》："十二日，荣军于芒山之北，河阴之野。"

立：⑫确定某种地位〈9〉。如《平等寺》："世隆等废长广而立焉。"

迫：②强迫〈1〉。见《永宁寺》："虽迫于凶手，势不自由。"

窃：②偷盗〈1〉。见《昭仪尼寺》："其后盗者欲窃此像，像与菩萨合声喝贼。"

请：②请求〈5〉。如《景明寺》："子才恪请，辞情恳至，涕泪俱下，帝乃许之。"

取：④容易地征服别国或打败敌军〈2〉。如《永宁寺》："朕犹庶几五帝，无取六军。"

赏：①奖赏〈2〉。如《宣忠寺》："兆得徽首，亦不勋赏祖仁。"

失：②错过〈1〉。见《法云寺》："左右谓伯牙之失钟子期不能过也。"

使：①派遣〈1〉。见《序》："后琅琊郡开阳县上言南门一柱飞去，使来视之，则是也。"

侍：①陪从或侍候尊长、主人〈2〉。如《平等寺》："世隆侍宴。"

收：⑪殓葬〈2〉。如《追先寺》："臣遭家祸难，白骨未收。"

恃：①凭借〈2〉。如卷三《龙华寺》："恃德则固，失道则亡。"

送：①遣送〈6〉。如《平等寺》："永安中遁于上洛山中，州刺史泉企执而送之。"

授：②任命〈1〉。见卷二《龙华寺》："授齐州刺史，加开府。"

委：⑥付托〈2〉。如《秦太上君寺》："舅宜好用心，副朝廷所委。"

误：②耽误〈1〉。见《明悬尼寺》："至于旧事，多非亲览，闻诸道路，便为穿凿，误我后学，日月已甚！"

先：③超越，居前〈1〉。见《平等寺》："臣既寡昧，识无先远，景命虽降，不敢仰承。"

谒：③拜见〈1〉。见《序》："谒帝承明庐。"

缢：勒颈而死〈1〉。见《永宁寺》："遂因帝送晋阳，缢于三级寺。"

征：⑥征召〈3〉。如《永明寺》："晋河间王在长安遣张方征长沙王，营军于此。"

争：⑤竞相〈5〉。如《永宁寺》："贵室豪家，弃宅竞窜，贫夫贱士，襁负争逃。"

见于《古文尚书》的有以下 12 个。

背：⑪违背〈2〉。如《正觉寺》："太和十八年背逆归顺。"

充：⑭担任〈1〉。见《闻义里》："宋云以奴婢二人奉雀离浮图，永充洒扫。"

附：③归附〈3〉。如卷三《龙华寺》："北夷来附者处燕然馆。"

歼：①杀尽〈2〉。如《寿丘里》："经河阴之役，诸元歼尽。"

进：③提拔〈7〉。如《永宁寺》："十日帝还洛阳，进太原王天柱大将军。"

逆：⑨违背〈2〉。如《景宁寺》："是以刘劭杀父于前，休龙淫母于后，见逆人伦，禽兽不异。"

囚：①幽禁〈3〉。如《永宁寺》："永安三年，逆贼尔朱兆囚庄帝于寺。"

杀：①杀戮〈13〉。如《景兴尼寺》："苻生虽好勇嗜酒，亦仁而不杀。"

赦：③宽免罪过〈2〉。如卷三《龙华寺》："广陵王曰：'岂以狮子而罪人也？'遂赦之。"

胜：②超过〈2〉。如《正始寺》："青松未胜其洁，白玉不比其珍。"

违：③违反〈2〉。如卷三《龙华寺》："有司纠劾，罪以违旨论。"

赞：①帮助〈1〉。见《永宁寺》："反使孟津由膝，赞其逆心。"

见于《论语》的有以下 10 个。

奔：②逃亡〈4〉。如《平等寺》："帝为侍中斛斯椿所使，奔于长安。"

待：②对待〈3〉。如《永宁寺》："遣侍中朱元龙赍铁券与世隆，待之不死，官位如故。"

及：③等到〈15〉。如《秦太上君寺》："及其代下还家，以砖击之。"

交：③结交〈1〉。见《景宁寺》："贵为交友，故时人弗识也。"

谨：②恭敬〈1〉。见《秦太上君寺》："宠及老臣，使夜行罪人，裁锦万里，谨奉明敕，不敢失坠。"

据：②根据〈1〉。见《永宁寺》："弃亲即仇，义将焉据也？"

求：③探求〈1〉。见《追先寺》："然国既边地，寓食他邑，求之二三，未为尽善。"

如：③比得上〈3〉。如《永宁寺》："假有内阋，外犹御侮，况我与卿，睦厚偏笃，其于急难，凡今莫如。"

使：③役使〈1〉。见《平等寺》："七月中，帝为侍中斛斯椿所使，奔于长安。"

倚：①凭靠〈1〉。见《景宁寺》："夜梦著衮衣，倚槐树而立，以为吉征，问于元慎。"

见于《孟子》的有以下 8 个。

禅：②以帝位让人〈3〉。如卷三《龙华寺》："详观古列，考见《丘》《坟》，乃禅乃革，或质或文。"

加：⑦担任〈4〉。如卷二《龙华寺》："授齐州刺史，加开府。"

进：⑦进奉〈1〉。见《菩提寺》："沙门达多发冢取砖，得一人以进。"

连：②联合〈1〉。见《闻义里》："自恃勇力，与罽宾争境，连兵战斗，已历三年。"

饷：④赠送〈1〉。见《白马寺》："或复赐宫人，宫人得之，转饷亲戚，以为奇味。"

约：⑩邀请〈1〉。见《永宁寺》："遣苍头王丰入洛，约以为主。"

诛：⑤杀戮〈6〉。如《永宁寺》："十三日召百官赴驾，至者尽诛之。"

篡：②特指臣子夺取君位〈1〉。见《永宁寺》："但以四海横流，欲篡未可，暂树君臣，假相拜置。"

见于《国语》的有以下 7 个。

报：⑦报复〈1〉。见《正觉寺》："肃忆父非理受祸，常有子胥报楚之意。"

奉：⑥拥戴〈1〉。见《永明寺》："率奉佛教，好生恶杀。"

顾：④访问〈1〉。见《正觉寺》："卿明日顾我，为卿设邾莒之食，亦有酪奴。"

降：⑤赐给〈1〉。见《平等寺》："臣既寡昧，识无先远，景命虽降，不敢仰承。"

纳：④娶〈2〉。如《永宁寺》："帝纳荣女为皇后。"

斩：①斩首或腰斩〈5〉。如《宝光寺》："其年天光战败，斩于东市也。"

制：③制服〈1〉。见《闻义里》："宋云见其远夷不可制，任其倨傲，莫能责之。"

见于《墨子》的有以下 7 个。

卖：②叛卖〈1〉。见《景宁寺》："加以山阴请婿卖夫，朋淫于家，不顾讥笑。"

募：①募集〈4〉。如《永宁寺》："帝更募人断河桥。"

遣：①派遣〈26〉。如《平等寺》："庄帝疑恭奸诈，夜遣人盗掠衣物。"

审：④知道〈2〉。如《正始寺》："五寻百拔，十步千过，则知巫山弗及，未审蓬莱如何。"

愿：④祈求〈1〉。见《永宁寺》："帝临崩礼佛，愿不为国王。"

主：⑪掌管〈1〉。见《菩提寺》："主兵吏曰……"

总：⑧统领〈8〉。如《永宁寺》："太原王尔朱荣总士马于此寺。"

见于《庄子》的有以下 6 个。

当：④承受〈1〉。见《永宁寺》："昔来闻死苦，何言身自当！"

给：②供给〈8〉。如《景林寺》："海西有藏冰室，六月出冰，以给百官。"

擅：②占有〈1〉。见《寿丘里》："于是帝族王侯，外戚公主，擅山海之富，居山林之饶。"

听：任凭〈1〉。见《正始寺》："庭起半丘半壑，听以目达心想。"

忤：①触犯〈1〉。见《崇真寺》："神龟年中，以直谏忤旨，斩于都市。"

治：⑨医治〈2〉。如《闻义里》："说管辂善卜，华陀治病。"

见于《周礼》的有以下 6 个。

赍：①送〈4〉。如《永宁寺》："遣侍中朱元龙赍铁券与世隆，待之不死，官位如故。"

救：①阻止〈1〉。见《永宁寺》："将羽林一千救赴火所，莫不悲惜，垂泪而去。"

免：④赦免〈4〉。如《菩提寺》："主兵吏曰：'尔虽栢棺，桑木为欀。'遂不免。"

置：⑥设置〈4〉。如《寿丘里》："置玉井金罐，以五色缋为绳。"

驭：④统治〈1〉。见《平等寺》："故权从众议，暂驭兆民。"

阻：③阻隔〈1〉。见《宣忠寺》："大兵阻河，雄雌未决，徽愿入洛阳，舍宅为寺。"

见于《周易》"十翼"的有以下 6 个。

分：①分开〈2〉。如《景宁寺》："高祖迁都洛邑，椿创居此里，遂分宅为寺，因以名之。"

攻：①进攻〈3〉。如《永宁寺》："于是至明尽力攻之，如其言。"

济：⑤救助〈5〉。如《闻义里》："此寺衣食，待龙而济，世人名曰龙王寺。"

禁：①禁止〈2〉。如《平等寺》："每经神验，朝野惶惧，禁人不听观之。"

与：㉔通"举"。（3）推举，选举〈1〉。见《永宁寺》："祸福不追，与能义绝。"

葬：①掩埋尸体〈3〉。如《闻义里》："死者以火焚烧，收骨葬之，上起浮图。"

见于《管子》的有以下 4 个。

笞：①用鞭、杖或竹板打人〈1〉。见《宣忠寺》："使祖仁备经楚挞，穷其涂炭，虽魏其侯之笞田蚡，秦王之刺姚苌。"

迁：⑩晋升或调动〈3〉。如《追先寺》："寻迁信武将军，衡州刺史。"

任：⑨担任〈1〉。见《平等寺》："故柱国大将军大丞相太原王荣，地实封陕，任惟外相，乃心王室，大惧崩沦。"

危：②危害〈1〉。见《永宁寺》："徒危宗国，以广寇仇。"

见于《楚辞》的有以下 4 个。

别：④离别〈2〉。如《秦太上公寺》："老翁送元宝出云：'后会难期，以为悽恨！'别甚殷勤。"

辞：⑧告别〈2〉。如《秦太上公寺》："饮讫，辞还。"

凌：②欺压〈1〉。见《崇真寺》："讲经者心怀彼我，以骄凌物，比丘中第一粗行。"

伫：等待〈1〉。见《平等寺》："乃徐发枢机，副兹伫属，便敬奉玺绶，归于别邸。"

见于《战国策》的有以下 4 个。

发：㊶遣送〈1〉。见《菩提寺》："吾在地下，见人发鬼兵，有一鬼诉称：'是柏棺，应免。'"

负：⑩辜负〈1〉。见《宣忠寺》："祖仁负恩反噬，贪货杀徽。"

破：④击溃〈2〉。如《永宁寺》："太原王命车骑将军尔朱兆潜师渡河，破延明于硖石。"

吞：②兼并，消灭〈1〉。见《闻义里》："其城自立王，为吐谷浑所吞。"

见于《吕氏春秋》的有以下 4 个。

召：③邀请〈2〉。如《永宁寺》："未决，召刘助筮之。"

召：④征召，特指君召臣〈3〉。如《永宁寺》："太后闻荣举兵，召王公议之。"

遮：①阻拦〈1〉。见《闻义里》："室西三里，天帝释化为师子，当路蹲坐遮嫚妘之处。"

救：⑤医治〈1〉。见《闻义里》："至如来为尸毗王救鸽之处，亦起塔寺。"

见于《荀子》的有以下 3 个。

伺：①观察〈1〉。见《法云寺》："岩因怪之，伺其睡，阴解其衣。"

赐：①赏赐〈17〉。如《正觉寺》："高祖即以金钟赐彪。"

假：②凭借〈3〉。如《永宁寺》："快贼莽之心，假卞庄之利。"

见于《仪礼》的有以下 3 个。

负：⑧倚靠〈2〉。如卷三《龙华寺》："前临少室，却负太行。"

击：③搏杀〈1〉。见《闻义里》："象鼻缚刀，与敌相击。"

礼：①敬神〈2〉。如《闻义里》："惠生既在远国，恐不吉反，遂礼神塔，乞求一验。"

见于《孙子》的有以下 3 个。

败：③失败〈3〉。如《宣忠寺》："及北海败散，国道重晖，遂舍宅焉。"

敌：④相当〈1〉。见《高阳王寺》："高阳一食，敌我千日。"

合：⑥符合〈1〉。见《永宁寺》："皆理合于天，神祇所福。"

见于《韩非子》的有以下 3 个。

按：⑦查验〈8〉。如《景宁寺》："虽令与侯小乖，按令今百里，即是古诸侯，以此论之，亦为妙著。"

逼：②威胁〈2〉。如卷二《龙华寺》："时尔朱世隆专权，遣取公主至洛阳，世隆逼之。"

放：⑥释放〈3〉。如《白马寺》："经函时放光明，耀于堂宇。"

见于《公羊传》的有以下 2 个。

僭：②僭占〈1〉。见《景宁寺》："永安二年萧衍遣主书陈庆之送北海入洛阳僭帝位。"

致：③给予〈1〉。见《宣忠寺》："祖仁诸房素有金三十斤、马三十匹，尽送致兆，犹不充数。"

见于《逸周书》的有以下 2 个。

供：①侍奉〈3〉。如《闻义里》："王即起塔，封四百户以供洒扫。"

征：⑧征收〈2〉。如《宣忠寺》："至晓掩祖仁，征其金马。"

见于《吴子》的有以下 1 个。

占：②预测〈1〉。见《白马寺》："时亦有洛阳人赵法和请占早晚当有爵否。"

见于《晏子春秋》的有以下 1 个。

乞：②行乞〈1〉。见《寿丘里》："琛令朝云假为贫妪，吹篪而乞。"

见于《商君书》的有以下 1 个。

待：⑧依靠〈1〉。见《闻义里》："此寺衣食，待龙而济，世人名曰龙王寺。"

见于宋玉《高唐赋》的有以下 1 个。

幸：⑩特指帝王与女子同房〈1〉。见卷二《龙华寺》："宝卷有美人吴景晖，时孕综经月，衍因幸景晖，及综生，认为己子，小名缘觉，封豫章王。"

（三）形容词

《伽蓝记》的单音节形容词中共有 138 个可以追溯到战国时期的语料。

见于《孟子》的有以下 12 个。

放：④放荡〈2〉。如《正始寺》："进不入声荣，退不为隐放。"

旷：⑤空缺〈1〉。见《平等寺》："窃以宸极不可久旷，神器岂容无主？"

烈：④甚。（1）厉害；猛烈〈1〉。见《正始寺》："然目之绮，烈鼻之馨。"

美：②指滋味甘美可口〈4〉。如卷三《龙华寺》："鱼味甚美。"

轻：①物体的重量小。与"重"相对〈3〉。如《秦太上君寺》："轻同羽毛，利等锥刀。"

热：②暑天〈1〉。见卷三《龙华寺》："北夷酋长遣子入侍者，常秋来春去，避中国之热，时人谓之雁臣。"

通：⑱全部〈1〉。见《闻义里》："龙王瞋怒，兴大风雨，佛僧迦梨表里通湿。"

详：⑦详情〈2〉。如卷三《龙华寺》："详观古列，考见《丘》《坟》。"

小：⑦低微〈1〉。见《永宁寺》："尔朱荣马邑小胡，人才凡鄙。"

虚：⑪虚假〈1〉。见《永宁寺》："衔之尝与河南尹胡孝世共登之，下临云雨，信哉不虚！"

重：④重要〈1〉。见《平等寺》："天命至重，历数匪轻。"

著：①显著〈2〉。如《法云寺》："延伯胆略不群，威名早著，为国展力，二十余年。"

见于《古文尚书》的有以下 11 个。

繁：①多〈1〉。见《闻义里》："五谷尽登，百果繁熟。"

固：②安定〈1〉。见卷三《龙华寺》："恃德则固，失道则亡。"

难：①不易〈6〉。如《法云寺》："戒行真苦，难可揄扬。"

宁：①安宁〈1〉。见《平等寺》："然群飞未宁，横流且及，皆狼顾鸱张，岳立棋峙。"

虐：②残暴〈2〉。如《追先寺》："元义专政，虐加宰辅。"

谦：①谦虚〈1〉。见《永宁寺》："《易》称天道祸淫，鬼神福谦。"

巧：⑥工巧〈2〉。如《景林寺》："中有禅房一所，内置祇洹精舍，形制虽小，巧构难比。"

勤：①尽力多做，不断地做〈1〉。见《景明寺》："子才罚惰赏勤，专心劝诱，青领之生，竞怀雅术。"

淫：③过渡〈1〉。见《永宁寺》："《易》称天道祸淫，鬼神福谦。"

重：②分量重。与"轻"相对〈1〉。见《宣忠寺》："时闻尔朱兆募城阳王甚重，擒获者千户侯。"

兴：⑭昌盛〈2〉。如《闻义里》："寺前有系白象树，此寺之兴，实由兹焉。"

见于《左传》的有以下 11 个。

薄：②少〈1〉。见《闻义里》："遂将云至一寺，供给甚薄。"

博：①大，与"小"相对〈1〉。见《景宁寺》："庆之因此羽仪服式悉如魏法，江表士庶竞相模楷，褒衣博带，被及秣陵。"

短：①谓两端距离小。与"长"相对。（1）指空间〈4〉。如《永宁寺》："寺院墙皆施短椽，以瓦覆之，若今宫墙也。"

恶：⑦不好〈1〉。见《秦太上君寺》："狱中无系囚，舍内无青州，假令家道恶，肠中不怀愁。"

贵：①价格高〈1〉。见卷三《龙华寺》："洛鲤伊鲂，贵于牛羊。"

难：③不能〈1〉。见《景宁寺》："虽复秦余汉罪，杂以华音，复闽楚难言，不可改变。"

饶：①丰足〈1〉。见《永明寺》："民户殷多，出明珠金玉及水精珍异，饶槟榔。"

险：②要隘〈1〉。见卷三《龙华寺》："四险之地，六达之庄，恃德则固，失道则亡。"

凶：①祸殃，与"吉"相对〈1〉。见《闻义里》："以指触之，若吉者，金铃鸣应；若凶者，假令人摇撼，亦不肯鸣。"

岩：④险要〈1〉。见卷三《龙华寺》："前临少室，却负太行，制岩东邑，峭岨西疆。"

众：①多〈7〉。如《昭仪尼寺》："观者成市，布施者甚众。"

见于《荀子》的有以下 11 个。

达：①畅通〈1〉。见卷三《龙华寺》："四险之地，六达之庄，恃德则固，失道则亡。"

单：①单独〈1〉。见《法云寺》："延伯单马入阵，旁若无人，勇冠三军，威镇戎竖。"

奇：①珍奇〈4〉。如《景林寺》："寺西有园，多饶奇果。"

欹：①倾斜〈1〉。见《正始寺》："逢岑爱曲，值石陵欹。"

潜：③秘密〈1〉。见《永宁寺》："太原王命车骑将军尔朱兆潜师渡河，破延明于硖石。"

曲：②弯曲〈1〉。见《正始寺》："斜与危云等并，旁与曲栋相连。"

雅：①合乎规范、标准的〈1〉。见《景明寺》："青领之生，竞怀雅术。"

杂：⑤繁多〈1〉。见卷三《龙华寺》："京师寺皆种杂果，而此三寺园林茂盛，莫之与争。"

彰：②明显〈1〉。见《闻义里》："非值条缝明见，至于细缕亦彰。"

珍：①贵重〈1〉。见《正觉寺》："所好不同，并各称珍。"

尊：①尊贵〈2〉。如《永宁寺》："正以糠秕万乘，锱铢大宝，非贪皇帝之尊，岂图六合之富?"

见于《论语》的有以下 10 个。

贵：⑤地位显要〈2〉。如《正始寺》："辄以山水为富，不以章甫为贵。"

好：②优良，良好〈1〉。见《正觉寺》："乡曲所美，不得不好。"

红：①颜色的名称。古代指浅红色〈1〉。见《秦太上公寺》："俄而酒至，色甚红，香美异常。"

齐：④一样〈2〉。如《正始寺》："然目之绮，烈鼻之馨，既共阳春等茂，复与白雪齐清。"

尚：⑩超过〈1〉。见《永宁寺》："须弥宝殿，兜率净宫，莫尚于斯。"

少：②年轻〈5〉。如《崇真寺》："宣明少有名誉，精通经史。"

盛：①兴盛〈4〉。如《景宁寺》："魏朝甚盛，犹曰五胡"

速：①快〈5〉。如《正觉寺》："朝廷服彪聪明有智，甄琛和之亦速。"

远：⑤高远〈1〉。见《平等寺》："臣既寡昧，识无先远，景命虽降，不敢仰承。"

正：③端正〈1〉。见卷三《龙华寺》："袭我冠冕，正我神枢。"

见于《楚辞》的有以下 9 个。

丑：③样子难看〈1〉。见《景宁寺》："卿沐其遗风，未沾礼化，所谓阳翟之民不知瘿之为丑。"

芳：①香〈6〉。如《景林寺》："嘉树夹牖，芳杜匝阶。"

芳：③指懿德美誉〈1〉。见《追先寺》："宜比德均封，追芳曩烈。"

佳：①美〈1〉。见《凝玄寺》："是谁第宅？过佳！"

洁：④谓清白不污〈1〉。见《正始寺》："青松未胜其洁，白玉不比其珍。"

实：⑩真实〈1〉。见《白马寺》："发言似谶，不可得解，事过之后，始验其实。"

雅：②优美〈1〉。见《景宁寺》："庆之等见元慎清词雅句，纵横奔发。"

轸：④隐痛〈1〉。见《闻义里》："宋云远在绝域，因瞩此芳景，归怀之思，独轸中肠，遂动旧疹，缠绵经月，得婆罗门咒，然后平善。"

横：⑪交错〈1〉。见《昭仪尼寺》："佛堂前生桑树一株，直上五尺，枝条横绕，柯叶傍布，形如羽盖。"

见于《墨子》的有以下 8 个。

错：⑲误〈1〉。见《崇真寺》："经阎罗王检阅，以错召放免。"

孤：⑪单独〈1〉。见《正始寺》："孤松既能却老，半石亦可留年。"

净：①干净〈1〉。见《平等寺》："有一比丘，以净绵拭其泪。"

密：⑦稠密〈1〉。见《闻义里》："树名菩提，枝条四布，密叶蔽天。"

暖：①暖和〈1〉。见《闻义里》："路中甚寒，多饶风雪，飞沙走砾，举目皆满，唯吐谷浑城左右暖于异处。"

温：①暖和〈1〉。见《闻义里》："夏则迁凉，冬则就温。"

狭：①窄，与"宽""广"相对〈1〉。见《闻义里》："境土甚狭，七日行过。"

圆：①环形〈2〉。如《秦太上公寺》："至我正光中造明堂于辟雍之西南，上圆下方，八窗四闼。"

见于《庄子》的有以下 8 个。

侈：②过〈1〉。见《追先寺》："江东朝贵，侈于矜尚，见略入朝，莫不惮其进止。"

高：⑩高超〈2〉。如《景明寺》："文宗学府，蹑班马而孤上，英规胜范，凌许郭而独高。"

华：⑫浮华〈1〉。见《正始寺》："既不专流宕，又不偏华尚，卜居动静之间，不以山水为忘。"

疲：①疲乏〈3〉。如《闻义里》："我皇帝深味大乘，远求经典，道路虽险，未敢言疲。"

朴：①淳朴〈1〉。见《正始寺》："夫偏重者，爱昔先民之由朴由纯，然则纯朴之体，与造化而梁津。"

伟：③壮大〈1〉。见《白马寺》："柰林实重七斤，蒲萄实伟于枣。"

详：④周详〈2〉。如《序》："至于一乘二谛之原，三明六通之旨，西域备详，东土靡记。"

徐：②缓慢〈3〉。如《景乐寺》："歌声绕梁，舞袖徐转，丝管廖亮，谐妙入神。"

见于《周易》"十翼"的有以下 6 个。

卑：①低。与高相对〈1〉。见《景宁寺》："如登泰山者卑培塿，涉江海者小湘沅，北人安可不重？"

寡：①少〈1〉。见《平等寺》："朕以寡德，运属乐推，思与亿兆同兹大庆。"

乖：①背离〈2〉。如《平等寺》："自惟薄寡，本枝疏远，岂宜仰异天情，俯乖民望？"

荣：⑦荣耀，与"辱"相对〈1〉。见《永宁寺》："学徒以为荣焉。"

神：②神奇〈2〉。如《昭仪尼寺》："凡为五重，每重叶椹各异，京师道俗谓之神桑。"

殊：④不同〈1〉。见《景林寺》："至于鳞甲异品，羽毛殊类，濯波浮浪，如似自然也。"

见于《战国策》的有以下 6 个。

高：⑧盛大〈5〉。如《景宁寺》："礼乐宪章之盛，凌百王而独高。"

明：⑩明显〈1〉。见《闻义里》："非值条缝明见，至于细缕亦彰。"

曲：④邪僻〈1〉。见《崇真寺》："卿作太守之日，曲理枉法，劫夺民财。"

全：⑦整个的〈1〉。见《法云寺》："延伯胆略不群，威名早著，为国展力，二十余年，攻无全城，战无横阵。"

饶：④多〈4〉。如《正始寺》："或就饶风之地，或入多云之处。"

盈：⑦有余，通"赢"〈1〉。见《闻义里》："年无盈闰，月无大小，周十二月为一岁。"

见于《吕氏春秋》的有以下5个。

厚：⑤深〈2〉。如《景宁寺》："时朝廷方欲招怀荒服，待吴儿甚厚，褰裳渡于江者，皆居不次之位。"

僻：⑤偏僻〈1〉。见《景宁寺》："江左假息，僻居一隅。"

香：②甘美〈2〉。如《法云寺》："饮之香美，醉而经月不醒。"

远：③指差距大〈1〉。见《明悬尼寺》："衙之按刘澄之《山川古今记》、戴延之《西征记》并云晋太康元年造，此则失之远矣。"

远：②时间久〈1〉。见《闻义里》："鞞罗施儿之所，萨埵投身之地，旧俗虽远，土风犹存。"

见于《管子》的有以下5个。

淡：①味不浓〈1〉。见《正始寺》："任性浮沉，若淡兮无味。"

贵：⑦地位显要的人〈2〉。如《景宁寺》："未尝修敬诸贵，亦不庆吊亲知。"

厚：⑨厚待〈1〉。见《高阳王寺》："雍嗜口味，厚自奉养，一食必数万钱为限，海陆珍羞，方丈于前。"

空：①空虚〈1〉。见《正始寺》："心托空而栖有，情入古以如新。"

险：①险阻〈2〉。如《闻义里》："卿涉诸国，经过险路，得无劳苦也?"

见于《老子》的有以下5个。

寥：①空虚无形〈1〉。见《永明寺》："武定五年，晖为洛州开府长史，重加採访，寥无影迹。"

妙：①精微〈2〉。如《永宁寺》："唯长乐王子攸像光相具足，端严特妙。"

威：①显示的使人畏惧慑服的力量〈1〉。见《法云寺》："延伯单马入阵，旁若无人，勇冠三军，威镇戎竖。"

渊：④深邃〈1〉。见《景宁寺》："博识文渊，清言入神，造次应对，莫有称者。"

真：③真实。与假、伪相对〈3〉。如《宣忠寺》："城阳禄位隆重，未闻清贫，常自入其家采掠，本无金银，此梦或真。"

见于《国语》的有以下6个。

弊：③疲困〈1〉。见《永宁寺》："荣悬军千里，兵老师弊。"

好：①美〈1〉。见《正始寺》："羽徒纷泊，色杂苍黄，绿头紫颊，好翠连芳。"

峻：①陡峭〈1〉。见《闻义里》："峻路危道，人马仅通。"

老：⑨困乏〈2〉。如《永宁寺》："荣悬军千里，兵老师弊，以逸待劳，破之必矣。"

危：③高〈4〉。如《正始寺》："斜与危云等并，旁与曲栋相连。"

细：①微小，与粗相对〈1〉。见《景林寺》："有仙人枣，长五寸，把之两头俱出，核细如针。"

见于《逸周书》的有以下4个。

蹶：④急遽〈1〉。见《寿丘里》："融乃蹶起，置酒作乐。"

盛：②众多〈3〉。如《景宁寺》："礼乐宪章之盛，凌百王而独高。"

胜：⑤形容事物优越、美好〈3〉。如《景明寺》："英规胜范，凌许郭而独高。"

崄：①险要〈1〉。见《闻义里》："高山深谷，崄道如常。"

见于《公羊传》的有以下 3 个。

卑：②低微〈1〉。见《闻义里》："山有高下，水有大小，人处世间，亦有尊卑。"

精：④精密〈3〉。如《景兴尼寺》："作工甚精，难可扬榷。"

巨：①大〈1〉。见《正始寺》："高林巨树，足使日月蔽亏。"

见于《韩非子》的有以下 3 个。

钝：①不锋利〈1〉。见《高阳王寺》："汝颍之士利如锥，燕赵之士钝如锤。"

高：⑫高尚〈1〉。见《景宁寺》："或有人慕其高义，投刺在门，元慎称疾高卧。"

深：⑯严重〈1〉。见《景宁寺》："杨君见辱深矣。"

见于《周礼》的有以下 2 个。

方：⑦方形。与"圆"相对〈2〉。如《秦太上公寺》："至我正光中造明堂于辟雍之西南，上圆下方，八窗四闼。"

上：⑥等第高或品质良好〈1〉。见《闻义里》："民物殷阜，匹临淄之神州，原田膴膴，等咸阳之上土。"

见于《商君书》的有以下 2 个。

俗：⑤民众〈1〉。见《寿丘里》："百姓殷阜，年登俗乐。"

正：⑧标准〈2〉。如《闻义里》："雀离浮图南五十步，有一石塔，其形正圆。"

见于《谷梁传》的有以下 2 个。

齐：③正〈1〉。见《序》："汉曰上西门，上有铜璇玑玉衡，以齐七政。"

甚：②严重〈5〉。如《平等寺》："辄专擅国权，凶慝滋甚。"

见于《山海经》的有以下 1 个。

怪：①奇异〈1〉。见《景乐寺》："奇禽怪兽，舞抃殿庭，飞空幻惑，世所未睹。"

见于《晏子春秋》的有以下 1 个。

工：②巧〈2〉。如《正觉寺》："吴人浮水自云工，妓儿掷绳在虚空。"

见于银雀山汉墓竹简《孙膑兵法》的有以下 1 个。

急：③重要〈1〉。见《开善寺》："庆有牛一头，拟货为金色，遇急事，遂以牛他用之。"

见于《列子》的有以下 1 个。

妄：③虚罔〈1〉。见《景兴尼寺》："苻坚自是贤主，贼君取位，妄书君恶，凡诸史官，皆是类也。"

见于《孙子》的有以下 1 个。

倦：①疲倦〈1〉。见《追先寺》："博洽群书，好道不倦。"

见于《尔雅》的有以下 1 个。

大：⑪老〈1〉。见《永宁寺》："穆年大，荣兄事之。"

见于《鹖冠子》的有以下 1 个。

隽：①才德超卓的人〈1〉。见《冲觉寺》："府僚臣佐，并选隽民。"

见于《仪礼》的有以下 1 个。

丹：②红色〈1〉。见《法云寺》："佛殿僧房，皆为胡饰，丹素炫彩，金玉垂辉。"

见于宋玉的《登徒子好色赋》的有以下 1 个。

妙：③善，美好〈1〉。见《正始寺》："方丈不足以妙□[1]，咏歌此处态多奇。"

（四）数词

《伽蓝记》单音节数词中有 6 个见于战国语料中。

见于《周易》"十翼"的有以下 2 个。

半：①二分之一〈7〉。如《永宁寺》："凤善玄言道家之业，遂舍半宅安置佛徒，演唱大乘数部。"

奇：②零数〈1〉。见《闻义里》："嚈哒国王妃亦著锦衣，长八尺奇。"

见于《孟子》的有以下 2 个。

一：⑦全；满〈1〉。见《宣忠寺》："祖仁一门刺史，皆是徽之将校。"

余：⑭表示整数后余计的零头尾数，用于数词或数量词之后〈41〉。如《瑶光寺》："讲殿尼房，五百余间。"

见于《左传》的有以下 2 个。

几：①若干，多少〈2〉。如《追先寺》："洛中如王者几人？"

数：③犹几。表示不定的少数〈23〉。如《景兴尼寺》："子休掘而验之，果得砖数万。"

（五）量词

《伽蓝记》单音节量词中有 15 个见于战国语料，多是度量衡单位词。

见于《墨子》的有以下 3 个。

斤：④重量单位。旧制一斤分十六两，市制一斤分十两〈9〉。如《宣忠寺》："我有黄金二百斤。"

枚：⑧量词。（2）相当于条、块〈6〉。如《寿丘里》："自余酒器，有水晶钵、玛瑙琉璃碗、赤玉卮数十枚。"

围：⑯计量周长的约略单位。旧说尺寸长短不一，现多指两手或两臂之间合拱的长度〈1〉。见《闻义里》："铁柱八十八尺，八十围。"

见于《论语》的有以下 3 个。

尺：①长度单位〈18〉。如《闻义里》："铁柱八十八尺，八十围。"

方：⑭古代计量面积用语。后加表示长度的数字或数量词，表示纵横若干长度的意思。多用于计量土地〈5〉。如《景明寺》："其寺东西南北方五百步。"

---

[1] 该字原文阙如。

仞：①古代长度单位。七尺为一仞。一说，八尺为一仞〈2〉。如《闻义里》："悬崖万仞，极天之阻，实在于斯。"

见于《庄子》的有以下 2 个。

重：⑦量词。层；道〈10〉。如《胡统寺》："宝塔五重，金刹高耸。"

家：㉔量词。用于住户或企业等〈4〉。如《景宁寺》："里三千余家，自立巷市。"

见于《左传》的有以下 2 个。

张：⑭量词〈1〉。见《闻义里》："威仪有鼓角金钲，弓箭一具，戟二枝，槊五张。"

丈：①长度单位。十尺为一丈〈27〉。如《序》："宣武帝造三层楼，去地二十丈。"

见于《公羊传》的有以下 1 个。

寸：①长度名。（1）一指宽为寸〈4〉。如《景林寺》："有仙人枣，长五寸。"

见于《仪礼》的有以下 1 个。

斛：②量词。（1）多用于量粮食。古代一斛为十斗〈1〉。见《永宁寺》："刹上有金宝瓶，容二十五斛。"

见于《管子》的有以下 1 个。

石：⑮量词。（1）计算容量的单位。十斗为一石〈2〉。如《景宁寺》："性嗜酒，饮至一石，神不乱常。"

见于《吕氏春秋》的有以下 1 个。

行：⑩量词。用于成行的东西〈3〉。如《永宁寺》："扉上各有五行金铃，合有五千四百枚。"

见于《孟子》的有以下 1 个。

步：②一次举足为跬，两次举足为步〈17〉。如《宝光寺》："此是浴堂，前五步，应有一井。"

（六）代词

《伽蓝记》的单音节代词中共有 10 个可以追溯到战国时期的语料中。具体又可分为人称代词、指示代词、疑问代词和不定代词等几种。

1. 人称代词，2 个

见于《左传》的有以下 1 个。

我：①代词，泛指自己的一方〈8〉。如《寿丘里》："不恨我不见石崇，恨石崇不见我！"

见于《古文尚书》的有以下 1 个。

己：②自身，自己〈2〉。如《平等寺》："太原王贪天之功以为己力，罪亦合死。"

2. 指示代词，3 个

见于《左传》的有以下 1 个。

焉：③兼有介词加代词的功能，相当于介词"於"加代词"此"或"是"〈8〉。如《景明寺》："寺有三池，萑蒲菱藕，水物生焉。"

见于《孟子》的有以下 1 个。

此：②此时；此地〈4〉。如《瑶光寺》："自此后颇获讥讪。"

见于《论语》的有以下1个。

诸：⑩代词"之"和介词"於"的合音〈2〉。如《追先寺》："方传美丹青，悬诸日月。"

3. 疑问代词，4个

见于《论语》的有以下2个。

何：①疑问代词。（5）为什么，什么缘故〈5〉。如《永宁寺》："臣从太原王来朝陛下，何忽今日枉致无理？"

孰：②疑问代词。（3）哪个，表示选择〈1〉。见《永明寺》："未知孰是。"

见于《墨子》的有以下1个。

焉：②疑问代词。（2）相当于"什么"〈1〉。见《永宁寺》："弃亲即仇，义将焉据也？"

见于《孟子》的有以下1个。

何：①疑问代词。（3）哪里〈2〉。如《永宁寺》："昔来闻死苦，何言身自当！"

4. 不定代词，1个

见于《古文尚书》的有以下1个。

每：⑤各，逐个。指代全体中的任何一个〈1〉。见《昭仪尼寺》："凡为五重，每重叶檐各异，京师道俗谓之神桑。"

（七） 副词

《伽蓝记》的单音节副词中共有64个副词可以追溯到战国时期的语料，具体又可分为表示范围的副词、语气副词、方式副词、时间频率副词和程度副词等。

1. 范围副词，8个

见于《战国策》的有以下1个。

值：⑧通"直"。（2）副词。只〈2〉。如《闻义里》："非值条缝明见，至于细缕亦彰。"

见于《左传》的有以下1个。

举：㊶全〈6〉。如《高阳王寺》："举学皆笑焉。"

见于《论语》的有以下1个。

俱：③都〈4〉。如《景林寺》："有仙人枣，长五寸，把之两头俱出，核细如针。"

见于《孟子》的有以下1个。

直：㉕副词。（1）只不过〈3〉。如《平等寺》："永安手翦强臣，非为失德，直以天未厌乱，故逢成济之祸。"

见于《国语》的有以下1个。

仅：①副词，仅仅〈1〉。见《闻义里》："峻路危道，人马仅通。"

见于《庄子》的有以下1个。

止：⑯只〈4〉。如《高阳王寺》："而性多俭吝，恶衣粗食，食常无肉，止有韭茹、韭菹。"

见于《周易》"十翼"的有以下 1 个。

凡：②总共〈8〉。如《瑶光寺》："凡四殿，皆有飞阁向灵芝往来。"

见于《列子》的有以下 1 个。

都：副词。①表示总括，所总括的成分在前〈2〉。如《宝光寺》："寺门无何都崩，天光见而恶之。"

2．语气副词，9 个

见于《左传》的有以下 2 个。

或：③副词。（1）或许，也许。表示不肯定〈2〉。如《永宁寺》："或贰生素怀，弃剑猜我。"

犹：⑩副词。（4）却〈1〉。见《永宁寺》："朕犹庶几五帝，无取六军。"

见于《战国策》的有以下 1 个。

乃：②副词。（3）竟然〈3〉。如《永明寺》："西域远者，乃至大秦国。"

见于《墨子》的有以下 1 个。

终：③终究〈2〉。如《永宁寺》："吾为太原王报仇，终不归降！"

见于《庄子》的有以下 1 个。

讵：①副词。（1）表示反诘。相当于"难道"〈1〉。见《永宁寺》："害卿兄弟，独夫介立，遵养待时，臣节讵久。"

见于《孟子》的有以下 1 个。

殆：⑧几乎〈1〉。见《永宁寺》："元氏少长，殆欲无遗。"

见于《荀子》的有以下 1 个。

真：⑧副词。实在〈2〉。如《法云寺》："戒行真苦，难可揄扬。"

见于《论语》的有以下 2 个。

安：⑰副词。表示疑问。相当于"怎么"〈1〉。见《景宁寺》："如登泰山者卑培塿，涉江海者小湘沅，北人安可不重？"

何：②副词。（1）怎么，哪里。表示反问〈2〉。如《正觉寺》："得帛缝新去，何能纳故时。"

3．方式副词，19 个

见于《左传》的有以下 6 个。

方：㉜副词。（3）表示某种状态正在持续或某种动作正在进行。犹正〈1〉。见《景宁寺》："时朝廷方欲招怀荒服，待吴儿甚厚。"

即：⑨就是〈15〉。如《大统寺》："大统寺，在景明寺西，即所谓利民里。"

明：㉛副词。明白地〈1〉。见《昭仪尼寺》："按晋太仓在建春门内，今太仓在东阳门内，此地今在太仓西南，明非翟泉也。"

善：⑰好好地〈1〉。见《永宁寺》："善择元吉，勿贻后悔。"

似：②似乎〈4〉。如《正始寺》："崎岖石路，似壅而通。"

徒：⑬副词。徒然，白白地〈2〉。如《正始寺》："白骨兮徒自朽，方寸兮何所忆?"

见于《孟子》的有以下 4 个。

共：②副词。一起〈10〉。如《永宁寺》："装饰毕功，明帝与太后共登之。"

乃：②副词。(1) 就是〈5〉。如《景宁寺》："邻人谓胡兄弟相殴斗而来观之，乃猪也。"

相：③表示一方对另一方有所施为〈7〉。如《法云寺》："京师朝贵多出郡登藩，远相饷馈，逾于千里。"

乍：①忽然〈1〉。见《法云寺》："诗赋并陈，清言乍起。"

见于《战国策》的有以下 2 个。

空：⑨副词。(1) 白白地〈1〉。见《永宁寺》："臣欲还晋阳，不忍空去，愿得太原王尸丧，生死无恨。"

窃：⑦私下，多用作谦辞〈1〉。见《平等寺》："窃以宸极不可久旷，神器岂容无主?"

见于《韩非子》的有以下 2 个。

可：⑭副词。(1) 大约〈7〉。如《闻义里》："今立寺，可七十余僧。"

手：③亲手〈2〉。如《永宁寺》："庄帝手刃荣于明光殿。"

见于《论语》的有以下 1 个。

私：②私自〈1〉。见《秦太上君寺》："时黄门侍郎杨宽在帝侧，不晓怀砖之义，私问舍人温子升。"

见于《公羊传》的有以下 1 个。

直：㉕副词，径直〈2〉。如《平等寺》："兆遂乘胜逐北，直入京师，兵及阙下，矢流王室。"

见于《楚辞》的有以下 1 个。

更：①副词，另外〈1〉。见《开善寺》："英早卒，其妻梁氏不治丧而嫁，更纳河内人向子集为夫。"

见于《列子》的有以下 1 个。

忽：⑩副词，突然〈10〉。如《景宁寺》："永安年中，胡杀猪，猪忽唱乞命，声及四邻。"

见于《古文尚书》的有以下 1 个。

各：①各自〈13〉。如《平等寺》："至是论功，仵龙、文义各封一千户。"

4. 时间频率副词，19 个

见于《左传》的有以下 4 个。

重：②副词。表示动作行为的重复，相当于"再""又"〈3〉。如《序》："余因行役，重览洛阳。"

更：①副词。(2) 再；又〈5〉。如《永宁寺》："太原王欲使帝幸晋阳，至秋更举大义。"

始：⑦副词。才，刚〈21〉。如《昭仪尼寺》："于是学徒始瘗，经过者，想见绿珠之容也。"

素：⑥平素〈5〉。如《宣忠寺》："徽素大度量，喜怒不形于色。"

见于《荀子》的有以下 3 个。

常：⑰通"尝"。曾经〈6〉。如《闻义里》："云太子常坐其上，阿育王起塔记之。"

还：④表示重复，相当于"再""又"〈1〉。见《景兴尼寺》："子休遂舍宅为灵应寺，所得之砖，还为三层浮图。"

则：⑫副词。（2）即，就。表示前后两事时间相距很近〈4〉。如《闻义里》："事涉疑似，以药服之，清浊则验。"

见于《庄子》的有以下 2 个。

本：㉓副词。本来，原来〈8〉。如《正觉寺》："本为箔上蚕，今作机上丝。"

常：③常常〈43〉。如《序》："时王公卿士常迎驾于新门。"

见于《列子》的有以下 2 个。

顿：㉖一下子〈1〉。见《闻义里》："惠生从于阗至乾陀罗，所有佛事处，悉皆流布，至此顿尽。"

频：⑤接连〈3〉。如《永宁寺》："三日频战，而游魂不息。"

见于《韩非子》的有以下 2 个。

正：㉝副词。（2）正好，恰好〈6〉。如《闻义里》："皇魏关防，正在于此。"

新：⑩副词，刚刚〈3〉。如《秦太上公寺》："唯见一童子可年十五，新溺死，鼻中出血。"

见于《论语》的有以下 1 个。

尝：⑦副词。曾经〈3〉。如《景兴尼寺》："郭璞尝为吾筮云，寿年五百岁。"

见于《墨子》的有以下 1 个。

且：④副词。（2）就〈1〉。见《永宁寺》："元龙见世隆呼帝为长乐，知其不款，且以言帝。"

见于《战国策》的有以下 1 个。

即：⑬副词。（1）便〈52〉。如《景宁寺》："孝义里东，即是洛阳小市。"

见于《孙子》的有以下 1 个。

数：①屡次〈1〉。见《序》："高祖数诣寺与沙门论义。"

见于《古文尚书》的有以下 1 个。

恒：⑥副词。（1）常常〈9〉。如《禅虚寺》："帝亦观戏在楼，恒令二人对为角戏。"

见于《相马经》的有以下 1 个。

欲：⑩将要〈1〉。见《永宁寺》："逆刃加于君亲，锋镝肆于卿宰，元氏少长，殆欲无遗。"

5. 程度副词，9 个

见于《庄子》的有以下 2 个。

偏：⑰副词，表程度，特别〈2〉。如《永宁寺》："假有内阅，外犹御侮，况我与卿，睦厚偏笃，其于急难，凡今莫如。"

盛：⑤甚〈2〉。如《昭仪尼寺》："忻，阳平人也，爱尚文藉，少有名誉，见阉寺宠盛，遂发此言。"

见于《尹文子》的有以下 2 个。

特：⑩最〈2〉。如《永宁寺》："遂于晋阳，人各铸像不成，唯长乐王子攸像光相具足，端严特妙。"

至：㉓副词，最〈1〉。见《平等寺》："天命至重，历数匪轻。"

见于《论语》的有以下 1 个。

弥：⑥更加〈1〉。见《序》："逮皇魏受图，光宅嵩洛，笃信弥繁，法教愈盛。"

见于《吕氏春秋》的有以下 1 个。

极：②顶点；最高地位。引申为达到顶点、最高限度〈1〉。见《永宁寺》："时太原王位极心骄，功高意侈，与夺任情，臧否肆意。"

见于《墨子》的有以下 1 个。

最：⑧副词。（1）表示某种属性超过所有同类的人或事物〈12〉。如《景明寺》："伽蓝之妙，最为称首。"

见于《战国策》的有以下 1 个。

更：①副词。（3）更加；愈加〈1〉。见《景宁寺》："自此后，吴儿更不敢解语。"

见于《左传》的有以下 1 个。

滋：⑧更加〈1〉。见《平等寺》："辄专擅国权，凶慝滋甚。"

（八）介词

《伽蓝记》的单音节介词中共有 11 个可以追溯到战国语料。

见于《左传》的有以下 5 个。

比：⑮介词，等到〈1〉。见《追先寺》："比略始济淮，明帝拜略为侍中义阳王，食邑千户。"

为：㉚介词。被〈25〉。如《平等寺》："庙成，为火所灾。"

为：②介词，因为，表示原因〈2〉。如《平等寺》："永安手翦强臣，非为失德，直以天未厌乱，故逢成济之祸。"

焉：⑤介词。相当于"于"〈1〉。见《景明寺》："洙泗之风，兹焉复盛。"

以：⑧介词。（3）介绍论事的标准。犹言"以……论"；"论……"〈10〉。如《平等寺》："以此论之，无所配也。"

见于《论语》的有以下 2 个。

于：⑧介词，跟〈9〉。如《景明寺》："妆饰华丽，侔于永宁。"

诸：⑧介词。相当于"于"〈2〉。如《长秋寺》："中有三层浮图一所，金盘灵刹，曜诸城内。"

见于《孟子》的有以下 2 个。

为：②介词，对〈1〉。见《永宁寺》："快贼莽之心，假卜庄之利，有识之士咸为惭之。"

因：⑤依托〈2〉。如《闻义里》："国王所住，因山为城。"

见于《老子》的有以下1个。

望：⑱对着〈3〉。如《景明寺》："前望嵩山少室，却负帝城，青林垂影，绿水为文。"

见于《孙子》的有以下1个。

已：⑰同"以"。(1) 表示时间、方位、数量的界限〈9〉。如《平等寺》："自是已后，不敢复入朝。"

（九）连词，12 个

《伽蓝记》的单音节连词中共有12个可以追溯到战国时代语料。

见于《孟子》的有以下4个。

况：⑦连词，况且〈3〉。如《永宁寺》："假有内阋，外犹御侮，况我与卿，睦厚偏笃，其于急难，凡今莫如。"

然：⑨连词，犹但是，表转折〈3〉。如《序》："然寺数最多，不可遍写。"

一：⑩犹一旦〈1〉。见《宗圣寺》："此像一出，市井皆空，炎光辉赫，独绝世表。"

则：⑬连词，表转折，犹却〈1〉。见《追先寺》："略生而岐嶷，幼则老成。"

见于《左传》的有以下2个。

为：㉜连词，就〈1〉。见《正始寺》："卜居动静之间，不以山水为忘。"

犹：⑪连词，尚且〈5〉。如《景宁寺》："魏朝甚盛，犹曰五胡。"

见于《战国策》的有以下1个。

于：⑨连词，和〈1〉。见《永宁寺》："朕之于卿，兄弟非远，连枝分叶，兴灭相依。"

见于《论语》的有以下1个。

故：⑯连词，所以〈21〉。如《序》："恐后世无传，故撰斯记。"

见于《墨子》的有以下1个。

但：⑥只要。表示假设或条件〈1〉。见《永宁寺》："今宿卫文武足得一战，但守河桥，观其意趣。"

见于《荀子》的有以下1个。

而：④连词，表递进，犹并且〈13〉。如《景兴尼寺》："子休掘而验之，果得砖数万。"

见于《庄子》的有以下1个。

既：⑦连词，既然〈8〉。如《平等寺》："王既德应图箓，金属攸归，便可允执其中，入光大麓。"

见于《谷梁传》的有以下1个。

兼：⑦连词，表示进层关系，并且〈2〉。如《永宁寺》："吾世荷国恩，不能坐看成败，今欲以铁马五千，赴哀山陵，兼问侍臣帝崩之由，君竟谓何如？"

（十）　助词

《伽蓝记》的单音节助词中共有 10 个可以追溯到战国时代语料，又分为结构助词和语气助词。

1. 结构助词，2 个

见于《孟子》的有以下 1 个。

以：⑩助词。（3）用在单纯方位词前，组成合成方位词或方位结构，表示时间、方位、数量的界限〈7〉。如《闻义里》："自此以西，山路欹侧，长坂千里。"

见于《墨子》的有以下 1 个。

等：⑫助词。（1）用于名词或并列词后表示同样的人、同类的事物列举未尽〈38〉。如《永宁寺》："卿等何为不降？官爵如故。"

2. 语气助词，8 个

（1）用于句尾。

见于《论语》的有以下 3 个。

耳：⑦语气词。（1）表示限止语气，与"而已""罢了"同义〈1〉。见《景兴尼寺》："生时中庸之人耳。"

矣：①语气助词。表肯定或判断。与"也"相当〈3〉。如《长秋寺》："寺北有濛氾池，夏则有水，冬则竭矣。"

者：②助词。（3）用于名词之后，标明语音上的停顿，并引出下文，常表示判断〈23〉。如《秦太上君寺》："太傅李延寔者，庄帝舅也。"

见于《荀子》的有以下 1 个。

耳：⑦语气词。表示肯定语气或语句的停顿与结束〈1〉。见《闻义里》："是以行者望风谢路耳。"

见于《古文尚书》的有以下 1 个。

乃：④助词。无义〈2〉。如卷三《龙华寺》："详观古列，考见《丘》《坟》，乃禅乃革，或质或文。"

见于《孙膑兵法》的有以下 1 个。

耶：①助词。用于句末。（2）表示疑问〈1〉。见《开善寺》："阿梁！卿忘我耶？"

（2）用于句首或句中

见于《左传》的有以下 1 个。

夫：③助词。（1）用于句首，表发端〈1〉。见《正始寺》："夫偏重者，爰昔先民之由朴由纯……"

见于《管子》的有以下 1 个。

一：⑳助词。表示加强语气〈2〉。如《正始寺》："恨不能钻地一出，醉此山门。"

二、双音节词语

《伽蓝记》双音节词语中有 590 个见于战国传世典籍中，包括名词、动词、形容词、副词、代词、连词等。

（一）见于战国语料中的双音节名词

见于战国传世典籍的双音节名词有 357 个，根据词语内部结构关系，又分为并列式双音节词语和偏正式双音节词语。

1. 并列式双音节词语，131 个

见于《左传》的有以下 20 个。

典籍： 指法典图籍等重要文献〈1〉。见《法云寺》："或博通典籍，辨慧清悟。"

服章： ①古代表示官阶身份的服饰〈1〉。见《闻义里》："观其贵贱，亦有服章。"

工商： 指工商业者〈2〉。如《法云寺》："凡此十里，多诸工商货殖之民。"

冠冕： ①古代帝王、官员所戴的帽子〈1〉。见卷三《龙华寺》："袭我冠冕，正我神枢。"

寇仇： 敌人〈1〉。见《永宁寺》："徒危宗国，以广寇仇。"

寒暑： ②寒气和暑气〈2〉。如《景明寺》："虽外有四时，而内无寒暑。"

侯牧： 一方诸侯之长〈1〉。见《永宁寺》："景入参近侍，出为侯牧，居室贫俭，事等农家。"

祸难： 灾难〈1〉。见《追先寺》："臣遭家祸难，白骨未收。"

基址： ①建筑物的地基、基础〈1〉。见《秦太上公寺》："寺东有灵台一所，基址虽颓，犹高五丈余。"

金玉： ①黄金与珠玉。珍宝的通称〈6〉。如《长秋寺》："庄严佛事，悉用金玉。"

逵路： 四通八达的大道〈1〉。见《菩提寺》："涵性畏日，不敢仰视，又畏水火及兵刃之属，常走于逵路。"

培塿： 小土丘〈1〉。见《景宁寺》："如登泰山者卑培塿，涉江海者小湘沅，北人安可不重？"

嫔御： 古代帝王、诸侯的侍妾与宫女〈2〉。如《瑶光寺》："椒房嫔御，学道之所，掖庭美人，并在其中。"

亲戚： ①与自己有血缘或婚姻关系的人〈1〉。见《白马寺》："或复赐宫人，宫人得之，转饷亲戚，以为奇味，得者不敢辄食，乃历数家。"

轻重： ①物体重量的大小〈1〉。见《闻义里》："此杖轻重不定，值有重时，百人不举，值有轻时，一人胜之。"

人臣： 臣子〈1〉。见《高阳王寺》："正光中，雍为丞相，给羽葆鼓吹、虎贲班剑百人，贵极人臣，富兼山海。"

容止： ①仪容举止〈1〉。见《法云寺》："或博通典籍，辨慧清悟。风仪详审，容止可观。"

西北： ①方位名。介于西、北之间〈7〉。如《法云寺》："市西北有土山鱼池。"

忠良： ②忠诚善良的人〈1〉。见《永宁寺》："长乐不顾信誓，枉害忠良，今日两行铁字，何足可信？"

左右：⑩侍从〈3〉。如《闻义里》："左右带刀，不过百人。"

见于《周易》"十翼"的有以下 15 个。

东北：①介于东和北之间的方向〈6〉。如《凝玄寺》："洛城东北上商里，殷之顽民昔所止。"

东南：①介于东与南之间的方位或方向〈5〉。如《闻义里》："东南七里，有雀离浮图。"

夫妇：①夫妻〈1〉。见《开善寺》："卿夫妇负我金色久而不偿，今取卿儿丑多以偿金色焉。"

沟渎：①犹沟洫〈1〉。见《寿丘里》："入其后园，见沟渎蹇产，石磴嶕峣。"

棺椁：棺与椁〈2〉。如《法云寺》："里内之人以卖棺椁为业，赁辒车为事。"

贵贱：①富贵与贫贱。指地位的尊卑〈2〉。如《闻义里》："观其贵贱，亦有服章。"

国家：①为国的通称〈1〉。见《寿丘里》："于时国家殷富，库藏盈溢，钱绢露积于廊者，不可校数。"

寒暑：①寒冬暑夏。常指代一年〈1〉。见卷三《龙华寺》："寒暑攸叶，日月载融。"

阍寺：①古代宫中掌管门禁的官〈2〉。如《昭仪尼寺》："太后临朝，阍寺专宠。"

君臣：①君主与臣下〈2〉。如《景宁寺》："虽立君臣，上慢下暴。"

荣辱：①光荣与耻辱。指地位的高低、名誉的好坏〈1〉。见《秦太上君寺》："苟济人非许郭，不识东家，虽复莠言自口，未宜荣辱也。"

山泽：①山林与川泽〈1〉。见《闻义里》："土田庶衍，山泽弥望，居无城郭，游军而治。"

神明：①天地间一切神灵的总称〈2〉。如《永宁寺》："太原王功格天地，道济生民，赤心奉国，神明所知。"

书契：①指文字〈1〉。见《永宁寺》："书契所记，未之有也。"

远近：①远方和近处〈1〉。见《序》："表列门名，以记远近。"

见于《周礼》的有以下 11 个。

道路：①地面上供人或车马通行的部分〈2〉。如《闻义里》："我皇帝深味大乘，远求经典，道路虽险，未敢言疲。"

盗贼：①劫夺和偷窃财物的人〈1〉。见《平等寺》："商旅四通，盗贼不作。"

黄白：①淡黄色〈1〉。见《闻义里》："至那迦罗阿国，有佛顶骨，方圆四寸，黄白色。"

禄位：俸给与爵次。泛指官位俸禄〈1〉。见《宣忠寺》："城阳禄位隆重，未闻清贫。"

山林：①山与林〈2〉。如卷三《龙华寺》："禽兽囚之，则违其性，宜放还山林。"

膳羞：美味的食品〈1〉。见《景宁寺》："蛙羹蚌臛，以为膳羞。"

土地：①土壤〈2〉。如《闻义里》："土地肥美，人物丰饶。"

蛙黾：即蛙〈1〉。见《景宁寺》："蛙黾共穴，人鸟同群。"

　　勇力：①指胆量和气力〈1〉。见《闻义里》：“自恃勇力，与罽宾争境，连兵战斗，已历三年。”

　　珍异：①珍贵奇特的食物或用品〈2〉。如《闻义里》：“诸国贡献，甚饶珍异。”

　　政治：③指治理国家所施行的一切措施〈1〉。见《闻义里》：“风俗政治，多为夷法。”

　　见于《墨子》的有以下10个。

　　东西：①方位名。东边与西边〈3〉。如《永宁寺》：“东西两门亦皆如之，所可异者，唯楼两重。”

　　骨肉：②比喻至亲，指父母兄弟子女等亲人〈1〉。见《永宁寺》：“正欲问罪于尔朱，出卿于桎梏，衄深怨于骨肉，解苍生于倒悬。”

　　锦绣：①花纹色彩精美鲜艳的丝织品〈3〉。如《法云寺》：“金银锦绣，奴婢缇衣，五味八珍，仆隶毕口。”

　　吏民：官吏与庶民〈1〉。见《景明寺》：“为政清净，吏民安之。”

　　名誉：①名望与声誉〈2〉。如《崇真寺》：“宣明少有名誉，精通经史，危行及于诛死也。”

　　山水：①山与水〈2〉。如《正始寺》：“辄以山水为富，不以章甫为贵。”

　　形貌：①外貌〈2〉。如卷二《龙华寺》：“综形貌举止甚似昏主，其母告之，令自方便。”

　　羽毛：①鸟兽的毛〈1〉。见《秦太上君寺》：“齐人外矫仁义，内怀鄙吝，轻同羽毛，利等锥刀。”

　　珠玑：①珠宝，珠玉〈1〉。见《寿丘里》：“复引诸王按行府库，锦罽珠玑，冰罗雾縠，充积其内。”

　　宗庙：②朝廷和国家政权的代称〈1〉。见《追先寺》：“至于宗庙之美，百官之富，鸳鸯接翼，杞梓成阴。”

　　见于《国语》的有以下11个。

　　边境：①靠近国家边界的地方〈1〉。见《闻义里》：“大王亲总三军，远临边境，寒暑骤移，不无顿弊？”

　　仓库：泛指贮存保管大宗物品的建筑物或场所〈1〉。见《闻义里》：“昔尸毗王仓库为火所烧，其中粳米燋然，至今犹在。”

　　城邑：城和邑。泛指城镇〈1〉。见《永宁寺》：“假获民地，本是荣物，若克城邑，绝非卿有，徒危宗国，以广寇仇。”

　　贡赋：土贡和赋税〈1〉。见《明悬尼寺》：“寺东有中朝时常满仓，高祖令为租场，天下贡赋所聚蓄也。”

　　南北：②南北之间〈4〉。如《魏昌尼寺》：“此桥南北行。”

　　内外：①里面和外面〈2〉。如《闻义里》：“其城内外，凡有古寺。”

　　杞梓：②比喻优秀人才〈1〉。见《追先寺》：“至于宗庙之美，百官之富，鸳鸯接翼，杞梓成阴。"

土地：②领土〈1〉。见《闻义里》："土地亦与乌场国相似。"

土木：①土木工程〈2〉。如《永宁寺》："复有金环铺首，殚土木之功，穷造形之巧。"

战斗：①敌对双方所进行的武装冲突〈1〉。见《闻义里》："自恃勇力，与罽宾争境，连兵战斗，已历三年。"

朝夕：①早晨和晚上〈1〉。见《闻义里》："那竭城中有佛牙佛发，并作宝函盛之，朝夕供养。"

见于《管子》的有以下 10 个。

表里：①内外〈5〉。如《景林寺》："又有仙人桃，其色赤，表里照彻，得霜即熟。"

宫室：②指帝王的宫殿〈3〉。如《序》："城郭崩毁，宫室倾覆。"

官爵：官职和爵位〈1〉。见《永宁寺》："卿等何为不降？官爵如故。"

贵贱：②指价值的高低〈1〉。见《法云寺》："至于盐粟贵贱，市价高下，所在一例。"

将士：①泛指全军人员〈1〉。见《永宁寺》："时署炎赫，将士疲劳。"

士庶：①泛指人民、百姓〈8〉。如《瓔珞寺》："里内士庶，二千余户，信崇三宝。"

威势：①威严权势〈1〉。见《秦太上君寺》："威势所在，侧肩竞入，求其荣利，甜然浓泗。"

云气：①云雾，雾气〈1〉。见《永宁寺》："图以云气，画彩仙灵。"

贼盗：①指偷窃、劫夺财物的人〈1〉。见《法云寺》："永熙年中南青州刺史毛鸿宾赍酒之藩，路逢贼盗，饮之即醉。"

资财：①钱财物资〈2〉。如《法云寺》："里内之人尽皆工巧屠贩为生，资财巨万。"

见于《庄子》的有以下 5 个。

轻重：③指说话、做事的适当限度〈1〉。见《闻义里》："随事轻重，当时即决。"

人物：①人与物〈1〉。见《闻义里》："土地肥美，人物丰饶。"

造化：指自然〈1〉。见《正始寺》："夫偏重者，爱昔先民之由朴由纯，然则纯朴之体，与造化而梁津。"

珠玉：①珍珠和玉。泛指珠宝〈1〉。见《永宁寺》："拱门有四力士，四师子，饰以金银，加之珠玉，庄严焕炳，世所未闻。"

锱铢：①锱和铢。比喻微小的数量〈1〉。见《永宁寺》："正以糠秕万乘，锱铢大宝，非贪皇帝之尊，岂图六合之富？"

见于《古文尚书》的有以下 5 个。

谟训：①谋略和训诲〈1〉。见《景明寺》："自王室不靖，虎门业废，后迁国子祭酒，谟训上庠。"

器用：①器皿用具〈1〉。见《闻义里》："杀生血食，器用七宝。"

前后：事物的前边和后边〈1〉。见《冲觉寺》："给九旒鸾辂、黄屋、左纛、辒辌车，前后部羽葆鼓吹，虎贲班剑百人。"

社稷：古代帝王、诸侯所祭的土神和谷神〈1〉。见《永宁寺》："且尔朱荣不臣之迹，暴于旁午，谋魏社稷，愚智同见。"

鱼鳖：②泛指鳞介水族〈2〉。如《景林寺》："水犹澄清，洞底明净，鳞甲潜藏，辨其鱼鳖。"

见于《论语》的有以下4个。

军旅：③军事〈1〉。见《永宁寺》："京师士众未习军旅，虽皆义勇，力不从心。"

容色：容貌神色〈1〉。见卷二《龙华寺》："公主容色美丽，综甚敬之。"

夷狄：①泛称除华夏族以外的各族〈1〉。见《景宁寺》："自晋宋以来，号洛阳为荒土，此中谓长江以北尽是夷狄。"

州里：泛指乡里或本土〈1〉。见《景宁寺》："世以学行著闻，名高州里。"

见于《楚辞》的有以下4个。

年岁：①犹年月〈2〉。如《闻义里》："年岁虽久，彪炳若新。"

霰雪：雪珠和雪花〈1〉。见《永宁寺》："当时雷雨晦冥，杂下霰雪。"

女乐：歌舞伎〈2〉。如《景乐寺》："至于六斋，常设女乐。"

音乐：指用有组织的乐音表达人们的思想感情、反映社会生活的一种艺术〈3〉。如《闻义里》："唯有此法，不见音乐。"

见于《列子》的有以下4个。

金银：①黄金和白银〈5〉。如《法云寺》："金银锦绣，奴婢缇衣，五味八珍，仆隶毕口。"

仆隶：奴仆〈1〉。见《法云寺》："金银锦绣，奴婢缇衣，五味八珍，仆隶毕口。"

堂庑：①泛指屋宇〈1〉。见《景乐寺》："堂庑周环，曲房连接，轻条拂户，花蕊被庭。"

乡土：①家乡〈1〉。见《闻义里》："乡土不识，文字礼教俱阙，阴阳运转，莫知其度。"

见于《孟子》的有以下4个。

兵刃：兵器〈1〉。见《菩提寺》："涵性畏日，不敢仰视，又畏水火及兵刃之属。"

府库：旧指国家贮藏财物、兵甲的处所〈2〉。如《寿丘里》："复引诸王按行府库，锦罽珠玑，冰罗雾縠，充积其内。"

禽兽：③比喻不知礼义或行为卑劣的人〈1〉。见《景宁寺》："是以刘劭杀父于前，休龙淫母于后，见逆人伦，禽兽不异。"

上下：①上面和下面〈1〉。见《永宁寺》："浮图有九级，角角皆悬金铎，合上下有一百三十铎。"

见于《战国策》的有以下5个。

春秋：⑤年纪；年数〈1〉。见《正始寺》："□[1]菊岭与梅岑，随春秋之所悟。"

科条：①法令条文〈1〉。见《永宁寺》："景讨正科条，商榷古今，甚有伦序。"

乡曲：家乡〈1〉。见《正觉寺》："乡曲所美，不得不好。"

珍宝：①珠玉宝石的总称〈2〉。如《闻义里》："土饶珍宝，风俗淳善。"

舟楫：①泛指船只〈1〉。见《永宁寺》："谓兆未得猝济，不意兆不由舟楫，凭流而渡。"

见于《老子》的有以下 3 个。

财货：钱财货物〈1〉。见《宣忠寺》："徽初投祖仁家，齎金一百斤、马五十匹，祖仁利其财货，故行此事。"

户牖：①门窗〈2〉。如《瑶光寺》："风生户牖，云起梁栋。"

荆棘：①泛指山野丛生多刺的灌木〈1〉。见《序》："墙被蒿艾，巷罗荆棘。"

见于《荀子》的有以下 4 个。

风俗：①相沿积久而成的风气、习俗〈6〉。如《秦太上君寺》："营丘风俗，太公余化。"

林木：①树林〈3〉。如《秦太上公寺》："并门临洛水，林木扶疏，布叶垂阴。"

生死：①生和死〈1〉。见《永宁寺》："臣欲还晋阳，不忍空去，愿得太原王尸丧，生死无恨。"

天地：①天和地。指自然界或社会〈6〉。如《景明寺》："梵乐法音，聒动天地。"

见于乐毅《报燕惠王书》的有以下 1 个。

左右：⑫不直称对方，而称其执事者，表示尊敬〈1〉。见《法云寺》："丑奴募善射者射僧超亡，延伯悲惜哀恸，左右谓伯牙之失钟子期不能过也。"

见于《谷梁传》的有以下 1 个。

士众：指部队的普通战斗成员〈1〉。见《永宁寺》："京师士众未习军旅，虽皆义勇，力不从心。"

见于《山海经》的有以下 1 个。

方圆：④周围〈1〉。见《闻义里》："至那迦罗阿国，有佛顶骨，方圆四寸，黄白色。"

见于《晏子春秋》的有以下 1 个。

意气：②精神〈1〉。见《闻义里》："时跋提国送狮子儿两头与乾陀罗王，云等见之，观其意气雄猛，中国所画，莫参其仪。"

见于《仪礼》的有以下 1 个。

兄弟：②古代对同姓宗亲的称呼〈3〉。如《永宁寺》："弃亲助贼，兄弟寻戈。"

见于《素问》的有以下 1 个。

岩谷：犹山谷〈1〉。见《景林寺》："虽云朝市，想同岩谷。"

---

[1] 该字原文阙如。

见于《孙子》的有以下 2 个。

姓名：姓和名字〈1〉。见《菩提寺》："后令纭问其姓名，死来几年，何所饮食。"

高阳：①指高而向阳之地〈1〉。见《正始寺》："不忆春于沙漠，遂忘秋于高阳。"

见于《吕氏春秋》的有以下 1 个。

荣利：功名利禄〈2〉。如《秦太上君寺》："齐土之民，风俗浅薄，虚论高谈，专在荣利。"

见于宋玉《神女赋》的有以下 1 个。

容颜：容貌神色〈1〉。见《闻义里》："容颜挺特，世所希有。"

见于《韩非子》的有以下 1 个。

云雾：①云和雾〈1〉。见《昭仪尼寺》："其日云雾晦冥，下斧之处，血流至地。"

见于《六韬》的有以下 1 个。

步骑：步兵和骑兵〈2〉。如《永宁寺》："帝遣侍中源子恭、黄门郎杨宽，领步骑三万，镇河内。"

见于《逸周书》的有以下 1 个。

家国：指国家〈1〉。见《永宁寺》："今家国隆替，在卿与我。"

见于《鬼谷子》的有以下 1 个。

伎术：技艺方术〈1〉。见《永明寺》："诸方伎术之士，莫不归赴。"

见于《公羊传》的有以下 1 个。

京师：泛称国都〈49〉。如《永宁寺》："去京师百里，已遥见之。"

见于《孔丛子》的有以下 1 个。

学行：学问品行〈1〉。见《景宁寺》："世以学行著闻，名高州里。"

2．偏正式双音节词语，215 个

见于《左传》的有以下 33 个。

奥主：①指君主〈1〉。见《平等寺》："今天眷明德，民怀奥主，历数允集，歌讼同臻。"

白马：①白色的马〈2〉。如《白马寺》："时以白马负经而来，因以为名。"

白雁：候鸟。体色纯白，似雁而小〈1〉。见《景明寺》："或青凫白雁，沉浮于绿水。"

才子：①古称德才兼备的人〈1〉。见《冲觉寺》："怿爱宾客，重文藻，海内才子，莫不辐辏。"

大臣：官职尊贵之臣〈1〉。见《闻义里》："自余大臣妻皆随。"

郭门：外城的门〈1〉。见《景兴尼寺》："七里桥东一里，郭门开三道，时人号为三门。"

甲士：泛指士兵〈1〉。见《禅虚寺》："寺前有阅武场，岁终农隙，甲士习战，千乘万骑，常在于此。"

金鼓：①指四金和六鼓。金鼓用以节声乐，和军旅，正田役。亦泛指金属制乐器和鼓。〈1〉。见《永宁寺》："时兆营军尚书省，建天子金鼓。"

旧宅：①故居〈1〉。见《大统寺》："人谓此地是苏秦旧宅。"

老臣：①年老之臣的自称〈1〉。见《秦太上君寺》："陛下渭阳兴念，宠及老臣。"

嫠妇：寡妇〈1〉。见《昭仪尼寺》："高轩斗升者，尽是阉官之嫠妇。"

民望：民众的希望、心愿〈1〉。见《平等寺》："自惟薄寡，本枝疏远，岂宜仰异天情，俯乖民望？"

明年：今年的下一年〈2〉。如《景宁寺》："至明年而广陵被废死。"

明日：①明天〈1〉。见《正觉寺》："卿明日顾我，为卿设郏莒之食，亦有酪奴。"

谋主：出谋划策的主要人物〈1〉。见《建中寺》："正光年中，元义专权，太后幽隔永巷，腾为谋主。"

南方：②泛指南部地区，指长江流域及其以南地区〈2〉。如《永明寺》："京师沙门问其南方风俗。"

匹夫：①泛指平民百姓〈1〉。见《宣忠寺》："匹夫无罪，怀璧其罪。"

千里：指路途遥远或面积广阔〈5〉。如《法云寺》："京师朝贵多出郡登藩，远相饷馈，逾于千里。"

日中：①正午〈1〉。见《闻义里》："日中已后，始治国事。"

商人：贩卖货物的人〈2〉。如《闻义里》："昔有三百商人止宿池侧，值龙忿怒，泛杀商人。"

上流：①河流的上游〈1〉。见《永宁寺》："有汉中人李苗为水军，从上流放火烧桥。"

使人：奉命出使的人〈1〉。见《闻义里》："见大魏使人，再拜跪受诏书。"

庶姓：古代指与天子或诸侯国君异姓且无亲属关系者〈1〉。见《开善寺》："晋室石崇，乃是庶姓。"

水物：水中生物〈1〉。见《景明寺》："寺有三池，萑蒲菱藕，水物生焉。"

死罪：①应该判处死刑的罪行〈1〉。见《闻义里》："假有死罪，不立杀刑，唯徙空山，任其饮啄。"

天火：由雷电或物体自燃等自然原因引起的大火〈1〉。见《闻义里》："此浮图天火七烧，佛法当灭。"

天命：③古以君权为神授，统治者自称受命于天，谓之天命〈1〉。见《平等寺》："天命至重，历数匪轻。"

王城：①都城〈5〉。如《闻义里》："去王城东南，山行八日。"

王孙：①指贵族子弟〈1〉。见《正始寺》："别有王孙公子，逊遁容仪，思山念水，命驾相随。"

西门：①西边城门〈1〉。见《永宁寺》："帝即出库物置城西门外，募敢死之士，以讨世隆。"

倚庐：①古人为父母守丧时居住的简陋棚屋〈1〉。见《白马寺》："大竹箭者，苴杖；东厢屋者，倚庐。"

宗国：②犹祖国〈1〉。见《永宁寺》："徒危宗国，以广寇仇。"

宗室：②宗族〈1〉。见《寿丘里》："琛常会宗室，陈诸宝器。"

见于《管子》的有以下 19 个。

本国：①自己的国家〈1〉。见卷三《龙华寺》："狮子亦令送归本国。"

处女：①指待在家中的妇女〈1〉。见《瑶光寺》："亦有名族处女，性爱道场，落发辞亲，来仪此寺。"

大兵：①人数多、声势大的军队〈1〉。见《宣忠寺》："大兵阻河，雄雌未决，徽愿入洛阳，舍宅为寺。"

大风：①强劲的风〈1〉。见《永宁寺》："至孝昌二年中，大风发屋拔树，刹上宝瓶，随风而落，入地丈余。"

官位：官吏的职位、职称〈1〉。见《永宁寺》："遣侍中朱元龙赍铁券与世隆，待之不死，官位如故。"

国权：①犹国柄。政府或国君的权力〈1〉。见《平等寺》："辄专擅国权，凶愍滋甚。"

果木：①果树〈1〉。见《报德寺》："承光寺亦多果木，奈味甚美，冠于京师。"

豪家：指有钱有势的人家〈2〉。如《永宁寺》："贵室豪家，弃宅竞窜，贫夫贱士，襁负争逃。"

绝域：①极远之地〈1〉。见《闻义里》："宋云远在绝域，因瞩此芳景，归怀之思，独轸中肠。"

军人：隶属军籍、服兵役的人〈1〉。见《景兴尼寺》："晋义熙十二年刘裕伐姚泓，军人所作。"

圣君：①犹圣主〈1〉。见《平等寺》："广陵杜口八载，至是始言，海内士庶，咸称圣君。"

人伦：①指尊卑长幼之间的等级关系〈1〉。见《景宁寺》："是以刘劭杀父于前，休龙淫母于后，见逆人伦，禽兽不异。"

行人：①出行的人〈3〉。如《永宁寺》："京邑行人，多庇其下。

杏树：①木名，落叶乔木，核果，圆形，成熟时黄红色，味酸甜〈3〉。如《闻义里》："今辄将异国沙门来在城南杏树下。"

阳春：①温暖的春天〈1〉。见《正始寺》："然目之绮，烈鼻之馨，既共阳春等茂，复与白雪齐清。"

治本：①治国的根本措施〈6〉。如《景明寺》："省府以之决疑，州郡用为治本。"

中旬：一个月的中间十天〈3〉。如《闻义里》："九月中旬入钵和国。"

往岁：往年〈1〉。见《永宁寺》："直以尔朱荣往岁入洛，顺而勤王，终为魏贼。"

无外：④远方，指极大的范围〈1〉。见《平等寺》："故道溢百王，德渐无外。"

见于《古文尚书》的有以下 17 个。

百官：①泛指各级官吏〈11〉。如《永宁寺》："十三日召百官赴驾，至者尽诛之。"

百姓：②民众〈10〉。如《永宁寺》："百姓道俗，咸来观火。"

邦君：①古代指诸侯国君主〈2〉。如《正始寺》："车马出入，逾于邦君。"

大邦：①大国〈2〉。如《正觉寺》："羊比齐鲁大邦，鱼比邾莒小国。"

独夫：①指残暴无道、众叛亲离的统治者〈1〉。见《永宁寺》："害卿兄弟，独夫介立，遵养待时，臣节诟久。"

季秋：秋季的最后一个月，农历九月〈1〉。见《景林寺》："至于三月禊日，季秋巳辰，皇帝驾龙舟鹢首，游于其上。"

峻宇：高大的屋宇〈1〉。见《修梵寺》："雕墙峻宇，比屋连甍。"

生民：①人民〈5〉。如《永宁寺》："世隆见桥被焚，遂大剽生民。"

庶士：①众士〈1〉。见《序》："王侯贵臣，弃象马如脱屣，庶士豪家，舍资财若遗迹。"

四海：②犹言天下，全国各处〈4〉。如《平等寺》："奄有万邦，光宅四海。"

四世：①四代〈1〉。见《景宁寺》："四世同居，一门三从。"

四夷：古代华夏族对四方少数民族的统称。含有轻蔑之意〈2〉。如《闻义里》："四夷之中，最为强大。"

天下：①古时多指中国范围内的全部土地；全国〈12〉。如《永宁寺》："大道既隐，天下匪公。"

夷人：①指古代中国东部地区各部族之人〈2〉。如《闻义里》："宋云初谓王是夷人，不可以礼责。"

异姓：①不同姓。亦指不同姓的人〈1〉。见《永宁寺》："荣即共穆结异姓兄弟。"

异物：①珍奇的东西〈1〉。见卷三《龙华寺》："背设五彩屏风、七宝坐床，容数人，真是异物。"

罪人：①有罪的人〈1〉。见《秦太上君寺》："陛下渭阳兴念，宠及老臣，使夜行罪人，裁锦万里。"

见于《楚辞》的有以下 12 个。

浮云：①飘动的云〈2〉。如《冲觉寺》："西北有高楼，上与浮云齐。"

皇舆：国君所乘的高大车子。多借指王朝或国君〈1〉。见《序》："暨永熙多难，皇舆迁邺，诸寺僧尼，亦与时徙。"

牧竖：牧童〈1〉。见《序》："游儿牧竖，踯躅于九逵。"

清尘：④高尚的品质〈1〉。见《景兴尼寺》："牧民之官，浮虎慕其清尘。"

曲池：②曲折回绕的水池〈1〉。见《寿丘里》："花林曲池，园园而有。"

神光：①神异的灵光〈1〉。见《法云寺》："神光壮丽，若金刚之在双林。"

世人：①一般的人〈8〉。如《高阳王寺》："世人即以此为讥骂。"

天津：①银河〈1〉。见《正始寺》："下天津之高雾，纳沧海之远烟。"

遗风：①前代或前人遗留下来的风教〈1〉。见《景宁寺》："卿沐其遗风，未沾礼化。"

　　鱼鳞：①鱼身上的鳞片〈1〉。见《闻义里》："石上犹有鱼鳞纹。"

　　羽觞：古代一种酒器。作鸟雀状，左右形如两翼〈1〉。见《法云寺》："丝桐发响，羽觞流行。"

　　中路：①半路〈1〉。见《闻义里》："于阗国王亲见礼拜，载像归，中路夜宿，忽然不见。"

　　见于《韩非子》的有以下 11 个。

　　陛下：②对帝王的尊称〈4〉。如《秦太上君寺》："陛下渭阳兴念，宠及老臣。"

　　朝臣：朝廷官员〈2〉。如《永宁寺》："王公卿士及诸朝臣死者三千余人。"

　　从兄：同祖伯叔之子年长于己者，即堂兄〈1〉。见《永宁寺》："颢，庄帝从兄也。"

　　邻人：住家邻近的人〈2〉。如《法云寺》："邻人逐之，变成一狐，追之不得。"

　　民俗：人民的风俗习惯〈1〉。见《永明寺》："民俗淳善，质直好义。"

　　千金：③形容富贵〈1〉。见《法云寺》："千金比屋，层楼对出。"

　　太子：封建时代君主的儿子中被预定继承君位的人〈11〉。如《永宁寺》："九月二十五日，诈言产太子。"

　　瓦器：①用泥土烧制的器皿。亦泛指粗拙的陶器，以别于瓷器〈1〉。见《凝玄寺》："唯有造瓦者止其内，京师瓦器出焉。"

　　贤主：①贤明的君主〈1〉。见《景兴尼寺》："苻坚自是贤主，贼君取位，妄书君恶。"

　　游侠：①古称豪爽好结交，轻生重义，勇于排难解纷的人〈1〉。见《法云寺》："游侠语曰：不畏张弓拔刀，唯畏白堕春醪。"

　　玉卮：①玉制的酒杯〈1〉。见《寿丘里》："自余酒器，有水晶钵、玛瑙琉璃碗、赤玉卮数十枚。"

　　见于《荀子》的有以下 9 个。

　　百王：历代帝王〈2〉。如《平等寺》："故道溢百王，德渐无外。"

　　重楼：①层楼〈2〉。如《开善寺》："飞馆生风，重楼起雾。"

　　大市：①泛称大的集市〈2〉。如《菩提寺》："洛阳大市北有奉终里。"

　　甘泉：①甜美的泉水〈1〉。见《闻义里》："王城西南五百里，有善持山，甘泉美果，见于经记。"

　　旧名：原来的名称〈1〉。见《序》："洛阳城门依魏晋旧名。"

　　民语：民间广泛流行的定型的言语〈1〉。见《寿丘里》："秦民语曰：'快马健儿，不如老姬吹篪。'"

　　千岁：①千年，年代久远〈1〉。见《建中寺》："有一凉风堂，本腾避暑之处，凄凉常冷，经夏无蝇，有万年千岁之树也。"

　　天府：①称朝廷藏物之府库为天府〈1〉。见《永宁寺》："部落八千余，家有马数万匹，富等天府。"

微风：轻微的风〈1〉。见《闻义里》："微风渐发，则宝铎和鸣。"

见于《战国策》的有以下 9 个。

地形：地面的形状〈2〉。如《景兴尼寺》："地形显敞，门临御道。"

胡人：我国古代对北方边地及西域各民族人民的称呼。后泛称外国人〈3〉。如《菩提寺》："菩提寺，西域胡人所立也。"

虎口：①老虎之口。比喻危险的境地〈1〉。见《永宁寺》："托命豺狼，委身虎口。"

近代：①指过去不远之时代〈1〉。见《冲觉寺》："徙王国三卿为执戟者，近代所无也。"

居民：①居住在某一地方的人〈1〉。见《闻义里》："城中居民可有百家。"

少子：指最小的儿子〈1〉。见《平等寺》："平阳王，武穆王少子。"

阳侯：古代传说中的波涛之神〈1〉。见《正觉寺》："下官生于水乡，而立身以来，未遭阳侯之难。"

真珠：①即珍珠。形圆如豆，乳白色，有光泽，是某些软体动物壳内所产〈1〉。见《闻义里》："此塔初成，用真珠为罗网覆于其上。"

壮士：①意气豪壮而勇敢的人；勇士〈1〉。见《法云寺》："延伯每临阵，常令僧超为壮士声，甲胄之士莫不踊跃。"

见于《庄子》的有以下 9 个。

甘井：水味清甜的井或水泉〈1〉。见《景乐寺》："下有甘井一所，石槽铁罐，供给行人，饮水庇荫，多有憩者。"

高门：②借指富贵之家，高贵门等〈1〉。见《修梵寺》："皆高门华屋，斋馆敞丽，楸槐荫途，桐杨夹植。"

华辞：①华而不实的话〈1〉。见《景兴尼寺》："佞言伤正，华辞损实。"

天王：①天子〈2〉。如卷二《龙华寺》："公主骂曰：'胡狗，敢辱天王女乎！'"

雷车：①雷神的车子，此处形容车声如雷〈1〉。见《宝光寺》："雷车接轸，羽盖成阴。"

六经：六部儒家经典〈1〉。见《景林寺》："学极六经，说通百氏。"

同时：①同时代；同一时候〈1〉。见《景宁寺》："慷慨叹不得与阮籍同时生。"

隐士：①隐居不仕的人〈4〉。如《宝光寺》："隐士赵逸见而叹曰……"

足迹：脚印；行踪〈1〉。见《法云寺》："舟车所通，足迹所履，莫不商贩焉。"

见于《周礼》的有以下 10 个。

虎门：②国子学的别称〈1〉。见《景明寺》："自王室不靖，虎门业废，后迁国子祭酒，谟训上庠。"

国门：①国都的城门〈1〉。见《永宁寺》："怀恨出国门，含悲入鬼乡。"

金铎：即铎。古乐器名〈3〉。如《永宁寺》："周匝皆垂金铎。"

经途：①南北向的道路〈1〉。见《永宁寺》："又共芳造洛阳宫殿门阁之名，经途里邑之号。"

韭菹：以醯酱腌渍之韭菜〈1〉。见《高阳王寺》："而性多俭吝，恶衣粗食，食常无肉，止有韭茹、韭菹。"

九轨：可容九辆车并列行驶的路面宽度〈1〉。见《序》："门有三道，所谓九轨。"

六军：①天子所统领的军队〈2〉。如《永宁寺》："朕犹庶几五帝，无取六军。"

五谷：五种谷物。后以五谷为谷物的通称，不一定限于五种〈2〉。如《闻义里》："五谷尽登，百果繁熟。"

园地：①种植瓜蔬花果的田地〈1〉。见《宝光寺》："时园地平衍，果菜葱青，莫不叹息焉。"

羽盖：①古时以鸟羽为饰的车盖〈1〉。见《宝光寺》："雷车接轸，羽盖成阴。"

见于《论语》的有以下 7 个。

朝廷：①君王接受朝见和处理政务的地方〈3〉。如《景明寺》："时戎马在郊，朝廷多事，国礼朝仪，咸自子才出。"

历数：③指帝王继承的次序。古代迷信说法，认为帝位相承和天象运行次序相应〈2〉。如《平等寺》："今天眷明德，民怀奥主，历数允集，歌讼同臻。"

南人：①南方人〈1〉。见《景宁寺》："彪亦是南人。"

其中：那里面〈12〉。如《正始寺》："其中重岩复岭，欹嵌相属。"

危行：③正直的行为〈1〉。见《崇真寺》："宣明少有名誉，精通经史，危行及于诛死也。"

逸民：指遁世隐居的人〈1〉。见《正始寺》："天水人姜质，志性疏诞，麻衣葛巾，有逸民之操。"

三军：②军队的通称〈4〉。如《永宁寺》："荣三军皓素，扬旌南出。"

见于《列子》的有以下 7 个。

百仞：八尺为仞。百仞，形容极深或极高〈1〉。见《景明寺》："太后始造七层浮图一所，去地百仞。"

大道：①宽阔的道路〈2〉。如《崇真寺》："桥北大道西有建阳里。"

空中：①天空〈1〉。见《瑶光寺》："刻石为鲸鱼，背负钓台，既如从地踊出，又似空中飞下。"

库藏：①库房里储藏〈1〉。见《寿丘里》："于时国家殷富，库藏盈溢，钱绢露积于廊者，不可校数。"

万金：极多的钱财〈1〉。见《闻义里》："此珠网价直万金。"

香气：①芳香的气味〈1〉。见《开善寺》："一里之内，咸闻香气。"

永夜：①长夜〈1〉。见《永宁寺》："至于高风永夜，宝铎和鸣，铿锵之声，闻及十余里。"

见于《孟子》的有以下 7 个。

百里：②古时诸侯封地范围〈2〉。如《景宁寺》："虽令与侯小乖，按令今百里，即是古诸侯，以此论之，亦为妙著。"

海内：国境之内，全国。古谓我国疆土四面临海，故称〈6〉。如《平等寺》："丞相一麾，大定海内。"

黄泉：①地下的泉水〈1〉。见《永宁寺》："初掘基至黄泉下，得金像三十躯。"

懦夫：软弱无能的人〈1〉。见《法云寺》："闻之者懦夫成勇，剑客思奋。"

平旦：①清晨〈1〉。见《永宁寺》："火初从第八级中平旦大发。"

白雪：①洁白的雪〈1〉。见《正始寺》："既共阳春等茂，复与白雪齐清。"

万乘：②周制，天子地方千里，能出兵车万乘，因以"万乘"指天子〈1〉。见《永宁寺》："正以糠秕万乘，锱铢大宝，非贪皇帝之尊，岂图六合之富？"

见于《公羊传》的有以下 6 个。

国色：①旧指姿容极美的女子。赞其容貌冠绝一国，故云〈1〉。见《寿丘里》："妓女三百人，尽皆国色。"

九锡：古代天子赐给诸侯、大臣的九种器物，是一种最高礼遇〈1〉。见《平等寺》："赠太原王相国晋王，加九锡。"

美谈：①令人赞扬称道的好事〈1〉。见《景明寺》："邻国钦其模楷，朝野以为美谈也。"

世子：太子，帝王和诸侯的嫡长子〈2〉。如《永宁寺》："穆为伏兵鲁暹所杀，荣世子部落大人亦死焉。"

幼君：年幼的君主〈1〉。见《永宁寺》："皇帝晏驾，春秋十九，海内士庶，犹曰幼君。"

元年：帝王即位的第一年〈23〉。如《永宁寺》："颢登皇帝位，改年曰建武元年。"

见于《吕氏春秋》的有以下 6 个。

海上：①海岛〈1〉。见《永宁寺》："海上之民，咸皆见之。"

名士：②旧时指以学术诗文等著称的知名士人〈1〉。见《秦太上君寺》："颍川荀济，风流名士，高鉴妙识，独出当世。"

石铭：刻有文字的碑石〈3〉。如《建中寺》："掘故井得石铭，云是汉太尉荀彧宅。"

山谷：①两山间低凹而狭窄处，其间多有涧溪流过〈2〉。如《闻义里》："山谷和暖，草木冬青。"

太簇：②古人将十二律与十二月相配，太簇配正月，因以为农历正月的别名〈1〉。见《闻义里》："当时太簇御辰，温炽已扇，鸟鸣春树，蝶舞花丛。"

异处：①在不同地方〈1〉。见《闻义里》："路中甚寒，多饶风雪，飞沙走砾，举目皆满，唯吐谷浑城左右暖于异处。"

见于《墨子》的有以下 6 个。

大将：①古代军队中的中军主将。亦指主帅〈1〉。见《追先寺》："江革者，萧衍之大将也。"

复道：①楼阁或悬崖间有上下两重通道，称复道〈2〉。如《平等寺》："堂宇宏美，林木萧森，平台复道，独显当世。"

　　民财：人民的财物〈1〉。见《崇真寺》："卿作太守之日，曲理枉法，劫夺民财，假作此寺，非卿之力，何劳说此。"

　　深溪：深谷〈1〉。见《正始寺》："深溪洞壑，逶迤连接。"

　　铁锁：铁质锁链〈2〉。如《闻义里》："从钵庐勒国向乌场国，铁锁为桥，悬虚为渡。"

　　异国：外国〈2〉。如《闻义里》："今辄将异国沙门来在城南杏树下。"

　　见于《周易》"十翼"的有以下5个。

　　大德：①大功德〈1〉。见《景兴尼寺》："及其死也，碑文墓志，莫不穷天地之大德，尽生民之能事。"

　　后世：①某一时代以后的时代〈1〉。见《序》："恐后世无传，故撰斯记。"

　　三才：①天、地、人〈1〉。见《平等寺》："天命至重，历数匪轻，自非德协三才，功济四海，无以入选帝图，允当师锡。"

　　上古：①远古〈2〉。如《平等寺》："石立社移，上古有此，陛下何怪也？"

　　五帝：①上古传说中的五位帝王，说法不一〈1〉。见《永宁寺》："朕犹庶几五帝，无取六军。"

　　见于《国语》的有以下5个。

　　白骨：①尸骨〈2〉。如《追先寺》："臣遭家祸难，白骨未收。"

　　百人：①满百人的概数〈4〉。如《闻义里》："此杖轻重不定，值有重时，百人不举，值有轻时，一人胜之。"

　　土气：①地气。指从泥土中蒸发上升的气体〈1〉。见《闻义里》："北接葱岭，南连天竺，土气和暖，地方数千里。"

　　刑法：①关于犯罪和刑罚的法律规范的总称〈1〉。见《永宁寺》："刑法疑狱，多访于景。"

　　遗迹：④谓行人遗弃脚印，毫不在意。比喻极端鄙视〈1〉。见《序》："王侯贵臣，弃象马如脱屣；庶士豪家，舍资财若遗迹。"

　　见于战国楚宋玉作品的有以下4个。

　　春风〔1〕：①春天的风〈2〉。如《法云寺》："至于春风扇扬，花树如锦，晨食南馆，夜游后园。"

　　后宫〔2〕：①妃嫔所居的宫殿〈1〉。见《冲觉寺》："正光初，元义秉权，闭太后于后宫，薨怿于下省。"

　　天外〔3〕：①天之外。极言高远〈2〉。如《永宁寺》："宝铎含风，响出天外。"

　　雾縠〔4〕：①薄雾般的轻纱〈1〉。见《寿丘里》："复引诸王按行府库，锦罽珠玑，冰罗雾縠，充积其内。"

---

〔1〕〔2〕　见于《登徒笾好色赋》。
〔3〕　见于《大言赋》。
〔4〕　见于《神女赋》。

见于《谷梁传》的有以下 3 个。

今日：②目前；现在〈11〉。如《宣忠寺》："今日富贵至矣！"

人力：①人的力量〈1〉。见《闻义里》："若其不尔，实非人力所能举。"

丈夫：①指成年男子〈2〉。如《景乐寺》："以是尼寺，丈夫不得入。"

见于《春秋》的有以下 3 个。

宝玉：珍贵的玉〈1〉。见《法云寺》："金蝉曜首，宝玉鸣腰。"

大雨：降雨量较大的雨。亦指下大雨〈1〉。见《明悬尼寺》："逮我孝昌三年大雨颓桥，南柱始埋没。"

夜中：夜半〈2〉。如《修梵寺》："后卓夜中随峦索此物，峦不与之。"

见于《逸周书》的有以下 4 个。

工匠：从事手艺的人〈1〉。见《永宁寺》："复命工匠更铸新瓶。"

衮衣：①古代帝王及上公穿的绘有卷龙的礼服〈1〉。见《景宁寺》："夜梦著衮衣，倚槐树而立，以为吉征，问于元慎。"

王法：①王朝的法令〈1〉。见《永宁寺》："太原王立功不终，阴图衅逆，王法无亲，已依正刑。"

野兽：家畜以外的兽类〈1〉。见《序》："野兽穴于荒街，山鸟巢于庭树。"

见于《山海经》的有以下 3 个。

金神：西方之神〈1〉。见《白马寺》："帝梦金神，长丈六，项背日月光明，胡神号曰佛。"

文石：①有纹理的石头〈1〉。见《闻义里》："其高三丈，悉用文石为阶砌栌栱。"

竹林：①竹子丛生处〈1〉。见《高阳王寺》："其竹林鱼池，侔于禁苑。"

见于《仪礼》的有以下 2 个。

贵臣：①本指公卿大夫位高的家臣，后泛指显贵的大臣〈1〉。见《序》："王侯贵臣，弃象马如脱屣；庶士豪家，舍资财若遗迹。"

侍臣：侍奉帝王的廷臣〈1〉。见《永宁寺》："今欲以铁马五千，赴哀山陵，兼问侍臣帝崩之由，君竟谓何如？"

见于《吴子》的有以下 2 个。

长戟：古兵器名。长柄的戟〈1〉。见《永宁寺》："尔朱荣马邑小胡，人才凡鄙，不度德量力，长戟指阙，所谓穷辙拒轮，积薪候燎！"

朱漆：红漆〈1〉。见《永宁寺》："浮图有四面，面有三户六窗，户皆朱漆。"

见于《老子》的有以下 2 个。

人主：君主〈1〉。见《冲觉寺》："是以熙平、神龟之际，势倾人主，第宅丰大，逾于高阳。"

虚言：假话〈1〉。见《高阳王寺》："汝颍之士利如锥，燕赵之士钝如锤。信非虚言也。"

见于《六韬》的有以下 2 个。

高谈：②不切实际的议论〈1〉。见《秦太上君寺》："齐土之民，风俗浅薄，虚论高谈，专在荣利。"

虚论：浮夸空泛的议论〈1〉。见《秦太上君寺》："齐土之民，风俗浅薄，虚论高谈，专在荣利。"

见于《穆天子传》的有以下 2 个。

赤骥：①传说中的骏马名，为周穆王八骏之一〈1〉。见《寿丘里》："得千里马，号曰追风赤骥。"

龙舟：②专供皇帝乘御的船〈1〉。见《景林寺》："皇帝驾龙舟鹢首，游于其上。"

见于《尔雅》的有以下 2 个。

山顶：山的最高处〈3〉。如《闻义里》："汉盘陀国正在山顶。"

从姑：父亲的叔伯姐妹〈1〉。见《胡统寺》："胡统寺，太后从姑所立也。"

见于《商君书》的有以下 1 个。

世事：③时事〈2〉。如《白马寺》："胡太后闻之，问以世事。"

见于《鹖冠子》的有以下 1 个。

万年：②极言年代之久远〈1〉。见《建中寺》："凄凉常冷，经夏无蝇，有万年千岁之树也。"

见于《慎子》的有以下 1 个。

竹箭：②竹制的利箭〈2〉。如《白马寺》："大竹箭者，苴杖。"

见于《文子》的有以下 1 个。

鲸鱼：①鲸的俗称〈1〉。见《瑶光寺》："刻石为鲸鱼，背负钓台。"

见于《关尹子》的有以下 1 个。

八荒：八方荒远的地方〈1〉。见《寿丘里》："当时四海晏清，八荒率职，缥囊纪庆，玉烛调辰。"

见于《孙子兵法》的有以下 1 个。

五味：①指酸、甜、苦、辣、咸五种味道〈1〉。见《法云寺》："金银锦绣，奴婢缇衣，五味八珍，仆隶毕口。"

见于《尸子》的有以下 1 个。

玉烛：①谓四时之气和畅。形容太平盛世〈1〉。见《寿丘里》："当时四海晏清，八荒率职，缥囊纪庆，玉烛调辰，百姓殷阜，年登俗乐。"

见于《鬼谷子》的有以下 1 个。

佞言：逢迎讨好的话〈1〉。见《景兴尼寺》："佞言伤正，华辞损实。"

3. 支配式双音节名词，4 个

见于《谷梁传》的有以下 1 个；

以上：①表示品第、数量、级别、位置等在某一点之上〈3〉。如《永宁寺》："三品以上，赠三公。"

见于《左传》的有以下 2 个。

当今：①现在〈1〉。见《景兴尼寺》："当今之人，亦生愚死智，惑已甚矣。"

以来：①表示从过去某时直到现在。（或特指某一时间）的一段时期〈8〉。如《菩提寺》："上古以来，颇有此事否？"

见于《楚辞》的有以下 1 个。

当世：①当代〈6〉。如《永宁寺》："作工奇巧，冠于当世。"

4. 双音节联绵词，3 个

见于《荀子》的有以下 1 个。

须臾：③片刻〈4〉。如《景林寺》："剥驴投井，植枣种瓜，须臾之间，皆得食之。"

见于《尸子》的有以下 1 个。

玫瑰：①美玉。一说火齐珠〈1〉。见《闻义里》："头带一角，长三尺，以玫瑰五色珠装饰其上。"

见于《六韬》的有以下 1 个。

辘轳：②机械上的绞盘〈1〉。见《闻义里》："王与夫人及诸王子悉在楼上烧香散花，至心请神，然后辘轳绞索，一举便到。"

5. 附加式双音节名词，2 个

见于《庄子》的有以下 1 个。

向者：①刚才〈1〉。见《菩提寺》："实无此儿，向者谬言。"

见于《山海经》的有以下 1 个。

所在：①所处或所到之地〈4〉。如《法云寺》："至于盐粟贵贱，市价高下，所在一例。"

6. 主谓式双音节名词，2 个

见于《六韬》的有以下 1 个。

漏刻：①古计时器。即漏壶。因漏壶的箭上刻符号表时间，故称〈1〉。见《永宁寺》："时兆营军尚书省，建天子金鼓，庭设漏刻。"

见于《逸周书》的有以下 1 个。

霜降：二十四节气之一，在公历 10 月 23 日或 24 日〈1〉。见《景林寺》："霜降乃熟，食之甚美。"

（二）　见于战国传世典籍的双音节动词

见于战国语料的双音节动词有 138 个，根据词语内部结构关系，又分为并列式、偏正式、述补式和支配式等。

1. 并列式双音节动词，56 个

见于《管子》的有以下 8 个。

辐辏：集中；聚集〈3〉。如《冲觉寺》："怿爱宾客，重文藻，海内才子，莫不辐辏。"

耕耘：①翻土除草。亦泛指耕种〈1〉。见《永明寺》："尽天地之西垂，耕耘绩纺，百姓野居。"

供给：①以物资、钱财等给人而供其所需〈2〉。如《闻义里》："遂将云至一寺，供给甚薄。"

交通：①交相通达〈1〉。见《法云寺》："千金比屋，层楼对出，重门启扇，阁道交通，迭相临望。"

劳烦：麻烦〈1〉。见《闻义里》："刻石为铭，嘱语将来，若此塔坏，劳烦后贤出珠修治。"

论议：①对人或事物的好坏、是非等表示意见〈1〉。见《永明寺》："恒来造第，与沙门论议，时号为'玄宗先生'。"

商贩：①经商〈1〉。见《法云寺》："舟车所通，足迹所履，莫不商贩焉。"

填塞：①填补〈1〉。见《宝光寺》："井虽填塞，砖口如初，浴堂下犹有石数十枚。"

见于《左传》的有以下 6 个。

负荷：①背负肩担〈1〉。见《法云寺》："负荷执笏，逶迤复道。"

倾覆：②倒塌〈2〉。如《序》："城郭崩毁，宫室倾覆。"

失坠：丧失〈1〉。见《秦太上君寺》："陛下渭阳兴念，宠及老臣，使夜行罪人，裁锦万里，谨奉明敕，不敢失坠。"

以为：①认为〈12〉。如《景乐寺》："得往观者，以为至天堂。"

与夺：①赐予和剥夺，此指矛盾〈2〉。如《景明寺》："暨皇居徙邺，民讼殷繁，前革后沿，自相与夺。"

长育：养育，使之长大〈1〉。见《正始寺》："森罗兮草木，长育兮风烟，孤松既能却老，半石亦可留年。"

见于《庄子》的有以下 5 个。

翱翔：①回旋飞翔〈1〉。见《正始寺》："皆远来以臻此，藉水木以翱翔。"

沉浮：①在水上出没〈2〉。如《景宁寺》："沅湘江汉，鼓棹遨游，随波溯浪，噞喁沉浮。"

连属：①连接〈1〉。见《景林寺》："讲殿叠起，房庑连属。"

跳踉：①犹跳跃〈1〉。见卷三《龙华寺》："虞人牵盲熊至，闻狮子气，惊怖跳踉，曳锁而走。"

运转：①沿着一定规律变化〈1〉。见《闻义里》："乡土不识，文字礼教俱阙，阴阳运转，莫知其度。"

见于《楚辞》的有以下 5 个。

导引：①引导〈1〉。见《长秋寺》："四月四日此像常出，辟邪师子导引其前。"

还来：归来〈1〉。见《闻义里》："遣人寻之，还来本处。"

离别：比较长久地跟人或地方分开〈1〉。见《景兴尼寺》："离别者多云：相送三门外。"

梁津：①谓为桥以渡〈1〉。见《正始寺》："夫偏重者，爱昔先民之由朴由纯，然则纯朴之体，与造化而梁津。"

讴歌：①歌唱〈1〉。见《法云寺》："里内之人，丝竹讴歌，天下妙伎出焉。"

见于《国语》的有以下 4 个。

庇荫：①遮蔽〈1〉。见《景乐寺》："下有甘井一所，石槽铁罐，供给行人，饮水庇荫，多有憩者。"

贡献：①进奉；进贡〈1〉。见《闻义里》："受诸国贡献，南至牒罗，北尽敕勒，东被于阗，西及波斯。"

淫乱：③荒淫无道〈1〉。见卷二《龙华寺》："宝卷临政淫乱，吴人苦之。"

咏歌：①吟咏歌唱〈1〉。见《正始寺》："方丈不足以妙□[1]，咏歌此处态多奇。"

见于战国宋玉作品的有以下 4 个。

遨游[2]：①游乐〈1〉。见《景宁寺》："沅湘江汉，鼓棹遨游，随波溯浪，噞喁沉浮。"

重叠[3]：①相同的东西层层相积〈1〉。见《秦太上君寺》："诵室禅堂，周流重叠，花林芳草，遍满阶墀。"

来往[4]：①来去，往返〈1〉。见《景林寺》："台上有钓台殿，并作虹蜺阁，乘虚来往。"

仪比[5]：比匹〈1〉。见《追先寺》："乃封略为中山王，食邑千户，仪比王子。"

见于《墨子》的有以下 3 个。

焚烧：烧掉〈1〉。见《闻义里》："死者以火焚烧，收骨葬之，上起浮图。"

贼害：残害〈1〉。见《永宁寺》："若兆者，蜂目豺声，行穷枭獍，阻兵安忍，贼害君亲。"

置立：设立〈1〉。见《闻义里》："王五体投地，即于杏树下置立寺舍，画作罗睺罗像。"

见于《荀子》的有以下 3 个。

开导：①启发劝导〈1〉。见《胡统寺》："其寺诸尼，帝城名德，善于开导，工谈义理。"

侵夺：①侵占〈1〉。见《闻义里》："此珠网价直万金，我崩之后，恐人侵夺。"

施行：②实行〈2〉。如《平等寺》："坐持台省，家总万机，事无大小，先至隆第，然后施行。"

见于《战国策》的有以下 2 个。

伏诛：被处死〈1〉。见《景宁寺》："北海寻伏诛。"

闻见：①见闻〈1〉。见《法云寺》："至中国，即晓魏言及隶书，凡所闻见，无不

---

[1] 该字原文阙如。

[2] 见于《小言赋》。

[3][5] 见于《高唐赋》。

[4] 见于《神女赋》。

通解。"

见于《吕氏春秋》的有以下 2 个。

聚蓄：聚积〈1〉。见《明悬尼寺》："寺东有中朝时常满仓，高祖令为租场，天下贡赋所聚蓄也。"

疑似：②谓似是而非或是非不明〈1〉。见《闻义里》："事涉疑似，以药服之，清浊则验。"

见于《列子》的有以下 2 个。

滂润：浇灌〈1〉。见《景林寺》："离毕滂润，阳谷泄之不盈。"

往还：①往返〈1〉。见《闻义里》："太子所食泉水北有寺，恒以驴数头运粮上山，无人驱逐，自然往还。"

见于《论语》的有以下 2 个。

货殖：①谓经商营利〈1〉。见《法云寺》："凡此十里，多诸工商货殖之民。"

应对：酬对〈1〉。见《景宁寺》："博识文渊，清言入神，造次应对，莫有称者。"

见于《谷梁传》的有以下 1 个。

安置：①安排〈1〉。见《永明寺》："凤善玄言道家之业，遂舍半宅安置佛徒，演唱大乘数部。"

见于《春秋》的有以下 1 个。

震电：①电闪雷鸣〈1〉。见《平等寺》："有一柱焚之不尽，后三日雷雨震电，霹雳击为数段。"

见于《关尹子》的有以下 1 个。

游观：①犹游览〈1〉。见《凝玄寺》："王公卿士来游观为五言者，不可胜数。"

见于《周礼》的有以下 1 个。

诛戮：诛杀〈1〉。见《平等寺》："明年四月尔朱荣入洛阳，诛戮百官，死亡涂地。"

见于《孟子》的有以下 1 个。

流行：②传递〈1〉。见《法云寺》："丝桐发响，羽觞流行。"

见于《商君书》的有以下 1 个。

去来：①往来〈1〉。见《景明寺》："是以衣冠之士，辐辏其门，怀道之宾，去来满室。"

见于《尸子》的有以下 1 个。

照耀：强烈的光线映射〈2〉。如《永宁寺》："见浮图于海中，光明照耀，俨然如新。"

见于《六韬》的有以下 1 个。

幻惑：犹眩惑〈1〉。见《景乐寺》："奇禽怪兽，舞抃殿庭，飞空幻惑，世所未睹。"

见于《韩非子》的有以下 1 个。

敬重：尊重〈1〉。见《追先寺》："萧衍素闻略名，见其器度宽雅，文学优赡，甚敬重之。"

见于《吴子》的有以下 1 个。

流布：①流传散布〈1〉。见《闻义里》："惠生从于阗至乾陀罗，所有佛事处，悉皆流布，至此顿尽。"

2. 偏正式双音节动词，30 个

见于《左传》的有以下 8 个。

不许：①不允许〈2〉。如《景明寺》："永熙年末，以母老辞，帝不许之。"

次及：依次而及〈1〉。见《序》："先以城内为始，次及城外。"

荐食：不断吞并〈1〉。见《永宁寺》："傥天不厌乱，胡羯未殄，鸱鸣狼噬，荐食河北。"

无量：①不可计算；没有限度〈1〉。见《永明寺》："于是士庶异之，咸来观瞩，由是发心者，亦复无量。"

相继：①连续不断〈1〉。见《法云寺》："二年之间，献捷相继。"

相依：互相依靠〈2〉。如《闻义里》："风雪劲切，人畜相依。"

旰食：晚食〈1〉。见《法云寺》："贼帅万俟丑奴寇暴泾岐之间，朝廷为之旰食，诏延伯总步骑五万讨之。"

血食：②谓吃鱼肉之类荤腥食物〈1〉。见《闻义里》："杀生血食，器用七宝。"

见于《楚辞》的有以下 4 个。

骋望：①放眼远望〈1〉。见《冲觉寺》："至于清晨明景，骋望南台，珍羞具设，琴笙并奏。"

相接：②连接〈1〉。见《闻义里》："土饶异花，冬夏相接，道俗采之，上佛供养。"

遥望：往远处看〈1〉。见《闻义里》："入山窟，去十五步，西面向户遥望，则众相炳然。"

隐居：①深居乡野不出仕〈1〉。见《崇真寺》："惠嶷亦入白鹿山，隐居修道。"

见于《孟子》的有以下 4 个。

不敢：①表示没有胆量做某事〈8〉。如《平等寺》："自是已后，不敢复入朝。"

倒悬：②以人之倒挂比喻处境极其困苦或危急〈1〉。见《永宁寺》："恤深怨于骨肉，解苍生于倒悬。"

相向：相对〈1〉。见《闻义里》："山中有昔五百罗汉床，南北两行相向坐处，其次第相对。"

足以：完全可以；够得上〈1〉。见《正始寺》："方丈不足以妙□[1]，咏歌此处态多奇。"

见于《谷梁传》的有以下 2 个。

不忍：①不忍心，感情上觉得过不去〈1〉。见《永宁寺》："臣欲还晋阳，不忍空去，愿得太原王尸丧，生死无恨。"

---

〔1〕 该字原文阙如。

不得：②不可〈5〉。如《景乐寺》："以是尼寺，丈夫不得入。"

见于《仪礼》的有以下 2 个。

相对：①相向〈1〉。见《闻义里》："山中有昔五百罗汉床，南北两行相向坐处，其次第相对。"

一如：①全像〈1〉。见《正始寺》："纤列之状一如古，崩剥之势似千年。"

见于《孙膑兵法》的有以下 1 个。

相望：②对峙〈3〉。如《永宁寺》："七月帝至河阳，与颢隔河相望。"

见于《吕氏春秋》的有以下 1 个。

私有：私人所有〈1〉。见《崇真寺》："诏不听持经像沿路乞索，若私有财物，造经像者任意。"

见于《韩非子》的有以下 1 个。

不顾：④不顾忌〈3〉。如《永宁寺》："长乐不顾信誓，枉害忠良。"

见于《公羊传》的有以下 1 个。

不可：①不可以〈12〉。如《白马寺》："发言似谶，不可得解。"

见于《列子》的有以下 1 个。

丛生：①草木等聚集在一起生长〈1〉。见《闻义里》："嘉木灵芝，丛生其上。"

见于《国语》的有以下 1 个。

均分：①平均分配〈1〉。见《宣忠寺》："所得金马，缌亲之内均分之。"

见于《周易》"十翼"的有以下 1 个。

南面：①指居帝王或诸侯、卿大夫之位〈1〉。见《平等寺》："天子拱已南面，无所干预。"

见于《老子》的有以下 1 个。

无味：①谓平淡无奇，不含深致〈1〉。见《正始寺》："任性浮沉，若淡兮无味。"

见于《战国策》的有以下 1 个。

晏驾：车驾晚出。古代称帝王死亡的讳辞〈2〉。如《平等寺》："而孝明晏驾，人神乏主。"

见于《周礼》的有以下 1 个。

相当：①相对〈1〉。见《景乐寺》："在阊阖南，御道东，西望永宁寺正相当。"

3．支配式双音节动词，42 个

见于《左传》的有以下 7 个。

报仇：采取行动打击仇敌〈1〉。见《永宁寺》："吾为太原王报仇，终不归降！"

定鼎：①定立国都〈1〉。见《景宁寺》："我魏膺篆受图，定鼎嵩洛，五山为镇，四海为家。"

即位：②指开始成为帝王、皇后或诸侯〈2〉。如《大觉寺》："永熙年中，平阳王即位，造砖浮图一所。"

临政：亲理政务〈1〉。见卷二《龙华寺》："宝卷临政淫乱，吴人苦之。"

摄官：①任职的谦辞。表示暂时代理〈1〉。见《追先寺》："臣在本朝之日，承乏摄官。"

制度：②制订法规〈1〉。见《景明寺》："子才洽闻博见，无所不通，军国制度，罔不访及。"

专政：①独揽政权〈1〉。见《追先寺》："元乂专政，虐加宰辅。"

见于《庄子》的有以下 5 个。

成群：众多的人或动物聚集在一起〈1〉。见《法云寺》："僚寀成群，俊民满席。"

失色：②因羞愧、吃惊或发怒而改变神色〈1〉。见《宣忠寺》："庄帝闻荣来，不觉失色。"

扬榷：①约略，举其大概〈1〉。见《景兴尼寺》："作工甚精，难可扬榷。"

养生：②摄养身心使长寿〈1〉。见《景兴尼寺》："吾不闲养生，自然长寿。"

造形：创造物体形象〈1〉。见《永宁寺》："复有金环铺首，殚土木之功，穷造形之巧。"

见于《古文尚书》的有以下 4 个。

告归：①旧时官吏告老回乡或请假回家〈1〉。见《宝光寺》："京邑士子，至于良晨美日，休沐告归，征友命朋，来游此寺。"

光宅：①充满，覆被〈2〉。如《平等寺》："奄有万邦，光宅四海。"

假手：①借他人之手来达到自己的目的〈1〉。见《宣忠寺》："祖仁负恩反噬，贪货杀徽，徽即托梦增金马，假手于兆，还以毙之。"

无穷：无尽，无限。指时间没有终结〈1〉。见《永宁寺》："今家国隆替，在卿与我，若天道助顺，誓兹义举，则皇魏宗社，与运无穷。"

见于《论语》的有以下 4 个。

尽力：竭尽能力〈1〉。见《永宁寺》："于是至明尽力攻之，如其言。"

为政：⑤作官〈2〉。如《追先寺》："略为政清肃，甚有治声。"

摄齐：提起衣摆。古时官员升堂时谨防踩着衣摆，跌倒失态。表示恭敬有礼〈1〉。见《高阳王寺》："子文摄齐北面，就和受道。"

用心：①使用心力〈1〉。见《秦太上君寺》："舅宜好用心，副朝廷所委。"

见于《管子》的有以下 3 个。

杀生：①宰杀动物〈1〉。见《闻义里》："杀生血食，器用七宝。"

贪心：①贪得的欲望〈2〉。如《崇真寺》："虽造作经像，正欲得它人财物，既得财物，贪心即起，既怀贪心，便是三毒不除，具足烦恼。"

无遗：没有脱漏或余留〈2〉。如《永明寺》："立性虚豁，少有大度，爱人好士，待物无遗。"

见于《孟子》的有以下 3 个。

好事：①喜欢多事〈1〉。见《景兴尼寺》："好事者遂寻问晋朝京师何如今日。"

悔过：悔改过错〈1〉。见《闻义里》："龙变为人，悔过向王。"

受业：①从师学习〈1〉。见《秦太上君寺》："常有大德名僧讲一切经，受业沙门，亦有千数。"

见于《国语》的有以下 2 个。

牧民：治民〈1〉。见《景兴尼寺》："牧民之官，浮虎慕其清尘。"

入朝：①指属国、外国使臣或地方官员谒见天子〈4〉。如《宣忠寺》："以生太子为辞，荣必入朝，因以毙之。"

见于《周易》"十翼"的有以下 2 个。

过半：超过一半〈1〉。见《闻义里》："魏国之幡过半矣。"

有为：①有作为〈1〉。见《崇真寺》："沙门之体，必须摄心守道，志在禅诵，不干世事，不作有为。"

见于《战国策》的有以下 2 个。

慕势：趋附权势〈3〉。如《秦太上君寺》："譬于四方，慕势最甚。"

殉国：为国家利益献出生命〈1〉。见《追先寺》："既见义忘家，捐生殉国，永言忠烈，何日忘之？"

见于《晏子春秋》的有以下 2 个。

充数：用不合格的人或物来凑足数额。亦用作谦辞〈1〉。见《宣忠寺》："祖仁诸房素有金三十斤、马三十匹，尽送致兆，犹不充数。"

修敬：①表示敬意〈1〉。见《景宁寺》："未尝修敬诸贵，亦不庆吊亲知。"

见于《韩非子》的有以下 2 个。

无限：①不加节制；没有限制〈1〉。见《开善寺》："融立性贪暴，志欲无限，见之叹惋，不觉生疾，还家卧三日不起。"

专权：独揽大权〈2〉。如《建中寺》："正光年中，元义专权，太后幽隔永巷，腾为谋主。"

见于宋玉作品的有以下 2 个。

垂泪[1]：流泪〈2〉。如《平等寺》："此像面有悲容，两目垂泪，遍体皆湿。"

失据[2]：失去凭依〈2〉。如《法云寺》："正光末，高平失据，虎吏充斥。"

见于《孙子》的有以下 1 个。

起火：①点火〈1〉。见《菩提寺》："畅闻涵至，门前起火，手持刀，魏氏把桃枝。"

见于《荀子》的有以下 1 个。

成名：②美名〈1〉。见《秦太上君寺》："好驰虚誉，阿附成名。"

见于《春秋》的有以下 1 个。

肆眚：宽赦罪人〈1〉。见《平等寺》："肆眚之科，一依恒式。"

见于《孔丛子》的有以下 1 个。

---

[1]　见于《高唐赋》。
[2]　见于《神女赋》。

御侮：谓抵御外侮〈1〉。见《永宁寺》："假有内阋，外犹御侮，况我与卿，睦厚偏笃，其于急难，凡今莫如。"

4. 补充式双音节动词，7 个

见于《吕氏春秋》的有以下 1 个。

充满：填满〈1〉。见《闻义里》："以香泥填孔，不可充满，今有天宫笼盖之。"

见于《管子》的有以下 1 个。

充溢：①充满〈1〉。见《融觉寺》："佛殿僧房，充溢三里。"

见于《庄子》的有以下 1 个。

溺死：淹死〈1〉。见《秦太上公寺》："唯见一童子可年十五，新溺死，鼻中出血。"

见于《战国策》的有以下 1 个。

战败：①打败仗，在战争中失败〈1〉。见《宝光寺》："其年天光战败，斩于东市也。"

见于《墨子》的有以下 1 个。

振动：震动〈1〉。见《永宁寺》："悲哀之声，振动京邑。"

见于《孟子》的有以下 1 个。

在于：①在。多表示处所、时间等〈4〉。如《闻义里》："皇魏关防，正在于此。"

见于《公羊传》的有以下 1 个。

缢杀：谓勒人之颈而使之死〈1〉。见卷二《龙华寺》："世隆怒，遂缢杀之。"

5. 主谓式双音节动词，1 个，见于《荀子》

物故：②死亡〈1〉。见《建中寺》："元乂诛日，腾已物故。"

6. 双音节联绵词，2 个，见于《楚辞》

蹉跎：①失足〈1〉。见《正始寺》："若乃绝岭悬坡，蹭蹬蹉跎，泉水纡徐如浪峭，山石高下复危多。"

徙倚：犹徘徊〈1〉。见《秦太上公寺》："徙倚欲去，忽见一老翁来，问从何而来，彷徨于此。"

（三）见于战国传世典籍的双音节形容词

见于战国语料的双音节形容词有 64 个，根据词语内部结构关系，又分为并列式、偏正式、支配式和主谓式等。

1. 并列式双音节形容词，47 个

见于《荀子》的有以下 6 个。

便利：①敏捷〈1〉。见《永宁寺》："归等屡涉戎场，便利击刺。"

恭敬：②谦恭有礼貌〈1〉。见《闻义里》："宋云惠生见彼比丘戒行精苦，观其风范，特加恭敬，遂舍奴婢二人，以供洒扫。"

光明：①明亮〈4〉。如《昭仪尼寺》："时见五色光明，照于堂宇。"

美丽：①好看〈1〉。见卷二《龙华寺》："公主容色美丽，综甚敬之。"

疏远：①关系上感情上有距离〈2〉。如《平等寺》："世隆以长广本枝疏远，政行无闻，逼禅与广陵王恭。"

中庸：②平常〈1〉。见《景兴尼寺》："生时中庸之人耳。"

见于《韩非子》的有以下 4 个。

纯朴：②纯洁质朴〈1〉。见《正始寺》："然则纯朴之体，与造化而梁津。"

分明：①清楚〈1〉。见《闻义里》："七塔南石铭，云如来手书，胡字分明，于今可识焉。"

贫困：贫苦穷困〈1〉。见《闻义里》："此国渐出葱岭，土田峣崅，民多贫困。"

仁智：②仁爱而多智〈1〉。见《正始寺》："庭为仁智之田，故能种此石山。"

见于《左传》的有以下 4 个。

备具：齐备〈1〉。见《秦太上公寺》："兼设珍羞，海陆备具。"

充斥：①众多〈1〉。见《法云寺》："正光末，高平失据，虎吏充斥。"

爽垲：高爽干燥〈1〉。见《景明寺》："形胜之地，爽垲独美。"

允当：②符合〈1〉。见《平等寺》："天命至重，历数匪轻，自非德协三才，功济四海，无以入选帝图，允当师锡。"

见于《老子》的有以下 4 个。

悲哀：伤心〈2〉。如《永宁寺》："悲哀之声，振动京邑。"

高下：①高和低〈2〉。如，《闻义里》："山有高下，水有大小，人处世间，亦有尊卑。"

强大：谓力量坚强雄厚〈2〉。如《闻义里》："四夷之中，最为强大。"

微妙：①精微深奥〈1〉。见《融觉寺》："流支读昙谟最《大乘义章》，每弹指赞叹，唱言微妙，即为胡书写之，传之于西域。"

见于《吕氏春秋》的有以下 3 个。

高大：②又高又大〈1〉。见《闻义里》："浮图高大，僧房逼侧，周匝金像六千躯。"

矜尚：②骄矜自大〈1〉。见《追先寺》："江东朝贵，侈于矜尚，见略入朝，莫不惮其进止。"

闲雅：①闲，通"娴"。形容举止情趣娴静文雅〈1〉。见《追先寺》："略从容闲雅，本自天资，出南入北，转复高迈。"

见于《墨子》的有以下 3 个。

明白：①清楚〈1〉。见《永明寺》："卿乃明白疑于必然，托命豺狼，委身虎口。"

贪暴：贪婪暴虐〈1〉。见《寿丘里》："融立性贪暴，志欲无限，见之叹惋，不觉生疾，还家卧三日不起。"

周遍：①遍及〈1〉。见《永宁寺》："年一百五十岁，历涉诸国，靡不周遍。"

见于《国语》的有以下 3 个。

聪慧：聪明而有智慧〈1〉。见《法云寺》："摩罗聪慧利根，学穷释氏。"

丰大：①丰盛宏大〈1〉。见《冲觉寺》："第宅丰大，逾于高阳。"

奢侈：挥霍浪费〈1〉。见《建中寺》："屋宇奢侈，梁栋逾制，一里之间，廊庑充溢。"

见于《庄子》的有以下 3 个。

惊怖：①惊恐〈5〉。如卷三《龙华寺》："百姓惊怖，奔走交驰。"

清廉：清明廉洁〈1〉。见《寿丘里》："朝贵服其清廉。"

壮丽：①健壮美丽〈1〉。见《法云寺》："神光壮丽，若金刚之在双林。"

见于《素问》的有以下 2 个。

劲切：刚强峻急〈1〉。见《闻义里》："风雪劲切，人畜相依。"

清净：③清洁纯净〈1〉。见《正始寺》："檐宇清净，美于丛林。"

见于《管子》的有以下 2 个。

倨傲：傲慢不恭〈1〉。见《闻义里》："宋云见其远夷不可制，任其倨傲，莫能责之。"

空虚：①空无〈1〉。见《平等寺》："在京宫殿空虚，百日无主，唯尚书令司州牧乐平王尔朱世隆镇京师。"

见于《战国策》的有以下 1 个。

工巧：①技艺高明〈1〉。见《法云寺》："里内之人尽皆工巧屠贩为生，资财巨万。"

见于《谷梁传》的有以下 1 个。

忿怒：愤怒〈1〉。见《闻义里》："昔有三百商人止宿池侧，值龙忿怒，泛杀商人。"

见于《论语》的有以下 1 个。

富贵：①富裕而显贵〈3〉。如《宣忠寺》："今日富贵至矣！"

见于《文子》的有以下 1 个。

诡异：怪异〈1〉。见《平等寺》："其日寺门外有石像，无故自动，低头复举，竟日乃止。帝躬来礼拜，怪其诡异。"

见于《六韬》的有以下 1 个。

疲劳：①劳苦困乏〈1〉。见《永宁寺》："时暑炎赫，将士疲劳。"

见于宋玉《高唐赋》的有以下 1 个。

盘纡：回绕曲折〈1〉。见《正始寺》："峥嵘涧道，盘纡复直。"

见于《商君书》的有以下 1 个。

辨慧：聪明而富于辩才，辨，通"辩"〈1〉。见《法云寺》："或博通典籍，辨慧清悟，风仪详审，容止可观。"

见于《楚辞》的有以下 1 个。

佳丽：①秀丽〈2〉。如《秦太上公寺》："取书引元宝入，遂见馆阁崇宽，屋宇佳丽。"

见于《孟子》的有以下 1 个。

久远：①长久〈1〉。见《瑶光寺》："城东北角有魏文帝百尺楼，年虽久远，形制如初。"

见于《周易》"十翼"的有以下 1 个。

相似：相类〈4〉。如《闻义里》："风俗言音与于阗相似，文字与波罗门同。"

见于《孝经》的有以下 2 个。

哀戚：悲伤〈1〉。见《闻义里》："居丧者，剪发劈面，以为哀戚。"

殷勤：①情意深厚〈1〉。见《秦太上公寺》："老翁送元宝出云：'后会难期，以为悽恨！'别甚殷勤。"

见于《孔丛子》的有以下 1 个。

凡俗：①世俗〈1〉。见《闻义里》："云罗汉夜叉常来供养，洒扫取薪，凡俗比丘，不得在寺。"

2. 偏正式双音节形容词，6 个

见于《管子》的有以下 2 个。

长年：①长寿〈1〉。见《景兴尼寺》："因而问何所服饵，以致长年。"

长寿：①寿命长久〈1〉。见《景兴尼寺》："吾不闲养生，自然长寿。"

见于《论语》的有以下 1 个。

不安：①不安宁〈1〉。见《永宁寺》："二十日洛中草草，犹自不安，死生相怨，人怀异虑。"

见于《韩非子》的有以下 1 个。

专心：①用心专一〈1〉。见《景明寺》："子才罚惰赏勤，专心劝诱，青领之生，竞怀雅术。"

见于《老子》的有以下 1 个。

希有：①少有〈1〉。见《闻义里》："容颜挺特，世所希有。"

见于《商君书》的有以下 1 个。

巨万：极言数目之多〈1〉。见《法云寺》："里内之人尽皆工巧屠贩为生，资财巨万。"

3. 支配式双音节形容词，2 个

见于《周易》"十翼"的有以下 1 个。

入神：①后多用以指一种技艺达到神妙之境〈2〉。如《景宁寺》："博识文渊，清言入神，造次应对，莫有称者。"

见于《左传》的有以下 1 个。

过度：②超越常度〈1〉。见《永宁寺》："太后以为信法之征，是以营建过度也。"

4. 主谓式双音节形容词，2 个

见于《老子》的有以下 1 个。

自然：①天然，非人为的〈5〉。如《景兴尼寺》："吾不闲养生，自然长寿。"

见于《荀子》的有以下 1 个。

形胜：①谓地理位置优越，地势险要〈1〉。见《景明寺》："形胜之地，爽垲独美。"

5. 附加式，1 个

见于《庄子》的有以下 1 个。

茫然：②模糊不清的样子〈1〉。见《闻义里》："雪有白光，照耀人眼，令人闭目，茫然无见。"

6．联绵词，6 个

见于《楚辞》的有以下 2 个。

逶迤：②曲折行进貌〈1〉。见《法云寺》："至三元肇庆，万国齐臻，金蝉曜首，宝玉鸣腰，负荷执笏，逶迤复道，观者忘疲，莫不叹服。"

峥嵘：⑦深邃貌〈1〉。见《正始寺》："崎岖石路，似壅而通；峥嵘涧道，盘纡复直。"

见于《尔雅》的有以下 1 个。

逦迤：①曲折连绵貌〈1〉。见《正始寺》："其中重岩复岭，欹崟相属；深豁洞壑，逦迤连接。"

见于《论语》的有以下 1 个。

造次：①匆忙〈1〉。见《景宁寺》："博识文渊，清言入神，造次应对，莫有称者。"

见于《吕氏春秋》的有以下 1 个。

扶疏：①枝叶繁茂分披貌〈3〉。如《永宁寺》："栝柏椿松，扶疏檐溜。"

见于《古文尚书》的有以下 1 个。

从容：②悠闲舒缓，不慌不忙〈1〉。见《追先寺》："略从容闲雅，本自天资，出南入北，转复高迈，言论动止，朝野师模。"

（四）见于战国传世典籍的双音节数词，3 个

见于《左传》的有以下 1 个。

二三：②约数，犹言再三，多次〈1〉。见《追先寺》："然国既边地，寓食他邑，求之二三，未为尽善。"

见于《孟子》的有以下 1 个。

十万：数词，用以形容数量极多〈2〉。如《景宁寺》："广阳王元渊初除仪同三司，总众十万北讨葛荣。"

见于《韩非子》的有以下 1 个。

二万[1]：〈1〉。见《闻义里》："按嚈哒国去京师二万余里。"

（五）见于战国传世典籍的双音节副词

见于战国的双音节副词有 14 个，根据词语内部结构关系，又分为偏正式、支配式、附加式和联绵式等。

1．偏正式，7 个

见于《论语》的有以下 1 个。

未尝：①未曾，不曾〈1〉。见《景宁寺》："未尝修敬诸贵，亦不庆吊亲知。"

---

〔1〕《汉语大词典》无，当补。

见于《韩非子》的有以下 1 个。

必然：①谓事理必定如此〈1〉。见《永宁寺》："卿乃明白疑于必然，托命豺狼，委身虎口。"

见于《管子》的有以下 1 个。

不过：②不超过〈2〉。如《闻义里》："左右带刀，不过百人。"

见于《墨子》的有以下 1 个。

未曾：不曾〈1〉。见《永明寺》："南中有歌营国，去京师甚远，风土隔绝，世不与中国交通，虽二汉及魏，亦未曾至也。"

见于《荀子》的有以下 1 个。

相率：相继〈1〉。见《寿丘里》："即相率归降。"

见于《公羊传》的有以下 1 个。

一例：①同等〈1〉。见《法云寺》："至于盐粟贵贱，市价高下，所在一例。"

见于《古文尚书》的有以下 1 个。

正色：③谓神色庄重、态度严肃〈1〉。见《景宁寺》："元慎正色曰：……"

2．支配式，4 个

见于《国语》的有以下 1 个。

何为：①为什么，何故〈5〉。如《永宁寺》："卿等何为不降？官爵如故。"

见于《左传》的有以下 1 个。

于今：至今〈2〉。如《闻义里》："其中有辟支佛靴，于今不烂，非皮非彩，莫能审之。"

见于《楚辞》的有以下 1 个。

至今：直到现在〈3〉。如《明悬尼寺》："道北二柱，至今犹存。"

见于《列子》的有以下 1 个。

竟日：终日，此指晚上〈1〉。见《平等寺》："其日寺门外有石像，无故自动，低头复举，竟日乃止。"

3．附加式，2 个，见于《庄子》

俄而：短暂的时间，不久〈2〉。如《高阳王寺》："徐鼓箜篌而歌，哀声入云，行路听者，俄而成市。"

俄然：短暂的时间，突然〈5〉。如《永宁寺》："俄然雾起，浮图遂隐。"

4．联绵词，1 个，见于《战国策》

倏忽：①顷刻。指极短的时间〈1〉。见《闻义里》："旁无挽捉，倏忽之间，投躯万仞。"

（六）见于战国传世典籍的双音节连词，11 个

1．并列式，6 个

见于《左传》的有以下 2 个。

若其：假如，如果〈2〉。如《闻义里》："若其不尔，实非人力所能举。"

自非：①倘若不是〈1〉。见《平等寺》："天命至重，历数匪轻，自非德协三才，功济四海，无以入选帝图，允当师锡。"

见于《战国策》的有以下2个。

乃至：以至〈1〉。见《闻义里》："后人于此像边造丈六像及诸像塔，乃至数千，悬彩幡盖，亦有万计。"

因而：①连词。表示下文是上文的结果〈14〉。如《序》："魏晋曰东阳门，高祖因而不改。"

见于《孟子》的有以下1个。

及至：连词，到了〈1〉。见《正觉寺》："及至京师，复尚公主。"

见于《周礼》的有以下1个。

然后：表示接着某种动作或情况之后〈6〉。如《闻义里》："祭祀龙王，然后平复。"

2. 偏正式，1个

见于《韩非子》的有以下1个。

非独：不仅〈1〉。见《序》："始知麦秀之感，非独殷墟，黍离之悲，信哉周室！"

3. 支配式，3个

见于《左传》的有以下1个。

是用：因此〈1〉。见《追先寺》："昔刘苍好善，利建东平，曹植能文，大启陈国，是用声彪磐石，义郁维城。"

见于《老子》的有以下1个。

是以：连词。因此〈19〉。如《正始寺》："是以山情野兴之士，游以忘归。"

见于《国语》的有以下1个。

于是：③连词。因此〈19〉。如《永明寺》："于是至明尽力攻之，如其言。"

4. 附加式，1个，见于《国语》

至于：②连词（1）表示另提一事〈5〉。如《法云寺》："至于盐粟贵贱，市价高下，所在一例。"

（七）助词，2个，见于《论语》

而已：助词。表示仅止于此。犹罢了〈3〉。如《序》："岂直木衣绨绣，土被朱紫而已哉！"

得无：犹言岂不〈1〉。见《闻义里》："卿涉诸国，经过险路，得无劳苦也？"

（八）代词，1个，见于《左传》

何如：①如何，怎么样。（1）用于询问〈4〉。如《永宁寺》："君竟谓何如？"

三、多音节词语，12个

（一）三音节词语，2个

见于《列子》的有以下1个。

火浣布：即石棉布〈1〉。见《永明寺》："古有奴调国，乘四轮马为车，斯调国出火浣布，以树皮为之，其树入火不燃。"

见于《战国策》的有以下 1 个。

千里马：①日行千里的骏马〈1〉。见《寿丘里》："得千里马，号曰'追风赤骥'。"

（二）四音节词语

《伽蓝记》中有 10 个四音节词语可以追溯到战国时期。

见于《韩非子》的有以下 3 个。

不可胜数：不计其数。极言其多〈3〉。如卷三《龙华寺》："乐中国土风因而宅者，不可胜数。"

汗马之劳：①指征战的劳苦。亦指战功〈1〉。见《景宁寺》："景仁无汗马之劳，高官通显。"

日慎一日：一天比一天谨慎。形容做事十分小心〈1〉。见《平等寺》："王其寅践成业，允执其中，虽休勿休，日慎一日，敬之哉！"

见于《公羊传》的有以下 1 个。

无所不通：没有不通晓的〈1〉。见《景明寺》："子才洽闻博见，无所不通，军国制度，罔不访及。"

见于《战国策》的有以下 1 个。

六卿分晋：春秋后期，晋国范氏、中行氏、知氏、韩氏、赵氏、魏氏六卿秉持国政，并相继改革田亩制、税制，图谋富强，相互兼并，导致晋室瓦解，最后分立为赵、韩、魏三国，史称"六卿分晋"〈1〉。见《永宁寺》："已有陈恒盗齐之心，非无六卿分晋之计。"

见于《左传》的有以下 1 个。

贪天之功：本谓以自然成功之事为己功。后多指攘夺他人的功劳〈1〉。见《平等寺》："太原王贪天之功以为己力，罪亦合死。"

见于《论语》的有以下 1 个。

温故知新：①温习学过的知识，得到新的理解和体会〈1〉。见《景明寺》："志性通敏，风情雅润，下帷覃思，温故知新。"

见于《列子》的有以下 1 个。

千变万化：极言变化无穷〈1〉。见《闻义里》："塔内佛事，悉是金玉，千变万化，难得而称。"

见于《孙子》的有以下 1 个。

以逸待劳：多指作战时采取守势，养精蓄锐，让敌人来攻，然后乘其疲劳，战而胜之〈1〉。见《永宁寺》："荣悬军千里，兵老师弊，以逸待劳，破之必矣。"

见于《古文尚书》的有以下 1 个。

允执其中：谓言行符合不偏不倚的中正之道〈2〉。如《平等寺》："王既德应图箓，金属攸归，便可允执其中，入光大麓。"

表1-3　见于战国语料的《伽蓝记》词汇个数和使用频次情况

结构	词性	词量/个	词量百分比/%	词次/次	词次百分比/%	频次
单音节	名词	344	19.7	1 338	26.80	3.89
	动词	532	30.5	1 572	31.49	2.95
	形容词	138	7.9	225	4.51	1.63
	数词	6	0.3	75	1.50	12.50
	量词	15	0.9	110	2.20	7.33
	代词	10	0.6	34	0.68	3.40
	副词	64	3.7	329	6.59	5.14
	介词	11	0.6	65	1.30	5.91
	连词	12	0.7	60	1.20	5.00
	助词	10	0.6	79	1.58	7.90
	总计	1 142	65.5	3 887	77.86	3.40
双音节	名词	357	20.5	691	13.84	1.94
	动词	138	7.9	202	4.05	1.46
	形容词	64	3.7	88	1.76	1.38
	数词	3	0.2	4	0.08	1.33
	副词	14	0.8	27	0.54	1.93
	代词	1	0.1	4	0.08	4.00
	连词	11	0.6	70	1.40	6.36
	助词	2	0.1	4	0.08	2.00
	总计	590	33.8	1 090	21.83	1.85
多音节	三音节	2	0.1	2	0.04	1.00
	四音节	10	0.6	13	0.26	1.30
	总计	12	0.7	15	0.30	1.25
合计		1 744	100	4 992	100	2.86

　　由表1-3可知，见于战国传世典籍的《伽蓝记》词语或义项有1 744个，占《伽蓝记》词语总数的32.8%。从词语结构看，包括单音节词语、双音节词语和多音节词语，其中单音节词语1 142个，占该期词语总数65.5%；双音节词语有590个，占33.8%；三音节以上的词语有12个，占0.7%。从使用次数即词次上看，单音节词语共使用3 887次，占77.86%，双音节词语共使用1 090次，占21.83%，三音节以上的共用15次，占0.30%。从使用频次上看，见于战国典籍的《伽蓝记》词语或义项，使用频次较低，平均为2.86。其中，单音节词语平均使用频次为3.40，双音节词语为1.85，三音节以上的词语为1.25，单音节词语使用频次高于复音节词语。不同结构不同词性的词语或义项使

用频次不同。单音节词语中数词使用频次最高，为 12.50；形容词的使用频次最低，为 1.63。双音节词语中连词的使用频次最高，为 6.36；形容词的使用频次最低，为 1.38。三音节和四音节的使用频次较低，分别为 1.00 和 1.30。从词性上看，有 10 种词类，其中单音节词语包括名词、动词、形容词、数词、量词、代词、副词、介词、连词、助词 10 种；双音节词语词性包括名词、动词、形容词、数词、副词、代词、连词、助词 8 种。该时期所见的《伽蓝记》词语或义项仍是以名词、动词为主，约占该时期词语总数的 78.6%。

第二章　来源于两汉的《伽蓝记》词汇

历史上两汉时期自公元前 206 年到公元 220 年，共经历 426 年，分为西汉和东汉。《伽蓝记》词汇有 985 个词语可以追溯到两汉时期，以下笔者将从见于西汉和东汉两个时期语料分别进行论述。

第一节　见于西汉时期语料中的《伽蓝记》词汇

西汉时期自公元前 206 年汉高帝刘邦开始到公元 25 年汉更始帝刘玄结束，经历 231 年。西汉时期涉及的代表性专书语料约有 21 种[1]，单篇作品语料约有 30 种[2]，总计 51 种。见于以上语料的《伽蓝记》词汇共有 502 个，其中单音节词语 213 个，双音节词语 280 个，多音节词语 9 个。下面分别论述。

一、单音词语

（一）名词

《伽蓝记》的单音节名词中共有 71 个可以追溯到西汉语料。

1. 有关天象、地理等自然物的基本词，3 个

第一，有关天象的，1 个，见于《史记》。

张：⑮星名，二十八宿之一〈1〉。见卷三《龙华寺》："兆唯洛食，实曰土中，上应张柳，下据河嵩。"

第二，有关地理地形的，2 个。

见于司马相如《上林赋》的有以下 1 个。

---

〔1〕 这 21 种分别是：《春秋繁露》《法言》《方言》《韩诗外传》《淮南子》《黄石公三略》《急就篇》《礼记》《列女传》《说苑》《新序》《尚书大传》《诗经毛传》《史记》《新书》《新语》《盐铁论》《燕丹子》《易林》《战国纵横家书》《周髀算经》。

〔2〕 这 30 种分别是：东方朔《七谏》《与友人书》，《古列女传·小序》，贾谊《过秦论》《论积贮疏》，李陵《答苏武书》《与苏武诗》，刘向《九叹》，枚乘《七发》，司马迁《报任安书》，司马相如《哀二世赋》《难蜀父老》《长门赋》《封禅文》《上林赋》《子虚赋》，王褒《九怀》《圣主得贤臣颂》《四子讲德论》，《僮约》，孔安国《尚书·序》，韦孟《讽谏》，辛延年《羽林郎》，扬雄《长杨赋》《甘泉赋》《剧秦美新》《太玄》《羽猎赋》，邹阳《酒赋》，《诗大序》。

岩：①崖岸，山或高地的边〈2〉。如《正始寺》："尔乃决石通泉，拔岭岩前，斜与危云等并，旁与曲栋相连。"

见于王褒《九怀》的有以下1个。

坂：山坡〈2〉。如《闻义里》："太行孟门，匹兹非险，崤关陇坂，方此则夷。"

2. 有关时间空间等的基本词，7个

第一，有关时间的，1个，见于《史记》。

故：⑩从前〈1〉。见《建中寺》："掘故井得《石铭》，云是汉太尉荀或宅。"

第二，有关空间处所的，6个。

见于《史记》的有以下2个。

傍：①旁边〈2〉。如《闻义里》："城傍花果似洛阳，唯土屋平头为异也。"

下：⑪用在名词后，表示一定的处所、范围、时间等〈20〉。如《瑶光寺》："台下有碧海曲池。"

见于《报任安书》的有以下1个。

林：②泛指人或事物的汇集处〈3〉。如《秦太上君寺》："花林芳草，遍满阶墀。"

见于《礼记》的有以下3个。

边：⑥旁边〈2〉。如《闻义里》："池边有一寺，五十余僧。"

缝：①缝合的地方〈1〉。见《闻义里》："非值条缝明见，至于细缕亦彰。"

横：②横的方向，与"纵"相对〈1〉。见《昭仪尼寺》："枝条横绕，柯叶傍布，形如羽盖。"

3. 有关人体的基本词，3个

见于《礼记》的有以下1个。

膝：膝盖〈1〉。见《永宁寺》："反使孟津由膝，赞其逆心。"

见于扬雄[1]《法言》的有以下1个。

外：②仪表〈2〉。如《追先寺》："侍中义阳王略，体自藩华，门勋夙著，内润外朗，兄弟伟如。"

见于《史记》的有以下1个。

肠：②内心〈1〉。见《秦太上君寺》："假令家道恶，肠中不怀愁。"

4. 有关物质文化生活的基本词，29个

第一，有关衣物、饮食的，3个。

见于《韩诗外传》的有以下1个。

绫：①一种薄而细，纹如冰凌的丝织品〈2〉。如《寿丘里》："绣缬、䌷绫、丝彩、越葛、钱绢等，不可数计。"

见于《急就篇》的有以下1个。

䌷：①粗绸。用废茧残丝织成的织物，如今之绵绸〈2〉。如《寿丘里》："绣缬、䌷

---

〔1〕 扬雄（公元前53—公元18），一作杨雄，西汉文学家、哲学家、语言学家。

绫、丝彩、越葛、钱绢等，不可数计。"

见于《史记》的有以下 1 个。

水：④汁、液的通称〈1〉。见《景宁寺》："元慎即口含水噀庆之曰……"

第二，有关宫室、交通的，9 个。

见于《史记》的有以下 3 个。

第：⑤大的住宅〈3〉如《平等寺》："事无大小，先至隆第，然后施行。"

廊：②室外有顶的过道〈1〉。见《寿丘里》："钱绢露积于廊者，不可校数。"

庙：⑧供祀神、佛或前代贤哲的屋舍〈7〉。如《平等寺》："庙成，为火所灾。"

见于《礼记》的有以下 3 个。

溜：③屋檐〈1〉。见《景明寺》："复殿重房，交疏对溜。"

扇：①用竹或苇编的门〈1〉。见《法云寺》："层楼对出，重门启扇。"

檐：①屋檐〈3〉。如《寿丘里》："素柰朱李，枝条入檐，伎女楼上，坐而摘食。"

见于《淮南子》的有以下 1 个。

阁：③楼阁〈1〉。见《寿丘里》："飞梁跨阁，高树出云。"

见于王褒《四子讲德论》的有以下 1 个。

阙：②借指宫廷，帝王所居之处。后也借指京城〈2〉。如《龙华寺》："綜遂归我圣阙。"

见于《盐铁论》的有以下 1 个。

途：②途径，多用于比喻〈1〉。见《景宁寺》："元慎解梦，义出万途。"

第三，有关器用的，8 个。

见于《史记》的有以下 2 个。

机：④指织机〈1〉。见《正觉寺》："本为箔上蚕，今作机上丝。"

瓨：长颈大腹的陶器〈1〉。见《正觉寺》："沽酒老妪瓮注瓨，屠儿割肉与秤同。"

见于《礼记》的有以下 3 个。

床：②古代坐具〈2〉。如《闻义里》："王著锦衣，坐金床，以四金凤凰为床脚。"

盘：①用于沐浴盥洗或盛食承物的敞口、扁浅器皿〈1〉。见《寿丘里》："金瓶银瓮百余口，瓯檠盘盒称是。"

瓮：①陶制盛器，小口大腹。(2) 盛酒浆的坛〈1〉。见《正觉寺》："沽酒老妪瓮注瓨，屠儿割肉与秤同。"

见于《方言》的有以下 2 个。

瓯：①盆盂一类的瓦器〈1〉。见《寿丘里》："金瓶银瓮百余口，瓯檠盘盒称是。"

罂：小口大腹的容器。多为陶制，亦有木制者〈1〉。见《法云寺》："季夏六月，时暑赫晞，以罂贮酒，暴于日中。"

见于《燕丹子》的有以下 1 个。

函：⑤匣子〈2〉。如《白马寺》："寺上经函，至今犹存。"

第四，有关文化、艺术生活的，9 个。

见于《礼记》的有以下 2 个。

术：⑦方术〈1〉。见《闻义里》："（盘陀王）向乌场国学婆罗门咒，四年之中，尽得其术。"

语：⑤俗话，谚语〈4〉。如《白马寺》："京师语曰：'白马甜榴，一实直牛。'"

见于《史记》的有以下 3 个。

戏：④指歌舞杂技等的表演〈2〉。如《景乐寺》："自建义已后，京师频有大兵，此戏遂隐也。"

诏：④诏书〈2〉。如《永宁寺》："于是出诏，滥死者普加褒赠。"

序：④文体名称，亦称"序文""序言"〈1〉。见《永宁寺》："所著文集，数百余篇，给事中封晖伯作序行于世。"

见于扬雄的《剧秦美新》有以下 1 个。

响：②泛指声音〈2〉。如《法云寺》："丝桐发响，羽觞流行。"

见于王褒《圣主得贤臣颂》的有以下 1 个。

颂：④文体的一种。以颂扬为宗旨的诗文〈1〉。见卷三《龙华寺》："神龟中，常景为汭颂。"

见于司马相如《封禅文》的有以下 1 个。

记：⑧标志〈3〉。如《闻义里》："佛坐处及晒衣所，并有塔记。"

见于刘向《列女传》的有以下 1 个。

文：⑧文才，才华〈1〉。见《景宁寺》："博识文渊，清言入神，造次应对，莫有称者。"

5. 有关动植物名称的基本词，3 个

第一，有关动物名称的，1 个，见于司马相如《上林赋》。

驴：①家畜名。哺乳动物，比马小，耳朵长，毛多为灰褐色〈3〉。如《闻义里》："太子所食泉水北有寺，恒以驴数头运粮上山。"

第二，有关植物名称的，2 个。

见于《史记》的有以下 1 个。

藕：①荷的根茎〈3〉。如《宝光寺》："折藕浮瓜，以为兴适。"

见于《礼记》的有以下 1 个。

萍：浮萍〈1〉。见《寿丘里》："朱荷出池，绿萍浮水。"

6. 有关战争、刑罚的基本词，4 个，见于《史记》

幡：①旗帜〈7〉。如《闻义里》："皇太后敕付五色百尺幡千口。"

箭：②搭在弓上发射的武器〈1〉。见《开善寺》："子集惊怖，张弓射之，应箭而倒。"

营：③军营〈1〉。见《秦太上公寺》："昔孝昌年戍在彭城，其同营人樊元宝得假还京师。"

卒：①步兵。后泛指士兵〈1〉。见《追先寺》："又除宣城太守，给鼓吹一部，剑卒千人。"

7. 有关阶级关系及职位的基本词，6 个

第一，有关阶级关系的，4 个。

见于《史记》的有以下 2 个。

姬：⑦侍妾〈1〉。见《高阳王寺》："王有二美姬。"

王：③秦汉以来皇帝对亲属、臣属的最高封爵〈51〉。如《高阳王寺》："王有二美姬。"

见于辛延年《羽林郎》的有以下 1 个。

胡：⑫指胡人〈4〉。如《永宁寺》："尔朱荣马邑小胡，人才凡鄙。"

见于《燕丹子》的有以下 1 个。

最：③指居于首要地位的人或事物〈1〉。见《正觉寺》："羊者是陆产之最，鱼者乃水族之长。"

第二，有关职官的，2 个。

见于《史记》的有以下 1 个。

祚：③君位〈1〉。见《闻义里》："令王造覆盆浮图一所，使王祚永隆。"

见于《礼记》的有以下 1 个。

辅：⑦辅佐之臣〈1〉。见《追先寺》："元义专政，虐加宰辅。"

8. 有关人伦、祸福死丧的基本词，3 个，见于《史记》

卿：②古代对男子的敬称〈21〉。如《正觉寺》："卿明日顾我。"

仆：③自称的谦辞〈1〉。见《高阳王寺》："子文对曰：'仆住在中甘里。'"

字：⑩人的表字〈9〉。见《永宁寺》："景字永昌，河内人也。"

9. 有关宗教道德哲学等的基本词，13 个

第一，有关宗教的，2 个。

见于《史记》的有以下 1 个。

谶：②迷信的人指将来要应验的预言、预兆〈1〉。见《白马寺》："发言似谶，不可得解。"

见于《淮南子》的有以下 1 个。

禁：④禁忌；禁忌的事项〈1〉。见《闻义里》："彼国人民须禁日取之。"

第二，有关道德的，4 个。

见于《史记》的有以下 3 个。

化：③习俗〈1〉。见《秦太上君寺》："营丘风俗，太公余化。"

圣：⑤犹言神圣的。封建时代称颂帝王或与帝王有关的事物之词〈2〉。如卷二《龙华寺》："综遂归我圣阙，更改名曰缵。"

义：⑧情谊〈3〉。如《景宁寺》："并立性宽雅，贵义轻财。"

见于《礼记》的有以下 1 个。

英：②德才超群的人〈1〉。见《景明寺》："英规胜范，凌许郭而独高。"

第三，有关哲学的，7 个。

见于《礼记》的有以下 2 个。

别：③差别〈1〉。见《法云寺》："异林花共色，别树鸟同声。"

疑：⑥疑问〈1〉。见《景明寺》："省府以之决疑，州郡用为治本。"

见于《史记》的有以下 2 个。

规：⑤典范〈1〉。见《景明寺》："英规胜范，凌许郭而独高。"

术：⑥学说〈1〉。见《景明寺》："青领之生，竞怀雅术。"

见于《诗大序》的有以下 1 个。

义：⑦意义〈6〉。如《景宁寺》："元慎解梦，义出万途，随意会情，皆有神验。"

见于《新书》的有以下 1 个。

事：⑦变故〈1〉。见《景明寺》："时戎马在郊，朝廷多事，国礼朝仪，咸自子才出。"

见于《法言》的有以下 1 个。

范：③榜样〈1〉。见《景明寺》："英规胜范，凌许郭而独高。"

（二）动词

《伽蓝记》的单音节动词中，共有 98 个可以追溯到西汉时代的语料，这些词语主要是人们常说的基本词汇。

1. 有关事物的存在和发展变化的动词，24 个

见于《史记》的有以下 8 个。

倒：②谓使人或物等倒下〈4〉。如卷三《龙华寺》："逢树即拔，遇墙亦倒。"

截：①割断〈3〉。如《法云寺》："妻临去，将刀截岩发而走。"

累：③连续〈1〉。见《平等寺》："自我皇魏之有天下也，累圣开辅，重基衍业。"

埒：⑥等同，比并〈1〉。见《瑶光寺》："仙掌凌虚，铎垂云表，作工之妙，埒美永宁。"

破：④击溃〈2〉。如《永宁寺》："太原王命车骑将军尔朱兆潜师渡河，破延明于硖石。"

逾：②超过〈6〉。如《正始寺》："斋宇光丽，服玩精奇，车马出入，逾于邦君。"

灾：⑤焚烧〈1〉。见《平等寺》："庙成，为火所灾。"

镇：③威服〈1〉。见《法云寺》："勇冠三军，威镇戎竖。"

见于《礼记》的有以下 8 个。

表：⑬表明〈1〉。见《闻义里》："有一石塔，其形正圆，高二丈，甚有神变，能与世人表吉凶。"

断：③隔绝〈1〉。见《永宁寺》："路断飞尘，不由涢云之润。"

极：⑨穷尽〈4〉。如《景林寺》："学极六经，说通百氏。"

居：⑮占〈1〉。见《寿丘里》："于是帝族王侯，外戚公主，擅山海之富，居山林之饶。"

颓：②坍塌〈2〉。如卷三《明悬尼寺》："逮我孝昌三年大雨颓桥，南柱始埋没。"

淹：②浸泡〈1〉。见卷三《龙华寺》："浩浩大川，泱泱清洛，导源熊耳，控流巨壑，纳谷吐伊，贯周淹亳，近达河宗，远朝海若。"

沿：③因袭〈1〉。见《景明寺》："暨皇居徙邺，民讼殷繁，前革后沿，自相与夺，法吏疑狱，簿领成山。"

作：⑱变〈2〉。如《闻义里》："河西岸上，有如来作摩竭大鱼，从河而出，十二年中以肉济人处。"

见于《韩诗外传》的有以下 2 个。

驰：⑤传播〈1〉。见《景明寺》："藉甚当时，声驰遐迩。"

燋：②烧焦〈1〉。见《闻义里》："昔尸毗王仓库为火所烧，其中粳米燋然，至今犹在。"

见于《淮南子》的有以下 2 个。

结：⑤凝聚〈1〉。见《闻义里》："国之南界有大雪山，朝融夕结，望若玉峰。"

寻：⑨延伸〈1〉。见《永宁寺》："有火入地寻柱，周年犹有烟气。"

见于韦孟《讽谏》诗的有以下 1 个。

致：⑫造成〈1〉。见《闻义里》："夏喜暴雨，冬则积雪，行人由之，多致难艰。"

见于《盐铁论》的有以下 1 个。

被：④遍布〈2〉。如《景乐寺》："堂庑周环，曲房连接，轻条拂户，花蕊被庭。"

见于《尚书大传》的有以下 1 个。

衍：①扩展或延伸〈1〉。见《平等寺》："自我皇魏之有天下也，累圣开辅，重基衍业。"

见于《列女传》的有以下 1 个。

殒：②坠落〈1〉。见《昭仪尼寺》："盗者惊怖，应即殒倒。"

2．有关人的行走活动的动词，5 个

见于《史记》的有以下 2 个。

涉：④历，经历〈2〉。如《闻义里》："卿涉诸国，经过险路，得无劳苦也？"

诣：②到〈6〉。如《闻义里》："宋云诣军，通诏书。"

见于《礼记》的有以下 1 个。

临：⑤莅止〈1〉。见《闻义里》："大王亲总三军，远临边境，寒暑骤移，不无顿弊？"

见于《淮南子》的有以下 1 个。

游：⑥行走；运行〈1〉。见《冲觉寺》："使梁王愧兔园之游，陈思惭雀台之瞧。"

见于司马相如《上林赋》的有以下 1 个。

倒：①仆倒〈1〉。见《正始寺》："其中烟花露草，或倾或倒，霜干风枝，半耸半垂。"

3．有关人的手部动作行为的动词，15 个

见于《礼记》的有以下 5 个。

毙：④击毙〈2〉。如《宣忠寺》："以生太子为辞，荣必入朝，因以毙之。"

勒：⑧雕刻〈1〉。见卷三《龙华寺》："爰勒洛汭，敢告中区。"

上：③送上〈1〉。见《闻义里》："土饶异花，冬夏相接，道俗采之，上佛供养。"

通：⑦开辟〈3〉。如《序》："高祖数诣寺与沙门论义，故通此门。"

舞：③舞动〈1〉。见《景乐寺》："歌声绕梁，舞袖徐转，丝管廖亮，谐妙入神。"

见于《史记》的有以下 4 个。

采：②开采发掘〈1〉。见《法云寺》："采土筑山，十里九坂，以象二崤。"

傅：⑨涂搽〈1〉。见《闻义里》："国王与湿婆仙立庙，图其形象，以金傅之。"

推：⑦推断〈1〉。见《闻义里》："推其本缘，乃是如来在世之时，与弟子游化此土。"

幽：⑨囚禁〈1〉。见《瑶光寺》："晋永康中惠帝幽于金墉城。"

见于扬雄作品的有以下 2 个。

开[1]：⑩开辟，开拓〈1〉。见《平等寺》："自我皇魏之有天下也，累圣开辅，重基衍业。"

硙[2]：②切磨；磨碎〈1〉。见《景明寺》："碾硙春簸，皆用水功。"

见于王褒《九怀》的有以下 1 个。

袭：①指穿衣，穿戴〈1〉。见卷三《龙华寺》："袭我冠冕，正我神枢。"

见于东方朔《与友人书》的有以下 1 个。

镺：⑤拘系〈1〉。见《永宁寺》："镺帝于门楼上。"

见于司马迁《报任安书》的有以下 1 个。

著：④撰述〈1〉。见《永宁寺》："所著文集，数百余篇。"

见于贾谊《过秦论》的有以下 1 个。

拥：③拥有〈1〉。见《永宁寺》："时兆营军尚书省，建天子金鼓，庭设漏刻，嫔御妃主，皆拥之于幕。"

4. 有关人的视听语言方面的动词，7 个

第一，有关眼部动作行为的，3 个。

见于《淮南子》的有以下 2 个。

瞑：①闭〈1〉。见《崇真寺》："神龟年中，以直谏忤旨，斩于都市，讫目不瞑，尸行百步。"

瞩：看见〈1〉。见《闻义里》："宋云远在绝域，因瞩此芳景，归怀之思，独轸中肠。"

见于刘向《九叹》的有以下 1 个。

闭：③闭合〈1〉。见《闻义里》："雪有白光，照耀人眼，令人闭目，茫然无见。"

---

〔1〕　见于《羽猎赋》。
〔2〕　见于《太玄》。

第二，有关语言的，4 个。

见于《礼记》的有以下 3 个。

列：⑦陈述〈1〉。见《序》："表列门名，以记远近。"

颂：①颂扬〈1〉。见《大统寺》："苏秦时未有佛法，功德不必是寺，应是碑铭之类，颂其声迹也。"

言：⑨告诉〈2〉。如《永宁寺》："元龙见世隆呼帝为长乐，知其不款，且以言帝。"

见于《史记》的有以下 1 个。

告：⑧告发〈1〉。见《宣忠寺》："祖仁谓人密告，望风款服。"

5. 有关人的心理活动的动词，7 个

见于《史记》的有以下 3 个。

合：㉖应该〈2〉。如《平等寺》："卿亦合死！"

恨：②遗憾〈3〉。如《永宁寺》："愿得太原王尸丧，生死无恨。"

然：③认为正确〈1〉。见《永宁寺》："后然纥言。"

见于《礼记》的有以下 4 个。

烦：⑧烦扰〈1〉。见《大觉寺》："名僧大德，寂以遣烦。"

决：⑨判断〈1〉。见《闻义里》："随事轻重，当时即决。"

决：⑩决定胜负〈1〉。见《宣忠寺》："大兵阻河，雄雌未决。"

利：⑫贪爱〈1〉。见《宣忠寺》："徽初投祖仁家，赍金一百斤、马五十匹，祖仁利其财货，故行此事。"

6. 有关人的其他动作行为的动词，40 个

此处统计的是除上述人的行走、手部动作、视听语言动作和心理活动的动词之外的其他行为动词，分为带宾语和不带宾语两类。

第一，表示单纯的动作行为的，即一般不带宾语，6 个。

见于《礼记》的有以下 4 个。

产：①生〈1〉。见《永宁寺》："九月二十五日，诈言产太子。"

跪：①屈膝，单膝或双膝着地，臀部抬起〈1〉。见《闻义里》："见大魏使人，再拜跪受诏书。"

绝：③停止〈1〉。见《永宁寺》："祸福不追，与能义绝。"

终：②人死〈1〉。见《闻义里》："我当命终，愿生彼国。"

见于《淮南子》的有以下 1 个。

顿：⑮驻屯〈1〉。见《景兴尼寺》："中朝时，杜预之荆州，出顿之所也。"

见于《报任安书》的有以下 1 个。

羁：③束缚〈1〉。见《景宁寺》："任心自放，不为时羁。"

第二，带宾语的，34 个，可分为以下两类。

第一类：宾语是物或与物有关的事情的，18 个。

见于《史记》的有以下 8 个。

都：③建都〈1〉。见《永宁寺》："长广王都晋阳。"

加：④超过〈2〉。如《高阳王寺》："里内颍川荀子文，年十三，幼而聪辨，神情卓异，虽黄琬、文举无以加之。"

举：⑫发动〈4〉。如《永宁寺》："太后闻荣举兵，召王公议之。"

决：⑰挖出〈3〉。如《闻义里》："土地无雨，决水种麦。"

没：⑫没收〈1〉。见《建中寺》："至孝昌二年太后反政，遂诛乂等，没腾田宅。"

送：⑧馈赠〈2〉。如《闻义里》："时跋提国送狮子儿两头与乾陀罗王。"

送：⑦输送〈5〉。如卷三《龙华寺》："于是诏近山郡县捕虎以送。"

徙：④升调〈1〉。见《冲觉寺》："徙王国三卿为执戟者，近代所无也。"

见于《礼记》的有以下 4 个。

服：②饮用或食用药物〈2〉。如《闻义里》："事涉疑似，以药服之，清浊则验。"

假：⑦假冒〈1〉。见《寿丘里》："琛令朝云假为贫妪，吹篪而乞。"

造：①建造〈35〉。如《景林寺》："高祖于台上造清凉殿。"

纂：⑤继承〈1〉。如《平等寺》："永熙元年平阳王入纂大业，始造五层塔一所。"

见于《韩诗外传》的有以下 2 个。

工：③擅长〈1〉。见《胡统寺》："其寺诸尼，帝城名德，善于开导，工谈义理。"

架：③架设〈1〉。见《永宁寺》："中有九层浮图一所，架木为之，举高九十丈。"

见于《淮南子》的有以下 1 个。

嚼：①咀嚼〈2〉。如《闻义里》："佛本清净，嚼杨枝，植地即生。"

见于《新语》的有以下 1 个。

预：②参加〈2〉。如《永明寺》："三藏胡沙门菩提流支等咸预其席。"

见于邹阳《酒赋》的有以下 1 个。

酿：①酿造〈1〉。见《闻义里》："河东人刘白堕善能酿酒。"

见于刘向《九叹》的有以下 1 个。

渡：①通过江河〈10〉。如《闻义里》："复西行一日，乘船渡一深水，三百余步。"

第二类：宾语是人或与人有关的事情的，16 个。

见于《史记》的有以下 11 个。

拜：⑩授官〈7〉。如《龙华寺》："明帝拜综太尉公，封丹阳王。"

登：⑫升任〈1〉。见《永宁寺》："颢登皇帝位，改年曰建武元年。"

护：①监视〈1〉。见《闻义里》："此是护塔神湿婆仙使之然。"

进：④推荐〈1〉。见《永宁寺》："并进京师大德超、光、晒、荣四法师。"

剽：①抢劫〈1〉。见《永宁寺》："世隆见桥被焚，遂大剽生民，北上太行。"

倾：⑩胜过〈4〉。如《高阳王寺》："崇为尚书令，仪同三司，亦富倾天下，童仆千人。"

请：⑦延请〈2〉。如《崇真寺》："即请坐禅僧一百人常在内殿供养之。"

尚：⑧指娶公主为妻〈3〉。如《正觉寺》："及至京师，复尚公主。"

谢：②拒绝〈1〉。见《闻义里》："一直一道，从钵庐勒国向乌场国，铁锁为桥，悬虚为渡，下不见底，旁无挽捉，倏忽之间，投躯万仞，是以行者望风谢路耳。"

幸：⑨封建时代称帝王亲临〈1〉。见《永宁寺》："太原王欲使帝幸晋阳，至秋更举大义。"

掩：⑨捕捉〈1〉。见《宣忠寺》："至晓掩祖仁，征其金马。"

见于《礼记》的有以下 4 个。

礼：③礼遇〈1〉。见《融觉寺》："天竺国胡沙门菩提流支见而礼之，号为菩萨。"

聘：④聘娶正妻〈1〉。见《正觉寺》："肃在江南之日，聘谢氏女为妻。"

推：⑤推选〈1〉。见《平等寺》："朕以寡德，运属乐推，思与亿兆同兹大庆。"

省：③问候〈1〉。见《寿丘里》："江阳王继来省疾。"

见于《盐铁论》的有以下 1 个。

补：⑦谓官有缺位，选员补充〈1〉。见《平等寺》："已能近补，何劳远闻？"

（三）形容词

《伽蓝记》的单音节形容词中，共有 15 个可以追溯到西汉时期的语料，这些词语主要是人们常说的基本词汇。

见于《礼记》的有以下 8 个。

博：⑤广泛〈1〉。见《景宁寺》："博识文渊，清言入神，造次应对，莫有称者。"

繁：②盛大〈1〉。见《序》："逮皇魏受图，光宅嵩洛，笃信弥繁，法教愈盛。"

繁：③茂盛〈1〉。见《景明寺》："或黄甲紫鳞，出没于繁藻。"

公：②公共〈1〉。见《永宁寺》："大道既隐，天下匪公。"

枯：①草木枯槁〈1〉。见《法云寺》："咒枯树能生枝叶。"

留：⑤长久〈1〉。见《正始寺》："孤松既能却老，半石亦可留年。"

隆：③兴盛〈2〉。如《平等寺》："庶九鼎之命日隆，七百之祚惟永。"

遥：①指距离远〈2〉。如《永宁寺》："去京师百里，已遥见之。"

见于《史记》的有以下 3 个。

急：⑦疾速〈1〉。见《永宁寺》："帝初以黄河奔急，谓兆未得猝济。"

宽：④不严〈1〉。见《景乐寺》："及文献王薨，寺禁稍宽，百姓出入，无复限碍。"

阴：⑯偷偷地〈2〉。如《法云寺》："岩因怪之，伺其睡，阴解其衣。"

见于司马相如《长门赋》的有以下 1 个。

炫：①辉映〈2〉。如《景林寺》："丹楹炫日，绣桷迎风。"

见于《列女传》的有以下 1 个。

正：⑤公正合理〈1〉。见《景兴尼寺》："佞言伤正，华辞损实。"

见于《尚书大传》的有以下 1 个。

隆：⑤深厚〈1〉。见《冲觉寺》："怿，亲王之中，最有名行，世宗爱之，特隆诸弟。"

见于《方言》的有以下 1 个。

朗：②解悟〈1〉。见《追先寺》："侍中义阳王略，体自藩华，门勋凤著，内润外朗，兄弟伟如。"

（四）量词

《伽蓝记》中见于西汉语料的单音节量词有 4 个。

见于《史记》的有以下 3 个。

具：⑫量词〈2〉。如《菩提寺》："汝南王赐黄衣一具。"

匹：⑥量词。（2）布帛等织物长度的计量单位〈2〉。如《寿丘里》："及太后赐百官负绢，任意自取，……侍中崔光止取两匹。"

首：⑯量词。（1）篇〈1〉。见《龙华寺》："遂造《听钟歌》三首，行传于世。"

见于《礼记》的有以下 1 个。

级：②量词，用作计量阶、磴等〈3〉。如《闻义里》："其高三丈，悉用文石为阶砌栌栱，上构众木，凡十三级。"

（五）代词

《伽蓝记》的单音节代词中，共有 2 个可以追溯到西汉时期的语料。

见于《史记》的有以下 1 个。

朕：④秦始皇二十六年起定为帝王自称之词，沿用至清〈8〉。如《永宁寺》："朕宁作高贵乡公死，不作汉献帝生！"

见于《春秋繁露》的有以下 1 个。

诸：⑦代词。（2）相当于"其"。用作定语〈4〉。如《开善寺》："琛常会宗室，陈诸宝器。"

（六）副词

《伽蓝记》的单音节副词中，共有 14 个可以追溯到西汉时期的语料，具体又可分为表示范围的副词、语气副词、方式副词和时间频率副词。

1. 范围副词，4 个

见于《史记》的有以下 3 个。

但：②只〈1〉。见《秦太上君寺》："老翁还入，元宝不复见其门巷，但见高岸对水，渌波东倾。"

齐：⑦一齐〈1〉。见《法云寺》："至三元肇庆，万国齐臻，金蝉曜首，宝玉鸣腰。"

专：③一意〈2〉。如《正始寺》："既不专流宕，又不偏华尚，卜居动静之间，不以山水为忘。"

见于《方言》的有以下 1 个。

一：⑯独〈1〉。见《追先寺》："略兄弟四人并罹涂炭，唯略一身逃命江左。"

2. 语气副词，1 个，见于《史记》

自：⑤自然〈6〉。如《开善寺》："丑多亡日，像自有金色，光照四邻。"

3. 方式副词，2 个，见于《史记》

别：⑦另外〈4〉。如卷三《龙华寺》："别立市于洛水南，号曰四通市。"

特：⑪特意〈2〉。如《宣忠寺》："帝纳其谋，遂唱生太子，遣徽特至太原王第，告云皇储诞育。"

4. 时间频率副词，7 个，见于《史记》

便：⑭副词。（1）就〈8〉。如《闻义里》："然后辘轳绞索，一举便到。"

或：③副词，时常〈2〉。如《菩提寺》："时复游行，或遇饭食，如似梦中，不甚辨了。"

稍：⑦副词，逐渐〈3〉。如《景乐寺》："及文献王薨，寺禁稍宽，百姓出入，无复限碍。"

时：⑱副词，时常〈1〉。见《白马寺》："常烧香供养之，经函时放光明，耀于堂宇。"

业：⑪已经〈1〉。见《景明寺》："自王室不靖，虎门业废，后迁国子祭酒，谟训上庠。"

辄：⑥副词，总是〈3〉。如《修梵寺》："掘此地者，辄得金玉宝玩之物。"

辄：⑥副词，立即〈1〉。见《白马寺》："宫人得之，转饷亲戚，以为奇味，得者不敢辄食，乃历数家。"

（七）介词

《伽蓝记》的单音节介词中，仅有 1 个追溯到西汉语料，见于《礼记》。

当：②对着〈1〉。见《序》："承明者，高祖所立，当金墉城前东西大道。"

（八）连词

《伽蓝记》的单音节连词中，共有 4 个可以追溯到西汉语料中，这些词语主要是人们常说的基本词汇。

见于《史记》的有以下 2 个。

傥：⑥倘若，表示假设〈1〉。见《永宁寺》："傥天不厌乱，胡羯未殄，鸥鸣狼噬，荐食河北，在荣为福，于卿为祸。"

因：⑬连词。（2）因为；由于〈6〉。如《序》："余因行役，重览洛阳。"

见于西汉刘向作品的有以下 2 个。

假[1]：⑪假如〈3〉。如《闻义里》："假有死罪，不立杀刑，唯徙空山，任其饮啄。"

以[2]：⑨连词，表转折，相当于"却"〈1〉。见《正始寺》："心托空而栖有，情入古以如新。"

（九）助词

《伽蓝记》的单音节助词中，共有 4 个可以追溯到西汉语料，这些词语主要是人们常

---

[1] 见于西汉刘向《新序》。
[2] 见于西汉刘向《说苑》。

说的基本词汇。

见于《史记》的有以下 3 个。

阿：①名词前缀。助词。（1）用在人名，或姓的前面，有亲昵的意味〈1〉。见《开善寺》："阿梁！卿忘我耶？"

所：⑮助词。（2）表示语气。多与表被动的介词"为"配合使用〈18〉。如《永宁寺》："穆为伏兵鲁遑所杀。"

者：②助词。（2）作为定语后置的标志〈11〉。如《永宁寺》："尔朱氏自封王者八人。"

见于《战国纵横家书》的有以下 1 个。

而：⑥助词。（5）用于句中，表示语句的舒缓〈8〉。如《开善寺》："中土所无，皆从西域而来。"

二、双音节词语

《伽蓝记》中有 280 个双音节词语见于西汉传世典籍，包括名词、动词、形容词、副词、代词和连词。

（一）见于西汉语料中的双音节名词

见于西汉传世典籍的双音节名词有 161 个，根据词语内部结构关系，又分为并列式、偏正、支配式、附加式等几种。

1. 并列式双音节词语，42 个

见于《史记》的有以下 22 个。

城郭：②泛指城市〈4〉。如《永明寺》："凡南方诸国，皆因城郭而居，多饶珍丽。"

刀剑：刀和剑。古代兵器〈1〉。见《平等寺》："庄帝疑恭奸诈，夜遣人盗掠衣物，复拔刀剑欲杀之。"

道路：③指众人〈1〉。见《明悬尼寺》："至于旧事，多非亲览，闻诸道路，便为穿凿。"

都会：①大城市〈1〉。见《法云寺》："州郡都会之处皆立一宅，各养马十匹。"

度量：⑥器量〈1〉。见《宣忠寺》："徽素大度量，喜怒不形于色。"

方术：②泛指天文、医学、神仙术、房中术、占卜、相术、遁甲、谶纬等〈1〉。见《闻义里》："说管辂善卜，华陀治病，左慈方术，如此之事，分别说之。"

锋镝：①刀刃和箭镞。借指兵器〈1〉。见《永宁寺》："逆刃加于君亲，锋镝肆于卿宰。"

父老：对老年人的尊称〈3〉。如《闻义里》："父老传云，此树灭，佛法亦灭。"

宫观：①供帝王游憩的宫馆〈1〉。见《序》："宫观相连，被诸城上也。"

郡县：郡和县的并称〈1〉。见卷三《龙华寺》："于是诏近山郡县捕虎以送。"

廊庑：堂前的廊屋〈2〉。如《建中寺》："一里之间，廊庑充溢。"

律令：①法令〈1〉。见《永宁寺》："正始初，诏刊律令，永作通式。"

名族：②名门望族〈1〉。见《瑶光寺》："亦有名族处女，性爱道场。"

男女：③儿女〈2〉。如《闻义里》："去塔一里，东北下山五十步，有太子男女绕树不去。"

南北：①南与北〈4〉。如《修梵寺》："里南北皆有池，卓之所造。"

奴婢：①男女仆人的泛称〈3〉。如《闻义里》："宋云以奴婢二人奉雀离浮图，永充洒扫。"

神怪：①神仙和鬼怪〈1〉。见《正始寺》："岂下俗之所务，实神怪之异趣。"

神仙：①神话传说中的人物。有超人的能力。可以超脱尘世，长生不老〈2〉。如《正始寺》："远为神仙所赏，近为朝士所知。"

水草：②指有水源和草的地方〈1〉。见《闻义里》："以毡为屋，随逐水草。"

丝桐：指琴。古人削桐为琴，练丝为弦，故称〈1〉。见《法云寺》："丝桐发响，羽觞流行。"

雄雌：②比喻胜负、强弱、高下〈1〉。见《宣忠寺》："大兵阻河，雄雌未决，微愿入洛阳，舍宅为寺。"

子弟：③指从军者，兵丁〈3〉。如《永宁寺》："所将江淮子弟五千人，莫不解甲相泣，握手成别。"

见于《礼记》的有以下 12 个。

财物：①金钱物品的总称〈3〉。如《崇真寺》："虽造作经像，正欲得他人财物。"

车骑：①犹车马〈2〉。如《景明寺》："车骑填咽，繁衍相倾。"

近习：②指君主宠爱亲信的人〈1〉。见《平等寺》："正光中为黄门侍郎，见元义秉权，政归近习，遂佯哑不语，不预世事。"

居室：①住房，住宅〈2〉。如《正始寺》："彪、景出自儒生、居室俭素。"

耒耜：①古代耕地翻土的农具〈1〉。见《闻义里》："不知用牛，耒耜而田。"

礼乐：礼节和音乐。古代帝王常用兴礼乐为手段以求达到尊卑有序远近和合的统治目的〈2〉。如《景宁寺》："礼乐宪章之盛，凌百王而独高。"

罗网：⑤网状物，宝网〈1〉。见《闻义里》："此塔初成，用真珠为罗网覆于其上。"

禽兽：②称兽类〈1〉。见《景宁寺》："是以刘劭杀父于前，休龙淫母于后，见逆人伦，禽兽不异。"

神灵：②魂魄〈1〉。见《建中寺》："太后追思腾罪，发墓残尸，使其神灵无所归趣。"

丝竹：弦乐器与竹管乐器之总称，亦泛指音乐〈2〉。如《法云寺》："里内之人，丝竹讴歌，天下妙伎出焉。"

田宅：田地和房屋〈1〉。见《建中寺》："至孝昌二年太后反政，遂诛义等，没腾田宅。"

正朔：①谓帝王新颁的历法〈1〉。见《景宁寺》："正朔相承，当在江左。"

见于李陵《答苏武书》的有以下 2 个。

君亲：指君主〈2〉。如《永宁寺》："逆刃加于君亲，锋镝肆于卿宰。"

　　酪浆：①牛羊等动物的乳汁〈2〉。如《正觉寺》："肃初入国，不食羊肉及酪浆等物。"

　　见于《新书》的有以下2个。

　　饭食：①煮熟的谷类食物〈1〉。见《菩提寺》："时复游行，或遇饭食，如似梦中，不甚辨了。"

　　容仪：②礼仪〈1〉。见《正始寺》："别有王孙公子，逊遁容仪，思山念水，命驾相随。"

　　见于贾谊《论积贮疏》的有以下1个。

　　财产：属于公有或私有的物质财富〈1〉。见《寿丘里》："卿之财产，应得抗衡。"

　　见于《盐铁论》的有以下1个。

　　遐迩：①远近〈1〉。见《景明寺》："藉甚当时，声驰遐迩。"

　　见于枚乘《七发》的有以下1个。

　　羽翼：②辅佐；维护。亦指辅佐的人或力量〈1〉。见《景林寺》："公幹仲宣，为其羽翼。"

　　见于《淮南子》的有以下1个。

　　言论：①言谈；谈论〈1〉。见《追先寺》："略从容闲雅，本自天资，出南入北，转复高迈，言论动止，朝野师模。"

　　2.　偏正式双音节词语，107个

　　见于《史记》的有以下52个。

　　宝器：②泛指珍贵的器物〈1〉。见《开善寺》："琛常会宗室，陈诸宝器。"

　　北夷：古代对北方少数民族的泛称〈2〉。见卷三《龙华寺》："北夷来附者处燕然馆。"

　　地下：地面以下〈4〉。如《昭仪尼寺》："地下常闻有钟声。"

　　东厢：指正房东侧的房屋〈2〉。如《白马寺》："东厢屋，急手作。"

　　端门：宫殿的正南门〈1〉。见《永宁寺》："形制似今端门。"

　　伏兵：埋伏下来伺机袭击敌人的军队〈2〉。如《永宁寺》："穆为伏兵鲁遑所杀。"

　　高门：①高大的门〈3〉。如《秦太上君寺》："修刹入云，高门向街。"

　　阁道：①复道〈2〉。如《永宁寺》："南门楼三重，通三阁道。"

　　公子：③尊称有权势地位的人〈1〉。见《正始寺》："别有王孙公子，逊遁容仪。"

　　宫阙：宫殿〈2〉。如《序》："迁京之始，宫阙未就。"

　　国礼：政府迎送国君或接待来使的礼仪〈1〉。见《景明寺》："国礼朝仪，咸自子才出。"

　　河宗：①指黄河〈1〉。见卷三《龙华寺》："近达河宗，远朝海若。"

　　胡骑：①胡人军队〈2〉。如《永宁寺》："即遣尔朱侯讨伐、尔朱那律归等，领胡骑一千。"

　　皇帝：③封建国家最高统治者的称号。始自秦始皇〈15〉。如《平等寺》："皇帝咨广陵王恭。"

皇后：②皇帝的正妻〈1〉。见《永宁寺》："帝纳荣女为皇后。"

黄屋：①古代帝王专用的黄缯车盖〈1〉。见《冲觉寺》："给九旒鸾辂、黄屋、左纛、辒辌车。"

禁苑：①帝王的园林〈1〉。见《高阳王寺》："其竹林鱼池，侔于禁苑。"

绝业：①中断的事业〈1〉。见《平等寺》："故柱国大将军大丞相太原王荣，地实封陕，任惟外相，乃心王室，大惧崩沦，故推立长乐王子攸以续绝业。"

军所：军队驻地〈1〉。见《永宁寺》："长乐王从雷陂北渡，赴荣军所。"

空地：①空闲的土地〈1〉。见《景林寺》："御道北有空地，拟作东宫。"

老妪：①老年妇女〈1〉。见《开善寺》："快马健儿，不如老妪吹篪。"

靓妆：亮丽的容妆〈1〉。见《法云寺》："初变为妇人，衣服靓妆，行于道路。"

女婿：①女儿的丈夫〈1〉。见《菩提寺》："昔魏时发冢，得霍光女婿范明友家奴。"

磐石：②旧喻分封的宗室〈1〉。见《追先寺》："是用声虩磐石，义郁维城。"

旗亭：①市楼，古代观察、指挥集市的处所〈2〉。如《龙华寺》："此台是中朝时旗亭也。"

千金：①极言钱财多〈1〉。见《永明寺》："计其水利，日益千金，因以为名。"

强臣：擅权的大臣〈1〉。见《平等寺》："永安手翦强臣，非为失德，直以天未厌乱，故逢成济之祸。"

秋霜：①秋日的霜〈1〉。见《大觉寺》："至于春风动树，则兰开紫叶，秋霜降草。"

阙下：指帝王所居的宫廷〈1〉。见《平等寺》："兵及阙下，矢流王室。"

人间：②尘世〈1〉。见《秦太上君寺》："臣年迫桑榆，气同朝露，人间稍远，日近松丘。"

儒林：①指儒家学者之群〈1〉。见《秦太上君寺》："稷下儒林，礼义所出。"

儒生：儒士，通儒家经书的人〈1〉。见《正始寺》："彪、景出自儒生、居室俭素。"

塞下：边塞附近。亦泛指北方边境地区〈1〉。见卷三《龙华寺》："商胡贩客，日奔塞下。"

食邑：②指古代君主赐予臣下作为世禄的封地〈2〉。如《追先寺》："乃封略为中山王，食邑千户，仪比王子。"

史官：主管文书、典籍，并负责修撰前代史书和搜集记录当代史料的官员〈1〉。见《景兴尼寺》："苻坚自是贤主，贼君取位，妄书君恶，凡诸史官，皆是类也。"

手书：①笔迹〈1〉。见《闻义里》："并为七塔，七塔南石铭，云如来手书，胡字分明，于今可识焉。"

手指：人手前端的五个分支〈1〉。见《闻义里》："有佛顶骨，方圆四寸，黄白色，下有孔，受人手指，阅然似仰蜂窠。"

水利：①利用水力资源和防止水害。亦指兴修水利带来的利益〈1〉。见《永明寺》："计其水利，日益千金，因以为名。"

宿卫：皇帝的警卫人员；禁军〈2〉。如《永宁寺》："今宿卫文武足得一战，但守河桥，观其意趣。"

天资：天赋〈1〉。见《追先寺》："略从容闲雅，本自天资，出南入北，转复高迈，言论动止，朝野师模。"

同列：②犹同僚〈1〉。见卷三《龙华寺》："宝寅耻与夷人同列，令公主启世宗，求入城内。"

铜山：①蕴藏、出产铜矿的山〈1〉。见《法云寺》："是以海内之货，咸萃其庭，产匹铜山，家藏金穴。"

外国：①指本国以外的国家〈1〉。见《永宁寺》："外国所献经像，皆在此寺。"

外戚：指帝王的母族、妻族〈1〉。见《寿丘里》："于是帝族王侯，外戚公主，擅山海之富，居山林之饶。"

西垂：②西面边疆〈1〉。见《永明寺》："尽天地之西垂，耕耘绩纺，百姓野居，邑屋相望，衣服车马，拟仪中国。"

昔日：往日〈2〉。如《闻义里》："其国有水，昔日甚浅，后山崩截流，变为二池。"

小儿：①小孩子〈1〉。见《秦太上公寺》："须臾见婢抱一死小儿而过，元宝初甚怪之。"

遗诏：皇帝临终时所发的诏书〈1〉。见《冲觉寺》："延昌四年世宗崩，怿与高阳王雍、广平王怀并受遗诏，辅翼孝明。"

永巷：①宫中长巷〈2〉。如《建中寺》："正光年中，元乂专权，太后幽隔永巷，腾为谋主。"

朝露：②比喻存在时间短促〈1〉。见《秦太上君寺》："臣年迫桑榆，气同朝露。"

诏书：皇帝颁发的命令〈6〉。如《闻义里》："国王见宋云云大魏使来，膜拜受诏书。"

左纛：古代皇帝乘舆上的饰物，以犛牛尾或雉尾制成，设在车衡左边或左骖上〈1〉。见《冲觉寺》："给九旒鸾辂、黄屋、左纛、辒辌车。"

见于《礼记》的有以下 22 个。

白玉：①白色的玉〈1〉。见《正始寺》："青松未胜其洁，白玉不比其珍。"

百日：①多日。指较长的时间〈2〉。如《平等寺》："在京宫殿空虚，百日无主，唯尚书令司州牧乐平王尔朱世隆镇京师。"

大兵：②大的战争〈2〉。如《永宁寺》："于时新经大兵，人物歼尽，流迸之徒，惊骇未出。"

大道：②正道〈1〉。见《永宁寺》："大道既隐，天下匪公。"

大水：②指大海或大河〈1〉。见《闻义里》："于是西北行七日，渡一大水，至如来为尸毗王救鸽之处，亦起塔寺。"

忿言：忿怒的话〈1〉。见《平等寺》："世隆既有忿言，季明终得无患。"

夫人：②帝王的妾〈1〉。见《闻义里》："王与夫人及诸王子悉在楼上烧香散花，至心请神。"

国事：国家的政事〈1〉。见《闻义里》："日中已后，始治国事。"

黄花：②指菊花〈1〉。见《大觉寺》："至于春风动树，则兰开紫叶，秋霜降草，则菊吐黄花。"

黄衣：①黄色的衣服〈1〉。见《菩提寺》："汝南王赐黄衣一具。"

季冬：冬季的最后一个月，农历十二月〈1〉。见《闻义里》："花叶似枣，季冬始熟。"

季夏：夏季的最后一个月，农历六月〈1〉。见《法云寺》："季夏六月，时暑赫晞。"

九斿：①古代旌旗上的九条丝织垂饰〈1〉。见《冲觉寺》："给九斿鸾辂、黄屋、左纛、辒辌车，前后部羽葆鼓吹，虎贲班剑百人。"

苴杖：古代居父丧时孝子所用的竹杖〈1〉。见《白马寺》："大竹箭者，苴杖。"

楼观：泛指楼殿之类的高大建筑物〈2〉。如《法云寺》："宅宇逾制，楼观出云。"

陆产：陆地出产之物品〈1〉。见《正觉寺》："羊者是陆产之最，鱼者乃水族之长。"

人情：①人的感情〈1〉。见《闻义里》："及亲往复，乃有人情。"

上庠：古代的大学〈1〉。见《景明寺》："自王室不靖，虎门业废，后迁国子祭酒，谟训上庠。"

石碑：作为纪念物或标记的竖石。多镌刻文字，意在垂之久远〈3〉。如《景林寺》："奈林南有石碑一所。"

四面：指四周围〈4〉。如《闻义里》："树下四面坐像，各高丈五。"

疑狱：疑难案件〈2〉。如《景明寺》："法吏疑狱，簿领成山。"

羽葆：①古时葬礼仪仗的一种。以鸟羽聚于柄头如盖〈1〉。见《冲觉寺》："前后部羽葆鼓吹，虎贲班剑百人。"

见于《淮南子》的有以下 7 个。

宝玩：①珍贵的赏玩品〈2〉。如《修梵寺》："掘此地者，辄得金玉宝玩之物。"

荒土：①位东北方的荒远之地〈1〉。见《景宁寺》："自晋宋以来，号洛阳为荒土，此中谓长江以北尽是夷狄。"

鸡头：②芡实的别名，又称"鸡头肉"〈2〉。如《瑶光寺》："牛筋狗骨之木，鸡头鸭脚之草，亦悉备焉。"

良匠：手艺精巧的工匠〈1〉。见《闻义里》："惠生遂减割行资，妙简良匠。"

木工：②指建造房屋木结构或木器制造的工艺〈1〉。见《闻义里》："王修浮图，木工既讫，犹有铁柱，无有能上者。"

鹢首：②泛指船〈1〉。见《景林寺》："皇帝驾龙舟鹢首，游于其上。"

周年：①一年〈1〉。见《永宁寺》："有火入地寻柱，周年犹有烟气。"

见于刘向作品的有以下 4 个。

高风[1]：强劲的风〈1〉。见《永宁寺》："至于高风永夜，宝铎和鸣，铿锵之声，闻及十余里。"

四邻[2]：③周围邻居〈1〉。见《景宁寺》："永安年中，胡杀猪，猪忽唱乞命，声及四邻。"

香草[3]：①含有香味的草〈2〉。如《永宁寺》："蘘竹香草，布护阶墀。"

虚说[4]：无稽之谈。〈1〉。见《永宁寺》："《易》称天道祸淫，鬼神福谦，以此验之，信为虚说。"

见于司马相如作品的有以下 5 个。

长坂[5]：犹高坡〈1〉。见《闻义里》："自此以西，山路欹侧，长坂千里。"

后园[6]：屋后庭园〈3〉。如《法云寺》："晨食南馆，夜游后园。"

金铺[7]：①金饰铺首〈1〉。见《永宁寺》："绣柱金铺，骇人心目。"

流光[8]：②流动、闪烁的光彩〈1〉。见《序》："自顶日感梦，满月流光，阳门饰豪眉之像，夜台图绀发之形。"

土山[9]：泥土堆积成的小山〈2〉。如《宝光寺》："市西北有土山鱼池，亦冀之所造。"

见于贾谊作品的的有以下 3 个。

官徒[10]：②官府的徒隶〈1〉。见《秦太上君寺》："临淄官徒布在京邑，闻怀砖慕势，咸共耻之。"

六合[11]：②天下〈1〉。见《永宁寺》："正以糠秕万乘，锱铢大宝，非贪皇帝之尊，岂图六合之富？"

清晨[12]：早晨〈1〉。见《冲觉寺》："至于清晨明景，聘望南台，珍羞具设。"

见于《诗经毛传》的有以下 3 个。

豪眉：①长眉，也指年长者之寿眉〈1〉。见《序》："阳门饰豪眉之像，夜台图绀发之形。"

青领：①青色交领长衫〈1〉。见《景明寺》："青领之生，竟怀雅术。"

石山：①岩石积成的山〈1〉。见《正始寺》："庭为仁智之田，故能种此石山。"

见于扬雄作品的有以下 3 个。

飞梁[13]：凌空飞架的桥〈1〉。见《寿丘里》："飞梁跨阁，高树出云。"

---

〔1〕　见于刘向《九叹》。
〔2〕　见于刘向《列女传》。
〔3〕〔4〕　见于刘向《说苑》。
〔5〕〔9〕　见于司马相如《哀二世赋》。
〔6〕　见于司马相如《子虚赋》。
〔7〕　见于《长门赋》。
〔8〕　见于《上林赋》。
〔10〕〔12〕　见于贾谊《新书》。
〔11〕　见于贾谊《过秦论》。
〔13〕　见于扬雄《甘泉赋》。

杼首[1]：梭形的头，古代以为长寿之相〈1〉。见《景宁寺》："短发之君，无杼首之貌。"

玄符[2]：天符，符命〈1〉。见卷三《龙华寺》："魏策仰天，玄符握镜。"

见于《新语》的有以下 2 个。

朝士：②泛称中央官员〈3〉。如《永明寺》："朝士送迎，多在此处。"

奇伎：奇特的技艺〈1〉。见《长秋寺》："奇伎异服，冠于都市。"

见于焦赣《易林》的有以下 1 个。

铁柱：①铁铸的柱子〈3〉。如《闻义里》："木工既讫，犹有铁柱，无有能上者。"

见于枚乘《七发》的有以下 1 个。

百尺：①十丈。喻高〈3〉。如《禅虚寺》："有羽林马僧相善角觚戏，掷戟与百尺树齐等。"

见于桓宽《盐铁论》的有以下 1 个。

宝货：②犹宝物。亦泛指金银财宝〈1〉。见《开善寺》："常谓高阳一人，宝货多于融。"

见于《古列女传·小序》的有以下 1 个。

母仪：①人母的仪范。多用于皇后〈1〉。见《秦太上君寺》："当时太后，正号崇训，母仪天下。"

见于王褒《僮约》的有以下 1 个。

小市：③小集市〈1〉。见《景宁寺》："孝义里东，即是洛阳小市。"

见于东方朔《七谏》的有以下 1 个。

修竹：长长的竹子〈1〉。见《永明寺》："庭列修竹，檐拂高松，奇花异草，骈阗阶砌。"

3．支配式双音节词语，7 个

见于《史记》的有以下 3 个。

屏风：①室内陈设。用以挡风或遮蔽的器具，上面常有字画〈1〉。见卷三《龙华寺》："背设五彩屏风、七宝坐床，容数人，真是异物。"

已来：①以后〈1〉。见《景兴尼寺》："自永嘉已来二百余年，建国称王者十有六君。"

执戟：秦汉时的宫廷侍卫官。因值勤时手持戟，故名〈1〉。见《冲觉寺》："徙王国三卿为执戟者，近代所无也。"

见于《淮南子》的有以下 1 个。

以后：比现在或某一时间晚的时期〈3〉。如《景兴尼寺》："三年以后遁去，莫知所在。"

---

〔1〕 见于扬雄《方言》。
〔2〕 见于扬雄《剧秦美新》。

见于《韩诗外传》的有以下 1 个。

当时：①指过去发生某件事情的时候〈9〉。如《景兴尼寺》："当时构文之士，惭逸此言。"

见于贾谊《新书》的有以下 1 个。

控弦：②借指士兵〈1〉。见《永宁寺》："部落之民，控弦一万。"

见于《周髀算经》的有以下 1 个。

经月：整月〈3〉。如《法云寺》："饮之香美，醉而经月不醒。"

4. 来源于西汉语料的联绵词，3 个

见于枚乘《七发》的有以下 1 个。

霹雳：①震雷〈1〉。见《平等寺》："有一柱焚之不尽，后三日雷雨震电，霹雳击为数段。"

见于《急就篇》的有以下 1 个。

辟邪：古代传说中的神兽。似鹿而长尾，有两角〈1〉。见《长秋寺》："四月四日此像常出，辟邪师子导引其前。"

见于《史记》的有以下 1 个。

箜篌：古代拨弦乐器名〈3〉。如《高阳王寺》："徐鼓箜篌而歌，哀声入云。"

5. 主谓式词语，1 个，见于《史记》

公主：①帝王、诸侯之女的称号〈11〉。如卷三《龙华寺》："宝寅耻与夷人同列，令公主启世宗，求入城内，世宗从之。"

6. 附加式词语，1 个，见于《史记》

宦者：①宦官〈2〉。如《昭仪尼寺》："宦者之家，积金满堂。"

（二）见于西汉传世典籍的双音节动词

见于西汉语料的双音节动词有 75 个，根据词语内部结构关系，又分为并列式、偏正式和支配式等几种。

1. 并列式双音节动词，33 个

见于《史记》的有以下 17 个。

驰走：①快跑；疾驰〈1〉。见《闻义里》："其俗妇人裤衫束带，乘马驰走，与丈夫无异。"

传送：传递解送〈1〉。见《永宁寺》："颢与数十骑欲奔萧衍，至长社，为社民斩其首，传送京师。"

废立：①帝王废置皇后、太子、诸侯或大臣废旧君立新君〈2〉。如《永宁寺》："若能行废立之事，伊霍复见今日。"

奉养：②指生活待遇〈1〉。见《高阳王寺》："雍嗜口味，厚自奉养，一食必数万钱为限。"

浮沉：③随波逐流。谓追随世俗〈1〉。见《正始寺》："任性浮沉，若淡兮无味。"

归养：①回家奉养父母〈1〉。见《景明寺》："诏以光禄大夫归养私庭，所在之处，给事力五人。"

祭祀：祀神供祖的仪式〈2〉。如《闻义里》："祭祀龙王，然后平复。"

劫夺：抢劫夺取〈1〉。见《崇真寺》："卿作太守之日，曲理枉法，劫夺民财，假作此寺，非卿之力，何劳说此。"

抗衡：匹敌〈1〉。见《寿丘里》："卿之财产，应得抗衡，何为叹羡，以至于此？"

历涉：度越〈1〉。见《永宁寺》："年一百五十岁，历涉诸国，靡不周遍。"

庆吊：庆贺与吊慰。亦指喜事与丧事〈1〉。见《景宁寺》："未尝修敬诸贵，亦不庆吊亲知。"

仕宦：①为官〈1〉。见《景宁寺》："不愿仕宦，为中散，常辞疾退闲。"

以为：③"以之为"的省略形式。犹言让他（她）做，把它作为〈15〉。如《长秋寺》："腾初为长秋令卿，因以为名。"

招聚：聚集〈1〉。见《平等寺》："而子攸不顾宗社，仇忌勋德，招聚轻侠，左右壬人。"

招怀：招抚〈1〉。见《景宁寺》："时朝廷方欲招怀荒服，待吴儿甚厚。"

诛死：杀戮〈1〉。见《崇真寺》："宣明少有名誉，精通经史，危行及于诛死也。"

湮灭：①埋没〈1〉。见《宝光寺》："晋朝三十二寺尽皆湮灭，唯此寺独存。"

见于《礼记》的有以下 5 个。

辅翼：辅佐，辅助〈1〉。见《冲觉寺》："延昌四年世宗崩，怿与高阳王雍、广平王怀并受遗诏，辅翼孝明。"

甲胄：③披甲戴盔〈2〉。如《秦太上公寺》："当时甲胄之士，号'明堂队'。"

教化：②教育感化〈1〉。见《崇真寺》："有一比邱云是禅林寺道弘，自云教化四辈檀越，造一切经，人中金象十躯。"

来至：来到〈3〉。如《永明寺》："拔陁至扬州岁余，随扬州比丘法融来至京师。"

通达：②洞达〈1〉。见《白马寺》："有沙门宝公者，不知何处人也，形貌丑陋，心识通达，过去未来，预睹三世。"

见于《韩诗外传》的有以下 4 个。

顾问：②咨询〈1〉。见《景明寺》："诏以光禄大夫归养私庭，所在之处，给事力五人，岁一入朝，以备顾问。"

交通：③交往〈2〉。如《永明寺》："南中有歌营国，去京师甚远，风土隔绝，世不与中国交通，虽二汉及魏，亦未曾至也。"

平复：①痊愈〈1〉。见《闻义里》："雪有白光，照耀人眼，令人闭目，茫然无见。祭祀龙王，然后平复。"

洒扫：①先洒水在地上浥湿灰尘，前后清扫〈4〉。如《闻义里》："王即起塔，封四百户以供洒扫。"

见于司马相如作品，2 个。

讨伐[1]：征伐〈1〉。见《永宁寺》："即遣尔朱侯讨伐尔朱那律归等。"

咀嚼[2]：①嚼食〈1〉。见《景宁寺》："咀嚼菱藕，捃拾鸡头咀嚼菱藕，捃拾鸡头。"

见于扬雄《法言》的有以下1个。

雕刻：①在木、石、骨、金属上刻镂〈1〉。见《宝光寺》："有三层浮图一所，以石为基，形制甚古，画工雕刻。"

见于贾谊《过秦论》的有以下1个。

怨望：心怀不满〈1〉。见《永宁寺》："时胡氏专宠，皇宗怨望，入议者莫肯致言。"

见于《黄石公三略》的有以下1个。

军国：①统军治国〈1〉。见《景明寺》："子才洽闻博见，无所不通，军国制度，罔不访及。"

见于《淮南子》的有以下1个。

经过：①通过〈3〉。如《闻义里》："卿涉诸国，经过险路，得无劳苦也?"

见于王褒《九怀》的有以下1个。

导引：带领〈1〉。见《长秋寺》："四月四日此像常出，辟邪师子导引其前。"

2. 偏正式双音节动词，14个

见于《史记》的有以下4个。

大赦：对全国已判罪犯普遍赦免或减刑〈1〉。见《永宁寺》："十四日车驾入城，大赦天下，改号为建义元年，是为庄帝。"

无异：①没有差别〈1〉。见《闻义里》："其俗妇人裤衫束带，乘马驰走，与丈夫无异。"

无以：②无从〈4〉。如《闻义里》："云无以屈之。"

相通：①连通〈3〉。如《景明寺》："青台紫阁，浮道相通。"

见于贾谊作品的有以下2个。

痛惜[3]：心痛惋惜〈1〉。见《法云寺》："及尔朱兆入京师，或为乱兵所害，朝野痛惜焉。"

云集[4]：形容从四面八方迅速集合在一起〈1〉。见《闻义里》："国内沙门，咸来云集。"

见于扬雄作品的有以下2个。

独出[5]：②突出；特出〈1〉。见《秦太上君寺》："颍川荀济，风流名士，高鉴妙识，独出当世。"

---

[1] 见于司马相如《难蜀父老》。
[2] 见于司马相如《上林赋》。
[3] 见于贾谊《新书》。
[4] 见于贾谊《过秦论》。
[5] 见于扬雄《甘泉赋》。

群飞[1]：②喻动乱〈1〉。见《平等寺》："然群飞未宁，横流且及，皆狼顾鸱张，岳立棋峙。"

见于刘向作品的有以下 2 个。

博通[2]：①广泛地通晓。亦谓广具各种知识〈2〉。如《法云寺》："或博通典籍，辨慧清悟。"

不合[3]：①不符合〈2〉。如《平等寺》："下官既为议臣，依礼而言，不合圣心，俘剪惟命。"

见于焦赣《易林》的有以下 1 个。

徙居：迁居〈1〉。见《景宁寺》："景仁住此以为耻，遂徙居孝义里焉。"

见于《礼记》的有以下 1 个。

毕备：全都具备〈1〉。见《宗圣寺》："宗圣寺，有像一躯，举高三丈八尺，端严殊特，相好毕备。"

见于枚乘《七发》的有以下 1 个。

曲房：内室〈1〉。见《景乐寺》："堂庑周环，曲房连接。"

见于《尚书·序》的有以下 1 个。

覃思：深思〈1〉。见《景明寺》："志性通敏，风情雅润，下帷覃思，温故知新。"

3. 支配式双音节动词，24 个

见于《史记》的有以下 13 个。

秉政：执政〈1〉。见《大统寺》："当时元乂秉政，闻其得金，就略索之，以二十斤与之。"

冲天：①直向天空〈1〉。见卷三《龙华寺》："华表上作凤凰似欲冲天势。"

伏罪：①认罪〈1〉。见《闻义里》："有商胡将一比丘名毗庐旃在城南杏树下，向王伏罪云……"

敢死：①勇敢不怕死〈1〉。见《永宁寺》："帝即出库物置城西门外，募敢死之士，以讨世隆。"

建国：③建立国家〈1〉。见《景兴尼寺》："自永嘉已来二百余年，建国称王者十有六君，吾皆游其都邑，目见其事。"

临朝：临御朝廷（处理政事）〈1〉。见《昭仪尼寺》："太后临朝，阉寺专宠，宦者之家，积金满堂。"

起家：①谓从家中征召出来，授以官职〈2〉。如《景林寺》："普泰初，起家为国子博士。"

却老：①谓避免衰老〈1〉。见《正始寺》："孤松既能却老，半石亦可留年。"

如故：跟原来一样〈10〉。如《永宁寺》："卿等何为不降？官爵如故。"

---

[1] 见于扬雄《剧秦美新》。
[2] 见于刘向《新序》。
[3] 见于刘向《九叹》。

　　为生：犹谋生〈1〉。见《法云寺》："里内之人尽皆工巧屠贩为生，资财巨万。"

　　委任：①信任〈1〉。见《宣忠寺》："荣穆既诛，拜徽太师司马，余官如故，典统禁兵，偏被委任。"

　　下帷：放下室内悬挂的帷幕。指教书〈1〉。见《景明寺》："志性通敏，风情雅润，下帷覃思，温故知新。"

　　祖道：古代为出行者祭祀路神，并饮宴送行〈2〉。如《景明寺》："王侯祖道，若汉朝之送二疏。"

　　见于《淮南子》的有以下5个。

　　发怒：①动怒〈1〉。见《宣忠寺》："兆乃发怒捉祖仁，悬首高树，大石坠足，鞭捶之以及于死。"

　　瞑目：①闭上眼睛〈1〉。见卷三《龙华寺》："于是虎豹见狮子，悉皆瞑目，不敢仰视。"

　　失利：②战败〈1〉。见《永宁寺》："长广王都晋阳，遣颍川王尔朱兆举兵向京师，子恭军失利，兆自雷陂涉渡，擒庄帝于式乾殿。"

　　委身：③置身〈1〉。见《永宁寺》："卿乃明白疑于必然，托命豺狼，委身虎口。"

　　迎风：②对着风〈1〉。见《景林寺》："讲殿叠起，房庑连属，丹楹炫日，绣桷迎风，实为胜地。"

　　见于《礼记》的有以下4个。

　　从命：犹遵命〈1〉。见《闻义里》："令我见佛，当即从命。"

　　送死：①犹送终〈1〉。见《菩提寺》："（奉终里）里内之人，多卖送死之具及诸棺椁。"

　　叹息：①嗟叹〈1〉。见《宝光寺》："当时园地平衍，果菜葱青，莫不叹息焉。"

　　文身：①在身体上刺画有色的花纹或图案〈1〉。见《景宁寺》："文身之民，禀蕞陋之质。"

　　见于刘向《说苑》的有以下1个。

　　秉权：执掌政权〈2〉。如《冲觉寺》："正光初，元乂秉权，闭太后于后宫，蔑怿于下省。"

　　见于李陵《答苏武书》的有以下1个。

　　临阵：谓身临战阵〈1〉。见《法云寺》："延伯每临阵，常令僧超为壮士声，甲胄之士莫不踊跃。"

　　4. 主谓式，2个

　　见于《礼记》的有以下1个。

　　自称：①自己称呼自己〈1〉。见卷二《龙华寺》："与公主语，常自称下官。"

　　见于王褒《九怀》的有以下1个。

　　怀恨：心存怨恨〈1〉。见《永宁寺》："怀恨出国门，含悲入鬼乡。"

　　5. 联绵词，2个

　　见于《史记》的有以下1个。

布护：遍布〈1〉。见《永宁寺》："蘘竹香草，布护阶墀。"

见于刘向《九叹》的有以下1个。

缪辕：①交错〈1〉。见《高阳王寺》："白壁丹楹，窈窕连亘，飞檐反宇，缪辕周通。"

（三）见于西汉传世典籍的双音节形容词

见于西汉语料的双音节形容词有28个，根据词语内部结构关系，又分为并列式、偏正式、支配式和主谓式等几种。

1. 并列式双音节形容词，13个

见于《史记》的有以下6个。

肥美：②肥沃〈1〉。见《闻义里》："土地肥美，人物丰饶。"

刚直：刚强正直〈1〉。见《平等寺》："时人称帝刚直。"

豪富：②形容有钱有势，犹言巨富〈1〉。见《开善寺》："以银为槽，金为环锁，诸王服其豪富。"

晦冥：阴沉〈2〉。如《昭仪尼寺》："其日云雾晦冥，下斧之处，血流至地，见者莫不悲泣。"

清净：②安定〈1〉。见《景明寺》："为政清净，吏民安之。"

清浊：②喻人事的优劣、善恶、高下等〈1〉。见《闻义里》："事涉疑似，以药服之，清浊则验。"

见于《礼记》的有以下3个。

奸诈：虚伪诡诈〈1〉。见《平等寺》："庄帝疑恭奸诈，夜遣人盗掠衣物，复拔刀剑欲杀之，恭张口以手指舌，竟乃不言。"

仁义：①仁爱和正义〈1〉。见《秦太上君寺》："齐人外矫仁义，内怀鄙吝，轻同羽毛，利等锥刀。"

深长：①深远〈1〉。见《景宁寺》："加以意思深长，善于解梦。"

见于《春秋繁露》的有以下2个。

华美：艳丽；华丽〈1〉。见《凝玄寺》："时陇西李元谦乐双声语，常经文远宅前过，见其门阀华美，乃曰：'是谁第宅？过佳！'"

浅薄：③浇薄〈1〉。见《秦太上君寺》："齐土之民，风俗浅薄，虚论高谈，专在荣利。"

见于《诗经毛传》的有以下1个。

茂盛：茂密旺盛〈2〉。如《闻义里》："川原沃壤，城郭端直，民户殷多，林泉茂盛。"

见于《盐铁论》的有以下1个。

丘墟：②形容荒凉残破〈1〉。见《序》："城郭崩毁，宫室倾覆，寺观灰烬，庙塔丘墟，墙被蒿艾，巷罗荆棘。"

2．偏正式双音节形容词，3 个

见于《史记》的有以下 1 个。

大度：气量宽宏〈1〉。见《永明寺》："立性虚豁，少有大度，爱人好士，待物无遗。"

见于贾谊《过秦论》的有以下 1 个。

至尊：②至高无上的地位。多指君、后之位〈1〉。见《秦太上君寺》："吾闻至尊兄彭城王作青州刺史，问其宾客从至青州者云。"

见于司马相如《子虚赋》的有以下 1 个。

蔽亏：谓因遮蔽而半隐半现〈1〉。见《正始寺》："高林巨树，足使日月蔽亏。"

3．支配式双音节形容词，2 个

见于扬雄《法言》的有以下 1 个。

入室：语出《论语·先进》后以"入室"比喻学问或技艺得到师传，造诣高深〈1〉。见《王典御寺》："宦者招提，最为入室。"

见于《史记》的有以下 1 个。

知名：④声名为世所知。犹出名〈3〉。如《永宁寺》："敏学博通，知名海内。"

4．主谓式双音节形容词，2 个，见于《史记》

藉甚：卓著〈1〉。见《景明寺》："藉甚当时，声驰遐迩。"

自得：自己感到得意或舒适〈1〉。见《景宁寺》："父辞，自得丘壑，不事王侯。"

5．述补式双音节形容词，1 个，见于《史记》

充溢：③众多〈1〉。见《建中寺》："屋宇奢侈，梁栋逾制，一里之间，廊庑充溢。"

6．附加式双音节形容词，2 个

见于《史记》的有以下 1 个。

愕然：惊讶貌〈1〉。见《平等寺》："世隆等愕然。"

见于《韩诗外传》的有以下 1 个。

赧然：惭愧脸红貌〈1〉。见《平等寺》："今六军南迈，已次河浦，瞻望帝京，赧然兴愧。"

7．联绵词，5 个

见于司马相如作品，2 个。

茏苁[1]：①山势高峻貌〈1〉。见《闻义里》："高山茏苁，危岫入云。"

纡徐[2]：①从容宽舒貌〈1〉。见《正始寺》："若乃绝岭悬坡，蹭蹬蹉跎，泉水纡徐如浪峭，山石高下复危多。"

见于陆贾《新语》的有以下 1 个。

寥廓：③冷清〈1〉。见《序》："京城表里，凡有一千余寺，今日寥廓，钟声罕闻。"

---

〔1〕　见于司马相如《上林赋》。

〔2〕　见于司马相如《子虚赋》。

见于东方朔《七谏》的有以下 1 个。

謇产：②形容高而盘曲〈1〉。见《寿丘里》："入其后园，见沟渎謇产，石磴嶕峣。"

见于《淮南子》的有以下 1 个。

夭矫：①屈伸貌〈1〉。见《正始寺》："巨量焕于物表，夭矫洞达其真。"

（四）见于西汉传世典籍的双音节数词，1 个

见于《史记》的有以下 1 个。

第一：①等第次序居首位的〈7〉。如《永宁寺》："世为第一领民酋长，博陵郡公。"

（五）见于西汉传世典籍的双音节副词

见于西汉的双音节副词有 11 个，根据词语内部结构，又分为并列式和偏正式等几种。

1. 并列式双音节副词，4 个

见于《史记》的有以下 2 个。

分别：②分头〈1〉。见《闻义里》："说管辂善卜，华陀治病，左慈方术，如此之事，分别说之。"

身自：犹亲自〈1〉。见《永宁寺》："昔来闻死苦，何言身自当！"

见于李陵《与苏武诗》的有以下 1 个。

互相：表示彼此对待的关系〈1〉。见《寿丘里》："争修园宅，互相夸竞。"

见于《礼记》的有以下 1 个。

无不：没有不；全是〈4〉。如《开善寺》："京师士女多至河间寺，观其廊庑绮丽，无不叹息，以为蓬莱仙室亦不是过。"

2. 偏正式双音节副词，2 个

见于《史记》的有以下 1 个。

无何：②不多时〈1〉。见《宝光寺》："寺门无何都崩，天光见而恶之。"

见于李陵《答苏武书》的有以下 1 个。

不觉：⑤不由得〈3〉。如《宣忠寺》："庄帝闻荣来，不觉失色。"

3. 支配式双音节副词，4 个

见于《史记》的有以下 2 个。

肆意：纵情任意，不受拘束。后多含贬义，谓不顾一切，由着自己的性子〈1〉。见《永宁寺》："时太原王位极心骄，功高意侈，与夺任情，臧否肆意。"

以次：①按次序〈1〉。见《景明寺》："至八日，以次入宣阳门，向阊阖宫前受皇帝散花。"

见于刘向《九叹》的有以下 1 个。

任意：①任随其意，不受约束〈2〉。如《崇真寺》："诏不听持经像沿路乞索，若私有财物，造经像者任意。"

见于《礼记》的有以下 1 个。

无故：①没有原因或理由〈1〉。见《平等寺》："其日寺门外有石像，无故自动，低头复举，竟日乃止。"

4. 附加式双音节副词，1 个，见于《史记》

忽然：③突然〈3〉。如《永明寺》："永熙三年秋，忽然自去，莫知所之。"

（六）见于西汉传世典籍的双音节连词

见于西汉的双音节连词有 4 个，根据词语内部结构，又分为并列式、偏正式和支配式等。

1. 并列式双音节连词，2 个

见于《史记》的有以下 1 个。

假令：①假如〈3〉。如《闻义里》："若凶者，假令人摇撼，亦不肯鸣。"

见于扬雄《长杨赋》的有以下 1 个。

以为：④犹而为，而成。以，而，连词〈4〉。如《建中寺》："建义元年尚书令乐平王尔朱世隆为荣追福，题以为寺，朱门黄阁，所谓仙居也。"

2. 偏正式双音节连词，1 个，见于《史记》

不意：③不料，意想不到〈2〉。如《永宁寺》："帝初以黄河奔急，谓兆未得猝济，不意兆不由舟楫，凭流而渡。"

3. 支配式双音节连词，1 个，见于《史记》

以此：②因此〈2〉。如《高阳王寺》："城南有四夷馆，才以此讥之。"

三、多音节词语

《伽蓝记》中有 9 个多音节词语可以追溯到西汉，其中三音节词语有 3 个，四音节词语有 6 个。

（一）见于西汉传世典籍的三音节词语，3 个

见于《史记》的有以下 2 个。

皇太后：皇帝的母亲〈1〉。见《闻义里》："惠生初发京师之日，皇太后敕付五色百尺幡千口，锦香袋五百枚，王公卿士幡二千口。"

辒辌车：古代的卧车。亦用做丧车〈1〉。见《冲觉寺》："给九旒鸾辂、黄屋、左纛、辒辌车，前后部羽葆鼓吹，虎贲班剑百人，挽歌二部，葬礼依晋安平王孚故事。"

见于《淮南子》的有以下 1 个。

遗腹子：指怀孕妇人于丈夫死后所生的孩子〈1〉。见卷三《龙华寺》："综字世谦，伪齐昏主宝卷遗腹子也。"

（二）见于西汉传世典籍的四音节词语，6 个

见于《史记》的有以下 4 个。

不可胜言：犹不可胜道。形容数量多〈1〉。见《瑶光寺》："绮疏连亘，户牖相通，珍木香草，不可胜言。"

旁若无人：①虽有人在侧而视若无睹。形容自行其事，不顾别人的态度或反应〈1〉。

见《法云寺》："延伯单马入阵，旁若无人，勇冠三军，威镇戎竖。"

千乘万骑：形容车马之盛〈1〉。见《禅虚寺》："寺前有阅武场，岁终农隙，甲士习战，千乘万骑，常在于此。"

四海为家：①四海之内，尽属一家。指帝王拥有天下。引申为天下一统之意〈1〉。见《景宁寺》："我魏膺箓受图，定鼎嵩洛，五山为镇，四海为家。"

见于《淮南子》的有以下1个。

褒衣博带：宽衣大带。古代儒者的装束〈1〉。见《景宁寺》："庆之因此羽仪服式悉如魏法，江表士庶竞相模楷，褒衣博带，被及秣陵。"

见于《礼记》的有以下1个。

移风易俗：转移风气，改变习俗〈1〉。见《景宁寺》："移风易俗之典，与五帝而并迹。"

表 2-1　见于西汉语料的《伽蓝记》词汇个数和使用频次情况

结构	词性	词量/个	词量百分比/%	词次/次	词次百分比/%	频次
单音节	名词	71	14.1	219	21.8	3.08
	动词	98	19.5	197	19.6	2.01
	形容词	15	3.0	19	1.9	1.27
	量词	4	0.8	8	0.8	2.00
	代词	2	0.4	12	1.2	6.00
	副词	14	2.8	36	3.6	2.57
	介词	1	0.2	1	0.1	1.00
	连词	4	0.8	11	1.1	2.75
	助词	4	0.8	38	3.8	9.50
	总计	213	42.4	541	53.9	2.54
双音节	名词	161	32.1	265	26.4	1.65
	动词	75	14.9	119	11.9	1.59
	形容词	28	5.6	32	3.2	1.14
	数词	1	0.2	7	0.7	7.00
	副词	11	2.2	19	1.9	1.73
	连词	4	0.8	11	1.1	2.75
	总计	280	55.8	453	45.2	1.62
多音节	三音节	3	0.6	3	0.3	1.00
	四音节	6	1.2	6	0.6	1.00
	总计	9	1.8	9	0.9	1.00
合计		502	100	1 003	100	2.00

由表 2 - 1 可知，见于西汉传世典籍的《伽蓝记》词语或义项有 502 个，约占《伽蓝记》词语总数的 9.5%。从词语结构上看，包括单音节词语和双音节词语，其中单音节词语 213 个，占该期词语总数的 42.4%；双音节词语有 280 个，占 55.8%；三音节以上的词语有 9 个，占 1.8%。从使用次数即频次上看，单音节词语共使用 541 次，占 53.9%，双音节词语共使用 453 次，占 45.2%，三音节以上的词语共使用 9 次，占 0.9%。从使用频次上看，见于西汉典籍的《伽蓝记》词语或义项，使用频次较低，平均为 2.00。其中单音节词语平均使用频次为 2.54，双音节词语为 1.62，三音节以上的词语为 1.00，单音节词语的使用频次略高于复音节词语。不同结构不同词性的词语或义项使用频次不同。单音节词语中，助词使用频次最高，为 9.50；介词的使用频次最低，为 1.00。在双音节词语中，数词的使用频次最高，为 7.00；形容词的使用频次最低，为 1.14。三音节和四音节的使用频次均为 1.00。从词性上看，有 10 种词类，其中单音节词语包括名词、动词、形容词、量词、代词、副词、介词、连词和助词 9 种；双音节词语包括名词、动词、形容词、数词、副词和连词 6 种。该时期所见的《伽蓝记》词语或义项仍是以名词、动词为主，约占该时期词语总数的 80.7%。

第二节　见于东汉时期语料中的 《伽蓝记》 词汇

东汉自公元 25 年光武帝刘秀开始到公元 220 年汉献帝刘协结束，共经历了 195 年。该时期涉及的代表性专书语料约有 20 种[1]，单篇作品 70 篇[2]，总计 90 种。见于以上语料的《伽蓝记》词汇共有 483 个，其中单音节词语 143 个，双音节词语 332 个，三音节以上的 8 个。下面分别论述。

---

〔1〕 这 20 种分别是：《白虎通》《东观汉记》《洞冥记》《风俗通》《古诗十九首》《汉纪》《汉书》《隶释》《论衡》《涅槃经》《伤寒论》《申鉴》《十洲记》《释名》《说文解字》《太平经》《吴越春秋》《新论》《越绝书》《赵飞燕外传》。

〔2〕 这 70 篇包括：班彪《王命论》，班固《东都赋》《典引》《封燕然山铭》《两都赋》《为第五伦荐谢夷吾表》《西都赋》《幽通赋》，边让《章华赋》，蔡琰《胡笳十八拍》，蔡邕《被收时表》《陈太丘碑》《处士圈叔则铭》《独断》《郭有道碑》《汉津赋》《黄钺铭》《释诲》《司徒袁公夫人马氏碑铭》《太尉汝南李公碑》，陈琳《武军赋》《檄吴将校部曲文》，崔琦《七蠲》，繁钦《建章凤阙赋》，伏隆《移檄告郡国》，傅毅《舞赋》，高诱《淮南子注》《淮南子·叙目》《吕氏春秋注》，《孔雀东南飞》，孔融《荐祢衡表》《论盛孝章书》，刘秀《劳耿弇》，刘桢《公宴诗》《赠五官中郎将》《杂诗》《赠从弟》，马融《长笛赋》。祢衡《鹦鹉赋》，牟融《理惑论》，潘勖《册魏公九锡文》，阮瑀《为曹公作书与孙权》，史岑《出师颂》，宋子侯《董妖娆》，王粲《登楼赋》《酒赋》《杂诗》《赠蔡子笃》，王符《潜夫论》，王延寿《梦赋》《鲁灵光殿赋》，王逸《九思》，卫宏《汉旧仪》，徐干《中论》，许冲《说文解字·后序》，《乐府诗集·陌上桑》《乐府诗集·相和歌辞·陇西行》《乐府诗集相和歌辞·饮马长城窟行》《乐府诗集·相和歌辞·病妇行》，《乐府诗集·清商曲辞二·黄鹄曲一》，《乐府诗集·杂曲歌辞二·伤歌行》，张衡《东京赋》《归田赋》《南都赋》《思玄赋》《四愁诗》《西京赋》，郑玄注《周礼》《诗经》《礼记》。

一、单音节词语

（一）名词

《伽蓝记》单音节名词中，共有 45 个可以追溯到东汉的语料。

1. 有关天象、地理等自然物的基本词，5 个

见于《说文解字》的有以下 3 个。

峰：①山顶〈3〉。如《冲觉寺》："斜峰入牖，曲沼环堂。"

坪：①平地〈1〉。如《正始寺》："霜干风枝，半耸半垂，玉叶金茎，散满阶坪。"

坡：①山的倾斜面〈1〉。见《正始寺》："若乃绝岭悬坡，蹭蹬蹉跎。"

见于张衡《西京赋》的有以下 1 个。

沃：⑦土地肥美〈1〉。见《闻义里》："川原沃壤，城郭端直。"

见于《汉书》的有以下 1 个。

海：②指大湖或大池〈8〉。如《宝光寺》："园中有一海，号咸池。"

2. 有关时间空间等的基本词，1 个，见于东汉《孔雀东南飞》

日：④每天〈4〉。如卷三《龙华寺》："商胡贩客，日奔塞下。"

3. 有关人体的基本词，3 个

见于《论衡》的有以下 1 个。

髻：①在头顶或脑后盘成各种形状的发髻〈1〉。见《瑶光寺》："洛阳男儿急作髻，瑶光寺尼夺作婿。"

见于《汉书》的有以下 1 个。

骨：⑧指人的骨相或气质〈1〉。见《正始寺》："或言神明之骨，阴阳之精，天地未觉生此，异人焉识其名？"

见于《吴越春秋》的有以下 1 个。

粪：②屎〈5〉。如《闻义里》："见四童子累牛粪为塔。"

4. 有关物质文化生活的基本词，15 个

第一，有关物质生活的词语，7 个。

见于《论衡》的有以下 3 个。

锤：②锤子〈1〉。见《高阳王寺》："汝颖之士利如锥，燕赵之士钝如锤。"

堂：③指旧时官府议论政事、审理案件的地方〈4〉。如《永宁寺》："司徒府南有国子学，堂内有孔丘像。"

珠：④指有光泽的圆粒〈2〉。如《闻义里》："嚈哒国王妃亦著锦衣，长八尺奇，垂地三尺，使人擎之，头带一角，长三尺，以玫瑰五色珠装饰其上。"

见于《乐府诗集·陌上桑》的有以下 1 个。

帽：①帽子〈1〉。见《宣忠寺》："值荣与上党王天穆博戏，徽脱荣帽，欢舞盘旋。"

见于《释名》的有以下 1 个。

靴：靴子〈1〉。见《闻义里》："其中有辟支佛靴，于今不烂。"

见于《说文解字》的有以下 1 个。

槽：①喂牲畜盛饲料的器具〈1〉。见《寿丘里》："以银为槽，金为环锁，诸王服其豪富。"

见于《隶释》的有以下 1 个。

园：②供人憩息、游乐或观赏的地方〈4〉。如《瑶光寺》："千秋门内道北有西游园，园中有凌云台，即是魏文帝所筑者。"

第二，有关文化、艺术生活的词语，8 个。

见于《说文解字》的有以下 3 个。

隶：⑩汉字字体的一种。即隶书〈1〉。见《报德寺》："开阳门御道东有汉国子学堂，堂前有三种字石经二十五碑，表里刻之，写《春秋》《尚书》二部，作篆、科斗、隶三种字，汉右中郎将蔡邕笔之遗迹也。"

篆：①汉字书体名〈1〉。见《报德寺》："开阳门御道东有汉国子学堂，堂前有三种字石经二十五碑，表里刻之，写《春秋》《尚书》二部，作篆、科斗、隶三种字，汉右中郎将蔡邕笔之遗迹也。"

字：④文字〈4〉。如《正觉寺》："臣始解此字是'习'字。"

见于《汉书》的有以下 2 个。

文：⑤文章〈4〉。如《景兴尼寺》："当时构文之士，惭逸此言。"

旨：⑥皇帝的诏书、命令〈4〉。如卷三《龙华寺》："有司纠劾，罪以违旨论。"

见于蔡邕《独断》的有以下 1 个。

章：⑮臣下给君主的奏本〈1〉。见《景明寺》："所制诗赋诏策章表碑颂赞记五百篇，皆传于世。"

见于张衡《东京赋》的有以下 1 个。

箓：①古称上天赐予帝王的符命文书〈1〉。见卷三《龙华寺》："魏箓仰天，玄符握镜。"

见于班固《西都赋》的有以下 1 个。

赋：⑪文体名。是韵文和散文的综合体。讲究辞藻、对偶、用韵〈1〉。见《法云寺》："诗赋并陈，清言乍起。"

5. 有关动植物名称的基本词，4 个

见于《说文解字》的有以下 1 个。

茗：①茶芽，后泛指茶〈2〉。如《正觉寺》："唯茗不中与酪作奴。"

见于《周礼》郑玄注的有以下 1 个。

菰：①多年生草本植物，生长在池沼里，地下茎白色，开紫红色小花。果实狭圆柱形，名"菰米"；一称"雕胡米"，可以作饭〈1〉。见《景宁寺》："菰稗为饭，茗饮作浆。"

见于《论衡》的有以下 1 个。

枣：①木名，鼠李科。落叶灌木或乔木。如，〈2〉。如《景林寺》："剥驴投井，植枣种瓜，须臾之间，皆得食之。"

见于《汉书》的有以下 1 个。

景：⑤风景〈2〉。如《冲觉寺》："至于清晨明景，骋望南台。"

6．有关战争、刑罚的基本词，4 个

见于蔡邕《释诲》的有以下 1 个。

勇：③勇士〈1〉。见《法云寺》："时公卿祖道，车骑成列，延伯危冠长剑耀武于前，僧超吹《壮士笛曲》于后，闻之者懦夫成勇，剑客思奋。"

见于陈琳《檄吴将校部曲文》的有以下 1 个。

阵：③战场〈1〉。见《法云寺》："延伯单马入阵，旁若无人，勇冠三军，威镇戎竖。"

见于《汉纪》的有以下 1 个。

科：④刑律〈1〉。见《平等寺》："肆眚之科，一依恒式。"

见于张衡《归田赋》的有以下 1 个。

模：①规范〈1〉。见卷三《龙华寺》："敷兹景迹，流美洪模。"

7．有关阶级关系及统治区域的基本词，5 个

第一，有关阶级关系的，3 个。

见于《汉书》的有以下 2 个。

主：④公主的简称〈1〉。见《永宁寺》："时兆营军尚书省，建天子金鼓，庭设漏刻，嫔御妃主，皆拥之于幕。"

婢：①使女〈6〉。如《寿丘里》："有婢朝云，善吹篪。"

见于蔡邕《独断》的有以下 1 个。

驾：⑥指帝王乘坐的车马轿舆。借指帝王〈3〉。如《永宁寺》："不意驾入城皋，便尔北渡。"

第二，有关统治区域的，2 个。

见于张衡《东京赋》的有以下 1 个。

家：⑯指国家〈1〉。见《追先寺》："既见义忘家，捐生殉国，永言忠烈，何日忘之？"

见于《汉书》的有以下 1 个。

区：②区域〈1〉。见卷三《龙华寺》："所谓尽天地之区已。"

8．有关人伦、祸福死丧的基本词，3 个

见于《陌上桑》的有以下 1 个。

婿：②丈夫〈2〉。如《瑶光寺》："洛阳男儿急作髻，瑶光寺尼夺作婿。"

见于班固《白虎通》的有以下 1 个。

称：④称号〈2〉。如《序》："曹植《诗》云：'谒帝承明庐'，此门宜以'承明'为称。"

见于蔡邕《郭有道碑》的有以下 1 个。

碑：②书刻图案或文字，记死者生平功德，作为纪念物或标记的石头〈8〉。如《报

德寺》："至太和十七年犹有四碑，高祖题为劝学里。"

9. 有关宗教道德哲学等的基本词，5 个，均见于《汉书》

《伽蓝记》是一部以记录佛教兴衰为题材的著作，所以书中运用了大量的佛教词语，由于其特殊性，佛教词语的历时层次，我们另外专门讨论。这里仅论及有关哲学等方面的词语。

景：④情况〈1〉。见卷三《龙华寺》："周余九裂，汉季三分，魏风衰晚，晋景彤曛。"

思：②心情〈1〉。见《闻义里》："宋云远在绝域，因瞩此芳景，归怀之思，独轸中肠。"

意：③内心〈4〉。如《秦太上君寺》："太守初欲入境，皆怀砖叩首，以美其意。"

运：⑩运气〈2〉。如《平等寺》："朕以寡德，运属乐推，思与亿兆同兹大庆。"

旨：④意见，主张〈1〉。见《闻义里》："我国东界有大海水，日出其中，实如来旨。"

（二）动词

《伽蓝记》单音节动词中，共有 63 个可以追溯到东汉时代的语料中，这些词语主要是人们常说的基本词汇。

1. 有关事物的存在和发展变化的动词，15 个

见于《汉书》的有以下 7 个。

布：⑭分布〈3〉。如《闻义里》："树名菩提，枝条四布，密叶蔽天。"

残：⑧剩余，残存〈1〉。见《正觉寺》："自是朝贵谯会虽设茗饮，皆耻不复食，唯江表残民远来降者好之。"

副：④符合〈2〉。见《平等寺》："徐发枢机，副兹仁属，便敬奉玺绶，归于别邸。"

还：②恢复〈1〉。见《冲觉寺》："孝昌元年，太后还总万机，追赠怿太子太师、大将军、都督中外诸军事、假黄钺。"

扇：④风吹〈1〉。见《闻义里》："当时太簇御辰，温炽已扇，鸟鸣春树，蝶舞花丛。"

泄：②排出（液体、气体）〈1〉。见《景林寺》："离毕滂润，阳谷泄之不盈。"

曜：④辉映〈2〉。如《长秋寺》："金盘灵刹，曜诸城内。"

见于《论衡》的有以下 2 个。

计：②总计〈1〉。见《闻义里》："后人于此像边造丈六像及诸像塔，乃至数千，悬彩幡盖，亦有万计。"

溢：⑤超过〈1〉。见《平等寺》："故道溢百王，德渐无外。"

见于阮瑀《为曹公作书与孙权》的有以下 1 个。

行：⑩流传〈6〉。如《景林寺》："注《周易》行之于世也。"

见于班固《东都赋》的有以下 1 个。

吐：⑥散发〈1〉。见《景明寺》："房檐之外，皆是山池，松竹兰芷，垂列阶墀，含

风团露，流香吐馥。"

见于王逸《九思》的有以下 1 个。

吐：⑤长出〈1〉。见《大觉寺》："至于春风动树，则兰开紫叶，秋霜降草，则菊吐黄花，名僧大德，寂以遣烦。"

见于王粲《杂诗》的有以下 1 个。

起：⑧升腾〈3〉。如《永宁寺》："俄然雾起，浮图遂隐。"

见于刘桢《赠五官中郎将》的有以下 1 个。

涂：⑤犹满布〈1〉。见《平等寺》："明年四月尔朱荣入洛阳，诛戮百官，死亡涂地。"

见于高诱《吕氏春秋注》的有以下 1 个。

复：⑤重叠〈1〉。见《正始寺》："其中重岩复岭，欹崟相属。"

2. 有关人的行走活动的动词，2 个，见于《汉书》

去：⑨表示行为的趋向〈3〉。如《序》："后琅琊郡开阳县上言南门一柱飞去，使来视之，则是也。"

入：③特指入朝〈1〉。见《永宁寺》："景入参近侍，出为侯牧，居室贫俭，事等农家，唯有经史，盈车满架。"

3. 有关人的手部动作行为的动词，13 个

见于《汉书》的有以下 5 个。

拱：②犹束手〈1〉。见《平等寺》："天子拱已南面，无所干预。"

起：㉗建造〈11〉。如《白马寺》："明帝崩，起祇洹于陵上。"

钳：⑤夹取〈1〉。见《平等寺》："遂虐甚剖心，痛齐钳齿，岂直金版造怨，大鸟感德而已！"

写：⑩抄写〈5〉。如《融觉寺》："流支读昙谟最大乘义章，每弹指赞叹，唱言微妙，即为胡书写之，传之于西域。"

传：⑤传达〈1〉。见《景宁寺》："昨至洛阳，始知衣冠士族并在中原，礼仪富盛，人物殷阜，目所不识，口不能传。"

见于《论衡》的有以下 2 个。

绣：③用彩色线在布帛上刺成花、鸟、图案等〈2〉。如《景林寺》："讲殿叠起，房庑连属，丹楹炫日，绣桷迎风，实为胜地。"

造：⑥著述〈5〉。如《正始寺》："天水人姜质，志性疏诞，麻衣葛巾，有逸民之操，见伦山爱之，如不能已，遂造《亭山赋》，行传于世。"

见于张衡《西京赋》的有以下 2 个。

取：⑧求〈4〉。如《白马寺》："帝至熟时，常诣取之。"

引：⑫收纳，引进〈1〉。见《景宁寺》："景仁在南之日与庆之有旧，遂设酒引邀庆之过宅。"

见于王延寿《梦赋》的有以下 1 个。

打：①敲击〈1〉。见卷二《龙华寺》："置凝闲堂前，与内讲沙门打为时节。"

见于班固《封燕然山铭》的有以下 1 个。

刊：②刻〈1〉。见《正始寺》："陈留侯李崇施钱二十万，自余百官各有差，少者不减五千已下，后人刊之。"

见于《释名》的有以下 1 个。

题：⑤题署〈4〉。如《寿丘里》："经河阴之役，诸元歼尽，王侯第宅，多题为寺。"

见于蔡琰《胡笳十八拍》的有以下 1 个。

制：⑥撰写〈1〉。见《景明寺》："所制诗赋诏策章表碑颂赞记五百篇，皆传于世。"

4. 有关人的语言方面的动词，4 个

见于孔融《论盛孝章书》的有以下 1 个。

叹：③赞叹〈2〉。如《平等寺》："议者咸叹季明不畏强御，莫不叹伏焉。"

见于《乐府诗集·杂曲歌辞二·伤歌行》的有以下 1 个。

命：⑨呼唤，招呼〈1〉。见《宝光寺》："京邑士子，至于良晨美日，休沐告归，征友命朋，来游此寺。"

见于王逸《九思》的有以下 1 个。

聒：②喧闹，声音高响或嘈杂〈1〉。见《景明寺》："梵乐法音，聒动天地。"

见于《汉书》的有以下 1 个。

诉：②控告〈1〉。见《菩提寺》："吾在地下，见人发鬼兵，有一鬼诉称：'是柏棺，应免。'"

5. 有关人的心理活动的动词，10 个

见于《汉书》的有以下 1 个。

器：⑩重视〈1〉。见《永宁寺》："太和十九年，为高祖所器，拔为律博士。"

见于王充《论衡》的有以下 1 个。

枉：⑤冤屈〈1〉。见《永宁寺》："何忽今日枉致无理？"

见于《说文解字》的有以下 1 个。

贪：①爱财〈1〉。见《宣忠寺》："祖仁负恩反噬，贪货杀徽，徽即托梦增金马，假手于兆，还以毙之。"

见于班固《西都赋》的有以下 1 个。

洞：②通达〈2〉。如《寿丘里》："崇门丰室，洞户连房。"

见于班彪《王命论》的有以下 1 个。

悟：③领会〈1〉。见《正始寺》："□〔1〕菊岭与梅岑，随春秋之所悟。"

见于《越绝书》的有以下 1 个。

复：⑧报复〈1〉。见《永宁寺》："朕睹此心寒，远投江表，泣请梁朝，誓在复耻。"

见于王符《潜夫论》的有以下 1 个。

---

〔1〕 该字原文阙如。

负：⑬拖欠〈1〉。见《开善寺》："卿夫妇负我金色久而不偿，今取卿儿丑多以偿金色焉。"

见于班固《封燕然山铭》的有以下1个。

寅：④恭敬〈1〉。见《平等寺》："王其寅践成业，允执其中，虽休勿休，日慎一日，敬之哉！"

见于荀悦《汉纪》的有以下1个。

拟：⑤打算〈3〉。如《开善寺》："庆有牛一头，拟货为金色，遇急事，遂以牛他用之。"

见于张仲景《伤寒论》的有以下1个。

中：⑯犹言可〈2〉。如《正觉寺》："唯茗不中与酪作奴。"

6. 有关人的其他动作行为的动词，19个

此处统计的是除上述人的行走、手部动作、视听语言动作和心理活动的动词之外的其他行为动词。大致分为带宾语和不带宾语两类：

第一，表示单纯的动作行为的，即一般不带宾语，8个。

见于《汉书》的有以下4个。

巢：⑤栖息〈1〉。见《序》："野兽穴于荒阶，山鸟巢于庭树。"

故：⑬死亡〈1〉。见《平等寺》："故柱国大将军大丞相太原王荣，地实封陕。"

推：⑩推诿〈1〉。见《景兴尼寺》："莫不推过于人，引善自向。"

遁：⑤隐居〈1〉。见《平等寺》："永安中遁于上洛山中，州刺史泉企执而送之。"

见于《东观汉纪》的有以下1个。

表：㉒启奏，上奏章给皇帝〈1〉。见《平等寺》："彭城王尔朱仲远，世隆之兄也，镇滑台，表用其下都督□[1]瑗为西兖州刺史，先用后表。"

见于王逸《九思》的有以下1个。

低：②向下垂〈1〉。见《平等寺》："其日寺门外有石像，无故自动，低头复举，竟日乃止。"

见于荀悦《汉纪》的有以下1个。

伏：⑪屈服〈1〉。见卷三《龙华寺》："朕闻虎见狮子必伏，可觅试之。"

见于王充《论衡》的有以下1个。

洞：⑥深入〈1〉。见《景林寺》："水犹澄清，洞底明净，鳞甲潜藏，辨其鱼鳖。"

第二，带宾语的，11个，分两类。

第一类：宾语主要是物或与物有关的事情，5个。

见于《汉书》的有以下3个。

禀：②赋予〈1〉。见《景宁寺》："文身之民，禀蕞陋之质。"

乞：①给〈1〉。见《闻义里》："寺内图太子夫妻以男女乞婆罗门像，胡人见之，莫

---

〔1〕　该字原文阙如。

不悲泣。"

须：⑪须要〈1〉。见《闻义里》："彼国人民须禁日取之。"

见于张衡《南都赋》的有以下1个。

酝：①酿造〈1〉。见《法云寺》："市西有延酤、治觞二里，里内之人多酝酒为业。"

见于陈琳《檄吴将校部曲文》的有以下1个。

剋：③严格限定〈1〉。见《永宁寺》："长乐即许之，共剋期契。"

第二类：宾语主要是人或与人有关的事情，6个。

见于《汉书》的有以下3个。

除：⑰拜官〈6〉。如《秦太上君寺》："永安年中除青州刺史，临去奉辞。"

领：⑦汉代以后，以地位较高的官员兼理较低的职务，谓之"领"。也称"录"〈1〉。见《追先寺》："寻进尚书令，仪同三司，领国子祭酒，侍中如故。"

领：⑥统率〈5〉。如《永宁寺》："黄门郎杨宽，领步骑三万，镇河内。"

见于《论衡》的有以下2个。

拔：②提拔〈2〉。如《永宁寺》："为高祖所器，拔为律博士。"

总：⑦总揽〈3〉。如《冲觉寺》："时帝始年六岁，太后代总万机。"

见于高诱《淮南子·叙目》的有以下1个。

诏：③皇帝下达命令〈14〉。如《永宁寺》："诏中书舍人常景为寺碑文。"

（三）形容词

《伽蓝记》单音节形容词中，共有11个可以追溯到东汉时期的语料，这些词语主要是人们常说的基本词汇。

见于张衡作品的有以下1个。

愁[1]：②哀伤〈1〉。见《秦太上君寺》："狱中无系囚，舍内无青州，假令家道恶，肠中不怀愁。"

见于《说文解字》的有以下1个。

冷：①寒冷〈2〉。如《闻义里》："是时八月，天气已冷，北风驱雁，飞雪千里。"

见于刘桢《公宴诗》的有以下1个。

凉：④清凉〈2〉。如《闻义里》："夏则迁凉，冬则就温。"

见于王充《论衡》的有以下1个。

甜：①像糖或蜜的味道〈2〉。如《白马寺》："白马甜榴，一实直牛。"

见于傅毅《舞赋》的有以下1个。

高：⑦声音响亮或尖锐〈1〉。见《平等寺》："惟王德表生民，声高万古。"

见于班固《西都赋》的有以下1个。

蔚：②草木茂密〈1〉。见《法云寺》："伽蓝之内，花果蔚茂，芳草蔓合，嘉木被庭。"

---

〔1〕　该义项见于张衡《思玄赋》。

见于王延寿《鲁灵光殿赋》的有以下 2 个。

飞：㉓形容高。亦形容上翘〈1〉。见《寿丘里》："飞馆生风，重楼起雾。"

斜：①歪斜〈2〉。如《冲觉寺》："斜峰入牖，曲沼环堂。"

见于《汉书》的有以下 2 个。

笃：⑤深厚〈1〉。见《永宁寺》："假有内阋，外犹御侮，况我与卿，睦厚偏笃，其于急难，凡今莫如。"

痛：②痛苦〈1〉。见《平等寺》："遂虐甚剖心，痛齐钳齿，岂直金版造怨，大鸟感德而已！"

见于蔡邕《司徒袁公夫人马氏碑铭》的有以下 1 个。

彪：②显著〈1〉。见《追先寺》："昔刘苍好善，利建东平，曹植能文，大启陈国，是用声彪磐石，义郁维城。"

（四）量词，7 个

见于王延寿的《鲁灵光殿赋》的有以下 2 个。

间：⑤量词。（1）房室单位。有时也指学校、工厂、商店等的单位〈4〉。如《永宁寺》："僧房楼观，一千余间。"

头：⑳量词。（1）用于人。犹个〈1〉。见《闻义里》："城北一里有白象宫，寺内佛事，皆是石像，庄严极丽，头数甚多，通身金箔，眩耀人目。"

见于《汉书》的有以下 2 个。

封：⑱量词。（2）用于封缄物〈1〉。见《秦太上公寺》："子渊附书一封，令达其家。"

头：⑳量词。（2）用于牲畜、鱼类或昆虫。犹匹，只，尾〈4〉。如《开善寺》："庆有牛一头，拟货为金色。"

见于班固《西都赋》的有以下 2 个。

所：⑫量词（2）用于计量建筑物〈23〉。如《瑶光寺》："有五层浮图一所，去地五十丈。"

条：⑭量词。用于计量长形物〈1〉。见《闻义里》："至耆贺滥寺，有佛袈裟十三条，以尺量之，或短或长。"

见于张衡《四愁诗》的有以下 1 个。

段：⑥量词。（1）表示布帛等条形物的一截。亦泛指长度事物时间一部分〈1〉。见《平等寺》："有一柱焚之不尽，后三日雷雨震电，霹雳击为数段。"

（五）副词，10 个

《伽蓝记》单音节副词中，共有 10 个可以追溯到东汉时期的语料中，这些词语主要是人们常说的基本词汇。具体又可分为表示时间的副词、语气副词和程度副词等。

1. 时间副词，4 个

见于《汉书》的有以下 3 个。

渐：⑩逐渐〈4〉。如《闻义里》："自发葱岭，步步渐高。"

临：⑰副词。正当〈3〉。如《永宁寺》："帝临崩礼佛，愿不为国王。"

权：⑭副词。姑且〈1〉。见《平等寺》："故权从众议，暂驭兆民。"

见于《孔雀东南飞》的有以下 1 个。

暂：②副词。(4) 暂且〈3〉。如《平等寺》："故权从众议，暂驭兆民。"

2. 语气副词，4 个

见于《汉书》的有以下 2 个。

谁：②副词。相当于"难道""哪"。表示反问〈1〉。见《寿丘里》："常谓高阳一人，宝货多于融，谁知河间，瞻之在前。"

已：⑬必，一定〈1〉。见《永宁寺》："去京师百里，已遥见之。"

见于宋子侯《董娇娆》诗的有以下 1 个。

会：⑰副词。(2) 应当〈1〉。见卷三《龙华寺》："玺运会昌，龙《图》受命。"

见于许冲《说文解字·后序》的有以下 1 个。

庶：⑤副词。(2) 希望〈1〉。见《平等寺》："庶九鼎之命日隆，七百之祚惟永。"

3. 程度副词，2 个。见于《汉书》

颇：⑨甚〈1〉。见《瑶光寺》："自此后颇获讥讪。"

深：23 非常〈1〉。见《闻义里》："国中人民，悉是婆罗门种，崇奉佛教，好读经典，忽得此王，深非情愿。"

（六）介词

《伽蓝记》单音节介词中，共有 2 个可以追溯到东汉语料中，这些词语主要是人们常说的基本词汇。

见于蔡邕《被收时表》的有以下 1 个。

被：⑫表示被动。犹让，为〈7〉。如《法云寺》："其后京邑被截发者，一百三十余人。"

见于王符《潜夫论》的有以下 1 个。

以：⑧介词。(8) 从〈1〉。见《序》："先以城内为始，次及城外。"

（七）连词

《伽蓝记》单音节连词中，共有 2 个可以追溯到东汉语料中，均见于《汉书》。

但：④只管〈1〉。见《秦太上公寺》："宅在灵台南，近洛河，卿但至彼，家人自出相看。"

或：④连词。（1）表示选择或列举〈2〉。如卷三《龙华寺》："详观古列，考见《丘》《坟》，乃禅乃革，或质或文。"

（八）助词

《伽蓝记》单音节助词中，共有 3 个可以追溯到东汉时代语料中，这些词语主要是人们常说的基本词汇。

见于《汉书》的有以下 1 个。

为：㉝助词。(3) 附于某些表示程度的单音副词后，加强语气〈9〉。如《正始寺》："惟伦最为豪侈。"

见于《孔雀东南飞》的有以下 1 个。

初：③用于农历每月开头十天之前，表示它是该月中的第一个一、二……十日，以别于十一、十二……二十日〈1〉。见《寿丘里》："四月初八日，京师士女多至河间寺。"

见于班固《白虎通·爵》的有以下 1 个。

第：①本作"弟"。等级；次第。有时也用于数字前表示次序〈6〉。如《永宁寺》："火初从第八级中平旦大发。"

二、双音节词语

《伽蓝记》中有 332 个双音节词语见于东汉传世典籍，包括名词、动词、形容词、副词、代词和连词等。

（一） 见于东汉语料中的双音节名词

见于东汉传世典籍的双音节名词有 175 个，根据词语内部结构，又分为并列式、偏正式和支配式等几种。

1. 并列式双音节词语，54 个

见于《汉书》的有以下 20 个。

本枝：①同一家族的嫡系和庶出子孙〈2〉。如《平等寺》："世隆以长广本枝疏远，政行无闻，逼禅与广陵王恭。"

部落：由若干血缘相近的宗族、氏族结合而成的集体〈4〉。如《永宁寺》："部落之民，控弦一万。"

车驾：②帝王的代称〈1〉。见《永宁寺》："十四日车驾入城，大赦天下，改号为建义元年，是为庄帝。"

次第：③依次〈1〉。见《闻义里》："山中有昔五百罗汉床，南北两行相向坐处，其次第相对。"

第宅：犹宅第，住宅〈5〉。如《高阳王寺》："居止第宅，匹于帝宫。"

都市：②城市〈1〉。见《长秋寺》："奇伎异服，冠于都市。"

服饰：②衣服和装饰〈2〉。如《法云寺》："宅宇逾制，楼观出云，车马服饰拟于王者。"

宫殿：指帝王住所〈2〉。如《平等寺》："在京宫殿空虚，百日无主。"

怪异：②指奇异反常的现象〈1〉。见《开善寺》："书左仆射元顺闻里内频有怪异，遂改阜财里为齐谐里也。"

官署：旧指政府机关〈1〉。见《昭仪尼寺》："东南治粟里，仓司官署住其内。"

进止：②行动〈1〉。见《追先寺》："江东朝贵，侈于矜尚，见略入朝，莫不惮其进止。"

年号：历代帝王纪元所立的名号〈1〉。见《闻义里》："唯有一幡，观其年号是姚兴时幡。"

士马：兵马。引申指军队〈2〉。如《永宁寺》："建义元年，太原王尔朱荣总士马于此寺。"

市里：①街市里巷〈2〉。如《平等寺》："京师士女空市里往而观之。"

衣冠：②代称缙绅、士大夫〈2〉。如《景明寺》："是以衣冠之士，辐辏其门。"

义理[1]：教义教理〈1〉。见《胡统寺》："其寺诸尼，帝城名德，善于开导，工谈义理。"

义勇：①指义勇的人〈1〉。见《永宁寺》："京师士众未习军旅，虽皆义勇，力不从心。"

灾异：指自然灾害或某些异常的自然现象〈1〉。见《闻义里》："毒龙居之，多有灾异。"

周回：①周围〈4〉。如《闻义里》："王居大毡帐，方四十步，周回以氍毹为壁。"

周匝：①周围〈3〉。如《闻义里》："浮图高大，僧房逼侧，周匝金像六千躯。"

见于《东观汉记》的有以下8个。

豺狼：豺与狼，亦比喻凶残的恶人〈1〉。见《永宁寺》："卿乃明白疑于必然，托命豺狼，委身虎口。"

男儿：①犹男子汉〈1〉。见《瑶光寺》："洛阳男儿急作髻，瑶光寺尼夺作婿。"

名字：③名称〈1〉。见《寿丘里》："次有七百里者十余匹，皆有名字。"

平常：②往常〈1〉。见《闻义里》："发长四寸，即就平常。"

图箓：图谶符命之书〈1〉。见《平等寺》："王既德应图箓，金属攸归，便可允执其中，入光大麓。"

英雄：①指才能勇武过人的人〈1〉。见《王典御寺》："时阉官伽蓝皆为尼寺，唯桃汤独造僧寺，世人称之英雄。"

衣物：衣服与日用器物〈1〉。见《平等寺》："庄帝疑恭奸诈，夜遣人盗掠衣物。"

仪容：仪表，容貌〈1〉。见《闻义里》："有金像一躯，举高丈六，仪容超绝，相好炳然，面恒东立，不肯西顾。"

见于《论衡》的有以下4个。

丹青：⑦指史籍。古代丹册纪勋，青史纪事〈1〉。见《追先寺》："方传美丹青，悬诸日月。"

境土：疆域〈1〉。见《闻义里》："境土甚狭，七日行过。"

意思：①思想〈1〉。见《景宁寺》："加以意思深长，善于解梦。"

形制：②形状〈6〉。如《瑶光寺》："城东北角有魏文帝百尺楼，年虽久远，形制如初。"

见于蔡邕作品的有以下4个。

---

〔1〕《汉语大词典》无此义项。《辞源》p3299㊁经义名理。

鳞甲[1]：②有鳞或甲壳的水生物的统称〈2〉。如《景林寺》："水犹澄清，洞底明净，鳞甲潜藏，辨其鱼鳖。"

民物[2]：①泛指人民、万物〈1〉。见《闻义里》："民物殷阜，匹临淄之神州。"

丘园[3]：①指隐居之处〈1〉。见《景林寺》："性爱恬静，丘园放敖，学极六经，说通百氏。"

亿兆[4]：②指庶民百姓。犹言众庶万民〈1〉。见《平等寺》："朕以寡德，运属乐推，思与亿兆同兹大庆。"

见于班固作品的有以下 4 个。

柯叶[5]：枝叶〈1〉。见《昭仪尼寺》："佛堂前生桑树一株，直上五尺，枝条横绕，柯叶傍布，形如羽盖。"

人神[6]：②人与神〈2〉。如《平等寺》："不劳挥逊，致爽人神。"

优劣[7]：①优和劣。指强弱、大小、好坏、工拙等〈1〉。见《正觉寺》："以味言之，甚是优劣。"

州郡[8]：①州和郡的合称。亦泛指地方上〈3〉。如《法云寺》："州郡都会之处皆立一宅，各养马十匹。"

见于《汉纪》的有以下 3 个。

公卿：②泛指高官〈1〉。见《法云寺》："时公卿祖道，车骑成列。"

居止：①住所〈1〉。见《高阳王寺》："居止第宅，匹于帝宫。"

沙漠：指地面完全为沙所覆盖，干旱缺水，植物稀少的地区〈1〉。见《正始寺》："不忆春于沙漠，遂忘秋于高阳。"

见于张衡作品的有以下 2 个。

天地[9]：犹天下〈2〉。如《景兴尼寺》："及其死也，碑文墓志，莫不穷天地之大德，尽生民之能事。"

朱紫[10]：①红色与紫色〈1〉。见《序》："岂直木衣绨绣，土被朱紫而已哉！"

见于王粲作品的有以下 2 个。

名行[11]：名声与品行〈1〉。见《冲觉寺》："怿，亲王之中，最有名行，世宗爱之，特隆诸弟。"

---

〔1〕 见于蔡邕的《汉津赋》。
〔2〕 见于蔡邕的《陈太丘碑》。
〔3〕 见于蔡邕的《处士圈叔则铭》。
〔4〕 见于蔡邕的《太尉汝南李公碑》。
〔5〕 词义见于班固的《幽通赋》。
〔6〕 见于班固的《东都赋》。
〔7〕 见于班固的《百虎通》。
〔8〕 见于班固的《西都赋》。
〔9〕 见于张衡的《南都赋》。
〔10〕 见于张衡的《西京赋》。
〔11〕 见于王粲的《酒赋》。

涕泪[1]：①鼻涕和眼泪。亦专指眼泪〈1〉。见《景明寺》："子才恰请，辞情恳至，涕泪俱下，帝乃许之。"

见于《诗经》汉郑玄笺的有以下 1 个。

疆界：②泛指界限；范围〈1〉。见《闻义里》："其国疆界可五日行遍。"

见于孔融《论盛孝章书》的有以下 1 个。

宗社：②借指国家〈2〉。如《平等寺》："而子攸不顾宗社，仇忌勋德，招聚轻侠，左右壬人。"

见于刘桢《赠五官中郎将》的有以下 1 个。

炎光：火焰；光焰。炎，通"焰"〈1〉。见《宗圣寺》："此像一出，市井皆空，炎光辉赫，独绝世表。"

见于祢衡《鹦鹉赋》的有以下 1 个。

羽毛：②鸟兽的代称〈1〉。见《景林寺》："至于鳞甲异品，羽毛殊类，濯波浮浪，如似自然也。"

见于《吴越春秋》的有以下 1 个。

神祇：③泛指神灵〈1〉。见《永宁寺》："皆理合于天，神祇所福，故能功济宇宙，大庇生民。"

见于《古诗十九首》的有以下 1 个。

里闾：①里巷〈1〉。见《寿丘里》："寿丘里闾，列刹相望，祇洹郁起，宝塔高凌。"

见于《风俗通》的有以下 1 个。

枝条：①树枝，枝子〈4〉。如《闻义里》："树名菩提，枝条四布，密叶蔽天。"

2. 偏正式双音节词语，116 个

见于《汉书》的有以下 50 个。

白服：①丧服〈1〉。见《永宁寺》："即遣尔朱侯讨伐、尔朱那律归等，领胡骑一千，皆白服来至郭下，索太原王尸丧。"

百氏：犹言诸子百家〈3〉。如《景林寺》："性爱恬静，丘园放敖，学极六经，说通百氏。"

宝物：极珍贵的东西〈1〉。见《闻义里》："王于四角起大高楼，多置金银及诸宝物。"

本名：原名〈1〉。见《闻义里》："土地亦与乌场国相似，本名业波罗国。"

奔星：流星〈1〉。见《景明寺》："俯闻激电，旁属奔星。"

边地：靠近国界或地区边界线的地方〈1〉。见《追先寺》："然国既边地，寓食他邑，求之二三，未为尽善。"

苍头：②指奴仆〈1〉。见《永宁寺》："遣苍头王丰入洛，约以为主。"

侧室：④妾〈1〉。见《高阳王寺》："永安中与卫将军原士康为侧室。"

---

〔1〕　见于王粲的《赠蔡子笃》。

帝城：京都〈1〉。见《胡统寺》：“其寺诸尼，帝城名德，善于开导，工谈义理。”

都市：①都城中的集市〈1〉。见《崇真寺》：“亀年中，以直谏忤旨，斩于都市，讫目不瞑。”

辒车：载运棺柩的车子〈1〉。见《法云寺》：“里内之人以卖棺椁为业，赁辒车为事。”

富室：犹富家，富户。指钱财多的人家〈1〉。见《法云寺》：“有刘宝者，最为富室。”

故事：②先例，旧日的典章制度〈1〉。见《冲觉寺》：“给九旒鸾辂、黄屋、左纛、辒辌车，前后部羽葆鼓吹，虎贲班剑百人，挽歌二部，葬礼依晋安平王孚故事。”

国王：②一国的君主〈12〉。如《闻义里》：“国王所住，因山为城。”

函夏：指全中国〈1〉。见卷三《龙华寺》：“寒暑攸叶，日月载融，帝世光宅，函夏同风。”

皓齿：洁白的牙齿〈1〉。见《高阳王寺》：“王有二美姬，一名修容，一名艳姿，并蛾眉皓齿，洁貌倾城。”

后堂：②后面的堂屋〈1〉。见《建中寺》：“以前厅为佛殿，后堂为讲室，金花宝盖，遍满其中。”

华盖：①帝王或贵官车上的伞盖〈1〉。见《崇虚寺》：“桓帝祠老子于濯龙园，设华盖之坐，用郊天之乐，此其地也。”

吉征：②吉祥的征兆〈1〉。见《景宁寺》：“广阳王元渊初除仪同三司，总众十万北讨葛荣，夜梦著衮衣，倚槐树而立，以为吉征，问于元慎。”

家奴：私家的奴仆〈1〉。见《菩提寺》：“昔魏时发冢，得霍光女婿范明友家奴。”

剑客：①精于剑术的人〈1〉。见《法云寺》：“时公卿祖道，车骑成列，延伯危冠长剑耀武于前，僧超吹《壮士笛曲》于后，闻之者懦夫成勇，剑客思奋。”

将来：②未来〈1〉。见《闻义里》：“刻石为铭，嘱语将来，若此塔坏，劳烦后贤出珠修治。”

近侍：谓对帝王亲近侍奉〈1〉。见《永宁寺》：“景入参近侍，出为侯牧，居室贫俭，事等农家。”

九鼎：①借指国柄〈1〉。见《平等寺》：“庶九鼎之命日隆，七百之祚惟永。”

旧恩：昔日的恩情〈1〉。见《宣忠寺》：“祖仁一门刺史，皆是徽之将校，以有旧恩，故往投之。”

列仙：诸仙〈1〉。见《瑶光寺》：“风生户牖，云起梁栋，丹楹刻桷，图写列仙。”

美人：④妃嫔的称号〈3〉。如《瑶光寺》：“椒房嫔御，学道之所，掖庭美人，并在其中。”

逆贼：对叛逆者的憎称〈2〉。如《永宁寺》：“永安三年，逆贼尔朱兆囚庄帝于寺。”

铺首：门上的衔环兽面〈1〉。见《永宁寺》：“复有金环铺首，殚土木之功，穷造形之巧。”

　　白象[1]：①白色的象。古代以为瑞物〈3〉。如卷三《龙华寺》："白象者，永平二年乾陀罗国胡王所献。"

　　朝政[2]：②朝廷政事〈1〉。见《永宁寺》："太后贪秉朝政，故以立之。"

　　城阙[3]：②都城，京城〈1〉。见《凝玄寺》："地形高显，下临城阙，房庑精丽，竹柏成林。"

　　飞檐[4]：我国传统建筑檐部形式之一。屋檐上翘，若飞举之势。常用于亭、台、楼、阁、庙宇、宫殿等建筑上〈1〉。见《高阳王寺》："白殿丹楹，窈窕连亘，飞檐反宇，缭绕周通。"

　　嘉木[5]：美好的树木〈2〉。如《闻义里》："嘉木灵芝，丛生其上。"

　　金钲[6]：①古乐器〈1〉。见《闻义里》："威仪有鼓角金钲，弓箭一具，戟二枝，槊五张。"

　　京邑[7]：京都〈8〉。如《永宁寺》："悲哀之声，振动京邑。"

　　灵芝[8]：①传说中的瑞草、仙草〈1〉。见《闻义里》："嘉木灵芝，丛生其上。"

　　世事[9]：④尘俗之事〈1〉。见《崇真寺》："沙门之体，必须摄心守道，志在禅诵，不干世事，不作有为。"

　　水族[10]：①水生动物的统称〈2〉。如《景宁寺》："所卖口味，多是水族，时人谓为鱼鳖市也。"

　　仙掌[11]：①汉武帝为求仙，在建章宫神明台上造铜仙人，舒掌捧铜盘玉杯，以承接天上的仙露，后称承露金人为仙掌〈1〉。见《瑶光寺》："仙掌凌虚，铎垂云表，作工之妙，埒美永宁。"

　　云表[12]：①云外〈3〉。如《永宁寺》："见金盘炫日，光照云表。"

　　珍羞[13]：珍美的肴馔〈3〉。如《秦太上公寺》："兼设珍羞，海陆备具。"

　　见于班固《汉书》外的其他作品的有以下 8 个。

　　帝世[14]：帝王的世系〈1〉。见卷三《龙华寺》："寒暑攸叶，日月载融，帝世光宅，函夏同风。"

　　反宇[15]：①屋檐上仰起的瓦头〈1〉。见《高阳王寺》："飞檐反宇，缭绕周通。"

　　芳草[16]：①香草〈3〉。如《秦太上君寺》："诵室禅堂，周流重叠，花林芳草，遍满阶墀。"

---

[1][4][5][8][10][11][12]　见于张衡《西京赋》。
[2][3][6][7]　见于张衡《东京赋》。
[9]　见于张衡《归田赋》。
[13]　见于《南都赋》。
[14]　见于班固《典引》。
[15][16]　见于《西都赋》。

白象[1]：①白色的象。古代以为瑞物〈3〉。如卷三《龙华寺》："白象者，永平二年乾陀罗国胡王所献。"

朝政[2]：②朝廷政事〈1〉。见《永宁寺》："太后贪秉朝政，故以立之。"

城阙[3]：②都城，京城〈1〉。见《凝玄寺》："地形高显，下临城阙，房庑精丽，竹柏成林。"

飞檐[4]：我国传统建筑檐部形式之一。屋檐上翘，若飞举之势。常用于亭、台、楼、阁、庙宇、宫殿等建筑上〈1〉。见《高阳王寺》："白殿丹楹，窈窕连亘，飞檐反宇，缭绕周通。"

嘉木[5]：美好的树木〈2〉。如《闻义里》："嘉木灵芝，丛生其上。"

金钲[6]：①古乐器〈1〉。见《闻义里》："威仪有鼓角金钲，弓箭一具，戟二枝，槊五张。"

京邑[7]：京都〈8〉。如《永宁寺》："悲哀之声，振动京邑。"

灵芝[8]：①传说中的瑞草、仙草〈1〉。见《闻义里》："嘉木灵芝，丛生其上。"

世事[9]：④尘俗之事〈1〉。见《崇真寺》："沙门之体，必须摄心守道，志在禅诵，不干世事，不作有为。"

水族[10]：①水生动物的统称〈2〉。如《景宁寺》："所卖口味，多是水族，时人谓为鱼鳖市也。"

仙掌[11]：①汉武帝为求仙，在建章宫神明台上造铜仙人，舒掌捧铜盘玉杯，以承接天上的仙露，后称承露金人为仙掌〈1〉。见《瑶光寺》："仙掌凌虚，铎垂云表，作工之妙，埒美永宁。"

云表[12]：①云外〈3〉。如《永宁寺》："见金盘炫日，光照云表。"

珍羞[13]：珍美的肴馔〈3〉。如《秦太上公寺》："兼设珍羞，海陆备具。"

见于班固《汉书》外的其他作品的有以下 8 个。

帝世[14]：帝王的世系〈1〉。见卷三《龙华寺》："寒暑攸叶，日月载融，帝世光宅，函夏同风。"

反宇[15]：①屋檐上仰起的瓦头〈1〉。见《高阳王寺》："飞檐反宇，缭绕周通。"

芳草[16]：①香草〈3〉。如《秦太上君寺》："诵室禅堂，周流重叠，花林芳草，遍满阶墀。"

---

[1][4][5][8][10][11][12] 见于张衡《西京赋》。

[2][3][6][7] 见于张衡《东京赋》。

[9] 见于张衡《归田赋》。

[13] 见于《南都赋》。

[14] 见于班固《典引》。

[15][16] 见于《西都赋》。

古诗〔1〕：①古代诗歌的泛称。南北朝时称汉魏无名氏的诗为古诗〈1〉。见《冲觉寺》："西北有楼，出凌云台，俯临朝市，目极京师，古诗所谓'西北有高楼，上与浮云齐'者也。"

荒裔〔2〕：指边远地区〈1〉。见《永宁寺》："起自荒裔，来游中土。"

列钱〔3〕：宫殿墙上的装饰物。用镶嵌着玉石的金环排列在一条横木上，像连贯成串的钱，故称〈2〉。如《永宁寺》："列钱青璅，赫奕华丽。"

明珠〔4〕：①光泽晶莹的珍珠〈1〉。见《永明寺》："民户殷多，出明珠金玉及水精珍异，饶槟榔。"

曾祖〔5〕：祖父的父亲〈1〉。见《景宁寺》："曾祖泰，从宋武入关。"

见于《论衡》的有以下 7 个。

画工：①以绘画为职业的人〈1〉。见《宝光寺》："有三层浮图一所，以石为基，形制甚古，画工雕刻。"

老翁：①年老的男子。含尊重意〈4〉。如《秦太上公寺》："徙倚欲去，忽见一老翁来。"

良晨：美好的时光〈1〉。见《宝光寺》："至于良晨美日，休沐告归，征友命朋，来游此寺。"

人才：①人的才能〈1〉。见《永宁寺》："尔朱荣马邑小胡，人才凡鄙，不度德量力，长戟指阙，所谓穷辙拒轮，积薪候燎！"

世祖：②指祖先〈1〉。见《闻义里》："今日国王十三世祖。"

俗传：民间传说〈1〉。见《景林寺》："俗传云出昆仑山，一曰西王母枣。"

桃人：桃木俑。旧时迷信谓鬼畏桃木，因削桃木为人形，用以驱鬼辟邪〈1〉。见《开善寺》："子集惊怖，张弓射之，应箭而倒，即变为桃人。"

见于《东观汉记》的有以下 5 个。

朝廷：②借指帝王〈5〉。如《正觉寺》："朝廷服彪聪明有智，甄琛和之亦速。"

大会：②谓人数众多的集会〈1〉。见《闻义里》："王年常大会，皆在此寺。"

浮桥：在并列的船、筏、浮箱或绳索上面铺木板而造成的桥〈1〉。见卷三《龙华寺》："宣阳门外四里，至洛水上，作浮桥，所谓永桥也。"

明公：旧时对有名位者的尊称〈1〉。见《永宁寺》："明公世跨并肆，雄才杰出。"

铁券：①即铁契〈1〉。见《永宁寺》："遣侍中朱元龙赍铁券与世隆，待之不死，官位如故。"

---

〔1〕　见于《两都赋·序》。
〔2〕　见于《封燕然山铭》。
〔3〕　见于《西都赋》。
〔4〕〔5〕　见于《百虎通》。

见于《吴越春秋》的有以下 2 个。

尺书：②指书信〈1〉。见《永宁寺》："尺书道意，卿宜三复。"

石窦：石穴〈1〉。见《景林寺》："凡此诸海，皆有石窦流于地下。"

见于《太平经》的有以下 3 个。

本处：①此处〈1〉。见《闻义里》："于阗国王亲见礼拜，载像归，中路夜宿，忽然不见，遣人寻之，还来本处。"

俗事：人世间的日常事务〈1〉。见《序》："其中小者，取其祥异，世谛俗事，因而出之。"

外神：谓郊、社、封禅等所祭之神。与"内神"相对〈1〉。见《闻义里》："不信佛法，多事外神。"

见于《风俗通》的有以下 3 个。

寿年：长寿的岁数〈1〉。见《景兴尼寺》："郭璞尝为吾筮云，寿年五百岁。"

威名：威望，名声〈1〉。见《法云寺》："延伯胆略不群，威名早著，为国展力，二十余年。"

斋馆：斋戒时所住的馆舍〈1〉。见《修梵寺》："皆高门华屋，斋馆敞丽，楸槐荫途，桐杨夹植。"

见于《汉纪》的有以下 3 个。

后室：犹后房〈1〉。见《高阳王寺》："修容亦能为《绿水歌》，艳姿善为《火凤舞》，并爱倾后室，宠冠诸姬。"

名马：名贵的马〈2〉。如《寿丘里》："又陈女乐及诸名马。"

玉玺：专指皇帝的玉印〈1〉。见《景宁寺》："正朔相承，当在江左。秦朝玉玺，今在梁朝。"

见于潘勖《册魏公九锡文》的有以下 1 个。

诸王：①指古代天子分封的各诸侯王〈1〉。见《正始寺》："园林山池之美，诸王莫及。"

见于史岑《出师颂》的有以下 2 个。

苍生：②指百姓〈1〉。见《永宁寺》："正欲问罪于尔朱，出卿于桎梏，恤深怨于骨肉，解苍生于倒悬。"

西疆：①西部边疆〈2〉。如《闻义里》："至赤岭，即国之西疆也。"

见于孔融《荐祢衡表》的有以下 2 个。

皇居：①皇宫。亦指皇城〈1〉。见《景明寺》："暨皇居徙邺，民讼殷繁。"

英才：杰出的才智〈1〉。见《景林寺》："魏明英才，世称三祖。"

见于刘桢《杂诗》的有以下 1 个。

簿领：谓官府记事的簿册或文书〈1〉。见《景明寺》："法吏疑狱，簿领成山。"

见于《礼记·礼运》郑玄注的有以下 1 个。

银瓮：银质盛酒器〈1〉。见《寿丘里》："金瓶银瓮百余口，瓯檠盘盒称是。"

见于刘桢《公宴诗》的有以下 1 个。

珍木：珍贵的树木〈2〉。如《瑶光寺》："珍木香草，不可胜言。"

见于阮瑀《为曹公作书与孙权》的有以下 1 个。

水军：水上作战的军队〈1〉。见《永宁寺》："有汉中人李苗为水军，从上流放火烧桥。"

见于马融《长笛赋》的有以下 1 个。

哀声：②悲凉的乐声〈1〉。见《高阳王寺》："徐鼓箜篌而歌，哀声入云。"

见于《乐府诗集·相和歌辞十三·饮马长城窟行》的有以下 1 个。

他乡：异乡，家乡以外的地方〈1〉。见《正始寺》："丹足出自他乡。"

见于繁钦《建章凤阙赋》的有以下 1 个。

层楼：高楼〈1〉。见《法云寺》："千金比屋，层楼对出。"

见于《古诗十九首》的有以下 3 个。

胡马：①泛指产在西北民族地区的马〈1〉。见《昭仪尼寺》："胡马鸣珂者，莫非黄门之养息也。"

交疏：②窗上交错雕刻的花格子〈2〉。如《胡统寺》："洞房周匝，对户交疏。"

双阙：①古代宫殿、祠庙、陵墓前两边高台上的楼观〈1〉。见《序》："农夫耕老，艺黍于双阙。"

见于卫宏《汉旧仪》的有以下 1 个。

黄阁：①汉代丞相、太尉和汉以后的三公官署避用朱门，厅门涂黄色，以区别于天子〈1〉。见《建中寺》："朱门黄阁，所谓仙居也。"

见于陈琳《檄吴将校部曲文》的有以下 1 个。

京城：①国都〈1〉。见《序》："京城表里，凡有一千余寺。"

见于《涅槃经》的有以下 1 个。

圣人：④泛称佛、菩萨等得道者〈3〉。如《闻义里》："彼国出圣人否？"

见于《周礼·春官·司服》郑玄注的有以下 1 个。

缇衣：古代武士之服〈1〉。见《法云寺》："金银锦绣，奴婢缇衣，五味八珍，仆隶毕口。"

见于《淮南子》高诱注的有以下 1 个。

锥刀：④喻微薄，微细〈1〉。见《秦太上君寺》："轻同羽毛，利等锥刀。"

见于崔琦《七蠋》的有以下 1 个。

紫阁：①金碧辉煌的殿阁。多指帝居〈1〉。见《景明寺》："青台紫阁，浮道相通。"

见于边让《章华赋》的有以下 1 个。

罗衣：轻软丝织品制成的衣服〈1〉。见《高阳王寺》："隋珠照日，罗衣从风。"

3．支配式双音节名词，1 个，见于《十洲记》

当时：②就在那个时刻〈2〉。如《闻义里》："随事轻重，当时即决。"

4．叠音词，1 个，见于《汉书》

家家：②每家〈1〉。见《寿丘里》："高台芳树，家家而筑。"

5．联绵词，2 个

见于《汉书》的有以下 1 个。

蒲萄：①落叶藤本植物，叶掌状分裂，花序呈圆锥形，开黄绿色小花，浆果多为圆形和椭圆形。亦指此植物的果实〈2〉。如《白马寺》："浮图前奈林蒲萄异于余处，枝叶繁衍，子实甚大。"

见于《乐府诗集·相和歌辞十二·陇西行》的有以下 1 个。

氍毹：①一种毛织或毛与其他材料混织的毯子。可用作地毯、壁毯、床毯、帘幕等〈1〉。见《闻义里》："王居大毡帐，方四十步，周回以氍毹为壁。"

6．附加式双音节名词，1 个

见于《汉纪》的有以下 1 个。

狮子：①猛兽名。产于非洲和亚洲西部。有"兽王"之称〈11〉。如卷三《龙华寺》："狮子者，波斯国胡王所献也。"

（二）见于东汉传世典籍的双音节动词

见于东汉语料的双音节动词有 94 个，根据词语内部结构，又分为并列式、偏正式、述补式和支配式等。

1．并列式双音节动词，45 个

见于《汉书》的有以下 16 个。

阿附：①依附〈1〉。见《秦太上君寺》："好驰虚誉，阿附成名。"

悲泣：悲伤哭泣〈4〉。如《平等寺》："永安三年七月，此像悲泣如初。"

穿凿：②犹牵强附会〈1〉。见《明悬尼寺》："至于旧事，多非亲览，闻诸道路，便为穿凿，误我后学，日月已甚！"

歌咏：②谓以诗歌颂扬〈1〉。见《永宁寺》："歌咏赞叹，实是神功。"

隔绝：①阻隔〈1〉。见《永明寺》："南中有歌营国，去京师甚远，风土隔绝，世不与中国交通。"

更改：改换〈1〉。见《龙华寺》："综遂归我圣阙，更改名曰绩。"

伐杀：杀戮〈1〉。见《昭仪尼寺》："命给事黄门侍郎元纪伐杀之。"

归化：①归顺〈1〉。见《景宁寺》："正光年初从萧宝夤归化，拜羽林监，赐宅城南归正里。"

讥刺：讥评讽刺〈1〉。见《凝玄寺》："迁京之始，朝士住其中，迭相讥刺，竟皆去之。"

　　监护：②监察保护〈1〉。见《秦太上公寺》："至于六斋，常有中黄门一人监护，僧舍衬施供具，诸寺莫及焉。"

　　谋杀：谋划杀害〈1〉。见《宣忠寺》："永安末，庄帝谋杀尔朱荣，恐事不果，请计于徽。"

　　休沐：休假〈1〉。见《宝光寺》："京邑士子，至于良晨美日，休沐告归，征友命朋，来游此寺。"

　　修治：②修理整治〈1〉。见《闻义里》："刻石为铭，嘱语将来，若此塔坏，劳烦后贤出珠修治。"

　　造作：①制作〈1〉。见《崇真寺》："虽造作经像，正欲得它人财物。"

　　止宿：①住宿〈1〉。见《闻义里》："昔有三百商人止宿池侧，值龙忿怒，泛杀商人。"

　　著述：①撰写文章〈1〉。见《序》："余才非著述，多有遗漏，后之君子，详其阙焉。"

　　见于《东观汉记》的有以下6个。

　　过去：②离开所在地或经过某地走向另一个地点〈2〉。如《崇真寺》："惠凝具说过去之时，有五比丘同阅。"

　　怀孕：谓妇女或雌性哺乳动物受精有胎〈1〉。见《宣忠寺》："后怀孕未十月，今始九月，可尔以不?"

　　讥讪：讥刺讪笑〈1〉。见《瑶光寺》："自此后颇获讥讪。"

　　嗟怨：嗟叹怨恨〈1〉。见《闻义里》："王常停境上，终日不归，师老民劳，百姓嗟怨。"

　　捃拾：拾取〈1〉。见《景宁寺》："咀嚼菱藕，捃拾鸡头。"

　　有若：如同〈1〉。见《正始寺》："伦造景阳山，有若自然。"

　　见于《论衡》的有以下4个。

　　祸变：灾祸变故〈1〉。见《闻义里》："若兴心欲取，则有祸变。"

　　记录：记载〈1〉。见《景兴尼寺》："时有隐士赵逸，云是晋武时人，晋朝旧事，多所记录。"

　　具足：①犹具备〈1〉。见《景宁寺》："普泰元年，此寺金像生毛，眉发悉皆具足。"

　　如似[1]：好像〈3〉。如《菩提寺》："时复游行，或遇饭食，如似梦中，不甚辨了。"

　　见于《风俗通》的有以下2个。

　　寻问：询问〈1〉。见《景兴尼寺》："好事者遂寻问晋朝京师何如今日。"

　　追思：追念〈1〉。见《建中寺》："元义诛日，腾已物故，太后追思腾罪，发墓残

---

　　〔1〕《汉语大词典》失收，当补。

尸，使其神灵无所归趣。"

见于张衡《西京赋》的有以下 2 个。

腾骧：①飞腾〈2〉。如《景明寺》："百戏腾骧，所在骈比。"

臧否：②褒贬〈1〉。见《永宁寺》："时太原王位极心骄，功高意侈，与夺任情，臧否肆意。"

见于《太平经》的有以下 1 个。

除愈[1]：为所荫覆而痊愈〈1〉。见《闻义里》："户人有患，以金箔贴像所患处，即得除愈。"

见于《乐府诗集·相和歌辞·病妇行》的有以下 1 个。

乞求：②期望〈1〉。见《闻义里》："惠生既在远国，恐不吉反，遂礼神塔，乞求一验。"

见于《乐府诗集·清商曲辞二·黄鹄曲一》的有以下 1 个。

思忆：想念〈1〉。见《景宁寺》："乍至中土，思忆本乡，急手速去，还尔丹阳。"

见于班固《两都赋·序》的有以下 1 个。

揄扬：②宣扬〈2〉。如《法云寺》："戒行真苦，难可揄扬。"

见于阮瑀《为曹公作书与孙权》的有以下 1 个。

扇扬：①煽动，此处指风吹动〈1〉。见《法云寺》："至于春风扇扬，花树如锦，晨食南馆，夜游后园。"

见于荀悦《申鉴》的有以下 1 个。

祈请：向神祷告请求〈1〉。见《闻义里》："龙王每作神变，国王祈请，以金玉珍宝投之池中，在后涌出，令僧取之。"

见于《汉纪》的有以下 1 个。

改嫁：妇女离婚或丈夫死后再同别人结婚〈1〉。见《开善寺》："英早卒，其妻梁氏不治丧而嫁，更纳河内人向子集为夫，虽云改嫁，仍居英宅。"

见于王逸《九思》的有以下 1 个。

骈罗：骈比罗列〈1〉。见《序》："于是招提栉比，宝塔骈罗，争写天上之姿，竞摹山中之影。"

见于刘桢《赠从弟》的有以下 1 个。

来仪：②比喻杰出人物的降临〈1〉。见《瑶光寺》："亦有名族处女，性爱道场，落发辞亲，来仪此寺。"

见于伏隆《移檄告郡国》的有以下 1 个。

溃散：被打垮而逃散〈1〉。见《法云寺》："于是五万之师，一时溃散。"

见于袁康《越绝书》的有以下 1 个。

称数：犹计算〈1〉。见《追先寺》："乃赐钱五百万，金二百斤，银五百斤，锦绣宝

---

〔1〕《伽蓝记》误为"阴愈"。具体见化振红《"阴愈"辨误》，曾发表于《江海学刊》2008 年第 5 期。

玩之物，不可称数。"

　　见于潘勖《册魏公九锡文》的有以下 1 个。

　　诞育：出生〈1〉。见《宣忠寺》："帝纳其谋，遂唱生太子，遣徽特至太原王第，告云皇储诞育。"

　　见于王符《潜夫论》的有以下 1 个。

　　崛起：①高耸，耸起〈1〉。见《秦太上君寺》："并丰堂崛起，高门洞开。"

　　见于《古诗十九首·西北有高楼》的有以下 2 个。

　　具陈：备陈；详述〈1〉。见《长秋寺》："作工之异，难可具陈。"

　　慷慨：③感叹〈1〉。见《景宁寺》："慷慨叹不得与阮籍同时生。"

　　2. 偏正式双音节动词，17 个

　　见于《汉书》的有以下 7 个。

　　北面：③谓拜人为师〈1〉。见《高阳王寺》："子文摄齐北面，就和受道。"

　　分流：①水分道而流〈1〉。见《永明寺》："中朝时以谷水浚急，注于城下，多坏民家，立石桥以限之，长则分流入洛，故名曰长分桥。"

　　弥望：充满视野〈1〉。见《闻义里》："土田庶衍，山泽弥望，居无城郭，游军而治。"

　　无比：②无与伦比〈1〉。见《胡统寺》："其资养缁流，从无比也。"

　　诈言：谎称〈1〉。见《永宁寺》："九月二十五日，诈言产太子。"

　　专擅：①独揽〈1〉。见《平等寺》："自是已后，不敢复入朝。辄专擅国权，凶愍滋甚。"

　　专宠：独占宠爱〈2〉。如《永宁寺》："时胡氏专宠，皇宗怨望，入议者莫肯致言。"

　　见于《汉纪》的有以下 3 个。

　　朝贡：古时谓藩属国或外国使臣入朝，贡献方物〈1〉。见《闻义里》："四十余国皆来朝贡。"

　　笃信：①忠实地信仰〈1〉。见《序》："逮皇魏受图，光宅嵩洛，笃信弥繁，法教愈盛。"

　　襁负：②以带系财货负之于背〈1〉。见《永宁寺》："贫夫贱士，襁负争逃。"

　　见于王充《论衡》的有以下 3 个。

　　洞达：④理解得很透彻〈1〉。见《正始寺》："巨量焕于物表，夭矫洞达其真。"

　　目见：亲眼看到〈2〉。如《景兴尼寺》："自永嘉已来二百余年，建国称王者十有六君，吾皆游其都邑，目见其事。"

　　相连：互相连接〈3〉。如《序》："宫观相连，被诸城上也。"

　　见于刘秀《劳耿弇》的有以下 1 个。

　　不听：②不允许〈4〉。如《平等寺》："每经神验，朝野惶惧，禁人不听观之。"

　　见于高诱《〈淮南子〉叙目》的有以下 1 个。

　　棋峙：谓处相持之势，如弈棋之交互对峙〈1〉。见《平等寺》："然群飞未宁，横流且及，皆狼顾鸱张，岳立棋峙。"

见于《东观汉记》的有以下 1 个。

按行：②巡视〈1〉。见《寿丘里》："复引诸王按行府库，锦罽珠玑，冰罗雾縠，充积其内。"

见于班固《西都赋》的有以下 1 个。

洞开：①敞开〈1〉。见《秦太上君寺》："并丰堂崛起，高门洞开。"

3. 支配式双音节动词，24 个

见于《汉书》的有以下 9 个。

避暑：②天气炎热时到凉爽的地方去住〈2〉。如《瑶光寺》："三伏之月，皇帝在灵芝台以避暑。"

杜口：闭口〈2〉。如《景宁寺》："庆之等见元慎清词雅句，纵横奔发，杜口流汗，含声不言。"

历位：③指所任官职达到的地位或品阶〈1〉。见《永宁寺》："其后历位中书舍人，黄门侍郎，秘书监，幽州刺史，仪同三司。"

连日：接连几天〈1〉。见《永宁寺》："口唱南无，合掌连日。"

入狱：进入监狱〈1〉。见《景宁寺》："京兆许超梦盗羊入狱，问于元慎。"

脱屣：比喻看得很轻，无所顾忌，犹如脱掉鞋子〈1〉。见《序》："王侯贵臣，弃象马如脱屣，庶士豪家，舍资财若遗迹。"

望风：②见到动静、气势〈3〉。如《宣忠寺》："祖仁谓人密告，望风款服。"

争衡：比试高低〈1〉。见《开善寺》："而河间王琛最为豪首，常与高阳争衡，造文柏堂，形如徽音殿。"

治丧：办理丧事〈1〉。见《开善寺》："英早卒，其妻梁氏不治丧而嫁。"

见于《东观汉记》的有以下 2 个。

劓面：以刀划面。古代匈奴、回鹘等族遇大忧大丧，则划面以表示悲戚〈1〉。见《闻义里》："居丧者，剪发劓面，以为哀戚。"

握手：①执手，拉手。古时在离别、会晤或有所嘱托时，皆以握手表示亲近或信任〈1〉。见《永宁寺》："所将江淮子弟五千人，莫不解甲相泣，握手成别。"

见于张衡作品的有以下 2 个。

接轸[1]**：**①车辆相衔接而行。形容其多〈1〉。见《宝光寺》："雷车接轸，羽盖成阴。"

受图[2]**：**《尚书中候》载，河伯曾以河图授大禹，后因称帝王受命登位为受图〈2〉。如《序》："逮皇魏受图，光宅嵩洛，笃信弥繁，法教愈盛。"

见于荀悦作品的有以下 2 个。

---

[1] 见于《西京赋》。
[2] 见于《东京赋》。

叩首[1]：磕头〈1〉。见《秦太上君寺》："太守初欲入境，皆怀砖叩首，以美其意。"

厌乱[2]：厌恶战乱〈2〉。如《永宁寺》："傥天不厌乱，胡羯未殄，鸱鸣狼噬，荐食河北。"

见于《风俗通》的有以下1个。

还家：①回家〈2〉。如《秦太上君寺》："及其代下还家，以砖击之。"

见于桓谭《新论》的有以下1个。

遇病[3]：生病〈1〉。见《景宁寺》："于后数日，庆之遇病，心上急痛，访人解治。"

见于《周礼》郑玄注的有以下1个。

放火：①引火焚烧〈1〉。见《永宁寺》："有汉中人李苗为水军，从上流放火烧桥。"

见于赵晔《吴越春秋》的有以下1个。

投身：①犹舍身〈2〉。如《闻义里》："鞞罗施儿之所，萨埵投身之地。"

见于班固《东都赋》的有以下1个。

迁都：迁移国都〈4〉。如《景宁寺》："高祖迁都洛邑，椿创居此里。"

见于牟融《理惑论》的有以下1个。

乞命：①请求宽宥生命〈1〉。见《景宁寺》："永安年中，胡杀猪，猪忽唱乞命，声及四邻。"

见于《礼记》郑玄注的有以下1个。

郊天：祭天〈1〉。见《崇虚寺》："设华盖之坐，用郊天之乐。"

见于《赵飞燕外传》的有以下1个。

含风：被风吹拂着〈1〉。见《景明寺》："松竹兰芷，垂列阶墀，含风团露，流香吐馥。"

见于《论衡》的有以下1个。

离毕：月亮附于毕星。是天将降雨的征兆。毕，二十八宿之一。语出《诗·小雅·渐渐之石》："月离于毕，俾滂沱矣。"《毛传》："毕，噣也。月离阴星则雨。"〈1〉。见《景林寺》："离毕滂润，阳谷泄之不盈。"

4. 补充式双音节动词，3个

见于《汉书》的有以下2个。

涌出：涌冒而出〈1〉。见《闻义里》："龙王每作神变，国王祈请，以金玉珍宝投之池中，在后涌出，令僧取之。"

降服：①投降顺服，使投降顺服〈1〉。见《闻义里》："不能降服小国，愧卿此问。"

见于荀悦《汉纪》的有以下1个。

---

[1]　见于《汉纪》。
[2]　见于《申鉴》。
[3]　《汉语大词典》无，当补。但收有"遇疾"。

擒获：捕获〈2〉。如《法云寺》："路逢贼盗，饮之即醉，皆被擒获。"

5. 联绵词，3 个

见于张衡《西京赋》的有以下 2 个。

纷泊：飞扬〈1〉。见《正始寺》："羽徒纷泊，色杂苍黄。"

骈阗：犹骈田，布集〈1〉。见《永明寺》："庭列修竹，檐拂高松，奇花异草，骈阗阶砌。"

见于《孔雀东南飞》的有以下 1 个。

踯躅：②徘徊不进貌〈1〉。见《序》："游儿牧竖，踯躅于九逵。"

6. 主谓式双音节动词，2 个

见于王充《论衡》的有以下 1 个。

山崩：悬崖、陡坡上岩石和砂土突然破裂、崩落的现象〈1〉。见《闻义里》："其国有水，昔日甚浅，后山崩截流，变为二池。"

见于《孔雀东南飞》的有以下 1 个。

自由：①由自己做主〈1〉。见《永宁寺》："虽迫于凶手，势不自由，或贰生素怀，弃剑猜我。"

（三）见于东汉传世典籍的双音节形容词

见于东汉语料的双音节形容词有 48 个，根据词语内部结构，又分为并列式、偏正式、支配式和主谓式等。

1. 并列式双音节形容词，33 个

见于《汉书》的有以下 9 个。

弘丽：宏伟华丽〈1〉。见《建中寺》："堂比宣光殿，门匹乾明门，博敞弘丽，诸王莫及也。"

惶惧：恐惧，惊慌〈2〉。如《开善寺》："梁氏惶惧，舍宅为寺。"

奇异：奇特，特别〈1〉。见卷二《龙华寺》："萧衍子豫章王综来降，闻此钟声，以为奇异，遂造《听钟歌》三首，行传于世。"

升平：太平〈1〉。见《永宁寺》："况今奉未言之儿，以临天下，而望升平，其可得乎？"

通敏：通达聪慧〈1〉。见《景明寺》："志性通敏，风情雅润，下帷覃思，温故知新。"

详审：①安详慎重〈1〉。见《法云寺》："或博通典籍，辨慧清悟，风仪详审，容止可观。"

凶慢：凶恶轻慢〈2〉。如《闻义里》："风俗凶慢，见王无礼。"

盈溢：②满盈〈1〉。见《寿丘里》："于时国家殷富，库藏盈溢，钱绢露积于廊者，不可校数。"

卓异：①出众〈2〉。如《景宁寺》："元慎清尚卓逸，少有高操，任心自放，不为时羁。"

见于张衡作品的有以下 5 个。

端直[1]：①方正〈1〉。见《闻义里》："川原沃壤，城郭端直，民户殷多，林泉茂盛。"

介立[2]：①卓异独立〈1〉。见《永宁寺》："害卿兄弟，独夫介立，遵养待时，臣节讵久。"

平衍[3]：①地势平坦、宽广〈1〉。见《宝光寺》："当时园地平衍，果菜葱青，莫不叹息焉。"

崎岖[4]：①形容地势或道路高低不平〈1〉。见《正始寺》："崎岖石路，似壅而通；峥嵘涧道，盘纡复直。"

殷阜[5]：富足〈3〉。如《闻义里》："民物殷阜，匹临淄之神州，原田膴膴，等咸阳之上土。"

见于《东观汉记》的有以下 3 个。

光丽：华美〈1〉。见《正始寺》："斋宇光丽，服玩精奇，车马出入，逾于邦君。"

恬静：恬淡安静〈1〉。见《景林寺》："性爱恬静，丘园放敖，学极六经，说通百氏。"

著闻：著名，闻名〈1〉。见《景宁寺》："世以学行著闻，名高州里。"

见于《论衡》的有以下 3 个。

高奇：高超杰出〈1〉。见《闻义里》："名僧德众，道行高奇。"

焕炳：①明亮〈1〉。见《永宁寺》："庄严焕炳，世所未闻。"

眩耀：①光彩夺目。眩，通"炫"〈1〉。见《闻义里》："城北一里有白象宫，寺内佛事，皆是石像，庄严极丽，头数甚多，通身金箔，眩耀人目。"

见于王逸《九思》的有以下 2 个。

和暖：犹温暖〈2〉。如《闻义里》："山谷和暖，草木冬青。"

惊骇：①惊慌害怕〈1〉。见《永宁寺》："于时新经大兵，人物歼尽，流迸之徒，惊骇未出。"

见于《风俗通》的有以下 2 个。

端严：庄严〈4〉。如《永明寺》："晖遂造人中夹纻像一躯，相好端严，希世所有。"

凶暴：凶狠残暴〈1〉。见《景兴尼寺》："观其治典，未为凶暴，及详其史，天下之恶皆归焉。"

见于《释名》的有以下 1 个。

齐等：同等〈3〉。如《融觉寺》："有五层浮图一所，与冲觉寺齐等。"

---

〔1〕　见于《西京赋》。
〔2〕　见于《思玄赋》。
〔3〕〔4〕　见于《南都赋》。
〔5〕　见于《西京赋》。

见于刘桢《赠五官中郎将》的有以下 1 个。

纵横：②雄健奔放〈1〉。见《景宁寺》："庆之等见元慎清词雅句，纵横奔发，杜口流汗，含声不言。"

见于王粲《登楼赋》的有以下 1 个。

显敞：豁亮宽敞〈1〉。见《大觉寺》："北瞻芒岭，南眺洛汭，东望宫阙，西顾旗亭，禅皋显敞，实为胜地。"

见于班固《为第五伦荐谢夷吾表》的有以下 1 个。

挺特：超群特出〈1〉。见《闻义里》："容颜挺特，世所希有。"

见于王延寿《鲁灵光殿赋》的有以下 1 个。

博敞：宽敞〈1〉。见《建中寺》："堂比宣光殿，门匹乾明门，博敞弘丽，诸王莫及也。"

见于蔡邕《黄钺铭》的有以下 1 个。

丰饶：①丰裕富饶〈1〉。见《闻义里》："土地肥美，人物丰饶。"

见于陈琳《武军赋》的有以下 1 个。

赫奕：①光辉炫耀貌〈1〉。见《永宁寺》："列钱青璅，赫奕华丽。"

见于荀悦《申鉴·时事》的有以下 1 个。

华丽：美丽而有光彩〈2〉。如《景明寺》："妆饰华丽，侔于永宁。"

见于《孔雀东南飞》的有以下 1 个。

精妙：②精致美妙〈1〉。见《永宁寺》："佛事精妙，不可思议。"

2. 偏正式双音节形容词，3 个

见于王延寿《鲁灵光殿赋》的有以下 1 个。

希世：②世所罕有〈1〉。见《永明寺》："晖遂造人中夹纻像一躯，相好端严，希世所有。"

见于傅毅《舞赋》的有以下 1 个。

极丽：②非常美丽〈2〉。如《闻义里》："城北一里有白象宫，寺内佛事，皆是石像，庄严极丽，头数甚多，通身金箔，眩耀人目。"

见于《汉书》的有以下 1 个。

不次：①不依寻常次序。犹言超擢，破格〈1〉。见《景宁寺》："时朝廷方欲招怀荒服，待吴儿甚厚，褰裳渡于江者，皆居不次之位。"

3. 支配式双音节形容词，4 个

见于《汉纪》的有以下 1 个。

称首：第一〈1〉。见《景明寺》："伽蓝之妙，最为称首。"

见于《东观汉记》的有以下 1 个。

任性：①听凭秉性行事，率真不做作〈1〉。见《正始寺》："任性浮沉，若淡兮无味。"

见于《汉书》的有以下 1 个。

成市：②像市场一样。比喻众多〈2〉。如《昭仪尼寺》："观者成市，布施者甚众。"

见于徐幹《中论》的有以下 1 个。

比屋：②家家户户。常用以形容众多、普遍〈1〉。见《法云寺》："千金比屋，层楼对出。"

4. 联绵词，6 个

见于《汉书》的有以下 3 个。

嶕峣：高耸〈1〉。见《寿丘里》："入其后园，见沟渎蹇产，石磴嶕峣，朱荷出池，绿萍浮水。"

铿锵：①形容金玉或乐器等声洪亮〈1〉。见《永宁寺》："至于高风永夜，宝铎和鸣，铿锵之声，闻及十余里。"

凌迟：②衰败〈1〉。见《秦太上君寺》："今虽凌迟，足为天下模楷。"

见于张衡《思玄赋》的有以下 1 个。

嶔崟：高大〈1〉。见《正始寺》："其中重岩复岭，嶔崟相属；深溪洞壑，逦迤连接。"

见于《东观汉记》的有以下 1 个。

岐嶷：形容幼年聪慧〈1〉。见《追先寺》："略生而岐嶷，幼则老成。"

见于王延寿《鲁灵光殿赋》的有以下 1 个。

窈窕：④深远貌〈1〉。见《高阳王寺》："白壁丹楹，窈窕连亘，飞檐反宇，缪辘周通。"

5. 附加式双音节形容词，2 个，见于《汉书》

炳然：①明显貌〈3〉。如《闻义里》："石上毛尾爪迹，今悉炳然。"

翕然：①一致貌〈1〉。见《凝玄寺》："元谦服婢之能，于是京邑翕然传之。"

（四）见于东汉传世典籍的双音节副词

见于东汉的双音节副词有 10 个，根据词语内部结构，又分为并列式、偏正式和重叠式等几种。

1. 并列式双音节副词，5 个

见于《太平经》的有以下 1 个。

悉皆：全都〈5〉。如卷三《龙华寺》："于是虎豹见狮子，悉皆瞑目，不敢仰视。"

见于《东观汉记》的有以下 1 个。

特加：①特别〈1〉。见《闻义里》："宋云惠生见彼比丘戒行精苦，观其风范，特加恭敬，遂舍奴婢二人，以供洒扫。"

见于《孔雀东南飞》的有以下 1 个。

本自：本来就〈1〉。见《追先寺》："略从容闲雅，本自天资，出南入北，转复高迈，言论动止，朝野师模。"

见于《太平经》的有以下 1 个。

迭相：相继〈4〉。如《长秋寺》："像停之处，观者如堵，迭相践跃，常有死人。"

见于《汉纪》的有以下 1 个。

时复：犹时常〈1〉。见《菩提寺》："时复游行，或遇饭食，如似梦中，不甚辨了。"

2. 偏正式双音节副词，4 个

见于《汉书》的有以下 2 个。

自相：①相互〈1〉。见《景明寺》："暨皇居徙邺，民讼殷繁，前革后沿，自相与夺，法吏疑狱，簿领成山。"

一时：⑩犹一旦〈1〉。见《永宁寺》："隧门一时闭，幽庭岂复光?"

见于《东观汉记》的有以下 1 个。

必须：①一定需要，不可缺少〈1〉。见《崇真寺》："沙门之体，必须摄心守道，志在禅诵，不干世事，不作有为。"

见于班固《西都赋》的有以下 1 个。

若乃：至于。用于句子开头，表示另起一事〈1〉。见《正始寺》："若乃绝岭悬坡，蹭蹬蹉跎，泉水纡徐如浪峭，山石高下复危多。"

3. 重叠式双音节副词，1 个

见于荀悦《汉纪》的有以下 1 个。

渐渐：逐渐〈1〉。见《闻义里》："渐渐却行，始见其相。"

（五）见于东汉传世典籍的双音节连词

见于东汉典籍的双音节连词 2 个，只有偏正式。

见于孔融《论盛孝章书》的有以下 1 个。

惟有：只有〈1〉。见《闻义里》："人民服饰，惟有毡衣。"

见于《汉书》的有以下 1 个。

加以：①犹言加上。表示进一步的原因或条件，多用于后一分句的句首〈3〉。如《景宁寺》："加以意思深长，善于解梦。"

（六）双音节代词，2 个

见于陈琳《檄吴将校部曲文》的有以下 1 个，为并列式。

凡此：所有这些〈2〉。如《景林寺》："凡此诸海，皆有石窦流于地下。"

见于《汉书》的有以下 1 个，为偏正式。

何处：哪里，什么地方〈2〉。如《高阳王寺》："荀生住在何处?"

（七）拟声词，1 个，见于《风俗通》

朱朱：①呼鸡声〈1〉。见《白马寺》："把粟与鸡呼朱朱。"

三、多音节词语

《伽蓝记》中有 8 个多音节词语可以追溯到东汉时期的语料中，其中三音节词语有 2 个，四音节词语有 6 个。

（一）三音节词语，2个，见于《汉书》

从父兄：即从兄〈1〉。见《平等寺》："恭是庄帝从父兄也。"

角觗戏：汉代对各种体育活动和乐舞杂技的总称。包括角力、扛鼎等杂技、幻术和装扮人物、动物的乐舞表演等〈1〉。见《禅虚寺》："有羽林马僧相善角觗戏，掷戟与百尺树齐等。"

（二）四音节词语，6个

见于《汉纪》的有以下2个。

不以为意：不把事情放在心上〈1〉。见《秦太上君寺》："临淄官徒布在京邑，闻怀砖慕势，咸共耻之，唯崔孝忠一人不以为意。"

不足为怪[1]：不值得奇怪〈1〉。见《宣忠寺》："妇人生产，有延月者，有少月者，不足为怪。"

见于张衡作品的有以下2个。

吞刀吐火[2]：传统杂技和戏法之一〈1〉。见《长秋寺》："吞刀吐火，腾骧一面。"

膺箓受图[3]：①谓帝王得受图箓，应运而兴。图，河图；箓，符命〈1〉。见《景宁寺》："我魏膺箓受图，定鼎嵩洛，五山为镇，四海为家。"

见于《风俗通》的有以下1个。

度德量力：估量自己的德行和能力〈1〉。见《永宁寺》："尔朱荣马邑小胡，人才凡鄙，不度德量力，长戟指阙，所谓穷辙拒轮，积薪候燎！"

见于《洞冥记》的有以下1个。

歌声绕梁：歌声回旋于梁栋间，经久不息。形容歌声美妙动听〈1〉。见《景乐寺》："歌声绕梁，舞袖徐转，丝管廖亮，谐妙入神。"

表2-2 见于东汉语料的《洛阳伽蓝记》词汇个数和使用频次情况

结构	词性	词量/个	词量百分比/%	词次/次	词次百分比/%	频次
单音节	名词	45	9.3	100	12.0	2.22
	动词	63	13.0	131	15.7	2.08
	形容词	11	2.3	15	1.8	1.36
	量词	7	1.4	35	4.2	5.00
	副词	10	2.1	17	2.0	1.70
	介词	2	0.4	8	1.0	4.00
	连词	2	0.4	3	0.4	1.50
	助词	3	0.6	16	1.9	5.33
	总计	143	29.6	325	38.9	2.27

[1] 《汉语大词典》无，但有"不足为奇"。
[2] 见于《西京赋》。
[3] 见于《东京赋》。

续上表

结构	词性	词量/个	词量百分比/%	词次/次	词次百分比/%	频次
双音节	名词	175	36.2	292	34.9	1.67
	动词	94	19.5	121	14.5	1.29
	形容词	48	9.9	64	7.7	1.33
	代词	2	0.4	4	0.5	2.00
	副词	10	2.1	17	2.0	1.70
	连词	2	0.4	4	0.5	2.00
	拟声词	1	0.2	1	0.1	1.00
	总计	332	68.7	503	60.2	1.52
三音节以上	三音节	2	0.4	2	0.2	1.00
	四音节	6	1.2	6	0.7	1.00
	总计	8	1.7	8	1.0	1.00
合计		483	100	836	100	1.73

由表 2-2 可知，见于东汉传世典籍的《伽蓝记》词语或义项有 483 个，约占《伽蓝记》一般词语总数的 9.1%。从词语结构上看，包括单音节词语和双音节词语，其中单音节词语 143 个，占该期词语总数的 29.6%；双音节词语有 332 个，占 68.7%；三音节以上的词语有 8 个，占 1.7%。从使用次数即词次看，单音节词语共使用 325 次，占 38.9%；双音节词语共使用 503 次，占 60.2%，三音节以上的词语共使用 8 次，占 1.0%。从使用频次上看，见于东汉典籍的《伽蓝记》词语或义项，使用频次较低，平均为 1.73。其中，单音节词语平均使用频次为 2.27，双音节词语为 1.52，三音节以上的词语为 1.00。可见，单音节词语的使用频次略高于复音节词语。不同结构不同词性的词语或义项使用频次不同。单音节词语中，助词的使用频次最高，为 5.33；形容词的使用频次最低，为 1.36。双音节词语中，代词和连词的使用频次最高，均为 2.00；拟声词的使用频次最低，为 1.00。三音节和四音节词语的使用频次均为 1.00。从词性上看，有 10 种词类，其中单音节词语包括名词、动词、形容词、量词、副词、介词、连词和助词 8 种；双音节词语词性包括名词、动词、形容词、代词、副词、连词和拟声词 7 种。该时期所见的《伽蓝记》词语或义项仍是以名词、动词为主，约占该时期词语总数的 78.1%。

第三章　来源于三国两晋南北朝语料中的《伽蓝记》词汇

三国两晋南北朝时期，历史上是从公元 220 年魏文帝曹丕称帝至公元 589 年隋灭陈，共经历 369 年。《伽蓝记》中有 1 315 个一般词语[1]可以追溯到三国至南北朝时期。下面分别对三国、两晋、南北朝三个时期做出论述。

第一节　见于三国语料中的 《伽蓝记》 词汇

历史上三国时期从公元 220 年到公元 280 年，共 60 年。三国时期涉及代表性的专书语料主要有《典论》《孔子家语》2 种，单篇作品约有 37 篇[2]，总计 39 种。《伽蓝记》中见于以上典籍语料的共有 52 个，其中单音节词语 18 个，双音节词语 32 个，多音节词语 2 个。下面分别论述。

一、单音节词语

《伽蓝记》单音节词中有 18 个见于三国时期的语料，其中名词 8 个，动词 4 个，形容词 3 个，连词、助词和量词各 1 个。

（一）名词

《伽蓝记》单音节名词中共有 8 个可以追溯到三国时期的语料。

见于曹植作品的有以下 3 个。

萝[3]：指松萝，蔓生植物〈1〉。见《正始寺》："悬葛垂萝，能令风烟出入。"

云[4]：⑥借指高空〈7〉。如《秦太上君寺》："中有五层浮图一所，修刹入云，高

---

[1]　专有名词、佛教词语由于其历时层次不同于一般词语，拟单独论述，在此不做论述。

[2]　这 37 篇分别是：卞兰《许昌宫赋》，曹操《精列》《气出唱》《请爵荀彧表》，曹丕《善哉行》《弹棋赋》《燕歌行》《与朝歌令吴质书》《与吴质书》，曹植《策命晋公九锡文》《东征赋》《髑髅说》《洛神赋》《愍民赋》《名都篇》《七启》《情诗》《送应氏二首》《与吴季重书》《与杨德祖书》《怨歌行》《杂诗七首》《赠白马王彪·并序》《赠丁仪诗》，杜挚《笳赋》，何晏《景福殿赋》《九江记》，嵇康《答释难宅无吉凶摄生论》《家诫》《琴赋》，李康《运命论》，陆玑《毛诗草木鸟兽虫鱼疏》，吴质《答魏太子笺》，阮籍《东平赋》《咏怀》，诸葛亮《弹李平表》，应璩《与满公琰书》）。

[3]　见于曹植《杂诗七首》。

[4]　见于曹植《七启》。

门向街。"

质[1]：④形体〈1〉。见《景宁寺》："文身之民，禀蕞陋之质。"

见于何晏《景福殿赋》的有以下1个。

虚：⑫空际〈2〉。如《景林寺》："上有钓台殿，并作虹蜺阁，乘虚来往。"

见于曹丕《与朝歌令吴质书》的有以下1个。

限：⑧指某一范围〈1〉。见《高阳王寺》："雍嗜口味，厚自奉养，一食必数万钱为限，海陆珍羞，方丈于前。"

见于曹操《气出唱》的有以下1个。

烟：③指烟状物，如云、雾等〈1〉。见《宝光寺》："晋朝三十二寺尽皆烟灭，唯此寺独存。"

见于《孔子家语》的有以下1个。

杖：②泛指棍棒或棒状物〈1〉。见《闻义里》："婆罗门以杖鞭之流血洒地处，其树犹存。"

见于杜挚《笳赋》的有以下1个。

笳：古管乐器，即胡笳〈2〉。如《法云寺》："有田僧超者，善吹笳，能为《壮士歌》《项羽吟》。"

（二）动词

《伽蓝记》单音节动词中共有4个可以追溯到三国时期的语料。

见于曹操《精列》的有以下1个。

过：③过去〈1〉。见《白马寺》："发言似谶，不可得解，事过之后，始验其实。"

见于嵇康《琴赋》的有以下1个。

任：⑲任凭〈5〉。如《景宁寺》："近伊洛二水，任其习御。"

见于诸葛亮《弹李平表》的有以下1个。

镇：⑤镇守〈7〉。如《永宁寺》："颢，庄帝从兄也，孝昌末镇汲郡。"

见于何晏《景福殿赋》的有以下1个。

钦：④敬佩〈1〉。见《景明寺》："邻国钦其模楷，朝野以为美谈也。"

（三）形容词

《伽蓝记》中有3个单音节形容词可以追溯到三国时期的语料。

见于曹植《赠白马王彪·并序》的有以下1个。

辛：⑤辛酸；悲痛〈2〉。如《永宁寺》："谓卿明眸击节，躬来见我，共叙哀辛，同讨凶羯。"

见于嵇康《答释难宅无吉凶摄生论》的有以下1个。

洁：③洁白〈1〉。见《正始寺》："青松未胜其洁，白玉不比其珍。"

---

〔1〕 见于《愍民赋》。

见于李康《运命论》的有以下 1 个。

珍：②贵重〈1〉。见《正始寺》："青松未胜其洁，白玉不比其珍。"

（四）连词，1 个，见于曹丕《与吴质书》

但：⑤但是。表示转折〈2〉。如《景林寺》："魏明英才，世称三祖，公幹仲宣，为其羽翼，但未知本意如何，不得言误也。"

（五）助词，表语气，1 个，见于曹丕《与吴质书》

颇：⑬与"不""无""否"等配合，表示疑问〈2〉。如《菩提寺》："上古以来，颇有此事否？"

（六）量词，1 个，见于曹植《名都篇》

斗：④量词。(1) 用于量酒〈2〉。如《法云寺》："子明饮八斗而醉眠，时人譬之山涛。"

二、双音节词语

《伽蓝记》中有 32 个双音节词语见于三国时期传世典籍，包括名词、动词、形容词等。

（一）见于三国时期语料中的双音节名词

见于三国传世典籍的双音节名词有 17 个，根据词语内部结构关系，又分为并列式双音节词语和偏正式双音节词语。

1. 并列式双音节词语，4 个

见于《孔子家语》的有以下 2 个。

伎乐：①音乐舞蹈〈2〉。如《昭仪尼寺》："四月七日常出诣景明，景明三像恒出迎之，伎乐之盛，与刘腾相比。"

礼教：礼仪教化〈1〉。见《闻义里》："乡土不识，文字礼教俱阙。"

见于曹植《赠白马王彪·并序》的有以下 1 个。

桑榆：④比喻晚年〈1〉。见《秦太上君寺》："臣年迫桑榆，气同朝露，人间稍远，日近松丘。"

见于卞兰《许昌宫赋》的有以下 1 个。

阶砌：台阶〈2〉。如《闻义里》："其高三丈，悉用文石为阶砌栌栱，上构众木，凡十三级。"

2. 偏正式双音节词语，13 个

见于曹植作品的有以下 7 个。

飞阁〔1〕：②高阁〈1〉。见《瑶光寺》："又作重楼飞阁，遍城上下，从地望之，有如云也。"

---

〔1〕　见于《赠丁仪》。

皇灵[1]：②指天帝〈1〉。见《永宁寺》："皇灵有知，鉴其凶德！"

禁兵[2]：②犹禁军〈2〉。如《宣忠寺》："荣穆既诛，拜徽太师司马，余官如故，典统禁兵，偏被委任。"

巨壑[3]：①指大海〈1〉。见卷三《龙华寺》："浩浩大川，泱泱清洛，导源熊耳，控流巨壑。"

渌波[4]：清波〈1〉。见《秦太上公寺》："老翁还入，元宝不复见其门巷，但见高岸对水，渌波东倾。"

黍离[5]：本为《诗·王风》中的篇名，后用作感慨亡国之词〈1〉。见《序》："始知麦秀之感，非独殷墟，黍离之悲，信哉周室！"

中肠[6]：犹内心〈1〉。见《闻义里》："宋云远在绝域，因瞩此芳景，归怀之思，独轸中肠，遂动旧疹，缠绵经月。"

见于曹丕作品的有以下 2 个。

天气[7]：③气候〈1〉。见《闻义里》："是时八月，天气已冷，北风驱雁，飞雪千里。"

五言[8]：③见"五言诗"。每句皆五字的诗体。形成于汉代，为古典诗歌主要形式之一。其类别有五言古诗、五言律诗、五言绝句和五言排律〈6〉。如《法云寺》："荆州秀才张斐常为五言，有清拔之句云：'异林花共色，别树鸟同声。'"

见于阮籍《咏怀》的有以下 1 个。

殷忧：忧伤〈1〉。见《平等寺》："惟王德表生民，声高万古，往以运属殷忧，时遭多难，卷怀积载，括囊有年。"

见于《孔子家语》的有以下 1 个。

山陵：②帝王或皇后的坟墓〈1〉。见《永宁寺》："吾世荷国恩，不能坐看成败，今欲以铁马五千，赴哀山陵，兼问侍臣帝崩之由，君竟谓何如？"

见于陆玑《毛诗草木鸟兽虫鱼疏》的有以下 1 个。

狗骨：①木名〈1〉。见《瑶光寺》："牛筋狗骨之木，鸡头鸭脚之草，亦悉备焉。"

见于应璩《与满公琰书》的有以下 1 个。

绿水：①碧绿的水〈3〉。如《景明寺》："或青凫白雁，沉浮于绿水。"

（二）见于三国传世典籍的双音节动词

见于三国语料的双音节动词有 12 个，根据词语内部结构关系，又分为并列式、偏正

---

[1]　见于《怨歌行》。

[2]　见于《东征赋·序》。

[3]　见于《与吴季重书》。

[4]　见于《洛神赋》。

[5]　见于《情诗》。

[6]　见于《送应氏》。

[7]　见于《燕歌行》。

[8]　见于《与朝歌令吴质书》。

式和支配式等。

1. 并列式双音节动词，6 个

见于《孔子家语》的有以下 2 个。

改变：①变化，事物产生显著的差别〈1〉。见《景宁寺》："虽复秦余汉罪，杂以华音，复闽楚难言，不可改变。"

撰集：编集〈1〉。见《永宁寺》："正始初，诏刊律令，永作通式，敕景共治书侍御史高僧裕、羽林监王元龟、尚书郎祖莹、员外散骑侍郎李琰之等，撰集其事。"

见于李康《运命论》的有以下 1 个。

向背：③谓拥护与反对〈1〉。见《秦太上君寺》："齐土之民，风俗浅薄，虚论高谈，专在荣利。太守初欲入境，皆怀砖叩首，以美其意。及其代下还家，以砖击之。言其向背速于反掌。"

见于嵇康《家诫》的有以下 1 个。

钦重：敬重〈1〉。见《景宁寺》："其庆之还奔萧衍，衍用其为司州刺史，钦重北人，特异于常。"

见于吴质《答魏太子笺》的有以下 1 个。

交驰：交相奔走，往来不断〈1〉。见卷三《龙华寺》："百姓惊怖，奔走交驰。"

见于曹操《请爵荀彧表》的有以下 1 个。

克捷：克敌制胜〈1〉。见卷二《龙华寺》："雍州刺史萧衍立南康王宝融为主，举兵向秫陵，事既克捷，遂杀宝融而自立。"

2. 偏正式双音节动词，1 个，见于何晏《九江记》

闲退：安闲退居〈1〉。见《秦太上君寺》："臣已久乞闲退，陛下渭阳兴念，宠及老臣。"

3. 支配式双音节动词，5 个

见于曹植作品的有以下 4 个。

从戎[1]：投身军旅〈1〉。见《秦太上公寺》："孝昌初，妖贼四侵，州郡失据，朝廷设募征格于堂之北，从戎者拜旷披将军、偏将军、裨将军。"

款附[2]：诚心归附〈1〉。见卷三《龙华寺》："自葱岭已西，至于大秦，百国千城，莫不款附。"

凌虚[3]：升于空际〈1〉。见《瑶光寺》："仙掌凌虚，铎垂云表，作工之妙，埒美永宁。"

托梦[4]：②迷信谓梦中鬼神或亡灵现形，有所嘱托〈1〉。见《宣忠寺》："祖仁负恩反噬，贪货杀徽，徽即托梦增金马，假手于兆，还以毙之。"

---

〔1〕　见于曹植《杂诗七首》。
〔2〕　见于曹植《策命晋公九锡文》。
〔3〕　见于曹植《七启》。
〔4〕　见于《髑髅说》。

见于何晏《景福殿赋》的有以下 1 个。

干云：高入云霄〈1〉。见《序》："洛阳城门楼皆两重，去地百尺，惟大夏门甍栋干云。"

（三）　见于三国传世典籍的双音节形容词

见于三国语料的双音节形容词有 3 个，均为并列式。

见于曹丕作品的有以下 2 个。

超绝[1]：②出众〈1〉。见《闻义里》："有金像一躯，举高丈六，仪容超绝，相好炳然，面恒东立，不肯西顾。"

绮丽[2]：①华美艳丽〈1〉。见《寿丘里》："四月初八日，京师士女多至河间寺，观其廊庑绮丽，无不叹息，以为蓬莱仙室亦不是过。"

见于阮籍《东平赋》的有以下 1 个。

葱青：①草木青翠茂盛貌〈1〉。见《宝光寺》："当时园地平衍，果菜葱青，莫不叹息焉。"

三、多音节词语

《伽蓝记》中有 2 个多音节词语可以追溯到三国时期的语料中。

见于《典论》的有以下 1 个。

贵远贱近：重视相距远者，轻视相隔近者。犹言厚古薄今〈1〉。见《景兴尼寺》："人皆贵远贱近，以为信然。"

见于曹植《与杨德祖书》的有以下 1 个。

逐臭之夫：典出《吕氏春秋·遇合》："人有大臭者，其亲戚兄弟妻妾知识无能与居者，自苦而居海上。海上人有说其臭者，昼夜随之而弗能去。"后以"逐臭之夫"喻嗜好怪僻的人〈1〉。见《正觉寺》："海上有逐臭之夫，里内有学颦之妇，以卿言之，即是也。"

表 3 - 1　见于三国语料的《伽蓝记》词汇个数和使用频次情况

结构	词性	词量/个	词量百分比/%	词次/次	词次百分比/%	频次
单音节	名词	8	15.4	16	19.0	2.00
	动词	4	7.7	14	16.7	3.50
	形容词	3	5.8	4	4.8	1.33
	量词	1	1.9	2	2.4	2.00
	连词	1	1.9	2	2.4	2.00
	助词	1	1.9	2	2.4	2.00
	总计	18	34.6	40	47.6	2.22

---

〔1〕　见于《弹棋赋》。

〔2〕　见于《善哉行》。

续上表

结构	词性	词量/个	词量百分比/%	词次/次	词次百分比/%	频次
双音节	名词	17	32.7	27	32.1	1.59
	动词	12	23.1	12	14.3	1.00
	形容词	3	5.8	3	3.6	1.00
	总计	32	61.5	42	50.0	1.31
多音节	四音节	2	3.8	2	2.4	1.00
总计		52	100	84	100	1.62

由表 3-1 可知，见于三国传世语料的《伽蓝记》词语或义项有 52 个，约占《伽蓝记》词语总数的 1%。从词语结构看，包括单音节词语、双音节词语和多音节词语，其中单音节词语 18 个，占该期词语总数的 34.6%；双音节词语有 32 个，占 61.5%；三音节以上的词语有 2 个，占 3.8%。从使用次数即频次上看，单音节词语共使用 40 次，占 47.6%；双音节词语共使用 42 次，占 50.0%；三音节以上使用 2 次，占 2.4%。从使用频次上看，见于三国语料的《伽蓝记》词语或义项，使用频次平均为 1.62。其中，单音节词语使用频次 2.22，双音节词语为 1.31，三音节以上词语为 1.00。单音节词语的使用频次高于复音节词语。不同结构不同词性的词语或义项使用频次不同。单音节词语中，动词的使用频次最高，为 3.50；形容词的使用频次最低，为 1.33。双音节词语中，名词的使用频次最高，为 1.59；动词和形容词的使用频次最低，均为 1.00。四音节词语的使用频次为 1.00。从词性上看，有 6 种词类，其中单音节词语包括名词、动词、形容词、量词、连词和助词 6 种；双音节词语词性包括名词、动词、形容词 3 种词类。该时期所见的《伽蓝记》词语或义项仍是以名词、动词为主，约占该时期词语总数的 77.8%。

第二节　见于两晋语料中的 《伽蓝记》 词汇

历史上两晋时期，是从公元 265 年晋武帝司马炎到公元 420 年晋恭帝司马德文，共经历 155 年，包括西晋和东晋。下面从西晋时期和东晋时期分别论述。

一、西晋时期已见的《伽蓝记》词汇

西晋时期从晋武帝司马炎到晋愍帝司马邺，共经历 52 年。该时期涉及代表性的专书

语料有《博物志》《古今注》《三国志》3 种，单篇作品有 48 种[1]，总计 51 种。《伽蓝记》中见于以上典籍语料的词语共有 150 个，其中单音节词语 34 个，双音节词语有 113 个，多音节词语 3 个。下面分别论述。

（一）单音节词语

《伽蓝记》单音节词语中有 34 个见于西晋时期的语料，其中名词 12 个，动词 13 个，形容词 5 个，数词 1 个，量词 1 个，副词 2 个。

1. 名词

《伽蓝记》单音节名词中共有 12 个可以追溯到西晋的语料。

第一，有关时间的，3 个。

见于《三国志》的有以下 1 个。

假：经过批准或根据规定暂时不工作或不学习的时间〈1〉。见《秦太上公寺》："昔孝昌年戍在彭城，其同营人樊元宝得假还京，子渊附书一封，令达其家。"

见于左思《魏都赋》的有以下 1 个。

年：⑨年代〈1〉。见《瑶光寺》："城东北角有魏文帝百尺楼，年虽久远，形制如初。"

见于傅咸《赠何劭王济》的有以下 1 个。

朝：⑪朝代。（1）指同一世系帝王的统治时期〈11〉。如《景宁寺》："秦朝玉玺，今在梁朝。"

第二，有关事物的，3 个。

见于刘琨《扶风歌》的有以下 1 个。

头：⑦端〈2〉。如《闻义里》："伞头亦似有角，团圆下垂，状似宝盖。"

见于左思作品的有以下 2 个。

浪[2]：①波浪〈4〉。如《景林寺》："至于鳞甲异品，羽毛殊类，濯波浮浪，如似自然也。"

网[3]：②指网状物〈2〉。如《闻义里》："即解珠网，以铜镬盛之。"

第三，有关植物的，2 个，见于左思作品。

榴[4]：果木名。即石榴〈1〉。见《白马寺》："白马甜榴，一实直牛。"

---

〔1〕 这 48 篇分别是：杜预《春秋左氏经传集解·序》，《左传》杜预注，傅咸《赠何劭王济》，傅玄《琵琶赋序》《艳歌行有女篇》，郭璞《盐池赋》《游仙传》，刘琨《答卢谌诗》《扶风歌》《劝进表》，陆机《辨亡论》《长安有狭邪行》《从军行》《答张士然诗》《汉高祖功臣颂》《苦寒行》《叹逝赋》《文赋》《又赴洛道中作》《祖道毕雍孙刘边仲潘正叔诗》《赠顾交趾公真诗》，陆云《大将军宴会被命作诗》《登台赋》《晋故散骑常侍陆府君诔》《南征赋》《与兄平原书》《赠郑曼季往返》，潘岳《哀永逝文》《悼亡诗》《寡妇赋》《河阳县作诗》《藉田赋》《射雉赋》《西征赋》，束皙《补亡诗》，司马彪《赠山涛诗》，夏侯湛《鲍叔像赞》，虞溥《江表传》，张轨《驰檄关中》，张翰《杂诗》，张协《七命》《玄武馆赋》《杂诗》，赵至《与嵇茂齐书》，左思《蜀都赋》《魏都赋》《吴都赋》《咏史》。

〔2〕〔4〕 见于《吴都赋》。

〔3〕 见于《魏都赋》。

柰[1]：①指柰树的果实〈2〉。如《报德寺》："周回有园，珍果出焉，有大谷梨承光之柰。承光寺亦多果木，柰味甚美，冠于京师。"

第四，有关阶级文化的，4个，见于《三国志》。

敕：②古时自上告下之词。汉时凡尊长告诫后辈或下属皆称敕。南北朝以后特指皇帝的诏书〈5〉。如《崇真寺》："阎罗王敕付司，即有青衣十人送昙谟最向西北门，屋舍皆黑，似非好处。"

郎：②青少年男子的通称〈1〉。见《秦太上君寺》："号齐士子为慕势诸郎。"

卿：③古代君对臣、长辈对晚辈的称谓〈16〉。如《永宁寺》："害卿兄弟，独夫介立，遵养待时，臣节讵久。"

主：②指立国一方的国君〈3〉。如卷二《龙华寺》："雍州刺史萧衍立南康王宝融为主，举兵向秣陵，事既克捷，遂杀宝融而自立。"

2．动词

《伽蓝记》单音节词语中共有13个动词，可以追溯到西晋时代的语料中，这些词语也主要是人们常说的基本词汇。

第一，有关事物的存在和发展变化的，4个。

见于陆机作品的有以下2个。

凭[2]：②依托〈2〉。如《永宁寺》："不意兆不由舟楫，凭流而渡。"

响[3]：④发出声音〈2〉。如《永宁寺》："宝铎含风，响出天外。"

见于左思的作品的有以下2个。

傍[4]：①靠近〈1〉。见《景宁寺》："槐字是木傍鬼，死后当得三公。"

亘[5]：④萦绕〈1〉。见《永宁寺》："其四门外，皆树以青槐，亘以绿水。"

第二，有关人的动作行为的，9个，分两类。

表示单纯的动作行为，即一般不带宾语，3个。

见于《三国志》的有以下1个。

营：④扎营〈2〉。如《永明寺》："晋河间王在长安遣张方征长沙王，营军于此。"

见于杜预《春秋左氏经传集解·序》的有以下1个。

刊：③修订〈1〉。见《永宁寺》："正始初，诏刊律令，永作通式。"

见于张轨《驰檄关中》的有以下1个。

款：⑩归顺〈1〉。见《永宁寺》："元龙见世隆呼帝为长乐，知其不款，且以言帝。"

带宾语，6个，分为以下两类。

第一类宾语是物或与物有关的事情，4个。

---

〔1〕〔4〕　见于《蜀都赋》。

〔2〕　见于《苦寒行》。

〔3〕　见于《又赴洛道中作》。

〔5〕　见于《吴都赋》。

见于赵至《与嵇茂齐书》的有以下 1 个。

觅：①寻找〈1〉。见卷三《龙华寺》："朕闻虎见狮子必伏，可觅试之。"

见于潘岳《哀永逝文》的有以下 1 个。

眷：③顾念〈2〉。如《平等寺》："今天眷明德，民怀奥主，历数允集，歌讼同臻。"

见于刘琨《劝进表》的有以下 1 个。

想：④猜想〈2〉。如《寿丘里》："虽梁王兔苑，想之不如也。"

见于《三国志》的有以下 1 个。

构：⑥拟定，创作。多指诗文写作而言〈1〉。见《景兴尼寺》："当时构文之士，惭逸此言。"

第二类宾语是人或与人有关的事情，2 个。

见于《三国志》的有以下 1 个。

捉：②擒拿〈2〉。如《昭仪尼寺》："众僧闻像叫声，遂来捉得贼。"

见于张协《杂诗》的有以下 1 个。

投：⑧投奔〈5〉。如《宣忠寺》："及尔朱兆擒庄帝，徽投前洛阳令寇祖仁。"

3. 形容词

《伽蓝记》的单音节形容词共有 5 个可以追溯到西晋时期的语料。

见于司马彪《赠山涛诗》的有以下 1 个。

促：②短促〈1〉。见《永宁寺》："权去生道促，忧来死路长。"

见于左思《魏都赋》的有以下 1 个。

妙：②巧妙〈4〉。如《景明寺》："伽蓝之妙，最为称首。"

见于陆云《与兄平原书》的有以下 1 个。

清：⑱清丽〈1〉。见《景宁寺》："庆之等见元慎清词雅句，纵横奔发。"

见于张协《七命》的有以下 1 个。

绮：②光彩〈2〉。如《正始寺》："然目之绮，烈鼻之馨，既共阳春等茂，复与白雪齐清。"

见于潘岳《射雉赋》的有以下 1 个。

绣：④华丽〈1〉。见《永宁寺》："绣柱金铺，骇人心目。"

4. 数词，1 个，见于《三国志》

一：⑮另一〈4〉。如《高阳王寺》："王有二美姬，一名修容，一名艳姿，并蛾眉皓齿，洁貌倾城。"

5. 量词，1 个，见于《三国志》

株：⑦量词，犹棵〈2〉。如《昭仪尼寺》："佛堂前生桑树一株。"

6. 副词，2 个，见于《三国志》

寻：⑪不久〈4〉。如《景宁寺》："北海寻伏诛。"

辄：②擅自〈1〉。见《闻义里》："有商胡将一比丘名毗庐旃在城南杏树下，向王伏罪云：'今辄将异国沙门来在城南杏树下。'"

（二）双音节词语

《伽蓝记》中有 113 个双音节词语见于西晋传世典籍中，包括名词、动词、形容词、副词、代词、连词等。

1. 见于西晋语料中的双音节名词

见于西晋传世典籍的双音节名词有 58 个，根据词语内部结构关系，又分为并列式、偏正式、支配式等。

第一，并列式双音节名词，21 个。

见于《三国志》的有以下 11 个。

部曲： ③古代豪门大族的私人军队，带有人身依附性质〈1〉。见《永宁寺》："唯右仆射尔朱世隆素在家，闻荣死，总荣部曲，烧西阳门，奔河桥。"

部下： 部属，下级〈1〉。见《永宁寺》："荣部下车骑将军尔朱阳都等二十人，随入东华门，亦为伏兵所杀。"

胆略： 胆识和才略〈1〉。见《法云寺》："延伯胆略不群，威名早著，为国展力，二十余年。"

方寸： ③指心。脑海〈1〉。见《正始寺》："白骨兮徒自朽，方寸兮何所忆？"

模楷： ①楷模，榜样〈2〉。如《秦太上君寺》："今虽凌迟，足为天下模楷。"

南中： ③泛指南方，南部地区〈1〉。见《永明寺》："南中有歌营国，去京师甚远。"

师模： 犹师表〈1〉。见《追先寺》："略从容闲雅，本自天资，出南入北，转复高迈，言论动止，朝野师模。"

枢机： ③比喻指言语〈1〉。见《平等寺》："乃徐发枢机，副兹仁属，便敬奉玺绶，归于别邸。"

台省： ①指政府的中央机构〈1〉。见《平等寺》："坐持台省，家总万机，事无大小，先至隆第，然后施行。"

文学： ⑤才学〈1〉。见《追先寺》："萧衍素闻略名，见其器度宽雅，文学优赡，甚敬重之。"

文藻： ②文采〈1〉。见《冲觉寺》："怿爱宾客，重文藻，海内才子，莫不辐辏。"

见于左思作品的有以下 3 个。

阊阖[1]：⑤泛指宫门或京都城门〈1〉。见卷三《龙华寺》："门巷修整，阊阖填列。"

水陆[2]：①水路与陆路〈1〉。见卷三《龙华寺》："水陆兼会，周郑交衢。"

仙灵[3]：神仙〈1〉。见《永宁寺》："图以云气，画彩仙灵。"

见于张翰《杂诗》的有以下 1 个。

---

[1]　见于《咏史诗》。

[2]　见于《蜀都赋》。

[3]　见于《吴都赋》。

　　园林：①种植花木，兼有亭阁设施，以供人游赏休息的场所〈3〉。如《正始寺》："园林山池之美，诸王莫及。"

　　见于潘岳《河阳县作诗》的有以下 1 个。

　　山岭：泛指山岳〈1〉。见《闻义里》："隔山岭有婆奸寺，夜叉所造。"

　　见于刘琨《劝进表》的有以下 1 个。

　　宸极：③比喻帝位〈1〉。见《平等寺》："窃以宸极不可久旷，神器岂容无主？"

　　见于《博物志》的有以下 1 个。

　　东西：②从东到西〈3〉。如《闻义里》："案于阗国境，东西不过三千余里。"

　　见于杜预《春秋左氏经传集解·序》的有以下 1 个。

　　归趣：指归〈1〉。见《建中寺》："元乂诛日，腾已物故，太后追思腾罪，发墓残尸，使其神灵无所归趣。"

　　见于夏侯湛《鲍叔像赞》的有以下 1 个。

　　景迹：①行迹〈1〉。见卷三《龙华寺》："敷兹景迹，流美洪模。"

　　见于郭璞《游仙诗》的有以下 1 个。

　　梁栋：①屋宇的大梁〈2〉。如《永宁寺》："屋宇奢侈，梁栋逾制，一里之间，廊庑充溢。"

　　第二，偏正式双音节名词，34 个。

　　见于《三国志》的有以下 16 个。

　　八珍：②泛指珍馐美味〈2〉。如《正觉寺》："卿不慕王侯八珍，好苍头水厄。"

　　白日：②白天〈1〉。见《开善寺》："英闻梁氏嫁，白日来归，乘马将数十人至于庭前。"

　　本朝：③称自己曾任职的王朝〈2〉。如《追先寺》："臣在本朝之日，承乏摄官。"

　　的卢：额部有白色斑点的马〈1〉。见《永宁寺》："昭烈中起，的卢踊于泥沟。"

　　殿庭：①宫殿阶前平地〈1〉。见《景乐寺》："奇禽怪兽，舞抃殿庭，飞空幻惑，世所未睹。"

　　蜂窠：①即蜂巢〈1〉。见《闻义里》："至那迦罗阿国，有佛顶骨，方圆四寸，黄白色，下有孔，受人手指，阒然似仰蜂窠。"

　　寒门：③寒微的门第〈1〉。见《景宁寺》："若其寒门之鬼。□[1]头犹脩，纲鱼漉鳖，在河之洲，咀嚼菱藕，捃拾鸡头，蛙羹蚌臛，以为膳羞。"

　　健儿：②士兵〈1〉。见《寿丘里》："快马健儿，不如老妪吹篪。"

　　圣心：②帝王的心意〈1〉。见《平等寺》："下官既为议臣，依礼而言，不合圣心，俘剪惟命。"

　　石槽：①石制的水槽〈1〉。见《景乐寺》："下有甘井一所，石槽铁罐，供给行人。"

　　石经：①刻在石上的儒家经典〈3〉。如《报德寺》："武定四年，大将军迁石经

　　────────────

〔1〕 该处原文阙如。

于邺。"

雄才：出众的才能〈1〉。见《永宁寺》："明公世跨并肆，雄才杰出。"

一时：③当代〈1〉。见《景乐寺》："雕刻巧妙，冠绝一时。"

游魂：③比喻苟延残喘之生命〈1〉。见《永宁寺》："三日频战，而游魂不息。"

游军：流动作战的军队〈1〉。见《闻义里》："土田庶衍，山泽弥望，居无城郭，游军而治。"

玉井：②井的美称〈1〉。见《寿丘里》："置玉井金罐，以五色缬为绳。"

见于《古今注》的有以下2个。

华表：①古代用以表示王者纳谏或指示道路的木柱〈1〉。见卷三《龙华寺》："南北两岸有华表，举高二十丈。"

玉叶：①对花木叶子之美称〈1〉。见《正始寺》："其中烟花露草，或倾或倒，霜干风枝，半耸半垂，玉叶金茎，散满阶坪。"

见于陆机作品的有以下6个。

飞尘[1]：飞扬的灰尘〈1〉。见《永宁寺》："路断飞尘，不由澄云之润。"

皇储[2]：皇太子〈1〉。见《宣忠寺》："帝纳其谋，遂唱生太子，遣徽特至太原王第，告云皇储诞育。"

深谷[3]：幽深的山谷〈1〉。见《闻义里》："高山深谷，崄道如常。"

世表[4]：③尘世之外〈1〉。见《宗圣寺》："此像一出，市井皆空，炎光辉赫，独绝世表。"

水乡[5]：河流、湖泊多的地区〈1〉。见《正觉寺》："下官生于水乡，而立身以来，未遭阳侯之难。"

义兵[6]：②古时统治阶级为保卫其利益而临时组织的武装〈1〉。见《追先寺》："略密与其兄相州刺史中山王熙欲起义兵，问罪君侧。雄规不就，衅起同谋。"

见于陆云作品的有以下3个。

洞房[7]：③连接相通的房间〈1〉。见《胡统寺》："洞房周匝，对户交疏，朱柱素壁，甚为佳丽。"

候鸟[8]：随季节变化作定时迁徙而变易栖居地区的鸟类，如家燕、鸿雁等〈1〉。见《正始寺》："非斯人之感至，何候鸟之迷方？"

---

〔1〕 见于《长安有狭邪行》。

〔2〕 见于《祖道毕雍孙刘边仲潘正叔诗》。

〔3〕 见于《从军行》。

〔4〕 见于《汉逝赋》。

〔5〕 见于《答张士然诗》。

〔6〕 见于《辨亡论》。

〔7〕 见于陆云《登台赋》。

〔8〕 见于陆云《赠郑曼季往返》。

曩烈[1]：先人或先贤的功业〈1〉。见《追先寺》："然国既边地，寓食他邑，求之二三，未为尽善，宜比德均封，追芳曩烈，可改封东平王，户数如前。"

见于左思《蜀都赋》的有以下 2 个。

私庭：私家〈1〉。见《景明寺》："诏以光禄大夫归养私庭，所在之处，给事力五人，岁一入朝，以备顾问。"

素奈：①白奈〈1〉。见《寿丘里》："素奈朱李，枝条入檐，伎女楼上，坐而摘食。"

见于潘岳作品的有以下 2 个。

帝宫[2]：②京都〈1〉。见《高阳王寺》："居止第宅，匹于帝宫。"

激电[3]：闪电〈1〉。见《景明寺》："俯闻激电，旁属奔星。"

见于刘琨《答卢谌诗》的有以下 1 个。

神州：①指中原地区〈1〉。见《闻义里》："民物殷阜，匹临淄之神州，原田膴膴，等咸阳之上土。"

见于傅玄《艳歌行有女篇》的有以下 1 个。

明眸：明亮的眼珠〈1〉。见《永宁寺》："谓卿明眸击节，躬来见我，共叙哀辛，同讨凶羯。"

见于杜预《春秋左氏经传集解·序》的有以下 1 个。

史书：②记载历史的书籍〈2〉。如《菩提寺》："昔魏时发冢，得霍光女婿范明友家奴，说汉朝废立，与史书相符，此不足为异也。"

第三，支配式双音节名词，1 个，见于《古今注》。

追风：①骏马名〈1〉。见《寿丘里》："得千里马，号曰'追风赤骥'。"

第四，双音节单纯词，2 个。

见于傅玄《琵琶赋序》的有以下 1 个。

琵琶：①弹拨乐器〈1〉。见《闻义里》："国王精进，菜食长斋，晨夜礼佛，击鼓吹贝，琵琶箜篌，笙箫备有。"

见于左思《吴都赋》的有以下 1 个。

槟榔：②指槟榔树的果实。可供药用，有消食、驱虫等功效〈2〉。如《景宁寺》："手把豆蔻，口嚼槟榔。"

2. 见于西晋传世典籍的双音节动词

见于西晋语料的双音节动词有 33 个，根据词语内部结构关系，又分为并列式、偏正式和支配式等。

第一，并列式双音节动词，12 个。

见于《三国志》的有以下 6 个。

附化：犹归化〈1〉。见卷三《龙华寺》："是以附化之民，万有余家。"

---

〔1〕 见于《晋故散骑常侍陆府君诔》。
〔2〕 见于潘岳《悼亡诗》。
〔3〕 见于潘岳《射雉赋》。

干预：①过问或参与（其事）〈1〉。见《平等寺》："天子拱已南面，无所干预。"

归顺：①指向敌对势力投诚、归降〈1〉。见《正觉寺》："赡学多通，才辞美茂，为齐秘书丞，太和十八年背逆归顺。"

连接：①相连〈2〉。如《景乐寺》："堂庑周环，曲房连接，轻条拂户，花蕊被庭。"

配飨：①祔祀。（2）指功臣祔祀于帝王宗庙〈1〉。见《平等寺》："复命百官议太原王配飨。"

生产：⑤生育〈1〉。见《宣忠寺》："妇人生产，有延月者，有少月者，不足为怪。"

见于潘岳《西征赋》的有以下 2 个。

隆替：盛衰〈1〉。见《永宁寺》："今家国隆替，在卿与我，若天道助顺，誓兹义举，则皇魏宗社，与运无穷。"

征役：②行役〈1〉。见《明悬尼寺》："按澄之等并生在江表，未游中土，假因征役，暂来经过。"

见于左思《吴都赋》的有以下 2 个。

噞喁：①鱼口开合貌〈1〉。见《景宁寺》："沉湘江汉，鼓棹遨游，随波溯浪，噞喁沉浮。"

商榷：斟酌〈1〉。见《永宁寺》："景讨正科条，商榷古今，甚有伦序。"

见于虞溥《江表传》的有以下 1 个。

典掌：掌管〈1〉。见《闻义里》："树下四面坐像，各高丈五，恒有四龙典掌此珠，若兴心欲取，则有祸变。"

见于《左传》杜预注的有以下 1 个。

归赴：投奔〈1〉。见《永明寺》："诸方伎术之士，莫不归赴。"

第二，偏正式双音节动词，10 个。

见于《三国志》的有以下 6 个。

暗诵：熟读成诵〈1〉。见《崇真寺》："贫道立身以来，唯好讲经，实不暗诵。"

密议：秘密计议〈1〉。见《永宁寺》："于是密议长君诸王之中不知谁应当璧。"

世袭：世代继承爵位〈1〉。见《永宁寺》："其天穆为侍中、太尉公世袭并州刺史、上党王。"

妙简：精选〈1〉。见《闻义里》："惠生遂减割行资，妙简良匠，以铜摹写雀离浮图仪一躯，及释迦四塔变。"

谬言：②妄言〈1〉。见《菩提寺》："实无此儿，向者谬言。"

叙录：①记载〈1〉。见《追先寺》："乞还本朝，叙录存没。"

见于左思作品的有以下 2 个。

交映[1]：互相映照、映衬〈1〉。见《正始寺》："众僧房前，高林对牖，青松绿柽，连枝交映。"

---

〔1〕　见于《蜀都赋》。

精通[1]：②透彻通晓〈1〉。见《崇真寺》："宣明少有名誉，精通经史，危行及于诛死也。"

见于潘岳《藉田赋》的有以下 1 个。

岳立：耸立，屹立〈1〉。见《平等寺》："然群飞未宁，横流且及，皆狼顾鸱张，岳立棋峙。"

见于陆云《大将军宴会被命作诗》的有以下 1 个。

保定：②谓稳固地保有〈1〉。见卷三《龙华寺》："乃睠书轨，永怀保定。"

第三，支配式双音节动词，8 个。

见于《三国志》的有以下 6 个。

辞疾：犹辞病〈1〉。见《景宁寺》："不愿仕宦，为中散，常辞疾退闲。"

动容：③脸上出现受感动的表情〈1〉。见《高阳王寺》："美人徐月华，善弹箜篌，能为《明妃出塞》之歌，闻者莫不动容。"

怀璧：比喻多财招祸或怀才遭忌〈1〉。见《宣忠寺》："所谓'匹夫无罪，怀璧其罪'，信矣。"

击节：③形容十分赞赏〈1〉。见《永宁寺》："谓卿明眸击节，躬来见我，共叙哀辛，同讨凶羯。"

率职：朝贡，进贡〈1〉。见《开善寺》："当时四海晏清，八荒率职，缥囊纪庆，玉烛调辰，百姓殷阜，年登俗乐。"

展力：犹效力，效劳〈1〉。见《法云寺》："延伯胆略不群，威名早著，为国展力，二十余年。"

见于陆机《赠顾交趾公真诗》的有以下 1 个。

扬旌：高举军旗，指征战〈1〉。见《永宁寺》："荣三军皓素，扬旌南出。"

见于潘岳《寡妇赋》的有以下 1 个。

捐生：①舍弃生命〈1〉。见《追先寺》："既见义忘家，捐生殉国，永言忠烈，何日忘之？"

第四，主谓式，2 个，见于陆机的作品。

麦秀[2]：指麦子秀发而未实，后常以箕子的《麦秀之诗》为感叹家国破亡之痛的典实〈1〉。见《序》："始知麦秀之感，非独殷墟，黍离之悲，信哉周室！"

师锡[3]：典故词语，来自《书·尧典》，指众人举荐推许〈1〉。见《平等寺》："天命至重，历数匪轻，自非德协三才，功济四海，无以入选帝图，允当师锡。"

第五，述补式，1 个，见于《三国志》。

退还：①返回〈1〉。见《景宁寺》："元慎退还，告人曰：'广阳死矣。'"

---

〔1〕 见于《魏都赋》。
〔2〕 见于陆机《辨亡论》。
〔3〕 见于陆机《汉高祖功臣颂》。

3.见于西晋传世典籍的双音节形容词

见于西晋语料的双音节形容词有21个，根据词语内部结构关系，又分为并列式、支配式和主谓式等。

第一，并列式双音节形容词，16个。

见于《三国志》的有以下7个。

巧妙：精巧美妙〈1〉。见《景乐寺》："雕刻巧妙，冠绝一时。"

清贫：生活清寒贫苦〈1〉。见《宣忠寺》："城阳禄位隆重，未闻清贫，常自入其家采掠，本无金银，此梦或真。"

清尚：清白高尚〈1〉。见《景宁寺》："元慎清尚卓逸，少有高操，任心自放，不为时羁。"

殊特：特殊〈1〉。见《宗圣寺》："宗圣寺，有像一躯，……端严殊特，相好毕备，士庶瞻仰，目不暂瞬。"

特异：②特殊，不同一般〈1〉。见《景宁寺》："其庆之还奔萧衍，衍用其为司州刺史，钦重北人，特异于常。"

挺出：突出〈1〉。见《闻义里》："王怪此童子，即作塔笼之，粪塔渐高，挺出于外，去地四百尺，然后止。"

凶暴：凶狠残暴〈1〉。见《景兴尼寺》："观其治典，未为凶暴，及详其史，天下之恶皆归焉。"

见于左思《魏都赋》的有以下3个。

蕞陋：①猥陋〈1〉。见《景宁寺》："文身之民，禀蕞陋之质。"

丰蔚：①繁茂〈1〉。见《景兴尼寺》："时园中果菜丰蔚，林木扶疏，乃服逸言，号为圣人。"

骈比：排列相接貌〈1〉。见《景明寺》："梵乐法音，聒动天地。百戏腾骧，所在骈比。"

见于潘岳《射雉赋》的有以下2个。

繁茂：繁密茂盛〈1〉。见《景乐寺》："义井里北门外有丛树数株，枝条繁茂。"

晃朗：明亮貌〈1〉。见《闻义里》："旭日始开，则金盘晃朗，微风渐发，则宝铎和鸣。"

见于陆云作品的有以下2个。

澄清[1]：②清澈〈1〉。见《景林寺》："水犹澄清，洞底明净，鳞甲潜藏，辨其鱼鳖。"

贫俭[2]：贫穷俭约〈1〉。见《永宁寺》："景人参近侍，出为侯牧，居室贫俭，事

---

[1]　见于陆云《南征赋》。
[2]　见于陆云《与兄平原书》。

等农家。"

见于郭璞《盐池赋》的有以下 1 个。

焕烂：光耀灿烂〈1〉。见《景明寺》："金盘宝铎，焕烂霞表。"

见于束皙《补亡诗》的有以下 1 个。

遑安：安闲〈1〉。见《开善寺》："马氏悟觉，心不遑安。"

第二，双音节联绵词，3 个。

见于潘岳《射雉赋》的有以下 1 个。

萧森：①草木茂密貌〈1〉。见《平等寺》："堂宇宏美，林木萧森，平台复道，独显当世。"

见于陆机《文赋》的有以下 1 个。

缠绵：①情意深厚〈1〉。见《正觉寺》："得路逐胜去，颇忆缠绵时。"

见于张协《玄武馆赋》的有以下 1 个。

诡谲：③变化多端〈1〉。见《长秋寺》："吞刀吐火，腾骧一面；缘幢上索，诡谲不常。"

第三，支配式，1 个，见于《三国志》。

随意：任情适意〈1〉。见《景宁寺》："元慎解梦，义出万途，随意会情，皆有神验。"

第四，主谓式，1 个，见于左思《蜀都赋》。

彪炳：②辉耀〈1〉。见《闻义里》："年岁虽久，彪炳若新。非值条缝明见，至于细缕亦彰。"

4. 双音节副词，1 个，支配式，见于《三国志》

任心：①任随心意，不受拘束〈1〉。见《景宁寺》："元慎清尚卓逸，少有高操，任心自放，不为时羁。"

（三）多音节词语

《伽蓝记》中有 3 个四音节词语可以追溯到西晋时期的语料中。

见于《三国志》的有以下 2 个。

车载斗量：形容数量很多。多用以表示不足为奇〈1〉。见《追先寺》："赵咨所云：车载斗量，不可数尽。"

乃心王室：典故，出自《书·康诰》，后称尽忠于朝廷为"乃心王室"〈1〉。见《平等寺》："故柱国大将军大丞相太原王荣，地实封陕，任惟外相，乃心王室，大惧崩沦，故推立长乐王子攸以续绝业。"

见于左思《蜀都赋》的有以下 1 个。

比屋连甍：屋舍紧密相连。谓住户众多〈1〉。见《修梵寺》："嵩明寺，复在修梵寺西，并雕墙峻宇，比屋连甍，亦是名寺也。"

表 3-2　见于西晋语料的《伽蓝记》词汇个数和使用频次情况

结构	词性	词量/个	词量百分比/%	词次/次	词次百分比/%	频次
单音节	名词	12	8.0	49	22.2	4.08
	动词	13	8.7	23	10.4	1.77
	形容词	5	3.3	9	4.1	1.80
	数词	1	0.7	4	1.8	4.00
	量词	1	0.7	2	0.9	2.00
	副词	2	1.3	5	2.3	2.50
	总计	34	22.7	92	41.6	2.71
双音节	名词	58	38.7	70	31.7	1.21
	动词	33	22.0	34	15.4	1.03
	形容词	21	14.0	21	9.5	1.00
	副词	1	0.7	1	0.5	1.00
	总计	113	75.3	126	57.0	1.12
多音节	四音节	3	2.0	3	1.4	1.00
合计		150	100	221	100	1.47

　　由表 3-2 可知，见于西晋传世语料的《伽蓝记》词语或义项 150 个，约占《伽蓝记》一般词语总数的 2.8%。从词语结构上看，包括单音节词语、双音节词语和多音节词语，其中单音节词语 34 个，占该期词语总数的 22.7%；双音节节词语有 113 个，占 75.3%；四音节词语有 3 个，占 2.0%。从使用频次上看，见于西晋语料的《伽蓝记》词语或义项，使用频次较低，平均为 1.47。其中，单音节词语平均使用频次为 2.71，双音节词语为 1.12，四音节词语为 1.00。可见，单音节词语的使用频次为双音节词语的两倍多。不同结构不同词性的词语或义项使用频次不同。单音节词语中，名词的使用频次最高，为 4.08；动词的使用频次最低，为 1.77。双音节词语中，名词的使用频次最高，为 1.21；形容词和副词的使用频次最低，皆为 1.00。四音节词语的使用频次为 1.00。从词性上看，有 6 种词类，其中单音节词语包括名词、动词、形容词、数词、量词、副词 6 种；双音节词语词性包括名词、动词、形容词、副词 4 种。该时期所见的《伽蓝记》词语或义项仍是以名词、动词为主，约占该时期词语总数的 77.3%。

二、东晋时期已见的《伽蓝记》词汇

　　东晋时期从公元 317 晋元帝司马睿到公元 420 年晋恭帝司马德文，共经历 103 年。

该时期涉及的代表性专书语料有 13 种[1]，单篇作品语料有 20 种[2]，总计 33 种。《伽蓝记》中见于以上典籍语料的共有 84 个，其中单音节词语 19 个，双音节词语 65 个。

（一）单音节词语

《伽蓝记》的单音词中有 19 个见于东晋时期的语料，其中名词 8 个，动词 7 个，形容词、量词、副词和介词各 1 个。

1. 名词

《伽蓝记》的单音节名词中共有 8 个可以追溯到东晋的语料。

第一，有关时间的，2 个。

见于陶渊明《归去来兮辞》的有以下 1 个。

昨：②过去〈1〉。见《景宁寺》："昨至洛阳，始知衣冠士族并在中原。"

见于孙绰《游天台山赋》的有以下 1 个。

午：②十二时辰之一，十一时至十三时为午时。午时日正中，因亦称日中为午〈1〉。见《闻义里》："寅发午至，每及中餐。"

第二，有关地形和文化的，6 个。

见于陶渊明《桃花源记》的有以下 1 个。

记：⑤文体名。以叙事为主，兼及议论抒情和山川景观的描写〈2〉。如《序》："恐后世无传，故撰斯记。"

见于《搜神记》的有以下 1 个。

角[3]：⑧物体两个边沿相接的地方〈5〉。如《永宁寺》："复有铁镍四道，引刹向浮图四角，镍上亦有金铎。"

见于王羲之《兰亭集序》的有以下 1 个。

岭：②指山峰〈7〉。如《闻义里》："其中重岩复岭，欹崟相属。"

见于《后汉纪》的有以下 1 个。

馥：②香气〈1〉。见《景明寺》："松竹兰芷，垂列阶墀，含风团露，流香吐馥。"

见于《抱朴子》的有以下 1 个。

笔：③指字画诗文等以笔书写绘制而成的作品〈1〉。见《报德寺》："汉右中郎将蔡邕笔之遗迹也。"

见于殷仲文《解尚书表》的有以下 1 个。

---

[1] 这 13 种分别是：《抱朴子》《佛国记》《汉武帝内传》《汉武故事》《后汉纪》《华严经》《神仙传》《灵鬼志》《拾遗记》《搜神记》《搜神后记》《维摩诘经佛道品》《西京杂记》。

[2] 这 20 种分别是：干宝《晋纪总论》，任豫《益州记》，孙绰《游天台山赋》，陶渊明《归去来兮辞》《和郭主簿》《癸卯岁十二月中作与从弟敬远》《拟挽歌辞》《桃花源记》《挽歌诗》《读山海经十三首》《闲情赋》《移居》《饮酒》《咏二疏》《杂诗》，王羲之《兰亭集序》《十七帖》，郗超《奉法要》，殷仲文《解尚书表》，袁宏《三国名臣序赞》。

[3] 该义项《汉语大词典》首引例证为唐代杜甫《奉陪郑驸马韦曲》，过迟。

伪：⑤僭伪，指非法的政权〈4〉。如卷二《龙华寺》："综字世谦，伪齐昏主宝卷遗腹子也。"

2. 动词

《伽蓝记》单音节动词中共有 7 个可以追溯到东晋的语料中，这些词语也主要是人们常说的基本词汇。

第一，有关事物的存在和发展变化的动词，3 个。

见于《抱朴子》的有以下 1 个。

丛：②丛生〈2〉。如《冲觉寺》："树响飞嘤，阶丛花药。"

见于陶渊明《和郭主簿》的有以下 1 个。

耸：②矗立〈1〉。见《正始寺》："霜干风枝，半耸半垂，玉叶金茎，散满阶坪。"

见于《后汉纪》的有以下 1 个。

干：⑤干预〈1〉。见《崇真寺》："沙门之体，必须摄心守道，志在禅诵，不干世事，不作有为。"

第二，有关人的手部的行为的，1 个，见于陶渊明《归去来分辞》。

棹：③谓划船〈1〉。见《景宁寺》："浮于三江，棹于五湖，礼乐所不沾，宪章弗能革。"

第三，有关心理的动词，3 个。

见于陶渊明作品的有以下 2 个。

领[1]：⑩领会〈1〉。见《法云寺》："诗赋并陈，清言乍起，莫不领其玄奥，忘其褊吝焉。"

托[2]：⑤寄托〈2〉。如《正始寺》："心托空而栖有，情入古以如新。"

见于郗超《奉法要》的有以下 1 个。

狥：曲从〈1〉。见《永宁寺》："义利是图，富贵可保，狥人非虑。"

3. 形容词，1 个，见于《抱朴子》

哀：⑥指声音凄清尖利〈1〉。见《永宁寺》："思鸟吟青松，哀风吹白杨。"

4. 量词，1 个，见于《抱朴子》

部：⑮量词。（1）用于书籍、影片等〈5〉。如《融觉寺》："晓魏言及隶书，翻《十地楞伽》及《诸经论》二十三部。"

5. 副词，1 个，见于《抱朴子》

猝：③突然〈1〉。见《永宁寺》："谓兆未得猝济，不意兆不由舟楫，凭流而渡。"

6. 介词，1 个，见于《搜神后记》

就：㉒向〈3〉。如《大统寺》："当时元义秉政，闻其得金，就略索之，以二十斤与之。"

---

[1]　见于《饮酒》。
[2]　见于《读山海经十三首》。

（二）双音节词语

《伽蓝记》中有 65 个双音节词语见于东晋传世典籍中，包括名词、动词、形容词等。

1. 见于东晋语料的双音节名词

见于东晋传世典籍的双音节名词有 35 个，根据词语内部结构关系，又分为并列式、偏正式、连绵式等。

第一，并列式双音节名词，8 个。

见于《维摩诘经佛道品》的有以下 1 个。

象马：①象和马。象马为贵重之物，后来泛指财产家业〈1〉。见《序》："王侯贵臣，弃象马如脱屣，庶士豪家，舍资财若遗迹。"

见于《抱朴子》的有以下 1 个。

鸳鸾：②比喻贤人〈1〉。见《追先寺》："至于宗庙之美，百官之富，鸳鸾接翼，杞梓成阴。"

见于《汉武故事》的有以下 1 个。

帝京：帝都〈2〉。如《景宁寺》："所谓帝京翼翼，四方之则。"

见于任豫《益州记》的有以下 1 个。

古老：故老，老年人〈1〉。见《闻义里》："访古老，云是吕光伐胡时所作。"

见于陶渊明《闲情赋》的有以下 1 个。

举止：②举动〈1〉。见卷二《龙华寺》："综形貌举止甚似昏主，其母告之，令自方便。"

见于《搜神记》的有以下 1 个。

妖怪：②旧谓草木、动物等变成的精灵〈1〉。见《崇虚寺》："高祖迁京之始，以地给民，憩者多见妖怪，是以人皆去之，遂立寺焉。"

见于袁宏《三国名臣序赞》的有以下 1 个。

神情：人面部的神态、表情〈1〉。见《高阳王寺》："里内颍川荀子文，年十三，幼而聪辨，神情卓异，虽黄琬、文举无以加之。"

见于《后汉纪》的有以下 1 个。

土风：②当地的风俗〈2〉。如卷三《龙华寺》："乐中国土风因而宅者，不可胜数。"

第二，偏正式双音节名词，26 个。

见于葛洪作品的有以下 5 个。

丹楹[1]：②朱漆的楹柱。借指华丽之居〈2〉。如《高阳王寺》："白壁丹楹，窈窕连亘，飞檐反宇，缭绕周通。"

积载[2]：多年〈1〉。见《平等寺》："惟王德表生民，声高万古，往以运属殷忧，时遭多难，卷怀积载，括囊有年。"

---

[1][2] 见于葛洪《抱朴子》。

能事〔1〕：②所擅长之事〈1〉。见《景兴尼寺》："及其死也，碑文墓志，莫不穷天地之大德，尽生民之能事，为君共尧舜连衡，为臣与伊皋等迹。"

石壁〔2〕：陡立的山岩〈1〉。见《闻义里》："以手摩之，唯有石壁。"

朱门〔3〕：红漆大门。指贵族豪富之家〈2〉。如《景林寺》："虽在朱门，以注述为事，注《周易》行之于世也。"

见于陶渊明作品的有以下 5 个。

白杨〔4〕：①树名。又名毛白杨，俗名大叶杨〈1〉。见《永宁寺》："思鸟吟青松，哀风吹白杨。"

春醪〔5〕：春酒〈1〉。见《法云寺》："不畏张弓拔刀，唯畏白堕春醪。"

高操〔6〕：高尚的德操〈1〉。见《景宁寺》："元慎清尚卓逸，少有高操，任心自放，不为时羁。"

千年〔7〕：极言时间久远〈1〉。见《正始寺》："下天津之高雾，纳沧海之远烟，纤列之状一如古，崩剥之势似千年。"

清言〔8〕：①高雅的言论〈2〉。如《景宁寺》："博识文渊，清言入神，造次应对，莫有称者。"

见于《拾遗记》的有以下 4 个。

迩来：①从那以来〈1〉。见《序》："迩来奔竞，其风遂广。"

金堂：①金饰的堂屋。指神仙居处〈1〉。见《闻义里》："宋云具说周、孔、庄、老之德，次序蓬莱山上银阙金堂，神仙圣人并在其上。"

青凫：即野鸭。状似鸭而小，杂青白色，尤以绿头者为上品〈1〉。见《景明寺》："或青凫白雁，沉浮于绿水。"

石像：石雕的人像〈2〉。如《平等寺》："其日寺门外有石像，无故自动，低头复举，竟日乃止。"

见于《西京杂记》的有以下 3 个。

金铃：①金属制成的铃〈3〉。如《永宁寺》："扉上各有五行金铃，合有五千四百枚。"

珠帘：珍珠缀成的帘子〈1〉。见《景宁寺》："制饰甚美，绮柱珠帘。"

朱李：果名。李子的一种〈1〉。见《开善寺》："素柰朱李，枝条入檐，伎女楼上，坐而摘食。"

---

〔1〕　见于葛洪《抱朴子》。
〔2〕　见于葛洪《神仙传》。
〔3〕　见于葛洪《抱朴子》。
〔4〕　见于陶渊明《挽歌诗》。
〔5〕　见于陶渊明《拟挽歌辞》。
〔6〕　见于陶渊明《癸卯岁十二月中作与从弟敬远》。
〔7〕　见于陶渊明《挽歌诗》。
〔8〕　见于陶渊明《咏二疏》。

见于袁宏作品的有以下 3 个。

重晖[1]：谓前后相继的光辉业绩〈1〉。见《宣忠寺》："及北海败散，国道重晖，遂舍宅焉。"

葛巾[2]：用葛布制成的头巾〈1〉。见《正始寺》："天水人姜质，志性疏诞，麻衣葛巾，有逸民之操。"

阉官[3]：宦官〈8〉。如《建中寺》："本是阉官司空刘腾宅。"

见于干宝《搜神记》的有以下 2 个。

脚迹：脚印〈1〉。见《永明寺》："此像每夜行绕其坐，四面脚迹，隐地成文。"

小名：④乳名〈1〉。见卷二《龙华寺》："（豫章王综）小名缘觉，封豫章王。"

见于《华严经》的有以下 1 个。

龙王：传说中统领水族之神〈5〉。如《闻义里》："祭祀龙王，然后平复。"

见于王羲之《十七帖》的有以下 1 个。

大庆：①大可庆贺之事〈1〉。见《平等寺》："朕以寡德，运属乐推，思与亿兆同兹大庆。"

见于《佛国记》的有以下 1 个。

顶骨：头顶部的骨头〈1〉。见《闻义里》："至那迦罗阿国，有佛顶骨，方圆四寸，黄白色，下有孔，受人手指，阒然似仰蜂窠。"

见于《汉武帝内传》的有以下 1 个。

天宫：①指天帝、神仙居住的宫殿〈1〉。见《闻义里》："时有婆罗门不信是粪，以手探看，遂作一孔，……今有天宫笼盖之。"

第三，联绵词，1 个，见于《西京杂记》。

玛瑙：矿物名。玉髓的一种〈1〉。见《寿丘里》："自余酒器，有水晶钵、玛瑙琉璃碗、赤玉卮数十枚。"

2. 见于东晋传世典籍的双音节动词

见于东晋语料的双音节动词有 17 个，根据词语内部结构关系，又分为并列式、偏正式和支配式等。

第一，并列式双音节动词，7 个。

见于干宝作品的有以下 4 个。

奔竞[4]：奔走竞争。多指对名利的追求〈1〉。见《序》："迩来奔竞，其风遂广。"

采访[5]：①探问寻访〈1〉。见《永明寺》："晖为洛州开府长史，重加采访，寥无影迹。"

苏活[6]：复活〈1〉。见《菩提寺》："为人所发，今日苏活，在华林园中，主人故

---

〔1〕 见于《三国名臣亭序赞》。
〔2〕〔3〕 见于《后汉纪》。
〔4〕 见于《晋纪总论》。
〔5〕〔6〕 见于《搜神记》。

遣我来相问。"

恸哭[1]：痛哭〈1〉。见《永宁寺》："群胡恸哭，声振京师。"

见于葛洪作品的有以下 2 个。

服饵[2]：服食丹药，道家养生延年术〈1〉。见《景兴尼寺》："因而问何所服饵，以致长年。"

填咽[3]：①堵塞〈1〉。见《景明寺》："车骑填咽，繁衍相倾。"

讥笑：讥讽嘲笑〈1〉。见《景宁寺》："加以山阴请婿卖夫，朋淫于家，不顾讥笑。"

第二，偏正式双音节动词，4 个。

见于《抱朴子》的有以下 2 个。

了无：全无〈1〉。见《秦太上公寺》："元宝如其言，至灵台南，了无人家可问。"

枉害：枉加残害〈1〉。见《永宁寺》："长乐不顾信誓，枉害忠良，今日两行铁字，何足可信？"

见于《搜神记》的有以下 1 个。

已经：①业已经历〈1〉。见《闻义里》："治国以来，已经二世。"

见于《后汉纪》的有以下 1 个。

敬奉：②恭敬地奉事〈1〉。见《平等寺》："乃徐发枢机，副兹仁属，便敬奉玺绶，归于别邸。"

第三，支配式双音节动词，5 个。

见于陶渊明作品的有以下 3 个。

倾城[4]：②旧以形容女子极其美丽。后多用以指美女〈1〉。见《高阳王寺》："王有二美姬，一名修容，一名艳姿，并蛾眉皓齿，洁貌倾城。"

有年[5]：②多年〈1〉。见《平等寺》："卷怀积载，括囊有年。"

作乐[6]：③行乐〈1〉。见《寿丘里》："融乃蹶起，置酒作乐。"

见于《抱朴子》的有以下 1 个。

何如：②何似，比……怎么样〈2〉。如《景兴尼寺》："好事者遂寻问晋朝京师何如今日。"

见于《灵鬼志》的有以下 1 个。

得病：生病〈1〉。见《开善寺》："至晓，丑多得病而亡。"

第四，主谓式，1 个，见于《抱朴子》。

---

〔1〕　见于《搜神记》。
〔2〕　见于《神仙传》。
〔3〕　见于《抱朴子》。
〔4〕　见于《闲情赋》。
〔5〕　见于《移居》。
〔6〕　见于《杂诗》。

自呼：②自称〈1〉。见《景宁寺》："吴人之鬼，住居建康，小作冠帽，短制衣裳，自呼阿侬，语则阿傍。"

3. 见于东晋传世典籍的双音节形容词

见于东晋语料的双音节形容词有 13 个，根据词语内部结构关系，又分为并列式、偏正式、附加式等。

第一，并列式双音节形容词，10 个。

见于《抱朴子》的有以下 4 个。

丑陋：容貌难看〈1〉。见《白马寺》："有沙门宝公者，不知何处人也，形貌丑陋。"

俭吝：吝啬〈1〉。见《高阳王寺》："而性多俭吝，恶衣粗食，食常无肉，止有韭茹、韭菹。"

精绝：①精妙绝伦〈1〉。见《昭仪尼寺》："寺有一佛二菩萨，塑工精绝，京师所无也。"

难艰[1]：艰难〈1〉。见《闻义里》："夏喜暴雨，冬则积雪，行人由之，多致难艰。"

见于袁宏《后汉纪》的有以下 4 个。

悲恸：悲伤痛哭〈1〉。见《永宁寺》："朝野闻之，莫不悲恸，百姓观者，悉皆掩涕而已。"

顿弊：犹疲顿〈1〉。见《闻义里》："我皇帝深味大乘，远求经典，道路虽险，未敢言疲。大王亲总三军，远临边境，寒暑骤移，不无顿弊？"

俭素：俭省朴素〈1〉。见《正始寺》："彪、景出自儒生、居室俭素。"

凶慝：凶残邪恶。亦指凶残邪恶的人〈1〉。见《平等寺》："辄专擅国权，凶慝滋甚。"

见于《拾遗记》的有以下 1 个。

填列：密集并列〈1〉。见卷三《龙华寺》："门巷修整，闾阖填列。"

见于《搜神记》的有以下 1 个。

悲惜：哀痛惋惜〈2〉。如《法云寺》："丑奴募善射者射僧超亡，延伯悲惜哀恸，左右谓伯牙之失钟子期不能过也。"

第二，偏正式双音节形容词，2 个。

见于《搜神记》的有以下 1 个。

神验：③神奇的效验〈2〉。如《景宁寺》："元慎解梦，义出万途，随意会情，皆有神验。"

见于《搜神后记》的有以下 1 个。

不常：③卓越〈1〉。见《长秋寺》："吞刀吐火，腾骧一面；彩幢上索，诡谲不常。"

第三，附加式，1 个，见于干宝《搜神记》。

瞑然：①模模糊糊地〈1〉。见《闻义里》："近看，则瞑然不见。"

---

[1] 该词语《汉语大词典》失收，当补。

表3-3　见于东晋语料的《伽蓝记》词汇个数和使用频次情况

结构	词性	词量/个	词量百分比/%	词次/次	词次百分比/%	频次
单音节	名词	8	9.5	22	17.2	2.75
	动词	7	8.3	9	7.0	1.29
	形容词	1	1.2	1	0.8	1.00
	量词	1	1.2	5	3.9	5.00
	副词	1	1.2	1	0.8	1.00
	介词	1	1.2	3	2.3	3.00
	总计	19	22.6	41	32.0	2.16
双音节	名词	35	41.7	54	42.2	1.54
	动词	17	20.2	18	14.1	1.06
	形容词	13	15.5	15	11.7	1.15
	总计	65	77.4	87	68.0	1.34
合计		84	100	128	100	1.52

由表3-3可知，见于东晋传世语料的《伽蓝记》词语或义项有84个，约占《伽蓝记》一般词语总数的1.6%。从词语结构上看，包括单音节词语和双音节词语，其中单音节词语19个，占该期词语总数的22.6%；双音节词语66个，占77.4%。从使用频次上看，见于东晋语料的《伽蓝记》词语或义项，使用频次较低，平均为1.52，其中单音节词语平均使用频次为2.16，双音节词语为1.34。不同结构不同词性的词语或义项使用频次不同。单音节词语中量词的使用频次最高，为5.00；形容词和副词的使用频次最低，为1.00。双音节词语中，名词的使用频次最高，为1.54；动词的使用频次最低，为1.06。从词性上看，有6种词类，其中单音节词语包括名词、动词、形容词、量词、副词、介词6种；双音节词语词性包括名词、动词、形容词3种。该时期所见的《伽蓝记》词语或义项仍是以名词、动词为主，占该时期词语总数的79.8%。

第三节　见于南北朝语料中的《伽蓝记》词汇[1]

历史上南北朝时期从公元420年南朝宋武帝刘裕到公元589年陈后主陈叔宝，总共经历169年。该时期涉及的代表性专书语料约有20种[2]，单篇作品约有82

---

[1]　此部分统计词语包括《汉语大词典》中以南北朝语料（包括《伽蓝记》）作为始见例证的词语和《伽蓝记》已出现而《汉语大词典》失收或举例晚于南北朝语料的词汇，后一部分我们统一处理为见于《伽蓝记》的词语。

[2]　这20种分别是：《百喻经》《古今刀剑录》《后汉书》《梁书》《冥通记》《南齐书》《齐民要术》《伽蓝记》《三辅黄图》《诗品》《世说新语》《水经注》《宋书》《魏书》《文心雕龙》《颜氏家训》《异苑》《幽明录》《玉篇》《真诰》。

篇〔1〕，总计102种。《伽蓝记》词汇有1 029个词语可以追溯到南北朝时期，其中单音词有217个，双音节词语有755个，三音节以上的有57个。分别论述如下。

一、单音节词语

（一）名词

《伽蓝记》单音节名词中共有67个可以追溯到南北朝时期的语料。

1. 有关时间、空间的基本词，4个

见于《后汉书》的有以下1个。

夙：③平素〈1〉。见《永明寺》："夙善玄言道家之业，遂舍半宅安置佛徒，演唱大乘数部。"

见于《宋书》的有以下1个。

周：⑱一个循环的时间，指一年〈1〉。见《闻义里》："年无盈闰，月无大小，周十二月为一岁。"

见于《伽蓝记》的有以下2个。

辰〔2〕：②地支的第五位，用以纪日〈1〉。见《景宁寺》："至于三月禊日，季秋巳辰，皇帝驾龙舟鹢首，游于其上。"

川〔3〕：②平川〈1〉。见《瑶光寺》："高祖于井北造凉风观，登之远望，目极洛川。"

2. 有关物质文化生活的基本词，33个

第一，有关物质生活的词语，20个。

有关衣物的，3个。

见于《后汉书》的有以下1个。

---

〔1〕 这82篇分别是：鲍照《河清颂·并序》《拟行路难》《岐阳守风》《学古》《伤逝赋》，陈阳慎《从驾祀麓山庙》，费昶《华光省中夜闻城外捣衣诗》，顾野王《舞影赋》，何承天《鼓吹铙歌·朱路篇》，何逊《嘲刘谘议孝绰》《车中见新林分别甚盛》，梁简文帝《旦出兴业寺讲诗》，江淹《别赋》《草木颂·薯蓣》《莲花赋》《萧让剑履殊礼表》，孔稚珪《北山移文》《为王敬则让司空表》，梁武帝《答陶弘景书》，梁元帝《金楼子》《扬州梁安寺碑》，刘孝绰《酬陆长史倕》，卢思道《劳生论》，陆倕《石阙铭》，《木兰诗》，任昉《百辟劝进今上笺》《刘先生夫人墓志》，沈约《汉东流》《梁鼓吹曲·道亡》《梁明堂登歌》《十咏领边绣》《前缓声歌》《齐故安陆昭碑文》《上〈宋书〉表》《太常卿任昉墓志铭》《王茂加侍中诏》《绣像题赞》《游沈道士馆》《与沈渊荐沈骥士表》《早发定山》《奏弹王源》《三月三日率尔成章诗》《伤春诗》，陶弘景《答谢中书书》，王中《头陀寺碑文》，王俭《谅闇亲奉烝尝议》，王台卿《奉和往虎窟山寺》，王微《杂诗》，温子昇《印山寺碑》，吴均《行路难》，萧统《锦带书十二月启》《文选序》《开善寺法会》，萧子良《净住子净行法门》《行宅》，谢灵运《道路忆山中诗》《拟魏太子邺中集诗》《述祖德诗》《斋中读书》，谢朓《和伏武昌登孙权故城诗》《和王主簿怨情》《和王著作融八公山诗》《咏兔丝》《游后园赋》，谢庄《宋孝武帝哀策文》《宋孝武宣贵妃诔》，徐陵《东阳双林寺傅大士碑》《劝进梁元帝表》《与杨仆射书》，颜延之《北使洛阳》《庭诰》《赠王太常》，庾肩吾《和刘明府观湘东王书》，庾信《春赋》《奉和阐弘二教应诏》《奉和法筵应诏》《奉和永丰殿下言志》《同会河阳公新造山池聊得寓目》《周车骑大将军赠小司空宇文显和墓志铭》《周祀宗庙歌·皇夏》《乐府诗集·横吹曲辞五·折杨柳歌辞》《乐府诗集·杂歌谣辞四·敕勒歌》。

〔2〕 该义项《汉语大词典》首引宋黄庭坚《和师厚栽竹》，过迟。

〔3〕 该义项《汉语大词典》首引唐崔颢《黄鹤楼》，过迟。

越：㉕布名〈1〉。见《寿丘里》："绣缬、绅绫、丝彩、越葛、钱绢等，不可数计。"

见于《魏书》的有以下 1 个。

缬：①染有彩文的丝织品〈1〉。见《寿丘里》："绣缬、绅绫、丝彩、越葛、钱绢等，不可数计。"

见于《玉篇》的有以下 1 个。

纹：①丝织品上织绣的花纹〈1〉。见《闻义里》："起塔为记，石上犹有鱼鳞纹。"

有关宫室的，3 个。

见于《伽蓝记》的有以下 2 个。

栋[1]：此指房屋〈1〉。见《正始寺》："斜与危云等并，旁与曲栋相连。"

厅[2]：②会客、宴会、行礼用的大房间〈2〉。如《建中寺》："以前厅为佛殿，后堂为讲室，金花宝盖，遍满其中。"

见于《颜氏家训》的有以下 1 个。

砖：①用黏土烧制成的建筑材料，多为长方形或方形〈14〉。如《景兴尼寺》："本有三层浮图，用砖为之。"

有关用具的，14 个。

见于《伽蓝记》的有以下 4 个。

盒[3]：一种由底盖相合而成的盛器〈1〉。见《寿丘里》："金瓶银瓮百余口，瓯檠盘盒称是。"

瓶：③泛指腹大颈长的容器〈1〉。见《永宁寺》："大风发屋拔树，刹上宝瓶，随风而落，入地丈余。复命工匠更铸新瓶。"

檠：有脚的盘碟〈1〉。见《寿丘里》："金瓶银瓮百余口，瓯檠盘盒称是。"

櫕：②木器的里衬〈2〉。如《菩提寺》："尔虽栢棺，桑木为櫕。"

见于《南齐书》的有以下 2 个。

脚：⑤器具的支撑〈1〉。见《闻义里》："王著锦衣，坐金床，以四金凤凰为床脚。"

槊：①古代兵器，长矛〈1〉。见《闻义里》："威仪有鼓角金钲，弓箭一具，戟二枝，槊五张。"

见于《魏书》的有以下 2 个。

秤：①利用杠杆原理量物体轻重的器具〈1〉。见《正觉寺》："沽酒老妪瓮注瓨，屠儿割肉与秤同。"

伞：①特指伞盖。古代一种仪仗物。长柄，圆顶，伞面边缘有流苏下垂。每以不同颜色标识官品高下〈1〉。见《闻义里》："伞头亦似有角，团圆下垂，状似宝盖。"

见于《齐民要术》的有以下 2 个。

架：①支承或搁置东西的用具〈1〉。见《永宁寺》："唯有经史，盈车满架。"

---

〔1〕《汉语大词典》和《辞源》无此义项，当补。

〔2〕 该义项《汉语大词典》首引宋代李格非《洛阳名园记·环溪》，过迟。

〔3〕 该词语《汉语大词典》首引唐代白居易《长恨歌》，过迟。

口：⑤状如口形的破裂处〈1〉。见《宝光寺》："井虽填塞，砖口如初。"

见于《宋书》的有以下 1 个。

桶：①盛水或盛其他物品的容器〈1〉。见《闻义里》："复有佛锡杖，长丈七，以木桶盛之。"

见于庾信《春赋》的有以下 1 个。

碗：①一种口大底小的食器〈1〉。见《寿丘里》："自余酒器，有水晶钵、玛瑙琉璃碗、赤玉卮数十枚。"

见于《后汉书》的有以下 1 个。

纸：①用丝絮或植物纤维为主要原料的制成品，可供书写、绘画、印刷、包装之用〈1〉。见《闻义里》："王城南一百余里，有如来昔作摩休国剥皮为纸，折骨为笔处。"

见于《世说新语》的有以下 1 个。

箔：②养蚕用的竹筛子或竹席〈1〉。见《正觉寺》："本为箔上蚕，今作机上丝。"

第二，有关文化、艺术生活的词语，13 个。

见于《后汉书》的有以下 3 个。

碑：③碑文〈2〉。如《大觉寺》："是以温子升碑云：'面水背山，左朝右市'是也。"

妓：①歌舞女艺人〈2〉。如《高阳王寺》："及雍薨后，诸妓悉令入道，或有嫁者。"

赞：⑥文体名。以颂扬人物为主旨〈1〉。见《景明寺》："所制诗赋诏策章表碑颂赞记五百篇，皆传于世。"

见于《世说新语》的有以下 2 个。

语：③文句〈1〉。见《凝玄寺》："时陇西李元谦乐双声语，常经文远宅前过，见其门阀华美，乃曰：'是谁第宅？过佳！'"

注：⑨给书中或文中的字句做解释〈2〉。如《昭仪尼寺》："衒之按：杜预注《春秋》云翟泉在晋太仓西南。"

见于《伽蓝记》的有以下 6 个。

贝：⑥乐器名。古代用以节乐，僧道作法事用之，间用于用兵、聚众〈1〉。见《闻义里》："击鼓吹贝，琵琶箜篌，笙箫备有。"

铎：③檐铃，风铃〈2〉。如《瑶光寺》："仙掌凌虚，铎垂云表，作工之妙，埒美永宁。"

狗[1]：⑤詈词。表示极端鄙视〈1〉。见卷二《龙华寺》："公主骂曰：'胡狗，敢辱天王女乎！'"

姬[2]：⑧以歌舞为业的女艺人〈1〉。见《高阳王寺》："修容亦能为《绿水歌》，艳姿善为《火凤舞》，并爱倾后室，宠冠诸姬。"

---

〔1〕 该义项《汉语大词典》首引清代天宝宫人《草海花》，过迟。

〔2〕 该义项《汉语大词典》首引《太平广记》卷七十三妇人四（附妓女），过迟。

铃[1]：②形体似钟而小，中悬金属片，多悬于宫殿楼阁等处的檐角，风动发声，作装点环境制造气氛之用〈2〉。如《寿丘里》："窗户之上，列钱青琐，玉凤衔铃，金龙吐佩。"

字[2]：⑥字体〈2〉。如《报德寺》："作篆、科斗、隶三种字，汉右中郎将蔡邕笔之遗迹也。"

见于沈约《十咏领边绣》的有以下1个。

儿：⑩名词词尾〈1〉。见《闻义里》："时跋提国送狮子儿两头与乾陀罗王。"

见于《颜氏家训》的有以下1个。

音：④口音〈1〉。见《景宁寺》："虽复秦余汉罪，杂以华音，复闽楚难言，不可改变。"

3．有关动植物名称的基本词，6个

第一，有关动物名称的，3个。

见于《伽蓝记》的有以下1个。

鲫：鱼纲鲤科。身体侧扁，头部尖，背脊部隆起，尾部较窄，背灰褐色或黄褐色，腹部银白色，肉味鲜美，是一种常见的食用鱼〈1〉。见《正觉寺》："常饭鲫鱼羹，渴饮茗汁。"

见于《后汉书》的有以下1个。

鳞：②鱼的代称〈1〉。见《景明寺》："或黄甲紫鳞，出没于繁藻，或青凫白雁，沉浮于绿水。"

见于谢朓《和王主簿季哲怨情》的有以下1个。

蝶：蝴蝶〈1〉。见《闻义里》："鸟鸣春树，蝶舞花丛。"

第二，有关植物名称的，3个。

见于《魏书》的有以下1个。

花：①花朵，其字起源于北朝〈8〉。如《法云寺》："异林花共色，别树鸟同声。"

见于《齐民要术》的有以下1个。

绵：⑧通"棉"〈3〉。如《平等寺》："有一比丘，以净绵拭其泪，须臾之间，绵湿都尽。"

见于《伽蓝记》的有以下1个。

楂[3]：③树的枝枝〈1〉。见《闻义里》："王有斗象七百头，一负十人，手持刀楂，象鼻缚刀，与敌相击。"

4．有关阶级关系及统治区域的词语，6个

第一，有关阶级关系的，2个。

见于《文心雕龙》的有以下1个。

---

〔1〕 该义项《汉语大词典》首引《晋书·艺术传·佛图澄》，过迟。
〔2〕 该义项《汉语大词典》首引《晋书·卫恒传》，过迟。
〔3〕 该义项《汉语大词典》首引《太平广记》卷四四一引唐代戴孚《广异记·安南猎者》，过迟。

皇：⑤旧时对封建王朝的尊称〈4〉。如《闻义里》："皇魏关防，正在于此。"

见于《伽蓝记》的有以下1个。

玺：①借指皇帝〈1〉。如卷三《龙华寺》："玺运会昌，龙《图》受命。"

第二，有关职官制度的，4个。

见于《伽蓝记》的有以下2个。

坊：①城市居民聚居地的名称，与街市里巷相类似〈4〉。如卷三《龙华寺》："永桥南道东有白象狮子二坊。"

司[1]：⑤官署〈3〉。如《崇真寺》："阎罗王敕付司，即有青衣十人送昙谟最向西北门。"

见于《魏书》的有以下1个。

镇：⑬古代于边境重地设镇，以重兵驻守。后内地亦设。北魏所设镇，有一部分兼理民政。其长官为镇都大将〈1〉。见《永宁寺》："白民赠郡镇。"

见于《后汉书》的有以下1个。

藩：⑦指封建王朝的侯国或属国、属地〈3〉。如《法云寺》："京师朝贵多出郡登藩，远相饷馈，逾于千里。"

5. 有关人伦等级的基本词，5个

见于《伽蓝记》的有以下5个。

从[2]：⑥堂房亲属〈1〉。见《景宁寺》："椿弟慎，冀州刺史，慎弟津，司空，并立性宽雅，贵义轻财，四世同居，一门三从。"

儿[3]：③父母对儿女的称呼〈5〉。如《菩提寺》："畅闻惊怖曰：'实无此儿，向者谬言。'"

儿[4]：⑤对年少男子的称呼〈3〉。如《景宁寺》："自此后，吴儿更不敢解语。"

儿[5]：⑧人〈1〉。见《正觉寺》："吴人浮水自云工，妓儿掷绳在虚空。"

兄[6]：②同辈男子间的尊称〈2〉。如《秦太上君寺》："吾闻至尊兄彭城王作青州刺史。"

6. 哲学及其他，13个

见于《水经注》的有以下2个。

讹：②讹误〈1〉。见《永明寺》："今民间语讹，号为张夫人桥。"

饶：②指丰富的物产〈1〉。见《寿丘里》："于是帝族王侯，外戚公主，擅山海之富，居山林之饶。"

---

〔1〕 该义项《汉语大词典》首引唐代张乔《送三传赴长城尉》，过迟。
〔2〕 该义项《汉语大词典》首引唐代韩愈《上襄阳于相公书》，过迟。
〔3〕 该义项《汉语大词典》首引元代关汉卿《窦娥冤》第四折，过迟。
〔4〕 该义项《汉语大词典》首引唐代薛逢《醉春风》，过迟。
〔5〕 该义项《汉语大词典》首引唐代修睦《题田道者院》，过迟。
〔6〕 该义项《汉语大词典》首引《南史·韦睿传》，过迟。

见于江淹《别赋》的有以下 1 个。

感：④感伤〈1〉。见《序》："始知麦秀之感，非独殷墟，黍离之悲，信哉周室！"

见于谢朓《和伏武昌登孙权故城诗》的有以下 1 个。

讌：③同"宴"，酒宴〈1〉。见《冲觉寺》："珍羞具设，琴笙并奏，芳醴盈罍，嘉宾满席，使梁王愧兔园之游，陈思惭雀台之讌。"

见于《文心雕龙》的有以下 1 个。

阴：⑥阴影〈4〉。如《宝光寺》："雷车接轸，羽盖成阴。"

见于《世说新语》的有以下 1 个。

兴：④兴致〈1〉。见《正始寺》："是以山情野兴之士，游以忘归。"

见于《伽蓝记》的有以下 7 个。

彩[1]：②彩色饰物〈2〉。如《寿丘里》："绣缬、䌷绫、丝彩、越葛、钱绢等，不可数计。"

工[2]：⑧技术〈4〉。如《王典御寺》："门有三层浮图一所，工逾昭仪。"

情[3]：⑧情趣，兴致〈2〉。如《正始寺》："是以山情野兴之士，游以忘归。"

却[4]：后面〈2〉。如卷三《龙华寺》："前临少室，却负太行，制岩东邑，峭岖西疆。"

时[5]：⑬时俗〈1〉。见《景宁寺》："元慎清尚卓逸，少有高操，任心自放，不为时羁。"

徒[6]：⑨信仰某种宗教的人〈1〉。见《永明寺》："夙善玄言道家之业，遂舍半宅安置佛徒，演唱大乘数部。"

愿[7]：⑦旧时祈祷神佛所许下的酬谢〈1〉。见《宣忠寺》："大兵阻河，雄雌未决，徽愿入洛阳，舍宅为寺。"

（二）动词

《伽蓝记》单音节动词中共有 101 个可以追溯到南北朝时期的语料中，这些词语也主要是人们常说的基本词汇。

1. 有关事物存在和发展变化的动词，31 个

见于《水经注》的有以下 3 个。

出：⑧高出〈9〉。如《法云寺》："宅宇逾制，楼观出云，车马服饰拟于王者。"

邻：⑤连接〈2〉。如《永宁寺》："其寺东有太尉府，西对永康里，南界昭玄曹，北

---

[1]　该义项《汉语大词典》首引《隋书·音乐志中》。

[2]　该义项《汉语大词典》首引宋代魏泰《临汉隐居诗话》。

[3]　该义项《汉语大词典》首引唐代元稹《任醉》。

[4]　《汉语大词典》无此义项，当补。

[5]　该义项《汉语大词典》首引唐代朱庆馀《闺意献张水部》。

[6]　该义项《汉语大词典》无例证。

[7]　该义项《汉语大词典》首引《晋书·艺术传·佛图澄》。

邻御史台。"

齐：⑤犹如〈1〉。见《平等寺》："遂虐甚剖心，痛齐钳齿，岂直金版造怨，大鸟感德而已！"

见于《文心雕龙》的有以下 2 个。

炳：③显现〈1〉。见《平等寺》："国之吉凶，先炳祥异。"

匝：②环绕〈1〉。见《景林寺》："嘉树夹牖，芳杜匝阶，虽云朝市，想同岩谷。"

见于《后汉书》的有以下 4 个。

方：⑤对比〈1〉。见《闻义里》："太行孟门，匹兹非险，崤关陇坂，方此则夷。"

合：⑳共计〈5〉。如《永宁寺》："浮图有九级，角角皆悬金铎，合上下有一百三十铎。"

跨：④凌越〈2〉。如《景林寺》："山西有姮娥峰，峰上有露寒馆，并飞阁相通，凌山跨谷。"

叶：①和洽〈1〉。见卷三《龙华寺》："寒暑攸叶，日月载融，帝世光宅，函夏同风。"

见于鲍照《伤逝赋》的有以下 1 个。

团：⑥凝聚〈1〉。见《景明寺》："松竹兰芷，垂列阶墀，含风团露，流香吐馥。"

见于《魏书》的有以下 1 个。

允：⑤符合〈2〉。见《平等寺》："乞收成旨，以允愚衷。"

见于《齐民要术》的有以下 1 个。

合：㉔覆盖〈1〉。见《法云寺》："伽蓝之内，花果蔚茂，芳草蔓合，嘉木被庭。"

见于沈约《早发定山》诗的有以下 1 个。

开：④花朵开放〈1〉。见《大觉寺》："至于春风动树，则兰开紫叶。"

见于《宋书》的有以下 1 个。

涉：⑨涉及〈1〉。见《闻义里》："事涉疑似，以药服之，清浊则验。"

见于《百喻经》的有以下 1 个。

喜：⑤容易〈1〉。见《闻义里》："夏喜暴雨，冬则积雪，行人由之，多致难艰。"

见于《伽蓝记》的有以下 16 个。

垂[1]：⑥笼罩〈3〉。如卷三《龙华寺》："青槐阴陌，绿树垂庭。"

叠[2]：②接连〈1〉。见《景林寺》："讲殿叠起，房庑连属。"

焕[3]：②焕发光彩〈1〉。见《正始寺》："巨量焕于物表，夭矫洞达其真。"

凌[4]：④胜过〈3〉。如《景明寺》："英规胜范，凌许郭而独高。"

---

[1] 该义项《汉语大词典》首引唐代元稹《桐花》。
[2] 该义项《汉语大词典》首引唐代方干《寄台州孙从事百篇》。
[3] 该义项《汉语大词典》首引宋代尚用之《和张洵蒙亭诗韵》。
[4] 该义项《汉语大词典》首引《北齐书·高乾传》。

满[1]：⑥达到期限〈1〉。见《菩提寺》："死时年十五，今满二十七。"

弥[2]：通"眯"，意思为"入、安"〈1〉。见《永明寺》："置皓前厅，须臾弥宝坐。"

沐[3]：④蒙受〈1〉。见《景宁寺》："卿沐其遗风，未沾礼化，所谓阳翟之民不知瘿之为丑。"

碾[4]：②碾轧〈1〉。见《景明寺》："碾硙舂簸，皆用水功。"

倾[5]：⑪倾轧〈1〉。见《景明寺》："车骑填咽，繁衍相倾。"

贴[6]：⑤黏附〈2〉。如《闻义里》："复有佛锡杖，长丈七，以木桶盛之，金箔贴其上。"

下[7]：㉚用在动词后。表示动作由高处到低处〈1〉。见《瑶光寺》："刻石为鲸鱼，背负钓台，既如从地踊出，又似空中飞下。"

想[8]：⑥像，如〈1〉。见《景林寺》："加以禅阁虚静，隐室凝邃，嘉树夹牖，芳杜匝阶，虽云朝市，想同岩谷。"

亚[9]：⑫匹敌〈1〉。见《宗圣寺》："妙伎杂乐，亚于刘腾，城东士女多来此寺观看也。"

隐[10]：⑥隐没〈3〉。如《景乐寺》："自建义已后，京师频有大兵，此戏遂隐也。"

照[11]：②辉映〈1〉。见《高阳王寺》："隋珠照日，罗衣从风。"

坠[12]：④垂挂〈1〉。见《宣忠寺》："兆乃发怒捉祖仁，悬首高树，大石坠足，鞭捶之以及于死。"

2. 有关人的行走活动的动词，9 个

见于《后汉书》的有以下 1 个。

向：③去〈6〉。如《闻义里》："盘陀王闻之，舍位与子，向乌场国学婆罗门咒。"

见于《颜氏家训》的有以下 1 个。

上：⑩去〈2〉。如《永宁寺》："世隆见桥被焚，遂大剽生民，北上太行。"

见于梁元帝《金楼子》的有以下 1 个。

赴：⑧往救〈1〉。见《永宁寺》："时帝在长子城，太原王上党王来赴急难。"

---

[1] 该义项《汉语大词典》首引《南史·虞寄传》。
[2] 该义项《汉语大词典》无，当补。
[3] 该义项《汉语大词典》首引唐代段成式《题商山庙》。
[4] 该义项《汉语大词典》首引唐代白居易《浔阳春三首·春来》。
[5] 该义项《汉语大词典》首引《旧唐书·窦申传》。
[6] 该义项《汉语大词典》首引唐代温庭筠《菩萨蛮》。
[7] 该义项《汉语大词典》首引《水浒传》。
[8] 该义项《汉语大词典》首引李白《清平调·其一》。
[9] 该义项《汉语大词典》首引《梁书·侯景传》。
[10] 该义项《汉语大词典》首引张天翼《包氏父子》。
[11] 该义项《汉语大词典》首引《南史·谢晦传》。
[12] 该义项《汉语大词典》首引《敦煌曲子词集·鱼美人》。

见于《幽明录》的有以下 1 个。

叛：②叛逃，〈1〉。见《平等寺》："初世隆北叛，庄帝遣安东将军史仵龙、平北将军杨文义各领兵三千守太行岭，侍中源子恭镇河内。"

见于《伽蓝记》的有以下 5 个。

奔[1]：②投奔〈3〉。如卷三《龙华寺》："商胡贩客，日奔塞下。"

出[2]：㉑指外出服役〈1〉。见《法云寺》："京师朝贵多出郡登藩，远相饷馈，逾于千里。"

登[3]：⑮到达〈1〉。见《法云寺》："京师朝贵多出郡登藩，远相饷馈，逾于千里。"

回[4]：④返回〈1〉。见《菩提寺》："隽还，具以实陈闻，后遣隽送涵回家。"

在[5]：④停留〈1〉。见《闻义里》："云罗汉夜叉常来供养，洒扫取薪，凡俗比丘，不得在寺。大魏沙门道荣至此礼拜而去，不敢留停。"

3. 有关人的手部动作行为的动词，7 个

见于《伽蓝记》的有以下 2 个。

将：⑪拿〈2〉。如《平等寺》："将笔来，朕自作之。"

窟：⑤挖（洞）〈1〉。见《闻义里》："地土甚寒，窟穴而居。"

见于《齐民要术》的有以下 1 个。

漉：③过滤，指用网捞取〈1〉。见《永宁寺》："□[6]头犹脩，网鱼漉鳖，在河之洲，咀嚼菱藕。"

见于谢灵运《拟魏太子邺中集诗》的有以下 1 个。

摘：①用手指采下或取下〈1〉。见《寿丘里》："素奈朱李，枝条入檐，伎女楼上，坐而摘食。"

见于《异苑》的有以下 1 个。

挑：③用针、指甲或小勺等挖剔〈1〉。见《闻义里》："复西行一日，至如来挑眼施人处。"

见于《后汉书》的有以下 1 个。

掷：①抛〈1〉。见《禅虚寺》："虎贲张车渠，掷刀出楼一丈。"

见于梁武帝《答陶弘景书》的有以下 1 个。

摹：④依样书写绘制〈1〉。见《序》："于是招提栉比，宝塔骈罗，争写天上之姿，竞摹山中之影。"

---

[1] 该义项《汉语大词典》首引《初刻拍案惊奇》。
[2] 该义项《汉语大词典》首引柳青《铜墙铁壁》。
[3] 该义项《汉语大词典》首引《陈书·宣帝纪》。
[4] 该义项《汉语大词典》首引唐代杜甫《郑驸马池台喜遇郑广文同饮》。
[5] 该义项《汉语大词典》首引唐代杜甫《江亭》。
[6] 该字原文阙如。

4. 有关人的视听语言方面的动词，9 个

第一，有关眼部动作行为，1 个，见于《世说新语》。

看：②以视线接触人或事物〈2〉。如《闻义里》："近看，则瞑然不见。"

第二，有关语言的动词，8 个。

见于江淹《草木颂·薯蓣》的有以下 1 个。

炫：④通"衒"，显示〈1〉。见《法云寺》："佛殿僧房，皆为胡饰，丹素炫彩，金玉垂辉。"

见于《后汉书》的有以下 1 个。

咒：①祝告〈2〉。如《法云寺》："咒枯树能生枝叶，咒人变为驴马，见之莫不忻怖。"

见于萧统《文选序》的有以下 1 个。

序：④通"叙"，叙述〈1〉。见《闻义里》："宋云具说周、孔、庄、老之德，次序蓬莱山上银阙金堂，神仙圣人并在其上。"

见于《伽蓝记》的有以下 5 个。

唱〔1〕：③吟咏〈1〉。见《永宁寺》："口唱南无，合掌连日。"

唱〔2〕：⑤叫喊〈1〉。见《景宁寺》："永安年中，胡杀猪，猪忽唱乞命，声及四邻。"

唱：⑥宣扬〈1〉。见《宣忠寺》："帝纳其谋，遂唱生太子，遣徽特至太原王第，告云皇储诞育。"

喝〔3〕：②大声喊叫。多用于使令、呼唤、制止等〈1〉。见《昭仪尼寺》："其后盗者欲窃此像，像与菩萨合声喝贼，盗者惊怖，应即殒倒。"

嘱〔4〕：①叮嘱〈1〉。见《闻义里》："刻石为铭，嘱语将来，若此塔坏，劳烦后贤出珠修治。"

5. 有关人的心理活动的动词，3 个

见于《后汉书》的有以下 2 个。

譬：③通晓〈1〉。见《秦太上君寺》："譬于四方，慕势最甚。"

枉：⑦歪曲〈1〉。见《崇真寺》："卿作太守之日，曲理枉法，劫夺民财，假作此寺，非卿之力，何劳说此。"

见于庾信《奉和永丰殿下言志》的有以下 1 个。

忆：③回忆〈1〉。见《正觉寺》："得路逐胜去，颇忆缠绵时。"

6. 有关人的其他动作行为的动词，42 个

此处统计的是除上述人的行走、手部动作、视听语言动作及心理活动的动词之外的

---

〔1〕该义项《汉语大词典》首引唐代王勃《秋日登洪府滕王阁饯别序》。

〔2〕该义项《汉语大词典》首引《北史·孙脩义传》。

〔3〕该义项《汉语大词典》首引《晋书·刘毅传》。

〔4〕该义项《汉语大词典》首引唐代杜甫《潼关吏》。

其他行为动词。大致分为带宾语和不带宾语两类。

第一，表示单纯的动作行为，即一般不带宾语，15 个。

见于《后汉书》的有以下 3 个。

货：⑤卖〈1〉。见《开善寺》："庆有牛一头，拟货为金色，遇急事，遂以牛他用之。"

鉴：⑦照察〈2〉。如《永宁寺》："皇灵有知，鉴其凶德！"

沾：③熏陶〈2〉。如《景宁寺》："卿沐其遗风，未沾礼化，所谓阳翟之民不知瘿之为丑。"

见于《南齐书》的有以下 1 个。

住：③居住〈10〉。如《序》："高祖住在金墉城，城西有王南寺。"

见于《世说新语》的有以下 1 个。

减：④逊于〈1〉。见《正始寺》："自余百官各有差，少者不减五千已下，后人刊之。"

见于《宋书》的有以下 1 个。

庇：②保佑〈1〉。见《永宁寺》："皆理合于天，神祇所福，故能功济宇宙，大庇生民。"

见于《伽蓝记》的有以下 9 个。

奉[1]：⑬顺从〈1〉。见《秦太上君寺》："谨奉明敕，不敢失坠。"

假[2]：⑩暂且〈1〉。见《永宁寺》："暂树君臣，假相拜置。"

可[3]：⑤值得〈1〉。见《闻义里》："我见魏主则拜，得书坐读，有何可怪？"

来[4]：⑰用在动词后面，表示趋向〈5〉。如《菩提寺》："后令纪问其姓名，死来几年，何所欲食。"

认：②看作，承认〈1〉。见卷二《龙华寺》："宝卷有美人吴景晖，时孕综经月，衍因幸景晖，及综生，认为己子，小名缘觉，封豫章王。"

塑[5]：①塑造〈1〉。见《昭仪尼寺》："寺有一佛二菩萨，塑工精绝，京师所无也。"

晓[6]：④精通〈2〉。如《法云寺》："至中国，即晓魏言及隶书，凡所闻见，无不通解。"

沾[7]：②受益〈1〉。见《景明寺》："升其堂者，若登孔氏之门，沾其赏者，犹听东吴之句。"

---

〔1〕 该义项《汉语大词典》首引《金瓶梅词话》。

〔2〕 该义项《汉语大词典》引《晋书·宣帝纪》。

〔3〕 该义项《汉语大词典》引唐代王昌龄《宿裴氏山庄》。

〔4〕 该义项《汉语大词典》首引唐代梅尧臣《绝句五首》。

〔5〕 该义项《汉语大词典》首引《资治通鉴·后汉隐帝乾祐三年》。

〔6〕 该义项《汉语大词典》首引《隋书·王充传》。

〔7〕 该义项《汉语大词典》首引唐代李商隐《九成宫》。

作〔1〕：①从事某种动作或活动〈2〉。如《崇真寺》："沙门之体，必须摄心守道，志在禅诵，不干世事，不作有为。"

第二，带宾语，27个，分为以下两类。

第一类：宾语是物或与物有关的事情，18个

见于《颜氏家训》的有以下2个。

偏：⑦侧重〈1〉。见《正始寺》："既不专流宕，又不偏华尚，卜居动静之间，不以山水为忘。"

专：⑨专攻〈1〉。见《正觉寺》："时给事中刘缟慕肃之风，专习茗饮。"

见于《木兰诗》的有以下1个。

着：①穿〈1〉。见《法云寺》："当时有妇人着彩衣者，人皆指为狐魅。"

见于《后汉书》的有以下1个。

著：③穿〈3〉。如《闻义里》："王著锦衣，坐金床，以四金凤凰为床脚。"

见于南朝宋王微《杂诗》的有以下1个。

送：⑨传送〈2〉。如《永宁寺》："清风送凉，岂籍合欢之发？"

见于庾信《奉和法筵应诏》的有以下1个。

翻：⑧翻译〈1〉。见《融觉寺》："晓魏言及隶书，翻《十地楞伽》及《诸经论》二十三部。"

见于《文心雕龙》的有以下1个。

敷：⑤陈述〈1〉。见卷三《龙华寺》："敷兹景迹，流美洪模。"

见于《齐民要术》的有以下1个。

笼：①笼罩〈4〉。如《闻义里》："阿育王起塔笼之，举高十丈。"

见于《世说新语》的有以下1个。

晒：太阳照射物体〈3〉。如《闻义里》："水东有佛晒衣处。"

见于《伽蓝记》的有以下9个。

奉〔2〕：⑫信奉〈1〉。见《永明寺》："率奉佛教，好生恶杀。"

附〔3〕：⑬托人捎带〈1〉。见《秦太上公寺》："其同营人樊元宝得假还京师，子渊附书一封，令达其家。"

赁：③出租〈1〉。见《法云寺》："里内之人以卖棺椁为业，赁辒车为事。"

遣〔4〕：⑥抒发〈1〉。见《大觉寺》："至于春风动树，则兰开紫叶，秋霜降草，则菊吐黄花，名僧大德，寂以遣烦。"

图〔5〕：⑨贪图〈2〉。如《永宁寺》："正以糠秕万乘，锱铢大宝，非贪皇帝之尊，

〔1〕　该义项《汉语大词典》无例证，《辞源》引苏轼《庚辰岁人日作时闻黄河已复北流》。
〔2〕　该义项《汉语大词典》首引唐代韩愈《华山女》。
〔3〕　该义项《汉语大词典》首引唐代杜甫《寄杨五桂州谭》。
〔4〕　该义项《汉语大词典》首引《晋书·王濬传》。
〔5〕　该义项《汉语大词典》首引《二刻拍案惊奇》。

岂图六合之富？"

言[1]：⑯料想〈1〉。见《永宁寺》："昔来闻死苦，何言身自当！"

忆[2]：②记住〈1〉。见《正觉寺》："肃忆父非理受祸，常有子胥报楚之意。"

在[3]：⑫看重〈4〉。如《秦太上君寺》："齐土之民，风俗浅薄，虚论高谈，专在荣利。"

钻[4]：②穿过〈1〉。见《正始寺》："恨不能钻地一出，避此山门。"

第二类：宾语是人或与人有关的事情，9个

见于《后汉书》的有以下4个。

闭：④幽禁〈1〉。见《冲觉寺》："元义秉权，闭太后于后宫，薨悴于下省。"

参：②参与〈1〉。见《永宁寺》："景入参近侍，出为侯牧，居室贫俭，事等农家。"

噀：①含在口中而喷出〈1〉。见《景宁寺》："元慎即口含水噀庆之曰……"

赠：④赐死者以爵位或荣誉称号〈7〉。如《追先寺》："建义元年，薨于河阴，赠太保，谥曰文贞。"

见于《齐民要术》的有以下1个。

遣：⑧让〈1〉。见《闻义里》："毗庐旃鸣钟告佛，即遣罗睺罗变形为佛，从空而现真容。"

见于《魏书》的有以下1个。

访：④寻求〈4〉。如《景宁寺》："于后数日，庆之遇病，心上急痛，访人解治。"

见于《伽蓝记》的有以下3个。

拜[5]：⑨通过某种仪式结成某种关系〈1〉。见《景兴尼寺》："汝南王闻而异之，拜为义父。"

盗[6]：⑨篡夺〈1〉。见《永宁寺》："已有陈恒盗齐之心，非无六卿分晋之计。"

劳[7]：⑤烦劳〈1〉。见《平等寺》："不劳挥逊，致爽人神。"

（三）形容词

《伽蓝记》单音节形容词中共有15个可以追溯到南北朝时期的语料，这些词语也主要是人们常说的基本词汇。

见于《后汉书》的有以下3个。

光：⑭华美〈1〉。见《景明寺》："山悬堂光观盛，一千余间。"

赡：②作者知识广博、感情丰富〈1〉。见《正觉寺》："赡学多通，才辞美茂，为齐

---

〔1〕 该义项《汉语大词典》首引唐代郭震《古剑篇》。
〔2〕 该义项《汉语大词典》首引《梁书·昭明太子传》。
〔3〕 该义项《汉语大词典》首引元代无名氏《冯玉兰》。
〔4〕 该义项《汉语大词典》首引宋代苏轼《戏赠虔州慈云寺鉴老》。
〔5〕 该义项《汉语大词典》首引《清平山堂话本·风月相思》。
〔6〕 该义项《汉语大词典》首引《新唐书·祖君彦传》。
〔7〕 该义项《汉语大词典》首引唐代姚合《答孟侍御早朝见寄》。

秘书丞，太和十八年背逆归顺。"

凶：②恶狠〈2〉。如《永宁寺》："谓卿明眸击节，躬来见我，共叙哀辛，同讨凶羯。"

见于南朝陈阳慎《从驾祀麓山庙》诗的有以下1个。

明：⑦明丽〈2〉。如《冲觉寺》："至于清晨明景，骋望南台，珍羞具设，琴笙并奏。"

见于《文心雕龙》的有以下1个。

润：⑦温润〈1〉。见《追先寺》："侍中义阳王略，体自藩华，门勋凤著，内润外朗，兄弟伟如。"

见于颜延之《赠王太常》的有以下1个。

谢：⑫惭愧〈1〉。见《景兴尼寺》："执法之吏，埋轮谢其梗直。"

见于《水经注》的有以下1个。

广：⑧指宽度〈2〉。如《闻义里》："（生绢）广五寸，以为饰。"

见于庾肩吾《和刘明府观湘东王书》的有以下1个。

曛：②昏暗〈1〉。见卷三《龙华寺》："周余九裂，汉季三分，魏风衰晚，晋景彤曛。"

见于庾信作品的有以下2个。

浓[1]：③特指液体或气体中所含某种成分多。与"淡""薄"相对〈1〉。见《秦太上君寺》："威势所在，侧肩竞入，求其荣利，甜然浓泗。"

郁[2]：②隆盛〈1〉。见《追先寺》："昔刘苍好善，利建东平，曹植能文，大启陈国，是用声彪磐石，义郁维城。"

见于《伽蓝记》的有以下5个。

閟：众多〈1〉。见《闻义里》："有佛顶骨，方圆四寸，黄白色，下有孔，受人手指，閟然似仰蜂窠。"

纯[3]：⑤淳厚〈1〉。见《正始寺》："夫偏重者，爱昔先民之由朴由纯，然则纯朴之体，与造化而梁津。"

滥：⑤冤屈，冤枉〈1〉。见《永宁寺》："于是出诏，滥死者普加褒赠。"

融[4]：⑦和煦〈1〉。见卷三《龙华寺》："寒暑攸叶，日月载融，帝世光宅，函夏同风。"

悬[5]：⑤形容高耸，陡峭〈1〉。见《正始寺》："若乃绝岭悬坡，蹭蹬蹉跎，泉水纤徐如浪峭，山石高下复危多。"

---

〔1〕　见于庾信《同会河阳公新造山池聊得寓目》。
〔2〕　见于庾信《周祀宗庙歌》。
〔3〕　该义项《汉语大词典》首引《新唐书·儒学传上·徐文远》。
〔4〕　该义项《汉语大词典》见于前蜀毛文锡《接贤宾》。
〔5〕　该义项《汉语大词典》首引明代徐弘祖《徐霞客游记·滇游日记六》。

（四）数词，1 个，见于《宋书》

一：④表示动作一次或短暂〈7〉。如《高阳王寺》："高阳一食，敌我千日。"

（五）量词

《伽蓝记》中见于南北朝语料的单音节量词有以下 10 个。

见于《古今刀剑录》的有以下 1 个。

口：⑰量词，用于器物〈5〉。如卷二《龙华寺》："有钟一口，撞之，闻五十里。"

见于沈约《绣像题赞》的有以下 1 个。

躯：④塑像单位名。犹言尊，座〈16〉。如《开善寺》："南阳人侯庆有铜像一躯，可高尺余。"

见于《水经注》的有以下 1 个。

所：⑫量词。（3）用于其他物件〈5〉。如《景林寺》："柰林南有石碑一所，魏明帝所立也。"

见于费昶《华光省中夜闻城外捣衣诗》的有以下 1 个。

枚：⑨量词，用于带枝、杆之物〈1〉。见《闻义里》："威仪有鼓角金钲，弓箭一具，戟二枚，槊五张。"

见于《异苑》的有以下 1 个。

层[1]：⑥量词。（1）重，级。用于重叠或累积的事物〈16〉。如《序》："宣武帝造三层楼，去地二十丈。"

见于《伽蓝记》的有以下 5 个。

部[2]：⑮量词，用于乐队等〈3〉。如《追先寺》："又除宣城太守，给鼓吹一部，剑卒千人。"

道[3]：㊱量词，用于条形物〈1〉。见《永宁寺》："复有铁镶四道，引刹向浮图四角，镶上亦有金铎。"

道[4]：㊱量词，用于门、墙等〈3〉。如《序》："门有三道，所谓九轨。"

卷[5]：⑤用作量词，指书籍的册，本〈1〉。见《崇真寺》："有一比丘是般若寺道品，以诵四十卷《涅槃》，亦升天堂。"

粒[6]：④量词，用于细小粒状之物〈1〉。见《闻义里》："昔尸毗王仓库为火所烧，其中粳米燋然，至今犹在，若服一粒，永无疟患。"

---

〔1〕 该义项《汉语大词典》《辞源》首引例证《老子》，过早；《汉语大字典》首引例证为唐代王之涣的《登鹳雀楼》，过迟。具体分析见牛太清《量词"重/层"历时更替小考》，《古汉语研究》2001 年第 2 期第 38～第 40 页。

〔2〕 该义项《汉语大词典》首引《晋书·桓温传》。

〔3〕 该义项《汉语大词典》首引唐代杜甫《佐还山后寄三首》。

〔4〕 该义项《汉语大词典》首引《晋书·石勒载记上》。

〔5〕 该义项《汉语大词典》首引例证为巴金《春》，过迟。

〔6〕 该义项《汉语大词典》首引唐代郑遨《伤农》。

（六）　副词

《伽蓝记》单音节副词中共有 7 个可以追溯到南北朝时期的语料中，具体又可分为表示时间的副词、语气副词和程度副词等。

1．时间副词，3 个，均见于《伽蓝记》

从[1]：⑳副词。（2）从来〈1〉。见《胡统寺》："其资养缁流，从无比也。"

仍[2]：⑦仍然〈2〉。如《开善寺》："英早卒，其妻梁氏不治丧而嫁，更纳河内人向子集为夫，虽云改嫁，仍居英宅。"

乍[3]：③初；刚刚〈2〉。如《景宁寺》："乍至中土，思忆本乡，急手速去，还尔丹阳。"

2．语气副词，1 个，见于《伽蓝记》

绝[4]：⑫副词，绝对〈1〉。见《永宁寺》："假获民地，本是荣物，若克城邑，绝非卿有，徒危宗国，以广寇仇。"

3．程度副词，3 个

见于《伽蓝记》的有以下 2 个。

过：⑩极〈1〉。见《凝玄寺》："见其门阀华美，乃曰：'是谁第宅？过佳！'"

好[5]：⑪用在形容词、动词前，表示程度深〈1〉。见《秦太上君寺》："舅宜好用心，副朝廷所委。"

见于《百喻经》的有以下 1 个。

转：㉓副词。（2）渐渐〈2〉。如《闻义里》："乍往观之，如似未彻，假令刮削，其文转明。"

（七）　介词

《伽蓝记》单音节介词中共有 8 个可以追溯到南北朝语料。

见于《后汉书》的有以下 2 个。

以：⑧介词，凭、根据〈7〉。如《景宁寺》："世以学行著闻，名高州里。"

向：⑬介词，表示动作的方向〈4〉。如《永宁寺》："复有铁镦四道，引刹向浮图四角，镦上亦有金铎。"

见于《世说新语》的有以下 2 个。

比：⑮介词，比起……来。用来比较性状和程度的差别〈1〉。见《正始寺》："青松未胜其洁，白玉不比其珍。"

向：⑬介词，对，表示动作的对象〈4〉。如《闻义里》："童子在虚空中向王说偈。"

---

〔1〕　该义项《汉语大词典》首引《二刻拍案惊奇》。

〔2〕　该义项《汉语大词典》首引赵树理《小二黑结婚》。

〔3〕　该义项《汉语大词典》首引唐代韩愈《和侯协律咏笋》。

〔4〕　该义项《汉语大词典》首引宋代陆游《老学庵笔记》。

〔5〕　该义项《汉语大词典》首引宋代石孝友《西地锦》。

见于《伽蓝记》的有以下 4 个。

共：④介词。表示涉及对象。犹同；跟〈5〉。如《永宁寺》："荣即共穆结异性兄弟。"

随[1]：介词，跟，向〈2〉。如《永宁寺》："时十二月，帝患寒，随兆乞头巾，兆不与，遂囚帝送晋阳，缢于三级寺。"

为[2]：用〈1〉。见《融觉寺》："流支读昙谟最大乘义章，每弹指赞叹，唱言微妙，即为胡书写之，传之于西域。"

向[3]：⑬介词，表示动作的地点，在〈5〉。如《大统寺》："向光明所掘地丈余，得黄金百斤。"

（八）助词

《伽蓝记》单音节助词中共有 4 个可以追溯到南北朝语料中。

见于《百喻经》的有以下 1 个。

为：㉝助词，附于某些单音形容词后，构成表示程度、范围的副词〈1〉。见《景宁寺》："贵为交友，故时人弗识也。"

见于《后汉书》的有以下 1 个。

许：⑥表约略估计数〈2〉。如《大觉寺》："（大觉寺）在融觉寺西一里许。"

见于《伽蓝记》的有以下 2 个。

否[4]：⑤语末助词。表询问〈4〉。如《闻义里》："彼国出圣人否？"

者[5]：②助词，用在句末，表示命令、晓示或祈使语气〈4〉。如《秦太上公寺》："灵台东有辟雍，是魏武所立者。"

（九）连词，4 个，均见于《伽蓝记》

并[6]：⑩并且〈4〉。如《昭仪尼寺》："得金像一躯，可高三丈，并有二菩萨。"

共[7]：⑤连词，表示并列，与〈2〉。如《序》："金刹与灵台比高，讲殿共阿房等壮。"

一[8]：⑲连词，与"便"或"就"连用，表示两种动作时间上的前后紧接〈1〉。见《闻义里》："然后辘轳绞索，一举便到，故胡人皆云四天王助之。"

致[9]：⑳连词，犹以至，以至于〈1〉。见《平等寺》："不劳挥逊，致爽人神。"

二、双音节词语

《伽蓝记》中有 755 个双音节词语见于南北朝传世典籍中，包括名词、动词、形容

---

[1][2]　该义项《汉语大词典》失收，当补。
[3]　该义项《汉语大词典》首引唐代崔曙《登水门楼，见亡友张贞期题望黄河诗，因以感兴》。
[4]　该义项《汉语大词典》首引唐代韩愈《与孟尚书书》。
[5]　该义项《汉语大词典》首引唐代陆贽《收河中后请罢兵状》。
[6]　该义项《汉语大词典》首引唐代韩愈《忆昨行和张十一》。
[7]　该义项《汉语大词典》首引金代董解元《西厢记诸宫调》。
[8]　该义项《汉语大词典》首引《儒林外史》。
[9]　该义项《汉语大词典》首引元代关汉卿《窦娥冤》。

词、副词、代词、连词等。

（一）见于南北朝语料中的双音节名词

见于南北朝传世典籍的双音节名词有 414 个，根据词语内部结构关系，又分为并列式、偏正式、支配式等。

1. 并列式双音节名词，124 个

第一，《汉语大词典》首引南北朝语料的，80 个。

首引《伽蓝记》的有以下 18 个。

裨益： 补益〈1〉。见《正觉寺》：“时高祖新营洛邑，多所造制，肃博识旧事，大有裨益。”

臣佐： 泛指臣僚官佐〈1〉。见《冲觉寺》：“府僚臣佐，并选隽民。”

趺坐： ②碑刻等的底座〈1〉。见《昭仪尼寺》：“趺坐上铭云：晋泰始二年五月十五日侍中中书监荀勖造。”

府僚： 王府或府署辟置的僚属〈1〉。见《冲觉寺》：“府僚臣佐，并选隽民。”

海陆： 指山珍海味〈2〉。如《秦太上公寺》：“兼设珍羞，海陆备具。”

蒿艾： 即艾蒿，一种野生的草〈1〉。见《序》：“寺观灰烬，庙塔丘墟，墙被蒿艾，巷罗荆棘。”

僚寀： 同僚〈1〉。见《法云寺》：“僚寀成群，俊民满席，丝桐发响，羽觞流行。”

傝奴： 詈词。劣奴〈1〉。见《凝玄寺》：“春风曰：‘傝奴慢骂。’”

旁午： ②到处〈1〉。见《永宁寺》：“尔朱荣不臣之迹，暴于旁午。”

期契： 约期〈1〉。见《永宁寺》：“长乐即许之，共剋期契。”

尸丧： ②遗体〈2〉。如《永宁寺》：“臣欲还晋阳，不忍空去，愿得太原王尸丧，生死无恨。”

丝管： 弦乐器与管乐器。泛指乐器〈2〉。如《景乐寺》：“歌声绕梁，舞袖徐转，丝管廖亮，谐妙入神。”

挽捉： 扶手〈1〉。见《闻义里》：“一直一道，从钵庐勒国向乌场国，铁锁为桥，悬虚为渡，下不见底，旁无挽捉，倏忽之间，投躯万仞。”

枭獍： 旧说枭为恶鸟，生而食母；獍为恶兽，生而食父。比喻忘恩负义之徒或狠毒的人〈1〉。见《永宁寺》：“若兆者蜂目豺声，行穷枭獍，阻兵安忍，贼害君亲。”

心识： ③心智〈1〉。见《白马寺》：“（宝公）形貌丑陋，心识通达，过去未来，预睹三世。”

勋德： ②指有功勋德行的人〈1〉。见《平等寺》：“而子攸不顾宗社，仇忌勋德，招聚轻侠，左右壬人。”

斋宇： 房屋〈1〉。见《正始寺》：“斋宇光丽，服玩精奇，车马出入，逾于邦君。”

章甫： ②指仕宦〈1〉。见《正始寺》：“辄以山水为富，不以章甫为贵。”

首引《颜氏家训》的有以下 3 个。

戎马： ⑤战争〈1〉。见《景明寺》：“时戎马在郊，朝廷多事，国礼朝仪，咸自子才出。”

　　形象：③塑像〈1〉。见《闻义里》："国王与湿婆仙立庙，图其形象，以金傅之。"

　　早晚：⑥几时〈2〉。如《景兴尼寺》："太尉府前砖浮图，形制甚古，犹未崩毁，未知早晚造？"

　　首引《后汉书》的有以下 28 个。

　　碑铭：碑文和铭文〈1〉。见《大统寺》："秦时未有佛法，功德不必是寺，应是碑铭之类，颂其声迹也。"

　　朝野：朝廷与民间〈5〉。如《景明寺》："邻国钦其模楷，朝野以为美谈也。"

　　成败：②指失败，用于偏义〈1〉。见《永宁寺》："吾世荷国恩，不能坐看成败，今欲以铁马五千，赴哀山陵，兼问侍臣帝崩之由，君竟谓何如？"

　　风土：①本指一方的气候和土地。后泛指风俗习惯和地理环境〈1〉。见《永明寺》："南中有歌营国，去京师甚远，风土隔绝，世不与中国交通，虽二汉及魏，亦未曾至也。"

　　服玩：服饰器用玩好之物〈1〉。见《正始寺》："斋宇光丽，服玩精奇。"

　　工作：①犹工程〈1〉。见《冲觉寺》："为文献追福，建五层浮图一所，工作与瑶光寺相似也。"

　　鼓吹：③演奏乐曲的乐队〈3〉。如《追先寺》："又除宣城太守，给鼓吹一部，剑卒千人。"

　　鼓角：①战鼓和号角，两种乐器。军队亦用以报时、警众或发出号令〈1〉。见《闻义里》："威仪有鼓角金钲，弓箭一具，戟二枝，矟五张。"

　　画工：③指雕饰的工巧之物〈1〉。见《秦太上公寺》："各有五层浮图一所，高五十丈，素彩画工，比于景明。"

　　将校：①军官的通称〈1〉。见《宣忠寺》："祖仁一门刺史，皆是徽之将校。"

　　锦罽：①丝织品和毛织品〈1〉。见《寿丘里》："锦罽珠玑，冰罗雾縠，充积其内。"

　　礼化：谓礼仪教化〈1〉。见《景宁寺》："卿沐其遗风，未沾礼化，所谓阳翟之民不知瘿之为丑。"

　　门巷：门庭里巷〈2〉。如卷三《龙华寺》："门巷修整，阊阖填列。"

　　名德：名望与德行〈2〉。如《胡统寺》："其寺诸尼，帝城名德，善于开导，工谈义理。"

　　人物：④指才能杰出或声望卓著、有地位的人〈3〉。如《永宁寺》："于时新经大兵，人物歼尽，流进之徒，惊骇未出。"

　　声迹：①声望与事迹〈1〉。见《大统寺》："苏秦时未有佛法，功德不必是寺，应是碑铭之类，颂其声迹也。"

　　声荣：犹声誉〈1〉。见《正始寺》："进不入声荣，退不为隐放。"

　　士女：②泛指人民、百姓〈4〉。如《景乐寺》："士女观者，目乱精迷。"

　　文籍：②文章典籍。泛指书籍〈1〉。见《昭仪尼寺》："忻，阳平人也，爱尚文籍。"

　　屋宇：房屋〈2〉。如《建中寺》："屋宇奢侈，梁栋逾制，一里之间，廊庑充溢。"

　　宪章：①典章制度〈2〉。如《景宁寺》："浮于三江，棹于五湖，礼乐所不沾，宪章弗能革。"

　　祥异：①吉祥与灾异〈2〉。如《平等寺》："国之吉凶，先炳祥异。"

　　讌会：宾朋宴饮的集会〈1〉。见《正觉寺》："自是朝贵讌会虽设茗饮，皆耻不复食，唯江表残民远来降者好之。"

　　宾客：③东汉以后对依附世家豪族人口的一种称谓〈2〉。如《法云寺》："或性爱林泉，又重宾客。"

　　妖贼：晋词。旧指以妖言惑众倡乱的人〈1〉。见《秦太上公寺》："孝昌初，妖贼四侵，州郡失据。"

　　妖异：①反常怪异的现象〈1〉。见《菩提寺》："时太后与明帝在华林都堂，以为妖异。"

　　丈六：一丈六尺。指佛的化身的长度。后亦借指佛身〈4〉。如《法云寺》："摹写真容，似丈六之见鹿苑；神光壮丽，若金刚之在双林。"

　　资业：①资财产业〈1〉。见《闻义里》："人民山居，资业穷煎。"

　　首引《南齐书》的有以下 4 个。

　　幡盖：幡幢华盖之类〈1〉。见《闻义里》："后人于此像边造丈六像及诸像塔，乃至数千，悬彩幡盖，亦有万计。"

　　裤衫：指裤褶〈1〉。见《闻义里》："其俗妇人裤衫束带，乘马驰走，与丈夫无异。"

　　山池：①山林池沼〈2〉。如《正始寺》："园林山池之美，诸王莫及。"

　　羽仪：③仪仗中以羽毛装饰的旌旗之类〈2〉。如《景宁寺》："众僧常见秦出入此冢，车马羽仪，若今宰相也。"

　　首引《水经注》的有以下 4 个。

　　阶墀：台阶〈3〉。如《秦太上君寺》："诵室禅堂，周流重叠，花林芳草，遍满阶墀。"

　　堂宇：殿堂的顶棚。亦指殿堂〈4〉。如《昭仪尼寺》："时见五色光明，照于堂宇。"

　　关防：②用兵防守的关隘〈1〉。见《闻义里》："皇魏关防，正在于此。"

　　作工：指工程〈5〉。如《永宁寺》："作工奇巧，冠于当世。"

　　首引《宋书》的有以下 6 个。

　　书轨：指国中所用文字与车轨。借指统一〈1〉。见卷三《龙华寺》："乃睠书轨，永怀保定。"

　　绨绣：饰以彩绣的厚缯〈1〉。见《序》："岂直木衣绨绣，土被朱紫而已哉！"

　　言音：①说话的声音〈1〉。见《闻义里》："风俗言音与于阗相似，文字与波罗门同。"

　　意趣：①意向，旨趣〈1〉。见《永宁寺》："今宿卫文武足得一战，但守河桥，观其意趣。"

　　影迹：踪影〈1〉。见《永明寺》："晖为洛州开府长史，重加采访，寥无影迹。"

园宅：田园第宅〈1〉。见《寿丘里》："争修园宅，互相夸竞。"

首引《魏书》的有以下 3 个。

庙社：宗庙和社稷〈1〉。见《京师建制》："庙社宫室府曹以外，方三百步为一里。"

由绪：来历〈1〉。见《景兴尼寺》："时人未之信，遂问寺之由绪。"

志性：性情〈3〉。如《永明寺》："晖志性聪明，学兼释氏，四谛之义，穷其旨归。"

首引沈约作品的有以下 2 个。

涂炭[1]：①比喻极困苦的境遇。后亦借指陷入灾难的人民〈1〉。见《宣忠寺》："使祖仁备经楚挞，穷其涂炭，虽魏其侯之笞田蚡，秦王之刺姚苌，以此论之，不能加也！"

宇宙[2]：③天下〈1〉。见《永宁寺》："皆理合于天，神祇所福，故能功济宇宙，大庇生民。"

首引《世说新语》的有以下 2 个。

才辞：才气辞章〈1〉。见《正觉寺》："赡学多通，才辞美茂，为齐秘书丞。"

风仪：风度，仪容〈1〉。见《法云寺》："或博通典籍，辨慧清悟，风仪详审，容止可观。"

首引谢朓《和王著作融八公山诗》的有以下 2 个。

风烟：①风与烟〈2〉。如《正始寺》："悬葛垂萝，能令风烟出入。"

亲知：①亲戚朋友〈1〉。见《景宁寺》："未尝修敬诸贵，亦不庆吊亲知。"

首引何逊《嘲刘谘议孝绰》的有以下 1 个。

窗户：窗〈1〉。见《寿丘里》："窗户之上，列钱青琐，玉凤衔铃，金龙吐佩。"

首引刘孝绰《酬陆长史倕》诗的有以下 1 个。

甍栋：①屋梁〈1〉。见《序》："洛阳城门楼皆两重，去地百尺，惟大夏门甍栋干云。"

首引梁简文帝《旦出兴业寺讲诗》的有以下 1 个。

铙吹：①即铙歌。军中乐歌〈1〉。见《高阳王寺》："铙吹响发，笳声哀转。"

首引谢灵运《斋中读书》诗的有以下 1 个。

丘壑：③谓隐逸生活〈1〉。见《景宁寺》："父辞，自得丘壑，不事王侯。"

首引谢庄《宋孝武帝哀策文》的有以下 1 个。

文物：③指车服旌旗仪仗之类〈1〉。见《高阳王寺》："出则鸣驺御道，文物成行。"

首引《文心雕龙》的有以下 1 个。

伦序：②条理，顺序〈1〉。见《永宁寺》："景讨正科条，商榷古今，甚有伦序。"

首引《梁书》的有以下 2 个。

林泉：山林与泉石〈4〉。如《法云寺》："或性爱林泉，又重宾客。"

---

〔1〕 见于《梁鼓吹曲·道亡》。
〔2〕 见于《游沈道士馆》。

泉石：指山水〈1〉。见《闻义里》："塔南二十步，有泉石。"

第二，《汉语大词典》失收或《汉语大词典》首引例证晚于南北朝的并列式双音节名词，43 个。

《汉语大词典》失收的有以下 12 个。

房庑：泛指房屋〈2〉。如《凝玄寺》："地形高显，下临城阙，房庑精丽，竹柏成林。"

弓箭：弓和箭〈1〉。见《闻义里》："威仪有鼓角金钲，弓箭一具，戟二枝，槊五张。"

里邑：指村落〈1〉。见《永宁寺》："又共芳造洛阳宫殿门阁之名，经途里邑之号。"

面麦：泛指面粉一类的食品〈1〉。见《闻义里》："人民山居，五谷甚丰，食则面麦。"

戎竖：对戎人的贱称〈1〉。见《法云寺》："延伯单马入阵，旁若无人，勇冠三军，威镇戎竖。"

山海：高山和大海出产的产品〈2〉。如《高阳王寺》："雍为丞相，给羽葆鼓吹、虎贲班剑百人，贵极人臣，富兼山海。"

松丘[1]：指代坟墓〈1〉。见《秦太上君寺》："臣年迫桑榆，气同朝露，人间稍远，日近松丘。"

下俗：低贱鄙俗者〈1〉。见《正始寺》："岂下俗之所务，实神怪之异趣。"

巷市[2]：文中指街市〈1〉。见《景宁寺》："里三千余家，自立巷市。"

兴适：兴之所至，指人心里突然对某事产生的兴趣〈1〉。见《宝光寺》："或置酒林泉，题诗花圃，折藕浮瓜，以为兴适。"

旨归：意义，宗旨〈2〉。如《景林寺》："众咸称善，以为得其旨归。"

子实：植物的果实〈1〉。见《白马寺》："浮图前奈林蒲萄异于余处，枝叶繁衍，子实甚大。"

《汉语大词典》首引例证晚于《伽蓝记》的，31 个。

《汉语大词典》首引例证是唐代典籍的有以下 21 个。

存没[3]：②生者和死者〈1〉。见《追先寺》："乞还本朝，叙录存没。"

幡幢[4]：即幢幡〈1〉。见《景明寺》："于时金花映日，宝盖浮云，幡幢若林，香烟似雾。"

坟井[5]：谓家乡，故土〈1〉。见《寿丘里》："何为弃坟井，在山谷为寇也？"

---

〔1〕 该词语《汉语大词典》释为：传说中仙人赤松子与浮丘公的并称。

〔2〕 该词语《汉语大词典》释为：古礼居天子、诸侯丧必停市，而在里巷中买卖物品以示忧戚。

〔3〕 该义项《汉语大词典》首引唐代宋之问《鲁忠王挽词》。

〔4〕 该义项《汉语大词典》首引唐代黄滔《辞府相》。

〔5〕 该义项《汉语大词典》首引唐代沈亚之《省试策三道·第三问》。

风范[1]：③犹风操。指合乎规范，可资效法的操行〈1〉。见《闻义里》："宋云惠生见彼比丘戒行精苦，观其风范，特加恭敬。"

冠帽[2]：即帽子〈1〉。见《景宁寺》："吴人之鬼，住居建康，小作冠帽，短制衣裳。"

栌栱[3]：斗栱〈1〉。见《闻义里》："其高三丈，悉用文石为阶砌栌栱，上构众木，凡十三级。"

门阁：门户；门扇〈1〉。见《永宁寺》："又共芳造洛阳宫殿门阁之名，经途里邑之号。"

器度：①器量〈1〉。见《追先寺》："萧衍素闻略名，见其器度宽雅，文学优赡，甚敬重之。"

卿宰[4]：犹卿相〈1〉。见《永宁寺》"逆刃加于君亲，锋镝肆于卿宰，元氏少长，殆欲无遗。"

笙箫[5]：笙和箫，泛指管乐器〈1〉。见《闻义里》："击鼓吹贝，琵琶箜篌，笙箫备有。"

士子[6]：③学子〈4〉。如《正觉寺》："京师士子道肃一饮一斗，号为漏卮。"

王公[7]：②泛指达官贵人〈6〉。如《序》："时王公卿士常迎驾于新门。"

威仪：③帝王或大臣的仪仗、扈从〈1〉。见《闻义里》："威仪有鼓角金钲，弓箭一具，戟二枝，槊五张。"

文武：文臣和武将〈1〉。见《永宁寺》："今宿卫文武足得一战，但守河桥，观其意趣。"

虚空：②空中〈3〉。如《正觉寺》："吴人浮水自云工，妓儿掷绳在虚空。"

檐溜[8]：屋檐下接水的沟槽〈1〉。见《永宁寺》："栝栢椿松，扶疏檐溜。"

阴阳[9]：③古代指宇宙间贯通物质和人事的两大对立面，日月〈2〉。如《闻义里》："乡土不识，文字礼教俱阙，阴阳运转，莫知其度，年无盈闰，月无大小，周十二月为一岁。"

玄奥[10]：②指玄虚深奥的义理〈1〉。见《法云寺》："诗赋并陈，清言乍起，莫不领其玄奥，忘其褊吝焉。"

---

[1] 该义项《汉语大词典》首引《周书》。
[2] "冠帽""门阁""器度""威仪""虚空"5词，《汉语大词典》首引《晋书》。
[3] 该义项《汉语大词典》首引《周书·武帝纪下》。
[4] "卿宰""文武""志欲"3词，《汉语大词典》首引《南史》。
[5] 该义项《汉语大词典》首引唐代曹唐《小游仙诗》。
[6] 该义项《汉语大词典》首引《北齐书·辛术传》。
[7] 该义项《汉语大词典》首引唐代韩愈《荆潭唱和诗序》。
[8] 该义项《汉语大词典》首引唐代元结《漫阳亭序》。
[9] 该义项《汉语大词典》首引唐代杜甫《阁夜》。
[10] 该义项《汉语大词典》首引唐代白行简《夫子鼓琴得其人》。

烟气〔1〕：②燃烧时产生的烟火气〈1〉。见《永宁寺》："有火入地寻柱，周年犹有烟气。"

宅宇〔2〕：房舍〈1〉。见《法云寺》："宅宇逾制，楼观出云，车马服饰拟于王者。"

志欲：欲念〈1〉。见《寿丘里》："融立性贪暴，志欲无限，见之叹惋，不觉生疾，还家卧三日不起。"

《汉语大词典》首引例证是宋代的有以下4个。

川原〔3〕：④指原野〈1〉。见《闻义里》："川原沃壤，城郭端直，民户殷多，林泉茂盛。"

地土〔4〕：①犹土地〈1〉。见《闻义里》："地土甚寒，窟穴而居。"

都邑〔5〕：②指京都〈1〉。见《景兴尼寺》："自永嘉已来二百余年，建国称王者十有六君，吾皆游其都邑，目见其事。"

周围〔6〕：①环绕着中心的部分〈1〉。见《明悬尼寺》："谷水周围绕城，至建春门外，东入阳渠石桥。"

《汉语大词典》首引例证是元代的有以下3个。

大小〔7〕：③谓大小的程度〈1〉。见《永宁寺》："铎大小如一石瓮子。"

家庭〔8〕：③庭院〈1〉。见《永宁寺》："视宫中如掌内，临京师若家庭，以其目见宫中，禁人不听升之。"

兄弟〔9〕：⑧泛称意气相投或志同道合的人〈1〉。见《永宁寺》："荣即共穆结异姓兄弟。"

《汉语大词典》首引例证是明清的有以下3个。

口味〔10〕：①美味〈2〉。如《景宁寺》："所卖口味，多是水族，时人谓为鱼鳖市也。"

门阀〔11〕：②宅第〈1〉。见《凝玄寺》："（李元谦）常经文远宅前过，见其门阀华美。"

省府〔12〕：②指朝廷〈1〉。见《景明寺》："省府以之决疑，州郡用为治本。"

---

〔1〕　该义项《汉语大词典》首引唐代崔立之《南至隔仗望含元殿香炉》。
〔2〕　该义项《汉语大词典》首引《晋书》。
〔3〕　该义项《汉语大词典》首引宋代王安石《出郊》诗。
〔4〕　该义项《汉语大词典》引自《新唐书·贾耽传》。
〔5〕　该义项《汉语大词典》引自宋代蔡絛《铁围山丛谈》。
〔6〕　该义项《汉语大词典》引自宋代周辉《清波别志》卷中。
〔7〕　该义项《汉语大词典》首引元代郑光祖《伊尹耕莘》。
〔8〕　该义项《汉语大词典》首引《宋史·章得象传》。
〔9〕　该义项《汉语大词典》引自元代郑光祖《老君堂》第二折。
〔10〕　该义项《汉语大词典》首引《考古》1972年第5期。
〔11〕　该义项《汉语大词典》首引清代黄轩祖《游梁琐记·裕州刀匪》。
〔12〕　该义项《汉语大词典》首引《三国演义》第二回。

2. 偏正式双音节词语，268 个

第一，《汉语大词典》首引南北朝语料的双音节名词，161 个。

首引《伽蓝记》的有以下 52 个。

白民：②旧指没有功名的人〈1〉。见《永宁寺》："白民赠郡镇。"

冰桥：河上结冰坚固，可以行走，谓之冰桥〈1〉。见《永宁寺》："昔光武受命，冰桥凝于滹水；昭烈中起，的卢踊于泥沟。"

大宝：①《易·系辞下》："圣人之大宝曰位。"后因以"大宝"指帝位〈1〉。见《永宁寺》："正以糠秕万乘，锱铢大宝，非贪皇帝之尊，岂图六合之富?"

帝图：②指帝王应天命的图箓〈1〉。见《平等寺》："天命至重，历数匪轻，自非德协三才，功济四海，无以入选帝图，允当师锡。"

东家：⑥指孔子〈1〉。见《秦太上君寺》："荀济人非许郭，不识东家，虽复荞言自口，未宜荣辱也。"

毒龙：①凶恶的龙〈2〉。如《闻义里》："毒龙居之，多有灾异。"

浮道：①天桥〈1〉。见《景明寺》："复殿重房，交疏对溜，青台紫阁，浮道相通。"

馆阁：①指房屋建筑〈1〉。见《秦太上公寺》："取书引元宝入，遂见馆阁崇宽，屋宇佳丽。"

贵里：豪门势家聚居的里巷〈1〉。见《修梵寺》："当世名为贵里。"

贵室：③贵者之家〈1〉。见《永宁寺》："贵室豪家，弃宅竞窜，贫夫贱士，襁负争逃。"

豪首：①豪富的人家〈1〉。见《开善寺》："而河间王琛最为豪首，常与高阳争衡，造文柏堂，形如徽音殿。"

鹤觞：酒名〈1〉。见《法云寺》："京师朝贵多出郡登藩，远相饷馈，逾于千里。以其远至，号曰'鹤觞'，亦名'骑驴酒'。"

狐魅：①犹狐妖〈1〉。见《法云寺》："当时有妇人着彩衣者，人皆指为狐魅。"

花圃：种植花草的园圃〈1〉。见《宝光寺》："或置酒林泉，题诗花圃。"

黄甲：②一种大蟹〈1〉。见《景宁寺》："或黄甲紫鳞，出没于繁藻。"

贱士：②微贱的人〈1〉。见《永宁寺》："贵室豪家，弃宅竞窜，贫夫贱士，襁负争逃。"

金冠：饰金的冠〈1〉。见《闻义里》："王头著金冠，似鸡帻，头垂二尺生绢，广五寸，以为饰。"

金床：①尊者所坐的交椅〈2〉。如《闻义里》："王著锦衣，坐金床，以四金凤凰为床脚。"

酒树：果实能作造酒原料的树。多指椰子树〈1〉。见《昭仪尼寺》："堂前有酒树面木。"

巨量：宽宏的气量〈1〉。见《正始寺》："巨量焕于物表，夭矫洞达其真。"

酪奴：茶的别名〈1〉。见《正觉寺》："卿明日顾我，为卿设邾莒之食，亦有酪奴。"

立性：生性〈4〉。如《寿丘里》："融立性贪暴，志欲无限。"

面木：树名，即桄榔〈1〉。见《昭仪尼寺》："堂前有酒树面木。"

漏卮：③比喻饮量极大〈1〉。见《正觉寺》："京师士子道肃一饮一斗，号为漏卮。"

苗茨：犹茅茨〈2〉。如《景林寺》："以蒿覆之，故言苗茨，何误之有？"

妙著：①神妙的破解〈1〉。见《景宁寺》："虽令与侯小乖，按令今百里，即是古诸侯，以此论之，亦为妙著。"

茗饮：②指茶〈5〉。如《正觉寺》："时给事中刘缟慕肃之风，专习茗饮。"

茗汁：茶水〈1〉。见《正觉寺》："肃初入国，不食羊肉及酪浆等物，常饭鲫鱼羹，渴饮茗汁。"

奈林：奈树林〈2〉。见《白马寺》："浮图前奈林蒲萄异于余处，枝叶繁衍，子实甚大。"

牛筋：③木名。花叶皆如楝而细小，多植庭园中供观赏。又名南烛〈1〉。见《瑶光寺》："牛筋狗骨之木，鸡头鸭脚之草，亦悉备焉。"

贫夫：①穷汉〈1〉。见《永宁寺》："贵室豪家，弃宅竞窜，贫夫贱士，襁负争逃。"

商胡：古称至中国经商的胡人。多指粟特、大食商人〈2〉。如卷三《龙华寺》："商胡贩客，日奔塞下。"

市价：市场价格〈1〉。见《法云寺》："至于盐粟贵贱，市价高下，所在一例。"

缌亲：较为疏远的亲属关系〈1〉。见《宣忠寺》："所得金马，缌亲之内均分之。"

铁字：指铁券上的文字〈1〉。见《永宁寺》："长乐不顾信誓，枉害忠良，今日两行铁字，何足可信？"

挽歌：②以唱丧歌为业的人〈1〉。见《冲觉寺》："给九旒鸾辂、黄屋、左纛、辒辌车，前后部羽葆鼓吹，虎贲班剑百人，挽歌二部，葬礼依晋安平王孚故事。"

霞表：云霞之外，高空〈1〉。见《景明寺》："金盘宝铎，焕烂霞表。"

香袋：盛香料的小袋子。古时人们常佩带在身上，用以辟秽恶之气，也作装饰品〈1〉。见《闻义里》："皇太后敕付五色百尺幡千口，锦香袋五百枚，王公卿士幡二千口。"

蟹黄：①螃蟹体内的卵巢和消化腺，橘黄色，味鲜美〈1〉。见《景宁寺》："菰稗为饭，茗饮作浆，呷啜莼羹，唼嘶蟹黄。"

凶手：①泛指恶人〈1〉。见《永宁寺》："虽迫于凶手，势不自由，或贰生素怀，弃剑猜我。"

鸭脚：③即鸭脚葵〈1〉。见《瑶光寺》："牛筋狗骨之木，鸡头鸭脚之草，亦悉备焉。"

雁臣：指古代逢秋到京师朝觐，至春始还部落的北方少数民族首领〈1〉。见卷三《龙华寺》："北夷酋长遣子入侍者，常秋来春去，避中国之热，时人谓之雁臣。"

养息：③养子〈1〉。见《昭仪尼寺》："胡马鸣珂者，莫非黄门之养息也。"

谣语：谚语〈1〉。见《秦太上君寺》："是以京师谣语曰：'狱中无系囚，舍内无青州，假令家道恶，肠中不怀愁。’”

义父：非本生之父而拜认为父者〈1〉。见《景兴尼寺》：“汝南王闻而异之，拜为义父。”

愚衷：谦称自己的心意、心愿〈1〉。见《平等寺》：“乞收成旨，以允愚衷。”

羽徒：①指鸟类〈1〉。见《正始寺》：“羽徒纷泊，色杂苍黄，绿头紫颊，好翠连芳。”

玉凤：玉雕的凤凰〈1〉。见《寿丘里》：“窗户之上，列钱青琐，玉凤衔铃，金龙吐佩。”

浴堂：澡堂；洗澡的地方〈2〉。如《宝光寺》：“此是浴堂，前五步，应有一井。”

中长：指相当于一般人的身高〈1〉。见《永宁寺》：“中有丈八金像一躯，中长金像十躯。”

坐床：①指坐具〈1〉。见卷三《龙华寺》：“背设五彩屏风、七宝坐床，容数人，真是异物。”

缁流：僧徒。僧尼多穿黑衣，故称〈1〉。见《胡统寺》：“其资养缁流，从无比也。”
首引《后汉书》的有以下 34 个。

百戏：古代乐舞杂技的总称〈1〉。见《景明寺》：“百戏腾骧，所在骈比。”

碑颂：刻在墓碑上颂扬死者的文辞〈1〉。见《景明寺》：“所制诗赋诏策章表碑颂赞记五百篇，皆传于世。”

碑文：①刻在碑上的文字〈5〉。如《永宁寺》：“诏中书舍人常景为寺碑文。”

本乡：①原籍，故乡〈1〉。见《景宁寺》：“乍至中土，思忆本乡，急手速去，还尔丹阳。”

本意：①本来的意思〈1〉。见《景林寺》：“魏明英才，世称三祖，公幹仲宣，为其羽翼，但未知本意如何，不得言误也。”

布袍：①布制长袍〈1〉。见《景宁寺》：“布袍芒履，倒骑水牛。”

贩客：犹贩子〈1〉。见卷三《龙华寺》：“商胡贩客，日奔塞下。”

伎女：古代指女歌舞艺人〈1〉。见《白马寺》：“素柰朱李，枝条入檐，伎女楼上，坐而摘食。”

妓女：①女歌舞艺人〈2〉。如《高阳王寺》：“童仆六千，妓女五百，隋珠照日，罗衣从风。”

金盘：①金属制成的盘。(3) 承露之盘〈8〉。如《永宁寺》：“宝瓶下有承露金盘一十一重。”

金穴：藏金之窟。喻豪富之家〈1〉。见《法云寺》：“是以海内之货，咸萃其庭，产匹铜山，家藏金穴。”

旧迹：①遗迹〈1〉。见《景兴尼寺》：“所经之处，多记旧迹。”

库藏：②仓库〈1〉。见《寿丘里》：“于时国家殷富，库藏盈溢，钱绢露积于廊者，不可校数。”

乱兵：②叛乱或溃散的士兵〈1〉。见《法云寺》："及尔朱兆入京师，或为乱兵所害，朝野痛惜焉。"

门楼：①城门上的楼，古代供瞭望、射敌用〈3〉。如《序》："洛阳城门楼皆两重，去地百尺，惟大夏门甍栋干云。"

门士：守门的士卒〈1〉。见《京师建制》："门士八人，合有二百二十里。"

内殿：皇帝召见大臣和处理国事之处。因在皇宫内进，故称〈1〉。见《崇真寺》："即请坐禅僧一百人常在内殿供养之。"

绮疏：指雕刻成空心花纹的窗户〈2〉。如《瑶光寺》："绮疏连亘，户牖相通，珍木香草，不可胜言。"

人区：指人间〈1〉。见《序》："《三坟》《五典》之说，九流百氏之言，并理在人区，而义兼天外。"

水精：③水晶。无色透明的结晶石英，是一种贵重矿石〈1〉。见《永明寺》："民户殷多，出明珠金玉及水精珍异，饶槟榔。"

太后：帝王之母称太后。秦汉以后始专称皇帝之母〈32〉。如《永宁寺》："太后贪秉朝政，故以立之。"

头巾：②裹头的织品〈1〉。见《永宁寺》："时十二月，帝患寒，随兆乞头巾，兆不与。"

渭阳：②舅父的代称，典故，出自《诗秦风渭阳》，后以"渭阳"表示甥舅〈1〉。见《秦太上君寺》："陛下渭阳兴念，宠及老臣。"

文宗：①备受尊崇的文章宗伯〈1〉。见《景明寺》："文宗学府，蹑班马而孤上。"

舞女：②舞伎〈1〉。见《高阳王寺》："入则歌姬舞女，击筑吹笙，丝管迭奏，连宵尽日。"

雄规：①宏大的规划〈1〉。见《追先寺》："雄规不就，衅起同谋。"

秀才：②汉时开始与孝廉并为举士的科名，东汉时避光武帝讳改称"茂才"〈1〉。见《法云寺》："荆州秀才张斐常为五言，有清拔之句云……"

御道：供帝王车驾通行的道路〈34〉。如《永宁寺》："御道西有右卫府。"

葬礼：殡葬的礼仪〈1〉。见《冲觉寺》："给九旒鸾辂、黄屋、左纛、辒辌车，前后部羽葆鼓吹，虎贲班剑百人，挽歌二部，葬礼依晋安平王孚故事。"

长君：②成年的公子〈1〉。见《永宁寺》："于是密议长君诸王之中不知谁应当璧。"

珍果：珍贵的果品〈1〉。见《报德寺》："周回有园，珍果出焉，有大谷梨承光之奈。"

正号：①正式的名位或爵号〈1〉。见《秦太上君寺》："当时太后，正号崇训，母仪天下。"

治声：为政有成绩而获得的声誉〈1〉。见《追先寺》："略为政清肃，甚有治声。"

中土：④指中国〈4〉。如《永宁寺》："起自荒裔，来游中土。"

首引《宋书》的有以下8个。

草庵：草舍〈1〉。见《闻义里》；"塔南一里，有太子草庵处。"

粗食：粗劣的饭菜〈1〉。见《高阳王寺》："而性多俭吝，恶衣粗食，食常无肉，止有韭茹、韭菹。"

花药：②芍药〈1〉。见《冲觉寺》："树响飞嘤，阶丛花药。"

花叶：花片，花瓣〈1〉。见《闻义里》："花叶似枣，季冬始熟。"

天阙：②天子的宫阙，亦指朝廷或京都〈1〉。见《闻义里》："至正光二年二月始还天阙。"

同谋：②指参与谋划的人〈1〉。见《追先寺》："雄规不就，衅起同谋。"

铜像：①铜铸的神像或人像〈1〉。见《开善寺》："南阳人侯庆有铜像一躯，可高尺余。"

挽郎：出殡时牵引灵柩唱挽歌的人〈1〉。见《景明寺》："（子才）解褐为世宗挽郎，奉朝请。"

首引《世说新语》的有以下 7 个。

朝贵：朝廷中的权贵〈5〉。如《景宁寺》："朝贵义居，未之有也。"

东头：东边〈2〉。如《序》："东头第一门，曰开阳门。"

举坐：全体在座者〈1〉。见《正觉寺》："元义与举坐之客皆笑焉。"

水厄：②三国魏晋以后，渐行饮茶，其初不习饮者，戏称为"水厄"〈2〉。如《正觉寺》："卿不慕王侯八珍，好苍头水厄。"

挽歌：挽柩者所唱哀悼死者的歌〈2〉。如《冲觉寺》："给九旒銮辂、黄屋、左纛、辒辌车，前后部羽葆鼓吹，虎贲班剑百人，挽歌二部，葬礼依晋安平王孚故事。"

下官：④官吏自称的谦辞〈3〉。如卷二《龙华寺》："与公主语，常自称下官。"

玄言：①魏晋间崇尚老庄玄理的言论或言谈〈1〉。见《永明寺》："夙善玄言道家之业，遂舍半宅安置佛徒，演唱大乘数部。"

首引《幽明录》的有以下 1 个。

行资：①旅费〈2〉。如《闻义里》："宋云与惠生割舍行资，于山顶造浮图一所。"

首引《水经注》的有以下 5 个。

故宅：旧宅〈1〉。见《昭仪尼寺》："时人咸云此是荀勖故宅。"

民户：民家〈2〉。如《永明寺》："民户殷多，出明珠金玉及水精珍异，饶槟榔。"

石桥：①石造的桥〈6〉。如《景兴尼寺》："石桥南有景兴尼寺，亦阉官等所共立也。"

石柱：石华表。亦泛指石头柱子〈1〉。见《明悬尼寺》："桥有四石柱，在道南。"

水功：水利之事〈1〉。见《景明寺》："碾硙春簸，皆用水功。"

首引《颜氏家训》的有以下 3 个。

士族：②泛指读书人〈1〉。见《景宁寺》："昨至洛阳，始知衣冠士族并在中原，礼仪富盛，人物殷阜，目所不识，口不能传。"

学徒：②泛指读书人〈3〉。如《昭仪尼寺》："仪寺有池，京师学徒谓之翟泉也。"

毡帐：①毡制的帐篷〈1〉。见《闻义里》："王居大毡帐，方四十步，周回以氍毹为壁。"

首引《魏书》的有以下 7 个。

别邸：即别第〈1〉。见《平等寺》："乃徐发枢机，副兹亿属，便敬奉玺绶，归于别邸。"

黑门：①黑色的门〈2〉。如《崇真寺》："青衣送入黑门。"

皇宗：皇帝的宗族〈2〉。如《开善寺》："并名为寿丘里，皇宗所居也。"

隶书：①汉字字体名，由篆书简化演变而成〈5〉。如《法云寺》："至中国，即晓魏言及隶书。"

茂亲：古时多指皇室宗亲〈1〉。见《冲觉寺》："时帝始年六岁，太后代总万机，以怿明德茂亲，体道居正，事无大小，多咨询之。"

昔来：向来〈1〉。见《永宁寺》："昔来闻死苦，何言身自当！"

杂伎：见"杂技"。①古代娱乐形式之一种，包括百戏、杂乐、歌舞戏、傀儡戏等〈1〉。见《景兴尼寺》："像出之日，常诏羽林一百人举此像，丝竹杂伎，皆由旨给。"

首引《南齐书》的有以下 3 个。

法吏：古代司法官吏〈1〉。见《景明寺》："法吏疑狱，簿领成山。"

树皮：树的表皮〈1〉。见《永明寺》："斯调国出火浣布，以树皮为之。"

鱼羹：鱼做的糊状食物〈1〉。见《正觉寺》："卿中国之味也，羊肉何如鱼羹？"

首引《三辅黄图》的有以下 3 个。

飞阁：①架空建筑的阁道〈3〉。如《瑶光寺》："凡四殿，皆有飞阁向灵芝往来。"

九逵：四通八达的大道〈1〉。见《序》："游儿牧竖，踯躅于九逵。"

西头：①西边〈1〉。见《序》："北面有二门：西头曰大夏门。"

首引庾信作品的有以下 2 个。

香烟[1]：①焚香所生的烟〈1〉。见《景明寺》："金花映日，宝盖浮云，幡幢若林，香烟似雾。"

杂乐[2]：指各种音乐〈1〉。见《正始寺》："妙伎杂乐，亚于刘腾，城东士女多来此寺观看也。"

首引江淹作品的有以下 2 个。

丹砂[3]：②指丹砂炼成的丹药〈1〉。见《修梵寺》："时邢峦家常掘得丹砂，及钱数十万。"

金蝉[4]：①冠饰〈1〉。见《法云寺》："至三元肇庆，万国齐臻，金蝉曜首，宝玉鸣腰。"

---

〔1〕　见于《奉和阐弘二教应诏》。
〔2〕　见于《周车骑大将军赠小司空宇文显和墓志铭》。
〔3〕　见于《莲花赋》。
〔4〕　见于《萧让剑履殊礼表》。

首引鲍照作品的有以下 3 个。

虫蚁[1]：①犹虫豸〈1〉。见《景宁寺》："地多湿垫，攒育虫蚁。"

天情[2]：②犹天意〈1〉。见《平等寺》："自惟薄寡，本枝疏远，岂宜仰异天情，俯乖民望？"

悬崖[3]：高耸陡峭的山崖〈1〉。见《闻义里》："悬崖万仞，极天之阻，实在于斯。"

首引谢朓作品的有以下 3 个。

翠竹[4]：绿竹〈1〉。见《正始寺》："葭菼被岸，菱荷覆水，青松翠竹，罗生其旁。"

花丛[5]：①丛集的群花〈1〉。见《闻义里》："当时太簇御辰，温炽已扇，鸟鸣春树，蝶舞花丛。"

细缕[6]：极细之线〈1〉。见《闻义里》："非值条缝明见，至于细缕亦彰。"

首引萧统作品的有以下 3 个。

雕梁[7]：饰有浮雕、彩绘的梁；装饰华美的梁〈1〉。见《永宁寺》："僧房楼观，一千余间，雕梁粉壁，青琐绮疏，难得而言。"

缥囊[8]：用淡青色的丝绸制成的书囊。亦借指书卷〈1〉。见《寿丘里》："当时四海晏清，八荒率职，缥囊纪庆，玉烛调辰，百姓殷阜，年登俗乐。"

石磴[9]：石台阶〈1〉。见《寿丘里》："入其后园，见沟渎蹇产，石磴嶕峣。"

首引沈约作品的有以下 6 个。

国道[10]：②犹国运〈1〉。见《宣忠寺》："及北海败散，国道重晖，遂舍宅焉。"

金瓶[11]：①酒器〈1〉。见《寿丘里》："金瓶银瓮百余口，瓯檠盘盒称是。

金属[12]：犹众望〈1〉。见《平等寺》："王既德应图箓，金属攸归，便可允执其中，入光大麓。"

烟花[13]：①雾霭中的花〈1〉。见《正始寺》："其中烟花露草，或倾或倒，霜干风枝，半耸半垂。"

---

[1]　见于《拟行路难》。
[2]　见于《河清颂·并序》。
[3]　见于《岐阳守风》。
[4]　见于《游后园赋》。
[5]　见于《和王主簿季哲怨情诗》。
[6]　见于《咏兔丝》。
[7]　见于《锦带书十二日启》。
[8]　见于《文选序》。
[9]　见于《开善寺法会》。
[10]　见于《上〈宋书〉表》。
[11]　见于《三月三日率尔成章诗》。
[12]　见于《王茂加侍中诏》。
[13]　见于《伤春诗》。

玉质[1]：②形容质美如玉〈1〉。见《正始寺》："子英游鱼于玉质，王乔系鹄于松枝。"

学府[2]：①比喻学问渊博〈1〉。见《景明寺》："文宗学府，躐班马而孤上。"

首引任昉作品的有以下2个。

金版[3]：②传说夏桀杀关龙逢后地庭中所出之金版书〈1〉。见《平等寺》："遂虐甚剖心，痛齐钳齿，岂直金版造怨，大鸟感德而已！"

墓志[4]：放在墓里刻有死者生平事迹的石刻，亦指墓志上的文字〈1〉。见《景兴尼寺》："及其死也，碑文墓志，莫不穷天地之大德，尽生民之能事。"

首引梁元帝《扬州梁安寺碑》的有以下1个。

银阙：道家谓天上有白玉京，为仙人或天帝所居〈1〉。见《闻义里》："宋云具说周、孔、庄、老之德，次序蓬莱山上银阙金堂，神仙圣人并在其上。"

首引《百喻经》的有以下1个。

世间：人世间〈2〉。如《闻义里》："山有高下，水有大小，人处世间，亦有尊卑。"

首引何承天《鼓吹铙歌·朱路篇》的有以下1个。

班剑：指持班剑的武士〈2〉。如《高阳王寺》："正光中，雍为丞相，给羽葆鼓吹、虎贲班剑百人，贵极人臣，富兼山海。"

首引顾野王《舞影赋》的有以下1个。

粉壁：①指白色墙壁〈1〉。见《永宁寺》："僧房楼观，一千余间，雕梁粉壁，青琐绮疏。"

首引徐陵《与杨仆射书》的有以下1个。

高轩：②高车，借指贵显者〈1〉。见《昭仪尼寺》："高轩斗升者，尽是阉官之嫠妇。"

首引吴均《行路难》的有以下1个。

歌姬：宫廷、官府或私家蓄养的歌女〈1〉。见《高阳王寺》："入则歌姬舞女，击筑吹笙。"

首引王台卿《奉和往虎窟山寺》的有以下1个。

涧道：山涧通道〈1〉。见《正始寺》："峥嵘涧道，盘纡复直。"

首引《乐府诗集·横吹曲辞五·折杨柳歌辞》的有以下1个。

快马：①善于奔驰的健马〈1〉。见《寿丘里》："快马健儿，不如老妪吹篪。"

首引孔稚珪《北山移文》的有以下2个。

鸣驺：古代随从显贵出行并传呼喝道的骑卒。有时借指显贵〈1〉。见《高阳王寺》："出则鸣驺御道，文物成行，铙吹响发，笳声哀转。"

---

[1] 见于《与沈渊荐沈驎士表》。
[2] 见于《太常卿任昉墓志铭》。
[3] 见于《百辟劝进今上笺》。
[4] 见于《刘先生夫人墓志》。

物表：物外，世俗之外〈1〉。见《正始寺》："巨量焕于物表，夭矫洞达其真。"

首引陶弘景《答谢中书书》的有以下 1 个。

青林：②苍翠的树木〈1〉。见《景明寺》："前望嵩山少室，却负帝城，青林垂影，绿水为文。"

首引王俭《谅闇亲奉烝尝议》的有以下 1 个。

三元：①农历正月初一。是日为年、月、日之始，故谓之三元〈1〉。见《法云寺》："至三元肇庆，万国齐臻，……观者忘疲，莫不叹服。"

首引王中《头陀寺碑文》的有以下 1 个。

胜地：②名胜之地〈3〉。如《景林寺》："讲殿叠起，房庑连属，丹楹炫日，绣栭迎风，实为胜地。"

首引陆倕《石阙铭》的有以下 1 个。

铁马：①配有铁甲的战马。有时亦指雄师劲旅〈1〉。见《永宁寺》："吾世荷国恩，不能坐看成败，今欲以铁马五千，赴哀山陵……"

首引《文心雕龙》的有以下 1 个。

文集：一人或数人作品汇集编成的书〈1〉。见《永宁寺》："所著文集，数百余篇。"

首引《齐民要术》的有以下 1 个。

鱼池：养鱼的池塘〈2〉。如《法云寺》："市西北有土山鱼池，亦冀之所造。"

首引颜延之《北使洛阳》的有以下 1 个。

三川：②指洛阳〈1〉。见《永宁寺》："风行建业，电赴三川。"

第二，《汉语大词典》失收或《汉语大词典》首引例证晚于南北朝的偏正式双音节名词，107 个。

《汉语大词典》失收的词语或义项的有以下 21 个。

大海：大水池〈2〉。如《景林寺》："华林园中有大海，即汉天渊池。"

大义：正义的战争〈1〉。见《永宁寺》："太原王欲使帝幸晋阳，至秋更举大义。"

丹足：此处指代白鹤〈1〉。见《正始寺》："羽徒纷泊，色杂苍黄，绿头紫颊，好翠连芳，白鹤生于异县，丹足出自他乡。"

斗升：指形状如覆斗的车帐〈1〉。见《昭仪尼寺》："高轩斗升者，尽是阉官之嫠妇。"

环锁：链子〈1〉。见《寿丘里》："以银为槽，金为环锁，诸王服其豪富。"

皇姨：称谓语〈1〉。见《秦太上公寺》："东寺，皇姨所建。"

鸡帻：鸡冠〈1〉。见《闻义里》："王头著金冠，似鸡帻，头后垂二尺生绢。"

金罐：金制的罐子〈1〉。见《开善寺》："置玉井金罐，以五色缋为绳。"

韭茹：韭菜〈1〉。见《高阳王寺》："而性多俭吝，恶衣粗食，食常无肉，止有韭茹、韭菹。"

满月：此处指如来之色相。言佛之颜容，皎洁光净，如满月色〈1〉。见《序》："自项日感梦，满月流光，阳门饰豪眉之像，夜台图绀发之形。"

南阙：指皇宫、朝廷〈1〉。见《永宁寺》："庄帝肇升太极，解网垂仁，唯散骑常侍山伟一人拜恩南阙。"

南头：南边〈1〉。见《序》："南头第一门曰西明门。"

平头：平顶〈1〉。见《闻义里》："城傍花果似洛阳，唯土屋平头为异也。"

人中：指中人，一般人的身高〈2〉。如《永明寺》："晖遂造人中夹纻像一躯，相好端严，希世所有。"

山路：山间的道路〈1〉。见《闻义里》："自此以西，山路欹侧，长坂千里。"

神枢：②即天枢。北斗星座第一星，此处指政权〈1〉。见卷三《龙华寺》："袭我冠冕，正我神枢。"

双声：两字声母相同者，为双声〈2〉。如《凝玄寺》："时陇西李元谦乐双声语，常经文远宅前过，见其门阀华美。"

岁次[1]：每年岁星所值的星次与岁星纪年法对应的年份叫岁次。古以岁星纪年，也叫年次〈1〉。见《景兴尼寺》："晋太康六年岁次乙巳九月甲戌朔八日辛巳，仪同三司襄阳侯王濬敬造。"

天王[2]：④印度宗教传说中的天界之王。佛教称护法神为天王，如毗沙门天王、四天王〈1〉。见《闻义里》："一举便到，故胡人皆云四天王助之。"

土台：泥土筑造的高台〈1〉。见卷二《龙华寺》："阳渠北有建阳里，里内有土台，高三丈，上作二精舍。"

幽庭：坟墓〈1〉。见《永宁寺》："隧门一时闭，幽庭岂复光？"

《汉语大词典》首引例证晚于《伽蓝记》的，86个。

《汉语大词典》首引隋唐时期的典籍的有以下52个。

香泥[3]：芳香的泥土〈1〉。见《闻义里》："时有婆罗门不信是粪，以手探看，遂作一孔，年岁虽久，粪犹不烂，以香泥填孔，不可充满，今有天宫笼盖之。"

遍体[4]：浑身〈1〉。见《平等寺》："此像面有悲容，两目垂泪，遍体皆湿，时人号曰佛汗。"

成旨：既定的旨令〈1〉。见《平等寺》："乞收成旨，以允愚衷。"

亲王：皇帝或国王近支亲属中封王者。其名始于南朝末期〈1〉。见《冲觉寺》："怿，亲王之中，最有名行，世宗爱之，特隆诸弟。"

半天[5]：②半空中〈1〉。见《闻义里》："如此四日，乃得至岭。依约中下，实半天矣。"

合家：全家〈1〉。见《景宁寺》："即舍宅为归觉寺，合家人入道焉。"

---

〔1〕　该词语收于《辞源》，见于南朝梁陆佐公《石阙铭》。

〔2〕　该义项《汉语大词典》无例证，当补。

〔3〕　《汉语大词典》首引隋代江总《大庄严寺碑铭》。

〔4〕　"遍体""成旨""亲王"3词，《汉语大词典》首引《隋书》。

〔5〕　"半天""合家""横阵""粳米""神功""玉像"6词，《汉语大词典》首引《南史》。

横阵：②横排的阵势〈1〉。见《法云寺》："延伯胆略不群，威名早著，为国展力，二十余年，攻无全城，战无横阵，是以朝廷倾心送之。"

粳米：粳稻碾出的米〈1〉。见《闻义里》："昔尸毗王仓库为火所烧，其中粳米燋然，至今犹在，若服一粒，永无疟患。"

神功：②神灵的功力〈1〉。见《永宁寺》："歌咏赞叹，实是神功。"

玉像：玉雕的像。亦以敬称神像〈1〉。见《永宁寺》："玉像二躯。"

成业〔1〕：②犹基业〈1〉。见《平等寺》："王其寅践成业，允执其中，虽休勿休，日慎一日，敬之哉！"

莼羹：用莼菜烹制的羹〈1〉。见《景宁寺》："菰稗为饭，茗饮作浆，呷啜莼羹，唼嗍蟹黄。"

鬼兵：①迷信者称阴间的兵卒〈1〉。见《菩提寺》："吾在地下，见人发鬼兵。"

金龙：①金色龙形的装饰物〈1〉。见《法云寺》："窗户之上，列钱青琐，玉凤衔铃，金龙吐佩。"

酒器：盛酒和饮酒的器皿〈1〉。见《寿丘里》："自余酒器，有水晶钵、玛瑙琉璃碗、赤玉卮数十枚。"

戎场：战场〈1〉。见《永宁寺》："归等屡涉戎场，便利击刺。"

神功：①神一般的功绩。旧时多用以颂扬帝王〈1〉。见卷三《龙华寺》："皇建有极，神功无竞。"

士族：①世族〈1〉。见《景宁寺》："唯有中大夫杨元慎、给事中大夫王峋是中原士族。"

外相：①谓在地方上主政者〈1〉。见《平等寺》："故柱国大将军大丞相太原王荣，地实封陕，任惟外相，乃心王室，大惧崩沦。"

玄理：深奥的道理〈1〉。见《景宁寺》："读《老庄》，善言玄理。"

椒房〔2〕：②泛指后妃居住的宫室〈1〉。见《瑶光寺》："椒房嫔御，学道之所，掖庭美人，并在其中。"

九流：①泛指各学术流派〈1〉。见《序》："《三坟》《五典》之说，九流百氏之言，并理在人区，而义兼天外。"

马市：①马匹贸易市场〈1〉。见《崇真寺》："桥南有魏朝时马市，刑嵇康之所也。"

遗迹：③犹遗墨〈1〉。见《秦太上公寺》："作篆、科斗、隶三种字，汉右中郎将蔡邕笔之遗迹也。"

通身〔3〕：①全身〈1〉。见《闻义里》："城北一里有白象宫，寺内佛事，皆是石像，庄严极丽，头数甚多，通身金箔，眩耀人目。"

---

〔1〕 "成业""莼羹""鬼兵""金龙""酒器""戎场""神功""士族""外相""玄理"10词，《汉语大词典》首引《晋书》。

〔2〕 "椒房""九流""马市""遗迹"4词，《汉语大词典》首引《北史》。

〔3〕 "通身""贼帅"2词，《汉语大词典》首引《陈书》。

贼帅：指叛军首领〈1〉。见《法云寺》："贼帅万俟丑奴寇暴泾岐之间，朝廷为之旰食，诏延伯总步骑五万讨之。"

花蕊[1]：②含苞未放的花，花蕾〈1〉。见《景乐寺》："堂庑周环，曲房连接，轻条拂户，花蕊被庭。"

麻衣：③麻布衣。古时平民所穿〈1〉。见《正始寺》："天水人姜质，志性疏诞，麻衣葛巾，有逸民之操。"

平台：②供休憩、眺望等用的露天台榭〈1〉。见《平等寺》："堂宇宏美，林木萧森，平台复道，独显当世。"

东面[2]：②东边，东侧〈2〉。如《序》："东面有三门：北头第一门，曰建春门，汉曰上东门。"

旧事：②往事〈4〉。如《正觉寺》："时高祖新营洛邑，多所造制，肃博识旧事，大有裨益。"

妹婿：妹夫〈1〉。见《建中寺》："乂是江阳王继之子，太后妹婿。"

仙居：①称清静绝俗的所在〈1〉。见《建中寺》："建义元年尚书令乐平王尔朱世隆为荣追福，题以为寺，朱门黄阁，所谓仙居也。"

好处[3]：①美好的处所〈1〉。见《崇真寺》："阎罗王敕付司，即有青衣十人送昙谟最向西北门，屋舍皆黑，似非好处。"

泥沟：烂泥淤积的水沟〈1〉。见《永宁寺》："昭烈中起，的卢踊于泥沟。"

芒履[4]：芒鞋〈1〉。见《景宁寺》："布袍芒履，倒骑水牛。"

山陲：山边〈1〉。见《正始寺》："求解脱于服佩，预参次于山陲。"

此地[5]：这里，这个地方〈4〉。如《大统寺》："人谓此地是苏秦旧宅。"

粗行[6]：僧人不守戒规的行为〈1〉。见《崇真寺》："讲经者心怀彼我，以骄凌物，比丘中第一粗行。"

恒式[7]：常规；常法〈1〉。见《平等寺》："肆眚之科，一依恒式。"

空山[8]：幽深少人的山林〈1〉。见《闻义里》："假有死罪，不立杀刑，唯徙空山，任其饮啄。"

玉峰[9]：②积雪的山峰〈1〉。见《闻义里》："国之南界有大雪山，朝融夕结，望若玉峰。"

---

〔1〕 "花蕊""麻衣""平台"3词，《汉语大词典》首引杜甫的作品。
〔2〕 "东面""旧事""妹婿""仙居"4词，《汉语大词典》首引白居易作品。
〔3〕 "好处""泥沟"2词，《汉语大词典》首引韩愈作品。
〔4〕 "芒履""山陲"2词，《汉语大词典》首引孟浩然作品。
〔5〕 该义项《汉语大词典》首引唐代骆宾王《于易水送人》。
〔6〕 该义项《汉语大词典》首引唐代段成式《酉阳杂俎》。
〔7〕 该义项《汉语大词典》首引《周书·武帝纪上》。
〔8〕 该义项《汉语大词典》首引唐代韦应物《寄全椒山中道士》。
〔9〕 该义项《汉语大词典》首引唐代陈陶《渡浙江》。

王妃[1]：②帝王之妾，位次于皇后〈2〉。如《闻义里》："王妃出则舆之，入坐金床。"

风情[2]：③指风雅的情趣、韵味〈1〉。见《景明寺》："子才，河间人也。志性通敏，风情雅润，下帷覃思，温故知新。"

府曹[3]：指府署的一个部门。亦指府署的僚属〈1〉。见《京师建制》："庙社宫室府曹以外，方三百步为一里，里开四门。"

宫墙[4]：③指宫廷的围墙〈1〉。见《永宁寺》："寺院墙皆施短椽，以瓦覆之，若今宫墙也，四面各开一门。"

合欢[5]：⑤扇名〈1〉。见《永宁寺》："路断飞尘，不由澕云之润；清风送凉，岂籍合欢之发？"

后学[6]：②对前辈学者的自谦之辞〈1〉。见《明悬尼寺》："至于旧事，多非亲览，闻诸道路，便为穿凿，误我后学，日月已甚！"

露草[7]：①沾露的草〈1〉。见《正始寺》："其中烟花露草，或倾或倒，霜干风枝，半耸半垂，玉叶金茎，散满阶坪。"

三伏[8]：①即初伏、中伏、末伏，是一年中最热的时候〈1〉。见《瑶光寺》："三伏之月，皇帝在灵芝台以避暑。"

中餐[9]：①午饭〈1〉。见《闻义里》："寅发午至，每及中餐。"

人家[10]：③住户〈1〉。见《秦太上公寺》："元宝如其言，至灵台南，了无人家可问。"

《汉语大词典》首引五代时期的典籍的有以下3个。

农家[11]：田家，从事农业的人家〈1〉。见《永宁寺》："景入参近侍，出为侯牧，居室贫俭，事等农家，唯有经史，盈车满架。"

院墙[12]：围绕宅舍的墙〈1〉。见《永宁寺》："寺院墙皆施短椽，以瓦覆之，若今宫墙也。"

仙室[13]：①仙人所居的宫室〈1〉。见《寿丘里》："四月初八日，京师士女多至河

---

〔1〕 该义项《汉语大词典》首引《法苑珠林》。
〔2〕 该义项《汉语大词典》首引唐代元稹《上令狐相公诗启》。
〔3〕 该义项《汉语大词典》首引唐代柳宗元《与邕州李域中丞论陆卓启》。
〔4〕 该义项《汉语大词典》首引唐代岑参《送郑少府赴滏阳》。
〔5〕 该义项《汉语大词典》首引唐代张祜《赋得福州白竹扇子》。
〔6〕 该义项《汉语大词典》首引《金石萃编唐元结〈朝阳岩铭〉后题》。
〔7〕 该义项《汉语大词典》首引唐代李华《木兰赋》。
〔8〕 该义项《汉语大词典》首引《初学记》卷四引《阴阳书》。
〔9〕 该义项《汉语大词典》首引唐代贾岛《送贞空二上人》。
〔10〕 该义项《汉语大词典》首引唐代杜牧《山行》。
〔11〕 该词语《汉语大词典》首引五代颜仁郁《农家》。
〔12〕 该词语《汉语大词典》首引《旧唐书·高宗纪上》。
〔13〕 该义项《汉语大词典》首引前蜀杜光庭《青城山记》。

间寺，观其廊庑绮丽，无不叹息，以为蓬莱仙室亦不是过。"

《汉语大词典》首引宋朝时期的典籍的有以下 16 个。

世孙[1]：嫡孙〈1〉。见《景宁寺》："元慎，弘农人，晋冀州刺史峤六世孙。"

水晶：①无色透明的结晶石英。属贵重矿石，产量较少。古称"水玉""水精"〈1〉。见《寿丘里》："自余酒器，有水晶钵、玛瑙琉璃碗、赤玉卮数十枚。"

政迹：②犹政绩〈1〉。见《寿丘里》："琛在秦州，多无政迹，遣使向西域求名马，远至波斯国。"

顽民[2]：①本指殷代遗民中坚决不服从周朝统治的人。后泛指改朝换代后仍效忠前朝的人〈2〉。如《凝玄寺》："洛阳城东北有上商里，殷之顽民所居处也。"

中区：③指中原地区〈1〉。见卷三《龙华寺》："爰勒洛汭，敢告中区。"

酪粥[3]：和以牛羊等乳汁的粥〈1〉。见《正觉寺》："经数年已后，肃与高祖殿会，食羊肉酪粥甚多。"

土屋：用土筑成的房屋〈1〉。见《闻义里》："城傍花果似洛阳，唯土屋平头为异也。"

主人[4]：③仆婢及受雇佣者的家主〈1〉。见《菩提寺》："为人所发，今日苏活，在华林园中，主人故遣我来相问。"

异端[5]：⑤另一端〈1〉。见《景乐寺》："异端奇术，总萃其中。"

恶衣[6]：破旧或粗劣之衣〈1〉。见《高阳王寺》："而性多俭吝，恶衣粗食，食常无肉，止有韭茹、韭菹。"

家道[7]：③家庭的命运〈1〉。见《秦太上君寺》："狱中无系囚，舍内无青州，假令家道恶，肠中不怀愁。"

角戏[8]：①以角抵为戏〈1〉。见《禅虚寺》："帝亦观戏在楼，恒令二人对为角戏。"

金环[9]：②金属门环〈1〉。见《永宁寺》："复有金环铺首，殚土木之功，穷造形之巧。"

生绢[10]：未漂煮过的绢〈1〉。见《闻义里》："王头著金冠，似鸡帻，头后垂二尺生绢，广五寸，以为饰。"

---

〔1〕 "世孙""水晶""政迹" 3 词，《汉语大词典》首引《资治通鉴》。

〔2〕 "顽民""中区" 2 词，《汉语大词典》首引宋代欧阳修作品。

〔3〕 "酪粥""土屋" 2 词，《汉语大词典》首引宋代梅尧臣作品。

〔4〕 该义项《汉语大词典》首引宋代无名氏《儒林公议》。

〔5〕 该义项《汉语大词典》首引王禹偁《盐池十八韵》。

〔6〕 该词语《汉语大词典》首引宋代田况《儒林公议》。

〔7〕 该义项《汉语大词典》首引宋代蔡條《铁围山丛谈》。

〔8〕 该义项《汉语大词典》首引《新唐书·宦者传上·马存亮》。

〔9〕 该义项《汉语大词典》首引宋代孙光宪《菩萨蛮》。

〔10〕 该词语《汉语大词典》首引宋代米芾《画史》。

潒云[1]：阴云〈1〉。见《永宁寺》："路断飞尘，不由潒云之润。"

野狐[2]：①即狐狸〈1〉。见《法云寺》："岩因怪之，伺其睡，阴解其衣，有毛长三尺，似野狐尾。"

《汉语大词典》首引元明时期的典籍的有以下5个。

力士[3]：②古代官名。主管金鼓旗帜，随皇帝车驾出入及守卫四门〈1〉。见《永宁寺》："拱门有四力士，四师子，饰以金银，加之珠玉。"

义举[4]：②正义的举动〈1〉。见《永宁寺》："今家国隆替，在卿与我，若天道助顺，誓兹义举，则皇魏宗社，与运无穷。"

冰罗[5]：白绸子〈1〉。见《寿丘里》："复引诸王按行府库，锦罽珠玑，冰罗雾縠，充积其内。"

秘咒[6]：隐秘不能告人的咒诀〈1〉。见《法云寺》："秘咒神验，阎浮所无。"

之后[7]：表示在某个时间段或处所的后面。一般多指时间〈4〉。如《景兴尼寺》："龙骧将军王濬平吴之后，始立此寺。"

《汉语大词典》首引清朝时期的典籍的有以下5个。

青衣[8]：③指穿青衣或黑衣的人。指役吏，差役〈2〉。如《崇真寺》："亦付司，青衣送入黑门。"

北面[9]：④方位词。谓位置在北〈1〉。见《序》："北面有二门：西头曰大夏门。"

民间[10]：②指民众方面。与官方相对〈4〉。如《寿丘里》："民间号为'王子坊'。"

禊日[11]：禊事活动之日。古代民俗，临水被除宿垢与不祥。一般均在春季三月上巳日进行。〈1〉。见《景林寺》："至于三月禊日，季秋巳辰，皇帝驾龙舟鹢首，游于其上。"

之前[12]：表示在某个时间或处所的前面。一般多指时间〈1〉。见《崇真寺》："有一比丘云是灵觉寺宝真，自云出家之前，尝作陇西太守，造灵觉寺，寺成，即弃官入道。"

《汉语大词典》首引近现代时期的典籍的有以下5个。

---

[1] 该词语《汉语大词典》首引《太平御览》卷十引《纂要》。
[2] 该义项《汉语大词典》首引宋代孟元老《东京梦华录》。
[3] 该义项《汉语大词典》首引《宋史》。
[4] 该义项《汉语大词典》首引明代高启《咏荆轲》。
[5] 该词语《汉语大词典》首引《西游补》。
[6] 该词语《汉语大词典》首引沈德符《野获编·内阁二·陈飞》。
[7] 该词语《汉语大词典》首引明代孔迩《云蕉馆纪谈》。
[8] 该义项《汉语大词典》首引《聊斋志异·齐天大圣》。
[9] 该义项《汉语大词典》首引《儿女英雄传》。
[10] 该义项《汉语大词典》首引《老残游记》。
[11] 该义项《汉语大词典》首引方文《禊日牛渚》。
[12] 该义项《汉语大词典》首引清代任泰学《质疑》。

通式[1]：②通常的样式〈1〉。见《永宁寺》："正始初，诏刊律令，永作通式。"

服式[2]：衣服样式〈1〉。见《景宁寺》："庆之因此羽仪服式悉如魏法，江表士庶竞相模楷，褒衣博带，被及秣陵。"

拱门[3]：上端呈弧形的门。亦指门口由弧线相交或由其他对称曲线构成的门〈1〉。见《永宁寺》："拱门有四力士，四师子。"

南面[4]：④南方；南边〈1〉。见《平等寺》："天子拱已南面，无所干预。"

造形[5]：②创造出来的物体的形象〈1〉。见《永宁寺》："复有金环铺首，殚土木之功，穷造形之巧。"

3．支配式双音节名词，11 个

第一，《汉语大词典》引南北朝语料的双音节名词，5 个。

见于《宋书》的有以下 2 个。

事力：②供役使的人，仆役〈1〉。见《景明寺》："诏以光禄大夫归养私庭，所在之处，给事力五人，岁一入朝，以备顾问。"

悬军：深入敌方的孤军〈1〉。见《永宁寺》："荣悬军千里，兵老师弊，以逸待劳，破之必矣。"

见于《后汉书》的有以下 2 个。

维城：②借指皇子或皇室宗族〈1〉。见《追先寺》："昔刘苍好善，利建东平，曹植能文，大启陈国，是用声彪磐石，义郁维城。"

行路：②路人〈1〉。见《开善寺》："庆年五十，唯有一子，悲哀之声，感于行路。"

见于《颜氏家训》的有以下 1 个。

以外：表示在一定的范围、处所、时间、数量的界限之外〈1〉。见《京师建制》："庙社宫室府曹以外，方三百步为一里。"

第二，《汉语大词典》失收或《汉语大词典》首引例证晚于南北朝的，6 个。

《汉语大词典》失收支配式双音节名词有以下 3 个。

传事：翻译人员〈1〉。见《闻义里》："王遣传事谓宋云曰……"

上索：古代一种走绳戏，形式略同于今天杂技中的走索〈1〉。见《长秋寺》："吞刀吐火，腾骧一面；彩幢上索，诡谲不常。"

缘幢：即攀缘旗杆，为古代的一种杂技〈1〉。见《长秋寺》："缘幢上索，诡谲不常。"

《汉语大词典》首引晚于《伽蓝记》的支配式双音节名词有以下 3 个。

---

〔1〕　该义项《汉语大词典》首引蔡元培《在国语传习所的演说》。
〔2〕　该义项《汉语大词典》首引茅盾《官舱里》。
〔3〕　该义项《汉语大词典》首引朱自清《威尼斯》。
〔4〕　该义项《汉语大词典》首引杨朔《十年》。
〔5〕　该义项《汉语大词典》首引王朝闻《杰出的画家齐白石》。

掷绳[1]：古百戏的一种〈1〉。见《正觉寺》："吴人浮水自云工，妓儿掷绳在虚空。"

于时[2]：其时，当时〈3〉。如《永宁寺》："于时新经大兵，人物歼尽，流迸之徒，惊骇未出。"

当路[3]：②路上〈1〉。见《闻义里》："室西三里，天帝释化为师子，当路蹲坐遮嫚妊之处。"

4. 来源于南北朝语料的双音节单纯词，6个

第一，《汉语大词典》引南北朝语料的双音节名词，2个。

见于《魏书》的有以下1个。

琉璃：③指玻璃〈1〉。见《寿丘里》："自余酒器，有水晶钵、玛瑙琉璃碗、赤玉卮数十枚。"

见于《伽蓝记》的有以下1个。

唧唧：②赞叹声〈1〉。见《寿丘里》："入其后园，见沟渎蹇产，石磴嶕峣，朱荷出池，绿萍浮水，飞梁跨阁，高树出云，咸皆唧唧，虽梁王兔苑，想之不如也。"

第二，《汉语大词典》首引晚于南北朝语料的，4个。

瘴疠[4]：①感受瘴气而生的疾病。亦泛指恶性疟疾等病〈1〉。见《景宁寺》："江左假息，僻居一隅，地多湿垫，攒育虫蚁，疆土瘴疠，蛙黾共穴，人鸟同群。"

豆蔻[5]：又名草果。多年生草本植物，秋季结实。种子可入药。诗文中常用以比喻少女。〈1〉。见《景宁寺》："菰稗为饭，茗饮作浆，呷啜莼羹，唼嗍蟹黄，手把豆蔻，口嚼槟榔。"

凤凰[6]：⑦凤形饰物〈2〉。如《闻义里》："王著锦衣，坐金床，以四金凤凰为床脚。"

科斗[7]：②指科斗文字〈1〉。见《报德寺》："堂前有三种字石经二十五碑，表里刻之，写《春秋》《尚书》二部，作篆、科斗、隶三种字，汉右中郎将蔡邕笔之遗迹也。"

5. 述补式，1个，见于《后汉书》

织成：古代名贵的丝织物。以彩丝及金缕交织出花纹图案，汉以来一般为帝王公卿大臣所服用〈1〉。见《永宁寺》："金织成像五躯。"

6. 附加式，3个

瓮子[8]：陶制盛器〈2〉。如《凝玄寺》："洛城东北上商里，殷之顽民昔所止，今

---

[1] 该词语《汉语大词典》首引《太平广记》卷二二六引唐代颜师古《大业拾遗记》。
[2] 该词语《汉语大词典》首引《北史》。
[3] 该义项《汉语大词典》首引唐代元稹《店卧闻幕中诸公徵乐会饮因有戏呈三十韵》。
[4] 该义项《汉语大词典》首引《北史·柳述传》。
[5] 该义项《汉语大词典》首引唐代杜牧《赠别》。
[6] 该义项《汉语大词典》首引唐代温庭筠《南歌子》。
[7] 该义项《汉语大词典》首引唐代韩愈《科斗书后记》。
[8] 该词语《汉语大词典》首引《齐民要术》。

日百姓造瓮子，人皆弃去住者耻。"

北头[1]：北边〈1〉。见《序》："东面有三门：北头第一门，曰建春门，汉曰上东门。"

南头：南边〈1〉。见《序》："南头第一门曰西明门。"

7. 重叠式，1 个

角角[2]：①四角〈1〉。见《永宁寺》："浮图有九级，角角皆悬金铎，合上下有一百三十铎。"

（二）见于南北朝传世典籍的双音节动词

见于南北朝语料的双音节动词有 218 个，根据词语内部结构关系，又分为并列式、偏正式和支配式等。

1. 并列式双音节动词，118 个

第一，《汉语大词典》引南北朝语料的并列式双音节动词，63 个。

首引《伽蓝记》的有以下 28 个。

崩剥：②倒塌；剥落〈1〉。见《正始寺》："纤列之状一如古，崩剥之势似千年。"

仇忌：仇恨妒忌〈1〉。见《平等寺》："而子攸不顾宗社，仇忌勋德，招聚轻侠，左右壬人。"

放敖：①游赏〈1〉。见《景林寺》："性爱恬静，丘园放敖，学极六经，说通百氏。"

更换：替换〈1〉。见《平等寺》："更换以它绵，俄然复湿。"

刮削：②犹刮磨〈1〉。见《闻义里》："乍往观之，如似未彻，假令刮削，其文转明。"

观睹：观看〈1〉。见《开善寺》："僧俗长幼，皆来观睹。"

观瞩：观看〈1〉。见《景明寺》："于是士庶异之，咸来观瞩。"

还活：犹复活〈1〉。见《崇真寺》："崇真寺比丘惠嶷，死经七日还活。"

灰烬：②谓烧成灰〈1〉。见《序》："城郭崩毁，宫室倾覆，寺观灰烬，庙塔丘墟。"

检阅：①查看〈1〉。见《崇真寺》："经阁罗王检阅，以错召放免。"

校数：数计〈1〉。见《寿丘里》："于时国家殷富，库藏盈溢，钱绢露积于廊者，不可校数。"

连亘：绵延〈3〉。如《永明寺》："房庑连亘，一千余间。"

盘旋：②形容手舞足蹈〈1〉。见《宣忠寺》："值荣与上党王天穆博戏，徽脱荣帽，欢舞盘旋。"

乞索：②化缘〈1〉。见《崇真寺》："诏不听持经像沿路乞索，若私有财物，造经像者任意。"

驱逐：②使牲畜等按照人的意志行进〈1〉。见《闻义里》："太子所食泉水北有寺，

---

[1]　"北头""南头"2 词，《汉语大词典》失收。

[2]　该义项《汉语大词典》首引唐代杜牧《郡斋独酌》。

恒以驴数头运粮上山，无人驱逐，自然往还。"

劝诱：劝勉诱导〈1〉。见《景明寺》："子才罚惰赏勤，专心劝诱，青领之生，竞怀雅术。"

哜唧：谓吃食〈1〉。见《景宁寺》："呷啜莼羹，哜唧蟹黄。"

投化：投顺归化〈1〉。见《景宁寺》："民间号为'吴人坊'，南来投化者多居其内。"

推立：推戴拥立〈1〉。见《平等寺》："任惟外相，乃心王室，大惧崩沦，故推立长乐王子攸以续绝业。"

舞抃：①飞舞跳跃〈1〉。见《景乐寺》："奇禽怪兽，舞抃殿庭，飞空幻惑，世所未睹。"

悟觉：②睡醒〈2〉。如《宣忠寺》："兆忽梦徽云：'我有黄金二百斤，马一百匹，在祖仁家，卿可取之。'兆悟觉，即自思量。"

呷啜：喝，吃〈1〉。见《景宁寺》："呷啜莼羹，哜唧蟹黄。"

限碍：阻碍〈1〉。见《景乐寺》："及文献王薨，寺禁稍宽，百姓出入，无复限碍。"

衅逆：叛乱〈1〉。见《永宁寺》："太原王立功不终，阴图衅逆，王法无亲，已依正刑。"

信崇：信仰崇奉〈1〉。见《璎珞寺》："里内士庶，二千余户，信崇三宝。"

淫秽：奸淫作恶〈1〉。见《瑶光寺》："永安三年中尒朱兆入洛阳，纵兵大掠，时有秀容胡骑数十人，入寺淫秽。"

游化：②云游教化〈1〉。见《闻义里》："推其本缘，乃是如来在世之时，与弟子游化此土。"

造制：建造〈1〉。见《正觉寺》："时高祖新营洛邑，多所造制，肃博识旧事，大有裨益。"

见于《后汉书》的有以下 19 个。

爱尚：喜爱〈1〉。见《昭仪尼寺》："忻，阳平人也，爱尚文藉。"

崩沦：②衰落〈1〉。见《平等寺》："（太原王荣）地实封陕，任惟外相，乃心王室，大惧崩沦。"

残毁：摧残破坏〈1〉。见《报德寺》："犹有十八碑，余皆残毁。"

陈闻：陈述上闻〈1〉。见《菩提寺》："隽还，具以实陈闻，后遣隽送涵回家。"

动止：②举止〈1〉。见《追先寺》："略从容闲雅，本自天资，出南入北，转复高迈，言论动止，朝野师模。"

归怀：归附〈1〉。见《闻义里》："宋云远在绝域，因瞩此芳景，归怀之思，独轸中肠。"

归降：投降〈3〉。如《永宁寺》："吾为太原王报仇，终不归降！"

还复：②恢复〈2〉。如《闻义里》："雀离浮图自作以来，三经天火所烧，国王修之，还复如故。"

寇暴：侵夺劫掠〈1〉。见《法云寺》："贼帅万俟丑奴寇暴泾岐之间，朝廷为之旰食，诏延伯总步骑五万讨之。"

流宕：③放荡〈1〉。见《正始寺》："既不专流宕，又不偏华尚，卜居动静之间，不以山水为忘。"

流迸：①流离，奔走〈1〉。见《永宁寺》："于时新经大兵，人物歼尽，流迸之徒，惊骇未出。"

摹写：①依样描画〈2〉。如《闻义里》："惠生遂减割行资，妙简良匠，以铜摹写雀离浮图仪一躯，及释迦四塔变。"

图写：绘画〈1〉。见《瑶光寺》："风生户牖，云起梁栋，丹楹刻桷，图写列仙。"

陷入：①进入〈1〉。见《闻义里》："云此浮图陷入地，佛法当灭。"

遗漏：①谓应该列入或提到的事物因疏忽而没有列入或提到〈1〉。见《序》："余才非著述，多有遗漏，后之君子，详其阙焉。"

营建：①兴建〈1〉。见《永宁寺》："初掘基至黄泉下，得金像三十躯，太后以为信法之征，是以营建过度也。"

踊贵：①谓物价上涨〈1〉。见《菩提寺》："京师闻此，柏木踊贵。"

允集：聚集〈1〉。见《平等寺》："今天眷明德，民怀奥主，历数允集，歌讼同臻。"

装饰：①修饰〈2〉。如《永宁寺》："装饰毕功，明帝与太后共登之。"

见于《魏书》的有以下4个。

代下：更换〈1〉。见《秦太上君寺》："及其代下还家，以砖击之。"

盗掠：盗窃掠夺〈1〉。见《平等寺》："庄帝疑恭奸诈，夜遣人盗掠衣物。"

通解：②通晓理解〈1〉。见《法云寺》："至中国，即晓魏言及隶书，凡所闻见，无不通解，是以道俗贵贱，同归仰之。"

演唱：①讲唱。演释唱诵〈1〉。见《永明寺》："凤善玄言道家之业，遂舍半宅安置佛徒，演唱大乘数部。"

见于《百喻经》的有以下2个。

善能：②擅长〈1〉。见《法云寺》："河东人刘白堕善能酿酒。"

赞叹：称赞〈2〉。如《永宁寺》："歌咏赞叹，实是神功。"

见于《宋书》的有以下2个。

方便：②随机乘便〈1〉。见卷二《龙华寺》："综形貌举止甚似昏主，其母告之，令自方便。"

营造：①建造〈1〉。见《序》："太和十七年，高祖迁都洛阳，诏司空公穆亮营造宫室。"

见于《颜氏家训》的有以下1个。

饷馈：③馈赠〈1〉。见《法云寺》："京师朝贵多出郡登藩，远相饷馈，逾于千里。"

见于南朝齐萧子良《净住子净行法门》的有以下1个。

资养：犹供养〈1〉。见《胡统寺》："其资养缁流，从无比也。"

见于《水经注》的有以下 1 个。

注述：犹注释。为古籍作解释〈1〉。见《景林寺》："虽在朱门，以注述为事，注《周易》行之于世也。"

见于《幽明录》的有以下 1 个。

阴阳：⑥指男女交合，也指雌雄交配〈1〉。见《闻义里》："异种共类，鸟雄鼠雌，共为阴阳，即所谓鸟鼠同穴。"

见于《世说新语》的有以下 1 个。

糠秕：②比喻粗劣而无价值之物，引申为视作糠秕。〈1〉。见《永宁寺》："正以糠秕万乘，锱铢大宝，非贪皇帝之尊，岂图六合之富?"

见于《乐府诗集·杂歌谣辞四·敕勒歌》的有以下 1 个。

笼盖：①笼罩；覆盖〈1〉。见《闻义里》："今有天宫笼盖之。"

见于《南齐书》的有以下 1 个。

遍满：遍及；布满〈3〉。如《秦太上君寺》："花林芳草，遍满阶墀。"

见于陶弘景《真诰》的有以下 1 个。

崇奉：①尊崇，信仰〈2〉。如《闻义里》："闻太后崇奉佛法，即面东合掌，遥心顶礼。"

第二，《汉语大词典》失收或《汉语大词典》首引例证晚于南北朝的并列式双音节动词，55 个。

《汉语大词典》失收的并列式双音节动词，有以下 18 个。

拜置：树立〈1〉。见《永宁寺》： "但以四海横流，欲篡未可，暂树君臣，假相拜置。"

奔发：奔放〈1〉。见《景宁寺》："庆之等见元慎清词雅句，纵横奔发，杜口流汗，含声不言。"

奔急：湍急〈1〉。见《永宁寺》："帝初以黄河奔急，谓兆未得猝济，不意兆不由舟楫，凭流而渡。"

参次[1]：加入，停留〈1〉。见《正始诗》："求解脱于服佩，预参次于山陲。"

藏隐：隐藏〈1〉。见《宣忠寺》："兆疑其藏隐，依梦征之。"

等并：等同〈1〉。见《正始寺》："尔乃决石通泉，拔岭岩前，斜与危云等并，旁与曲栋相连。"

减割：节省〈1〉。见《闻义里》："惠生遂减割行资，妙简良匠，以铜摹写雀离浮图仪一躯，及释迦四塔变。"

践跃：践踏〈1〉。见《长秋寺》："像停之处，观者如堵，迭相践跃，常有死人。"

殴斗：斗殴〈1〉。见《景宁寺》："邻人谓胡兄弟相殴斗而来观之，乃猪也。"

入预：参与，参加〈1〉。见《永宁寺》："又诏太师彭城王勰、青州刺史刘芳，入预

---

〔1〕 该词各大辞书未见，此处据上句"解脱"暂处理为双音并列词语。

其议。"

　　衰晚[1]：衰落〈1〉。见卷三《龙华寺》："周余九裂，汉季三分，魏风衰晚，晋景彫晚。"

　　似欲：好像〈1〉。见卷三《龙华寺》："华表上作凤凰似欲冲天势。"

　　屠煞：屠杀〈1〉。见《闻义里》："人民山居，五谷甚丰，食则面麦，不立屠煞。"

　　往复[2]：指言辞交往〈1〉。见《闻义里》："宋云初谓王是夷人，不可以礼责，任自坐受诏书，及亲往复，乃有人情。"

　　行化：感化济度〈1〉。见《闻义里》："初如来在乌场国行化，龙王瞋怒，兴大风雨，佛僧迦梨表里通湿。"

　　引邀：邀请〈1〉。见《景宁寺》："景仁在南之日与庆之有旧，遂设酒引邀庆之过宅。"

　　游陟：游历〈1〉。见《正始寺》："若不坐卧兮于其侧，春夏兮共游陟。"

　　周环：围绕〈1〉。见《景林寺》："堂庑周环，曲房连接，轻条拂户，花蕊被庭。"

《汉语大词典》首引晚于南北朝典籍的并列式双音节动词有以下 37 个。

　　采掠[3]：抄掠抢劫〈1〉。见《宣忠寺》："兆悟觉，即自思量：城阳禄位隆重，未闻清贫，常自入其家采掠，本无金银，此梦或真。"

　　出没：①出现与隐没〈1〉。见《景明寺》："或黄甲紫鳞，出没于繁藻，或青凫白雁，沉浮于绿水。"

　　典统：统属管理〈1〉。见《宣忠寺》："荣穆既诛，拜徽太师司马，余官如故，典统禁兵，偏被委任。"

　　俘虏：①战争中擒获或被擒获〈1〉。见《平等寺》："七月，北海王大败，所将江淮子弟五千，尽被俘虏，无一得还。"

　　冠绝：远远超过〈1〉。见《景乐寺》："雕刻巧妙，冠绝一时。"

　　绩纺：纺绩〈1〉。见《永明寺》："尽天地之西垂，耕耘绩纺，百姓野居，邑屋相望，衣服车马，拟仪中国。"

　　纠劾：举发弹劾〈1〉。见卷三《龙华寺》："有司纠劾，罪以违旨论。"

　　思量：②考虑〈2〉。如《闻义里》："于后数年，王乃思量，此珠网价直万金，我崩之后，恐人侵夺。"

　　游行：②游逛〈1〉。见《菩提寺》："时复游行，或遇饭食，如似梦中，不甚辨了。"

　　游憩：游览与休息〈1〉。见《凝玄寺》："唯冠军将军郭文远游憩其中，堂宇园林，匹于邦君。"

---

　　〔1〕《汉语大词典》释义"犹暮年"，此处是动词，衰落。

　　〔2〕《汉语大词典》无此义项，当补。

　　〔3〕"采掠""出没""典统""俘虏""冠绝""绩纺""纠劾""思量""游行""游憩"10 词，《汉语大词典》首引《晋书》。

独绝[1]：独一无二〈1〉。见《宗圣寺》："此像一出，市井皆空，炎光辉赫，独绝世表。"

庄饰：装饰〈1〉。见《秦太上君寺》："佛事庄饰，等于永宁。"

留停[2]：停留；停止〈1〉。见《闻义里》："大魏沙门道荣至此礼拜而去，不敢留停。"

装饰：①打扮，修饰〈2〉。如《永宁寺》："装饰毕功，明帝与太后共登之。"

摇撼[3]：①犹摇动〈1〉。见《闻义里》："若凶者，假令人摇撼，亦不肯鸣。"

探看[4]：①探寻〈1〉。见《闻义里》："时有婆罗门不信是粪，以手探看，遂作一孔，年岁虽久，粪犹不烂。"

妆饰[5]：打扮〈1〉。见《景明寺》："妆饰华丽，侔于永宁。"

模楷[6]：②效法，学习〈1〉。见《秦太上君寺》："今虽凌迟，足为天下模楷。"

奔走[7]：③逃走〈1〉。见卷三《龙华寺》："百姓惊怖，奔走交驰。"

叹伏[8]：叹服〈1〉。见《平等寺》："议者咸叹季明不畏强御，莫不叹伏焉。"

高耸[9]：耸立，突起〈1〉。见《胡统寺》："宝塔五重，金刹高耸。"

观看[10]：①参观〈1〉。见《宗圣寺》："城东士女多来此寺观看也。"

归诚[11]：犹归顺，投诚〈1〉。见《瑶光寺》："投心八正，归诚一乘。"

欢叫[12]：欢呼〈1〉。见《宣忠寺》："绕殿内外欢叫，荣遂信之，与穆并入朝。"

总萃[13]：会合聚集〈1〉。见《景乐寺》："异端奇术，总萃其中。"

退闲[14]：退职闲居〈1〉。见《景宁寺》："不愿仕宦，为中散，常辞疾退闲。"

讥骂[15]：讥笑谩骂〈1〉。见《高阳王寺》："世人即以此为讥骂。"

考见[16]：稽考发现〈1〉。见卷三《龙华寺》："详观古列，考见《丘》《坟》，乃禅乃革，或质或文。"

---

〔1〕 "独绝""庄饰" 2 词，《汉语大词典》首引《南史》。

〔2〕 "留停""装饰" 2 词，《汉语大词典》首引韩愈作品。

〔3〕 该义项《汉语大词典》首引唐代顾况《华山西冈游赠隐玄叟》。

〔4〕 该义项《汉语大词典》首引唐代李商隐《无题》。

〔5〕 该义项《汉语大词典》首引白行简《三梦记》。

〔6〕 该义项《汉语大词典》首引唐代刘知几《史通》。

〔7〕 该义项《汉语大词典》首引《北史》。

〔8〕 该义项《汉语大词典》首引《陈书》。

〔9〕 该义项《汉语大词典》首引王维《石刻》。

〔10〕 该义项《汉语大词典》首引郑綮《开天传信记》。

〔11〕 该义项《汉语大词典》首引《北齐书》。

〔12〕 该义项《汉语大词典》首引《隋书》。

〔13〕 该义项《汉语大词典》首引《周书》。

〔14〕 该义项《汉语大词典》首引五代闽徐夤《退居》诗。

〔15〕 该词语《汉语大词典》首引宋代岳珂《金陀粹编》。

〔16〕 该词语《汉语大词典》首引宋代叶适《上光宗皇帝札子》。

夸竞[1]：夸耀争竞〈1〉。见《寿丘里》："争修园宅，互相夸竞。"

若如[2]：②如〈1〉。见《闻义里》："若如卿言，即是佛国。我当命终，愿生彼国。"

割舍[3]：②谓花费〈1〉。见《闻义里》："宋云与惠生割舍行资，于山顶造浮图一所，刻石隶书，铭魏功德。"

住居[4]：犹居住〈1〉。见《景宁寺》："吴人之鬼，住居建康，小作冠帽，短制衣裳。"

修补[5]：②修理破损之物使之完好〈1〉。见《闻义里》："复虑大塔破坏，无人修补。"

叙述[6]：对人物、事件和环境做概括而有条理地说明和交代〈1〉。见《平等寺》："黄门侍郎邢子才为赦文，叙述庄帝枉杀太原王之状。"

叹服[7]：赞叹佩服〈1〉。见《法云寺》："至三元肇庆，万国齐臻，金蝉曜首，宝玉鸣腰，负荷执笏，逶迤复道，观者忘疲，莫不叹服。"

叹惋[8]：嗟叹惋惜〈1〉。见《寿丘里》："融立性贪暴，志欲无限，见之叹惋，不觉生疾，还家卧三日不起。"

崩毁[9]：崩溃灭亡〈2〉。如《景兴尼寺》："太尉府前砖浮图，形制甚古，犹未崩毁，未知早晚造？"

2. 偏正式双音节动词，39个

第一，《汉语大词典》引南北朝语料的双音节动词，18个。

见于《伽蓝记》的有以下5个。

唱言：③高呼〈2〉。如《景明寺》："时有西域胡沙门见此，唱言佛国。"

慢骂：随口辱骂〈1〉。见《凝玄寺》："春风曰：'㑩奴慢骂。'"

深味：嗜好〈1〉。见《闻义里》："我皇帝深味大乘，远求经典，道路虽险，未敢言疲。"

绳坐：①正坐〈1〉。见《景林寺》："净行之僧，绳坐其内，飧风服道，结跏数息。"

遥心：①谓心向远方〈1〉。见《闻义里》："闻太后崇奉佛法，即面东合掌，遥心顶礼。"

见于《后汉书》的有以下6个。

---

〔1〕 该词语《汉语大词典》首引范仲淹《宋故太子宾客分司西京谢公神道碑铭》。
〔2〕 该义项《汉语大词典》首引金代王若虚《孟子辩惑》。
〔3〕 该义项《汉语大词典》首引元代无名氏《桃花女》楔子。
〔4〕 该词语《汉语大词典》首引元代柯丹邱《荆钗记》。
〔5〕 该义项《汉语大词典》首引《元典章》。
〔6〕 该词语《汉语大词典》首引元代刘祁《归潜志》。
〔7〕 该词语《汉语大词典》首引《二刻拍案惊奇》。
〔8〕 该词语《汉语大词典》首引《聊斋志异》。
〔9〕 该词语《汉语大词典》首引骆宾基《父女俩》。

　　表用：上表推荐，请予任用〈1〉。见《平等寺》：“（彭城王尔朱仲远）镇滑台，表用其下都督□〔1〕瑗为西兖州刺史。”

　　楚挞：杖打〈1〉。见《宣忠寺》：“使祖仁备经楚挞，穷其涂炭。”

　　枉死：因冤枉或不应受的损害而死〈1〉。见《崇真寺》：“神龟年中，以直谏忤旨，斩于都市，讫目不瞑，尸行百步，时人谈以枉死。”

　　枉杀：①无罪而乱加杀害〈1〉。见《平等寺》：“黄门侍郎邢子才为赦文，叙述庄帝枉杀太原王之状。”

　　追赠：死后赠官〈2〉。如《景宁寺》：“广阳果为葛荣所杀，追赠司徒公，终如其言。”

　　幽隔：远隔〈2〉。如《建中寺》：“正光年中，元乂专权，太后幽隔永巷，腾为谋主。”

　　见于南朝梁何逊《车中见新林分别甚盛》的有以下1个。

　　鸣珂：①显贵者所乘的马以玉为饰，行则作响，因名〈1〉。见《昭仪尼寺》：“胡马鸣珂者，莫非黄门之养息也。”

　　见于南朝齐萧子良《行宅》的有以下1个。

　　卜居：②择地居住〈1〉。见《正始寺》：“卜居动静之间，不以山水为忘。”

　　见于北魏温子昇《印山寺碑》的有以下1个。

　　反噬：①反咬一口〈1〉。见《宣忠寺》：“祖仁负恩反噬，贪货杀徽。”

　　见于谢灵运《述祖德诗》的有以下1个。

　　横流：②比喻动乱，灾祸〈2〉。如《永宁寺》：“但以四海横流，欲篡未可，暂树君臣，假相拜置。”

　　见于徐陵《东阳双林寺傅大士碑》的有以下1个。

　　预睹：预见〈1〉。见《白马寺》：“（宝公）形貌丑陋，心识通达，过去未来，预睹三世。”

　　见于《世说新语》的有以下1个。

　　相比：②相近〈1〉。见《昭仪尼寺》：“四月七日常出诣景明，景明三像恒出迎之，伎乐之盛，与刘腾相比。”

　　见于《宋书》的有以下1个。

　　款服：②招认〈1〉。见《宣忠寺》：“祖仁谓人密告，望风款服，云实得金一百斤、马五十匹。”

　　第二，《汉语大词典》失收或《汉语大词典》首引例证晚于南北朝的双音节动词，21个。

　　《汉语大词典》失收的偏正式双音节动词有以下1个。

　　中起：中兴〈1〉。见《永宁寺》：“昭烈中起，的卢踊于泥沟。”

---

〔1〕　该字原文阙如。

《汉语大词典》首引晚于南北朝典籍的偏正式双音节动词的有以下20个。

高卧[1]：①安卧〈1〉。见《景宁寺》："或有人慕其高义，投刺在门，元慎称疾高卧。"

马射：犹骑射，一种武艺项目〈1〉。见《景林寺》："永安中，庄帝马射于华林园，百官皆来读碑，疑'苗'字误。"

南迈：南征〈1〉。见《平等寺》："今六军南迈，已次河浦，瞻望帝京，赧然兴愧。"

神变：神奇变化〈2〉。如《闻义里》："龙王每作神变，国王祈请，以金玉珍宝投之池中，在后涌出，令僧取之。"

褒赠[2]：谓为嘉奖死者而赠予其官爵〈1〉。见《永宁寺》："于是出诏，滥死者普加褒赠。"

下垂[3]：谓向下垂挂〈1〉。见《闻义里》："伞头亦似有角，团圆下垂，状似宝盖。"

直上[4]：②向上〈1〉。见《昭仪尼寺》："佛堂前生桑树一株，直上五尺，枝条横绕，柯叶傍布，形如羽盖。"

利建[5]：《易·屯》："元亨利贞。勿用有攸往，利建侯。"后因以"利建"谓封土建侯〈1〉。见《追先寺》："昔刘苍好善，利建东平，曹植能文，大启陈国，是用声彪磐石，义郁维城。"

鞭捶[6]：②鞭打〈1〉。见《宣忠寺》："兆乃发怒捉祖仁，悬首高树，大石坠足，鞭捶之以及于死。"

蹲坐[7]：蹲身而坐〈1〉。见《闻义里》："室西三里，天帝释化为师子，当路蹲坐遮嫚妘之处。"

义居[8]：旧指孝义之家世代同居〈1〉。见《景宁寺》："朝贵义居，未之有也。"

仰承[9]：①敬受多用于下对上〈1〉。见《平等寺》："臣既寡昧，识无先远，景命虽降，不敢仰承。"

情愿[10]：②心里愿意〈1〉。见《闻义里》："国中人民，悉是婆罗门种，崇奉佛教，好读经典，忽得此王，深非情愿。"

正刑[11]：③依法执行死刑〈1〉。见《永宁寺》："太原王立功不终，阴图衅逆，王

---

〔1〕"高卧""马射""南迈""神变"4词，《汉语大词典》首引《晋书》。
〔2〕该词语《汉语大词典》首引唐代白居易《赠刘总太尉册文》。
〔3〕该词语《汉语大词典》首引唐代杜甫《朝献太清宫赋》。
〔4〕该义项《汉语大词典》首引唐代丘为《寻西山隐者不遇》。
〔5〕该词语《汉语大词典》首引《隋书》。
〔6〕该义项《汉语大词典》首引唐代张读《宣室志》。
〔7〕该词语《汉语大词典》首引唐代卢延让《松寺》。
〔8〕该词语《汉语大词典》首引宋代陈正敏《遁斋闲览》。
〔9〕该义项《汉语大词典》首引宋代王林《燕翼诒谋录》。
〔10〕该义项《汉语大词典》首引元代杨梓《霍光鬼谏》。
〔11〕该义项《汉语大词典》首引明代沈德符《野获编》。

法无亲，已依正刑，罪止荣身，余皆不问。"

背负[1]：①用肩背驮〈1〉。见《瑶光寺》："刻石为鲸鱼，背负钓台，既如从地踊出，又似空中飞下。"

博洽[2]：②通晓〈1〉。见《追先寺》："博洽群书，好道不倦。"

奉辞[3]：②谓行告别之礼〈1〉。见《秦太上君寺》："永安年中除青州刺史，临去奉辞。"

坐看[4]：②谓旁观而无行动〈1〉。见《永宁寺》："吾世荷国恩，不能坐看成败。"

博识[5]：②通晓〈1〉。见《正觉寺》："时高祖新营洛邑，多所造制，肃博识旧事，大有裨益。"

急痛[6]：剧烈悲痛〈1〉。见《景宁寺》："于后数日，庆之遇病，心上急痛，访人解治。"

3. 支配式双音节动词，49 个

第一，《汉语大词典》引南北朝语料的双音节动词，32 个。

见于《伽蓝记》的有以下 12 个。

裁锦：出自《左传·襄公三十一年》，后以"裁锦"比喻为官治邑〈1〉。见《秦太上君寺》："宠及老臣，使夜行罪人，裁锦万里，谨奉明敕，不敢失坠。"

称力：任力〈1〉。见《寿丘里》："及太后赐百官负绢，任意自取，朝臣莫不称力而去。"

弛担：③指栖息〈1〉。见《追先寺》："往虽弛担为梁，今便言旋阙下，有志有节，能始能终。"

短发：③剪短头发〈1〉。见《景宁寺》："短发之君，无杼首之貌；文身之民，禀蕞陋之质。"

浮虎：典故，出自《后汉书·儒林传上·刘昆》，后以"浮虎"作为地方官为政仁德的典故〈1〉。见《景兴尼寺》："牧民之官，浮虎慕其清尘；执法之吏，埋轮谢其梗直。"

浮水：②泅水，在水里游泳〈1〉。见《正觉寺》："吴人浮水自云工，妓儿掷绳在虚空。"

怀砖：典故，出自杨衒之《洛阳伽蓝记·秦太上君寺》，后因以"怀砖"为风俗浇薄之民迎候地方官之典〈5〉。如《秦太上君寺》："怀砖之俗，世号难治。"

迁京：犹迁都〈4〉。如《序》："迁京之始，宫阙未就。"

---

〔1〕　该义项《汉语大词典》首引《二刻拍案惊奇》。
〔2〕　该义项《汉语大词典》首引《元史》。
〔3〕　该义项《汉语大词典》首引《续资治通鉴》。
〔4〕　该义项《汉语大词典》首引范文澜、蔡美彪等《中国通史》。
〔5〕　该义项《汉语大词典》首引鲁迅《而已集》。
〔6〕　该义项《汉语大词典》首引冰心《集外》。

摄心：收敛心神〈1〉。见《崇真寺》："沙门之体，必须摄心守道，志在禅诵，不干世事，不作有为。"

投刺：①投递名帖〈1〉。见《景宁寺》："或有人慕其高义，投刺在门，元慎称疾高卧。"

问罪：宣布对方罪状，加以声讨〈2〉。如《永宁寺》："正欲问罪于尔朱，出卿于桎梏。"

寻戈：动用刀兵。语出《左传·昭公元年》，后为固定用法〈1〉。见《永宁寺》："弃亲助贼，兄弟寻戈。"

见于《后汉书》的有以下9个。

变形：①改变原来的形态〈1〉。见《闻义里》："毗庐旃鸣钟告佛，即遣罗睺罗变形为佛，从空而现真容。"

拟仪：仿效〈1〉。见《永明寺》："尽天地之西垂，耕耘绩纺，百姓野居，邑屋相望，衣服车马，拟仪中国。"

假息：①苟延残喘〈1〉。见《景宁寺》："江左假息，僻居一隅，地多湿垫，攒育虫蚁。"

勤王：谓尽力于王事。后多指君主的统治受到威胁而动摇时，臣子起兵救援王朝〈1〉。见《永宁寺》："直以尔朱荣往岁入洛，顺而勤王，终为魏贼。"

倾心：②诚心诚意〈1〉。见《法云寺》："延伯胆略不群，威名早著，为国展力，二十余年，功无全城，战无横阵，是以朝廷倾心送之。"

失利：②战败〈1〉。见《永宁寺》："长广王都晋阳，遣颍川王尔朱兆举兵向京师，子恭军失利，兆自雷陂涉渡，擒庄帝于式乾殿。"

叹息：②赞叹〈2〉。如《宝光寺》："当时园地平衍，果菜葱青，莫不叹息焉。"

涂炭：③摧残〈1〉。见《追先寺》："略兄弟四人并罹涂炭，唯略一身逃命江左。"

造怨：招致怨恨〈1〉。见《平等寺》："遂虐甚剖心，痛齐钳齿，岂直金版造怨，大鸟感德而已！"

见于沈约作品的有以下4个。

罢市[1]：③歇市，散市〈1〉。见《龙华寺》："上有二层楼，悬鼓击之以罢市。"

解网[2]：解开罗网，典故。后比喻宽宥、仁德〈1〉。见《永宁寺》："庄帝肇升太极，解网垂仁，唯散骑常侍山伟一人拜恩南阙。"

埋轮[3]：②典故出自《后汉书·张纲传》。后以"埋轮"为不畏权贵，直言正谏之典〈1〉。见《景兴尼寺》："牧民之官，浮虎慕其清尘；执法之吏，埋轮谢其梗直。"

腾空[4]：①向天空飞升〈1〉。见《闻义里》："此像本从南方腾空而来，于圆国王

---

[1] 该义项见于沈约《齐故安陆昭王碑文》。
[2] 该词义见于沈约《汉东流》。
[3] 该义项见于沈约《奏弹王源》。
[4] 该义项见于沈约《前缓声歌》。

亲见礼拜，载像归，中路夜宿，忽然不见，遣人寻之，还来本处。"

见于《文心雕龙》的有以下 1 个。

卷怀：①典故，出自《论语·卫灵公》，后以"卷怀"谓藏身隐退，收心息虑〈1〉。见《平等寺》："惟王德表生民，声高万古，往以运属殷忧，时遭多难，卷怀积载，括囊有年。"

见于颜延之《庭诰》的有以下 1 个。

学颦：效颦。谓胡乱模仿，弄巧成拙〈1〉。见《正觉寺》："海上有逐臭之夫，里内有学颦之妇，以卿言之，即是也。"

见于《水经注》的有以下 1 个。

导源：发源〈1〉。见卷三《龙华寺》："浩浩大川，泱泱清洛，导源熊耳，控流巨壑，纳谷吐伊，贯周淹亳，近达河宗，远朝海若。"

见于孔稚珪《为王敬则让司空表》的有以下 1 个。

入选：当选〈1〉。见《平等寺》："天命至重，历数匪轻，自非德协三才，功济四海，无以入选帝图，允当师锡。"

见于谢灵运《道路忆山中诗》的有以下 1 个。

含悲：忍着悲痛〈1〉。见《永宁寺》："怀恨出国门，含悲入鬼乡。"

见于《魏书》的有以下 1 个。

当璧：典故，出自《左传·昭公十三年》：后以"当璧"喻立为国君之兆〈1〉。见《永宁寺》："于是密议长君诸王之中不知谁应当璧。"

见于《诗品》的有以下 1 个。

动魄：谓内心受到强烈震动〈1〉。见《正始寺》："嗣宗闻之动魄，叔夜听此惊魂。"

第二，《汉语大词典》首引例证晚于南北朝的双音节动词，17 个。

惊魂[1]：惊动魂魄〈1〉。见《正始寺》："嗣宗闻之动魄，叔夜听此惊魂。"

垂仁[2]：施仁爱〈1〉。见《永宁寺》："庄帝肇升太极，解网垂仁，唯散骑常侍山伟一人拜恩南阙。"

反政：重新执政〈1〉。见《建中寺》："至孝昌二年太后反政，遂诛义等，没腾田宅。"

解褐：谓脱去布衣，担任官职〈1〉。见《景明寺》："正光末，解褐为世宗挽郎，奉朝请。"

举目：抬眼望〈1〉。见《闻义里》："路中甚寒，多饶风雪，飞沙走砾，举目皆满。"

连衡：③比肩〈1〉。见《景兴尼寺》："及其死也，碑文墓志，莫不穷天地之大德，尽生民之能事，为君共尧舜连衡，为臣与伊皋等迹。"

赴哀[3]：奔丧〈1〉。见《永宁寺》："今欲以铁马五千，赴哀山陵。"

---

〔1〕　该义项《汉语大词典》释义为：受惊的神态，且首引唐代骆宾王《萤火赋》。

〔2〕　"垂仁""反政""解褐""举目""连衡" 5 词，《汉语大词典》首引《晋书》。

〔3〕　"赴哀""能文" 2 词，《汉语大词典》首引韩愈作品。

能文：善于属文〈1〉。见《追先寺》：“昔刘苍好善，利建东平，曹植能文，大启陈国，是用声彪磐石，义郁维城。”

寓食[1]：寄居在别人家里生活〈1〉。见《追先寺》：“然国既边地，寓食他邑，求之二三，未为尽善，宜比德均封，追芳曩烈，可改封东平王，户数如前。”

立身[2]：②安身〈2〉。如《崇真寺》：“贫道立身以来，唯好讲经，实不暗诵。”

拜恩[3]：拜谢恩赐〈1〉。见《永宁寺》：“庄帝肇升太极，解网垂仁，唯散骑常侍山伟一人拜恩南阙。”

反掌[4]：②犹言转瞬。喻时间之短暂〈1〉。见《秦太上君寺》：“吾闻至尊兄彭城王作青州刺史，问其宾客从至青州者云：‘齐土之民，风俗浅薄，虚论高谈，专在荣利。太守初欲入境，皆怀砖叩首，以美其意。及其代下还家，以砖击之。’言其向背速于反掌。”

浮水：①漂于水面〈1〉。见《寿丘里》：“入其后园，见沟渎蹇产，石磴嶕峣，朱荷出池，绿萍浮水，飞梁跨阁，高树出云，咸皆唧唧，虽梁王兔苑，想之不如也。”

施功[5]：③操作〈1〉。见《闻义里》：“施功既讫，粪塔如初，在大塔南三百步。”

如常[6]：②平常〈1〉。见《闻义里》：“高山深谷，崄道如常。”

弃官[7]：谓自动解职去官〈2〉。如《景宁寺》：“及尔朱兆入洛阳，即弃官与华阴隐士王腾周游上洛山。”

截流[8]：②堵截流水〈1〉。见《闻义里》：“其国有水，昔日甚浅，后山崩截流，变为二池。”

4.述补式双音节动词，6个

（1）《汉语大词典》引南北朝语料的双音节动词，1个，见于《伽蓝记》。

埋没：①埋在地下〈1〉。见《明悬尼寺》：“逮我孝昌三年大雨颓桥，南柱始埋没。”

（2）《汉语大词典》首引例证晚于南北朝的双音节动词，5个。

放还[9]：释放回家〈1〉。见卷三《龙华寺》：“禽兽囚之，则违其性，宜放还山林。”

破灭[10]：③失败〈1〉。见卷三《龙华寺》：“永安末，丑奴破灭，始达京师。”

逃命[11]：②逃走以保全生命〈1〉。见《追先寺》：“略兄弟四人并罹涂炭，唯略一

---

〔1〕 该词《汉语大词典》首引《南史》。
〔2〕 该义项《汉语大词典》首引唐代张读《宣室志》。
〔3〕 该词语《汉语大词典》首引《北史》。
〔4〕 “反掌”“浮水”2词，《汉语大词典》首引《旧唐书》。
〔5〕 该义项《汉语大词典》首引宋代苏轼《再乞发运司应副浙西米状》。
〔6〕 该义项《汉语大词典》首引《水浒传》。
〔7〕 该词语《汉语大词典》首引明代沈德符《野获编》。
〔8〕 该义项《汉语大词典》首引徐弘祖《徐霞客游记·楚游日记》。
〔9〕 该词语《汉语大词典》首引《周书》。
〔10〕 该义项《汉语大词典》首引宋代苏轼《私试策问》。
〔11〕 该义项《汉语大词典》首引《刘知远诸宫调》。

身逃命江左。"

破坏〔1〕：③损坏〈1〉。见《闻义里》："此珠网价直万金，我崩之后，恐人侵夺；复虑大塔破坏，无人修补。"

蹶倒〔2〕：跌倒〈1〉。见《寿丘里》："唯融与陈留侯李崇负绢过任，蹶倒伤踝。"

5. 附加式，6 个

第一，《汉语大词典》引南北朝语料的双音节动词，1 个，见于南朝陈徐陵《劝进梁元帝表》。

等于：等同于〈1〉。见《秦太上君寺》："佛事庄饰，等于永宁。"

第二，《汉语大词典》首引例证晚于南北朝的双音节动词，5 个。

所有〔3〕：①领有，占有〈1〉。见《永明寺》："晖遂造人中夹纻像一躯，相好端严，希世所有。"

相续〔4〕：②连续〈1〉。见《景林寺》："春鸟秋蝉，鸣声相续。"

善于〔5〕：谓在某方面擅长〈3〉。如《胡统寺》："其寺诸尼，帝城名德，善于开导，工谈义理。"

相看〔6〕：①查看〈1〉。见《秦太上公寺》："宅在灵台南，近洛河，卿但至彼，家人自出相看。"

在于〔7〕：④指出事物的本质内容或目的等〈2〉。如《秦太上君寺》："是以京师谣语曰：'狱中无系囚，舍内无青州，假令家道恶，肠中不怀愁。'怀砖之义起在于此也。"

（三）见于南北朝传世典籍的双音节形容词

见于南北朝语料的双音节形容词有 98 个，根据词语内部结构关系，又分为并列式、偏正式、支配式和主谓式等。

1. 并列式双音节形容词，76 个

第一，《汉语大词典》引南北朝语料的双音节形容词，49 个。

见于《伽蓝记》的有以下 24 个。

褊吝：褊狭鄙吝〈1〉。见《法云寺》："僚寀成群，俊民满席，丝桐发响，羽觞流行，诗赋并陈，清言乍起，莫不领其玄奥，忘其褊吝焉。"

辨了：清楚，明白〈1〉。见《菩提寺》："时复游行，或遇饭食，如似梦中，不甚辨了。"

敞丽：宽阔壮丽〈1〉。见《修梵寺》："皆高门华屋，斋馆敞丽，楸槐荫途，桐杨

---

〔1〕 该义项《汉语大词典》首引元代张光祖《言行龟鉴》。
〔2〕 该词语《汉语大词典》首引蔡东藩《清史通俗演义》。
〔3〕 该义项《汉语大词典》首引《北史》。
〔4〕 该义项《汉语大词典》首引《坛经》。
〔5〕 该词语《汉语大词典》首引《二刻拍案惊奇》。
〔6〕 该义项《汉语大词典》首引王统照《搅天风雪梦牢骚》。
〔7〕 该义项《汉语大词典》首引宋代王安石《答司马谏议书》。

夹植。"

繁衍：②繁盛众多〈2〉。如《白马寺》："浮图前柰林蒲萄异于余处，枝叶繁衍，子实甚大。"

肥腻：③谓美腴细润〈1〉。见《闻义里》："折骨之处，髓流著石，观其脂色，肥腻若新。"

梗直：刚直，直爽〈1〉。见《景兴尼寺》："执法之吏，埋轮谢其梗直。"

寡昧：谓知识浅陋〈1〉。见《平等寺》："臣既寡昧，识无先远，景命虽降，不敢仰承。"

挥逊：谦逊〈1〉。见《平等寺》："不劳挥逊，致爽人神。"

浚急：湍急〈1〉。见《永明寺》："中朝时以谷水浚急，注于城下，多坏民家，立石桥以限之。"

精丽：精美华丽〈2〉。如《永宁寺》："而此寺精丽，阎浮所无也。"

凝邃：犹深邃〈1〉。见《景林寺》："加以禅阁虚静，隐室凝邃，嘉树夹牖，芳杜匝阶，虽云朝市，想同岩谷。"

平善：①平安〈1〉。见《闻义里》："宋云远在绝域，因瞩此芳景，归怀之思，独轸中肠，遂动旧疹，缠绵经月，得婆罗门咒，然后平善。"

凄凉：①孤寂冷落〈1〉。见《建中寺》："有一凉风堂，本腾避暑之处，凄凉常冷，经夏无蝇，有万年千岁之树也。"

悽恨：犹哀怨〈1〉。见《秦太上公寺》："老翁送元宝出云：'后会难期，以为悽恨！'"

欹侧：①倾斜〈1〉。见《闻义里》："自此以西，山路欹侧，长坂千里。"

清肃：①清正严明〈1〉。见《追先寺》："略为政清肃，甚有治声。"

清拔：形容文辞清秀脱俗〈1〉。见《法云寺》："荆州秀才张斐常为五言，有清拔之句云……"

湿垫：潮湿〈1〉。见《景宁寺》："江左假息，僻居一隅，地多湿垫，攒育虫蚁，疆土瘴疠，蛙黾共穴，人鸟同群。"

疏诞：①放达〈1〉。见《正始寺》："天水人姜质，志性疏诞，麻衣葛巾，有逸民之操。"

庶衍：广阔平坦〈1〉。见《闻义里》："土田庶衍，山泽弥望。"

婉丽：①柔美〈1〉。见《闻义里》："林泉婉丽，花彩曜目。"

晏清：谓安宁清谧〈1〉。见《寿丘里》："当时四海晏清，八荒率职，缥囊纪庆，玉烛调辰，百姓殷阜。"

殷繁：①繁多〈1〉。见《景明寺》："暨皇居徙邺，民讼殷繁。"

照彻：①透明晶莹〈1〉。见《景林寺》："又有仙人桃，其色赤，表里照彻，得霜即熟。"

见于《后汉书》的有以下 14 个。

哀恸：悲痛至极〈1〉。见《法云寺》："丑奴募善射者射僧超亡，延伯悲惜哀恸，左右谓伯牙之失钟子期不能过也。"

逼侧：①拥挤〈1〉。见《闻义里》："浮图高大，僧房逼侧，周匝金像六千躯。"

鄙吝：①形容心胸狭窄〈1〉。见《秦太上君寺》："齐人外矫仁义，内怀鄙吝，轻同羽毛，利等锥刀。"

充积：盈满〈1〉。见《寿丘里》："复引诸王按行府库，锦罽珠玑，冰罗雾縠，充积其内。"

聪明：③天资高〈2〉。如《永明寺》："晖志性聪明，学兼释氏，四谛之义，穷其旨归。"

风流：⑤洒脱放逸〈1〉。见《秦太上君寺》："颖川荀济，风流名士，高鉴妙识，独出当世。"

高显：①宏大显敞〈1〉。见《凝玄寺》："地形高显，下临城阙，房庑精丽，竹柏成林，实是净行息心之所也。"

华侈：①豪华奢侈〈1〉。见《寿丘里》："晋室石崇，乃是庶姓，犹能雉头狐腋，画卵雕薪，况我大魏天王，不为华侈？"

杰出：①才能出众〈1〉。见《永宁寺》："明公世跨并肆，雄才杰出。"

恳至：恳切〈1〉。见《景明寺》："子才恪请，辞情恳至，涕泪俱下，帝乃许之。"

宽雅：谓宽大能容〈2〉。如《追先寺》："萧衍素闻略名，见其器度宽雅，文学优赡，甚敬重之。"

炎赫：炽热〈1〉。见《永宁寺》："时暑炎赫，将士疲劳。"

优赡：①渊博丰富〈1〉。见《追先寺》："萧衍素闻略名，见其器度宽雅，文学优赡，甚敬重之。"

珍丽：珍奇美丽〈2〉。如《永宁寺》："凡南方诸国，皆因城郭而居，多饶珍丽。"
见于《世说新语》的有以下 2 个。

精奇：精彩奇妙〈1〉。见《正始寺》："斋宇光丽，服玩精奇，车马出入，逾于邦君。"

隆重：①优厚〈1〉。见《宣忠寺》："城阳禄位隆重，未闻清贫，常自入其家采掠，本无金银，此梦或真。"
见于《水经注》的有以下 3 个。

高峻：①高耸峭拔〈1〉。见《闻义里》："葱岭高峻，不生草木。"

皓素：②雪白，纯白〈1〉。见《永宁寺》："荣三军皓素，扬旌南出。"

修整：⑥齐整〈1〉。见卷三《龙华寺》："门巷修整，闾阖填列。"
见于《齐民要术》的有以下 1 个。

虚静：②宁静〈1〉。见《景林寺》："加以禅阁虚静，隐室凝邃，嘉树夹牖，芳杜匝阶，虽云朝市，想同岩谷。"
见于南朝梁陶弘景《冥通记》的有以下 1 个。

虚豁：①旷达〈1〉。见《永明寺》："立性虚豁，少有大度，爱人好士，待物无遗。"

见于《宋书》的有以下 1 个。

聪辨：聪慧明辨〈1〉。见《高阳王寺》："（荀子文）年十三，幼而聪辨，神情卓异，虽黄琬、文举无以加之。"

见于北齐卢思道《劳生论》的有以下 1 个。

美茂：隽美博洽〈1〉。见《正觉寺》："赡学多通，才辞美茂，为齐秘书丞。"

见于南朝宋鲍照《学古》诗的有以下 1 个。

明净：明丽而洁净〈1〉。见《景林寺》："水犹澄清，洞底明净，鳞甲潜藏，辨其鱼鳖。"

见于《文心雕龙》的有以下 1 个。

雅润：雅致温润〈1〉。见《景明寺》："志性通敏，风情雅润，下帷覃思，温故知新。"

第二，《汉语大词典》失收或《汉语大词典》首引例证晚于南北朝的双音节形容词，27 个。

《汉语大词典》失收的词语，8 个。

哀辛：悲痛，辛酸〈1〉。见《永宁寺》："卿明眸击节，躬来见我，共叙哀辛，同讨凶羯。"

薄寡[1]：才德微薄稀少〈1〉。见《平等寺》："自惟薄寡，本枝疏远，岂宜仰异天情，俯乖民望？"

崇宽：宽大〈1〉。见《秦太上公寺》："取书引元宝入，遂见馆阁崇宽，屋宇佳丽。"

多饶：很多，众多〈3〉。如《景林寺》："寺西有园，多饶奇果。"

难艰：困苦，困难〈1〉。见《闻义里》："夏喜暴雨，冬则积雪，行人由之，多致难艰。"

穷煎：贫穷匮乏〈1〉。见《闻义里》："人民山居，资业穷煎。"

忻怖：既心喜又害怕〈1〉。见《法云寺》："咒枯树能生枝叶，咒人变为驴马，见之莫不忻怖。"

周流：周匝遍布〈1〉。见《秦太上君寺》："诵室禅堂，周流重叠，花林芳草，遍满阶墀。"

《汉语大词典》首引例证晚于南北朝的词语，19 个。

凡鄙[2]：平庸鄙陋〈2〉。如《永宁寺》："尔朱荣马邑小胡，人才凡鄙，不度德量力，长戟指阙，所谓穷辙拒轮，积薪候燎！"

豪侈：①犹言豪华奢侈〈2〉。如《高阳王寺》："童仆六千，妓女五百，隋珠照日，罗衣从风，自汉晋以来，诸王豪侈，未之有也。"

---

〔1〕《汉语大词典》无，但收"寡薄"，当补。
〔2〕"凡鄙""豪侈""奇妙""清悟""忠烈"5 词，《汉语大词典》首引《晋书》。

奇妙：希奇神妙；美妙〈1〉。见《寿丘里》："作工奇妙，中土所无，皆从西域而来。"

清悟：明慧〈1〉。见《法云寺》："或博通典籍，辨慧清悟，风仪详审，容止可观。"

忠烈：①忠义壮烈〈1〉。见《追先寺》："既见义忘家，捐生殉国，永言忠烈，何日忘之？"

雄猛[1]：强悍勇猛〈1〉。见《闻义里》："时跋提国送狮子儿两头与乾陀罗王，云等见之，观其意气雄猛，中国所画，莫参其仪。"

团圆[2]：①圆貌〈1〉。见《闻义里》："伞头亦似有角，团圆下垂，状似宝盖。"

廖亮[3]：声音清晰响亮〈1〉。见《景乐寺》："歌声绕梁，舞袖徐转，丝管廖亮，谐妙入神。"

富盛[4]：②丰富繁多〈1〉。见《景宁寺》："昨至洛阳，始知衣冠士族并在中原，礼仪富盛，人物殷阜，目所不识，口不能传。"

高迈[5]：②老迈〈1〉。见《追先寺》："略从容闲雅，本自天资，出南入北，转复高迈，言论动止，朝野师模。"

高下[6]：⑪贵和贱〈1〉。见《法云寺》："至于盐粟贵贱，市价高下，所在一例。"

孤上[7]：犹孤高〈1〉。见《景明寺》："文宗学府，蹑班马而孤上，英规胜范，凌许郭而独高。"

奇巧[8]：②犹巧妙〈1〉。见《永宁寺》："作工奇巧，冠于当世。"

敏学[9]：勤勉好学〈1〉。见《永宁寺》："敏学博通，知名海内。"

辉赫[10]：②明亮貌〈1〉。见《宗圣寺》："此像一出，市井皆空，炎光辉赫，独绝世表。"

老成[11]：④精明练达；精明强干〈1〉。见《追先寺》："略生而岐嶷，幼则老成。"

淳善[12]：敦厚和善〈2〉。如《永明寺》："民俗淳善，质直好义。"

谐妙[13]：诙谐精妙〈1〉。见《景乐寺》："歌声绕梁，舞袖徐转，丝管廖亮，谐妙入神。"

---

〔1〕 该词语《汉语大词典》首引《周书》。
〔2〕 该义项《汉语大词典》首引唐代元稹《高荷》。
〔3〕 该词语《汉语大词典》首引唐代李复言《续玄怪录》。
〔4〕 该义项《汉语大词典》首引《北齐书》。
〔5〕 该义项《汉语大词典》首引唐代孟棨《本事诗》。
〔6〕 该义项《汉语大词典》首引唐代韩愈《顺宗实录二》。
〔7〕 该词语《汉语大词典》首引五代王定保《唐摭言》。
〔8〕 该义项《汉语大词典》首引宋代沈作喆《寓简》。
〔9〕 该词语《汉语大词典》首引宋代范仲淹《上张侍郎启》。
〔10〕 该义项《汉语大词典》首引宋代苏舜钦《夏热昼寝感咏》。
〔11〕 该义项《汉语大词典》首引宋代欧阳修《为君难论上》。
〔12〕 该词语《汉语大词典》首引元代关汉卿《金线池》。
〔13〕 该词语《汉语大词典》首引清代蒲松龄《聊斋志异》。

具足[1]：②充足〈2〉。如《永宁寺》："遂于晋阳，人各铸像不成，唯长乐王子攸像光相具足，端严特妙。"

2. 偏正式双音节形容词，11 个

第一，《汉语大词典》引南北朝语料的双音节形容词，8 个。

见于《伽蓝记》的有以下 2 个。

瞋怒：恼火〈1〉。见《闻义里》："初如来在乌场国行化，龙王瞋怒，兴大风雨，佛僧迦梨表里通湿。"

急手：①急速〈4〉。如《景宁寺》："乍至中土，思忆本乡，急手速去，还尔丹阳。"

见于《水经注》的有以下 3 个。

难得：②不容易〈3〉。如卷三《龙华寺》："天下难得之货，咸悉在焉。"

神验：②灵验〈2〉。如《景宁寺》："元慎解梦，义出万途，随意会情，皆有神验。"

相符：相合〈1〉。见《菩提寺》："昔魏时发冢，得霍光女婿范明友家奴，说汉朝废立，与史书相符，此不足为异也。"

见于《后汉书》的有以下 2 个。

通显：谓官位高、名声大〈1〉。见《景宁寺》："景仁无汗马之劳，高官通显。"

异常：①不同于寻常〈1〉。见《秦太上公寺》："须臾见婢抱一死小儿而过，元宝初甚怪之，俄而酒至，色甚红，香美异常。"

见于《宋书》的有以下 1 个。

万古：②犹万代，形容经历的年代久远〈1〉。见《平等寺》："惟王德表生民，声高万古，往以运属殷忧，时遭多难，卷怀积载，括囊有年。"

第二，《汉语大词典》首引例证晚于南北朝的双音节形容词，3 个。

可观[2]：②优美〈1〉。见《法云寺》："或博通典籍，辨慧清悟，风仪详审，容止可观。"

乱常[3]：②异常〈1〉。见《景宁寺》："性嗜酒，饮至一石，神不乱常。"

所有[4]：③全部〈1〉。见《闻义里》："惠生从于阗至乾陀罗，所有佛事处，悉皆流布，至此顿尽。"

3. 支配式等双音节形容词，1 个，见于《齐民要术》

任情：任意〈1〉。见《永宁寺》："时太原王位极心骄，功高意侈，与夺任情，臧否肆意。"

4. 主谓式双音节形容词，2 个

年登[5]：谷物丰收〈1〉。见《开善寺》："当时四海晏清，八荒率职，缥囊纪庆，

---

〔1〕　该义项《汉语大词典》首引许地山《债》。

〔2〕　该义项《汉语大词典》首引唐代元稹《叙诗寄乐天书》。

〔3〕　该义项《汉语大词典》首引明代刘基《郁离子》。

〔4〕　该义项《汉语大词典》首引《水浒传》。

〔5〕　该词语《汉语大词典》首引《南史》。

玉烛调辰，百姓殷阜，年登俗乐。"

心寒[1]：②痛心，失望〈1〉。见《永宁寺》："朕睹此心寒，远投江表，泣请梁朝，誓在复耻。"

5. 附加式双音节形容词，2 个

伟如[2]：卓异出群〈1〉。见《追先寺》："（义阳王略）体自藩华，门勋夙著，内润外朗，兄弟伟如。"

炳然[3]：②光明貌〈1〉。见《闻义里》："石上毛尾爪迹，今悉炳然。"

6. 联绵双音节形容词，6 个

见于《伽蓝记》的有以下 4 个。

蹭蹬：①险阻难行〈1〉。见《正始寺》："若乃绝岭悬坡，蹭蹬蹉跎，泉水纡徐如浪峭，山石高下复危多。"

缠绵：④病久不愈〈1〉。见《正觉寺》："得路逐胜去，颇忆缠绵时。"

森罗：②谓树木繁蔚杂陈〈1〉。见《正始寺》："森罗兮草木，长育兮风烟。"

峣崅：硗确，土地瘠薄〈1〉。见《闻义里》："此国渐出葱岭，土田峣崅，民多贫困。"

见于《魏书》的有以下 2 个。

草草：①骚扰不安的样子〈1〉。见《永宁寺》："二十日洛中草草，犹自不安，死生相怨，人怀异虑。"

峥嵘[4]：⑪形容波涛汹涌〈1〉。见《正始寺》："崎岖石路，似瓮而通；峥嵘涧道，盘纡复直。"

（四）见于南北朝传世典籍的双音节数词，1 个，见于沈约《梁明堂登歌》

七百：典故，出自《左传·宣公三年》，后用"七百"称颂封建王朝运祚绵长〈1〉。见《平等寺》："庶九鼎之命日隆，七百之祚惟永。"

（五）见于南北朝传世典籍的双音节副词

见于南北朝的双音节副词有 18 个，根据词语内部结构关系，又分为并列式、偏正式等。

1. 并列式，9 个

第一，《汉语大词典》引南北朝语料的双音节副词，3 个。

见于《百喻经》的有以下 1 个。

咸皆：全都〈2〉。如《永宁寺》："海上之民，咸皆见之。"

见于《世说新语》的有以下 1 个。

---

[1] 该词语《汉语大词典》首引余小华《返青》。
[2] 该词语《汉语大词典》首引南唐尉迟偓《中朝故事》。
[3] 该义项《汉语大词典》首引宋代苏轼《谢孙舍人启》。
[4] 该义项《汉语大词典》首引唐代王昌龄《小敷谷龙潭祠作》。

亦复：②又〈1〉。见《永明寺》："于是士庶异之，咸来观瞩，由是发心者，亦复无量。"

见于《魏书》的有以下1个。

以不：犹言与否。表疑问之词，其作用相当于现代汉语中的"吗"。不，同"否"〈1〉。见《宣忠寺》："后怀孕未十月，今始九月，可尔以不？"

第二，《汉语大词典》失收或《汉语大词典》首引例证晚于南北朝的双音节副词，6个。

《汉语大词典》失收的词语有以下3个。

竟乃：居然〈1〉。见《平等寺》："庄帝疑恭奸诈，夜遣人盗掠衣物，复拔刀剑欲杀之，恭张口以手指舌，竟乃不言。"

咸共：共同，都〈1〉。见《秦太上君寺》："临淄官徒布在京邑，闻怀砖慕势，咸共耻之，唯崔孝忠一人不以为意。"

咸悉：泛指全部，都〈1〉。见卷三《龙华寺》："天下难得之货，咸悉在焉。"

《汉语大词典》首引例证晚于南北朝语料的有以下3个。

依约[1]：②仿佛；隐约〈1〉。见《闻义里》："依约中下，实半天矣。"

尽皆[2]：全都，完全〈3〉。如《宝光寺》："晋朝三十二寺尽皆烟灭，唯此寺独存。"

当即[3]：立即〈1〉。见《闻义里》："令我见佛，当即从命。"

2．偏正式，4个

见于《后汉书》的有以下1个。

不须：不必〈2〉。如《菩提寺》："汝不须来！吾非汝父，汝非吾子，急手速去，可得无殃。"

见于《世说新语》的有以下1个。

一时：⑦即时，立刻〈1〉。见《法云寺》："于是五万之师，一时溃散。"

见于《文心雕龙》的有以下1个。

不必：②没有必要〈1〉。见《大统寺》："苏秦时未有佛法，功德不必是寺，应是碑铭之类，颂其声迹也。"

见于《伽蓝记》的有以下1个。

何劳[4]：犹言用不着〈2〉。如《崇真寺》："卿作太守之日，曲理枉法，劫夺民财，假作此寺，非卿之力，何劳说此。"

3．支配式，2个

在后[5]：以后〈1〉。见《闻义里》："龙王每作神变，国王祈请，以金玉珍宝投之

---

[1]　该义项《汉语大词典》首引唐代刘兼《登郡楼书怀》。
[2]　该词语《汉语大词典》首引《三国演义》。
[3]　该词语《汉语大词典》首引《老残游记》。
[4]　该词语《汉语大词典》首引《三国演义》。
[5]　该词语《汉语大词典》首引《宣和遗事》。

池中，在后涌出，令僧取之。"

沿路[1]：②一路上〈1〉。见《崇真寺》："诏不听持经像沿路乞索，若私有财物，造经像者任意。"

4．附加式，3 个

见于《伽蓝记》的有以下 1 个。

俨然：④宛然；仿佛〈1〉。见《永宁寺》："见浮图于海中，光明照耀，俨然如新。"

见于谢庄《宋孝武宣贵妃诔》的有以下 1 个。

步步：一步一步；每步〈1〉。见《闻义里》："自发葱岭，步步渐高。"

见于《伽蓝记》的有以下 1 个。

犹自[2]：尚；尚自〈2〉。如《永宁寺》："二十日洛中草草，犹自不安，死生相怨，人怀异虑。"

（六）见于南北朝传世典籍的双音节连词，5 个

第一，《汉语大词典》首引南北朝典籍的，3 个。

见于《齐民要术》的有以下 1 个。

岂直：何止〈2〉。如《序》："岂直木衣绨绣，土被朱紫而已哉！"

见于《后汉书》的有以下 2 个。

以及：连词，①表示在时间、范围上的延伸〈1〉。见《宣忠寺》："兆乃发怒捉祖仁，悬首高树，大石坠足，鞭捶之以及于死。"

因此：因为这个〈1〉。见《法云寺》："永熙年中南青州刺史毛鸿宾赍酒之藩，路逢贼盗，饮之即醉，皆被擒获，因此复名'擒奸酒'。"

第二，《汉语大词典》首引晚于南北朝典籍的，2 个。

以至[3]：连词，表示由于上文所说的情况，引出了下文的结果〈2〉。如《寿丘里》："卿之财产，应得抗衡，何为叹羡，以至于此？"

以致[4]：表示由于上文所说的情况，引出了下文的结果（多指不好的结果）〈1〉。见《景兴尼寺》："汝南王闻而异之，拜为义父。因而问何所服饵，以致长年。"

（七）见于南北朝传世典籍的双音节代词，1 个

自余[5]：犹其余〈4〉。如《宣忠寺》："永安中，北海王入洛，庄帝北巡，自余诸王，各怀二望，惟徽独从庄帝至长子城。"

三、多音节词语

《伽蓝记》中有 57 个多音节词语可以追溯到南北朝。

---

〔1〕 该义项《汉语大词典》首引《二十年目睹之怪现状》。

〔2〕 该词语《汉语大词典》首引唐许浑《塞下曲》。

〔3〕 该义项《汉语大词典》首引宋代王谠《唐语林》。

〔4〕 该义项《汉语大词典》首引宋代司马光《谏西征疏》。

〔5〕 该词语《汉语大词典》首引《晋书》。

（一）三音节词语，21 个

1.《汉语大词典》引南北朝语料，7 个

见于《伽蓝记》的有以下 6 个。

步挽车：即步挽〈1〉。见《景兴尼寺》："帝给步挽车一乘，游于市里。"

骑驴酒：古酒名〈1〉。见《法云寺》："亦名'骑驴酒'。"

擒奸酒：酒名〈1〉。见《法云寺》："永熙年中南青州刺史毛鸿宾赍酒之藩，路逢贼盗，饮之即醉，皆被擒获，因此复名'擒奸酒'。"

四夷馆：①北魏时在洛阳城南所设的宾馆，以居四邻各国来归附的人〈2〉。如《高阳王寺》："城南有四夷馆，才以此讥之。"

仙人桃：桃实名。又名冬桃、西王母桃〈1〉。见《景林寺》："又有仙人桃，其色赤，表里照彻，得霜即熟。"

仙人枣：枣实名〈1〉。见《景林寺》："有仙人枣，长五寸，把之两头俱出，核细如针。"

见于《魏书》的有以下 1 个。

募征格：募人从军、杀敌的赏格〈1〉。见《秦太上公寺》："孝昌初，妖贼四侵，州郡失据，朝廷设募征格于堂之北，从戎者拜旷掖将军、偏将军、裨将军。"

2.《汉语大词典》失收或《汉语大词典》首引例证晚于南北朝的多音节词语

第一，《汉语大词典》失收的，13 个。

二十二：〈1〉。见《闻义里》："从末城西行二十二里。"

二十三：〈2〉。如《闻义里》："发赤岭，西行二十三日，渡流沙，至吐谷浑国。"

二十五：〈3〉。如《永宁寺》："刹上有金宝瓶，容二十五斛。"

二十七：〈1〉。见《菩提寺》："死时年十五，今满二十七。"

三十二：〈1〉。见《宝光寺》："晋朝三十二寺尽皆湮灭，唯此寺独存。"

四十二：〈1〉。见《序》："至于晋室永嘉，唯有寺四十二所。"

四十八：〈1〉。见《报德寺》："复有石碑四十八枚，亦表里隶书。"

六十三：〈1〉。见《闻义里》："铁柱八十八尺，八十围，金盘十五重，去地六十三丈二尺。"

二十万：〈1〉。见《正始寺》："陈留侯李崇施钱二十万。"

四十万：〈1〉。见《正始寺》："背上有侍中崔光施钱四十万。"

八十八：〈1〉。见《闻义里》："铁柱八十八尺，八十围。"

罗汉床：一种睡榻。只容一人，故又名"独睡"。常用作坐具〈1〉。见《闻义里》："山中有昔五百罗汉床，南北两行相向坐处，其次第相对。"

乌头门：古建筑门制之一种，基本构成为两根立柱以横梁为联系，柱出头染成黑色〈1〉。见《永宁寺》："北门一道，上不施屋，似乌头门。"

第二，《汉语大词典》首引晚于南北朝的词语，1 个。

　　不得不[1]：②不能不，必须〈1〉。见《正觉寺》："肃对曰：'乡曲所美，不得不好。'"

　　（二）**四音节词语，34 个**

　　1.《汉语大词典》引南北朝语料，17 个

　　见于《伽蓝记》的有以下 14 个。

　　不识东家："不识东家丘"的略语。相传孔子西家有愚夫，不识孔子为圣人，称之为"东家丘"，后以"不识东家"谓不识近邻是圣贤〈1〉。见《秦太上君寺》："荀济人非许郭，不识东家，虽复莠言自口，未宜荣辱也。"

　　长虺成蛇：喻养奸遗患〈1〉。见《建中寺》："熙平初，明帝幼冲，诸王权上，太后拜义为侍中、领军左右，令总禁兵，委以腹心，反得幽隔永巷六年，太后哭曰：'养虎自啮，长虺成蛇。'"

　　大同小异：指事物大体相同，略有差异为"大同小异"〈1〉。见《闻义里》："惠生在乌场国二年，西胡风俗，大同小异，不能具录。"

　　东方圣人：古代对中国德才最高人物的誉称。在不同时代不同情况下，所指对象各异〈1〉。见《融觉寺》："西域沙门常东向遥礼之，号昙谟最为'东方圣人'。"

　　飞沙走砾：沙土飞扬，小石块滚动。形容风势猛烈〈1〉。见《闻义里》："路中甚寒，多饶风雪，飞沙走砾，举目皆满，唯吐谷浑城左右暖于异处。"

　　画卵雕薪：在鸡蛋、薪木上雕画图形。是古代富豪生活穷奢极侈的一种表现〈1〉。见《寿丘里》："晋室石崇，乃是庶姓，犹能雉头狐腋，画卵雕薪，况我大魏天王，不为华侈？"

　　积薪候燎：喻自取灭亡。燎，火炬〈1〉。见《永宁寺》："尔朱荣马邑小胡，人才凡鄙，不度德量力，长戟指阙，所谓穷辙拒轮，积薪候燎！"

　　狼顾鸱张：如狼凶视，如鸱张翼。形容凶暴，嚣张〈1〉。见《平等寺》："然群飞未宁，横流且及，皆狼顾鸱张，岳立棋峙。"

　　连枝分叶：同根所生的枝叶。常喻兄弟之间的密切关系〈1〉。见《永宁寺》："朕之于卿，兄弟非远，连枝分叶，兴灭相依。"

　　目乱精迷：眼花缭乱，神情迷惑。形容所见情景复杂纷繁或怪异多变，令人惊异〈1〉。见《景乐寺》："士女观者，目乱精迷。"

　　项日感梦：典故，事见汉牟融《理惑论》。后遂用作典故〈1〉。见《序》："自项日感梦，满月流光，阳门饰豪眉之像，夜台图绀发之形。"

　　养虎自啮：比喻姑息敌人，终致损害自己〈1〉。见《建中寺》："养虎自啮，长虺成蛇。"

　　雉头狐腋：以雉头羽毛织成之裘。借指奇装异服〈1〉。见《寿丘里》："晋室石崇，乃是庶姓，犹能雉头狐腋，画卵雕薪，况我大魏天王，不为华侈？"

---

　　〔1〕 该义项《汉语大词典》首引《儒林外史》。

遵养待时：谓顺应时势积蓄力量以待时机〈1〉。见《永宁寺》："害卿兄弟，独夫介立，遵养待时，臣节讵久。"

见于《后汉书》的有以下 2 个。

力不从心：想做某事而力量达不到〈1〉。见《永宁寺》："京师士众未习军旅，虽皆义勇，力不从心。"

勇冠三军：勇敢为全军之首。形容勇猛过人〈1〉。见《法云寺》："延伯单马入阵，旁若无人，勇冠三军，威镇戎竖。"

见于《世说新语》的有以下 1 个。

蜂目豺声：眼如胡蜂，声似豺狼。形容凶恶的面貌和声音〈1〉。见《永宁寺》："若兆者，蜂目豺声，行穷枭獍，阻兵安忍，贼害君亲。"

2.《汉语大词典》失收或《汉语大词典》首引例证晚于南北朝的多音节词语，17 个

第一，《汉语大词典》失收的，11 个。

二百二十：〈1〉。见《京师建制》："门士八人，合有二百二十里。"

三百九十：〈1〉。见《闻义里》："《道荣传》云：三百九十步。"

三千五百：〈1〉。见《闻义里》："从吐谷浑西行三千五百里，至鄯善城。"

十万九千：〈1〉。见《京师建制》："京师东西二十里，南北十五里，户十万九千余。"

不足为异：不值得惊异，《汉语大词典》无，但有"不足为奇"〈1〉。见《菩提寺》："昔魏时发冢，得霍光女婿范明友家奴，说汉朝废立，与史书相符，此不足为异也。"

鸱鸣狼噬：比喻横行残暴〈1〉。见《永宁寺》："傥天不厌乱，胡羯未殄，鸱鸣狼噬，荐食河北，在荣为福，于卿为祸。"

观者成市[1]：形容观看的人多〈1〉。见《昭仪尼寺》："观者成市，布施者甚众。"

骇人心目：惊心骇目〈1〉。见《永宁寺》："绣柱金铺，骇人心目。"

洽闻博见：见闻广博，记忆力强〈1〉。见《景明寺》："子才洽闻博见，无所不通，军国制度，罔不访及。"

穷辙拒轮：比喻不自量力〈1〉。见《永宁寺》："尔朱荣马邑小胡，人才凡鄙，不度德量力，长戟指阙，所谓穷辙拒轮，积薪候燎！"

夜行罪人：典故，出自《三国志·魏志》，后来比喻年纪老大而居官位的人〈1〉。见《秦太上君寺》："臣年迫桑榆，气同朝露，人间稍远，日近松丘，臣已久乞闲退，陛下渭阳兴念，宠及老臣，使夜行罪人，裁锦万里，谨奉明敕，不敢失坠。"

第二，《汉语大词典》首引晚于南北朝的词语，6 个。

观者如堵[2]：形容观看人数众多〈1〉。见《长秋寺》："像停之处，观者如堵，迭

---

[1]　《汉语大词典》收"观者如市"。

[2]　"观者如堵""自相鱼肉"2 词，《汉语大词典》首引见于《晋书》。

相践跃，常有死人。"

自相鱼肉：谓自相吞并、残杀〈1〉。见《永宁寺》："终不食言，自相鱼肉。善择元吉，勿贻后悔。"

赤心奉国[1]：竭尽忠心，报效国家〈1〉。见《永宁寺》："太原王功格天地，道济生民，赤心奉国，神明所知。"

雕墙峻宇[2]：高大的屋宇和彩绘的墙壁。形容居处豪华奢侈〈1〉。见《修梵寺》："崇明寺，复在修梵寺西，并雕墙峻宇，比屋连甍，亦是名寺也。"

奇花异草[3]：希奇少见的花草〈1〉。见《永明寺》："庭列修竹，檐拂高松，奇花异草，骈阗阶砌。"

丹楹刻桷[4]：红漆的柱子与刻有花纹的椽子。形容屋宇华丽精美〈1〉。见《瑶光寺》："风生户牖，云起梁栋，丹楹刻桷，图写列仙。"

（三）五音节词语，2 个

四百二十一：数词〈1〉。见《京师建制》："天平元年迁都邺城，洛城余寺四百二十一所。"

八百七十八：数词〈1〉。见《闻义里》："从捍魔城西行八百七十八里，至于阗国。"

表 3 - 4　见于南北朝语料的《伽蓝记》词汇个数和使用频次情况

结构	词性	词量/个	词量百分比/%	词次/次	词次百分比/%	频次
单音节	名词	67	6.5	122	8.1	1.82
	动词	101	9.8	172	11.4	1.70
	形容词	15	1.5	18	1.2	1.20
	数词	1	0.1	7	0.5	7.00
	量词	10	1.0	52	3.4	5.20
	副词	7	0.7	10	0.7	1.43
	介词	8	0.8	29	1.9	3.63
	助词	4	0.4	11	0.7	2.75
	连词	4	0.4	8	0.5	2.00
	总计	217	21.1	429	28.4	1.98

[1]　该词《汉语大词典》首引唐代刘长卿《疲兵篇》。
[2]　该词《汉语大词典》首引《周书》。
[3]　该词《汉语大词典》首引明代袁宏道《与兰泽云泽叔书》。
[4]　该词《汉语大词典》首引《东周列国志》。

续上表

结构	词性	词量/个	词量百分比/%	词次/次	词次百分比/%	频次
双音节	名词	414	40.2	617	40.9	1.49
	动词	218	21.2	252	16.7	1.16
	形容词	98	9.5	114	7.6	1.16
	数词	1	0.1	1	0.1	1.00
	副词	18	1.7	24	1.6	1.33
	连词	5	0.5	7	0.5	1.40
	代词	1	0.1	4	0.3	4.00
	总计	755	73.4	1 019	67.5	1.35
多音节	三音节	21	2.0	25	1.7	1.19
	四音节	34	3.3	34	2.3	1.00
	五音节	2	0.2	2	0.1	1.00
	总计	57	5.5	61	4.0	1.07
总计		1 029	100	1 509	100	1.47

由表3-4可知，见于南北朝语料的《伽蓝记》词语或义项有1 029个，约占《伽蓝记》一般词语总数的19.4%。从词语结构上看，包括单音节词语、双音节词语和多音节词语，其中单音节词语217个，占该期词语总数的21.1%；双音节词语755个，占73.4%；三音节以上的词语57个，占5.5%。从使用频次上看，见于南北朝语料的《伽蓝记》词语或义项，使用频次较低，平均为1.47。其中，单音节词语平均使用频次为1.98，双音节词语为1.35，多音节词语为1.07。单音节词语使用频次略高于复音节词语。不同结构不同词性的词语或义项使用频次不同。单音节词语中数词的使用频次最高，为7.00；形容词的使用频次最低，为1.20。双音节词语中，代词的使用频次最高，为4.00；数词的使用频次最低，为1.00。从词性上看，有9种词类，其中单音节词语包括名词、动词、形容词、数词、量词、副词、介词、助词、连词9种；双音节词语词性包括名词、动词、形容词、数词、副词、连词、代词7种。该时期所见的《伽蓝记》词语或义项仍是以名词、动词为主，约占该时期词语总数的77.7%。

第四章　流传到现代汉语的《伽蓝记》词汇

　　《伽蓝记》词语除专有名词外，共有 5 550 个，其中佛教词语 243 个，一般词语 5 307 个。本章主要探讨一般词语在现代汉语（包括方言和普通话）中的承传情况。[1] 通过调查，《伽蓝记》的一般词语承传有以下三种情况：一是流传到现代汉语方言；二是流传到现代汉语普通话；三是现代汉语方言和普通话均不再使用。下面我们就前两种情况分别论述。

第一节　流传到现代汉语方言的《伽蓝记》词汇

　　笔者参照《现代汉语词典》（第 6 版）和《汉语方言大词典》[2]，将《伽蓝记》的 5 307 个[3]一般词语逐一进行调查，发现有 77 个词语义项在现代方言中依然使用。

　　一、单音词，38 个

　　《伽蓝记》词汇中，有 38 个单音节词语，普通话不用或少用，但活跃在现代方言中。

　　（一）名词，6 个，均来源于战国时期的义项

　　床：②坐具。该义项最早见于《左传·庄公八年》，今保留在山西西南等中原官话中。

　　翠：①鸟名。该义项最早见于《楚辞·九歌·东君》，今在湖北浠水等江淮官话中，"翠儿"指翠鸟，江西瑞金、赣州蟠龙及广东梅县等客语中翠鸟叫"翠子"。

　　萑：①芦类植物。该义项最早见于《仪礼·特牲馈食礼》，今通行于北京大兴、宛平一带等北京官话中。

　　镬：①无足鼎。古时煮肉及鱼、腊之器〈1〉，该义项最早见于《周礼·天官·亨人》，现代方言指"锅"，今在西南官话、吴语、赣语、客语、粤语等方言中都有不同程度的保留。

---

〔1〕《伽蓝记》的佛教词语及其历时层次拟另文论述。

〔2〕许宝华，宫田一郎. 汉语方言大词典［M］. 北京：中华书局，1999.

〔3〕本章所列词语在《伽蓝记》中的义项及用例均见于前三章，如无必要，不再重复罗列。

粟：③粮食的通称。该义项最早见于《管子·治国》，今通行于福建顺昌、建阳等闽语中。

棹：①船桨。该义项最早见于《楚辞·九歌·湘君》，今在江苏邳州等中原官话，以及广东广州等粤语中都有不同程度的保留。

（二）动词，23 个

详：②审察。该义项最早见于《书·蔡仲之命》，今保留在湖北武汉、四川成都等西南官话，吴语及闽语中。

丧：②人死。该义项最早见于《书·金縢》，今在辽宁等东北官话中有所保留。

光：㉔通"广"，充满。该义项最早见于《书·洛诰》，今保留在客语中。

格：①感动。该义项最早见于《书·说命》，今在陕西、河北、山东等方言中有所保留。

坏：②倒塌。该义项最早见于《诗·大雅·板》，今保留在上海宝山罗店、宝山霜草墩等吴语中。

受：⑪容纳。该义项最早见于《易·咸》，今保留在山西等晋语中。

作：⑥建造。该义项最早见于甲骨文卜辞，写作"乍"，今在广东揭阳、福建厦门等闽语中普遍应用。

敌[1]：④相当。该义项最早见于《孙子·谋攻》，今在河南南阳等中原官话和湖北武汉、四川成都等西南官话，以及广东汕头等闽语中依然使用。

控：⑤投，跌落。该义项最早见于《庄子·逍遥游》，今在浙江苍南金乡等吴语中依然使用。

收：⑪殓葬。该义项最早见于《左传·僖公三十二年》，今保留在福建仙游等闽语中。

寻：⑨延伸。该义项最早见于《淮南子·齐俗训》，今在方言中虚化为介词"顺着，沿着"，普遍应用于福建仙游等闽语中。

显：④显扬。该义项最早见于《孟子·公孙丑上》，今在方言中演变为"炫耀"义，普遍应用于东北、北京、天津等官话方言，以及江苏苏州等吴语中。

袭：①指穿衣，穿戴。该义项最早见于王褒《九怀·昭世》，今在方言中变为名词指"衬衣"，保留于山东牟平等胶辽官话中。

燋：烧焦。该词语最早见于《韩诗外传》，今方言中变为形容词"干；干燥"义，保留在福建建阳、沙县、三明、永安、仙游等闽语中。

硙：②切磨；磨碎。该义项最早见于西汉扬雄《太玄·疑》，该义项普通话不用[2]，但作为动词依然保留在今江苏扬州、镇江，湖北红安等江淮官话，湖北武汉、襄樊，四

---

[1] 具体见牛太清《〈洛阳伽蓝记〉中所见当代方言词拾零》，曾发表于《现代语文（语言研究版）》2015 年第 24 期。

[2] 见《现代汉语词典（第 6 版）》，同"碨"，为方言词、名词，意为"石磨"。

川成都，重庆南川、云阳，贵州清镇、黎平，云南昆明、玉溪、昭通、思茅、临沧等西南官话，以及江苏苏州、常州等吴语中。

聒[1]：②喧闹，声音高响或嘈杂。该义项最早见于东汉王逸《九思》，今在陕西西安、山东梁山、河南等中原官话和晋语中常用。

取：⑧求。该义项最早见于张衡《西京赋》，今为"要；讨"义，保留在海南琼山等闽语中。

总：⑦总揽。该义项最早见于王充《论衡·书解》，今保留在福建厦门等闽语中。

乞：①给，给予〈1〉。该义项最早见于《汉书·朱买臣传》，今保留在福建福州、仙游、莆田、闽侯洋里，广东汕头、海康等闽语中。

起：㉗建造。该义项最早见于《汉书·昭帝纪》，今保留在广西柳州、四川、福建南平等官话，以及浙江金华、岩下、苍南金乡、温州等吴语，广东广州、东莞等粤语，福建福州、厦门、福清、莆田、仙游，广东揭阳、汕头、海康[2]等闽语中。

扇：④风吹。该义项最早见于《汉书》，今为"被风吹"之义，保留在福建厦门等闽语。

棹：③划船。该义项最早见于陶渊明《归去来兮辞》，今保留在广东广州等粤语中。

将：⑪拿。该义项最早见于《伽蓝记·平等寺》，今保留在山西稷山、山东梁山等官话中。

在以上 23 个词语义项中，"作"见于甲骨卜辞；"详""丧""光""格""坏""受"6 个词语义项来源于周秦；"敌""控""收""寻""显"5 个词语义项来源于战国；"袭""燋""砲"3 个词语的义项来源于西汉；"聒""取""总""乞""起""扇"6 个词语义项来源于东汉；"棹"来源于东晋；"将"来源于北魏。

（三）形容词，4 个

清：⑳寒凉。该义项最早见于《素问·五脏生成篇》，今保留在福建闽侯洋里、福州、福清、福鼎等闽语中。

好：①美。该义项最早见于《国语·晋语》，今保留在山西运城等中原官话以及海南文昌等闽语中。

中：⑯犹言可。该义项最早见于张仲景《伤寒论·太阳病上》，今在东北，河北东部，山东寿光、青岛、平度、安丘、胶州，河南洛阳、商丘、洛宁、南阳，宁夏银川，甘肃兰州，安徽芜湖，江苏涟水、溧水等官话方言中普遍应用。

悬：⑤形容高耸，陡峭。该义项最早见于《伽蓝记·正始寺》，今保留在福建明溪等客语，以及福建厦门、福州、永春、仙游、三明，广东潮州、汕头，中国台湾等地闽语中。

---

〔1〕 具体见牛太清《〈洛阳伽蓝记〉中所见当代方言词拾零》，曾发表于《现代语文（语言研究版）》2015 年第 24 期。

〔2〕 指海康县。1983 年，该县归入湛江市。

以上 4 个词语义项中，"清""好" 2 个词语义项来源于战国时期；"中"来源于东汉；"悬"来源于南北朝的义项。

（四）副词，1 个

亦：②副词，又。该义项最早见于甲骨文，今在江苏苏州、吴中光福、吴江，浙江温州、黄岩等吴语中普遍应用。

（五）量词，1 个

头：⑳量词。（1）用于人。犹个。该义项最早见于东汉王延寿《鲁灵光殿赋》，今保留在广东广州等粤语中。

（六）介词，1 个

共：④介词。表示涉及对象。犹同；跟。该义项最早见于《伽蓝记·永宁寺》，是南北朝新兴的义项，今普遍应用于广东广州、广西等粤语，以及福建福州、闽侯洋里、厦门，广东汕头、潮州等闽语中。

（七）连词，1 个

共：⑤连词，表示并列，与。该义项最早见于《伽蓝记·序》，是南北朝新兴的义项，今在河南等中原官话，广东粤语以及福建福州、闽侯洋里，广东潮州、海康等闽语里依然使用。

（八）助词，1 个

阿：①名词前缀，用在人名或姓的前面，有亲昵的意味。该义项最早见于《史记》，今在吴语、客话、闽语中普遍应用。

见表 4-1，《伽蓝记》词汇中来源于不同时代的单音节词语在现代方言的保留情况为：名词中有 6 个现代方言依然使用，均来源于战国；动词中有 23 个现代方言依然使用，其中有 1 个来源于甲骨卜辞，6 个来源于春秋的义项，5 个来源于战国，3 个来源于西汉，6 个来源于东汉，来源于东晋、南北朝的各 1 个；形容词中有 4 个现代方言依然使用，其中 2 个来源于战国，来源于东汉、南北朝的各 1 个；副词中有 1 个现代方言依然使用，其来源于甲骨文；量词有 1 个现代方言依然使用，其来源于东汉；介词、连词在现代方言中继续使用的各有 1 个，都是南北朝新兴的；助词有 1 个在现代方言使用，来源于西汉。以上 38 个单音节方言词，来源于两汉以前的有 33 个，占遗留单音节方言词的 86.8%，来源于魏晋南北朝的有 5 个，占 13.2%，这些数据为"方言是古语的活化石"提供了具体的证据。

表 4 - 1　流传到现代方言的《伽蓝记》单音节词语及其历时来源的统计情况

单位：个

	名词	动词	形词	副词	量词	介词	连词	助词	总计
甲骨文	0	1	0	1	0	0	0	0	2
春秋	0	6	0	0	0	0	0	0	6
战国、秦	6	5	2	0	0	0	0	0	13
西汉	0	3	0	0	0	0	0	1	4
东汉	0	6	1	0	1	0	0	0	8
三国	0	0	0	0	0	0	0	0	0
西晋	0	0	0	0	0	0	0	0	0
东晋	0	0	0	0	0	0	0	0	1
南北朝	0	1	1	0	0	1	1	0	4
总计	6	23	4	1	1	1	1	1	38

二、双音词[1]，39 个

经调查，《伽蓝记》词汇中有 39 个双音节词语普通话不用或少用，但活跃在现代方言中。

（一）名词，21 个

屋舍：房屋。该义项最早见于《诗·大雅·鸿雁》，今保留在客话里。如，罗翙云《客方言·释宫室》："《广雅》：'屋，舍也。'古人多言舍，客俗统谓屋曰屋舍。"

基址：①建筑物的地基、基础。该义项最早见于《左传·宣公十一年》，今保留在北京官话里引申为一切东西的遗迹，常常说成"基址儿"，如：他走了好几年了，屋子里还看得出他基址儿来。

瓦器：①用泥土烧制的器皿。该义项最早见于《韩非子·外储说右上》，今保留在福建南平一带的官话中。

兄弟：②古代对同姓宗亲的称呼。该义项最早见于《仪礼·丧服》，今在福建浦城等吴语中的"兄弟"通常指堂兄弟、表兄弟。

金铺：①金饰铺首。该义项最早见于司马相如《长门赋》，今在河北井陉等冀鲁官话中"金铺"指双门环。如 1934 年《井陉县志资料》："《名义考》云：门环，双曰金铺，单曰屈膝。"

虚说：无稽之谈。该义项最早见于西汉刘向《说苑·谈丛》，今在山西隰县、陕西北部等晋语中，"虚说"用为动词，指撒谎。

男女：③儿女。该义项最早见于《史记·龟策列传》，今在上海崇明、江苏丹阳、浙江温州等吴语中"子女、儿女"依然称"男女"。

---

[1]《伽蓝记》词汇复音节词语中只有双音节词语保留在当代方言中，没有三音节或三音节以上的词语。

石山：①岩石积成的山。最早见于《诗·周南·卷耳》"陟彼砠矣"。《诗经毛传》："石山戴土曰砠。"现代汉语普通话不用，但在广东广州等粤语里，"石山"指假山。

朝廷：②借指帝王。该义项最早见于《东观汉记·朱遂传》，今依然保留在河北盐山等冀鲁官话以及河南等中原官话里。

寿年：长寿的岁数。该义项最早见于东汉应劭《风俗通·佚文》，今在江西瑞金、赣州蟠龙、上犹社溪等客话里，"寿年"指寿命。

蜂窠：①即蜂巢。该义项最早见于《三国志·魏志·管辂传》，今在安徽歙县城关等徽语以及上海，浙江金华岩下、温州等吴语中，蜂窝叫"蜂窠"。

鼓吹：③演奏乐曲的乐队。该义项最早见于《后汉书·杨震传》，今在福建厦门等闽语中，"鼓吹"指名词喇叭。

香袋：盛香料的小袋子。该义项最早见于杨衒之《伽蓝记·闻义里》，今在上海等吴语、福建泰宁等赣语、福清等闽语中，依然称端午节给小孩佩带的装有香料粉末的小彩袋为"香袋"。

瓮子：陶制盛器。该义项最早见于《齐民要术·笨麹并酒》，今在以下方言中普遍使用但意义有所变化：在隶属官话的福建南平、隶属客语的福建宁化、武平以及闽语的福建松溪、政和等地将"瓶子"叫"瓮子"；在隶属西南官话的湖北武汉"瓮子"指汤罐；在四川成都等西南官话中"瓮子"指一种特大的烧水蒸饭的用具。

虫蚁：①犹虫豸。该义项最早见于南朝宋鲍照《拟行路难》诗之七，今在山西忻州等晋语、上海松江等吴语、福建莆田厦门等闽语中，爬行类的小昆虫叫"虫蚁"，而在吴语中也统称小动物为"虫蚁"。

东头：东边。该义项最早见于《世说新语·赏誉》，今在河北新城等冀鲁官话、安徽阜阳等中原官话、湖北天门等西南官话中普遍应用。

面麦：麦子。该义项最早见于杨衒之《伽蓝记·闻义里》，今在江西上犹、社溪的客话中依然称麦子为"面麦"。

先生：⑧称道士。该义项最早见于杨衒之《伽蓝记·永明寺》，今在江苏南通等江淮官话、江西瑞金等客话、福建南平峡阳等闽语中依然称道士为"先生"。

影迹：踪影。该义项最早见于《宋书·谢灵运传》，今在福建厦门等闽语中依然使用。

院墙：围绕宅舍的墙。该义项最早见于《伽蓝记·永宁寺》，今保留在山东平邑、郯城、枣庄等中原官话以及江西瑞金、上犹社溪、四川西昌等客语中。

早晚：⑥几时。该义项最早见于《颜氏家训·风操》，今保留在山东郯城、费县，江苏徐州等中原官话中。

在以上词语义项中，"屋舍"来源于春秋；"基址""瓦器""兄弟"3个词语义项是源于战国；"金铺""虚说""男女""石山"4个词语义项来源于西汉；"朝廷""寿年"2个词语义项来源于东汉；"蜂窠"来源于西晋；"鼓吹""香袋""瓮子""虫蚁""东头""面麦""先生""影迹""院墙""早晚"10个词语义项来源于南北朝。

（二）动词，10 个

出血：①血液流出。该义项最早见于《汉书·苏武传》，今作为动词用作比喻义，比喻为他人拿出钱或拿出东西（含诙谐意），在东北官话、北京官话、冀鲁官话以及吴语中普遍使用。

未有：①没有；不曾有。该义项最早来源于《诗·大雅·绵》，今保留在浙江金华岩下等吴语中。

劳烦：烦劳，麻烦。客套话。该词语最早见于《管子·任法》，今保留在四川成都等西南官话、广东广州等粤语中。

有知：知觉。该词语最早见于《礼记·三年问》，今在广东海康等闽语中知道叫"有知"。

敢死：①勇敢不怕死；决死。该义项最早见于《史记·平原君虞卿列传》，今在台湾等闽语中敢作敢为叫"敢死"。

悬首：谓杀人后挂头示众。该词语最早见于《汉书·王莽传上》，今在四川等西南官话中，"悬首"指斩首示众。

思忆：想念。该词语最早见于东汉《乐府诗集·清商曲辞二·黄鹄曲一》，今保留在广东增城等粤语中。

刮削：②犹刮磨，擦拭。该义项最早见于《伽蓝记·凝玄寺》，今在山东曲阜等中原官话、四川成都等西南官话、广东广州等粤语中，剥削克扣叫"刮削"。

校数：数计。该词语最早见于《伽蓝记·开善寺》，今在福建厦门等闽语中轧账即核算查对账目叫"校数"。

兴心：打定主意，存心。该词语最早见于《伽蓝记·闻义里》，今在官话区域"兴心儿"指着意。如明汤显祖《牡丹亭·寻梦》："他兴心儿紧嗺嗺，呜着咱香肩。"

在以上词语义项中，"未有"来源于春秋；"劳烦"来源于战国；"有知""敢死"2个词语义项来源于西汉；"出血""悬首""思忆"3个词语义项来源于东汉；"刮削""校数""兴心"3个词语义项来源于南北朝。

（三）形容词，5 个

显敞：高大宽敞。该词语最早见于王粲《登楼赋》，今保留在吴语中，如钱钟书《围城》："汪家的客堂很显敞，砖地上铺了席。"

逼侧：①迫近；拥挤。该义项最早见于《后汉书·廉范传》，今在广东潮汕、汕头等闽语中"逼侧"用作形容词，为焦躁、心焦义。如翁辉东《潮汕方言·释言·两字》："俗以心绪焦逼为逼侧，音同逼粟。"

流宕：③放荡，不受约束。该义项最早见于《后汉书·方术传序》，今在江苏吴县〔1〕、浙江黄岩、象山等吴语中，"流宕"作为形容词，形容游手好闲、不务正业。如《古乐府》："兄弟两三人，流宕在他乡。"

精苦：精勤刻苦。该词语最早见于《世说新语·文学》，今在湖南衡阳等湘语中，"精苦"指很苦。

大发：②超过了适当的限度；过度。该义项最早见于《伽蓝记·永宁寺》，今在北京官话、冀鲁官话、中原官话、兰银官话、江淮官话中，"大发"是形容词，指过多、过火，超过限度。

在以上词语中，"显敞"来源于东汉；"逼侧""流宕""精苦""大发"4 个词语义项来源于南北朝新兴。

（四）副词，2 个

特加：①更加。该义项最早见于《东观汉记·安帝纪》，今表示程度副词，表"甚、太"之义，仍保留在今江西宜春等赣语中。

以不：犹言与否。表疑问之词，其作用相当于现代汉语中的"吗"。不，同"否"。该词语最早见于《魏书》，今用为单音词"不"，在河南等中原官话、广东等客话、福建厦门等闽语中普遍应用。

在以上词语中，"特加"来源于东汉；"以不"来源于南北朝。

（五）象声词，1 个

朱朱：①呼鸡声。该义项最早见于《初学记》卷三十引汉代应劭《风俗通》，今保留在四川等西南官话和浙江黄岩等吴语中。如清代张慎仪《蜀方言》："呼鸡曰朱朱。"《伽蓝记》："沙门宝公曰：'把栗与鸡呼朱朱。'"

见表 4 - 2，《伽蓝记》词汇中来源于不同时代的双音节词语在现代方言的保留情况：名词中有 21 个现代方言依然使用，其中来源于春秋的 1 个，来源于战国秦的 3 个，来源于西汉的 4 个，来源于东汉的 2 个，来源于西晋的 1 个，有 10 个是南北朝新兴的；动词中有 10 个保留在现代方言，其中来源于春秋和战国、秦的各 1 个，来源于西汉的 2 个，来源于东汉和南北朝的各 3 个；形容词中有 5 个保留到现代方言，其中有 1 个来源于东汉，有 4 个是南北朝新兴的；副词中有 2 个保留到现代方言，1 个来源于东汉，1 个是南北朝新兴的；象声词有 1 个保留在现代方言，来源于东汉。以上分析，来源于两汉以前的有 20 个，占保留双音节方言词的 51.3%，来源于魏晋南北朝的有 19 个，占 48.7%。这一调查结果，在前面单音节词语的基础上，又从双音节词语的角度论证了"方言是古汉语的活化石"这一论断。此外，在来源于南北朝新兴的方言词中，单音节词语占 13.2%，而双音节词语则占 48.7%，后者是前者的 3 倍多，这一数字的对比也反映了魏晋南北朝是双音化的快速发展时期，在通语和方言中是同时进行的。

---

〔1〕 1995 年，该地被撤销。

表4-2　流传到现代方言的《伽蓝记》双音节词语及其历时来源的统计情况

单位：个

	名词	动词	形容词	副词	象声词	总计
甲骨文	0	0	0	0	0	0
春秋	1	1	0	0	0	2
战国、秦	3	1	0	0	0	4
西汉	4	2	0	0	0	6
东汉	2	3	1	1	1	8
三国	0	0	0	0	0	0
西晋	1	0	0	0	0	1
东晋	0	0	0	0	0	0
南北朝	10	3	4	1	0	18
总计	21	10	5	2	1	39

第二节　流传到现代汉语普通话的《伽蓝记》词汇

我们将《伽蓝记》的一般词语和《现代汉语词典》（第6版）相比照，发现其中有3 408个词语见于《现代汉语词典》（第6版）。词语的结构不同，传承情况也有所不同，下面从单音节词语、双音节词语和多音节词语三方面展开论述。

一、单音节词语，2 276个

《伽蓝记》的单音节词语中共有2 276个流传到普通话，具体又分为三种情况：一是古代是单音节成词语素，传承到普通话仍是单音节成词语素，且意义基本未变化[1]；二是古代是单音节成词语素，演变到普通话为不成词语素，即一般不能单用，常组合成含有该语素的双音或多音词语，且意义基本未变化[2]；三是古代是单音节成词语素，演变到普通话为典雅的书面文言词语[3]。

（一）名词

经调查《伽蓝记》中有767个单音节名词流传到普通话，我们又根据其来源典籍分为以下几类。

1. 见于甲骨文且流传至普通话的《伽蓝记》词语或义项

《伽蓝记》的单音节名词中有79个可以追溯到甲骨卜辞中，这些词语或义项全部保

---

〔1〕　该类词语或义项判断的标准是该义项或词语在《现代汉语词典》（第6版）中均标示词性。
〔2〕　该类判断标准是在《现代汉语词典》（第6版）中该义项出现且不标示词性。
〔3〕　该类义项在《现代汉语词典》（第6版）中标示有"〈书〉"或"〈古〉"等。

留到普通话，具体又分为以下三种情况。

（1）古代为单音节词语，传承普通话仍是成词语素的，52 个。

北[1]①、车①、齿①、春①、东①、方⑨、风①、腹②、鼓①、骨①、河①、狐①、虎①、火①、家①、酒①、口①、马①、麦①、门②、年②、南①、鸟①、牛①、秋⑤、人①、日①、日③、山①、上①、舌①、石①、室②、水③、田①、土①、雾①、西②、下①、象①、心①、心④、雪①、羊①、右⑤、鱼①、雨①、月①、月⑥、云①、中⑦、左②，共 52 个。

（2）古代是单音节词语，演变到普通话变为不成词语素，24 个。

川①、斧①、馆①、郭②、户①、疾[2]①、今①、明[3]④、目①、丘①、泉①、犬①、师④、豕①、首①、黍①、岁②、昔①、旬①、言①、宅⑥、朝①、子[4]②、足①，共 24 个。

（3）古代为单音节词语，演变到现代汉语为书面文言词语的，3 个。

醴①、邑④、舟①，共 3 个。

2. 来源于春秋时期且流传到普通话的《伽蓝记》词语

《伽蓝记》的单音节名词中有 287 个词语或义项可以追溯到春秋语料中，其中有 202 个词语或义项流传到普通话，具体又分为以下三种情况。

（1）古代为单音节词语，传承普通话亦是单音节成词语素的，104 个。

岸①、柏①、鼻①、冰①、才①、仓①、草①、侧①、城①、带[5]①、刀①、道①、德①、地②、弟②、冬①、鲂①、房①、福①、歌④、葛①、羹[6]①、弓①、瓜①、光①、鬼①、国①、海①、汗①、核①、荷、河②、后①、鸡①、颊①、家⑤、间②、浆[7]①、界①、金①、井①、鸠①、客①、乐①、蠹、类①、理⑦、鲤①、龙①、露①、茅①、梅②、名⑫、命⑤、命⑥、末⑧、木①、泥①、皮①、前①、墙①、琴①、雀①、刃①、肉[8]②、桑①、上⑩、神①、声①、笙①、诗①、事③、手①、鼠①、霜①、丝①、松①、桃①、天③、桐①、外⑯、屋①、夏①、下⑧、先①、巷①、熊①、血①、雁①、杨①、叶①、夜①、银①、蝇①、狱④、园①、枣②、藻①、枝①、脂①、中①、洲①、竹①、罪②，共 104 个。

---

[1] 以下所列词语具体的义项和例句均可看前三章，本章不再重复列出。此处只列出义项序号，如"北①"，是指"北"在《汉语大词典》中的第一个义项；如不标出序号，则表明该词是单义词。

[2] 该义项在甲骨文中多用作动词，普通话变为名词指疾病，如"积劳成疾"。

[3] 该义项在普通话中有所变化，指明亮（跟"暗"相对），如"明月、天明、灯火通明"。

[4] 从卜辞来看，商代的子是父辈对子辈的通称。从传世文献来看，古代的子，通称则包括男、女，对称则专指男性。普通话的语义范围缩小了。"子"在古代指儿女，现在专指儿子：父子、子女、独生子。

[5] 该义项在普通话中语义范围有所扩大，作名词，口语中常儿化，指带子或像带子的长条物。

[6] 该义项在普通话中语义有所变化，指用蒸、煮等方法做成的糊状食物，如肉羹等。

[7] 该义项在普通话中有所变化，指较浓的液体，如豆浆等。

[8] 肉：《汉语大词典》分为"人体的皮肤、肌肉和脂肪层"和"供食用的动物肉"两个义项，《伽蓝记》中前一个义项有 1 例，后一个义项有 7 例，《现代汉语词典》（第 6 版）将二者合并为一个义项，即指人和动物体内接近皮的部分的柔韧的物质。某些动物的肉可以吃，如猪肉等。

（2）古代是单音节词语，演变到普通话为不成词语素的，96 个。

毕⑦、宾①、晨①、柽①、电①、恶①、发①、夫④、妇①、父①、羔①、谷④、蒿①、户③、怀⑤、皇④、基①、戟①、涧①、江①、金⑯、锦①、京④、韭、桷①、爵④、君④、况①、栝①、力①、粮①、林①、律④、盟〔1〕①、民②、命〔2〕①、母①、南②、难①、内⑧、佩①、朋①、蒲①、妻〔3〕①、情⑪、曲⑨、日 7、容⑦、色①、善②、上②、椹①、声④、尸⑨、食②、实⑧、实⑭、矢①、始①、士②、势④、水②、凤①、所①、堂〔4〕②、涕①、条②、铁①、土②、尾①、位②、物④、夕①、薪①、行②、兄①、绣〔5〕②、阳①、殃①、野①、衣〔6〕①、夷①、仪①、嘤〔7〕①、牖①、原⑧、载①、则⑦、长⑥、政〔8〕①、终①、众④、珠①、姊①、族①、祖〔9〕②，共 96 个。

（3）古代为单音节词语，演变到现代汉语为书面文言词语，2 个。

泗①、阒①，共 2 个。

3. 来源于战国且流传到普通话的《伽蓝记》词语

《伽蓝记》单音节名词中有 345 个来源于战国时期，其中有 325 个词语或义项流传到普通话。又分为三种情况。

（1）古代为单音节词语，普通话亦是单音节成词语素的，115 个。

稗①、蚌①、豹①、背①、笔①、鳖①、兵②、步②、蚕①、蝉①、城②、池③、初①、处①、船①、窗①、椿①、词①、底〔10〕③、地①、地④、殿〔11〕②、法③、饭〔12〕①、鸽、葛〔13〕②、功①、菰①、官⑥、果〔14〕①、过⑮、后⑤、华⑨、踝①、灰①、货②、计⑩、间①、街〔15〕①、茎①、舅①、菊①、军、孔①、口〔16〕③、槐①、

---

　　〔1〕　该义项在《现代汉语词典》（第 6 版）中词义范围扩大，指团体和团体、阶级和阶级或国和国的联合，如工农联盟、同盟国。

　　〔2〕　该义项在普通话中词义范围有所扩大，指命令、指示，如奉命、侍命。

　　〔3〕　该义项在普通话中词义范围有所变化，指妻子，如夫妻、未婚妻、妻离子散、妻儿老小、妻妾成群。

　　〔4〕　该义项在普通话中词义范围缩小，指专为某种活动用的房屋，如礼堂、课堂、食堂、饭堂。

　　〔5〕　该义项在普通话中词义范围扩大，指绣成的物品，如苏绣、湘绣。

　　〔6〕　该义项在普通话中词义范围扩大，指衣服，如上衣、内衣、大衣、丰衣足食。

　　〔7〕　普通话拟声词"嘤嘤"，形容鸟叫、啜泣等声音。

　　〔8〕　政：《汉语大词典》分为"政治；政事"和"政权；权柄"两个义项，在《伽蓝记》中各有一个用例，《现代汉语词典》（第 6 版）合并为一个义项，即政治、政权，如执党、政府、政策、政务、当政、执政。

　　〔9〕　该义项在普通话中词义范围缩小，指父母亲的上一辈：祖父、伯祖、外祖。

　　〔10〕　该义项在普通话中通常儿化，如锅底儿。

　　〔11〕　该义项在普通话中有所变化，指高大房屋，特指供奉神佛或帝王受朝理事的房屋，如佛殿等。

　　〔12〕　该义项在《现代汉语词典》（第 6 版）中分为两个义项，即煮熟的谷类食品，如稀饭等；特指大米饭，如吃饭、吃馒头都行。

　　〔13〕　该义项在普通话中有所变化，指用丝做经，棉线或麻线等做纬织成的纺织品，表面有明显的横向条纹。

　　〔14〕　该义项在口语中一般儿化。

　　〔15〕　该义项在普通话中有所变化，指街道、街市，如街头、街心、街景等。

　　〔16〕　该义项在口语中一般儿化，如门口儿等。

祸①、剑①、绢①、兰②、泪①、梨②、梁⑰、菱①、楼①、路①、轮[1]①、毛①、眉①、门④、面[2]⑩、名[3]①、名④、目⑧、墓①、内①、旁③、气⑮、钱①、前②、桥①、楸①、权⑤、人⑮、神④、绳[4]①、时④、时⑧、事②、书⑥、署[5]①、树①、数[6]①、朔①、丝[7]④、天④、铜①、头①、蛙①、瓦④、外①、味[8]①、线[9]①、乡⑤、相⑬、像⑨、袖[10]①、盐①、眼①、腰①、药①、寅①、影[11]①、瘿①、贼[12]⑦、掌①、针[13]①、疹[14]①、指①、枳①、中[15]③、重①、猪[16]①、爪①、坐[17]⑦，共 115 个。

（2）古代是单音节词语，普通话演变为不成词语素的，195 个。

背④、壁①、表⑱、兵③、波③、财①、操⑦、曹⑤、产④、臣⑤、辰⑥、簏、仇⑧、畜①、橡①、辞③、辞[18]④、道[19]⑯、道⑱、敌①、地⑤、地⑥、帝⑤、典①、度[20]③、儿①、法④、妃[21]①、扉①、风③、夫②、府[22]⑥、干②、宫③、古①、故①、棺、冠①、号④、鏊②、后②、胡⑯、鹄①、患[23]④、极②、骑③、季③、伎[24]②、迹①、迹④、将①、郊①、角④、阶①、节⑨、节⑯、捷[25]②、

---

〔1〕　该义项在口语中一般儿化。

〔2〕　该义项在口语中一般儿化，如水面儿等。

〔3〕　名：《汉语大词典》分为"人的名字"和"事物的名称"两个义项，《伽蓝记》中前一义项用 7 例，后一义项用 13 例，《现代汉语词典》（第 6 版）合并为一个义项，为名字、名称，如人名等。

〔4〕　该义项在口语中一般儿化。

〔5〕　该义项在普通话中有所变化，指中央政府按业务划分的单位（级别比局、厅高），如审计署、海关总署。

〔6〕　该义项在口语中一般儿化，如人数儿等。

〔7〕　该义项在口语中一般儿化，指像丝的物品，如铁丝等。

〔8〕　该义项在口语中一般儿化，如甜味儿等。

〔9〕　该义项在口语中一般儿化。

〔10〕　该义项在口语中一般儿化，指袖子，如袖口等。

〔11〕　该义项在《现代汉语词典》（第 6 版）分为两个义项，即影子，如树影、阴影；影子，如倒影。

〔12〕　该义项在普通话中有所变化，指偷东西的人。

〔13〕　该义项在口语中一般儿化，指缝衣物用的工具，如绣花针等。

〔14〕　该义项在普通话中有所变化，指病人皮肤上起的很多的小疙瘩，通常是红色的，小的像针尖，大的像豆粒，如丘疹、疱疹等。

〔15〕　该义项在《现代汉语词典》（第 6 版）中失收，当补。

〔16〕　该义项在《汉语大词典》无例证，当补。"猪"是"豬"的俗体字，东汉已见。

〔17〕　该义项在普通话中同"座"，口语中常儿化，如座儿次等。

〔18〕　《现代汉语词典》（第 6 版）中无该义项，但有"托词"，意为借口，如"他说有事，这是托词，未必真有事"。后有"也作托辞"，"辞"当理解为"借口"。当补。

〔19〕　该义项在普通话中词义范围有所变化，指学术或宗教的思想体系。

〔20〕　该义项在普通话中有所变化，指章程、行为准则，如法度、制度。

〔21〕　该义项在普通话中有所变化，指皇帝的妾，太子、王、侯的妻，如妃嫔、贵妃、王妃。

〔22〕　该义项在普通话中有所变化，旧时指官吏办理公事的地方，现在指国家行政机关，如官府、政府。

〔23〕　该义项在普通话中有所变化，指祸害、灾难，如患难、水患、防患未然。

〔24〕　该义项在普通话中常用语书面语，用法同"技"。

〔25〕　该义项在普通话中有所变化，作动词时意为"战胜"，如我军大捷、连战连捷。

金②、金⑭、禁④、经⑤、境①、具⑭、句①、君①、郡①、空④、寇⑤、窟②、库[1]①、酪①、里①、礼②、吏①、利③、列②、陵④、流⑮、龙[2]②、路[3]③、貌①、貌[4]③、门⑩、面①、铭②、陌②、谋④、幕⑤、木②、能②、年⑫、农③、奴[5]①、女③、讴④、篇③、期⑩、气⑥、钱②、亲⑨、卿①、曲①、群②、仁①、日⑩、容⑧、生⑧、丧①、色④、舍[6]②、社[7]②、身④、生㉟、识④、史②、矢①、使②、士[8]⑤、世②、世⑧、势①、势③、饰[9]⑤、市①、谥①、手③、兽①、书⑪、属①、说⑨、俗①、俗⑤、髓①、索①、锁①、台①、态①、体⑱、庭②、徒[10]⑦、途①、往②、威①、位③、文②、文③、物[11]⑪、席②、隙②、祥[12]②、象⑥、晓①、榭①、形③、性[13]①、衅[14]②、墟①、穴④、学⑧、勋①、业②、业③、业⑤、役④、意[15]②、议⑥、义①、营[16]⑨、忧[17]②、由③、友①、语②、贼⑥、毡、杖①、兆③、珍①、征①、职②、芷、旨③、志②、制⑨、智①、冢①、种[18]②、种③、周⑯、柱[19]①、柱②、幢[20]①、状①、状③、锥①、姿[21]①，共195个。

（3）古代为单音节词语，现代汉语为书面文言词语，15个。

北③、岑①、皋②、笏[22]①、臞、奇②、际⑨、迹③、脍①、内③、禽③、薮②、庑①、息⑦、妪，共15个。

---

〔1〕 该义项在普通话中范围有所扩大，指储存大量东西的建筑物或设备，如水库、仓库、书库、入库。

〔2〕 该义项在普通话中有所变化，指封建时代用龙作为帝王的象征，也用来指帝王使用的东西，如龙颜、龙廷、龙袍、龙床。

〔3〕 该义项在口语中一般儿化，如活路儿。

〔4〕 该义项在普通话中有所变化，指外表的形象、样子，如全貌、貌合神离。

〔5〕 该义项在《现代汉语词典》（第6版）中指旧社会受压迫、剥削、役使而没有人身自由的人（跟"主"相对），如奴隶、农奴。

〔6〕 该义项在普通话中有所变化，指房屋，如房舍、宿舍、校舍。

〔7〕 该义项在普通话中有所变化，指古代把土地神和祭土地神的地方、日子、祭礼都叫社，如春社、秋社、社日、社稷。

〔8〕 该义项在普通话中有所变化，指军人，如士兵、士气。

〔9〕 该义项在普通话中有所变化，指装饰品，如首饰、衣饰。

〔10〕 该义项在普通话中有所变化，指同一派系的人（含贬义），如党徒。

〔11〕 该义项在普通话中有所变化，即指自己以外的人或跟自己相对的环境，如物议、物我两忘、待人接物。

〔12〕 该义项在普通话中词义范围缩小，指吉利，如吉祥、不详。

〔13〕 该义项在普通话中有所变化，指性格，如个性、天性、耐性。

〔14〕 该义项在普通话中有所变化，指嫌隙、争端，如挑衅、寻衅。

〔15〕 该义项在普通话中有所变化，指思想、想法，如立意、创意。

〔16〕 该义项在普通话中有所变化，指经营、管理，如营造、营业、国营、民营。

〔17〕 该义项在普通话中有所变化，指忧愁，如忧闷、忧伤。

〔18〕 该义项在《现代汉语词典》（第6版）中分为两个义项，一是人种，如黄种、黑种、白种。二是生物传代繁殖的物质，如高粱种等。

〔19〕 该义项在普通话中有所变化，指柱子，如梁柱、支柱。

〔20〕 该义项在《现代汉语词典》（第6版）中指古代指旗子一类的东西。

〔21〕 该义项在《现代汉语词典》（第6版）中分为两个义项，一是容貌，如姿容、姿色；二是姿势，如姿态、舞姿。

〔22〕 《现代汉语词典》（第6版）将该义项指明为古代用法。

4. 来源于西汉且流传到普通话的《伽蓝记》词语

《伽蓝记》单音节名词中有 71 个可追溯到西汉时期，其中有 58 个词语或义项流传到普通话，又分为以下三种情况。

（1）古代为单音节词语，普通话是单音节成词语素的，16 个。

幡①、缝[1]①、函⑤、箭②、驴①、藕①、傍[2]①、水[3]④、瓮[4]①、膝、戏[5]④、下⑪、响[6]②、序④、檐①、字⑩，共 16 个。

（2）古代是单音节词语，普通话变为不成词语素的，41 个。

坂、边[7]⑥、肠②、谶②、绌[8]①、第⑤、范③、阁[9]③、规[10]⑤、麑①、胡⑫、机[11]④、姬⑦、记⑧、廊②、老④、绫①、盘[12]①、仆③、卿②、阙②、扇[13]①、圣⑤、术⑤、术[14]⑥、思②、颂④、途②、王③、岩[15]①、义⑦、义⑧、英②、罂、营③、语⑤、张⑮、诏④、卒①、祚③、最③，共 41 个。

（3）古代为单音节语素，演变到现代汉语为书面文言词语的，1 个。

瓯①，1 个。

5. 来源于东汉且流传到普通话的《伽蓝记》词语

《伽蓝记》单音节名词中有 45 个可追溯到东汉，其中有 37 个词语或义项流传到普通话，又分为以下三种情况。

（1）古代为单音节词语，普通话是单音节成词语素的，13 个。

碑②、槽①、锤[16]②、粪②、景[17]⑤、帽①、坡[18]①、日④、堂③、仙①、园②、枣①、字④，共 13 个。

---

〔1〕 该义项在口语中一般儿化。

〔2〕 该义项在普通话中写作"旁"。

〔3〕 该义项在普通话中常儿化。

〔4〕 该义项在普通话中有所扩大，指一种盛东西的陶器，腹部较大，如水瓮等。

〔5〕 该义项在普通话中有所变化，指戏剧，也指杂技，如京戏、马戏等。

〔6〕 该义项在普通话中常用于儿化。

〔7〕 该义项流传到现代汉语的词义为：靠近物体的地方，如床边、身边。

〔8〕 《现代汉语词典》（第 6 版）解释为"旧同'绸'"。

〔9〕 该义项普通话有所变化，指风景区或庭院里的一种建筑物，四方形、六角形或八角形，一般两层，周围开窗，多建筑在高处，可以凭高远望，如亭台楼阁。

〔10〕 该义项在普通话中有所变化，指规则、成例，如校规、革除陋规。

〔11〕 该义项在普通话中词义范围有所扩大，指机器，如缝纫机、打字机、插秧机、拖拉机。

〔12〕 该义项在《现代汉语词典》（第 6 版）中分为两个义项：一是古代的一种盥洗用具；二是盘子，如瓷盘等。

〔13〕 该义项在普通话中有所变化，指指板状或片状的东西，如门扇、隔扇。

〔14〕 该义项在普通话中有所变化，指方法、策略，如战术、权术。

〔15〕 该义项在普通话中有所变化，指岩石突起而成的山峰，如嶂石峰（在河北）。

〔16〕〔17〕〔18〕 该义项在口语中一般儿化。

（2）古代是单音节词语，普通话变为不成词语素的，23 个。

称④、峰①、赋⑪、辉②、髻①、驾〔1〕⑥、景④、隶⑩、茗〔2〕①、模①、坪①、区②、世④、文⑤、婿②、靴、意〔3〕③、勇〔4〕③、运⑩、章⑮、阵③、旨④、旨⑥，共 23 个。

（3）古代为单音节词语，现代汉语变为书面文言词语的，1 个。

科〔5〕④，1 个。

6. 来源于三国且流传到普通话的《伽蓝记》词语

《伽蓝记》单音节名词中有 8 个可追溯到三国时期，其中有 3 个流传到普通话，且均变为不成词语素。

笳、萝、限⑧，共 3 个。

7. 来源于西晋且流传到普通话的《伽蓝记》词语

《伽蓝记》单音节名词中有 12 个可追溯到西晋时期语料，其中有 11 个流传到普通话，这 11 个分为以下两种情况。

（1）古代为单音节词语，普通话是单音节成词语素的，5 个。

假、浪①、绵⑧、头〔6〕⑦、网②，共 5 个。

（2）古代是单音节词语，普通话变为不成词语素的，6 个。

朝⑪、敕②、榴、柰〔7〕①、年⑨、卿③，共 6 个。

8. 来源于东晋且流传到现代汉语普通话的《伽蓝记》词语

《伽蓝记》单音节名词中有 8 个可追溯到东晋时期语料，其中有 7 个流传到普通话，这 7 个分为以下两种情况。

（1）古代为单音节词语，普通话是单音节成词语素的，3 个。

号⑤、角〔8〕⑧、岭②，共 3 个。

（2）古代是单音节词语，普通话变为不成词语素的，4 个。

馥②、记⑤、午②、昨②，共 4 个。

9. 来源于南北朝且流传到普通话的《伽蓝记》词语

《伽蓝记》单音节名词中有 67 个是南北朝新兴的，其中有 45 个流传到普通话，这

---

〔1〕 该义项在现代汉语中词义有所变化，指车辆，借用为敬辞，称对方，如车驾、大驾、劳驾、挡驾。

〔2〕 该义项普通话有所变化，《现代汉语词典》（第 6 版）释为：原指茶树的嫩芽或某种茶叶，今泛指喝的茶，如香茗、品茗。

〔3〕 该义项在普通话中有所变化，指心愿、意向，如任意、满意、本意、来意。

〔4〕 该义项在《现代汉语词典》（第 6 版）中相应的释义为：清朝称战争时期临时招募，不在平时编制之内的兵，如散兵游勇。

〔5〕 该义项在现代汉语中用于书面语文言词语。

〔6〕 该义项在口语中一般儿化。

〔7〕 《现代汉语词典》（第 6 版）解释为：古书上指一种类似花红的果子。

〔8〕 该义项在《汉语大词典》中分为两个义项，一是物体两个边沿相接的地方；二是隅，角落。首引例证分别为唐代杜甫《奉陪郑驸马韦曲》和《易·晋》，前者首引过迟，后者过早，牛太清在《常用词"隅""角"历时更替考》中有详细论述，可参看。

45 个分为以下三种情况。

（1）古代为单音节词语，普通话是单音节成词语素的，21 个。

钵②、辰②、蝶、儿[1]③、罐[2]①、盒[3]、横[4]⑭、花[5]①、花[6]②、鲫、架①、口[7]⑤、瓶[8]③、司⑤、厅②、桶①、碗①、纹[9]①、纸①、砖①、字⑥，共21 个。

（2）古代是单音节词语，普通话演变为不成词语素的，22 个。

箔②、彩②、川②、从⑥、儿⑤、儿[10]⑩、藩⑦、坊[11]①、妓[12]①、脚⑤、情[13]⑧、声⑫、时⑬、槊[14]①、徒⑨、兴④、兄[15]②、验[16]⑤、谯③、阴⑥、赞[17]⑥、珠[18]④，共22 个。

（3）古代为单音节词语，现代汉语变为书面文言词语，2 个。

夙③、缅①，共2 个。

笔者梳理出的《伽蓝记》的单音节名词或义项共有913 个，其中见于《现代汉语词典》（第6 版）的有767 个，传承率占84%。见表4-3，具体情况又分为：演变到现代汉语保持成词语素的有329 个，占42.9%；变为不成词语素的有414 个，占54%，成词语素的百分比低于不成词语素，另有24 个用于书面文言词语，占3.1%。从不同时代来源看，来源于甲骨文和春秋时代语料的单音节名词其成词语素高于不成词语素，分别是65.8%和51.9%；其余的都是保留下来的不成词语素高于成词语素。该调查在一定程度上表明：单音节名词中，词语或义项越古老其生命力活跃度越强，传承到现代汉语依然为独立的成词语素；年轻的词语或义项反而演变为不成词语素的比例较高。

表4-3　流传到普通话的《伽蓝记》单音节名词历时层次及词义传承情况

	成词/个	百分比/%	不成词/个	百分比/%	书面文言/个	百分比/%	总计/个
甲骨文	52	65.8	24	30.4	3	3.8	79
春秋	104	51.5	96	47.5	2	1.0	202

[1]　该义项在普通话中词义范围缩小，指儿子，如儿孙等。

[2]　该义项在普通话中有所变化，指罐子，如瓦罐等。且常儿化。

[3][4][5][6][7]　该义项在口语中一般儿化。

[8]　该义项在口语中一般儿化，指瓶子。

[9]　该义项在普通话中常用作儿化。

[10]　该义项在普通话中虚化为名词后缀及少数动词后缀等。

[11]　该义项在普通话中指里巷（多用于街巷名），如白纸巷（在北京）。

[12]　该义项在普通话中有所变化，指妓女，如娼妓、狎妓。

[13]　该义项在普通话中意义有所变化，指情欲、性欲，如春情、催情、发情期。

[14]　《现代汉语词典》（第6 版）解释为：古代兵器，杆儿比较长的矛。

[15]　该义项《汉语大词典》首引例证为《南史·韦叡传》，且演变到《现代汉语词典》分为两个义项：一是亲戚中同辈而年纪比自己大的男子，如表兄；二是对男性朋友的尊称，如仁兄。

[16]　该义项在普通话中词义范围有所变化，指预期的效果，如效验。

[17]　《现代汉语词典》（第6 版）解释为：旧时的一种文体，内容是称赞人或物的，如像赞。

[18]　该义项在口语中一般常儿化。

续上表

	成词/个	百分比/%	不成词/个	百分比/%	书面文言/个	百分比/%	总计/个
战国、秦	115	35.4	195	60.0	15	4.6	325
西汉	16	27.6	41	70.7	1	1.7	58
东汉	13	35.1	23	62.2	1	2.7	37
三国	0	0	3	100	0	0	3
西晋	5	45.5	6	54.5	0	0	11
东晋	3	42.9	4	57.1	0	0	7
南北朝	21	46.7	22	48.9	2	4.4	45
总计	329	42.9	414	54.0	24	3.1	767

（二） 动词

经调查《伽蓝记》中有958个单音节动词流传到普通话，我们又根据其来源时代层次分为以下九类。

1. 来源于甲骨文且流传至普通话的《伽蓝记》词语

《伽蓝记》单音节动词有74个可追溯到甲骨文时期，其中有71个流传至今，分为以下三种情况。

（1）古代为单音节词语，普通话是单音节成词语素的，36个。

避①、并①、宠①、出①、刺[1]②、得①、改①、呼③、见①、见[2]②、来②、立①、列④、令①、鸣①、擒①、入①、射①、设[3]③、生⑤、死①、听①、退②、网③、望①、无①、舞②、向②、休①、用①、有①、宅[4]①、至①、至[5]②、逐①、奏⑤，共36个。

（2）古代是单音节词语，普通话演变为不成语素的，30个。

卜①、步①、从①、达②、伐④、焚①、俘①、告③、鼓⑦、归②、获④、即②、及②、克⑤、乞[6]①、启①、取⑩、去①、涉①、生⑥、戍①、往①、闻①、行④、言⑤、疑[7]④、饮①、御⑰、孕①、逐①，共30个。

---

〔1〕 该义项《汉语大词典》首引例证为《周礼·秋官·小司寇》，且普通话词义有所变化，指尖的东西进入或穿过物体，如刺伤等。

〔2〕 该义项在普通话中有所变化，指会见、会面，如接见等。

〔3〕 该义项在现代汉语中词义有所变化，指设立、布置，如设防、设宴等。

〔4〕 该义项为近几年普通话的新兴词义，指待在家里不出门（多指沉迷于上网或玩电子游戏等室内活动），如宅男等。

〔5〕 该义项的"至"和"到、达到"的意义在《现代汉语词典》合并为"到"，如至今等。

〔6〕 该义项《汉语大词典》分为"求讨；祈求；请求"和"行乞"两个义项，现代汉语合并为一个义项，指向人讨、乞求，如乞怜、乞食、乞援、行乞。

〔7〕 该义项《汉语大词典》为"怀疑，不相信"和"疑忌；猜忌"两个义项，普通话合并为一个义项，指不能确定是否真实，不能有肯定的意见，因不信而猜度，如怀疑等。

（3）古代是单音节词语，演变到现代汉语为书面文言词语，5个。

鞭②、系①、曰①、执①、走①，共5个。

2. 来源于春秋且流传到普通话的《伽蓝记》词语

《伽蓝记》的单音节动词中有362个词语或义项可以追溯到春秋的语料中，其中有217个词语或义项见于普通话，具体又分为以下三种情况。

（1）古代为单音节词语，普通话是单音节成词语素的，114个。

拜[1]①、崩①、比②、比⑦、辨①、遍①、盛①、成①、乘①、重①、出③、出⑭、吹②、吹③、垂①、代①、倒①、登②、钓①、定①、动①、断①、发㉟、罚③、飞①、废⑥、逢①、缝①、服⑭、浮①、敢①、好①、积③、嫁①、剪①、建①、救②、惧①、开①、可④、肯③、空②、立③、令①、流①、落①、灭①、灭②、名⑧、命③、能⑤、念①、凝②、怒①、起②、牵①、迁③、求②、求④、取②、娶、缺①、让②、如②、舍①、生①、升④、识①、使⑧、试⑤、收③、守①、受②、束①、率④、顺④、说①、送②、谈①、忘①、为[2]⑰、为⑳、为㉒、问①、悟①、笑①、信⑥、许①、学①、掩①、议①、引⑧、应①[3]、应①[4]、游①、游⑥、有④、载②、载③、在②、增①、赠①、张[5]①、照①、折①、知①、执②、指③、制②、种①、筑③、啄①、纵③、醉②，共114个。

（2）古代是单音节词语，普通话演变为不成词语素的，93个。

安②、被③、从⑨、惮①、道㉗、睹①、对①、遁②、发②、奋⑤、服㉑、负①、付①、歌①、革⑦、革⑧、顾①、观①、过⑪、怀①、欢①、麾②、会②、击①、济①、翦[6]①、就⑭、居④、决⑧、恐③、流⑦、戮①、履[7]③、美[8]⑥、纳①、纳②、逆[9]⑩、叛①、匹①、憩①、讫①、泣[10]①、侵①、屈①、阙①、任①、若④、善⑪、事⑪、嗜①、筮①、视①、爽⑦、思③、司②、饲②、祀①、宿①、溯①、叹①、讨①、调[11]①、同⑤、图⑥、亡④、为[12]①、惟①、畏①、慰①、谓②、恶[13]①、

详⑤、协⑤、兴[1]②、行⑨、行㉑、续④、曳①、贻②、宜⑥、已①、隐①、语①、育①、阅②、择①、瞻①、战①、止⑤、助①、注①、咨①、作⑯，共93个。

（3）古代为单音节词语，现代汉语为书面文言词语，10个。

竭②、恪①、食[2]①、宥②、曰②、云③、贼④、肇①、臻①、濯①，共10个。

3. 来源于战国且流传到普通话的《伽蓝记》词语

《伽蓝记》单音节动词有542个可追溯到战国时期，其中有467个词语或义项流传到普通话，分为以下三种情况。

（1）古代为单音节词语，普通话是单音节成词语素的，233个。

爱③、爱⑧、拔①、把①、保④、报⑦、抱①、背⑦、备③、逼②、闭①、变①、别④、病[3]①、剥①、捕①、布⑨、采①、藏②、成③、称③、持①、铸①、出②、出⑤、除⑤、触②、传①、传⑤、传⑥、创①、辞⑨、赐①、攒①、答①、待②、当④、当⑪、盗①、得⑳、动⑧、读①、对⑥、夺①、发④、返①、放⑥、分①、封③、奉②、拂⑤、俯①、赴①、赋⑨、缚①、隔①、割②、攻①、供①、归④、归⑥、过①、过⑧、害②、含①、含④、和②、合⑥、呼④、画④、化⑤、怀⑦、环⑤、毁①、会[4]⑤、会⑥、及⑨、计①、记②、夹①、加③、加⑥、兼①、建⑤、见④、讲②、降②、绞⑤、叫①、结④、解⑩、禁①、尽②、尽⑩、经⑨、近③、救①、举①、聚④、掘①、觉③、开⑯、刻①、哭①、离③、立④、立⑫、连③、量①、裂③、临⑦、留③、骂①、埋①、卖①、卖②、满[5]①、梦②、面⑧、鸣③、没[6]④、谋②、剖①、破④、骑②、起⑭、擎①、请②、庆①、囚①、取⑪、绕①、绕②、任⑨、融④、容①、容③、如③、入⑥、闰①、洒②、散①、杀①、伤②、赏①、烧①、舍[7]⑤、甚⑧、生②、胜②、失①、施[8]④、使①、誓②、是⑦、守⑪、数[9]①、睡①、似①、送①、随①、碎①、贪④、弹⑤、逃①、填①、听①、通②、通⑪、通⑭、同②、投①、吐①、吞②、脱⑥、望⑫、为⑱、围①、闻⑦、卧②、误②、衔③、献③、降①、想①兴[10]⑭、醒[11]①、姓①、朽①、叙⑥、悬①、选③、寻⑦、延⑪、验③、扬⑦、仰①、养⑤、倚①、移④、迎①、有③、有⑦、余[12]⑤、遇②、愿②、愿④、约⑩、运⑥、杂②、在⑧、葬①、

---

[1] 该义项在普通话中有所变化，指开始、发动、创立，如兴办、兴工、兴利除弊、百废俱兴。

[2] 该义项在现代汉语中当为书面文言词语，《现代汉语词典》（第6版）未做标注，当补。

[3] 该义项在普通话中词义有所变化，指生理上或心理上发生不正常状态，如"他着了凉，病了三天"。

[4] 该义项在普通话中有所变化，用为名词，指有一定目的的集会，如晚会等。

[5] 该义项在普通话中有所变化，用为形容词，指全部充实、达到容量的极点，如会场里人都满了、装得太满了。

[6] 音mò。

[7][9] 上声。

[8] 该义项在普通话中词义有所变化，指在物体上加某种东西，如施粉（搽粉）、施化肥。

[10] 该义项在普通话中有所变化，指兴盛、流行，如复兴等。

[11] 该义项在普通话中词义范围有所扩大，指酒醉、麻醉或昏迷后神志恢复正常状态，如酒醉未醒。

[12] 该义项在普通话中有所变化，指剩下，如余粮、余钱、不遗余力等。

遭②、占②、斩[1]①、召[2]③、争⑤、征⑧、征[3]⑥、植⑨、直[4]⑱、值①、指⑤、至[5]⑨、致③、治①、治③、治⑨、中①、踵④、贮①、撞①、追⑧，共233个。

（2）古代是单音节词语，普通话演变为不成词语素的，196个。

拔③、罢①、败③、暴②、卑⑦、背⑪、奔②、崩[6]⑨、蔽②、毕③、庇①、屏[7]⑤、猜①、参[8]⑤、残①、偿①、朝①、陈①、陈⑦、称①、称⑤、称⑥、持②、充⑭、出⑪、辞⑧、篡②、存⑧、达①、待①、登⑧、凋③、斗①、发⑦、发㉞、乏②、反④、饭①、泛③、放④、废④、覆④、附③、负⑧、感①、顾④、怪③、冠③、贯③、贯⑥、广④、贵③、荷[9]③、横⑪、厚⑨、还①、会⑫、获⑦、惑②、讥①、藉⑧、给②、济⑤、纪[10]⑪、歼①、践①、践⑩、矫⑦、接④、解⑧、解⑬、解⑭、进⑦、敬②、就②、居②、堪④、览[11]①、乐②、累①、历①、凌②、凌[12]⑤、录①、虑③、掠①、论②、免[13]④、灭④、瞑①、铭①、摩①、募①、慕[14]①、纳③、难③、拟②、逆⑨、佞②、迫①、迫②、期[15]④、栖②、起⑮、起⑯、弃①、迁⑩、前④、遣①、窃②、轻⑪、倾⑦、穷①、穷⑪、驱③、却①、如①、辱⑥、擅②、禅②、赦③、失[16]②、失⑥、事⑭、拭、饰②、释①、恃①、视⑤、书①、肆②、伺①、颂①、诵①、讼[17]⑤、损③、索[18]⑤、体㉞、眺①、通⑧、屠①、托②、挽②、亡⑤、危②、违③、委⑥、谓④、写⑦、忏①、应②、应⑥、怨①、习③、习⑤、徙①、戏②、象[19]⑫、晓②、挟②、形⑨、恤③、巡①、验①、佯①、耀①、移②、议③、忆[20]①、引⑤、壅①、踊①、由⑫、与①、与[21]①、欲⑤、运②、赞①、责④、

---

[1] 该义项在普通话中有所变化，指砍，如斩草除根等。

[2] 该义项在普通话中有所变化，指召唤，如召集等。

[3] 该义项在普通话中有所变化，指政府召集人民服务，如征兵等。

[4] 该义项在普通话中写作"值"，指货物和价值相当，如这双皮鞋值五百块钱。

[5] 该义项在普通话中虚化为副词，指极、最，如至为感谢等。

[6] 该义项在普通话中有所变化，常用于口语，指枪毙。

[7] 该义项在普通话中词义有所变化，指除去、排除，如屏除、屏弃。

[8] 该义项在普通话中有所变化，指参考，如参考、参阅。

[9] 该义项在现代汉语中多用于书信中表示感谢。

[10] 《现代汉语词典》（第6版）标明该义项：义同"记"，主要用于"纪念、纪年、纪元、纪传"等，别的地方多用"记"。

[11] 该义项在普通话中有所变化，指看，如游览、展览、浏览、阅览、一览无余。

[12] 该义项在普通话中有所变化，指升高、在空中，如凌空、凌云、凌霄。

[13] 该义项在普通话中有所变化，指避免，如难免、幸免、免疫性。

[14] 该义项在普通话中有所变化，指羡慕、仰慕，如景慕、慕名。

[15] 该义项在普通话中有所变化，指约定时日，如不期而遇。

[16] 该义项在普通话中有所变化，指没有把握，如失手、失足、失于检点、万无一失。

[17] 该义项古用"讼"，今用"颂"，属文字现象。

[18] 该义项《汉语大词典》首引例证是南朝宋文学家刘义庆的《世说新语·政事》。

[19] 该义项在普通话中有所变化，指仿效、模拟。

[20] 该义项在普通话中有所变化，指回想、记得，如回忆、记忆。

[21] 上声。

振⑭、正③、正⑳、执④、置⑥、置⑧、制③、诛⑤、瞩〔1〕、属〔2〕③、主⑪、著〔3〕②、撰⑤、足⑲、阻③、作①、作⑨，共196个。

（3）古代为单音节词语，演变到现代汉语为书面文言词语，38个

答①、处①、蒭①、逮②、贰⑨、乖①、货〔4〕④、赍①、即⑨、暨②、假②、荐⑥、僭②、将②、将⑨、罹①、伻①、暴①、歆①、去②、阙⑤、然①、刃③、审④、树②、珍①、图④、寤②、饷④、谒③、衣〔5〕①、缢、荫②、犹②、语①、驭④、造①、伫，共38个。

4. 来源于西汉且流传到普通话的《伽蓝记》词语

《伽蓝记》中来源于西汉的单音节动词有98个，其中有78个词语或义项保留到普通话，又分为以下三种情况。

（1）古代为单音节词语，普通话是单音节成词语素的，39个。

表⑬、补⑦、采②、产①、倒②、渡①、断③、飞③、服②、告〔6〕①、耕②、跪①、怀⑥、架③、驾〔7〕③、截①、结⑤、嚼①、决⑩、决〔8〕⑰、留②、聘〔9〕④、起①、倾①、请⑦、上③、识②、树④、送⑧、锁〔10〕⑤、推⑤、推⑦、舞③、下①、淹〔11〕②、欲〔12〕⑩、造①、镇③、坐〔13〕①，共39个。

（2）古代是单音节词语，普通话演变为不成词语素的，29个。

毙④、驰⑤、傅⑨、工③、合㉖、恨②、极⑨、居⑮、举⑫、绝③、临⑤、隆③、罗⑦、没⑫、剽①、涉④、务①、息⑪、谢②、幸⑨、沿③、掩⑨、幽②、逾②、预〔14〕②、殒〔15〕②、致⑫、著④、卒⑤，共29个。

（3）古代为单音节词语，现代汉语演变为书面文言词语，10个。

秉④、羁③、勒⑧、礼③、倾⑩、然③、颓②、徙④、诣②、拥③，共10个。

5. 来源于东汉且流传到普通话的《伽蓝记》词语

《伽蓝记》中见于东汉语料的单音节动词有63个，其中有38个词语或义项流传到普

---

〔1〕 该义项在普通话中有所变化，指注视，如瞩目、瞩望、高瞻远瞩。

〔2〕 该义项《汉语大词典》首引例证为北魏杨衒之的《洛阳伽蓝记·景明寺》，且在普通话中词义有所变化，指（意念）集中在一点，如属意、属望。

〔3〕 该义项在《现代汉语词典》（第6版）中的解释为：著同"着¹"（zhuó），其中一个义项是接触、挨上，如附着、着陆、不着边际。

〔4〕 《现代汉语词典》（第6版）标明该义项是固定用法。

〔5〕 去声。

〔6〕 该义项在普通话中有所变化，指向国家行政司法机关检举、控诉，如告状等。

〔7〕 该义项在普通话中有所变化，指驾驶、驾驭，如驾车等。

〔8〕 该义项在普通话中有所变化，指决口，泛指破裂，断开，如溃决等。

〔9〕 该义项在普通话中有所变化，一是指定亲，如聘礼；二是指女子出嫁，如出聘等。

〔10〕 该义项在普通话中有所变化，指用锁把门窗、器物等的开合处关住或拴住，如锁门、愁眉锁眼等。

〔11〕 该义项在普通话中有所变化，指淹没，如淹死等。

〔12〕 该义项在普通话中虚化为副词，指将要，如摇摇欲坠、山雨欲来风满楼。

〔13〕 该义项在普通话中有所变化，指把臀部放在椅子、凳子或其他物体上，支持身体重量，如请坐等。

〔14〕 《现代汉语词典》（第6版）解释为：如预²，旧同"与yù"。

〔15〕 此处为通假字，本字为"陨"，现代汉语的"陨"为"陨落"义，不能单独成词，但作为构词语素存在。

通话，分为以下三种情况。

（1）古代为单音节词语，普通话是单音节成词语素的，19 个。

布⑭、打①、负⑬、故⑬、计②、领⑥、拟⑤、起⑧、钳⑤、去⑨、燃①、题⑤、吐⑤、推⑩、写⑩、泄②、绣③、须⑪、转⑮，共 19 个。

（2）古代是单音节词语，普通话演变为不成词语素的，13 个。

拔②、拜⑩、遁⑤、伏⑪、副④、复⑧、拱[1]②、刊[2]②、叹③、枉⑤、行[3]⑩、仰④、制[4]⑥，共 13 个。

（3）古代为单音节词语，现代汉语为书面文言词语，6 个。

除⑰、垂[5]②、洞[6]⑥、器⑩、绍①、曜④，共 6 个。

6. 来源于三国且流传到普通话的《伽蓝记》词语

《伽蓝记》见于三国语料的单音节动词有 4 个，全部传承到普通话，分为以下两种情况。

（1）古代为单音节词语，普通话是单音节成词语素的，1 个。

任，1 个。

（2）古代是单音节词语，普通话演变为不成词语素的，3 个。

克③、钦④、镇⑤，共 3 个。

7. 来源于西晋且流传到普通话的《伽蓝记》词语

《伽蓝记》见于西晋语料的单音节动词有 13 个，其中有 10 个流传到普通话，分为以下两种情况。

（1）古代为单音节词语，普通话是单音节成词语素的，5 个。

傍①、凭②、投⑧、响④、捉②，共 5 个。

（2）古代是单音节词语，普通话演变为不成词语素的，5 个。

干⑤、亘[7]④、构⑥、眷③、觅①，共 5 个。

8. 来源于东晋且流传到现代汉语普通话的《伽蓝记》词语

《伽蓝记》见于东晋语料的单音节动词有 7 个，其中有 3 个流传到普通话，分为以下两种情况。

（1）古代为单音节词语，普通话是单音节成词语素的，2 个。

耸②、托[8]⑤，共 2 个。

---

[1]　该义项在普通话中有所变化，指两手相合，臂的前部上举，如拱手。

[2]　该义项在普通话中有所变化，古时指书版雕刻，现在也指排印出版，如刊行、创刊、停刊。

[3]　音 xíng。

[4]　该义项在普通话中有所变化，指拟定、规定。

[5]　该义项在现代汉语中用于书面文言词语，意义有所变化，指敬辞，多用于别人（多指长辈或上级）对自己的行动，如垂念、垂询、垂问。

[6]　该义项在现代汉语中用于书面文言词语，意义有所变化，指穿透，如弹洞其腹。

[7]　该义项在普通话中有所变化，指（空间上或时间上）延续不断，如横亘、绵亘、亘古。

[8]　该义项《汉语大词典》首引例证为唐代元稹的《莺莺传》，且在普通话中意义有所变化，指委托；托付：托人买东西等。

（2）古代是单音节词语，普通话演变为不成词语素的，1 个。

领⑩，1 个。

9. 来源于南北朝且流传到普通话的《伽蓝记》词语

《伽蓝记》见于南北朝语料的单音节动词有 101 个，其中有 70 个词语或义项流传到普通话。分为以下三种情况。

（1）古代为单音节词语，普通话是单音节成词语素的，48 个。

拜⑨、奔②、唱③、唱⑤、出⑧、翻⑧、奉⑫、奉⑬、附[1]⑬、合⑳、喝②、回④、减[2]④、开[3]④、可⑤、跨④、来⑯、来⑰、劳⑤、赁③、笼①、漉③、满⑥、请⑨、认②、杀②、晒、上⑩、塑①、挑③、贴⑤、停②、图⑨、喜[4]⑤、下㉚、想[5]④、叶①、修③、在④、摘①、沾②、掷①、咒[6]①、住③、注⑨、坠④、著[7]③、钻②，共 48 个。

（2）古代是单音节词语，普通话演变为不成词语素的，19 个。

庇②、参②、叠[8]②、访④、敷[9]⑤、鉴⑦、刊③、邻[10]⑤、摹④、遣[11]⑥、涉⑨、写⑨、亚[12]⑫、隐[13]⑥、匝②、嘱①、着①、作①、作[14]⑪，共 19 个。

（3）古代为单音节语素，现代汉语变为书面文言词语，3 个。

货⑤、沐④、噗①，共 3 个。

我们梳理出《伽蓝记》的单音节动词或义项共有 1 264 个，其中见于《现代汉语词典》（第 6 版）的有 958 个，传承率占 75.8%。见表 4 - 4，具体情况又分为：演变到普通话保持成词语素的有 497 个，占 51.9%，变为不成词语素的有 389 个，占 40.6%，成词语素的百分比高于不成词语素，另有 72 个用于书面文言词语，占 7.5%。从时代来源上看，来源于不同时代层次的《伽蓝记》单音节动词流传到现代汉语都比较活跃，可以单独成词，即成词语素的百分比高于不成词语素。该调查还在一定程度上表明：在词语或义项的发展过程中，单音节动词的活跃度要明显高于单音节名词。

---

〔1〕 该义项在普通话中有所变化，指附带，如附设、附则、附寄照片一张等。

〔2〕 该义项在普通话中有所变化，指降低、衰退，如减价等。

〔3〕 该义项在普通话中词义范围有所扩大，指（合拢或连接的东西）展开；分离，如桃树开花了等。

〔4〕 该义项在普通话中有所变化，指某种生物适宜于什么环境；某种东西适宜于配合什么东西，如喜光植物。

〔5〕 该义项在普通话中有所变化，指推测、认为，如我想他今天不会来。

〔6〕 该义项在普通话中有所变化，指说希望人不顺利的话，如你可别咒人。

〔7〕 该义项《现代汉语词典》（第 6 版）中的解释为：著同"着¹"（zhuó），其中一个义项是穿（衣），如穿着、吃着不尽。

〔8〕 该义项在普通话中有所变化，指一层加上一层；重复，如重叠、叠石为山、层见叠出。

〔9〕 该义项在普通话中有所变化，指铺开、摆开，如敷设。

〔10〕 该义项在普通话中有所变化，指邻接的、邻近的，如邻国、邻县、邻家、邻座。

〔11〕 该义项在普通话中有所变化，指消除、发泄，如消遣、遣闷。

〔12〕 该义项在普通话中有所变化，《现代汉语词典》（第 6 版）分为两个义项：一是较差（多用于否定式），如"他的技术不亚于你"；二是次一等，如亚军、亚热带。

〔13〕 该义项在普通话中有所变化，指潜伏的、藏在深处的，如隐情、隐患。

〔14〕 该义项在普通话中有所变化，指做某事、从事某种活动，如作孽、自作自受。

表4-4　流传到普通话的《伽蓝记》单音节动词历时层次及词义传承情况

	成词/个	百分比/%	不成词/个	百分比/%	书面文言/个	百分比/%	总计/个
甲骨文	36	50.7	30	42.3	5	7.0	71
春秋	114	52.5	93	42.9	10	4.6	217
战国、秦	233	49.9	196	42	38	8.1	467
西汉	39	50.0	29	37.2	10	12.8	78
东汉	19	50.0	13	34.2	6	15.8	38
三国	1	25.0	3	75	0	0	4
西晋	5	50.0	5	50	0	0	10
东晋	2	66.7	1	33.3	0	0	3
南北朝	48	68.6	19	27.1	3	4.3	70
总计	497	51.9	389	40.6	72	7.5	958

（三）形容词

经调查《伽蓝记》中有 224 个单音节形容词词流传到普通话，我们又根据其来源时代分为以下九类。

1. 来源于甲骨文且流传至普通话的《伽蓝记》词语

《伽蓝记》中见于甲骨文的单音节形容词有 11 个，全部流传到普通话，共分为两种情况：

（1）古代为单音节词语，普通话亦是单音节成词语素的，8 个。

白①、大①、多①、高①、黑②、黄①、小①、新②，共 8 个。

（2）古代是单音节词语，普通话演变为不成词语素的，3 个。

赤[1]①、吉②、骤③，共 3 个。

2. 来源于春秋且流传至普通话的《伽蓝记》词语

《伽蓝记》中见于春秋语料的单音节形容词有 92 个，其中有 56 个词语或义项流传普通话。分为以下三种情况。

（1）古代为单音节词语，普通话是单音节成词语素的，29 个。

昌④、长①、富①、古②、久①、均②、渴①、苦③、愧①、老①、乐①、绿①、美①、美[2]③、偏③、浅①、清①、少①、深①、湿①、是②、同①、喜①、香①、新③、雄①、永[3]⑤、直①、壮①，共 29 个。

---

〔1〕　该义项《汉语大词典》首引例证为《礼记·月令》，且普通话有所变化，《现代汉语词典》（第6版）分为两个义项：一是指比朱红稍浅的颜色；二是泛指红色，如赤小豆、面红耳赤。

〔2〕　该义项在普通话中有所变化，指令人满意的、好，如美酒等。

〔3〕　该义项在普通话中有所变化，用作副词，指永远；久远，如永久等。

（2）古代是单音节词语，普通话演变为不成词语素的，24个。

哀①、悲①、备①、次〔1〕①、惰①、光②、寒①、宏①、洪②、华⑥、嘉①、快〔2〕①、名⑭、茂①、睦①、譬①、贫①、群⑧、素②、误①、信③、盈①、幼①、朱①，共24个。

（3）古代为单音节语素，现代汉语变为书面文言词语，3个。

馨〔3〕②、修〔4〕㉑、殷〔5〕③共3个。

3．来源于战国且流传至普通话的《伽蓝记》词语

《伽蓝记》见于战国语料的单音节形容词有138个，其中有126个词语或义项流传到普通话。分为以下三种情况。

（1）古代为单音节词语，普通话是单音节成词语素的，56个。

丑③、错⑲、淡①、短①、钝①、饿〔6〕①、繁①、方⑦、怪〔7〕①、贵①、好②、红〔8〕①、厚⑤、急②、急③、佳①、近①、精④、净①、旧③、倦①、空①、密⑦、妙①、难①、暖①、齐④、烂⑨、烈④、妙③、谦①、巧⑥、勤①、青〔9〕①、轻①、热②、深⑯、神②、甚〔10〕②、实⑩、熟②、细①、险〔11〕①、香①、哑①、淫③、勇①、圆①、远①、远③、杂⑤、早②、真③、正⑧、重②、纵①，共56个。

（2）古代是单音节词语，普通话演变为不成词语素的，62个。

卑①、薄②、彩①、惭①、常①、常⑥、耻②、崇①、等⑥、芳①、丰②、丰⑩、复⑤、工②、固〔12〕②、寡①、贵⑤、华⑫、荒①、骄④、洁④、谨②、尽⑥、巨①、峻①、劳②、利①、盲①、密③、明〔13〕⑩、宁①、虐②、疲①、僻⑤、奇①、饶〔14〕①、荣⑦、润①、上⑥、盛②、胜⑤、失⑦、暑①、速①、通⑱、团①、妄〔15〕③、危①、狭①、凶①、异②、异⑧、盈〔16〕、愚①、渊④、悦①、彰②、质⑩、重④、重⑦、众①、尊①，共62个。

（3）古代为单音节语素，现代汉语变为书面文言词语，8个。

殚①、隽①、危③、伟③、徐②、雅①、夷③、轸④，共8个。

---

〔1〕 该义项在普通话中词义有所变化，指次序在第二的、副的，如次子、次日。

〔2〕 该义项在《伽蓝记》中活用为使动用法。

〔3〕〔4〕 该义项在现代汉语中用于书面文言词语。

〔5〕 该义项在普通话中有所变化，且用于书面文言词语，指丰盛、丰富，如殷实、殷富。

〔6〕 该义项在普通话中有所变化，指饥饿，程度比古代轻。

〔7〕 该义项在普通话中有所变化，指奇怪，如怪事等。

〔8〕 该义项在普通话中有所变化，指像鲜血的颜色，如红枣等。

〔9〕 该义项在普通话中有所变化，指蓝色或绿色，如青天等。

〔10〕 该义项在普通话中有所变化，指过分，如欺人太甚。

〔11〕 该义项在普通话中有所变化，指地势险恶、复杂，不易通过；险要，如险地等。

〔12〕 该义项在普通话中有所变化，指结实、牢固，如稳固、加固、本固枝荣。

〔13〕 该义项在普通话中有所变化，指公开、显露在外、不隐蔽，如明说、明令、明沟、明枪易躲暗箭难防。

〔14〕 该义项在普通话中有所变化，指丰富、多，如富饶、丰饶、饶有风趣。

〔15〕 该义项在普通话中有所变化，指荒谬、不合理，如狂妄、妄人。

〔16〕 通"赢"，有余，多出，《现代汉语词典》（第6版）指多出来、多余，如盈余、盈利。

4. 来源于西汉且流传至普通话的《伽蓝记》词语

《伽蓝记》见于西汉语料的单音节形容词有 15 个，其中有 10 个词语或义项流传到普通话。分为以下三种情况。

（1）古代为单音节词语，普通话是单音节成词语素的，5 个。

急⑦、枯①、宽④、遥①、正⑤，共 5 个。

（2）古代是单音节词语，普通话演变为不成词语素的，4 个。

公②、隆③、隆⑤、阴16，共 4 个。

（3）古代为单音节语素，现代汉语变为书面文言词语的，1 个。

炫①，1 个。

5. 来源于东汉且流传至普通话的《伽蓝记》词语

《伽蓝记》见于东汉语料单音节形容词有 11 个，其中有 8 个词语或义项流传到普通话，这 8 个分为以下三种情况。

（1）古代为单音节词语，普通话是单音节成词语素的，4 个。

冷①、凉④、甜①、斜①，共 4 个。

（2）古代是单音节词语，普通话演变为不成词语素的，3 个。

残⑧、初③、痛[1]②，共 3 个。

（3）古代为单音节语素，现代汉语变为书面文言词语的，1 个。

蔚②，1 个。

6. 来源于三国且流传至普通话的《伽蓝记》词语

《伽蓝记》中见于三国语料的单音节形容词有 3 个，其中有 2 个义项流传到普通话，均为不成词语素。

辛⑤、珍②，共 2 个。

7. 来源于西晋且流传至普通话的《伽蓝记》词语

《伽蓝记》中见于西晋语料的单音节形容词有 5 个，其中有 2 个义项流传到普通话，均为不成词语素。

促②、绮[2]②，共 2 个。

8. 来源于东晋且流传至普通话的《伽蓝记》词语

《伽蓝记》中见于东晋语料的单音节形容词有 1 个义项且流传到现代普通话，为不成词语素。

伪⑤，1 个。

9. 来源于南北朝且流传至普通话的《伽蓝记》词语

《伽蓝记》中见于南北朝语料的单音节形容词有 15 个，其中有 8 个义项流传到普通话，它又分为以下三种情况。

---

〔1〕 该义项在普通话中有所变化，分为两个义项：一是指疾病、创伤等引起的难受的感觉，如头痛等；二是指悲伤，如悲痛、哀痛。前一义项为形容词，后一义项在普通话里为不成词语素。

〔2〕 该义项在普通话中有所变化，指美丽、美妙，如绮丽。

（1）古代为单音节词语，普通话是单音节成词语素的，3个。

广⑧、浓③、凶②，共3个。

（2）古代是单音节词语，普通话演变为不成词语素的，4个。

故⑨、焕[1]②、明⑦、郁[2]②，共4个。

（3）古代为单音节词语，现代汉语变为书面文言词语，1个

融[3]⑦，1个。

我们梳理出《伽蓝记》的单音节形容词或义项共有291个，其中见于《现代汉语词典》（第6版）的有224个，传承率占76.9%。见表4-5，具体情况又分为：演变到现代汉语仍保持成词语素的有105个，占46.9%，变为不成词语素的有105个，占46.9%，成词语素的百分比和不成词语素相同，另有14个用于书面文言词语，占6.2%。从不同时代来源上看，来源于甲骨文和春秋时代语料的单音节形容词，其成词语素高于不成词语素：分别是72.7%和51.8%；其余的保留下来的不成词语素高于成词语素。该调查和单音节名词类似，即单音节形容词的词语或义项越古老，其生命力活跃度越强，流传到现代汉语中的独立成词语素越多；年轻的词语或义项反而在现代汉语中演变为不成词语素的比例较多。

表4-5　流传到普通话的《伽蓝记》单音节形容词历时层次及词义传承情况

	成词/个	百分比/%	不成词/个	百分比/%	书面文言/个	百分比/%	总计/个
甲骨文	8	72.7	3	27.3	0	0	11
春秋	29	51.8	24	42.9	3	5.4	56
战国秦	56	44.4	62	49.2	8	6.3	126
西汉	5	50.0	4	40.0	1	10.0	10
东汉	4	50.0	3	37.5	1	12.5	8
三国	0	0	2	100	0	0	2
西晋	0	0	2	100	0	0	2
东晋	0	0	1	100	0	0	1
南北朝	3	37.5	4	50.0	1	12.5	8
总计	105	46.9	105	46.9	14	6.3	224

（四）代词

经调查，《伽蓝记》中有34个单音节代词流传到普通话，我们又根据其来源时代分为以下四类。

1. 来源于甲骨文且流传至普通话的《伽蓝记》词语

《伽蓝记》见于甲骨文的单音节代词有4个，全部流传到普通话，分为以下两种

---

〔1〕 该义项在普通话中有所变化，指光明、光亮，如焕发。

〔2〕 该义项在普通话中有所变化，指（草木）茂盛，如葱郁。

〔3〕 该义项在普通话中用为书面文言词语，且为叠音词"融融"。

情况。

（1）古代为单音节词语，普通话是单音节成词语素的，1个。

我①，1个。

（2）古代为单音节词语，现代汉语变为书面文言词语的，3个。

汝③、余①、兹⑥，共3个。

2. 来源于春秋且流传至普通话的《伽蓝记》词语

《伽蓝记》见于春秋语料的单音节代词有27个，其中有19个词语或义项流传到普通话，又分为以下三种情况。

（1）古代为单音节词语，普通话是单音节成词语素的，9个。

此①、彼①、何①、其[1]①、其[2]①、谁①、他①、有[3]⑱、者[4]①，共9个。

（2）古代是单音节词语，普通话演变为不成词语素的，2个。

异③、诸③，共2个。

（3）古代为单音节词语，现代汉语变为书面文言词语的，8个。

尔①（1）、尔①（4）、或②（1）、或②（2）、是⑪、吾①、焉②、之⑤，共8个。

3. 来源于战国且流传至普通话的《伽蓝记》词语

《伽蓝记》见于战国语料的单音节代词有10个，全部流传到现代普通话。分为以下三种情况。

（1）古代为单音节词语，普通话是单音节成词语素的，5个。

此②、何①（3）、何①（5）、每⑤、我①（3），共5个。

（2）古代是单音节词语，普通话演变为不成词语素的，1个。

己②，1个。

（3）古代为单音节词语，现代汉语变为书面文言词语，4个。

然⑥、孰②（3）、焉③、诸⑩，共4个。

4. 来源于西汉且流传至现代汉语普通话的《伽蓝记》词语

《伽蓝记》见于西汉的单音节代词有2个，其中有1个流传到现代汉语普通话，且是古代用法。

朕④，1个。

《伽蓝记》的单音节代词共有43个，其中有34个见于《现代汉语词典》（第6版），传承率为79.1%。见表4-6，具体情况又分为：演变到现代汉语仍保持成词语素的有15个，占44.1%，变为不成词语素的有3个，占8.8%，另有16个用于书面文言词语，比

---

〔1〕　指示代词。

〔2〕　该义项在普通话中有所变化，分为两个义项：一是人称代词，指他（她、它）的，他（他、它）们的，如各得其所、自圆其说；二是人称代词，指他（她、它），他们，如促其早日实现等。

〔3〕　该义项普通话有所变化，用作动词，泛指，跟"某"的作用相近，如"有一天他来了"等。

〔4〕　《现代汉语词典》（第6版）将该义项归入助词。

例高达47.1%。该调查进一步证实了这一现象：相对于名词、动词和形容词而言，代词更为古老。

表4-6　流传到普通话的《伽蓝记》单音节代词历时层次及词义传承情况

	成词/个	百分比/%	不成词/个	百分比/%	书面文言/个	百分比/%	总计/个
甲骨文	1	25.0	0	0	3	75.0	4
春秋	9	47.4	2	10.5	8	42.1	19
战国	5	50.0	1	10.0	4	40.0	10
西汉	0	0	0	0	1	100.0	1
总计	15	44.1	3	8.8	16	47.1	34

（五）数词

经调查《伽蓝记》中有30个单音节数词流传到普通话，我们又根据其来源典籍分为以下五类。

1. 来源于甲骨文且流传至普通话的《伽蓝记》词语

《伽蓝记》中见于甲骨文的单音节数词有17个，其中有16个流传到普通话。这16个又分为两种情况。

（1）古代为单音节词语，普通话是单音节成词语素的，13个。

一①、二①、三①、四①、五②（1）、六①、七①、八①、九①、十①（1）、百①、千①、万①，共13个。

（2）古代是单音节词语，普通话演变为不成词语素的，3个。

一[1]②、二②、五②（2），共3个。

2. 来源于春秋且流传至普通话的《伽蓝记》词语

《伽蓝记》见于春秋的单音节数词6个，全部流传到普通话，又分为以下两种情况。

（1）古代为单音节词语，普通话是单音节成词语素的，1个。

两①，1个。

（2）古代是单音节词语，普通话演变为不成词语素的，5个。

百②、九②、千③、三[2]、万②，共5个。

3. 来源于战国且流传至普通话的《伽蓝记》词语

《伽蓝记》中见于战国的单音节数词有6个，其中有5个流传到普通话，均为成词语素。

半①、几①、数[3]③、一⑦、余⑭，共5个。

---

〔1〕　该义项在普通话中用作构词语素，如二月，以下两个义项同，如三月、五月等，《现代汉语词典》（第6版）失收，当补。

〔2〕　该词为多次，再三之义。

〔3〕　该义项在普通话中有所变化，作名词指数目，如人数、岁数等，且口语中常儿化。

4. 来源于西晋且流传至普通话的《伽蓝记》词语

来源于西晋的单音节数词有 1 个，且流传到普通话，是成词语素。

一⑮，1 个。

5. 来源于南北朝且流传至普通话的《伽蓝记》词语

《伽蓝记》见于南北朝的单音节数词有 2 个，且流传至现代汉语，为成词语素。

一④、一[1]⑲，共 2 个。

《伽蓝记》的单音节数词共有 31 个，其中有 30 个见于《现代汉语词典》（第 6 版），传承率为 96.8%。见表 4-7，具体情况又分为：演变到现代汉语仍保持成词语素有 22 个，占 73.3%，变为不成词语素的有 8 个，占 26.7%，没有书面文言词语。该调查进一步证实了相对于名词、动词和形容词而言，单音节数词和代词一样较为古老，来源于战国之前的有 27 个，占 90%，而西晋和南北朝共有 3 个新兴的义项，占 10.0%。

表 4-7　流传到普通话的《伽蓝记》单音节数词历时层次及词义传承情况

	成词/个	百分比/%	不成词/个	百分比/%	书面文言/个	百分比/%	总计/个
甲骨文	13	81.2	3	18.8	0	0	16
春秋	1	16.7	5	83.3	0	0	6
战国	5	100.0	0	0	0	0	5
西汉	0	0	0	0	0	0	0
东汉	0	0	0	0	0	0	0
三国	0	0	0	0	0	0	0
西晋	1	100.0	0	0	0	0	1
东晋	0	0	0	0	0	0	0
南北朝	2	100.0	0	0	0	0	2
总计	22	73.3	8	36.7	0	0	30

（六）量词

经调查《伽蓝记》中有 40 个单音节量词流传到普通话，我们又根据其来源典籍分为以下八类。

1. 来源于周秦且流传至普通话的《伽蓝记》词语

《伽蓝记》中见于春秋语料的单音节量词有 6 个，其中有 5 个流传到普通话，均为成词语素。

步⑩、户⑦、匹⑥（1）、岁⑤、寻①，共 5 个。

2. 来源于战国且流传至普通话的《伽蓝记》词语

《伽蓝记》中来源于战国且流传到普通话的量词有 15 个，均为成词语素。

---

〔1〕《汉语大词典》将该义项归为连词，《现代汉语词典》（第 6 版）处理为数词。

尺①、重⑦、石 15、寸〔1〕①、方〔2〕⑭、行⑩、斛〔3〕②（1）、家㉔、斤④、枚〔4〕⑧、仞〔5〕①、乘〔6〕④（1）、围⑯、张〔7〕⑭、丈①，共 15 个。

3. 来源于西汉且流传至普通话的《伽蓝记》词语

《伽蓝记》中见于西汉且流传到普通话的单音节量词有 4 个，均为成词语素。

级②、具〔8〕⑫、匹⑥（2）、首⑯（1），共 4 个。

4. 来源于东汉且流传至普通话的《伽蓝记》词语

《伽蓝记》中见于东汉语料的单音节量词有 7 个，其中有 6 个流传到现代汉语普通话，均为成词语素。

段⑥（1）、封 18（2）、间〔9〕⑤（1）、所⑫（2）、条⑭、头〔10〕⑳（2），共 6 个。

5. 来源于三国且流传至普通话的《伽蓝记》词语

《伽蓝记》见于三国且流传到普通话的单音节量词，只有 1 个，且为成词语素。

斗〔11〕④（1），1 个。

6. 来源于西晋且流传至普通话的《伽蓝记》词语

《伽蓝记》中见于西晋且流传到普通话的单音节量词有 1 个，且已为成词语素。

株⑦，1 个。

7. 来源于东晋且流传到普通话的《伽蓝记》词语

《伽蓝记》中见于东晋且流传到普通话的单音节量词有 1 个，且已为成词语素。

部〔12〕⑮（1），1 个。

8. 来源于南北朝且流传至普通话的《伽蓝记》词语

《伽蓝记》中见于南北朝的单音节量词有 10 个，其中有 7 个流传到现代汉语普通话，均为成词语素。

---

〔1〕 该义项在普通话中有所变化，指长度单位，10 分等于 1 寸，10 寸等于 1 尺。1 市寸合 1/30 米。

〔2〕 该义项在普通话中有所变化，一是指用于方形的东西，如"一方手帕"等；二是指平方或立方的简称，一般指平方米或立方米，如"铺地板十五方"等。

〔3〕 该义项在普通话中有所变化，用作名词，指旧量器，方形，口小，底大，容量本为十斗，后来改为五斗。

〔4〕 该义项在普通话中词义范围缩小，跟"个"相近，多用于形体小的东西，如三枚奖章等。

〔5〕 《现代汉语词典》释义为：古时八尺或七尺叫一仞，如万仞高山等。

〔6〕 《现代汉语词典》释义为：古代称四匹马拉的车一辆为一乘，如千乘之国。

〔7〕 该义项在普通话中词义范围扩大，一是指用于纸、皮子等，如一张纸等；二是指用于床、桌子等，如一张床等；三是指用于嘴、脸，如一张嘴等；四是指用于弓，如一张弓。

〔8〕 该义项在现代汉语中用于书面文言词语，且意义有所变化，指用于棺材、尸体和某些器物，如座钟一具。

〔9〕 该义项在普通话中范围缩小，指房屋的最小单位，如一间卧室等。

〔10〕 该义项在普通话中词义范围缩小，指用于动物（多指家畜），如一头牛等。

〔11〕 该义项在普通话中范围扩大，指容量单位，10 升等于 1 斗，10 斗等于 1 石。

〔12〕 该义项在普通话中词义范围有所扩大，一是指用于书籍、影视片等，如两部字典等；二是指用于机器或车辆，如一部机器等。

层[1]⑥ (1)、道[2]㊱ (1)、道㊱ (2)、卷⑤、口[3]⑰ (5)、粒④、枝⑨ (1)，共 7 个。

《伽蓝记》的单音节量词共有 45 个，其中有 40 个见于《现代汉语词典》，传承率为 88.9%。量词由于其独立性的特点，40 个均为独立的成词语素。见表 4 - 8，具体而言，来源于战国以前的有 20 个，占 50%，大多属于度量衡单位词，来源于西汉以后的有 20 个，占 50%，大多为天然单位词。该调查进一步证实了天然单位词相对于度量衡单位词是较为后起的，随着汉语表达逐渐精密化，也要求有相对较多的天然单位词与之相匹配。

表 4 - 8 流传到普通话的《伽蓝记》单音节量词历时层次及词义传承情况

	成词/个	百分比/%	不成词/个	百分比/%	书面文言/个	百分比/%	总计/个
春秋	5	100	0	0	0	0	5
战国	15	100	0	0	0	0	15
西汉	4	100	0	0	0	0	4
东汉	6	100	0	0	0	0	6
三国	1	100	0	0	0	0	1
西晋	1	100	0	0	0	0	1
东晋	1	100	0	0	0	0	1
南北朝	7	100	0	0	0	0	7
总计	40	100	0	0	0	0	40

（七）副词

经调查，《伽蓝记》中有 135 个单音节副词流传到普通话，我们又根据其来源典籍分为以下七类。

1. 来源于甲骨文且流传至普通话的《伽蓝记》词语

《伽蓝记》中见于甲骨文的单音节副词有 12 个，且全部流传到普通话，分为以下三种情况。

（1）古代为单音节词语，普通话是单音节成词语素的，6 个。

不④、大⑮、非⑥、果[4]⑦、既⑥、勿⑥，共 6 个。

（2）古代是单音节词语，普通话演变为不成词语素的，2 个。

复⑦、自①，共 2 个。

（3）古代是单音节词语，普通话演变为书面文言词语的，4 个。

弗③、其② (3)、咸①、亦② (1)，共 4 个。

---

〔1〕 该义项《汉语大词典》首引例证为《老子》，误，详见牛太清《量词"重/层"历时更替小考》。

〔2〕 该义项在普通话中词义有所变化，一是指用于江河和某些长条形的东西：条，如一道河等；二是指用于门、墙等，如两道门等。

〔3〕 该义项在普通话中范围扩大，指用于某些家畜或器物等，如三口猪、一口钢刀等。

〔4〕 该义项《汉语大词典》首引例证为《礼记·中庸》，且普通话有所变化，指果然，如"果不出所料"。

2．来源于春秋且流传至普通话的《伽蓝记》词语

《伽蓝记》见于春秋语料的单音节副词有 60 个，其中有 33 个流传到普通话，分为以下三种情况。

（1）古代为单音节词语，普通话是单音节成词语素的，18 个。

必⑥（1）、必⑥（2）、并⑨（2）、独①、凡①、反⑯、皆①、尽⑦、屡①、每⑥（1）、乃②、其②（2）、同⑬、唯①、未⑦、相①、又②（1）、愈③，共 18 个。

（2）古代是单音节词语，普通话演变为不成词语素的，3 个。

躬③、无⑦（1）、悉①，共 3 个。

（3）古代是单音节词语，普通话变为书面文言词语的，12 个。

毕①、方 32（1）匪②（1）盖⑩、竟⑤、每⑥（2）、靡⑩、莫[1]①、莫②（1）、岂①（1）、罔⑪、犹⑩，共 12 个。

3．来源于战国且流传至普通话的《伽蓝记》词语

《伽蓝记》见于战国的单音节副词有 64 个，全部见于《现代汉语词典》（第 6 版），又分为以下三种情况。

（1）古代是单音节词语，普通话是单音节成词语素的，35 个。

本㉓、常③、重②、殆⑧、顿㉖、都①、各①、更①（3）、共②、还④、忽[2]⑩（1）、或③（1）、既⑦（2）、仅①、空⑨、连④、明㉛、宁①、甚④、似②、素⑥、特⑩、惟⑥、相③、新⑩、已⑧、又②（2）、乍①、真⑧、正㉝（2）、直㉕（2）、止⑯、至㉓（1）、终③、最⑧（1），共 35 个。

（2）古代是单音节词语，普通话演变为不成词语素的，8 个。

恒⑥（1）、敬⑧、竞⑤、频⑤、潜③、亲⑦、善⑰、私②，共 8 个。

（3）古代是单音节词语，普通话变为书面文言词语，21 个。

安⑰、备⑩、尝⑦、凡②、更①（2）、即⑬（1）、举㊶、俱③、讵①（1）、可⑭（1）、弥⑥、乃②（1）、窃⑦、实⑪、始⑦、殊⑦（1）、数[3]①、遂⑳、徒⑬、则⑫（1）、则⑫（2），共 21 个。

4．来源于西汉且流传至普通话的《伽蓝记》词语

《伽蓝记》见于西汉的单音节副词有 14 个，其中有 10 个见于《现代汉语词典》（第 6 版），这 10 个又分为以下三种情况。

（1）古代是单音节词语，普通话是单音节成词语素的，7 个。

便⑭（1）、但②、齐⑦、时⑱、特⑪、专[4]③、自⑤，共 7 个。

---

　　〔1〕《汉语大词典》将该义项归入代词，现代汉语用于书面文言词语，而《现代汉语词典》（第 6 版）将其归入副词。

　　〔2〕该义项在普通话中有所变化，指忽而，如忽隐忽现等。

　　〔3〕音 shuò。

　　〔4〕该义项在普通话中有所变化，指光、只、专门，如"他专爱挑剔别人的毛病"等。

（2）古代是单音节词语，普通话演变为不成词语素的，2 个。

别⑦、业⑪，共 2 个。

（3）古代是单音节词语，普通话变为书面文言词语，1 个。

辄⑥，1 个。

5. 来源于东汉且流传至普通话的《伽蓝记》词语

《伽蓝记》中见于东汉语料的单音节副词有 10 个，其中有 8 个流传至普通话，且分为以下两种情况。

（1）古代是单音节词语，普通话为成词语素的，7 个。

渐⑩、临〔1〕⑰、颇⑨、权⑭、谁〔2〕②、深㉓、暂②，共 7 个。

（2）古代是单音节词语，普通话变为书面文言词语，1 个。

庶⑤（2），1 个。

6. 来源于东晋且流传至普通话的《伽蓝记》词语〔3〕，1 个。

见于东晋且流传到普通话的只有 1 个，为书面文言词语。

猝③，1 个。

7. 来源于南北朝且流传至普通话的《伽蓝记》词语

《伽蓝记》中见于南北朝语料的单音节副词有 7 个，全部流传到普通话，均为成词语素。

从⑳（2）、过⑩、好⑪、绝⑫（2）、转㉓、仍⑦、乍③，共 7 个。

《伽蓝记》中的单音节副词共有 170 个，其中有 135 个见于《现代汉语词典》（第 6 版），传承率为 79.4%。见表 4 - 9，具体情况是：演变到普通话仍可以独立成词的有 80 个，占 59.3%，不能独立成词的有 15 个，占 11.1%，另有 40 个用于书面文言词语，占 29.6%。来源于西汉以前的有 109 个，占 80.7%，其余的 19.3% 是西汉以后产生的。该调查在一定程度表明，单音节副词是较古老的词语。

表 4 - 9　流传到普通话的《伽蓝记》单音节副词历时层次及词义传承情况

	成词/个	百分比/%	不成词/个	百分比/%	书面文言/个	百分比/%	总计/个
甲骨文	6	50.0	2	16.7	4	33.3	12
春秋	18	54.5	3	9.1	12	36.4	33
战国秦	35	54.7	8	12.5	21	32.8	64
西汉	7	70.0	2	20	1	10.0	10
东汉	7	87.5	0	0	1	12.5	8
东晋	0	0	0	0	1	100.0	1
南北朝	7	100.0	0	0	0	0	7
总计	80	59.3	15	11.1	40	29.6	135

---

〔1〕　该义项在普通话中词义语素变化，用作介词，指临近、临到（某一行为发生的时间），含有将要、快要的意思，如临睡等。

〔2〕　《汉语大词典》将该义项归入副词，当为代词。

〔3〕　《伽蓝记》中没有见于三国、西晋且流传到现代汉语普通话的单音节副词。

（八）介词

经调查，《伽蓝记》中有 29 个单音节介词流传到普通话，我们根据其来源典籍分为以下七类。

1. 来源于甲骨文且流传至普通话的《伽蓝记》词语

《伽蓝记》中见于甲骨文的介词有 6 个，全部流传到普通话，且均为成词语素。

从⑲（1）、以⑧（1）、于⑧（2）、于⑧（3）、于⑧（4）、自⑦（1），共 6 个。

2. 来源于春秋且流传至现代汉语普通话的《伽蓝记》词语

《伽蓝记》中见于春秋语料的单音节介词有 10 个，其中有 6 个流传到普通话，且均为成词语素。

为②（1）、为②（5）、由⑱（2）、与㉒（1）、于⑧（8）、在⑭，共 6 个。

3. 来源于战国且流传至现代汉语普通话的《伽蓝记》词语

《伽蓝记》中见于战国的单音节介词有 11 个，其中有 10 个流传到普通话，分为以下两种情况。

（1）古代为单音节词语，普通话是单音节成词语素的，6 个。

望⑱、为㉚、以⑧（3）、于⑧（1）、于⑧（6）、于⑧（9），共 6 个。

（2）古代是单音节词语，普通话变为书面文言词语，4 个。

比⑮（1）、为②（2）、已[1]⑰（1）、因⑤，共 4 个。

4. 来源于西汉且流传至普通话的《伽蓝记》词语

《伽蓝记》中见于西汉的单音节介词 1 个，流传到普通话的且为成词语素。

当②，1 个。

5. 来源于东汉且流传至普通话的《伽蓝记》词语

《伽蓝记》中见于东汉的单音节介词 2 个，均流传到普通话且为成词语素。

被⑫、以⑧（8），共 2 个。

6. 来源于东晋且流传至普通话的《伽蓝记》词语

《伽蓝记》中没有见于三国和西晋且流传到普通话的单音节介词；见于东晋的有 1 个，且流传到普通话，为成词语素。

就[2]㉒，1 个。

7. 来源于南北朝且流传至普通话的《伽蓝记》词语

《伽蓝记》中见于南北朝语料的单音节介词有 8 个，其中有 3 个流传到普通话，且均为成词语素。

比⑮（4）、向⑬（1）、以⑧（4），共 3 个。

《伽蓝记》中的单音节介词共有 39 个，其中有 29 个见于《现代汉语词典》（第 6

---

〔1〕《现代汉语词典》标明该义项为古代用法。

〔2〕该义项在普通话中词义有所变化，为介词，有两个义项。一是趁着（当前的便利）；借着（有时跟"着"连用），如"就着灯光看书"等。二是表示动作的对象或话题的范围，如"他们就这个问题进行了讨论"等。

版），传承率为 74.4%。见表 4 - 10，具体情况是：演变到普通话可以独立成词的有 25 个，占 86.2%，用于书面文言词语的有 4 个，占 13.8%。来源于西汉以前的有 22 个，占 75.9%，其余的 24.1% 是西汉以后产生的。该调查在一定程度表明，单音节介词亦是较古老的词语。

表 4 - 10　流传到普通话的《伽蓝记》单音节介词历时层次及词义传承情况

	成词/个	百分比/%	不成词/个	百分比/%	书面文言/个	百分比/%	总计/个
甲骨文	6	100	0	0	0	0	6
春秋	6	100	0	0	0	0	6
战国	6	100	0	0	4	100	10
西汉	1	100	0	0	0	0	1
东汉	2	100	0	0	0	0	2
东晋	1	100	0	0	0	0	1
南北朝	3	100	0	0	0	0	3
总计	25	86.2	0	0	4	13.8	29

（九）　连词

经调查发现，《伽蓝记》中有 27 个单音节连词流传到普通话，我们根据其来源典籍分为以下几类。

1. 来源于甲骨文且流传至普通话的《伽蓝记》词语

《伽蓝记》中见于甲骨文的连词 1 个，流传到普通话且为成词语素。

若⑯（1），1 个。

2. 来源于春秋且流传至普通话的《伽蓝记》词语

《伽蓝记》中见于春秋语料的单音节连词有 20 个，其中有 10 个流传到普通话，又分为以下两种情况。

（1）古代为单音节词语，到普通话变为成词语素，5 个。

而④（7）、及⑫（2）、将[1]㉕（1）、虽②（1）、无⑥（1），共 5 个。

（2）古代为单音节词语，普通话变为书面文言词语，5 个。

乃③（3）、以⑨（2）、用㉒、有[2]①（2）、爰⑥（1），共 5 个。

3. 来源于战国且流传至普通话的《伽蓝记》词语

《伽蓝记》中见于战国语料的单音节连词有 12 个，其中有 8 个流传到普通话，这 8 个又分为以下两种情况。

（1）古代为单音节词语，普通话为成词语素，4 个。

而④、故⑯（1）、既⑦、一⑩，共 4 个。

---

〔1〕《现代汉语词典》将该义项归入副词，指又、且（重复使用），如将信将疑。

〔2〕去声，《现代汉语词典》将该义项归入副词。

（2）古代为单音节词语，普通话变为书面文言词语，4个。

况⑦、然⑨（1）、犹[1]⑪、则⑬（1），共4个。

4. 来源于西汉且流传至普通话的《伽蓝记》词语

《伽蓝记》中见于西汉的单音节连词有4个，其中有3个流传到普通话，分为以下三种情况。

（1）古代为单音节词语，普通话是单音节成词语素的，1个。

因⑬（2），1个。

（2）古代是单音节词语，普通话演变为不成词语素的，1个。

假⑪，1个。

（3）古代为单音节词语，普通话变为书面文言词语的，1个。

傥⑥，1个。

5. 来源于东汉且流传至普通话的《伽蓝记》词语

《伽蓝记》中见于东汉的单音节连词有2个，均流传到普通话，分为以下两种情况。

（1）古代为单音节词语，普通话是单音节成词语素的，1个。

或④（1），1个。

（2）古代是单音节词语，普通话演变为不成词语素的，1个。

但④，1个。

6. 来源于三国且流传至普通话的《伽蓝记》词语

《伽蓝记》中见于三国的单音节连词1个，流传到普通话且为成词语素。

但⑤，1个。

7. 来源于南北朝且流传至普通话的《伽蓝记》词语

《伽蓝记》中见于南北朝语料的单音节连词的有4个，其中有2个流传到普通话，均为成词语素。

并⑩、致⑳，共2个。

《伽蓝记》中的单音节连词共有44个，其中有27个见于《现代汉语词典》（第6版），传承率为61.4%。见表4-11，具体情况是：演变到普通话仍可以独立成词的有15个，占55.6%；变为不成词语素的2个，占7.4%；用于书面文言词语的有10个，占37%。来源于西汉以前（含西汉）的有22个，占81.5%，其余的18.5%是西汉以后产生的。

表4-11 流传到普通话的《伽蓝记》单音节连词历时层次及词义传承情况

	成词/个	百分比/%	不成词/个	百分比/%	书面文言/个	百分比/%	总计/个
甲骨文	1	100.0	0	0	0	0	1
春秋	5	50.0	0	0	5	50.0	10
战国	4	50.0	0	0	4	50.0	8

---

[1]《现代汉语词典》将该义项归入副词。

续上表

	成词/个	百分比/%	不成词/个	百分比/%	书面文言/个	百分比/%	总计/个
西汉	1	33.4	1	33.3	1	33.3	3
东汉	1	50.0	1	50.0	0	0	2
三国	1	100.0	0	0	0	0	1
西晋	0	0	0	0	0	0	0
东晋	0	0	0	0	0	0	0
南北朝	2	100.0	0	0	0	0	2
总计	15	55.6	2	7.4	10	37.0	27

（十） 助词

经调查发现，《伽蓝记》中有32个单音节助词流传到普通话，我们根据其来源典籍分为以下六类。

1. 来源于甲骨文且流传至普通话的《伽蓝记》词语

《伽蓝记》中见于甲骨文的单音节助词有2个，均流传到普通话，且都变为书面文言词语。

乎①（3）、见⑪，共2个。

2. 来源于春秋且流传至普通话的《伽蓝记》词语

《伽蓝记》中见于春秋语料的单音节助词有25个，其中有16个流传到普通话，这16个又分为以下三种情况。

（1）古代为单音节词语，普通话是单音节成词语素的，1个。

于⑩（1），1个。

（2）古代是单音节词语，普通话演变为不成词语素的，1个。

然⑩（3），1个。

（3）古代为单音节词语，普通话变为书面文言词语，14个。

如⑱、所⑮（1）、兮、焉⑧（1）、也①（1）、也①（2）、也①（3）、也①（5）、矣①（1）、矣①（7）、攸⑧（1）、哉①、之⑥（1）、之⑥（2），共14个。

3. 来源于战国且流传至普通话的《伽蓝记》词语

《伽蓝记》中见于战国的单音节助词有10个，其中流传到普通话的有5个，这5个又分为以下三种情况。

（1）古代为单音节词语，普通话是单音节成词语素的，1个。

等⑫（1），1个。

（2）古代是单音节词语，普通话演变为不成词语素的，1个。

以⑩（3），1个。

（3）古代为单音节词语，普通话变为书面文言词语，3个。

耳⑦（1）、夫③（1）、耶①（2），共3个。

4. 来源于西汉且流传至普通话的《伽蓝记》词语

《伽蓝记》中见于西汉语料的单音节助词有 4 个，其中有 2 个流传到普通话，并且变为书面文言词语。

所⑮（2）、者②（3），共 2 个。

5. 来源于东汉且流传至现代汉语普通话的《伽蓝记》词语

《伽蓝记》中见于东汉的单音节助词有 3 个，全部流传到普通话，且为不成词语素。

初③、第①、为㉝（3），共 3 个。

6. 来源于南北朝且流传至普通话的《伽蓝记》词语

《伽蓝记》中见于南北朝语料的有 4 个，全部流传到普通话，分为以下三种情况。

（1）古代为单音节词语，普通话是单音节成词语素的，1 个。

者②（6），1 个。

（2）古代为单音节词语，普通话演变为不成词语素的，1 个。

为㉝（4），1 个。

（3）古代为单音节词语，普通话变为书面文言词语，2 个。

否⑤、许⑥，共 2 个。

《伽蓝记》中的单音节助词共有 49 个，其中有 32 个见于《现代汉语词典》（第 6 版），传承率为 65.3%。见表 4-12，具体情况是：演变到普通话仍可以独立成词的有 3 个，占 9.4%；变为不成词语素的 6 个，占 18.8%；用于书面文言词语的有 23 个，占 71.9%。来源于西汉以前（不含西汉）的有 23 个，占 71.9%，其余的 28.1% 是西汉以后产生的。

表 4-12　流传到普通话的《伽蓝记》单音节助词历时层次及词义传承情况

	成词/个	百分比/%	不成词/个	百分比/%	书面文言/个	百分比/%	总计/个
甲骨文	0	0	0	0	2	100.0	2
春秋	1	6.3	1	6.3	14	87.5	16
战国	1	20.0	1	20.0	3	60.0	5
西汉	0	0	0	0	2	100.0	2
东汉	0	0	3	100	0	0	3
三国	0	0	0	0	0	0	0
西晋	0	0	0	0	0	0	0
东晋	0	0	0	0	0	0	0
南北朝	1	25.0	1	25.0	2	50.0	4
总计	3	9.4	6	18.8	23	71.9	32

二、双音节词语

《伽蓝记》词语中见于《现代汉语词典》（第 6 版）的双音节词语共有 1 091 个，根据不同词性及词语内部构成，分述如下。

（一）名词（553 个）

1. 来源于春秋且流传到普通话的《伽蓝记》词语

《伽蓝记》见于春秋的双音节名词有 94 个，其中有 54 个流传到现代汉语。根据词语内部结构分为以下几种。

（1）并列式，25 个。

春秋[1]③、夫妻、风俗①、风雨①、腹心[2]①、父母①、鬼神①、吉凶①、疆土、境界①、君子②、雷雨、礼仪、人民①、日月③、商旅、市井②、童子①、王侯、西南①、兄弟[3]①、衣服[4]①、衣裳[5]①、枝叶[6]①、左右[7]⑥，共 25 个。

以上是见于春秋且流传到现代汉语普通话的并列式双音节名词，总共 25 个，其中"商旅""腹心""市井"3 个用于书面文言词语。

（2）偏正式，29 个。

大王[8]、大业②、东宫①、蛾眉[9]①、妇人②、旱魃、后人②、虎贲①、黄金②、嘉宾、家人①、乐土、南方①、农夫①、清风①、泉水、叔父①、四方②、四时①、天道①、天上、天子[10]、万国[11]、王国[12]①、王室①、王子①、五色[13]①、旭日、诸侯①，共 29 个。

以上是见于春秋且流传到普通话的偏正式双音节名词，有 29 个，其中"虎贲""东宫""农夫""旱魃"4 个是古代用法。

2. 来源于战国且流传到普通话的《伽蓝记》词语

《伽蓝记》见于战国的双音节名词有 358 个，其中有 194 个词语或义项见于《现代汉语词典》（第 6 版），根据词语内部结构，分为以下几种。

（1）并列式，80 个。

边境①、表里①、仓库、春秋⑤、雄雌④、道路①、盗贼①、典籍、东北①、东南①、东西①、方圆④、夫妇①、高下[14]①、宫室②、贡赋、沟渎①、骨肉②、棺椁、

---

〔1〕 该义项在普通话中有所变化，指春季和秋季，常用来指整个一年，泛指岁月。

〔2〕 该义项在普通话中有所变化，用于书面文言词语，指极亲近的人，如心腹。

〔3〕 该义项在普通话中有所变化，常用于口语，指弟弟。

〔4〕 该义项在普通话中有所变化，指穿在身上的遮蔽身体和御寒的东西。

〔5〕 该义项在普通话中多用于口语。

〔6〕 该词语在普通话中有所变化，指枝和叶，也比喻琐碎的情节或话语。

〔7〕 该义项在普通话中有所变化，方位词，指左和右两方面。

〔8〕 《现代汉语词典》（第 6 版）解释为：古代对国君、诸侯王的尊称。

〔9〕 该义项在普通话中有所变化，一是指蚕蛾的须细而弯，借指美人细而弯的眉毛；二是指美人。

〔10〕 《现代汉语词典》（第 6 版）解释为：指国王或皇帝（奴隶社会和封建社会的统治阶级把他们的政权说成是受天命建立的，因此称国王或皇帝为天的儿子）。

〔11〕 该义项在普通话中有所变化，指很多的国家；世界各国。

〔12〕 该义项在普通话中有所变化，一是指以国王为国家元首的国家，如丹麦王国、泰王国；二是借指管辖的范围或某种境界；三是借指某种特色或事物占主导地位的领域。

〔13〕 该义项在普通话中有所变化，指五彩。

〔14〕 该义项在普通话中有所变化，指上下、优劣（用于比较双方的水平）。

官爵、冠冕①、贵贱①、贵贱②、国家①、寒暑①、户牖①、将士①、金玉〔1〕①、锦绣①、京师①、荆棘①、军旅③、寇仇、林木①、禄位、名誉①、南北②、内外①、年岁①、前后、亲戚①、禽兽②、轻重①、轻重③、荣辱①、容颜、容止①、社稷、土地①、土地②、土木①、山林①、山水〔2〕①、上下①、生死①、天地①、威势①、西北①、乡曲、乡土①、姓名、意气〔3〕②、音乐、勇力①、羽毛①、远近①、云气〔4〕①、云雾〔5〕①、造化、战斗①、朝夕〔6〕①、珍宝〔7〕①、珍异〔8〕①、政治〔9〕③、忠良②、舟楫①、珠玑①、锱铢①、资财〔10〕①、左右⑩，共 80 个。

　　以上是见于战国且流传到普通话的并列式双音节名词，共有 80 个。其中，"珠玑""锱铢""乡曲""舟楫""禄位""军旅""金玉""沟渎""户牖"9 个用于书面文言词语。

　　（2）偏正式，105 个。

　　白骨〔11〕①、百姓②、宝玉、陛下②、才子〔12〕①、朝廷①、处女〔13〕①、春风①、大兵①、大臣〔14〕、大道①、大风①、大将〔15〕①、大雨、地形〔16〕①、独夫①、浮云①、甘泉①、高门、工匠、官位、国门①、国色①、果木①、海内、后宫①、后世①、虎口①、黄泉〔17〕①、季秋、今日〔18〕②、近代、鲸鱼①、居民①、军人、空中①、库藏①、嫠妇、历数〔19〕③、龙舟〔20〕②、美谈①、民财、民俗、明年、明日①、名士②、南方②、懦夫、匹夫〔21〕①、平旦①、其中、千金③、人力①、人伦①、日中①、三军②、山顶、山谷①、商人、上古①、上流①、世人①、世事③、世子、死

---

〔1〕　该义项在现代汉语中用于书面文言词语，且词义语素变化，指泛指珍宝，比喻宝贵或华美的事物。

〔2〕　该义项在普通话中有所变化，指山和水，泛指有山有水的风景。

〔3〕　该义项在普通话中有所变化，指意志和气概。

〔4〕　该义项在普通话中有所变化，指稀薄流动的云。

〔5〕　该义项在普通话中有所变化，指云和雾，也比喻遮蔽或障碍的东西。

〔6〕　该义项在普通话中有所变化，副词，意为天天、时时。

〔7〕　该义项在普通话中有所变化，指珠玉宝石的总称，泛指有价值的东西。

〔8〕　该义项在普通话中有所变化，指珍奇。

〔9〕　该义项在普通话中有所变化，指政府、政党、社会团体和个人在内政及国际关系方面的活动。

〔10〕　该义项在普通话中有所变化，指物资和器材。

〔11〕　该义项在普通话中词义范围缩小，指人的尸体腐烂后剩下的骨头。

〔12〕　该义项在普通话中有所变化，指有才华的人。

〔13〕　该义项在普通话中有所变化，为名词，指没有发生过性行为的女子。

〔14〕　该义项在普通话中有所变化，指君主国家的高级官员。

〔15〕　该义项在普通话中有所变化，泛指高级将领，比喻得力的部署或集体中的重要人物。

〔16〕　该义项在普通话中有所变化，指地理学上指地貌。

〔17〕　该义项在普通话中有所变化，指地下的泉水，借指人死后埋葬的地方，也指阴间。

〔18〕　该义项在普通话中有所变化，为时间词，指今天。

〔19〕　该义项在普通话中用作动词，指一个一个地引举出来。

〔20〕　该义项在普通话中有所变化，指龙船。

〔21〕　该义项在普通话中有所变化，一是指一个人，泛指平常人；二是指无学识、无智谋的人（多见于早期白话）。

罪①、四海②、太子、贪心①、天火、天命〔1〕③、天外①、天王①、天下〔2〕①、铁锁、同时①、土气〔3〕①、万年〔4〕②、王法①、王孙①、微风①、五谷、五味〔5〕①、刑法①、行人①、阳春①、野兽、遗风①、异国、异物①、逸民、隐士〔6〕①、游侠①、鱼鳞①、元年、园地①、丈夫①、真珠①、治本〔7〕①、中路〔8〕①、中旬、朱漆、壮士①、宗室②、足迹、罪人①，共 105 个。

以上是见于战国且流传到普通话的偏正式双音节名词，共 105 个。其中，"国色""国门""逸民""嫠妇""后宫""名士""平旦""游侠""异物"9 个是古代用法或用于书面文言词语。

（3）支配式，4 个。

当今①、当世①、以来①、以上①，共 4 个。

以上是见于战国且流传到普通话的支配式双音节名词，共 4 个。

（4）联绵词，2 个。

辘轳〔9〕②、须臾③，共 2 个。

以上是见于战国且流传到普通话的连绵式名词，共 2 个。

（5）主谓式，2 个。

霜降、漏刻①，共 2 个。

以上是见于战国且流传到普通话的主谓式名词，共 2 个。

（6）附加式，1 个。

所在①，1 个。

3．来源于西汉且流传到普通话的《伽蓝记》词语

《伽蓝记》见于西汉的双音节名词有 161 个，其中有 71 个词语或义项见于《现代汉语词典》（第 6 版），据词语内部结构，分为以下八种。

（1）并列式，23 个。

财产〔10〕、财物①、城郭②、都会①、度量⑥、饭食〔11〕①、方术②、锋镝①、父

〔1〕　该义项在普通话中有所变化，指上天的意志，也指上天主宰之下的人们的命运。

〔2〕　该义项在普通话中有所变化，指中国或世界。

〔3〕　该义项在普通话中有所变化。一是名词，指不时髦的风格、式样等；二是形容词，指不时髦。

〔4〕　该义项在普通话中有所变化，指数量词，泛指极久远的时间。

〔5〕　该义项在普通话中有所变化，指甜酸苦辣咸五种味道，泛指各种味道。

〔6〕　该义项在普通话中有所变化，指隐居的人。

〔7〕　该义项在普通话中词性和意义有所变化，指从根本上加以处理（跟"治标"相对）。

〔8〕　该义项在普通话中有所变化，在《现代汉语词典》（第 6 版）中，为形容词、属性词，指质量不好也不差的、普通的。

〔9〕　该义项在普通话中有所变化，指利用轮轴原理制成的一种起重工具，通常安在井上汲水。机械上的绞盘有的也叫辘轳。

〔10〕　该义项在普通话中有所变化，指指拥有的财富，包括物质财富（金钱、物资、房屋、土地等）和精神（专利、商标、著作权等）。

〔11〕　该义项在普通话中有所变化，指饭和菜（多就质量而言），如"这里的饭食不错，花样多"。且口语中常儿化。

老、甲胄③、居室[1]①、耒耜①、罗网[2]⑤、律令①、南北①、奴婢[3]①、神怪①、神仙①、水草②、丝竹、遐迩①、言论[4]①、羽翼②。

以上是见于西汉且流传到普通话的并列式双音节名词，共 23 个。其中，"锋镝""甲胄""耒耜""遐迩"4 个用于书面文言词语。

（2）偏正式，42 个。

白玉①、宝玩[5]①、大道②、地下[6]、夫人[7]②、伏兵、公子③、宫阙、国事、黄花②、皇帝③、皇后②、鸡头②、季冬、季夏、空地①、老妪①、流光②、木工[8]②、女婿①、磐石[9]②、千金①、清晨、人间[10]②、人情①、儒林[11]①、儒生、史官、手书①、手指、水利[12]①、四邻③、四面、天资、外国①、外戚、昔日、小儿[13]①、遗诏、朝露②、诏书、周年①，共 42 个。

以上是见于西汉语料且流传到普通话的偏正式双音节名词，共有 42 个。其中，"老妪""朝露""大道"3 个用于书面文言词语。

（3）支配式，3 个。

当时①、屏风①、以后，共 3 个。

以上 3 个是见于西汉语料且流传到普通话的支配式双音节名词。

（4）主谓式，1 个。

公主①，1 个。

（5）连绵词，2 个。

箜篌、霹雳①，共 2 个。

以上 2 个是见于西汉且流传到普通话的联绵词。

4. 来源于东汉且流传到普通话的《伽蓝记》词语

《伽蓝记》见于东汉的双音节名词有 180 个，其中有 70 个词语或义项见于《现代汉语词典》（第 6 版），据词语内部结构，分为以下几种。

---

〔1〕 该义项在普通话中有所变化，指居住的房间。

〔2〕 该义项在普通话中有所变化，指捕鸟的罗和捕鱼的网。

〔3〕 该义项在普通话中有所变化，指男女奴仆。太监对皇帝、后妃等也自称奴婢。

〔4〕 该义项在普通话中有所变化，指名：关于政治或一般公共事务的议论。

〔5〕 该义项在普通话中有所变化，指珍宝和古玩。

〔6〕 该义项在普通话中有所变化，为名词，指地面上。

〔7〕 该义项在普通话中有所变化，指古代诸侯的妻子称夫人，明清时一二品官的妻子封夫人，后用来尊称一般人的妻子。

〔8〕 该义项在普通话中有变化，指制造或修理木器、制造和安装房屋的木质构件的工程。

〔9〕 该义项在普通话中有所变化，指厚而大的石头。

〔10〕 该义项在普通话中有所变化，指人类社会、世间。

〔11〕 该义项在普通话中词义有所变化，原指儒家学者群，后泛指读书人的圈子。

〔12〕 该义项在普通话中有所变化，指利用水力资源和防止灾害的事业。

〔13〕 该义项在普通话中有所变化，指儿童。

（1）并列式，26 个。

部落、豺狼、车驾②、次第〔1〕③、丹青⑦、都市②、服饰②、宫殿、怪异②、官署、疆界②、名字③、男儿①、年号〔2〕、平常②、沙漠〔3〕、涕泪①、形制②、仪容、衣物、意思〔4〕①、义勇〔5〕①、英雄①、优劣〔6〕①、灾异、枝条①，共 26 个。

以上是见于西汉且流传到普通话的并列式双音节名词，共有 26 个。其中，"官署""丹青" 2 个用于书面文言词语。

（2）偏正式，41 个。

宝物、本名、边地〔7〕、苍生②、侧室④、朝政②、城阙②、大会②、飞檐、浮桥〔8〕、古诗①、故事②、国王〔9〕②、华盖①、画工①、家奴、剑客①、将来②、京城①、九鼎〔10〕①、老翁①、良辰、灵芝〔11〕①、明珠〔12〕①、酋长②、人才①、时人、实录①、水军、水牛、水族①、私心②、他乡、万机〔13〕、威名、小市〔14〕②、一面〔15〕③、英才、玉玺、曾祖、珍羞。

以上是见于东汉语料且流传到普通话的偏正式双音节名词，共 41 个。其中，"侧室""华盖""家奴""剑客""珍羞""老翁""苍生""水军" 8 个用于书面文言词语。

（3）联绵词，2 个。

蒲萄①、氍毹〔16〕①，共 2 个。

以上 2 个联绵词是见于西汉语料又流传到普通话的双音节名词。

（4）附加式，1 个。

狮子①，1 个。

---

〔1〕 该义项在普通话中有所变化，为名词，指次序。

〔2〕 该义项在普通话中有所变化，指纪年的名称，多指帝王用的，如"贞观"是唐太宗（李世民）的年号，现在也指公元纪年。

〔3〕 该义项《汉语大词典》首引三国时期魏国诗人阮籍的《为郑冲劝晋王笺》。

〔4〕 该义项《汉语大词典》首引例证为东晋葛洪《抱朴子·遐览》，且普通话有所变化，为名词，指语言文字等的意义；思想内容。

〔5〕 该义项在普通话中有所变化，指为正义事业而勇于斗争的。

〔6〕 该义项在普通话中有所变化，指好的和坏的。

〔7〕 该义项在普通话中有所变化，指边远地区。

〔8〕 该义项在普通话中有所变化，指并列的船或筏子上铺上木板而成的桥，也指用浮箱代替桥墩而成的桥。

〔9〕 该义项在普通话中有所变化，指古代某些国家的统治者；现代某些君主制国家的元首。

〔10〕《现代汉语词典》（第 6 版）解释为：古代传说夏禹铸了九个鼎，象征九州，成为夏商周三代传国的宝物。

〔11〕 该义项在普通话中有所变化，指真菌的一种，菌盖肾脏形，赤褐色或暗紫色，有环纹，并有光泽。可入药，有滋补作用。我国古代用来象征祥瑞。

〔12〕 该义项在普通话中有所变化，指比喻珍爱的人或美好的事物。

〔13〕 该义项在普通话中有所变化，指当政者处理的各种重要事情。

〔14〕 该义项在普通话中有所变化，指出售旧货或零星杂物的市场。

〔15〕 该义项在普通话中有所变化，指一个方面。

〔16〕 该义项在普通话中有所变化，指毛织的地毯，演戏时多用来铺在地上，因此用"氍毹"或"红氍毹"借指舞台。

5. 来源于三国且流传到普通话的《伽蓝记》词语

《伽蓝记》见于三国的双音节名词有 17 个，其中有 4 个词语或义项见于《现代汉语词典》，根据词语内部结构，分为以下两种。

（1）并列式，1 个。

礼教，1 个。

（2）偏正式，3 个。

山陵②、天气③、殷忧，共 3 个。

以上是见于三国语料且流传到普通话的偏正式双音节名词，共 3 个。其中，"殷忧""山陵" 2 个用于书面文言词语。

6. 来源于西晋且流传到普通话的《伽蓝记》词语

《伽蓝记》见于西晋的双音节名词有 56 个，其中有 23 个词语或义项见于《现代汉语词典》，根据词语内部结构，分为以下四种。

（1）并列式，8 个。

部下、闾阖⑤、胆略、方寸③、山岭、水陆①、文学[1]⑤、园林①，共 8 个。

以上是见于西晋语料且流传到普通话的并列式双音节名词，共 8 个。其中，"方寸" 1 个用于书面文言词语。

（2）偏正式，12 个。

白日②、洞房[2]③、寒门③、候鸟、华表[3]①、皇储[4]、健儿[5]②、明眸[6]、神州①、史书②、水乡、一时[7]③，共 12 个。

以上是见于西晋语料且流传到普通话的偏正式双音节名词，共 12 个。其中，"寒门" 是书面文言词语。

（3）支配式，1 个。

追风[8]①，1 个。

（4）联绵词，2 个。

槟榔②、琵琶①，共 2 个。

7. 来源于东晋且流传到普通话的《伽蓝记》词语

《伽蓝记》见于东晋的双音节名词有 35 个，其中有 14 个词语或义项见于《现代汉语词典》（第 6 版），据词语内部结构，分为以下三种。

---

〔1〕 该义项在普通话中有所变化，指以语言文字为工具形象化地反映客观现实的艺术，包括戏剧、诗歌、小说、散文等。

〔2〕 该义项在普通话中有所变化，指新婚夫妇的房间。

〔3〕 该义项在普通话中有所变化，指古代宫殿、陵墓等大建筑物前面作装饰用的巨大石柱，柱身多雕刻有龙凤等图案，上部横插着雕花的石板。

〔4〕《现代汉语词典》（第 6 版）解释为：确定的继承皇位的人。

〔5〕 该义项在普通话中有所变化，指称体魄强健而富有活力的人（多指英勇善战或长于体育技巧的青壮年）。

〔6〕 该义项在普通话中有所变化，一是指（景物）鲜明可爱；二是指（眼睛）明亮动人。

〔7〕 该义项在普通话中有所变化，指一个时期。

〔8〕 该义项在普通话中有所变化，为动词，指追逐流行风尚。

（1）并列式，5 个。

帝京、古老[1]、举止②、神情、妖怪[2]②，共 5 个。

（2）偏正式，8 个。

白杨①、大庆①、迩来①、脚迹、能事[3]②、天宫①、小名[4]④、朱门，共 8 个。

以上是见于东晋且流传到普通话的偏正式双音节名词，共 8 个。其中，"迩来"是书面文言词语。

（3）连绵词，1 个。

玛瑙，1 个。

8. 来源于南北朝且流传到普通话的《伽蓝记》词语

《伽蓝记》见于南北朝的双音节名词有 412 个，其中有 123 个词语或义项见于《现代汉语词典》，根据词语内部结构，分为以下五种。

（1）并列式，37 个。

碑铭[5]、裨益、朝野[6]、窗户、成败[7]②、大小③、房庑、风范③、风土①、风烟①、工作[8]①、鼓角[9]①、关防②、家庭[10]③、将校[11]①、口味[12]①、林泉、门阀②、亲知[13]①、丘壑[14]③、人物④、戎马⑤、士女[15]②、王公②、威仪[16]③、文武、文物[17]③、屋宇、宪章①、兄弟[18]⑧、虚空[19]②、玄奥[20]②、意趣①、

---

[1] 该义项在普通话中有所变化，为形容词，指经历了久远年代的。

[2] 该义项在普通话中有所变化，指神话中形状奇怪可怕、有妖术、会害人的精灵。

[3] 该义项在普通话中有所变化，指擅长的本领（常跟"尽"字配合），如能事已尽。

[4] 该义项在口语中一般儿化。

[5] 该义项在普通话中有所变化，指碑文。

[6] 《现代汉语词典》（第6版）解释为：旧时指朝廷和民间，现在用来指政府方面和非政府方面。

[7] 该义项在普通话中有所变化，指成功或失败。

[8] 该义项在普通话中有所变化。一是指职业；二是指业务、任务。

[9] 《现代汉语词典》（第6版）解释为：古代军队中用来发出号令的战鼓和号角。

[10] 该义项在普通话中有所变化，指以婚姻和血统关系为基础的社会单位，包括父母、子女和其他共同生活的子女在内。

[11] 该义项在普通话中有所变化，指将官和校官，泛指高级军官。

[12] 该义项在普通话中有所变化，在口语中常用于儿化。一是指食品的滋味；二是指个人对于味道的爱好；三是指个人的情趣、爱好。

[13] 该义项在普通话中有所变化，指亲身知道。

[14] 该义项在普通话中有所变化，指比喻深远的意境。

[15] 该义项在普通话中有所变化，指古代指未婚的男女，后来泛指男女。

[16] 该义项在普通话中有所变化，指使人敬畏的严肃容貌和庄重举止。

[17] 该义项在普通话中有所变化，指历代遗留下来的在文化发展史上有价值的东西，如建筑、碑刻、工具、武器、生活器皿和各种艺术品等。

[18] 该义项在普通话中有所变化，一是称呼年纪比自己小的男子（亲切口气）；二是谦辞，指男子跟辈分相同的人或对众人说话时的自称。

[19] 该义项在普通话中有所变化，指空虚。

[20] 该义项在普通话中有所变化，指深奥。

阴阳③、宇宙[1]③、周围[2]②、子实，共 37 个。

以上是见于南北朝且流传到在普通话中的并列式双音节名词，共 37 个。其中，"鼓角""屋宇""宪章""关防""戎马""裨益""林泉""门阀""文武"9 个是书面文言词语。

（2）偏正式，78 个。

半天[3]②、碑文①、北面[4]④、本意①、此地、丹砂②、东面[5]②、风情③、服式、拱门、国道[6]②、好处[7]①、合家、后学②、花丛①、花圃、花蕊[8]②、花药[9]②、妓女[10]①、家道[11]③、粳米、酒器、旧事②、举坐、隶书①、力士[12]②、漏卮[13]③、乱兵②、麻衣③、妹婿、门楼[14]①、民间②、墓志、南面[15]④、农家、平台[16]②、平头[17]、亲王、青衣[18]③、人家③、三伏①、三元①、山路[19]、胜地②、石柱、世间、士族①、市价、双声、水晶①、太后、天阙②、铁马①、通身①、通式[20]②、同谋[21]②、头巾②、挽歌、文集、文宗①、舞女[22]②、蟹黄[23]①、凶手[24]①、秀才[25]②、悬崖、学府[26]①、遗迹[27]③、义举②、异端[28]⑤、杂伎①、

---

〔1〕　该义项在普通话中有所变化，指包括地球及其他一切天体的无限空间。

〔2〕　该义项在普通话中有所变化，指环绕着中心的部分。

〔3〕　该义项在普通话中有所变化，一是数量词，指白天的一半；二是指相当长的一段时间、好长时间。

〔4〕〔5〕　该义项在口语中一般儿化。

〔6〕　该义项在普通话中有所变化，指由国家统一规划修筑和管理的干线公路，一般跨省和直辖市。

〔7〕　该义项在普通话中有所变化，指使人有所得而感到满意的事物。

〔8〕　该义项在普通话中有所变化，指花的雄蕊和雌蕊的统称。

〔9〕　该义项在普通话中有所变化，指雄蕊的上部，长在花丝的顶端，呈囊状，里面有花粉。

〔10〕　该义项在普通话中有所变化，指以卖淫为业的女人。

〔11〕　该义项在普通话中有所变化，指家境。

〔12〕　该义项在普通话中有所变化，指力气大的人。

〔13〕　该义项现代汉语用于书面文言词语，且有所变化，指名有漏洞的盛酒器，比喻使国家利益外溢的漏洞。

〔14〕　该义项在普通话中有所变化，指大门上边牌楼式的顶，且口语中常用于儿化。

〔15〕　该义项在口语中一般儿化。

〔16〕　该义项在普通话中有所变化，指晒台。

〔17〕　《汉语大词典》无此义项，且普通话有所变化，指男子发式，顶上头发剪平，从脑后到两鬓的头发全部推光。

〔18〕　该义项在普通话中有所变化。一是指黑色的衣服；二是古代指婢女。

〔19〕　《汉语大词典》失收，当补。

〔20〕　该义项在普通话中有所变化，指表示同一类有机化合物分子组成的化学式。

〔21〕　该义项在普通话中有所变化，指共同谋划做坏事的人。

〔22〕　《现代汉语词典》（第 6 版）解释为：以伴人跳舞为职业的女子，一般受舞场雇佣。

〔23〕　该义项在口语中一般儿化词语。

〔24〕　该义项在普通话中有所变化，指行凶的人。

〔25〕　该义项在普通话中有所变化，泛指读书人。

〔26〕　该义项在普通话中有所变化，指实施高等教育的学校的美称。

〔27〕　该义项在普通话中有所变化，指古代或旧时代的事物遗留下来的痕迹。

〔28〕　该义项在普通话中有所变化，指不符合正统思想的主张或教义。

葬礼、造形②、政迹②、之后、之前、中餐①、主人[1]③、坐床[2]①，共78个。

以上是见于南北朝语料且流传到普通话的偏正式双音节名词，共78个。其中，"文宗""风情""铁马""天阙""漏卮""妹婿""主人"7个是书面文言词语。

（3）支配式，1个。

以外，1个。

（4）联绵词，5个。

豆蔻、凤凰[3]⑦、唧唧[4]②、琉璃[5]③、瘴疠①，共5个。

（5）附加式，2个。

北头、南头，共2个。

《伽蓝记》中共有1 312个双音节名词，其中有553个见于《现代汉语词典》（第6版），传承率为42.1%。从不同时代来源上看，来源于第一战国最多有194个，约占35.1%；第二是南北朝，有123个，约占22.2%；第三是西汉和东汉，分别为71个和70个，约占12.8%和12.7%；第四是春秋，54个，约占9.8%；第五是西晋，有23个，约占4.2%；第六是东晋，有14个，约占2.5%；来源于三国的最少，有4个，约占0.7%。见表4－13，从流传下来的双音节名词的内部结构上看，第一是偏正式，最多有318个，占57.5%；第二是并列式，有204个，约占36.9%；第三是联绵词，有14个，约占2.5%；第四是支配式，有9个，约占1.6%；第五是附加式，有4个，约占0.7%；主谓式最少，有3个，约占0.5%。

表4－13　流传到普通话的《伽蓝记》双音节名词历时层次及词义传承情况

	并列式/个	百分比/%	偏正式/个	百分比/%	支配式/个	百分比/%	主谓式/个	百分比/%	附加式/个	百分比/%	联绵词/个	百分比/%	总计/个
春秋	25	46.3	29	53.7	0	0	0	0	0	0	0	0	54
战国	80	41.2	105	54.1	4	2.1	2	1.0	1	0.5	2	1.0	194
西汉	23	32.4	42	59.2	3	4.2	1	1.4	0	0	2	2.8	71
东汉	26	37.1	41	58.6	0	0	0	0	1	1.4	2	2.9	70
三国	1	25.0	3	75.0	0	0	0	0	0	0	0	0	4
西晋	8	34.8	12	52.2	1	4.3	0	0	0	0	2	8.7	23
东晋	5	35.7	8	57.2	0	0	0	0	0	0	1	7.1	14
南北朝	37	30.1	78	63.4	1	0.8	0	0	2	1.6	5	4.1	123
总计	205	37.1	318	57.5	9	1.6	3	0.5	4	0.7	14	2.5	553

[1]《现代汉语词典》（第6版）解释为：旧时聘用家庭教师、账房等的人；雇佣仆人的人。

[2] 该义项在普通话中有所变化，指藏传佛教中，活佛圆寂后，他所转世的灵童必须经过升座仪式才能成为正式的继承者。这种仪式叫坐床。

[3] 该义项在普通话中有所变化，指古代传说中的百鸟之王，羽毛美丽，雄的叫凤，雌的叫凰。常用来象征祥瑞。

[4] 该义项在普通话中有所变化，用来形容虫的叫声。

[5] 该义项在普通话中有所变化，指用某些矿物原来烧成的半透明釉料，常见的有绿色、蓝色和金黄色等，多加在黏土的外层，烧制成缸、盆、砖瓦等。

（二）**动词**（312 个）

1. 来源于春秋且流传到普通话的《伽蓝记》词语

《伽蓝记》见于春秋的双音节动词有 31 个，其中有 22 个词语或义项见于《现代汉语词典》（第 6 版），根据词语内部结构，分为以下五种。

（1）并列式，11 个。

出入、来归、潜藏①、杀戮、往来①、饮食①、有如、瞻望、瞻仰、桎梏[1]③、咨询，共 11 个，其中"桎梏"是书面文言词语。

（2）偏正式，4 个。

不如①、后悔、同居①、栉比，共 4 个，其中"栉比"是书面文言词语。

（3）支配式，4 个。

急难、伤怀、食言、行事①，共 4 个，其中"急难""伤怀"是书面文言词语。

（4）补充式，2 个。

出自、至于[2]①，共 2 个。

（5）联绵词，1 个。

彷徨，1 个。

2. 来源于战国且流传到普通话的《伽蓝记》词语

《伽蓝记》见于战国的双音节动词有 137 个，其中有 98 个词语或义项见于《现代汉语词典》（第 6 版），根据词语内部结构，分为以下六种。

（1）并列式，37 个。

安置①、翱翔①、遨游、庇荫①、沉浮[3]①、重叠①、焚烧、辐辏、伏诛、负荷①、耕耘①、供给①、贡献[4]①、货殖[5]①、交通①、敬重、开导①、来往①、离别、连属①、流布①、流行[6]②、讴歌①、侵夺①、倾覆②、商贩[7]①、施行②、填塞①、跳踉①、往还①、疑似[8]②、以为①、淫乱[9]③、应对、运转①、照耀、诛戮，共 37 个。其中"讴歌""辐辏""交通""庇荫""货殖""伏诛""连属""负荷""诛戮"9 个是书面文言词语。

（2）偏正式，23 个。

不得②、不敢①、不顾④、不可①、不忍[10]①、不许①、丛生①、倒悬②、均

---

〔1〕 该义项在现代汉语中用于书面文言词语，指脚镣和手铐，比喻束缚人或事物的东西。

〔2〕 该义项在普通话中有所变化，为动词，表示达到某种程度。

〔3〕 该义项在普通话中有所变化，为动词，比喻起落或盛衰消长。

〔4〕 该义项普通话有所变化，指拿出物资、力量、经验等献给国家或公众。

〔5〕《现代汉语词典》（第 6 版）解释为：古代指经商营利。

〔6〕 该义项在普通话中有所变化，指广泛传布、盛行。

〔7〕 该义项在普通话中有所变化，指做买现卖的小商人。

〔8〕 该义项在普通话中有所变化，指怀疑而不确定。

〔9〕 该义项在普通话中有所变化，指发生淫乱的行为。

〔10〕 该义项在普通话中有所变化，指心理忍受不了。

分①、南面①、私有、无量①、无味[1]①、相当①、相对①、相继[2]①、相向、相依、晏驾[3]、遥望、一如①、隐居①、足以，共23个，其中"倒悬""晏驾"2个是书面文言词语。

（3）支配式，30个。

报仇、成名②、成群、充数、垂泪、定鼎①、过半、悔过、即位②、假手①、尽力、牧民[4]、起火[5]①、杀生①、失据、失色[6]②、受业①、无穷、无限[7]①、无遗、殉国、扬榷①、养生②、迎风②、用心[8]①、有为①、造形、制度[9]②、专权、专政[10]①，共30个，其中"受业""扬榷""定鼎"3个是书面文言词语。

（4）主谓式，1个。

物故[11]②，1个，且是书面文言词语。

（5）联绵词，2个。

蹉跎[12]①、徙倚[13]，共2个，且是书面文言词语。

（6）补充式，5个。

充满、充溢①、在于[14]①、战败①、振动①，共5个。

3．来源于西汉且流传到普通话的《伽蓝记》词语

《伽蓝记》见于西汉的双音节动词有74个，其中有45个词语或义项见于《现代汉语词典》（第6版），根据词语内部结构，分为以下五种。

（1）并列式，19个。

传送、导引①、雕刻①、奉养[15]②、浮沉[16]③、顾问[17]②、祭祀[18]、交通③、教化②、劫夺、经过①、咀嚼①、抗衡、平复①、洒扫①、仕宦①、讨伐、通达[19]②、

---

〔1〕 该义项在普通话中有所变化。一是动词，指没有滋味；二是形容词，指没有趣味。

〔2〕 该义项在普通话中有所变化，是副词，如"一个跟着一个"。

〔3〕 《现代汉语词典》（第6版）解释为：君主时代称帝王死。

〔4〕 该义项在普通话中有所变化，指牧区中以畜牧为生的人。

〔5〕 该义项在普通话中有所变化，指点火做饭。

〔6〕 该义项在普通话中有所变化，为动词，指因受惊或害怕而面色苍白。

〔7〕 该义项在普通话中有所变化，指没有穷尽、没有限量。

〔8〕 该义项在普通话中有所变化，为形容词，指集中注意力；多用心力。

〔9〕 该义项在普通话中有所变化。一是指要求大家共同遵守的办事规程或行动准则；二是指在一定历史条件下形成的政治、经济、文化等方面的体系。

〔10〕 该义项在普通话中变为名词，占统治地位的阶级对敌对阶级实行的强力统治，如"一切国家都是一定阶级的专政"。

〔11〕〔13〕 该义项在现代汉语中用于书面文言词语。

〔12〕 该义项在普通话中有所变化，指光阴白白地过去。

〔14〕 该义项在普通话中有所变化，指出事物的本质所在，或指出事物以什么为内容。

〔15〕 该义项在普通话中有所变化，指侍奉和赡养（父母或其他尊亲）。

〔16〕 该义项在普通话中有所变化，指在水中忽上忽下，也用作比喻义。

〔17〕 该义项在普通话中有所变化，指有某方面的专门知识，供个人或机关团体咨询的人。

〔18〕 《现代汉语词典》（第6版）解释为：旧俗备供品向神佛或祖先行礼。

〔19〕 该义项在普通话中有所变化，指明白（人情事理）。

怨望，共 19 个，其中"交通""洒扫""怨望""仕宦"4 个是书面文言词语。

（2）偏正式，7 个。

不合①、大赦[1]、痛惜、无异①、相通①、云集、专擅①，共 7 个。

（3）支配式，16 个。

秉政、冲天[2]①、从命、发怒①、伏罪①、建国③、临阵[3]、瞑目[4]①、起家[5]①、如故、送死[6]①、叹息①、为生、委任[7]①、委身[8]③、文身①，共 16 个，其中"委身""秉政"2 个是书面文言词语。

（4）主谓式，2 个。

怀恨、自称①，共 2 个。

（5）联绵词，1 个。

镣铐①1 个，且是书面文言词语。

4. 来源于东汉且流传到普通话的《伽蓝记》词语

《伽蓝记》见于东汉的双音节动词有 94 个，其中有 48 个词语或义项见于《现代汉语词典》（第 6 版），据词语内部结构，分为以下六种。

（1）并列式，22 个。

阿附[9]①、悲泣、穿凿②、改嫁、歌咏[10]②、隔绝①、更改、过去②、怀孕、讥刺、记录、崛起①、溃散、监护[11]②、谋杀、乞求[12]②、寻问[13]、揄扬②、臧否②、造作[14]①、著述①、追思，共 22 个，其中"阿附""讥刺""揄扬""崛起""臧否"5 个是书面文言词语。

（2）偏正式，10 个。

朝贡[15]、洞达④、洞开①、笃信①、分流[16]①、弥望、目见、无比②、相连、专擅①，共 10 个，其中"弥望""专擅"是书面文言词语。

---

〔1〕　该义项在普通话中有所变化，指赦免的一种。以国家命令的方式对某个时期的特定的罪犯或一般犯罪免除全部或部分刑罚。我国现行法律无大赦规定。

〔2〕　该义项在普通话中有所变化，指冲向天空，形容情绪高涨而猛烈。

〔3〕　该义项在普通话中有所变化，指实地参加战斗。

〔4〕　该义项在普通话中有所变化，指闭上眼睛（多指人死时心中没有牵挂）。

〔5〕　该义项在普通话中有所变化。一是指兴家立业、发家；二是创立事业。

〔6〕　该义项在普通话中有所变化，常用于口语，指自寻死路、找死。

〔7〕　该义项在普通话中有所变化，指派人担任职务。

〔8〕　该义项在现代汉语中用于书面文言词语，指把自己的身体、心力投到某一方面（多指在不得已的情况下）。

〔9〕　该义项在现代汉语中用于书面文言词语，且词语有所变化，指逢迎附和。

〔10〕　该义项在普通话中有所变化，指歌唱、吟咏。

〔11〕　该义项在普通话中有所变化，法律上指对无行为能力人或限制行为能力人的人身、财产以及其他一切合法权益的监督和保护。

〔12〕　该义项在普通话中有所变化，指请求给予。

〔13〕　该义项在普通话中有所变化，指寻找并打听。

〔14〕　该义项在普通话中有所变化，为形容词，指做作。

〔15〕　《现代汉语词典》（第 6 版）解释为：君主时代藩属国或外国的使臣朝见君主，敬献礼物。

〔16〕　该义项在普通话中有所变化，指从干流中分出一股或几股水流注入另外的河流或单独入海。

（3）支配式，11 个。

避暑②、放火〔1〕①、叩首、连日、迁都、入狱〔2〕、投身①、望风〔3〕②、握手〔4〕①、争衡、治丧，共 11 个，其中"争衡"是书面文言词语。

（4）主谓式，1 个。

山崩，1 个。

（5）补充式，2 个。

擒获、降服①，共 2 个。

（6）联绵词，2 个。

骈阗〔5〕、踯躅②，共 2 个，均为书面文言词语。

5. 来源于三国且流传到普通话的《伽蓝记》词语

《伽蓝记》见于三国的双音节动词有 13 个，其中有 5 个词语或义项见于《现代汉语词典》（第 6 版），根据词语内部结构，分为以下两种。

（1）并列式，2 个。

改变①、向背③，共 2 个。

（2）支配式，3 个。

从戎、托梦〔6〕②、御侮，共 3 个，其中"从戎"是书面文言词语。

6. 来源于西晋且流传到普通话的《伽蓝记》词语

《伽蓝记》见于西晋的双音节动词有 33 个，其中有 11 个词语或义项见于《现代汉语词典》（第 6 版），据词语内部结构，分为以下四种。

（1）并列式，6 个。

干预①、归赴〔7〕、归顺①、连接①、商榷、生产⑤，共 6 个。

（2）偏正式，2 个。

精通②、世袭〔8〕，共 2 个。

（3）支配式，2 个。

动容③、击节〔9〕③，共 2 个，是见于西晋语料且流传到普通话的支配式双音节动词，其中"击节"是书面文言词语。

---

〔1〕 该义项在普通话中有所变化，指有意破坏，引火烧毁房屋、粮草、森林等。

〔2〕 该义项在普通话中有所变化，指被关进监狱。

〔3〕 该义项《汉语大词典》首引例证为《后汉书·党锢传·李膺》，且在普通话中其词义有所变化，指给正在进行秘密活动的人观察动静。

〔4〕 该义项在普通话中有所变化，指彼此伸手相互握住，是见面或分别时的礼节，也用来表示祝贺或慰问等。

〔5〕 该义项在普通话中有所变化，指聚集；罗列。

〔6〕《现代汉语词典》（第 6 版）解释为：已故亲友在人的梦中出现并有所嘱托（迷信）。

〔7〕《现代汉语词典》（第 6 版）无"归赴"但有"归附"。

〔8〕《现代汉语词典》（第 6 版）解释为：指帝位、爵位等世代相传。

〔9〕 该义项在现代汉语中有所变化，为动词，指打拍子，表示得意或赞赏，且常用于书面文言词语。

（4）述补式，1个。

退还[1]①，1个。

7. 来源于东晋且流传到普通话的《伽蓝记》词语

《伽蓝记》见于东晋的双音节动词有17个，其中有9个词语或义项见于《现代汉语词典》（第6版），根据词语内部结构，分为以下三种。

（1）并列式，2个。

采访①、讥笑，共2个。

（2）偏正式，3个。

敬奉、了无[2]、已经[3]①，共3个。

（3）支配式，4个。

得病、倾城[4]②、有年②、作乐③，共4个，其中"有年"是书面文言词语。

8. 来源于南北朝且流传到普通话的《伽蓝记》词语

《伽蓝记》见于南北朝的双音节动词有218个，其中有74个词语或义项见于《现代汉语词典》（第6版），根据词语内部结构，分为以下五种。

（1）并列式，38个。

奔走③、崇奉①、出没①、方便[5]②、俘虏①、高耸、割舍[6]②、更换、观看①、归降、灰烬[7]②、检阅[8]①、糠秕[9]、连亘、摹写①、殴斗、盘旋[10]②、驱逐②、劝诱、思量②、叹服、叹伏[11]、叹惋、通解②、陷入①、修补②、叙述、演唱①、摇撼①、遗漏①、淫秽[12]、营建①、营造①、游行[13]②、赞叹、住居、装饰[14]①、装饰[15]，共38个，其中"检阅""叹惋""通解"等3个是书面文言词语。

---

[1] 该义项在普通话中有所变化，指交还（已经收下来或买下来的东西）。

[2] 该义项在普通话中有所变化，为动词，指一点也没有。

[3] 该义项在普通话中有所变化，为副词，指表示动作、变化完成或达到某种程度。

[4] 该义项在普通话中有所变化，指使全城倾倒，形容女子容貌很美。

[5] 该义项在普通话中有所变化，作形容词，指便利。

[6] 该义项在普通话中有所变化，指舍弃；舍去。

[7] 该义项在普通话中有所变化，作名词，指物品燃烧后的灰和烧剩下的东西。

[8] 该义项在现代汉语中用于书面文言词语。

[9] 该义项在普通话中有所变化，作名词，指秕糠。

[10] 该义项在普通话中有所变化。一是指环绕着飞或走；二是指徘徊、逗留。

[11] 《现代汉语词典》（第6版）无"叹伏"，但有"叹服"，作动词，指称赞而且佩服。

[12] 该义项在普通话中有所变化，作形容词，指淫乱或猥亵。

[13] 该义项在现代汉语中有所变化，指行踪无定，到处漫游。

[14] 该义项在普通话中有所变化，指在身体或物体的表面加些附属的东西，使美观。

[15] 《现代汉语词典》（第6版）收"妆饰"，无"庄饰"，作动词，指打扮。

（2）偏正式，9 个。

博洽[1]②、卜居②、反噬①、横流[2]②、慢骂[3]、情愿②、仰承[4]①、枉死、追赠，共 9 个，其中"卜居""反噬""博洽" 3 个是书面文言词语。

（3）支配式，17 个。

罢市[5]③、变形①、导源、浮水②、含悲、截流[6]②、惊魂、举目、勤王、倾心②、如常②、入选、失利②、叹息②、腾空①、涂炭[7]③、问罪，共 17 个，其中"勤王""涂炭""举目" 3 个是书面文言词语。

（4）述补式，5 个。

放还[8]、埋没①、破坏③、破灭[9]③、逃命②，共 5 个。

（5）附加式，5 个。

等于、善于、所有①、相看①、在于④，共 5 个。

《伽蓝记》中共有 617 个双音节动词，其中有 312 个见于《现代汉语词典》（第 6 版），传承率为 50.6%。从不同时代来源上看，第一是来源于战国，最多有 98 个，约占 31.4%；第二是南北朝，有 74 个，约占 23.7%；第三是东汉，有 48 个，约占 15.4%；第四是西汉，有 45 个，约占 14.4%；第五是春秋，有 22 个，约占 7.1%；第六是西晋，有 11 个，约占 3.5%；第七是东晋，有 9 个，约占 2.9%；来源于三国的最少，有 5 个，约占 1.6%。见表 4-14，从流传下来的双音节名词的内部结构上看，双音节动词和双音节名词有所不同：第一是并列式，最多有 137 个，占 43.9%；第二是支配式，有 87 个，约占 27.9%；第三是偏正式，有 58 个，约占 18.6%；第四是补充式，有 15 个，约占 4.8%；联绵词 6 个，约占 1.9%；附加式 5 个，约占 1.6%；主谓式最少，有 4 个，约占 1.3%。

表 4-14　流传到现代汉语普通话的《伽蓝记》双音节动词历时层次及词义传承情况

	并列式/个	百分比/%	偏正式/个	百分比/%	支配式/个	百分比/%	补充式/个	百分比/%	主谓式/个	百分比/%	附加式/个	百分比/%	联绵词/个	百分比/%	总计
春秋	11	50.0	4	18.2	4	18.2	2	9.1	0	0	0	0	1	4.6	22
战国	37	37.8	23	23.5	30	30.6	5	5.1	1	1	0	0	2	2	98
西汉	19	42.2	7	15.6	16	35.6	0	0	2	4.4	0	0	1	2.2	45
东汉	22	45.8	10	20.8	11	22.9	2	4.2	1	2.1	0	0	2	4.2	48

---

[1] 该义项在普通话中有所变化，用于书面文言词语，指（学识）渊博。

[2] 该义项在普通话中有所变化，指水往四处乱流；泛滥。可用于比喻义，如物欲横流。

[3] 《现代汉语词典》（第 6 版）无该词语，但收有"谩骂"，指用轻慢、嘲笑的态度骂。

[4] 该义项现代汉语用于书面文言词语。一是指依靠、依赖；二是敬辞，指遵从对方的意图。

[5] 该义项在普通话中有所变化，为动词，指商人为实现某种要求或表示抗议而联合起来停止营业。

[6] 该义项在普通话中有所变化，指在水道中截断水流，以提高水位或改变水流的方向。

[7] 该义项在现代汉语中用于书面文言词语，且意义有所变化，指处于极困苦的境遇。

[8] 该义项在普通话中有所变化，指放回（扣押的人、畜等）。

[9] 该义项在普通话中有所变化，指（幻想或希望）落空。

续上表

	并列式/个	百分比/%	偏正式/个	百分比/%	支配式/个	百分比/%	补充式/个	百分比/%	主谓式/个	百分比/%	附加式/个	百分比/%	联绵词/个	百分比/%	总计
三国	2	40	0	0	3	60	0	0	0	0	0	0	0	0	5
西晋	6	54.5	2	18.2	2	18.2	1	9.1	0	0	0	0	0	0	11
东晋	2	22.2	3	33.3	4	44.5	0	0	0	0	0	0	0	0	9
南北朝	38	51.4	9	12.2	17	23	5	6.8	0	0	5	6.8	0	0	74
总计	137	43.9	58	18.6	87	27.9	15	4.8	4	1.3	5	1.6	6	1.9	312

（三）形容词（144 个）

1. 来源于春秋且流传到普通话的《伽蓝记》词语

《伽蓝记》见于春秋双音节形容词有 12 个，其中有 7 个词语或义项见于《现代汉语词典》（第 6 版），根据词语内部结构，分为以下三种。

（1）并列式，3 个。

劳苦、殷富、踊跃③，共 3 个。

（2）附加式，1 个。

所谓①，1 个。

（3）叠音词，3 个。

浩浩①、泱泱[1]①、翼翼[2]①，共 3 个，在普通话中都是书面文言词语。

2. 来源于战国且流传到普通话的《伽蓝记》词语

《伽蓝记》见于战国的双音节形容词有 63 个，其中有 52 个词语或义项见于《现代汉语词典》（第 6 版），根据词语内部结构，分为以下六种。

（1）并列式，35 个。

哀戚、悲哀、便利[3]①、充斥[4]①、纯朴②、聪慧、分明①、忿怒[5]、富贵①、高大②、工巧[6]①、恭敬、光明①、诡异、佳丽①、久远①、倨傲、空虚①、美丽①、明白①、疲劳①、贫困、清净③、清廉、强大、奢侈、疏远[7]⑤、微妙①、闲雅[8]①、相似、殷勤[9]①、允当①、中庸②、周遍①、壮丽①，共 35 个，其中"佳丽""哀戚""中庸"3 个是书面文言词语。

---

〔1〕〔2〕 该义项在现代汉语中见于书面文言词语。

〔3〕 该义项在普通话中有所变化，作形容词，指使用或行动起来不困难；容易达到目的。

〔4〕 该义项在普通话中有所变化，指充满、塞满（含厌恶意）。

〔5〕 现代汉语无"忿怒"，但有"愤怒"，作形容词，指因极度不满而情绪激动。

〔6〕 该义项在普通话中有所变化，作形容词，指细致，精巧（多用于工艺品或诗文、书画）。

〔7〕 该义项在普通话中有所变化，作形容词，指关系、感情上有距离，不亲密。

〔8〕 《现代汉语词典》（第 6 版）解释为：同"娴雅"形，文雅（多形容女子）。

〔9〕 该义项在普通话中有所变化，作形容词，指热情而周到。

（2）偏正式，6个。

不安①、长年①、长寿①、巨万、希有[1]①、专心①，共6个，其中"长年""巨万"2个是书面文言词语。

（3）支配式，1个。

过度[2]②，1个。

（4）主谓式，3个。

入神①、自然①、形胜①，共3个。

（5）连绵词，6个。

从容②、扶疏①、逦迤①、逶迤②、造次①、峥嵘⑦，共6个，其中"逶迤""逦迤""造次""扶疏""峥嵘"5个是书面文言词语。

（6）附加式，1个。

茫然②，1个。

3. 来源于西汉且流传到普通话的《伽蓝记》词语

《伽蓝记》见于西汉的双音节形容词有28个，其中有20个词语或义项见于《现代汉语词典》（第6版），根据词语内部结构，分为以下六种。

（1）并列式，11个。

肥美②、刚直、豪富②、华美、晦冥、奸诈、茂盛、浅薄③、清净②、仁义①、深长[3]①，共11个，其中"晦冥"是书面文言词语。

（2）偏正式，2个。

大度、至尊②，共2个，其中"大度"是书面文言词语。

（3）支配式，1个。

知名④，1个。

（4）主谓式，1个。

自得，1个。

（5）联绵词，3个。

寥廓[4]③、夭矫①、纡徐①，共3个，都用于书面文言词语。

（6）附加式，2个。

愕然、赧然，共2个，其中"赧然"是书面文言词语。

4. 来源于东汉且流传到普通话的《伽蓝记》词语

《伽蓝记》见于东汉的双音节形容词有48个，其中有21个词语或义项见于《现代汉语词典》（第6版），据词语内部结构，分为以下六种。

（1）并列式，13个。

丰饶①、和暖、弘丽[5]、华丽、惊骇①、精妙②、奇异、崎岖①、升平、恬静、凶暴、卓异①、纵横②，共13个，其中"惊骇"是书面文言词语。

---

〔1〕《现代汉语词典》（第6版）解释为：见"稀有"，作形容词，指很少有、极少见。

〔2〕该义项在普通话中有所变化，作形容词，指超过适当的限度，如过度疲劳、过度兴奋、悲伤过度。

〔3〕该义项在普通话中有所变化，作形容词，指（意思）深刻而耐人寻味。

〔4〕该义项在普通话中有所变化，指高原空旷。

〔5〕《现代汉语词典》（第6版）无"弘丽"，但收有"宏丽"，指宏伟壮丽、富丽。

（2）偏正式，1个。

希世[1]②，1个。

（3）支配式，1个。

任性①，1个。

（4）主谓式，1个。

自由①，1个。

（5）附加式，1个。

翕然①，1个，且用于书面文言词语。

（6）联绵词，4个。

嶕峣、铿锵①、嵌崟[2]、窈窕④，共4个，其中"嶕峣""窈窕""嵌崟"3个是书面文言词语。

5．来源于三国且流传到普通话的《伽蓝记》词语

《伽蓝记》见于三国的双音节形容词有4个，其中有3个词语或义项见于《现代汉语词典》（第6版），均为并列式：超绝②、凡俗①、绮丽①。

6．来源于西晋且流传到普通话的《伽蓝记》词语

《伽蓝记》见于西晋的双音节形容词有21个，其中有9个词语或义项见于《现代汉语词典》（第6版），根据词语内部结构，分为以下四种。

（1）并列式，5个。

澄清②、繁茂、巧妙、清贫、特异②，共5个。

（2）支配式，1个。

随意，1个。

（3）联绵词，2个。

缠绵①、诡谲③，共2个，其中"诡谲"是书面文言词语。

（4）主谓式，1个。

彪炳[3]②，1个，且是书面文言词语。

7．来源于东晋且流传到普通话的《伽蓝记》词语

《伽蓝记》见于东晋的双音节形容词有13个，其中"悲恸""丑陋"2个词语或义项见于《现代汉语词典》（第6版），均是并列式。

8．来源于南北朝且流传到普通话的《伽蓝记》词语

《伽蓝记》见于南北朝的双音节形容词有98个，其中有30个词语或义项见于《现代汉语词典》（第6版），根据词语内部结构，分为以下五种。

---

〔1〕《现代汉语词典》（第6版）解释为：见"稀世"，作形容词、属性词，指世间很少有的。

〔2〕该义项在现代汉语中用于书面文言词语，且词义有所变化，作形容词，形容山高。

〔3〕该义项在现代汉语中常用于书面文言词语，且词义语素变化，指文采焕发、照耀。

（1）并列式，19 个。

哀恸、鄙吝①、聪明③、繁衍[1]②、风流[2]⑤、高峻①、高迈②、梗直[3]、杰出①、老成④、廖亮[4]、明净、凄凉①、奇妙、奇巧②、团圆①、婉丽①、修整[5]⑥、忠烈[6]①，共 19 个，其中"鄙吝""婉丽""高迈"3 个是书面文言词语。

（2）偏正式，6 个。

可观[7]②、难得②、所有③、万古②、相符、异常①，共 6 个。

（3）支配式，1 个。

任情，1 个。

（4）主谓式，1 个。

心寒②，1 个。

（5）连绵词，3 个。

草草[8]①、蹭蹬[9]①、缠绵④共 3 个，其中"蹭蹬"是书面文言词语。

《伽蓝记》中共有 287 个双音节形容词，其中有 144 个见于《现代汉语词典》（第 6 版），传承率为 50.2%。从不同时代来源看，来源于第一是战国，最多有 52 个，约占 36.1%；第二是南北朝，有 30 个，约占 20.8%；第三是东汉，有 21 个，约占 14.6%；第四是西汉，有 20 个，约占 13.9%；第五是西晋，有 9 个，约占 6.3%；第六是春秋，有 7 个，约占 4.9%；第七是三国，有 3 个，约占 2.1%；来源于东晋的最少，有 2 个，约占 1.9%。见表 4-15，从流传下来的双音节名词的内部结构来看，第一是并列式，最多有 91 个，占 63.2%；第二是联绵词，有 21 个，约占 14.6%；第三是偏正式，有 15 个，约占 10.4%；第四是主谓式，有 7 个，约占 4.8%；支配式和附加式各 5 个，各占 3.5%。

表 4-15　流传到普通话的《伽蓝记》双音节形容词历时层次及词义传承情况

	并列式/个	百分比/%	偏正式/个	百分比/%	支配式/个	百分比/%	补充式/个	百分比/%	主谓式/个	百分比/%	附加式/个	百分比/%	连绵词/个	百分比/%	总计
春秋	3	42.9	0	0	0	0	0	0	0	0	1	14.3	3	42.9	7
战国	35	67.3	6	11.5	1	1.9	0	0	3	5.8	1	1.9	6	11.5	52
西汉	11	55.0	2	10.0	1	5.0	0	0	1	5.0	2	10.0	3	15.0	20
东汉	13	61.9	1	4.8	1	4.8	0	0	1	4.8	1	4.8	4	19.0	21

---

[1]　该义项在普通话中有所变化，指逐渐增多或增广，如子孙繁衍、繁衍生息。
[2]　该义项在普通话中有所变化，指有才学而不拘礼法。
[3]　《现代汉语词典》（第 6 版）解释为：见"耿直"，指（性格）正直；直爽。
[4]　《现代汉语词典》（第 6 版）解释为：见"嘹亮"形；（声音）清晰响亮。
[5]　该义项在普通话中有所变化，指修理使完整或整齐。
[6]　该义项在普通话中有所变化，指有这种行为的人。
[7]　该义项在普通话中有所变化，指值得看。
[8]　该义项在普通话中有所变化，作副词，指草率、急急忙忙。
[9]　该义项在现代汉语中用于书面文言词语，且有所变化，指遭遇挫折、不得意。

续上表

	并列式/个	百分比/%	偏正式/个	百分比/%	支配式/个	百分比/%	补充式/个	百分比/%	主谓式/个	百分比/%	附加式/个	百分比/%	连绵词/个	百分比/%	总计
三国	3	100	0	0	0	0	0	0	0	0	0	0	0	0	3
西晋	5	55.6	0	0	1	11.1	0	0	1	11.1	0	0	2	22.2	9
东晋	2	100	0	0	0	0	0	0	0	0	0	0	0	0	2
南北朝	19	63.4	6	20	1	3.3	0	0	1	3.3	0	0	3	10	30
总计	91	63.2	15	10.4	5	3.5	0	0	7	4.9	5	3.5	21	14.6	144

（四） 数词（29 个）

1. 来源于甲骨文且流传到普通话的《伽蓝记》词语

《伽蓝记》见于甲骨文的双音节数词有 17 个，全部见于《现代汉语词典》（第 6 版），其词语结构可看作偏正式：二十、三十、四十、五十、六十、七十、八十、九十、二百、三百、四百、七百、二千、三千、六千、八千、三万。

2. 来源于春秋且流传到普通话的《伽蓝记》词语

《伽蓝记》见于春秋的双音节数词有 8 个，全部见于《现代汉语词典》（第 6 版），其词语结构可看作偏正式：十一、十二、十三、十四、十五、十七、十八、十九。

3. 来源于战国且流传到普通话的《伽蓝记》词语

《伽蓝记》见于战国的双音节数词有 4 个，其中有 3 个见于《现代汉语词典》（第 6 版），根据其词语内部关系，分为以下两种。

（1）并列式，1 个。

二三②，1 个。

（2）偏正式，2 个。

二万、十万，共 2 个。

4. 来源于西汉且流传到普通话的《伽蓝记》词语

《伽蓝记》见于西汉的双音节数词有 1 个，且见于《现代汉语词典》（第 6 版），属于附加式：

第一①，1 个。

《伽蓝记》中共有 31 个双音节数词，其中有 29 个见于《现代汉语词典》（第 6 版），传承率为 93.5%。从不同时代来源上看，29 个均来源于西汉之前，具体而言，来源于甲骨文的最多，有 17 个，约占 58.6%；其次是春秋，有 8 个，约占 27.6%；再次是战国，有 3 个，约占 10.3%；来源于西汉的最少，有 1 个，约占 3.4%。见表 4 - 16，从流传下来的双音节数词的内部结构上看，偏正式最多，有 27 个，约占 93.1%；其次是并列式和附加式，各 1 个，各占 3.4%。以上数词历时层次调查，进一步证实：数词作为汉语的基本词汇，是人们交际中必不可少、来源最为古老却一直活跃的词汇。

表 4-16 流传到现代汉语普通话的《伽蓝记》双音节数词历时层次及词义传承情况

	并列式/个	百分比/%	偏正式/个	百分比/%	附加式/个	百分比/%	总计/个
甲骨文	0	0	17	100	0	0	17
春秋	0	0	8	100	0	0	8
战国	1	33.3	2	66.7	0	0	3
西汉	0	0	0	0	1	100	1
总计	1	3.4	27	93.1	1	3.4	29

（五）代词（3 个）

1. 来源于春秋且流传到普通话的《伽蓝记》词语

《伽蓝记》见于春秋的双音节代词有 2 个，全部见于《现代汉语词典》（第 6 版），根据其词语内部关系，分为以下两种。

（1）偏正式

他人，1 个。

（2）支配式

如何①，1 个。

2. 来源于战国且流传到普通话的《伽蓝记》词语

《伽蓝记》见于战国的双音节代词有 1 个，且见于《现代汉语词典》（第 6 版），结构上可看作支配式：何如①（1），1 个，用于书面文言词语。

《伽蓝记》中双音节代词共有 6 个，见于《现代汉语词典》（第 6 版）的有 3 个，传承率为 50%。从时代来源看，3 个代词均来源于战国之前，来源于春秋的有 2 个，占 66.7%，来源于战国的 1 个，占 33.3%。见表 4-17，从其内部结构上看，1 个为偏正式，占 33.3%，2 个为支配式，占 66.7%，支配式高于偏正式，没有并列等其他构词方式。这些调查表明，双音节代词也是古老的词语。

表 4-17 流传到现代汉语普通话的《伽蓝记》双音节代词历时层次及词义传承情况

	偏正式/个	百分比/%	支配式/个	百分比/%	总计/个
春秋	1	50.0	1	50.0	2
战国	0	0	1	100	1
总计	1	33.3	2	66.7	3

（六）副词（34 个）

1. 来源于春秋且流传到普通话的《伽蓝记》词语

《伽蓝记》中的来源于春秋时期的双音节副词共有 4 个，全部见于《现代汉语词典》（第 6 版），根据构词方式的不同，又分为并列式和偏正式。

（1）并列式，3个。

莫不①、莫非[1]①、庶几②，共3个。

（2）偏正式，1个。

终日①，1个。

2. 来源于战国且流传到普通话的《伽蓝记》词语

《伽蓝记》中来源于战国的双音节副词有14个，其中有12个见于《现代汉语词典》（第6版），根据构词方式的不同，又分为以下四种类型。

（1）偏正式，7个。

必然[2]①、不过[3]②、未曾、未尝①、相率、一例①、正色③，共7个。

（2）支配式，3个。

竟日、于今、至今，共3个。其中，"竟日"是书面文言词语。

（3）附加式，1个。

俄而，1个。

（4）联绵词，1个。

倏忽①，1个。

3. 来源于西汉且流传到普通话的《伽蓝记》词语

《伽蓝记》中来源于西汉的双音节副词有11个，其中有9个见于《现代汉语词典》（第6版），根据构词方式的不同，又分为以下四种类型。

（1）并列式，3个。

分别②、互相、无不，共3个。

（2）偏正式，1个。

无何②，1个，且是书面文言词语。

（3）支配式，4个。

任意①、肆意、无故[4]①、以次①，共4个。

（4）附加式，1个。

忽然③，1个。

4. 来源于东汉且流传到普通话的《伽蓝记》词语

《伽蓝记》中来源于东汉的双音节副词有10个，其中以下3个见于《现代汉语词典》（第6版）。

（1）偏正式，2个。

必须①、自相[5]①，共2个。

---

[1] 该义项在普通话中有所变化，表示揣测或反问，常跟"不成"呼应。
[2] 该义项在普通话中有所变化，作形容词、属性词，指事理上确定不移的（跟"偶然"相对）。
[3] 该义项在普通话中有所变化，作副词，指明范围，含有往小里或轻里说的意味；仅仅。
[4] 该义项在普通话中有所变化，指没有缘故。
[5] 该义项在普通话中有所变化，指自己跟自己或集体内部的成员相互之间（存在某种情况）。

（2）重叠式，1个。

渐渐，1个。

5. 来源于南北朝且流传到普通话的《伽蓝记》词语

《伽蓝记》中见于南北朝的双音节副词有18个，其中有6个见于《现代汉语词典》（第6版），根据词语内部结构，又分为以下四种类型。

（1）并列式，1个。

当即，1个。

（2）偏正式，2个。

不必②、一时〔1〕⑦，共2个。

（3）附加式，2个。

俨然〔2〕④、犹自，共2个，其中"俨然"是书面文言词语。

（4）支配式，1个。

沿路②，1个。

《伽蓝记》中共有58个双音节副词，其中有34个见于《现代汉语词典》（第6版），传承率为58.6%。从不同时代来源上看，来源于第一是战国，最多有12个，约占35.3%；第二是西汉，有9个，约占26.5%；第三是南北朝，有6个，约占17.6%；第四是春秋，4个，约占11.8%；第五是东汉，有3个，约占8.8%；没有来源于三国两晋的双音节副词。见表4-18，从流传下来的双音节名词的内部结构上看，第一是偏正式最多，有13个，占38.2%；第二是支配式，有8个，约占23.6%；第三是并列式，有7个，约占20.6%；第四是附加式，有4个，约占11.8%；最后是重叠式和联绵词各1个，各占2.9%。

表4-18　流传到普通话的《伽蓝记》双音节副词历时层次及词义传承情况

	并列式/个	百分比/%	偏正式/个	百分比/%	支配/个	百分比/%	附加式/个	百分比/%	重叠式/个	百分比/%	联绵词/个	百分比/%	总计
春秋	3	75.0	1	25.0	0	0	0	0	0	0	0	0	4
战国	0	0	7	58.3	3	25.0	1	8.3	0	0	1	8.3	12
西汉	3	33.3	1	11.1	4	44.4	1	11.1	0	0	0	0	9
东汉	0	0	2	66.7	0	0	0	0	1	33.3	0	0	3
三国	0	0	0	0	0	0	0	0	0	0	0	0	0
西晋	0	0	0	0	0	0	0	0	0	0	0	0	0
东晋	0	0	0	0	0	0	0	0	0	0	0	0	0
南北朝	1	16.7	2	33.3	1	16.7	2	33.3	0	0	0	0	6
总计	7	20.6	13	38.2	8	23.5	4	11.8	1	2.9	1	2.9	34

〔1〕 该义项在普通话中有所变化，指短时间。

〔2〕 该义项在现代汉语中用于书面文言词语。

（七） 连词 （15 个）

1. 来源于春秋且流传到普通话的《伽蓝记》词语

《伽蓝记》中的见于春秋双音节连词共有 1 个，见于《现代汉语词典》（第 6 版），属于并列式：然则，1 个，用于书面文言词语。

2. 来源于战国且流传到普通话的《伽蓝记》词语

《伽蓝记》中的见于战国的双音节连词共有 11 个，其中有 7 个见于《现代汉语词典》（第 6 版），根据词语的内部结构，又分为以下四种。

（1）并列式，4 个。

及至[1]、乃至、然后、因而①，共 4 个。

（2）偏正式，1 个。

非独，1 个，用于书面文言词语。

（3）支配式，1 个

于是[2]③，1 个。

（4）补充式，共 1 个。

至于[3]②（1），1 个。

3. 来源于西汉且流传到普通话的《伽蓝记》词语

《伽蓝记》中的见于西汉的双音节连词共有 4 个，其中有 1 个见于《现代汉语词典》（第 6 版），不意③1 个，为偏正式。

4. 来源于东汉且流传到普通话的《伽蓝记》词语

《伽蓝记》中的见于东汉的双音节连词共有 2 个，全部见于《现代汉语词典》（第 6 版）。加以①、惟有，共 2 个，均是偏正式。

5. 来源于南北朝且流传到普通话的《伽蓝记》词语

《伽蓝记》中的见于南北朝的双音节连词共有 5 个，其中有 4 个见于《现代汉语词典》（第 6 版），根据词语的内部结构，又分为以下两种。

（1）并列式，3 个。

以及[4]①、以至、以致，共 3 个。

（2）支配式，1 个。

因此，1 个。

《伽蓝记》中共有 23 个双音节连词，其中有 15 个见于《现代汉语词典》（第 6 版），传承率为 65.2%。从不同时代来源上看，来源于战国的最多，有 7 个，约占 46.7%；其次是南北朝，有 4 个，约占 26.7%；第三是东汉，有 2 个，约占 13.3%；来源于春秋和

---

〔1〕 该义项在普通话中有所变化，指等到某个时间或出现某种情况。

〔2〕 该义项在普通话中有所变化，表示后一事紧接前一事，后一事往往是前一事引起的。

〔3〕 该义项在普通话中有所变化，表示另提一事。

〔4〕 该义项在普通话中有所变化，作连词，连接并列的词或词组（"以及"前面往往是主要的）。

西汉的各 1 个，各占 6.7%；没有来源于三国两晋的双音节连词。见表 4-19，从流传下来的双音节连词的内部结构上看，偏正式最多，有 8 个，约占 53.3%；其次是并列式，4 个，占 26.7%；第三是支配式，有 2 个，占 13.3%；补充式最少，1 个，占 6.7%；没有主谓式等其他结构的双音节连词。

表 4-19　流传到普通话的《伽蓝记》双音节连词历时层次及词义传承情况

	并列式/个	百分比/%	偏正式/个	百分比/%	支配式/个	百分比/%	补充式/个	百分比/%	总计/个
春秋	1	100.0	0	0	0	0	0	0	1
战国	4	57.1	1	14.3	1	14.3	1	14.3	7
西汉	0	0	1	100.0	0	0	0	0	1
东汉	0	0	2	100.0	0	0	0	0	2
南北朝	3	75.0	0	0	1	25.0	0	0	4
总计	8	53.3	4	26.7	2	13.3	1	6.7	15

（八）助词（1 个）

《伽蓝记》来源于战国的双音节助词有 2 个，其中有 1 个流传到普通话。

而已，1 个。

三、多音节词语

（一）三音节（15 个）

《伽蓝记》中的三音节词语有 28 个，其中有 15 个流传到普通话，传承率为 53.6%。

1. 名词

（1）来源于战国且流传到普通话的《伽蓝记》词语，2 个。

千里马[1]①、士大夫[2]③，共 2 个。

（2）来源于西汉且流传到普通话的《伽蓝记》词语，共 2 个。

皇太后、遗腹子，共 2 个。

2. 数词，11 个

（1）来源于春秋且流传到普通话的《伽蓝记》词语，8 个。

二十二、二十三、二十五、二十七、六十三、三十二、四十二、四十八，共 8 个。

（2）来源于战国且流传到普通话的《伽蓝记》词语，2 个。

二十万、四十万，共 2 个。

（3）来源于东汉且流传到普通话的《伽蓝记》词语，1 个。

八十八，1 个。

（二）四音节词语及以上（26 个）

《伽蓝记》中的四音节及以上词语有 65 个，其中有 26 个流传到普通话，传承率

---

〔1〕　该义项在普通话中指骏马，比喻有才干的人。

〔2〕　《现代汉语词典》（第 6 版）解释为：封建时代泛指官僚阶层，有时也包括还没有做官的读书人。

为 40% 。

1. 数词，10 个

（1）来源于战国且流传到普通话的《伽蓝记》词语，2 个。

二百二十、二百二十，共 2 个。

（2）来源于东汉且流传到普通话的《伽蓝记》词语，6 个。

三百九十、三千五百、十万九千、三百九十、三千五百、十万九千，共 6 个。

（3）来源于南北朝且流传到普通话的《伽蓝记》词语，2 个。

八百七十八、四百二十一，共 2 个。

2. 固定短语，16 个

（1）来源于战国且流传到普通话的，5 个。

不可胜数、褒衣博带、贪天之功、移风易俗、以逸待劳，共 5 个。

（2）来源于西汉且流传到普通话的，1 个。

旁若无人①，1 个。

（3）来源于东汉且流传到普通话的，2 个。

度德量力、温故知新，共 2 个。

（4）来源于西晋且流传到普通话的，1 个。

车载斗量，1 个。

（5）来源于南北朝且流传到普通话的，7 个。

不以为意、不足为怪[1]、不足为异[2]、大同小异、飞沙走砾[3]、力不从心、奇花异草[4]，共 7 个。

《伽蓝记》中共有 93 个三音节以上的词语，其中有 41 个流传到普通话[5]，传承率为 44.1% 。从不同时代来源上看，第一是战国，最多 11 个，包括三音节的 4 个，四音节的 7 个；第二是东汉和南北朝，各 9 个，包括 1 个三音节，15 个四音节和 2 个五音节词语；第三是春秋，8 个，均是三音节的；第四是西汉，3 个，包括 2 个三音节和 1 个四音节；来源于西晋的最少，只有 1 个四音节词语。从音节的数量上看，流传下来的多音节词语中，四音节的最多，有 24 个，占多音节词语的 58.5% ，其次是三音节的，有 15 个，占 36.6% ；五音节的最少，有 2 个，占 4.9% 。这既与《伽蓝记》部分的骈偶形式文体有关，也在一定程度上反映了汉民族喜欢偶数对称的独特审美观。

---

[1][2]《汉语大词典》无，但有"不足为奇"，《现代汉语词典》（第 6 版）收"不足为奇"。

[3]《现代汉语词典》（第 6 版）为"飞沙走石"。

[4] 该成语《汉语大词典》首引例证为明朝袁宏道的《与兰泽云泽叔书》。

[5] 此处是指见于《现代汉语词典》或《汉语成语词典》等工具书。

表4-20　流传到普通话的《伽蓝记》三音节以上词语历时层次及词义传承情况

	三音节/个	百分比/%	四音节/个	百分比/%	五音节/个	百分比/%	总计/个
春秋	8	100	0	0	0	0	8
战国	4	36.4	7	63.6	0	0	11
西汉	2	66.7	1	33.3	0	0	3
东汉	1	11.1	8	88.9	0	0	9
三国	0	0	0	0	0	0	0
西晋	0	0	1	100	0	0	1
东晋	0	0	0	0	0	0	0
南北朝	0	0	7	77.8	2	22.2	9
总计	15	36.6	24	58.5	2	4.9	41

第五章　结　　语

　　"语言事实告诉我们，处在某一共时系统中的语言成分，不是在一朝一夕之间产生的，而是通过漫长时期的筛选、累积、融合而成的。因此，在一个共时系统中保存了以往不同历史时期产生的相关成分，我们可能在一个语言的共时平面中看到来自不同时间层面的丰富的历史遗存。"（俞理明、谭代龙，2004：67）可见，以某一时期的代表性著作为依托，以点带面，可以起到窥一斑而见全豹的作用，这也正是我们选择了北魏这个特殊时期及《伽蓝记》这一具有独特语言价值的典籍进行相关研究的原因。本研究中，我们在第一章至第四章，分别对《伽蓝记》词汇这个共时平面进行了全面系统的历时层次调查，并对该书中来源于不同时期的词语个体数量和使用频次进行了分析。概括来讲，本书主要涵盖以下一些内容及结论。

一、《伽蓝记》共时词汇系统的总体情况

　　《伽蓝记》一书约有 36 000 字，共划分出 6 911 个词语，其中包括专有名词 1 361 个，佛教词语 243 个，一般词语 5 307 个。专有名词的特定性和独一无二性不适合做历时层次分析，佛教词语因其专门性和形成时间的限制性也不适合在此作全程的历时层次分析[1]。所以，本书主要对《伽蓝记》的 5 307 个一般词语做了分类、统计分析。

　　《伽蓝记》的 5 307 个一般词汇，按词语结构分为单音词、双音节词语和多音节词语（三音节以上）。单音节词语 2 878 个，占一般词语的 54.23%，双音节词语 2 336 个，占 44.02%，多音节词语 93 个，占 1.75%。单音节和双音节词语各自词性分布情况如下。

（一）单音节词语

　　从词性上看，名词 912 个，占一般词语的 17.18%；动词 1 254 个，占 23.63%；形容词 291 个，占 5.48%；数词 31 个，占 0.58%；量词 45 个，占 0.85%；代词 43 个，占 0.81%；副词 170 个，占 3.20%；介词 39 个，占 0.73%；连词 44 个，占 0.83%；助词 49 个，占 0.92%。

（二）双音节词语

　　从词性上看，名词 1 311 个，占一般词语的 24.70%；动词 618 个，占 11.64%；形

---

　　[1]　为了考查外来文化对汉语词汇的影响，笔者另文对《伽蓝记》佛教词语（243 个）单独做了"溯源析流"统计分析。

容词 287 个，占 5.41%；数词 30 个，占 0.57%；代词 6 个，占 0.11%；副词 58 个，占 1.09%；连词 23 个，占 0.43%；助词 2 个，占 0.04%；拟声词 1 个，占 0.02%。

从词语结构上看，偏正式 1 040 个，占双音节词语的 44.50%；联合式 954 个，占 40.84%；支配式 213 个，占 9.12%；联绵词 52 个，占 2.23%；附加式 30 个，占 1.28%；补充式 21 个，占 0.90%；主谓式 18 个，占 0.77%；叠音词 5 个，占 0.21%；重叠式 2 个，占 0.09%；拟声词 1 个，占 0.04%。

二、《伽蓝记》词汇历时层次的总体情况

（一）《伽蓝记》共时词汇系统历时来源情况

《伽蓝记》的 5 307 个一般词语，共出现了 18 229 次，每个词语平均使用 3.42 次。我们通过对每个词语或义项出现的可能首见例的时代进行调查统计，发现《伽蓝记》的 5 307 个一般词语分别来源于甲骨卜辞、西周春秋语料、战国秦语料、两汉语料、三国、两晋、南北朝语料，详细调查统计见表 5 - 1。

表 5 - 1　《伽蓝记》一般词汇的历时层次的词次、词量及频次的统计分析

时代	词量/个	词量百分比/%	词次/次	词次百分比/%	频次
甲骨文	223	4.2	3 493	19.2	15.66
春秋	1 040	19.6	5 963	32.7	5.73
战国	1 744	32.9	4 992	27.4	2.86
西汉	502	9.5	1 003	5.5	2.00
东汉	483	9.1	836	4.6	1.73
三国	52	1.0	84	0.5	1.62
西晋	150	2.8	221	1.2	1.47
东晋	84	1.6	128	0.7	1.52
南北朝	1 029	19.4	1 509	8.3	1.47
总计	5 307	100	18 229	100	3.43

由表 5 - 1 可知：从词量上看，《伽蓝记》词汇有 56.7% 是先秦产生的，两汉及以后产生的占 43.3%，不足一半，其中两汉占 18.6%，三国两晋占 5.4%，属于《伽蓝记》同时代的新词语仅占 19.4%。此数据表明各个时代产生的词汇在后代文献语言的使用保留情况，可能与时间推移和社会的外在因素有一定关系。从时间推移来看，时间越古老的词语在《伽蓝记》中保留的越多，越接近《伽蓝记》时代，保留的比率越少。这可能和南北朝这个时代书面语表达习惯仿古有关，也和《伽蓝记》本身骈散结合的文体特点有一定的联系。从社会外在因素对词汇系统的影响角度来看，社会动荡的战国时代，在《伽蓝记》中词汇中占有 32.9%，而社会相对稳定的两汉时期，却仅占 18.6%，此数据似乎表明越是动荡的社会环境越能促使词汇产生并能在后代文献语言中保留下来，相反越是稳定的社会反而不利于词语在后代的保留使用。从词语使用频次来看，来源于甲骨

文的为 15.66，春秋的 5.73，战国的 2.86，西汉的 2.00，东汉的 1.73，三国的 1.62，两晋和南北朝的均为 1.50 左右，这表明随着时代的推移，词语的使用频次呈递减趋势，这一方面表明"在同一个词汇系统中，这些来自于不同时代的词语所处的地位是不一样的"（俞理明、谭代龙，2004：68），同时也"向我们揭示了汉语词汇在语用中保持稳定的一个重要因素。由于旧有成分的高使用率，它缩小了各个时代用语之间的差异，体现了语言的延续性和稳定性，保证了它作为交际工具而得以长期的使用"（俞理明、谭代龙，2004：68）。

（二）从《伽蓝记》词汇的历时层次观察汉语词汇复音化的进程

"有关语言学的静态方面的一切都是共时的，有关演化的一切都是历时的。"（索绪尔，1980：119）鉴于此，我们以《伽蓝记》词汇作为一个共时的平面系统，尝试对其中的单音词和复音词的来源进行了历时的调查、统计与分析，在第一至第四章具体分析的基础上，结合表 5-1，我们把《伽蓝记》中的单音节词语和复音节词语的历时来源情况及其各自出现的词量、使用的词次及频次，总结见表 5-2。

表 5-2　《伽蓝记》词汇单音节词语、复音节词语的历时来源及词量、词次、频次统计

结构	时代	词量/个	词量百分比/%	词次/次	词次百分比/%	频次
单音节	甲骨文	206	3.9	3 424	18.8	16.62
	春秋	886	16.7	5 641	30.9	6.37
	战国	1 142	21.5	3 887	21.3	3.40
	西汉	213	4.0	541	3.0	2.54
	东汉	143	2.7	325	1.8	2.27
	三国	18	0.3	40	0.2	2.22
	西晋	34	0.6	92	0.5	2.71
	东晋	19	0.4	41	0.2	2.16
	南北朝	217	4.1	429	2.4	1.98
	总计	2 878	54.2	14 420	79.1	5.01
复音节	甲骨文	17	0.3	69	0.4	4.06
	春秋	154	2.9	322	1.8	2.09
	战国	602	11.3	1 105	6.1	1.84
	西汉	289	5.4	462	2.5	1.60
	东汉	340	6.4	511	2.8	1.50
	三国	34	0.6	44	0.2	1.29
	西晋	116	2.2	129	0.7	1.11
	东晋	65	1.2	87	0.5	1.34
	南北朝	812	15.3	1 080	5.9	1.33
	总计	2 429	45.8	3 809	20.9	1.57
共计		5 307	100.0	18 229	100	3.43

据调查，《伽蓝记》中单音节词语共 2 878 个，占一般词汇的 54.2%；复音节词语[1]共 2 429 个，占 45.8%。由此可见，《伽蓝记》这一共时平面的词汇系统，依然是单音节词语占优势，这和南北朝时期书面语言的词语结构状况相一致。但是，《伽蓝记》词汇历时层次调查分析（见表 5-2）却清晰呈现出了汉语复音化的具体足迹。

首先，从词量及所占的百分比上看：《伽蓝记》中见于甲骨文的单音节词语 206 个，占 3.9%，复音节词语 17 个，仅占 0.3%，单音节词语所占百分比是复音节词语的 13 倍，且复音节词语仅限于双音复合数词；见于春秋的单音节词语 886 个，占 16.7%，复音节词语 154 个，占 2.9%，单音节词语所占百分比大约是复音节词语的 5.8 倍；见于战国语料的单音节词语 1 142 个，占 21.5%，复音节词语 602 个，占 11.3%，单音节词语所占百分比大约是复音节词语的 1.9 倍，随着时间的推移，单音形式的造词能力大大减弱。见于西汉语料的单音词 213 个，占 4.0%，复音节词语 289 个，占 5.4%，复音节词语所占百分比首次超越单音节词语，是单音节词语的 1.35 倍；见于东汉语料的单音节词语 143 个，占 2.7%，复音节词语 340 个，占 6.4%，复音节词语所占百分比大约是单音节词语的 2.4 倍；见于三国语料的单音节词语 18 个，占 0.3%，复音节词语 34 个，占 0.6%，复音节词语所占百分比是单音节词语的 2 倍。而见于西晋语料的复音节词语所占百分比大约是单音节词语的 3.7 倍，见于东晋语料的复音节词语所占百分比是单音节词语的 3 倍，南北朝语料的复音节词语所占百分比大约是单音节词语的 3.7 倍，该数据表明，随着时间的推移，复音节词语的造词能力从两汉至南北朝呈递增趋势，显示出复音形式造词能力大大增强。

其次，从词次上看：单音节词语 2 878 个，占总词量 54.2%，使用 14 420 次，占总词次的 79.1%，而占总词量 45.8% 的复音节词语，仅使用 3 809 次，占总词次的 20.9%，也就是说，我们阅读《伽蓝记》时，每 100 个词语中有将近 80 个是单音节词语，而复音节词语仅有 20 个左右。可见，从语用的层面来看，依然是单音节词语占绝对优势。

最后，从使用频次上看：一方面，来源于不同时代语料的单音节词语的使用频次均高于复音节词语，这表明，虽然随着时间推移单音节词语造词能力逐渐减弱，但在不同时代已有的单音节词语活跃度要高于同时代新生的复音节词语，即词长增加，词频降低。另一方面，从历时角度，单音节词语和复音节词语的使用频次都呈现出离南北朝越远其使用频次越高，而离南北朝越近其使用频次越低的现象，这是否说明在词语系统中，越"古老"的词语，其生命力反而越强大，越"年轻"的词语生命力反而越弱？这需要开展更多的专书词汇历时层次研究，才能科学地回答这一问题。

三、《伽蓝记》历时词汇在现代汉语传承情况

（一）《伽蓝记》词汇传承到现代汉语方言的情况

据调查，《伽蓝记》词汇有 77 个词语在当代方言依然使用，其中单音节词语 38 个，

---

[1]　此处复音节词语包括 2 336 个双音节词语和 93 个三音节以上的词语。

双音节词语 39 个。根据其不同时代来源及其在当代七大方言[1]分布情况列表，具体见表 5 - 3。

表 5 - 3 根据不同时代来源及其在现代汉语方言的分布情况

单位：个

时代	官话方言	吴方言	湘方言	赣方言	客家方言	粤方言	闽方言	总计
甲骨文	0	1	0	0	0	0	1	2
春秋	4	2	0	0	2	0	0	8
战国	4	3	0	0	1	3	7	18
西汉	3	2	0	0	1	1	2	9
东汉	6	2	0	1	1	2	4	16
三国	0	0	0	0	0	0	0	0
西晋	0	1	0	0	0	0	0	1
东晋	0	0	0	0	0	1	0	1
南北朝	5	3	1	0	5	2	6	22
总计	22	14	1	1	10	9	20	77

从表 5 - 3 可以看出，《伽蓝记》流传到当代方言的 77 个词语中，从其来源的层次看，来源于东汉之前的有 53 个，约占 70%，来源于六朝的 24 个，约占 30%，这再次证明了"方言是古语的活化石"这一论断。此外，这 77 个词语分布于七大方言区，其中官话方言最多，其次是闽方言、吴方言、客家方言、粤方言等，湘方言和赣方言各 1 个。在此需说明的是，表中的调查数字有 22 个词语是两种或三种方言交叉使用的[2]，为了便于统计，我们将其归入其中一种方言，所以上表只是做了大概的统计，但这也在一定程度上说明了《伽蓝记》词语在当代方言中的保留与分布较为广泛。这一研究结论，也可以为现代各方言词语的来源研究提供具体的参考资料。

（二）传承到现代汉语普通话的情况

据统计，《伽蓝记》的 5 307 个一般词语中，有 3 408 个词语流传到普通话，不同音节结构词语的传承情况不同，具体见表 5 - 4。

---

[1] 此处依据詹伯慧的观点。

[2] 具体为：两种方言共有的 15 个，包括官话和客话共有的 2 个，分别来源于战国和南北朝时期语料，各 1 个；官话和粤语共用的 3 个，其中来源于战国的 2 个，南北朝时期的 1 个；官话和闽语共用的 3 个，其中来源于战国的 2 个，南北朝时期的 1 个；官话和吴语共用的 3 个，分别来源于战国、西汉和西晋，各 1 个；客话和闽语共用的 1 个，来源于南北朝语料；粤语和闽语共用的 2 个，均来源于南北朝语料；吴语和闽语共用的 1 个，来源于南北朝语料。三种方言共有的 6 个，包括吴语、客话、闽语共有 1 个，见于西汉语料；吴语、粤语、闽语共有 1 个，见于东汉语料；官话吴语闽语共用 2 个，分别见于春秋和南北朝语料，各 1 个；官话、客话和闽语共用 2 个，均见于南北朝语料；五种方言共有的 1 个，即官话、吴语、赣方言、客话、粤语通用，来源于战国语料。

表5-4　不同音节结构传承的具体情况

结构	一般词语/个	百分比/%	见于普通话/个	百分比/%	传承百分比/%
单音节	2 878	54.23	2 276	66.78	79.08
双音节	2 336	44.02	1 091	32.01	46.70
三音节以上	93	1.75	41	1.20	44.09
总计	5 307	100	3 408	100	64.22

从表5-4可以看出，《伽蓝记》一般词语的总体传承百分比为64.22%。但具体而言，其中的2 878个单音节词语，见于《现代汉语词典》（第6版）的有2 276个，占79.08%，而2 336个双音节词语，见于《现代汉语词典》（第6版）的有1 091个，占46.70%，93个三音节以上的词语，见于《现代汉语词典》（第6版）的有41个，占44.09%。结合前文的调查结果表明，西汉以后，就新词产生而言，复音节词语尤其是双音节词语的造词能力逐渐增强，但就词语的传承方面而言，依然是单音词占优势，单音词由于其较强的构词能力，显示出较强的生命力。

那么，流传到普通话的《伽蓝记》单音节词语的具体历时层次及其构词能力是怎样的呢？表5-5的统计数字，可以很好地说明这个问题。

表5-5　传承到普通话的《伽蓝记》单音节词语历时层次及其构词情况

	成词/个	百分比/%	不成词/个	百分比/%	书面文言/个	百分比/%	总计/个	百分比/%
甲骨文	123	5.40	62	2.72	17	0.75	202	8.88
春秋	292	12.83	224	9.84	54	2.37	570	25.04
战国秦	475	20.87	463	20.34	97	4.26	1 035	45.47
西汉	73	3.21	77	3.38	17	0.75	167	7.34
东汉	52	2.28	43	1.89	9	0.40	104	4.57
三国	3	0.13	8	0.35	0	0	11	0.48
西晋	12	0.53	13	0.57	0	0	25	1.10
东晋	7	0.31	6	0.26	1	0.04	14	0.62
南北朝	94	4.13	46	2.02	8	0.35	148	6.50
总计	1 131	49.69	942	41.39	203	8.92	2 276	100

在上古汉语中单音节词语占绝对优势，一个汉字记录一个语素，实际上也就是一个单音节词语，随着汉语从单音节词语为主向复音节词语为主的发展，很多单音节词语后来变成不能独立运用的语素，一个汉字往往只是一个语素的符号。（苏宝荣，2008：19）由表5-5可知，《伽蓝记》共有2 276个单音节词语见于《现代汉语词典》（第6版），其中能独立成词的有1 131个，占49.69%，不能独立成词即只能和其他语素组合成双音或多音词语的有942个，占41.39%，另有203个到现代汉语中主要用于书面文言词语，

占 8.92%；从其历时来源上看，传承到普通话的单音节词语有 91.30% 的词语来源于三国之前，尤其是春秋战国时期，约占 71%。这在一定程度上表明普通话的词汇包括绝大多数单音节词语和一部分双音节词语的构词语素早在三国以前就已产生，这一调查数据也说明要想从根本上提高中小学生的表达能力，尤其是书面语的表达能力，必须多鼓励他们诵读古代经典尤其是三国之前的典籍。

表 5-6　传承到现代汉语的《伽蓝记》双音节词语历时层次及其构词方式情况

	并列式/个	偏正式/个	支配式/个	主谓式/个	附加式/个	补充式/个	联绵词/个	总计/个	百分比/%
甲骨文	0	17	0	0	0	0	0	17	1.56
春秋	43	43	5	0	1	2	4	98	8.98
战国	158	144	40	6	3	6	11	368	33.73
西汉	56	53	24	4	4	0	6	147	13.47
东汉	62	56	12	2	2	2	8	144	13.20
三国	6	3	3	0	0	0	0	12	1.10
西晋	19	14	4	1	0	1	4	43	3.94
东晋	9	11	4	0	0	0	1	25	2.29
南北朝	98	95	21	1	9	5	8	237	21.72
总计	451	436	113	14	19	16	42	1 091	100

由表 5-6 可知，《伽蓝记》流传到现代汉语的双音节词语，其历时层次来源和构词方式的情况较为复杂。具体而言，从时代来源上看，传承到普通话的双音节词语有 70.94% 的词来源于三国之前，六朝时期占 29.06%，这其中有 21.72% 来源于南北朝。这表明南北朝时期书面语言的词汇从表面上看单音节词语多于双音节词语，但就造词能力和词语的传承而言，双音节词语明显优于单音节词语。从流传下来的双音节词语的内部结构来看，并列式最多，有 451 个，占 41.34%，其次是偏正式，有 436 个，占 40.0%，这两种方式的构成的词占流传下来双音词的 81.30%，这说明在双音节词语的造词方式中，偏正和联合是最主要的构词方式，其传承的比率也最高。

四、汉语史专书开展历时层次研究的重要性

（一）有利于厘清古汉语词汇系统的发展脉络，建立科学的断代词汇学理论乃至汉语词汇通史

专书词汇历时层次研究首先将专书所有词汇进行调查分类统计，在此基础上对各类词的"源""流"进行梳理，借助工具书和电子语料库以及各种专书词典和索引，尽可能找出每一个词的始见例证，确定其始见语料与时代，从而梳理出专书共时平面系统的历时层次情况，统计个数和使用频次等，这样既能理清专书中每个词的来源，又能把握专书词汇的演变层次脉络。如果我们将词汇历时层次研究由一部专书扩展到一个时代的典籍，那么这个时代的词汇系统的历时层次就清晰地呈现出来了。我们研究的设想是在

《伽蓝记》词汇历时层次研究基础上，借鉴已有的词汇研究成果后扩展到其他著作，梳理出南北朝汉语词汇的历时层次，再进一步扩展到中古汉语，这样在前辈学者研究基础上进一步撰写更加详尽的上古汉语词汇史、中古汉语词汇史，最终目标是撰写一部科学、详尽、系统的汉语词汇通史，改善汉语史中词汇史落后的局面。因此，"汉语词汇历史层次的研究是有重要学术价值的，值得花大力气去进行深入系统的研究"（张能甫，2015：640）。

（二）　为编写和修订各类字典辞书提供可靠的资料

对专书开展词汇历时层次研究，既要对专书的共时词汇系统进行全面清晰的统计，又要对其展开历时层面的调查分析。因此，如果对一部专书展开调查研究，那么就可编写一部详尽的专书词典；如果扩展到一个时代的所有可能的典籍，那么就可编写一部详尽的断代汉语词典；如果再推广到每个时代，并考虑建立庞大的词汇历时层次语料库，那么就既可以为修订完善科学的历史性语文辞书提供具体的资料，又可以为汉语史等语言研究者提供强大的材料支撑。

（三）　为当代汉语各大方言词汇的"溯源"，提供具体材料支撑

方言是古代汉语的活化石，方言词汇对古代汉语的保留有一定的历史层次性，汉语专书历时层次研究可以为汉语方言词汇的历史层次提供详尽的参考资料。我们在对《伽蓝记》历时层面的词汇作"析流"分析时，梳理出 77 个词语在普通话中不用或少用，但不同程度地保留在各大方言里，具体情况见表 5-3。如果我们在现有研究成果的基础上，对所有可能的古代典籍展开词汇历时层次研究，对其传承到现代汉语方言的词语作穷尽的调查分析，并考虑建立相关的"古语词当代方言"语料库，现代汉语方言的研究尤其是方言词汇的研究将会有一个大的突破。

参 考 文 献

一、普通图书

[1] 汉语大词典编纂处. 汉语大词典订补 [M]. 上海：上海辞书出版社，2010.

[2] 何九盈，王宁，董琨. 辞源 [M]. 3 版. 北京：商务印书馆，2015.

[3] 罗竹风. 汉语大词典：缩印本 [M]. 上海：汉语大词典出版社，1997.

[4] 《汉语大字典》编辑委员会. 汉语大字典 [M]. 武汉：湖北辞书出版社，成都：四川辞书出版社，1995.

[5] 许宝华，宫田一郎. 汉语方言大词典 [M]. 北京：中华书局，1999.

[6] 赵诚. 甲骨文简明词典：卜辞分类读本 [M]. 北京：中华书局，2016.

[7] 中国社会科学院语言研究所词典编辑室. 现代汉语词典 [M]. 6 版. 北京：商务印书馆，2012.

[8] 蔡镜浩. 魏晋南北朝词语例释 [M]. 南京：江苏古籍出版社，1990.

[9] 董志翘.《入唐求法巡礼行记》词汇研究 [M]. 北京：中国社会科学出版社，2000.

[10] 范祥雍. 洛阳伽蓝记校注 [M]. 上海：上海古籍出版社，1978.

[11] 韩结根. 洛阳伽蓝记选译：修订版 [M]. 南京：凤凰出版社，2011.

[12] 何九盈，蒋绍愚. 古汉语词汇讲话 [M]. 北京：北京出版社，1980.

[13] 化振红.《洛阳伽蓝记》词汇研究 [M]. 北京：中国文史出版社，2002.

[14] 蒋绍愚. 汉语历史词汇学概要 [M]. 北京：商务印书馆，2015.

[15] 蒋绍愚. 近代汉语研究概要 [M]. 北京：北京大学出版社，2005.

[16] 刘世儒. 魏晋南北朝量词研究 [M]. 北京：中华书局，1965.

[17] 潘允中. 汉语词汇史概要 [M]. 上海：上海古籍出版社，1989.

[18] 洛阳伽蓝记 [M]. 尚荣，译注. 北京：中华书局，2012.

[19] 史存直. 汉语词汇史纲要 [M]. 上海：华东师范大学出版社，1988.

[20] 苏宝荣. 词汇学与辞书学研究 [M]. 北京：商务印书馆，2008.

[21] 索绪尔. 普通语言学教程 [M]. 北京：商务印书馆，1980.

[22] 王力. 汉语史稿 [M]. 北京：中华书局，1980.

[23] 王士元. 演化语言学论集 [M]. 北京：商务印书馆，2013.

［24］王云路. 中古汉语词汇史：上［M］. 北京：商务印书馆，2010.

［25］向熹. 简明汉语史：上［M］. 北京：高等教育出版社，1993.

［26］徐通锵. 历史语言学［M］. 北京：商务印书馆，1991.

［27］徐朝华. 上古汉语词汇史［M］. 北京：商务印书馆，2003.

［28］禤健聪. 战国楚系简帛用字习惯研究［M］. 北京：科学出版社，2017.

［29］詹伯慧. 汉语方言及方言调查［M］. 武汉：湖北教育出版社，2001.

［30］张能甫. 现代汉语单音词历史层次研究［M］. 北京：人民出版社，2015.

［31］张能甫. 郑玄注释语言词汇研究［M］. 成都：巴蜀书社，2000.

［32］张万起.《世说新语》词典［M］. 北京：商务印书馆，1993.

［33］张永言.《世说新语》辞典［M］. 成都：四川人民出版社，1992.

［34］张振德，宋子然，苗永川，等.《世说新语》语言研究［M］. 成都：巴蜀书社，1995.

［35］周荐. 词汇论［M］. 北京：商务印书馆，2016.

［36］周俊勋. 中古汉语词汇研究纲要［M］. 成都：巴蜀书社，2009.

［37］周日健，王小莘.《颜氏家训》词汇语法研究［M］. 广州：广东人民出版社，1998.

［38］周祖谟. 洛阳伽蓝记校释［M］. 上海：上海书店出版社，2000.

［39］高小芳，蒋来娣. 汉语史语料学［M］. 北京：高等教育出版社，2005.

二、期刊

［1］蔡镜浩. 魏晋南北朝词语考释方法论：《魏晋南北朝词语汇释》编撰琐议［J］. 辞书研究，1989（6）.

［2］车淑娅. 专书词汇研究三维方法论［J］. 天津大学学报（社会科学版），2005（2）.

［3］董志翘. 试论《洛阳伽蓝记》在中古汉语词汇史研究上的语料价值［J］. 古汉语研究，1998（2）.

［4］郭作飞. 中古近代汉语专书词汇研究的历史回望：百年中古近代汉语专书词汇研究述略（上）［J］. 前沿，2011（4）.

［5］郭作飞. 中古近代汉语专书词汇研究的总结与思考：百年中古近代汉语专书词汇研究述略（下）［J］. 前沿，2011（6）.

［8］化振红.《洛阳伽蓝记》札记三则［J］. 中国语文，2003（2）.

［9］化振红. 从《洛阳伽蓝记》看中古书面语中的口语词［J］. 中南大学学报（社会科学版），2004（2）.

［10］何乐士. 专书语法研究的几点体会［J］. 镇江师专学报（社会科学版），1999（1）.

［11］牛太清.《汉语大词典》书证迟后例补［J］. 中国语文，2004（2）.

［12］牛太清.《洛阳伽蓝记》双音词概貌［J］. 江西行政学院学报，2005（S1）.

［13］牛太清. 从《洛阳伽蓝记》双音新词看《汉语大词典》的释义和书证［J］. 安徽广播电视大学学报，2006（1）.

［14］牛太清.《洛阳伽蓝记》双音新词研究［J］. 河南广播电视大学学报. 2007（2）.

［15］牛太清. 汉以前双音词在《洛阳伽蓝记》中的新义研究［J］. 常熟理工学院学报. 2007（7）.

［16］牛太清.《洛阳伽蓝记》中所见的当代方言词拾零［J］. 现代语文（语言研究版），2015（8）.

［17］牛太清.《汉语大词典》引《洛阳伽蓝记》书证校补［J］. 宁夏大学学报（人文社会科学版），2016（1）.

［18］牛太清. 从《洛阳伽蓝记》看《汉语大词典》修订中的孤证问题［J］. 安庆师范学院学报（社会科学版），2016（3）.

［19］史光辉. 20 世纪 80 年代以来中古汉语词汇研究的回顾与反思［J］. 福州大学学报，2004（3）.

［20］宋永培. 文献正文的训诂与专书词汇研究的基本方法［J］. 古汉语研究，2005（2）.

［21］王惠. 词义·词长·词频：《现代汉语词典》（第 5 版）多义词计量分析［J］. 中国语文，2009（2）.

［22］王洪涌. 近 10 余年汉语历史词汇研究概述［J］. 江汉大学学报（人文社科版），2004（1）.

［23］王建国. 20 世纪以来《洛阳伽蓝记》研究的回顾与展望［J］. 武汉大学学报（人文社科版），2008（6）.

［24］王寅. 认知语言学和历史语言学的最新发展：历史认知语言学［J］. 外语教学与研究（外国语文双月刊），2012（6）.

［25］温端政. 语汇研究与语典编纂［J］. 语文研究，2007（4）.

［26］萧红.《洛阳伽蓝记》的五种判断句式［J］. 安徽师范大学学报（人文社会科学版），1999（1）.

［27］俞理明，谭代龙. 共时材料中的历时分析：从《根本说一切有部毗奈耶破僧事》看汉语词汇的发展［J］. 四川大学学报（哲学社会科学版），2004（5）.

［28］翟燕.《洛阳伽蓝记》中新词新义的结构及语义分析［J］. 济宁师范专科学校学报，2003（1）.

［29］张能甫. 关于现代汉语词汇历史层次研究的一些思考：以现代汉语词语中的 W 字头的词或词组为例［J］. 西南科技大学学报（哲学社会科学版），2012（6）.

［30］张能甫. 现代汉语单音副词探源［J］. 重庆理工大学学报（社会科学版），2015（7）.

［31］赵振铎. 论先秦两汉汉语［J］. 古汉语研究，1994（3）.

三、析出文献

［1］程湘清. 《世说新语》复音词研究［M］//程湘清. 汉语史专书复音词研究. 北京：商务印书馆，2008.

［2］殷正林. 《世说新语》中所反映的魏晋时期的新词和新义［G］//北京大学中文系《语言学论丛》编委会. 语言学论丛：第十二辑. 北京：商务印书馆，1984.

四、学位论文

［1］谭代龙. 《根本说一切有部毗奈耶破僧事》词汇研究［D］. 成都：四川大学，2002.

［2］牛太清. 《洛阳伽蓝记》双音词研究［D］. 广州：华南师范大学，2001.

后　记

　　本书是教育部人文社会科学研究规划基金项目"《洛阳伽蓝记》词汇历时层次研究"的最终成果。该项目自 2014 年 7 月立项至今已将近 4 年，从立项时的兴奋到研究过程的废寝忘食，再到书稿几经修改最终定稿，再一次让我感受到"苦并快乐着"的充实生活。

　　将历时层次分析法用于汉语史专书词汇研究，目前虽然还基本处于起步阶段，但该研究对构建科学汉语词汇史的重要性，已经随着语音史、语法史的不断完善越来越凸显出来。我对这方面的关注和思考，可以追溯到 20 年前的硕士毕业论文，在当年的研究中，我曾试图用历时层次分析法对《伽蓝记》词汇展开研究，但由于缺乏理论的支撑（历时层次分析法主要用于方言研究），又加之研究条件的限制，当时仅就该书的双音词的历时层次进行了粗略的分析，将研究的重点放在新词新义的描写分析方面，完成了毕业论文，但十几年来，我一直没有放弃对《伽蓝记》词汇历时层次的思考。

　　2013 年年初，看到张能甫先生的国家社科基金项目"现代汉语词汇历史层次研究"成果之一《关于现代汉语词汇历史层次研究的一些思考：以现代汉语词语中的 W 字头的词或词组为例》一文，其中谈到汉语进行历时层次分析不仅适用于现代汉语词汇，更适用于对历代典籍进行专书词汇研究，为我们对《伽蓝记》词汇展开历时层次的研究提供了明确的方法和一定的理论支撑。2013 年年底，我便申请 2014 年度的教育部社科规划基金项目，并顺利立项。

　　近 4 年来，尽管我把工作之外的几乎所有时间都投入到了课题研究之中，但由于该类研究涉及词汇及古代典籍众多，再加之本人才疏学浅，书稿中难免有疏漏、谬误之处，敬请方家指正。

　　本书的完成首先要感谢我的研究生导师魏达纯教授，是他把我领进汉语言文字研究的殿堂，在我毕业后还经常督促我要勤于专业研究；其次，要感谢我的先生蔡晓，在开展课题研究的这几年，他几乎承担了所有的家务，使我专心于课题调查写作，书稿完成后，他作为课题组成员，又对书稿仔细审读，并提出中肯的修改意见，使得书稿能够不断完善。

　　本书的顺利出版，还要感谢教育部人文社会科学研究规划基金和广东财经大学科研配套资金的资助！同时，编辑冯沪萍女士为本书的审校付出了辛勤的汗水，在此一并表示感谢！

牛太清

2018 年 5 月于广州